IBERA VERLAG

DIE ZERRISSENE GESELLSCHAFT

Europäisches Forum Alpbach 1998

Herausgegeben von

HEINRICH PFUSTERSCHMID-HARDTENSTEIN

IBERA VERLAG

Die Deutsche Bibliothek - CIP-Einheitsaufnahme
Die zerrissene Gesellschaft
/ Europäisches Forum Alpbach 1998.
Hrsg. von Heinrich Pfusterschmid-Hardtenstein.
- Wien : Ibera Verlag., 1999
ISBN 3-900436-74-6
NE: Pfusterschmid-Hardtenstein, Heinrich (Hrsg.);
Europäisches Forum <1998, Alpbach>

1. Auflage

Lektor: Cornelia Kaiser
Herstellung: Ibera, Wien
ISBN 3-900436-74-6

Inhaltsverzeichnis

Einige der hier vorgestellten Beiträge wurden vom Tonband abgeschrieben und von den Vortragenden überarbeitet.

Vorwort

HEINRICH PFUSTERSCHMID-HARDTENSTEIN

Räume wie Landschaften haben ein menschliche Beziehungen prägendes Ambiente. Diesmal hat das Europäische Forum Alpbach in Erwartung des in Bau befindlichen Kongreßgebäudes in der neuen Alpbacher Hauptschule getagt. Es hat damit an einer wichtigen Etappe des Übergangs des alten, traditionsreichen Alpbachtales in die Ära technischer Effizienz und architektonischer Funktionalität teilgenommen. Die Gäste aus nah und fern haben sich von den lichtdurchfluteten Räumlichkeiten sehr angetan gezeigt. Der Gemeinde Alpbach und den Schulbehörden, die uns dies ermöglicht haben, sei daher der Dank ausgesprochen. Die Fähigkeit des nun bereits 53 Jahre alten Österreichischen College, sich zeitbedingten Erfordernissen anzupassen, hat sich hiermit wieder einmal erwiesen, dank des Einsatzes all jener, die als Organisatoren oder Teilnehmer dieses Europäische Forum Alpbach gestaltet haben.

Das Generalthema und seine Aufschlüsselung in Seminare und Plenarveranstaltungen hat Einblicke in die verschiedenen Aspekte westlicher Gesellschaft ermöglicht, die einerseits immer uniformer wird, andererseits jedoch an verschiedenen Brüchen und Zerreissungen leidet. Im Vorwort zum Programm stellten wir Fragen nach den Arten dieser Zerrissenheit, beginnend mit dem zunehmenden Auseinanderklaffen von arm und reich über neu aufkommende Spannungen entlang alter kultureller und religiöser Bruchlinien nach Jahren der Entideologisierung. Wir wollten das neue Rollenverständnis von Mann und Frau mit dem dramatischen Verlust an privaten und öffentlichen Funktionen der Familie und die Auflösung vieler Bindungen zugunsten einer nahezu uneingeschränkten Freiheit des Individuums zur Sprache bringen. Wir stellten die Frage, ob der seit den achtziger Jahren vorherrschende Neoliberalismus in der Wirtschaft nur die Antwort auf diese Entwicklung ist oder Ursache und Verstärkung von Tendenzen, die aus anderen Gründen zur Zerrissenheit der Gesellschaft führen. Wir wollten auch wissen, ob nicht vielleicht die Kommunitaristen mit ihrer Forderung nach einer Solidar- und Bürgergesellschaft einen Weg zu neuer Harmonie weisen?

Aus diesen Fragen zogen wir den Schluß, daß wir uns als Individuen zerrissener denn je empfinden, zerrissen zwischen der Sehnsucht nach grenzenloser Freiheit und den Grenzen, die jede Gemeinschaft auferlegt; zerrissen auch zwischen den stets zunehmenden Möglichkeiten der Technik und ihrer Produkte und den Anforderungen, die diese an unser Verantwortungsbewußtsein gegenüber der Natur und dem Menschen als singuläres Wesen aus

Geist und Materie stellen. Die politischen und wirtschaftlichen Gespräche sowie das Gesundheitsgespräch und das für die Zukunftsperspektiven Österreichs so wichtige Technologiegespräch haben auch in diesem Jahr unser Programm abgerundet und bereichert.

Die bei der Tagung vorgetragenen Ansichten ebenso wie die erarbeiteten Antworten darf ich nun in diesem Band vorlegen, in der Hoffnung, daß sie nicht nur Interesse finden, sondern auch Grundlage für weitere Studien und Überlegungen sein werden. Das Europäische Forum Alpbach bietet mit seiner Vielfalt ein Kaleidoskop unserer Zeit.

Ich möchte diese Einleitung nicht beenden, ohne allen, die um die Gestaltung des Themas und seine Darstellung sowie um die materielle Sicherung der Veranstaltung bemüht waren, zu danken. Zu Beginn des Jahres haben wir einen unserer ältesten Freunde und Förderer, Otto von Steinhart, nach langer Krankheit verloren; wir werden ihm stets ein ehrendes Angedenken bewahren. Das Europäische Forum Alpbach lebt davon, daß auf alte Generationen junge folgen. So war es für uns eine große Bereicherung, daß in diesem Jahr viele neue und junge Teilnehmer zu uns gekommen sind. Dieser Band soll auch für sie eine Anregung sein, bei der Weiterentwicklung der geistigen Fundamente des Europäischen Forum Alpbach mitzuhelfen.

Eröffnung

HEINRICH PFUSTERSCHMID-HARDTENSTEIN

Ich darf Sie heuer in ungewohnter Umgebung begrüßen. Nachdem unsere Reise durch das Themenland der Zeit viele Jahre hindurch im Zentrum des Ortes Alpbach begonnen hat, befinden wir uns diesmal an einem Platz, der noch vor wenigen Jahren eine grüne Wiese war. Die neue Hauptschule, die uns von der Gemeinde Alpbach freundlicherweise als Tagungszentrum zur Verfügung gestellt wurde, ermöglicht es uns, das Europäische Forum in der gewohnten Größenordnung abzuhalten, in Erwartung des neuen Kongreßgebäudes, dessen Firstfeier noch in diesem Monat stattfinden und das im kommenden Jahr zur Verfügung stehen wird. Wir befinden uns somit in einer Übergangsphase in der Geschichte des Österreichischen College und des Europäischen Forum Alpbach.

So darf ich Sie, meine sehr geehrten Gäste, daher bitten, mit uns in den nächsten Tagen nachsichtig zu sein, sollte das eine oder andere in unserem Programm nicht ganz so reibungslos ablaufen, wie wir es gewohnt waren und auch für dieses Mal geplant haben.

Gleichzeitig möchte ich jedoch all jenen danken, die sich bemühen, uns den Übergang ohne Unterbrechung zu ermöglichen. Es sind dies in erster Linie das Land Tirol, die Gemeinde Alpbach und ihre Tourismusverantwortlichen, deren uneingeschränkte Hilfe wir erfahren haben, aber auch alle jene im Österreichischen College, die dabei mitwirken, nicht nur die räumlichen und die materiellen Verhältnisse des Österreichischen College neu zu gestalten, sondern auch dessen Grundstrukturen zu erneuern und ein neues Konzept für die Zukunft zu erarbeiten. Das Österreichische College hat sich seit der letzten Zusammenkunft in Alpbach im vergangenen Jahr neue Organe geschaffen. Die Dynamik soll von nun an vor allem von einem wesentlich verjüngten Leitungsausschuß ausgehen, der sich von einem Rat, ähnlich dem Verwaltungsrat eines Unternehmens, beraten und in den wesentlichen Fragen leiten läßt, und dem ein wissenschaftliches Kuratorium unter dem Vorsitz des ehemaligen Wissenschaftsministers und Vizekanzlers Dr. Erhard Busek zur Seite steht. Bei der personellen Zusammensetzung dieser Gremien waren wir bemüht, die Dynamik der neuen, jungen Generation mit der Erfahrung der alten Alpbacher zu verbinden. Die Grundlage dafür ist das Werk der Gründer, vor allem unseres Ehrenpräsidenten Otto Molden und des damaligen Philosophiedozenten Simon Moser. Sie haben in den ersten Nachkriegsjahren die Grundsätze entwickelt, welche auch heute noch wirken, da sie ihre Berechtigung und Aussagekraft auch weiterhin unter neuen Zeitumständen und vom nächsten Jahr an in neuem Gewande zu erfüllen vermögen. Alpbach, wie wir es verkürzend nennen, zeigt somit Anpassungs- und Wandlungsfähigkeit, unter gleichzeitiger Wahrung seiner Grundsätze.

Ein wesentlicher Teil unserer Tradition ist die Wahl eines Generalthemas. Auch in diesem Jahr scheinen wir einen guten Griff getan zu haben, als wir uns für die Behandlung der Zerrissenheit der Gesellschaft entschieden, wie viele Reaktionen und Ihre Anwesenheit hier unter Beweis stellen. Ich habe versucht, mich in der Thematik kundig zu machen, um Ihnen zu Beginn gleich einige Anregungen zu unseren Diskussionen auf den Weg geben zu können. Nach der Lektüre einiger ausführlicher und mit vielen Daten untermauerter Untersuchungen, die mich in ihrer Aussagekraft nicht überzeugen konnten, unternehme ich es, einige Überlegungen aufgrund der sprachlichen Aussage des Wortes Zerrissenheit anzustellen. Zerreißen bedeutet doch, eine feste Verbindung zu unterbrechen. Wenn wir ein größeres Stück Papier oder Leinwand zerreißen, werden gleichzeitig viele Bindungen unterbrochen, und anstelle eines einheitlichen Gegenstandes entstehen zwei oder viele einzelne Stücke, die nichts mehr miteinander verbindet als eine gemeinsame Vergangenheit. Kann man diese Vorstellung auf unsere heutige Gesellschaft übertragen? Ich frage mich, ob sie so ohne weiteres zutreffend ist, haben wir doch in unserer westlichen Gesellschaft eine in der Geschichte nie dagewesene Einheitlichkeit der Lebensvoraussetzungen, der Institutionen und der Möglichkeiten für den einzelnen, sich seine Situation innerhalb eines Gesamtrahmens zu gestalten, erreicht. Die Eigenständigkeit des Individuums war noch nie so hoch wie heute, dafür sind viele frühere Bindungen wie Sitte, Religion und Berufsethos abgerissen. Vielleicht ist dies der Grund dafür, daß die Menschen, wie es die Reaktionen auf unser Thema beweisen, ein Gefühl befällt, das sie als Zerrissenheit bezeichnen. Ich glaube jedoch, daß es mehr ein Gefühl des Hin- und Hergerissenseins ist. Das Gefühl jenes, der allein auf sich und seine eigenen Entscheidungen gestellt ist und der angesichts seiner eigenen Wünsche, Antriebskräfte und Überzeugungen in Konfrontation mit den Zwängen seiner Umgebung und den Wünschen und Absichten anderer gerät.

Die tiefen ideologischen und politischen Risse der Gesellschaft hätten wir am Ende dieses Jahrhunderts in der westlichen Welt zunächst einmal hinter uns gebracht. Die erste große Zerrissenheit entstand im Jahr 1914. Damals ging ein wirklich tiefgreifender und zunächst unüberwindlich erscheinender Riß durch Europa und Amerika, obwohl schon damals in weiten Bereichen eine Wertegemeinschaft bestanden hatte. Staaten und Völker warfen sich mit tiefster Überzeugung und aller Macht in einen Krieg, der unendliches Leid, viele Millionen Tote und größten materiellen Schaden verursachte. Damit sollten wir uns in diesem Jahr, 80 Jahre nach dem Ende des Völkermordens, eingehend befassen und nicht immer nur mit den abscheulichen Verbrechen einer Generation, die gerade durch das vierjährige Morden tief unter die in Europa bereits erreichten humanistischen Standards herabgesunken war. Wenn man sich heute die Frage stellt, worum es damals eigentlich ging, ist die Antwort ernüchternd: um einige Quadratkilometer da oder dort und darüber hinaus um nichts anderes als um alte überzogene Ansprüche hinsichtlich der eigenen Stellung in der Welt. Es bestanden kaum prinzipielle, den Krieg rechtfertigende kontroversielle Vorstellungen über den Wert oder den Unwert des anderen oder wirtschaftliche und politische Notwendigkeiten, das Staatensystem grundsätzlich zu verändern.

Der Erste Weltkrieg hat nicht nur die Staaten und Völkergemeinschaften zerrissen, sondern auch innerhalb dieser Gemeinschaften die alten Strukturen: Strukturen, die sich bereits in einem tiefgreifenden Wandel befunden hatten, einem Wandel, der allerdings seit 1848 auf evolutionärem Wege vor sich zu gehen schien. Die Prinzipien der französischen Revolution: Liberté, Égalité und Fraternité, bewirkten seit 1789 einen Bewußtseinswandel, der von den wirtschaftlichen Folgen einer gewaltigen technischen Entwicklung unterstützt und vorangetrieben wurde. Der Krieg mit seiner Tendenz zum Extremen - der große Theoretiker des Krieges, Carl von Clausewitz, spricht von einer, jedem Krieg innewohnenden, Tendenz zum Äußersten - hat die euro-amerikanische Staatengemeinschaft im wahrsten Sinne des Wortes mit Gewalt auseinander gerissen. Er hat aber auch innerhalb der Gesellschaft jeder einzelnen Nation ein Werk der Zerreißung hinterlassen. Die Vorkriegsgesellschaft war noch stark strukturiert gewesen, etwa dem Kinderreim ähnlich: "Kaiser, König, Edelmann, Bürger, Bauer, Bettelmann." Jede einzelne Gruppierung lebte nach ihren Regeln und alle zusammen nach gewissen gemeinsamen Grundsätzen. Selbstverständlich gab es Spannungen zwischen den Nationen, den Religionen, den Klassen und Rassen bis zum Zerreißen. Jedes gesellschaftliche Geflecht verfügt jedoch über ein gewisses, oft recht hohes Maß an Elastizität, um diese Gegensätze aufzufangen: Gegensätze, die ihre Entstehung unterschiedlichen Lebens- und Interessenlagen verdanken und bewußtseinsmäßig ideologisiert werden. Die Zwänge des Krieges und die für viele eingetretene Aussichtslosigkeit führten noch einmal zu einem Äußersten, nämlich einer schwer ideologisierten innergesellschaftlichen Auseinandersetzung: zunächst zum Klassenhaß und dann zum Rassenhaß. Die Folge war eine Zerrissenheit in politisch-wirtschaftlich-sozialer und nicht zuletzt in ideologischer Hinsicht, was zu einem neuerlichen, noch umfassenderen und in vielen Aspekten noch grausameren Krieg geführt hat. Die Älteren unter uns haben ihn noch voll und ganz erlebt und sind durch dieses Ereignis weitgehend geprägt worden.

In mehr als einem halben Jahrhundert, seit damals, haben sich diese Gegensätze weitgehend gesetzt. Wohlstand und die Intensivierung der Kommunikationsmöglichkeiten durch neue Techniken, vom Fernsehen bis zur allumfassenden Telekommunikation, haben eine weitgehend uniforme Gesellschaft geschaffen. Im Jahre 1989 ist die ideologische und machtpolitische Trennungslinie des Nachkrieges zwischen Ost und West vor allem infolge der alle Grenzen überwindenden Kommunikationsmittel gefallen. Wir stehen seitdem in einer Gesellschaft der uniformen - denken wir doch nur an die Jeans als Menschheitsuniform -, jedoch weitgehend sich selbst überlassenen Menschen. In dieser Gesellschaft der gleichen mündigen Bürger ist etwas eingetreten, das ein Gefühl der Zerrissenheit aufkommen ließ: Der einzelne ist nun vor allem auf sich gestellt und wird nur schwach von irgendwelchen gesellschaftlichen Gruppierungen geführt und geleitet, denn auch der noch vor zwei Jahrzehnten von vielen als wohlgesinnter Vormund und Versicherer gegen möglichst alle Übel betrachtete Staat hat sich in dieser Rolle als überfordert erwiesen. So ist es der einzelne, der nun hin- und hergerissen wird zwischen seinen Wünschen und Erwartungen und dem, was ihm Technik, Wirtschaft und Gesellschaft ermöglichen. Neue Risse sind entstanden, wie beispielsweise im Geschlechterverhältnis, das noch keinen allgemein akzeptierten gemeinsamen Lebensstil gefunden hat.

Diese Gesellschaft der vielen unabhängigen einzelnen produziert daher laufend Widersprüche. Man benötigt die moderne Technik, um einen möglichst hohen Lebensstandard und die größtmögliche Freiheit zu erhalten, lehnt aber gleichzeitig ihre Voraussetzungen und manche ihrer Folgen ab. Man möchte Gleicher unter Gleichen sein, sich gleichzeitig jedoch durch höhere Stellung und größeres Einkommen den anderen gegenüber absetzen. Man möchte die Gesellschaft als Lebensversicherung für alles, aber nicht die dabei entstehenden Kosten und persönlichen Verbindlichkeiten. Man ist in zunehmenden Maße bemüht, möglichst jeden einzelnen zu jeder auftretenden Frage oder Problematik zu befragen und gerät damit in eine vielfach hoffnungslose Entscheidungslage. Die Anlaßgesetzgebung wird dadurch gefördert und in ihrem Gefolge die Rechtsunsicherheit.

Jedes Gewebe verfügt über ein gewisses Maß an Elastizität, was ihm ermöglicht, dem von außen kommenden Druck zu widerstehen und die inneren Belastungen auszugleichen. Wenn es jedoch alt und brüchig wird, entstehen Risse und zuletzt mag es gar zerbröckeln. Die Elastizität einer Gesellschaft ist jedoch die Fähigkeit ihrer Mitglieder miteinander auszukommen und Verfahren zu entwickeln, in denen Meinungsunterschiede und Interessengegensätze so ausgeglichen werden, daß alle damit leben können: nämlich durch eine allgemein anerkannte Werteordnung, durch den Rechtsstaat, bzw. ein übergeordnetes Rechtssystem, wie z.B. die VN und die EU darstellen, und nicht zuletzt durch demokratische Verfahren zur Entscheidungsfindung. Die jetzt aktiven Generationen haben - man muß sagen: Gott sei Dank - nicht die Belastungen ihrer Eltern und Großeltern mitmachen müssen. Ich denke dabei nicht nur an die physischen, sondern vor allem an die psychischen Belastungen, denen jene ausgesetzt waren. Würden deren Nachfahren einem ähnlichen Druck im Falle von größeren Katastrophen oder neuen Gegensätzen, wie beispielsweise kriegerischen Auseinandersetzungen zwischen den reichen und armen Ländern, widerstehen können bzw. angemessen zu reagieren vermögen, ohne ihre spirituelle und materielle Basis zu zerreißen?

Werden sie in der Lage sein, die der Gesellschaft innewohnenden Gegensätze ohne Zerreißungen auszutragen? Dies zu überlegen ist eine Aufgabe für die Jungen und damit auch für die künftige Tätigkeit des Österreichischen College und seines Europäischen Forum Alpbach.

Ich hoffe, ich habe Sie nicht zu lange mit meinen Überlegungen aufgehalten. Ich würde mich freuen, wenn sie von allem Anfang an eine umfassende und tiefgreifende Diskussion für die nächsten Tage in Gang zu setzen vermögen. Es ist ja das oberste Ziel unserer Veranstaltung, Probleme auszumachen, sie zu definieren und Lösungen zu deren Überwindung zu suchen. Ich danke Ihnen für ihre Aufmerksamkeit und wünsche Ihnen einen schönen und ertragreichen Aufenthalt in Alpbach.

FRANZ FISCHLER

Ob die Tatsache, daß sich der Veranstaltungsort des Alpbacher Forums heuer im wahrsten Sinn zerrissen, ja aufgewühlt präsentiert, etwas mit der Wahl des diesjährigen Themas zu tun hat, weiß ich nicht. Eines aber weiß ich: Der Umfang und die Schwierigkeit des Themas verlangen eine große Selbstbescheidung, der ich mich auch befleißigen will. Fragt sich zunächst: wie sich diesem anspruchsvollen und sperrigen Thema annähern? Unwillkürlich fällt dem gelernten Österreicher Nestroys "Zerrissener" ein, der den reichen Lips sagen läßt:

"Mein Gemüt ist zerrissen
da ist alles zerstückt
und ein z'rissenes G'müt
wird ein' nirgends geflickt"

"Naja, vielleicht nicht ganz passend", werden Sie denken: Wenn Sie aber das Zitat aus "dem Zerrissenen" dem Satz von Sir Karl Popper gegenüberstellen, der gesagt hat, daß "die Zerrissenheit der Gesellschaft ein Spiegel der Zerrissenheit des Menschen ist", dann wird hoffentlich deutlich, wo der Zusammenhang liegt: Wer von der zerrissenen Gesellschaft spricht, muß auch von den Rissen sprechen, die, wie Nestroy meint, mitten durch uns gehen. Aber nicht nur von den Rissen müssen wir reden, sondern auch darüber, ob flicken die richtige Antwort ist.

Sind wir nicht alle hin- und hergerissen zwischen dem Egoismus, den unsere Leistungsgesellschaft zum Prinzip erhoben hat, und den Resten an sozialer Verantwortung, die unseren Kulturkreis prägen? Ohne Ellbogen kein Erfolg, das Zweitauto ist wichtiger als der Nachbar, weil das Geld eben die Welt regiert. Sind wir nicht zerrissen zwischen dem Gebot der Menschlichkeit gegenüber Asylbewerbern und Immigranten, und rüsten trotzdem die Festung Europa auf? Braucht es aber nicht auch neue Entwürfe statt Flickzeug? Eine neue Solidarität statt Heilsarmeen?

Ich weiß, daß all die Redner nicht zum Forum Alpbach eingeladen wurden, um den Werteverlust in unserer Gesellschaft zu beklagen. Darum möchte ich in meinem Vortrag versuchen, einige der vorhandenen Spannungsfelder zu beschreiben, die - in den Worten der Veranstalter - zum "Culture Clash" oder zum "Kampf um Arbeit" führen könnten. Ich möchte aber auch Lösungsansätze, politische Hebel andiskutieren, mit denen man aus europäischer Sicht dem Auseinanderdriften der Gesellschaft entgegenwirken kann. Dabei werde ich mich aus Zeitgründen auf drei Lösungsansätze konzentrieren: auf die Integration, auf die Subsidiarität und auf die Bildungspolitik.

Der soziale Riß durch Europa

Was den sozialen Riß durch unsere Gesellschaft betrifft, gehört es heutzutage zum Zeitgeist, daß wir uns abwechselnd in der Globalisierungsfalle oder auf dem Weg in die Zweidrittelgesellschaft wähnen: Natürlich führt das Zerbrechen der alten Ordnungen, der Mangel an Verständnis für den rasanten wirtschaftlichen und wissenschaftlichen Wandel zu großen Verunsicherungen und - wenn Sie so wollen - zur Zerrissenheit.

Aber auch das Gegenteil ist wahr: Wenn unsere Welt heute zum globalen Dorf geworden ist, kann man das umgekehrt als eine sehr interaktive, demokratische Entwicklung sehen, weil die Distanzen im Cyberspace ihre Bedeutung verlieren. Ohne diese Entwicklung werten zu wollen: Mehr und mehr bildet sich als Konsequenz der "McDonaldisierung" eine weltweite Metakultur heraus, geprägt von globalen Marken, Fernsehsendern und Popikonen, die von der Jugend in Alpbach, New Delhi oder London gleichermaßen verehrt werden.

Die rasante ökonomische und technologische Entwicklung im ausgehenden 20. Jahrhundert trägt aber sehr wohl zum Auseinanderdriften unserer Gesellschaften bei: Die Gegensätze werden schärfer, der Wettbewerb härter. Und mit dem zunehmenden Verschwinden des technologischen Vorsprungs Europas verschwindet auch die Garantie für unseren Wohlstandsvorsprung. In dem Maße wie der Staat seine Schutzfunktion verliert, und mit ihr den Einfluß auf Inflationsraten und Arbeitslosenzahlen, wächst auch die Gefahr, daß die Modernisierungsverlierer durch den Rost fallen.

In Europa verweist man dann gerne auf Amerika, wo der Primat des Wettbewerbs angeblich die Gesellschaft zerreißt. Es stellt sich jedoch die Frage, ob diese europäische Selbstzufriedenheit wirklich angebracht ist.

In der Diskussion mit US-Amerikanern muß man sich nämlich die Frage gefallen lassen, wie gerecht ein System sein kann, das 11% Arbeitslose hervorbringt. Diesen Angriff pariert man als gelernter Europäer zwar zunächst mühelos, indem man zugibt, daß die Arbeitslosigkeitsrate in den Vereinigten Staaten nur halb so hoch ist, dafür muß aber ein Heer von Dienstboten unwürdige "McJobs" erledigen. Wenn der amerikanische Kollege dann aber mit einer OECD-Studie über die Verteilungsgerechtigkeit und das amerikanische Jobwunder winkt, wird es unangenehm: Denn diese Studie besagt, daß der

Großteil der in den USA neu geschaffenen Arbeitsplätze mitnichten niedrigqualifizierte Jobs sind, sondern das Wachstum in Sektoren passiert ist, die überdurchschnittlich gut bezahlen. Weiters wird in dieser Studie der Schluß gezogen, daß die Einkommen in Europa durch die geringere Erwerbsquote und die hohe Arbeitslosigkeit sogar ungerechter verteilt sind als in den USA.

Was ich damit sagen will, ist nicht, daß der Primat des gesellschaftlichen Ausgleichs in unserer sozialen Marktwirtschaft vom Diktat der Finanzmärkte abgelöst werden soll. Wir haben uns in Europa bewußt für ein Modell entschieden, wo wir uns den hohen sozialen Schutz - und, wenn Sie wollen, eine weniger zerrissene Gesellschaft - mit niedrigeren Wachstumsraten und einer höheren Sockelarbeitslosigkeit erkaufen. Wir sollten aber wachsam sein und uns nicht von dogmatischem Denken die Sicht auf neue Lösungsansätze verstellen lassen.

Die Zerrissenheit der Gesellschaft äußert sich aber nicht nur in einem beträchtlichen sozialen Gefälle innerhalb der Industriegesellschaft. Unser ganzer Erdball läßt sich in Gesellschaften von "haves" und "not haves" unterteilen. Die Fernsehbilder von Hungersnöten, die uns regelmäßig ins Haus geliefert werden, gestern aus Äthiopien, heute aus dem Sudan, sind der grausame Beweis für die Hilflosigkeit, mit der wir den regelmäßig wiederkehrenden humanitären Katastrophen gegenüberstehen.

Der Generationenriß

Ein wachsender Riß tut sich auch auf zwischen Alt und Jung, Gebildet und Ungebildet: Unser Arbeitsmarkt ist grausam mit älteren Arbeitnehmern, deren Erfahrung nicht mehr zählt, gegenüber den flexibleren und billigeren Jungen. Die jüngeren Arbeitnehmer wiederum stöhnen unter der Last, immer mehr Pensionisten erhalten zu müssen.

Einerseits wird unser Bildungssystem den neuen Anforderungen des Arbeitsmarktes längst nicht mehr gerecht, andererseits tut sich eine soziale Schere auf: Menschen mit einem hohen Stand an Bildung und Information verdienen immer mehr, während jene ohne Bildung auf der Strecke bleiben.

Noch eines wird immer deutlich: Aus den Sinnlöchern, die die Risse in der Gesellschaft hinterlassen, schlägt uns eine große Leere entgegen. Gerade die junge Generation akzeptiert immer weniger, daß die Risse in uns mit dem "Hansaplast" des Konsumierens überklebt werden. Immer mehr Menschen treibt die tief empfundene Sinnleere, die Sinnlosigkeit, in die Verzweiflung.

Ich bin mir der Gefahr bewußt, mit dem eben gezeichneten "Pandämonium unserer Gesellschaft" viel angerissen und wenig vertieft zu haben. Dieses Bild unserer heutigen Gesellschaft bedeutet aber nicht, daß andere Gesellschaften vor unserer Zeit nicht auch zerrissen gewesen wären. Uns ist diese Zerrissenheit vielleicht stärker bewußt, was aber nicht unbedingt ein Mehr an Zerrissenheit bedeuten muß.

Auch wenn der eine oder andere Zeitgenosse sich gerne in sozialromantische Vorstellungen von heilen Welten, die es gestern oder vorgestern gegeben haben soll, flüchtet, das harmonische Ganze hat es nie gegeben und wird es nie geben. Mir kommt vor, daß die heutige Gesellschaft nicht stärker zerrissen ist als etwa die des 19. Jahrhunderts. Es sind die Symptome und Ausdrucksformen, die sich unterscheiden.

Entscheidend scheint mir jedenfalls eines zu sein: Die alten nationalstaatlichen Rezepte der Politik greifen immer weniger. Daraus aber den Schluß zu ziehen, daß das Zeitalter der politischen Gestaltung zu Ende geht, wäre grundfalsch. Im Gegenteil: Der Auftrag an die Politik lautet nach wie vor, Rahmenbedingungen zu schaffen, um der nächsten Generation alle Chancen zu erhalten. In einer Zeit, wo jeder das Wort "Sustainability" im Munde führt, müßte das eigentlich klar sein.

Wir brauchen nicht unbedingt neue Ziele, sicher aber neue Wege, um zu diesen Zielen zu gelangen. Beispielsweise ist der Wunsch der Politiker, die Arbeitslosigkeit zu bekämpfen, ja nicht neu. Neu müssen aber die Ansätze und die Hebel sein, um Erfolg zu haben. Und darüber müssen sich die Politiker den Kopf zerbrechen.

Die europäische Integration

Einer dieser Ansätze ist - davon bin ich inzwischen zutiefst überzeugt - der europäische Einigungsprozeß. Wenn man die Entwicklungen auf unserem Kontinent seit dem 2. Weltkrieg verfolgt, so hat diese Einigungsbewegung Schritt für Schritt ein Zusammenwachsen Europas bewirkt. Natürlich haben sich Europas Völker immer in einem gemeinsamen Kulturraum bewegt, natürlich gibt es die gemeinsame Geschichte als europäisches Erbe. Doch meist war es die eiserne Klammer des Krieges, die das Verhältnis zueinander bestimmt hat. Die Europäische Union dagegen ist ein Projekt, das sich zuallererst am friedlichen Zusammenarbeiten zum gegenseitigen Nutzen orientiert.

Auch der Euro, der "jüngste Sproß der Europafamilie", ist Teil dieser Integrationsstrategie, die vorerst 11 Länder wirtschaftlich eng zusammenschweißen und damit gemeinsam stärker machen wird. Durch die gemeinsame Währung wird Europa zu einer kompakten wirtschaftlichen Einheit, und erstmals zu einer ökonomischen Weltmacht.

Die EU wird oft als reine Wirtschaftsgemeinschaft gesehen. Das ist zwar an und für sich nichts Schlechtes, weil der Binnenmarkt ja den Wohlstand der Bürger vermehrt. Zuallererst ist die Union aber eine Wertegemeinschaft, eine gewaltige "Solidaritätsmaschine", wo die reichen Länder den ärmeren unter die Arme greifen, und daraus ziehen sie durchaus auch ihren eigenen Nutzen - das sollte man nicht vergessen.

In der Europäischen Union bemühen wir uns aktiv und aus freien Stücken um den politischen und sozialen Zusammenhalt. Nicht umsonst ist die Kohäsion nicht nur der Name für einen Fonds, sondern ein im EG-Vertrag verankertes Grundprinzip, das für alle Politiken Gültigkeit hat. Die Arbeit, die meine Kollegen und ich täglich tun, richtet sich auf den Zusammenhalt der

Regionen, auf die Verbesserungen von Infrastruktur, auf den Ausgleich zwischen Arm und Reich, zwischen Bevorzugten und Benachteiligten.

Hätte es nach der Süderweiterung der EU um Spanien und Portugal noch eines Beweises bedurft, daß die Europäische Gemeinschaft kein exklusiver Club der Reichen und Superreichen sein will, die Osterweiterung liefert ihn: Was vor 10 Jahren wohl niemand auch nur im Traum gedacht hätte, hat heute sehr konkrete Formen angenommen: Die EU hat im März die Beitrittsverhandlungen mit Zypern und fünf mittel- und osteuropäischen Staaten aufgenommen, die unter der Zerrissenheit Europas weit mehr gelitten haben als der Westen.

Es gibt eine Reihe von Vorurteilen, Zweifeln und Ängsten - übrigens nicht nur bei uns, sondern auch bei den Beitrittskandidaten. In 20 Jahren werden wir uns fragen, warum wir uns vor der Erweiterung, die so viele wirtschaftliche, aber auch friedenspolitische Vorteile brachte, so gefürchtet haben. Brutal gesagt: Die EU wird über die Jahre durch die volle wirtschaftliche und politische Einbeziehung unserer Nachbarn in dieser Hinsicht einfach vollendete Tatsachen geschaffen haben. Ohne Zweifel, es gleicht einer Herkules-Leistung, Länder, die in ihrer Wirtschaft und Verwaltung durch den Kommunismus um Jahrzehnte zurückgeworfen wurden, innerhalb von Jahren "europafit" zu machen. Aber es ist möglich, weil die EU finanziell und politisch bereit ist, eine ganz gezielte Vorbereitungsstrategie zu fahren.

Es wäre ein Fehler, die Chancen der Erweiterung mit Angstparolen zu überdecken. Österreich hat viel zu gewinnen: Schon heute sind wir drittgrößter Ostexporteur der EU und führen mehr in diese Länder aus als wir von dort importieren. Wir können uns als "Matchmaker" profilieren. Wir können aber das Tor zum Osten auch benützen, um uns ein Eigentor zu schießen - aus Kleinmut, oder weil wir die eigene Bevölkerung von der Sinnhaftigkeit dieses Projekts nicht überzeugen können.

Die europäische Integration könnte der Zerrissenheit zwischen Ost und West in Europa in einigen Jahren ein Ende gemacht haben. Die Strategie, Staaten ökonomisch und politisch so stark zu verflechten, daß die Kriegsgefechte am Schlachtfeld von Vertragsgeflechten ersetzt werden, ist die einzige, die künftig Chancen auf Erfolg hat.

Wenn Europa seinem Anspruch gerecht werden will, ein "Gegengift gegen die Zerrissenheit" auch in der Weltpolitik zu sein, brauchen wir aber zwangsläufig eine handlungsfähige Gemeinsame Außen- und Sicherheitspolitik. Maastricht und Amsterdam waren dafür zwar erste wichtige Schritte, aber vom Ziel sind wir noch meilenweit entfernt, wie uns im Kosovo gerade wieder blutig vor Augen geführt wird.

Die Hilflosigkeit, mit der die Union Krisen wie in Ex-Jugoslawien gegenübersteht, beweist, daß es nicht genügt, einen Papiertiger in den Raubtierkäfig zu schicken. Ohne entsprechende Entscheidungsstrukturen, ohne verstärkte Mehrheitsentscheidungen und ohne die Einsicht, daß die EU ihre wirtschaftliche Macht nur dann als außenpolitisches Mittel einsetzen kann, wenn sie geeint auftritt, wird eine funktionierende GASP eine Illusion bleiben.

Das subsidiäre Europa der Vielfalt

Einen Fehler dürfen wir nicht machen: Wir dürfen die Risse in der Gesellschaft nicht mit ihren Konturen verwechseln. So wichtig der Binnenmarkt und die Harmonisierung sind, um die Risse in und durch unsere Gesellschaft zum Verschwinden zu bringen, so fundamental ist es zugleich, Konturen zu bewahren. Ohne Konturen hat die Gesellschaft kein Gesicht, ohne Buntheit bleibt Europa farblos. Die wahre Stärke Europas ist seine Vielfalt: Die Vielfalt der Regionen, die Vielfalt an Kultur, die Vielfalt an Landschaften, Brauchtümern und Sprachen, um nur einige zu nennen. Und genau diese Vielfalt schafft Geborgenheit, Zugehörigkeit und Identität und wird auch in Brüssel als große Stärke Europas angesehen.

Der wichtigste Hebel dazu heißt Subsidiarität. Nur mit Hilfe der Subsidiarität können wir sicherstellen, daß sich Europa nicht von seinen Bürgern entfremdet. Richtig verstandene Subsidiarität bedeutet ganz einfach, daß die Dinge, die besser von den Gemeinden, Regionen und Mitgliedstaaten geregelt werden können, auch dort geregelt werden sollen. Umgekehrt bedeutet das aber auch - und das sei anläßlich der gegenwärtigen politischen Debatte deutlich gesagt -, jene Bereiche, die effizienter und besser auf der EU-Ebene geregelt werden, auch dorthin zu verlagern. Das alles ist keine Frage von weniger oder mehr Europa, sondern die Frage einer vernünftigen Aufteilung der Verantwortung.

Nehmen wir als Beispiel für die Bedeutung der Subsidiarität und der kulturellen Vielfalt die Europaregion Tirol: Hier arbeiten Tirol, Südtirol und das Trentino gemeinsam daran, nicht Staatsgrenzen, sondern einen gemeinsamen Kulturraum zu pflegen und überregionale Interessen in Tourismus, Gewerbe oder Bildung gemeinsam zu vertreten.

Oder nehmen wir das Beispiel der Strukturpolitik: In Brüssel haben wir schon längst eingesehen, daß die Betroffenen weit besser wissen, was für die Entwicklung unserer Heimat vonnöten ist. Die Entscheidungen über die Projekte werden daher schon längst in den Zielregionen selbst getroffen. Brüssel achtet lediglich darauf, daß die Strukturpolitik nicht als Umschreibung für Wettbewerbsverzerrungen mißbraucht wird.

Für eine neue Bildungspolitik

Lassen Sie mich zuletzt zum dritten politischen Hebel kommen, mit dem aus meiner Sicht dem Auseinanderdriften unserer Gesellschaft, der Teilung in Arm und Reich, Gebildet und Ungebildet entgegengewirkt werden kann: "Beste Bildungspolitik" ist künftig *der* Schlüsselfaktor, um in Europa ausreichend Arbeit zur Verfügung stellen zu können. Die Schere zwischen dem an Schulen und Universitäten vermitteltem Wissen und den Anforderungen, die die neue Arbeitswelt an uns stellt, geht bedrohlich auseinander: Zu langsam reagieren unsere Bildungseinrichtungen auf veränderte Entwicklungen.

So wird zum Beispiel das Beschäftigungspotential des Internet als enorm hoch eingeschätzt. Allein 1996 wurden in diesem Bereich weltweit eine Million neue Arbeitsplätze geschaffen. Und dennoch gibt es in Europa noch erschreckend wenig Ausbildungsstätten, die qualifizierte Arbeitskräfte in der Informationstechnologie ausbilden.

Wir müssen unsere Bildungssysteme überdenken, weil sie mit Rezepten aus der Vergangenheit auf die Zukunft vorbereiten, weil sie auf den *einen*, lebenslangen Job oder auf das Wiedergeben von Lehrbuchwissen abstellen und so an den Anforderungen des Arbeitsmarktes vorbeiproduzieren. Arbeitsplatzsicherheit wird in Zukunft nicht mehr bedeuten, 40 Jahre die selbe Arbeit am selben Ort zu tun, sondern sich mit Hilfe einer soliden Ausbildung flexibel am Arbeitsmarkt bewegen zu können.

Darauf hat ein Bildungssystem, das jungen Menschen per Zeugnis bestätigt, daß sie jetzt "ausgelernt" haben, anstatt auf lebenslanges Lernen zu setzen, keine Antwort. Die vorberufliche Bildung ist wichtig und wird wichtig bleiben. Die Bedeutung der beruflichen Aus- und Weiterbildung, des Umlernens und der Erwachsenenbildung ist aber meiner Meinung weit höher einzuschätzen als eine gute Arbeitslosenversicherung. Die öffentlichen Aufwendungen für beide sprechen aber eine deutlich andere Sprache!

Ich glaube, daß die Herausforderung darin liegt, ein lebenslanges Bildungsangebot, aber auch eine lebenslange Bildungsbereitschaft zu fördern.

Der europäische Einigungsprozeß ist genausowenig wie eine Reform der Bildungspolitik *das* Wundermittel, mit dem die Gräben, die sich in und zwischen unseren Gesellschaften auftun, verschwinden. Es gäbe noch viel zu sagen über andere Bereiche, wo die Politik einen Handlungsauftrag hat, um einer guten Zukunft eine Bahn zu brechen.

Wir müssen uns fragen, ob wir akzeptieren, daß die alten nationalstaatlichen Rezepte der Politik immer weniger greifen. Wir müssen uns fragen, ob wir daraus den Schluß ziehen, daß der Auftrag an die Politik nach wie vor lautet, der nächsten Generation alle Chancen zu erhalten.

Wie brauchen keine neuen Ziele, sondern neue Wege, um zu diesen zu gelangen. Ich bin überzeugt, daß die EU als Solidargemeinschaft ein wichtiges Instrument ist, um die Fliehkräfte unserer individualistischen Gesellschaft in Zaum zu halten: Die Osterweiterung oder die Kohäsionspolitik sind nur Beispiele dafür.

Es ist an der Politik, nicht vor einer zunehmend komplexer werdenden Welt zu resignieren, sondern gegenzusteuern. Das Ende der Politik ist noch lange nicht gekommen. - Das Ende der Schrebergartenpolitik aber sehr wohl.

RUUD LUBBERS

Does globalisation cause the fragmentation of society or will it help to overcome it?

Ich wurde gebeten, hier über das Thema die "zerrissene Gesellschaft" zu reden und in welcher Beziehung dieses zum Thema Globalisierung steht.

Allow me to begin by explaining a little bit why the word "globalisation" came into practice. The word "globalisation" came into practise because three developments came together:

First, globalisation by and of technology, this is about a merger between computers and satellites, what we call today information- and communication-technology. This brought a fundamentally new situation in terms of mobility and communication. Less weight - more signs. You might say that the bits are provoking one world.

The second is globalisation by and of economy. This is about trade, investments, multi-nationals, global companies, global financial markets. Technology and economy are interrelated. Mobility, ICT and an economy of signs and symbols make it easier to organise global markets.

The third point is, globalisation by and of politics. 1989 brought the end of the cold war, but also the end of a conceptualisation of the world as divided into three separate parts. This conceptualisation was probably stronger in the Netherlands than in Austria. The first world was considered to be the "free world", the second the "communists" and the third world the so called "non-aligned countries", those who didn't want to make a choice between the first and the second.

When the cold war was over we no longer needed to use all our energy to fight communism. At that moment we also came to the conclusion that the "non-aligned-countries" were no longer homogeneous and that they had made a shift towards market economy as well. It started even in China, in communist-China, where Deng had already said a number of years before: "We are going to open up, we are going to introduce the market-system."

So, globalisation in political terms meant the choice for a market-system all over the globe. George Bush stated: "We are having a new world order based on market and democracy." Maybe he was a little bit too optimistic about that, but it is a fact of life that people sense there is something really new going on.

A century ago, we had the encyclic *de rerum novarum*: about new things. It was in the high-time of the industrial-revolution that was really affecting our societies those days. And then, finding a way out, analysing the problems of those days, that encyclic said that it was about new things. It was about choices that we made in terms of economy, making choices for socialism, capitalism or "a third way". Today we face once more such choices, it is once again about "new things".

That parallel from history is clear, but it is unclear when globalisation started, what the historic roots of the recent process are. One might say that it all started with Columbus, or with colonialism, or with the decoupling of science and religion in the seventeenth century, one could give other examples as well, like the process of individualisation. Therefore, the roots of what we call globalisation are deep. Though the process was intensified very much by the more recent ICT and relentless choice for the market. Still the word globalisation came only recently into practice. To explain it a little bit simplified: If you take some water or milk, you put the fire on, you heat it, you look after two minutes, you see nothing, it has not changed. But then, two minutes later, suddenly it starts to boil, you know it's different then, different because the intensity changes.

Anyhow, Bush spoke of a world order based on democracy and the market-mechanism. We had to find out soon after that this was too optimistic: Maybe nation-states, at least the majority of them, had made their choice for market and democracy, but there are still enormous differences in stages of development, political priorities and cultural background. Beyond that, there is an other problem: Our basic concept is a market-democracy, for which the market is for efficiency and democracy is there to guarantee quality of life. We've organised that in a political system - the nation-state. But because of globalisation, nation-states are less effective. Politicians have to make up for this ineffectivity by making more promises to the electorate, promises that can not be fulfilled. And in some countries we see that the forces of the market are so enormous that they enter the political arena: politicians sometimes become more corrupt. Besides, they tend to apply the market-ideology to all sectors and institutions. Thus politics is less effective in defending the public interests.

The basic problem however, lies somewhere else: it is named the democratic-deficit. It's fundamentally related to globalisation. Our concept of democracy is based on the rights of the people to vote for politicians that live in that particular territory, within defined borders. But, due to globalisation, borders have become permeable.

Democracy is related to a territory. Of course you can do something with nation-states together, but most of the time national parliaments do not have influence on international agreements and other outcomes of the international policy process. International organisations do not have a (influential) parliament themselves.

If our ministers travel to Brussels or Washington or wherever and they agree on something, they come home with their decisions, but the voters will say, "Hey, this has to be decided here, we want influence on those issues too, we have to have influence because of the democracy". The international policy-process suffers from a democratic-deficit.

Basically globalisation brought us a new world order of nation-states, based on market plus democracy. We don't have any longer a first, second and third world: we all want this market plus democracy, so we manage. No, it's not as easy, the ideal model is not working everywhere and is nowhere working perfectly.

When we talk about globalisation, we have to pay attention to the power of civil-society.

First, we need to discuss the reactions against globalisation. This is about attitudes. People are overwhelmed by global market forces, by pop-music, by hamburgers and all the consumer icons. They are overwhelmed by the power of the United States of America, overwhelmed by economisation and americanisation of life. People become addicts of this homogeneous mass consumption, but at the same time they don't like it at all. Therefore globalisation creates counter-reactions. People start to stress their own identity, their own roots. In political terms this translates into a preference for decentralisation and subsidiarity. Not only in Europe but also in the global complex. You want to have the decisions made near by.

These are the anti-reactions, the contra-effects, the rebound of globalisation. There is more: globalisation is a rationalisation process, based on technology and economy, it is all very much about efficiency. People now start to sense that there are other values as well. So emotional values are stressed. Spiritual values are very much beyond efficiency and are therefore stressed as well. It's not only in terms of attitudes that we see this rebound, we see it also in institutions, NGO's (non-governmental-organisations), for example Amnesty International, the environmental movements.

Let me give you one example of my country. When I grew up, we had a number of political parties, we still have them. These were very powerful, large. Now, we have at least ten NGO's in the Netherlands of which each has more members as all political parties in the Netherlands in membership together. So this is an indication of a change, it's not only about NGO's, Greenpeace and so on. You see it also in the revival of the religions. Not the same maybe, not always traditional, but it's there again.

Usually if we think about the world of today, about globalisation, we think about individualisation, the individual is the cornerstone of today's society: as a participant in the market and as a voter in the democratic process. However, in matured economies and democracies we now see the rebound: the we-movements. People want to belong to a we-movement, they cannot do it without local-traditions, they want to belong to a group, they want to stand for and express their values for example in a NGO. There are values incorporated in we-movements, values that lack in the market-system.

So far I've said a few words about globalisation in different dimensions, the primary drivers of globalisation, the weakening of the nation-states, the growing role of civil society. This brings us next to globalisation another new word: "governance". Maybe I should call it new governance. Governance is not based on law, democracy, nation-state, but is rooted in civil society: people motivated to act in a socially and/or environmentally responsible, valuable way, because they want to do so themselves, not forced by law, but empowered and invited by civic movements. They have internalised certain values, they have voluntarily become members of value-centred organisations (religious movements, NGO's). Out of this membership, out of this conscious acceptance of certain values they behave in such a way that they themselves realise the "social goods" and fight against collective bads.

Is this romantic thinking only? It's not! It is already beginning to happen. The civil-society movements are fulfilling a role in putting pressure, not only on governments and democratic forces but also on companies, on transnational companies. And the transnational companies have started to understand it. In the past they said: "We obey the laws of each country in which we operate. Today they say: "It's not enough, we have to listen also to civil society, because if we do not then we get into trouble. Our personell, our staff might suffer from the shame-factor: our own people don't like to be scandalised by the media. Consumers might boycott us, we'll lose marketshare, etceteras."

Companies now also realise that if they internalise societal-values beyond efficiency only, for example if they go for the environment, if they practice human values, it will be better for companies itself. It is more and more considered to be a win-win situation.

Thirdly, the world of law has and more importantly the judges have changed. Judges have to come to verdicts based on the laws of their countries or international treaties, based on paperlaw. But more and more judges have started to come to verdicts based on what's called "soft-law". Soft-law is law based on international agreements that have not yet been ratified, but that are already widely accepted, soft law is based on so widely accepted norms and social values that they have become part of an understanding that you should obey: they are the unwritten rules that guarantee quality of life.

So my point is, globalisation is creating a new system of governance in which we see supplementary roles. The nation-states will still play a role, but so will civil-society and because of that, so will companies, business-people themselves.

"Zerrissene Gesellschaft", "fragmented society", fragmentation, wonderful that you chose this topic. It is nothing really new, it's a basic dilemma. A few quick remarks: The first thought I got when I heard the words "Zerrissene Gesellschaft" was: this must be a conference about the individualisation of life. Our societies are transformed to permissive-societies, in which so many things are permitted, that people simply do not live any longer to known guide-lines. Societies become fragmented: there is no unity any more. You might call it the "patch-work-society".

For me it's more interesting to talk about fragmentation in relation to globalisation.

Why is that easier for me? Because in globalisation itself we see paradoxes, sometimes they are simple. I start with a simple one: We have the paradox that I talk about globalisation while others talk about regionalisation. That's logical, because the tendencies of globalisation are so strong that they weaken nation-states in some respects, especially in their capacity to cope with quality of life-questions. The nation-state is too small, too weak, so people say, let us organise a regional institution that can take over some tasks from nation-states.

If you go to business people - another paradox - and you talk about globalisation, they say: "No Mr. Lubbers, we are not globalising at all. Because of the rebound, the contra-effects, we have to take into account more and more local conditions." Global companies both need to localise, regionalise and globalise to survive in today's world.

We all live in a world of paradoxes. After the end of the cold war we, with Bush, believed that an ideal new world order would come about. What do we see today?

Much more dramas, in terms of civil-wars. The security problem is no longer a problem of preventing war between the super-powers, not even so much about preventing war between states, but it is now about preventing war within countries, between peoples. There still are many non-matured nation-states, the violence within those states is no longer contained by strong leaders or superpower-intervention. Yugoslavia, Somalia, Rwanda, dramas of the new world order develop in high speed.

We thought that the end of the three-worlds-concepts would automatically lead to peace and harmony. But in a way it has complicated things. Partly the problems are caused by the fact that we still have not completed processes of democratisation, nationbuilding and so on.

Another problem is that of growing national and international criminality. Due to the fact that nation-states are weakening, internal security is often weaker than it used to be. Criminals can take advantage of the semi-permeable borders, ICT and the like. They can easily make their activities transboundary and make themselves invisible, committing 'digital crimes'.

A serious third problem of globalising societies is the aspect of exclusion. In a globalising world technologies develop fast. Therefore 'human capital' becomes more important. Many people cannot catch up with the technological innovations, they are not in a position to acquire the necessary education and information. So we see people excluded, in the poorest countries, but also in the matured economies. This is a problem of equity, of justice if you like.

A fundamental value for all, for each human being is to be considered important, to count in society. Economic and technological globalisation does not automatically create that situation. There is a tendency to include hundreds and millions of poor people which is good - and at the very same time you feel that there is a risk of exclusion as well.

We exclude not only those who can not put up with the technological revolutions, we also exclude those of whom we are afraid: the asylum-seekers, the immigrants. We are scared of them. We have a problem with their culture. How can we learn to live with cultural diversity while at the same time we are looking for the safety of a strong local identity, our own roots? The answer is that we need both, to secure our own identity we have to find common grounds with others, we have to learn to respect others, to care about others.

Lately I've read a citation of Havel and I would like to read it to you. Havel is an archetype of a humanist. He is not religious at all, but he states: "It is my deep conviction that the only option is a change in the spheres of the spirit, in the sphere of the human conscious, in the attitude of men towards world as a whole. It's not enough to invent new machines or new institutions. We must understand differently and more perfectly the true purpose of our existence on this earth. Only such an understanding will allow the development of new models of behaviour, new skills of values and life-objectives."

The humanist Havel, at least to me, is trying to explain that we need a holistic perspective, we need an inclusive way of thinking not in terms of personal interests, but in terms of a common responsibility. People accept the rules of the market, the globalisation-logic. They adapt to modern times, they make new laws and new institutions.

Havel says: "Yes, we have to do that, that's important but let us go beyond new regulations and institutions. The change must take place in ourselves, in our basic attitudes".

And I think, he is right. When we talk about new things today, in terms of globalisation, it's more than only a story about economy and technology, it is also about more than new governance needed in a more borderless world. It's also about spiritual change.

When Francis Fukuyama spoke about the end of history indicating the end of the ideological conflict between socialism and capitalism, I wrote down myself that day: "He's wrong." The history of mankind as a world-history has only began, it's not the end of it, it's the beginning. And when Huntington wrote his theses on the clash of civilisations, I wrote down: "No way!" To be civilised is not to clash. So the clash of civilisations is nonsense. These are statements fit to sell books. OK. But we should not accept these statements as if they reveal truth. Our mission is to contribute to history of mankind in practising a dialogue in a world which is, in all its diversity, connected by communications and technology.

I want to end by recalling Havel's citation which is very near a spiritual approach of the problems. That's intriguing for a humanist. Although, we have to keep in mind that the first really European humanists was Erasmus of Rotterdam. He wrote down: "The reason we are on earth is to praise god and serve him."

Einführung in das Generalthema

CHRISTIAN MEIER

Die Demokratie, der die Bürger abhanden kommen

Eine Demokratie besteht aus Bürgern, aus "Staatsbürgern". Insofern ist die demokratische Gesellschaft eines Staates Bürgerschaft. Ganz abgesehen davon, daß zur Gesellschaft in aller Regel neben Bürgern auch in ihr seßhaft gewordene, zu ihr gehörige Nicht-Bürger (oder Noch-nicht-Bürger) zählen, sollte man diesen terminologischen Unterschied aus politischen Gründen beachten: Bürger-sein ist in einer Demokratie nicht einfach identisch mit Gesellschaftsteilhabe. Es bedeutet etwas Zusätzliches, das in Rechten und Pflichten besteht, das eine wesentliche Dimension des Menschseins darstellen kann.

Um die Demokratien ist es z.Zt., nach verbreitetem Urteil, in Europa schlecht bestellt. Freilich sind sie nicht von außen, durch Kräfte etwa, die sie abschaffen wollten, bedroht. Der Ehrgeiz kraftvoller politischer Machtentfaltung, der sich an demokratischen Formen stoßen könnte, ist fast ausgestorben. Wir sind ziviler geworden. Im Unterschied etwa zur Zeit vor 1933 ist heute alle Welt für die Demokratie. Dafür scheint sie an innerer Schwäche zu leiden, an Aushöhlung; auch an einem Bedeutungsverlust. Denn Demokratie setzt in Europa Staat und Nation voraus; deren Zusammenhalt und vor allem deren Kompetenz aber ist im Schwinden begriffen, was sich notwendigerweise auf alle "Selbstbestimmung" auswirken muß.

Aushöhlung und Bedeutungsverlust bestehen z.T. darin und haben zugleich zur Folge, daß das Interesse - wörtlich übersetzt -, das Dabeisein der Bürger, nachläßt, daß es leidet. Wo aber das Dabeisein der Bürger bei der demokratischen Sache oder bei den Sachen der Demokratie leidet, gehen der Demokratie die Bürger verloren. Man kann das als Desintegrationsprozeß verstehen.

Wenn es hier um die "zerrissene Gesellschaft" geht, so wäre mit dem Befund, daß der Demokratie die Bürger abhanden kommen, ein paralleler Vorgang, vielleicht gar der politische Aspekt des gleichen Vorgangs gemeint.

Freilich sollte man sich solchen Befunden nicht einfach anheim geben. Keine Institution der Welt ist von gleichbleibender Kraft und demokratische sind es vielleicht besonders wenig (jedenfalls wenn einem die Demokratie nicht so im Blute liegt wie den Engländern). Krisen der Institutionen aber sind stets zugleich Chancen der Regeneration, vielleicht einer modifizierten Wiederherstellung.

Ich würde deswegen umformulieren: Unsere Demokratien machen zur Zeit eine kritische Phase durch. Das Ergebnis ist offen, es liegt nicht zuletzt in unserer Hand. Ich möchte drei Fragen stellen:

1) Was soll Demokratie sein?

2) Wieso kommen der Demokratie heute die Bürger abhanden?

3) Was ist dagegen zu tun?

Erstens also, was soll Demokratie sein? Darüber gibt es, wie jeder weiß, in Geschichte und Gegenwart sehr verschiedene Auffassungen. Ohnehin ist es nicht ganz einfach zu verstehen, warum dieser antike Begriff überhaupt in der Moderne das Rennen gegen den Begriff der Republik gewonnen hat, der lange Zeit als das eigentliche Ideal galt, Ideal einer gemischten Verfassung, die demokratische, aristokratische und monarchische Elemente enthielt und lange am besten geeignet schien, den Rechtsstaat zu garantieren.

Letztlich liefen auch die Wünsche der Liberalen stärker auf die Republik als auf die Demokratie hinaus. Wenn sie im Laufe des 19. Jahrhunderts von den Demokraten links überholt wurden, so u.a. weil diese die Gleichheit - zunächst des Wahlrechts, aber dabei blieb es ja nicht - auf ihre Fahnen schreiben konnten (natürlich zunächst nur für die Männer); aber auch, weil Monarchie und Adel erheblich an Terrain verloren. Auch wenn man zunächst noch meinen konnte, die Parlamentarier stellten eine Bildungselite (also eine Art Aristokratie) dar, wurde zudem mit der Zeit deutlich, daß es in den Parlamenten eher um die Austragung der Gegensätze von Interessen und Anschauungen als um die Ausübung gleichsam einer neutralen Bildungsüberlegenheit ging.

Als zum ersten Mal in der Weltgeschichte eine Demokratie entstand, in den 60er Jahren des 5. Jahrhunderts vor Christus in Athen, war offenkundig etwas Ähnliches vor sich gegangen. Volksversammlungen sowie den Grundsatz, daß in ihnen alles Wichtige beraten und beschlossen werden sollte, gab es schon vorher. Aber da war zunächst die Autorität des Adelsrats auf dem Areopag noch stark. Schließlich scheint sich herausgestellt zu haben (und/oder agitatorisch herausgearbeitet worden zu sein), daß die Adligen zwar an Weisheit und Erfahrung überlegen sein mochten, doch den Entscheidungsnotwendigkeiten gleichwohl nicht unbedingt gewachsen, zudem eigensüchtig und bestechlich waren. Man stellte den Grundsatz auf, daß, wo alle Bürger betroffen waren, auch alle entscheiden sollten und zwar frei von institutionellen Autoritäten. Da wurde sozusagen das Volk dem Adel gleich. Es war mit der politischen Entmachtung des Adelsrates, daß die Demokratie begann.

Dieser Grundsatz, daß, wo alle betroffen sind, alle entscheiden sollen, liegt nach meinem Urteil aller Demokratie zugrunde, auch heute! Wir müssen die Haut hinhalten, wir müssen es auslöffeln oder ausbaden, daher müssen wir entscheiden. Nur daß dieser Grundsatz heute, überhaupt in Gemeinwesen von der Größe moderner Staaten, nicht mehr so einfach befolgt werden kann, wie im alten Athen.

Wir können uns nur mit Hilfe von Volksvertretungen, von Regierungen helfen, die ihnen verantwortlich sind, die aus ihnen hervorgehen, die sie aber auch kontrollieren, und wohl notwendigerweise auch nur mit Hilfe von Parteien regieren, in denen die verschiedenen Auffassungen und Interessen aufgenommen, gefiltert und gebündelt, auch zu einem gewissen Ausgleich gebracht werden, in denen die Politik vorbereitet wird.

Die Frage ist nur, wie und wieweit Parteien, Parlamentsmehrheiten, Regierungen in ihren diversen Tätigkeiten wirklich "das Volk" repräsentieren, respektive, was eigentlich "Repräsentation" bedeutet. Und es ist vor allem eines problematisch: Wo zwischen Volk und Regierung steht eigentlich das Parlament, die Volksvertretung? Seine Mehrheit pflegt die Regierung zu tragen. Also wird es sie stützen. Wie weit aber wird es sie auch kontrollieren? Steht also das Parlament nicht der Regierung sehr viel näher als "dem Volk"? Oder kann die Opposition daran etwas ändern? Doch ist sie ja wohl nicht ohne Grund bei den Wahlen in die Minderheit geraten!

In vielen Situationen wird es eher so sein, daß sich im Streit Regierung, Parlamentsmehrheit und die Mehrheit der Wählerschaft auf einer Seite und die Opposition samt der sie tragenden Minderheit auf der anderen Seite finden (ganz schematisch gesagt). Doch muß das nicht so sein. Es kann in der Bürgerschaft auch die Meinung vorherrschen, daß "die da oben" mit uns machen, was sie wollen. Und mit "denen da oben" können durchaus - wie in Deutschland in der Frage des Euro - die Regierung und das ganze Parlament gemeint sein.

Aus diesen Schwierigkeiten hat man theoretisch vielerlei Auswege gesucht. Etwa die Feststellung, daß Demokratie eigentlich nur darin besteht, daß verschiedene Eliten um die Macht konkurrieren und das Volk die Möglichkeit hat, von Zeit zu Zeit in Wahlen zwischen ihnen zu entscheiden. Oder man betont, wie es in Deutschland nach 68 (und angesichts der Demokratievorstellungen der 68er) verbreitet war, daß wir nicht einfach Demokratien, sondern Verfassungsstaaten hätten, *mutatis mutandis* im alten Sinn von "Republik". "Nicht alle Staatsgewalt geht vom Volke aus", betitelte Dolf Sternberger eine Aufsatzsammlung, die er 1971 herausgab. Ernst Wolfgang Böckenförde suchte nachzuweisen, daß die Tatsache, daß wir bei den Sachentscheidungen nicht mitsprechen können, keineswegs als Notbehelf (angesichts der Größe der Staaten) zu verstehen ist, sondern durchaus als ein Vorzug, da die Mehrheit des Parlaments besser dafür geeignet ist, diese Entscheidungen zu treffen.

Im Rahmen dieser und ähnlicher Theorien läßt sich weiter darauf verweisen, daß zur Demokratie gehöre, daß Regierung und Verwaltung sich im Rahmen demokratischer Verfassung und Gesetze zu bewegen haben. Ja, daß von Politikern eine gewisse "responsiveness" zu erwarten sei, ein Hören gleichsam auf Wünsche und Bestrebungen im Volk, eine Einstellung, wonach man sie möglichst zu berücksichtigen habe.

Aber wer garantiert das alles (abgesehen von dem, was Verfassung und Verfassungsgericht zu schützen vermögen)? Was bedeutet es, daß die vom

Parlament im ordentlichen Verfahren beschlossenen Gesetze formal in Ordnung sind, wenn sie inhaltlich vielleicht im Widerspruch zum deutlich erklärten, monatelang demoskopisch erhärteten Mehrheitswillen stehen? Gewiß kann man sagen, die Mehrheit sei ablösbar, das nächste Parlament könne die Gesetze annullieren und neue geben. Aber was, wenn die ganze *classe politica* sich von ihrer Basis weit entfernt hat?

Genug der Fragen! Ich möchte behaupten, daß zur Demokratie besonders auch eine wache, kritische Öffentlichkeit gehört. Daß die Bürger nicht nur - alle paar Jahre - ihre Stimme abzugeben, sondern daß sie auch in der Zwischenzeit dabei zu bleiben haben, nicht nur mit ihren Interessen, sondern auch mit ihren Urteilen und mit einem regelrechten Bedürfnis nach Übersicht, nach Verstehen und Urteilsbildung. Und daß sie dies eben als Bürger zu tun haben, d.h. nicht einfach als "Interessenten".

Das Nächstliegende für jeden ist es ja, daß er sich rührt, wenn es in der Politik um irgend etwas geht, was ihn tangiert, oder wenn dort irgend etwas angestrebt werden kann, was ihm weiterhilft. Als Steuerzahler oder als Handwerker, als Arbeitsuchender, Mieter oder Sektenmitglied, als Vater oder Mutter schulpflichtiger Kinder, als Student oder als Rentner - dies alles und anderes läßt uns jeweils dies oder jenes als wünschbar erscheinen und Politik ist uns ein Mittel, um es möglichst zu erreichen (und das Gegenteil zu verhindern). Eben als "Interessenten".

Als Bürger aber müßten wir uns um einiges mehr kümmern. Zum einen, soweit wir Parteien zuneigen und mit ihnen (soweit das der Fall ist) bestimmte Auffassungen von Staat und Gesellschaft und von der zu treibenden Politik hegen. Zum andern aber auch, möglichst indem wir uns in bestimmten Dingen einig sind und sie gemeinsam verfechten.

Es gibt für die Bürger, grob unterschieden, zweierlei Formen politischer Solidarität: die horizontale und die vertikale. Vertikale verbinden sie mit "Höherstehenden", Einflußreichen, mit Patronen etwa - manchmal sind es auch Paten - und Parteiführern. Diese vertikalen Solidaritäten werden vielfach in Parteien und Interessenverbänden organisiert. In ihnen kann man neben gemeinsamen "Partei"-Zielen alle möglichen Vorteile für sich und andere, partikulare Vorteile, gewinnen (Aufträge, Stellen als Schuldirektor, Minister oder auch nur als festangestellter Chauffeur (nicht zuletzt deswegen werden ja viele Dienstwagen gebraucht).

Horizontale Solidarität dagegen verbindet die Bürger (dem politischen Rang nach) mit Gleichen, mit denen sie gemeinsame Interessen verfolgen. Die breiten Bürgerschichten der griechischen Demokratie etwa waren zu der Überzeugung gelangt, daß sie allesamt die Politik in die Hand nehmen sollten. Alte Gefolgschaftsbildungen an Adlige, die für viele durchaus vorteilhaft gewesen sein werden, mußten gekappt, zumindest geschwächt werden. Wahlen wurden auf das Mindestmaß reduziert, das unentbehrlich war; für die Bestellung der Ratsmitglieder und der meisten Beamten führte man das Los ein. So wurde ein fester Zusammenhalt unter den Angehörigen der breiten Schichten zu Gunsten aller hergestellt. So trieben sie gemeinsam die Politik der Stadt, der demokratischen, also ihrer Polis, anstatt einzeln nach den Vorteilen je für sich selbst zu streben!

Das ist, was die einzelnen politischen Themen angeht, auf uns nicht übertragbar. Heute müssen vertikale Solidaritäten vorherrschen. Aber die horizontalen haben sich damit nicht erübrigt. Wir brauchen auch gemeinsame (überwiegend gemeinsame) Erwartungen. Etwa die, daß auf Minderheiten einige Rücksicht genommen wird (was den vertikalen Solidaritäten der Mehrheit widersprechen mag, worin sie sich aber eigentlich schon deswegen mit der Minderheit einig sein sollte, weil sie selbst wieder dazu werden kann).

Vielleicht illustriert man das am besten an einem Beispiel, das weniger die Demokratie als den Staat angeht: Als vornehmlich die Linken demonstrierten und einige Gewalt dabei entwickelt wurde, waren Polizeieinsätze vor allem bei ihnen verpönt; und einige Politiker hielten einige Distanz zur Polizei (auch wenn diese sich in den gebotenen Grenzen gehalten hatte). Als eher die Rechtsextremen auf die Straße gingen und Gewalt anwandten oder dies zu tun drohten, riefen speziell die Linken nach der Polizei. Bürgersolidarität aber sollte darin bestehen, daß beide Seiten, unabhängig von ihrer Gesinnung, für die Einhaltung gewisser Grenzen und für die Polizei, soweit sie dafür sorgt, eintreten.

Man braucht aber auch die allgemeine Erwartung einer gewissen Fairneß, der Einhaltung von Regeln der Politik, die für den, der sie in größerem Maße vermissen läßt, unabhängig von Parteilichkeiten möglichst negativ zu Buch schlagen müßte. Auch sollte Bestechlichkeit und Selbstbedienung allgemein, überparteilich verfemt sein; das könnte doch wohl ein wenig ausmachen.

Jedenfalls sind Erwartungen nur mächtig, wenn jemand da ist, der sie hegt und verficht, und zwar muß das in größeren Kreisen geschehen, möglichst überparteilich, sofern es um allgemeine Interessen geht; und so, daß man sich gegenseitig darin bekräftigt.

Schließlich sind allgemeine Erwartungen mindestens ein gewisses Mittel, um auf die Erledigung von Problemen zu dringen, für die sich keine Lobby einsetzt, für die Parteien aus ihren eigenen Interessen heraus wenig übrig haben und die trotzdem drängend sind.

Kurz, nicht wenig lebt in einer funktionierenden Demokratie auch von der Beteiligung der breiteren Bürgerschaft, in ihren vielfältigen Partikularinteressen sowie in dem, worin sie im Sinne der Demokratie einig sein sollte.

Wie sich das aufgliedert und wie es zustande kommt, ist eine andere Frage. Wie etwa Presse und elektronische Medien in diesem Zusammenhang wirken, wie die Parteien, wie die vielfältigen Auseinandersetzungen der Interessierteren und die Resonanz der weniger Engagierten.

Ferner muß hier offen bleiben, wie Urteile zustande kommen, worauf sie basieren, wie sie sich verbreiten; wie sicher sie sind, mit welcher Wahrscheinlichkeit sie wirken, etwa zur Kooperation führen. Wie weit etwa die Presse dem Tag oder der Woche verhaftet ist und wie viel Wert dort darauf gelegt wird, sich (und andere) an bestimmte Dinge zu erinnern, damit sie sich so schnell nicht wiederholen; wie beharrlich man bei bestimmten Dingen bleibt, selbst auf die - heute ja ziemlich groß gewordene - Gefahr hin zu langweilen. Dies letztere ist übrigens ein wichtiger Punkt: Wie viel sind wir geneigt, durchgehen zu lassen, nur damit ein Thema nicht zu lange "auf dem Bildschirm" bleibt? Eine Prämie für manche obrigkeitliche Willkür - nur aus Gründen von Zeitknappheit und Entertainment-Interessen!

Die Sache beginnt, ganz einfach, bei der Sprache. Sie ist insbesondere die Waffe derer, die nicht an der Macht sind. Dazu aber müssen gewisse zentrale Begriffe gut besetzt sein, sonst schneiden sie nicht, sonst treffen sie nicht mit der gehörigen Wucht.

Dazu nur ein Beispiel: In Deutschland wird die Bundesregierung vielfach öffentlich und nicht ohne gute Gründe, der Hehlerei bezichtigt (da sie vielfach Gewinne aus den Verkäufen entschädigungslos enteigneter Güter bezieht). Aber es kümmert außer den Interessenten kaum einen. Hehlerei scheint also für eine Regierung kein Vorwurf mehr zu sein. Außerdem hat man seinerseits im Gefolge der DDR entschädigungslose Enteignungen vorgenommen, gegen die Verfassung. Spricht man den Vorsitzenden einer liberalen Fraktion darauf an, so erntet man nur ein Achselzucken. Wenn es einmal so weit gekommen ist - was soll man da noch mit Worten, was noch mit der Erwartung, daß die Verfassung eingehalten wird, ausrichten? Offenbar rasten verschiedene Begriffe nicht mehr richtig ein. Zu einer Bürgerschaft aber gehört, daß sie auch auf die Sprache, die Begriffe achtet.

Insgesamt ist festzustellen, daß das Leben, die Politik einer Demokratie nicht nur auf Aufgaben und Themen orientiert sein muß, sondern auch darauf, daß die Demokratie als politisches Leben funktioniert. Bürger-sein soll auch als solches einige Erfüllung bieten. Bürgerliche Tätigkeit darf nicht nur Mittel zu ganz anderen Zwecken sein.

Zweitens stellt sich die Frage: Wieso kommen der Demokratie heute die Bürger abhanden?

Daß dem so ist, braucht kaum lange begründet zu werden. Der deutliche Rückgang des Interesses an der Politik (außer wo man einmal als Interessent tangiert ist), Kenntnislosigkeit, verbreitete Passivität, Eskapismus, Rückzug also ins Private, in Nischen, Politikverdrossenheit: Von all dem ist viel die Rede und nicht ohne Grund. In welchem Ausmaß es genaugenommen der Fall ist, ist eine andere Frage.

Zweifellos können primär unpolitische Gesellschaften, wie es die der Neuzeit allesamt sind, nicht ständig mit großer Aufmerksamkeit die Politik verfolgen. Es gibt, wie Albert Hirschman beobachtet hat, einen Zyklus von Engagement und Enttäuschung. Und trotzdem findet sich auf weiten Strecken der Geschichte neuzeitlicher Demokratien eine gewisse, wenn auch nach Zeit und Schichten ungleich verteilte Teilnahme an Politik, ein gewisses intellektuelles, mitunter auch emotionales Engagiertsein. Zumindest ist das in gewissem Umfang abrufbar.

Womit dann bestimmte Kreisläufe der Meinungs- und Willensbildung zu entstehen pflegen, unterschiedlich ob mehr von oben nach unten oder mehr von unten nach oben angetrieben, und dennoch so, daß sie sich mit der Zeit in den verschiedenen Schichten anreichern.

Wenn nicht alles täuscht, herrscht heute mehr ein Gefühl des Nichts-Machen-Könnens vor, Resignation (die ich für ein Gift für die Demokratie halte). Man läßt sich gefallen, was geschieht, von "denen da oben!", obwohl es einem oft gar nicht gefällt.

Warum ist dem so? Ich würde hier vor allem eine langfristige Tendenz am Werk sehen: das Auslaufen einer bestimmten Weise politischer Gruppierung, die ihrerseits wieder zusammenhängt mit einer bestimmten Weise gesellschaftlicher und insbesondere auch temporaler Orientierung.

In den letzten mehr als hundert Jahren hatten sich in Europa, wenn auch von Land zu Land verschieden, bestimmte gegensätzliche Grundpositionen herausgebildet, die die Politik bestimmten und zugleich die politische Orientierung erleichterten.

- Zwischen Linken und Rechten, grob gesagt,
- zwischen Konservativen und Fortschrittlichen,
- zwischen Bürgerlichen und Sozialisten.

Ihnen korrespondierten bestimmte gesellschaftliche Gruppierungen,

- zwischen Reich und Arm,
- agrarischen und industriellen,
- Arbeitgebern und Arbeitnehmern sowie kommerziellen Interessen.

Die Gegensätze werden durch andere Gruppierungsgesichtspunkte streckenweise ein Stück weit relativiert, etwa durch die zwischen den Konfessionen (in Deutschland vor allem, aber auch etwa in den Niederlanden). Außerdem gab es Zwischenpositionen, grob gesagt Halblinke, gemäßigte Rechte, die in diesem Feld vororten waren. Die Gegensätze waren z.T. wirtschaftlich bedingt (sehr unterschiedlich), unter Umständen wechselnd, z.T. eher gesellschaftlich. Dahinter standen, respektive damit verbanden sich, wie man weiß, bestimmte Auffassungen von Staat, von Polizei - bestimmte Formen staatlicher Tätigkeit etwa wurden erwartet, andere nicht; die einen waren für Zurückhaltung etwa in Sachen der Wirtschaft, die anderen im Gegenteil für Planung und eventuell eine starke sozialpolitische Einmischung.

Die Positionen vertieften sich, nicht immer ganz klar und ohne Überschneidungen, zu unterschiedlichen Auffassungen von Recht und Gerechtigkeit, möglicherweise (zumal in Deutschland) zu ganzen Weltanschauungen. Und das alles mochte tief in die Identität von Parteimitgliedern und -sympathisanten hineinreichen.

Diese Positionen hatten in einer Zeit drängenden Wandels (was ja schon das 19. Jahrhundert war) eine temporale Komponente. Kräftige Erwartungen etwa eines fortschreitenden Prozesses wirtschaftlicher, aber auch wissenschaftlicher, technischer Verbesserung, der zugleich zur Verbesserung der Lage der unteren Schichten führen sollte. Durch Zukunftserwartungen, und zwar durch diejenigen nicht nur einzelner für sich, sondern ganzer Schichten, ja ganzer Gesellschaften, wurden manche Gegensätze gemindert. Zuletzt, als vieles wirklich geschafft war und die Ziele niedriger gesteckt werden konnten, trat ein Wettbewerb gegensätzlicher Parteien in Sinne der Ermöglichung ähnlicher zukünftiger Verbesserung, etwa des Sozialstaats, ein.

In diesen unterschiedlichen Positionen und mit ihnen und angesichts ihrer verlängerten sich nicht nur manche Gegensätze quer durch die Gesellschaft: Neben der Gruppierung "wir hier unten - die da oben!" trat diejenige zwischen "uns hier und denen da" zeitweise in den Vordergrund.

Außerdem aber bildete sich im nomologischen Wissen der Bürger, jenem Bezirk unseres Denkens, in dem wir unsere Grundpositionen festlegen, auf die wir dann alles beziehen, was wir erleben, die deutliche Scheidung der Positionen derart heraus, daß ganze Komplexe der Politik in einen eindeutigen Zusammenhang gerieten. So konnte man sich relativ gut auf dem politischen Feld orientieren und zwar an Sachen, konnte finden, daß bestimmte Fragen, die einen persönlich direkt gar nicht angingen, für einen trotzdem bedeutsam waren, weil sie eben einen Teil des umfassenden Zusammenhanges, etwa des Votums der Willensrichtung von Parteien ausmachten, dem man sich zugehörig fühlte. So wurde Politik auf vielfältige Weise interessant. Man wußte, worum es ging (und warum es wichtig war).

Ich habe stark vereinfacht. Auch früher war manches durchaus nicht zu überblicken, manches in Bewegung, vieles auch ungebunden. Doch im Ganzen gab es jene politischen und temporalen Gegensätze, jenes durch zusammenhängende Positionen markierte nomologische Wissen, bis in unsere Tage hinein. Doch vermute ich, es gehe damit jetzt zu Ende. Um nur einige Faktoren zu nennen, die dafür verantwortlich sind oder in denen sich das äußert:

- Das Auslaufen der Arbeitsgesellschaft, eine welthistorisch ungeheuer einschneidende Veränderung,
- der deutliche Rückgang der wirtschaftspolitischen Kompetenz der Staaten (viel stärkere Abhängigkeit vom Weltmarkt, viel größere Mobilität des Kapitals etc.),
- das deutliche Nachlassen der Möglichkeit für ganze Schichten, die Lage zu verbessern oder ihnen auch nur überzeugend die Sicherheit ihres bisherigen Status zu gewährleisten.

Schließlich in der temporalen Dimension: Das Ende der Wahrscheinlichkeit, daß der Prozeß der Verbesserungen (der sich natürlich auf vielen Gebieten unterschiedlich weiter fortsetzen wird) dies noch zu Gunsten immer breiterer Schichten in immer mehr Ländern tun wird. Statt dessen werden vermutlich nur mehr Minderheiten davon profitieren

In dieser Lage mag noch einiges von den alten Parolen hier und da weiter vorgetragen werden, mag man auch die alten Zusammenhänge und Solidaritäten gelegentlich beschwören, aber insgesamt hat man - habe ich jedenfalls - den Eindruck, daß breiteste Kreise der Bürgerschaft das, was vor sich geht, was bevorsteht, auch das, was Parteien noch an Programmen entwickeln, auch das was sie tun, kaum mehr in seiner Bedeutung oder seinen Auswirkungen überblicken können. Es ist ja auch schwierig, wenn man etwa im Interesse der Arbeiter (nämlich der Arbeitsplätze) Kniefälle vor Kapitalisten tun muß (die sich dann auch noch gern, wenn sie die verhießenen Subventionen abgeschöpft haben, anderswohin verziehen).

Große, wachsende Probleme haben wir überall. Aber sie lassen sich offenbar kaum mehr in große politische Gegensätze einfangen. Das ist neu.

Entsprechend erscheint die Zukunft in neuer Weise als ungewiß. Natürlich ist sie nie vorherzusehen, doch kann die Weise, wie Menschen in vielen anderen Gesellschaften darüber denken, ziemlich unterschiedlich sein. Es lassen sich - neben allen Träumen, Ängsten, Stimmungsschwankungen und durch sie hindurch - bestimmte epochenspezifische Annahmen über die Zukunft und Weisen, sie in das Denken und Planen einzubeziehen, beobachten.

Im klassischen Griechenland z.B. rechnete man damit, daß die Welt künftig nicht anders sei als gegenwärtig. Mächtige Städte mochten stürzen, schwache aufsteigen, aber eine Welt von Städten mußte es bleiben. Entsprechend mochten einzelne hoffen, wohlhabender zu werden oder mächtiger. Das hing ab vom Arbeiten, vom Handeln, vom ereignishaften Aufeinanderstoßen verschiedener Kräfte. An Veränderungsprozessen dagegen, die etwa die Struktur von Wirtschaft und Gesellschaft allgemein oder gar die Natur hätten verwandeln können, glaubte man nicht.

Solche Prozesse, die, wie wir sagen würden, unter gewissen Voraussetzungen aus den unbeabsichtigten Nebenwirkungen intentionalen Handelns entstehen, fanden auch kaum statt. Man hätte sie damals für unheimlich gehalten. Denn man wollte das Geschehen kontrollieren, gegebenenfalls unter sich austragen, nicht von ihm irgendwohin geführt werden, unabhängig davon, ob man das will.

Zur Erläuterung: Ein sehr einfaches Beispiel dafür stellt der Prozeß der "Motorisierung" dar. Aus vielen Gründen kommt es dazu, daß Autos für viele erschwinglich werden. Dann passiert Folgendes: Der eine kauft es, der Nachbar muß mithalten, dann kommt der Zweitwagen. Immer weitere Siedlungsgebiete werden außerhalb der Stadt erschlossen, was weitere Motorisierung nach sich zieht. Die Städte werden lauter, stickiger, voller. Fußgängerzonen werden eingerichtet, Parkverbote erlassen. An sich wollte jeder von uns möglichst bequem von einem Punkt zum anderen gelangen; da dies aber unendlich viele wollen, behindern wir uns daher gegenseitig und verwandeln (und beschmutzen) dabei unsere Umwelt. Keiner will das, aber alle zusammen treiben wir es dahin, indem eben die unbeabsichtigten Nebenwirkungen unseres Handelns sich derart kumulieren. Solche Prozesse kennzeichnen unsere Welt aufs vielfältigste; sie verlaufen in ganz verschiedene Richtungen.

Dieser Art Prozesse hat es in Griechenland kaum gegeben. Und sofern es sie gab, hat man sie als solche nicht wahrzunehmen vermocht. Ganz anders seit dem 18. Jahrhundert. Da sind Veränderungsprozesse, die weit über das hinausgehen, was irgend jemand will (oder was einzelne oder Bürgerschaften bewirken können), üblich geworden. Viele einzelne und darüber hinaus der ganze, breite, tief einschneidende Veränderungsprozeß unserer Technik, Wirtschaft, Gesellschaft, unseres Wissens, unserer Möglichkeiten, der schließlich bis hin zu Weltraumfahrt, zum Internet führte, der aber auch Auschwitz möglich machte.

Was das an Orientierungsnot mit sich bringen konnte, ist kaum zu ermessen. In den 30er Jahren des vorigen Jahrhunderts hat Tocqueville in eindrucksvollen Sätzen beschrieben, daß wir uns gleichsam mit dem Rücken nach vorn in einem reißenden Fluß mit wachsender Geschwindigkeit bewegen; die Vergangenheit sieht man langsam an dem Ufer zurückbleiben, die Zukunft, auf die wir zurasen, ist unsichtbar. Wir bräuchten eine neue Politikwissenschaft, so Tocqueville. Die Gelegenheit, die Dinge noch unter Kontrolle zu bringen, werde bald nicht mehr gegeben sein.

Doch dann hat man in den europäischen Staaten das mehr oder weniger doch geschafft, auch - gerade auch - in den Demokratien. Man hat sogar gelernt, selbsttätige Prozesse zu denken, weil sie positiv waren. So richteten Bürger und Politiker, aufs ganze gesehen, gern ihre Blicke in die Zukunft. Man schrieb Entwicklungslinien in die Zukunft fort. Sie zeigten in der Regel nach oben. Und zwar für alle, gerade auch für die unteren Schichten. Zunehmende Einkommen, Freizeit, Arbeitserleichterungen, Frührenten, etc. etc. Grob gesagt: Zukunftsvorstellungen hatten die Zukunft ganzer Gesellschaften, ja Erdteile oder gar der Welt zum Gegenstand. Und waren erfreulich.

So gehörte es zu unseren neuzeitlichen Demokratien: Staaten, die die verschiedensten Probleme ihrer Gesell-, ihrer Bürgerschaften zunehmend meistern konnten, in denen es freilich eine Menge zu streiten gab, aber eben in einem bis in die Zukunft hinein - zumindest dem Anschein nach - halbwegs feststehenden Rahmen.

Heute dagegen scheinen mir die wichtigsten Zukunftsannahmen diejenigen einzelner und von kleinen Gruppen zu sein. Die Möglichkeiten sind ungeheuer groß, man kann sie schon heute nutzen und sich für die Zukunft einiges ausrechnen.

Aber können das Staaten und Staatenverbände? Die Politiker mögen es behaupten; aber schenken ihnen die Bürger auch noch Glauben? So sehr "die Wirtschaft" voranschreiten wird - wer kann eigentlich kontrollieren, wie das geschieht? Gewinne und Möglichkeiten verteilen sich unter Umständen sehr ungleich, es kann sich geradezu über Katastrophen, große geplante Zusammenbrüche von Unternehmen vollziehen. Was wollen Staaten, Bürgerschaften und Gesellschaften da machen? Vielleicht die internationalen Gremien beeinflussen, die ihrerseits - vielleicht - das Geschehen kontrollieren können?

Aber wie kann das laufen? Und was könnte demokratische Willensbildung in den Staaten da ausrichten? Wie könnte sie zustande kommen? Schließlich läuft international vieles nach sehr eigenen Gesetzen. Andererseits ist Selbstbestimmung in klein bemessenen Portionen nicht leicht herzustellen. Da resigniert man eher.

Man kann ähnliche Überlegungen über die ökologischen Probleme anstellen. Und über die möglichen Folgen und das Ausmaß der Migrationen, nicht zuletzt über die künftigen Zentren der Macht. Man denkt ja, wenn man den Rückgang der Kompetenz der Staaten ins Auge faßt, immer nur daran, was davon an internationale Organisationen nach oben und an Regionen nach unten abgegeben wird. Daß es dazwischen noch eine dritte Sorte beachtlicher Machtträger gibt, und immer mehr geben kann, bleibt dabei außer Acht. Dabei sind jene Kartelle, die man altmodisch Mafias nennt, Gruppen von Menschen, welche wirtschaftliche Macht, Einfluß auf Bürokratie und Polizei mit Kriminalität und Loyalität zu hoher Effektivität verknüpfen können, ja schon vielfach mit Händen zu greifen. Sie schaffen neue Abhängigkeiten, Zuflüchte für manch einen und sind ihrerseits schwer zu kontrollieren.

Kurz, wir wissen nicht, wohin wir unterwegs sind. Nur eines ist bekannt: Es wird sich mit wachsender Geschwindigkeit immer mehr verändern. Wir können diese Veränderungen kaum einschätzen und vor allem - weil es uns dazu an nomologischem Wissen fehlt - kaum beurteilen. Daß es den meisten von uns am nötigen Fachwissen fehlt, ist das wenigste. Das war zum Teil schon im alten Athen so. Fachwissen können Spezialisten beitragen. Wichtig ist allerdings, daß es Maßstäbe - und vertrauenswürdige Personen - gibt, um es zu beurteilen und einzuordnen. Es muß irgendwo im allgemeinen Wissen seinen Platz finden können. Früher haben Parteien das z.T. vermittelt. Aber können sie das noch? (Gottvertrauen ist auch nicht mehr weit verbreitet.)

Das schafft Unsicherheit, Rückzug ins Private, Nischengesellschaften. Damit lockern sich die Verbindungsseile zwischen Politik und Bürger-Interessen. Zu den Wahlen mag man gehen, weil einem kurzfristig die eine Partei denn doch noch lieber ist als die andere (oder der eine Mann als der andere; Frauen sind es ja selten). Jedoch die allgemeinen Meinungs- und Willensbildungsprozesse, die eine Demokratie auch zwischen den Wahlen braucht - denen kommen die Bürger zunehmend abhanden.

Es gibt weitere Erklärungen, etwa die Auflösung jener Wohnmilieus, in denen bestimmte politische Orientierungen sich schon mit nachbarlichen Kontakten verbanden und immer neu aufflackern. Die mangelnde Einrastungsfähigkeit des von den Medien vermittelten Wissens. Die Vielfalt der Programme, die die Bürger in verschiedene Richtungen entführen, so daß sie sich mit ihren Gedanken schlechter an bestimmten Stellen, in einer gemeinsamen Öffentlichkeit versammeln und sich auseinandersetzen und zu bestimmten Willensrichtungen konzentrieren können. Ich vermute, daß die Orientierungsnot, die Schwierigkeit des sich Zurechtfindens in der eigenen Zeit der zentrale Faktor des Abhandenkommens der Bürger ist.

Was also, drittens und letztens, ist zu tun?

Vielleicht ist es gut, daran zu erinnern, daß die menschliche Fähigkeit, sich in neuen Lagen zurechtzufinden, grundsätzlich sehr groß ist. Es kostet Mühen, es geht vieles dabei verloren, und jedenfalls nimmt es Zeit in Anspruch, aber am Ende kann es klappen. Zweitens ist daran zu erinnern, daß der Veränderungsprozeß, den wir zur Zeit durchmachen, nicht zuletzt uns selbst verändert, angefangen bei unserem Aussehen, der Weise unserer Bewegung, unseres Umgangs untereinander, aber dann natürlich sich fortsetzend tief in unsere Sprache hinein, unsere Ideale, unser Denken, die Angemessenheit unseres Denkens an die Welt, mit der wir konfrontiert sind.

Es fragt sich nicht einfach, ob wir Demokratien wollen, sondern für wen wir sie wollen. Wer wollen wir und die anderen, unsere Mitbürger, als Bürger sein?

Ich meine, wir sollten es uns angelegen sein lassen, Menschen zu sein, die würdig zusammenleben können. Nicht nur ihr Auskommen haben, in einiger Sicherheit sich befinden, eine angenehme, schöne Umgebung genießen, Freiheit, Menschenrechte, sondern auch wissen, was gespielt wird - um uns bewußt darauf einzustellen, um dessen Konsequenzen zu bedenken und diesem und jenem wehren zu können, um nicht irgendwohin zu treiben, nicht nur uns irgendwo verwandeln zu lassen, sondern um uns zu behaupten. Dazu gehört: Übersicht und Urteilskraft! Das heißt nicht nur Kenntnisse, sondern auch ein nomologisches Wissen, in das sie einzuordnen sind, in dem sie etwas bedeuten, ja Bedeutung und Konsequenz gewinnen. Das kann man sich nur zum Teil selbst erarbeiten; vieles muß zugleich das Wissen, das nomologische Wissen der Gesellschaft sein. Dazu braucht es Kooperation. Darin müßte sich das Einzelwissen und die Urteile der einzelnen bestärken.

Ob es heute und künftig noch möglich ist, unsere Staaten demokratisch in einem nicht nur äußerlichen Sinne des Volkes zu regieren, weiß ich nicht. Europa wird in absehbarer Zeit so jedenfalls nicht regiert werden können. Denn es fehlt an einer europäischen Gesellschaft - und Bürgerschaft. Hier wird eher, erstmals, Bürokratie zum Verfassungsbegriff werden.

Aber daß es wert ist, es zu versuchen, davon bin ich überzeugt. Dann aber müssen wir sehr viel tun, um uns neue Grundlagen dafür zu erarbeiten. Das beginnt im Intellektuellen, aber es reicht am Ende bis ins Emotionale, in die Mentalität, in die Identität. Was bedeutet es etwa, daß Arbeit für viele nicht mehr so viel bedeuten kann; daß Glück für den Erfolg im Vergleich dazu immer wichtiger wird? Wie viel Ernsthaftigkeit geht dabei, möglicherweise, verloren? Wieviel Anlaß zu auch politischer Solidarität, etwa in den auf Arbeit bezogenen Parteien, durch die weite Schichten allererst in die Demokratie hineinkamen?

Wir brauchen ein neues Paradigma der Politik. Und zuallererst brauchen wir sehr viel Zuversicht, daß die Resignation nicht aufkommt, die das schlimmste Hindernis dabei ist; zumal sie ansteckt.

Frustrationstoleranz wird gefordert, die Fähigkeit sich über all das obrigkeitliche Gehabe, dem wir zunehmend ausgesetzt sind, zu ärgern, richtig zu ärgern! Diese Fähigkeit, uns kräftig zu ärgern, über alles mögliche, muß sich mit Aktivität verknüpfen. Wenn wir sie wieder, und zwar gemeinsam, haben, dann ist das Wichtigste auf den Weg gebracht.

Society and the crisis of liberalism

AMITAI ETZIONI
VIKTOR VANBERG

Summary of the seminar

The purpose of the seminar was to compare modern communitarianism and modern liberalism as two distinct approaches to the issue of a desirable social order. While the two approaches are commonly perceived as fundamentally conflicting perspectives, the seminar showed a major convergence between the new or responsive communitarian thinking, advanced by Amitai Etzioni, and the constitutional liberalism, advocated by Viktor Vanberg. Etzioni's version of communitarianism differs from certain other varieties in paying much more attention to individual rights and liberty, while Vanberg's constitutional liberalism differs from a Laissez-faire approach in its emphasis on the significance of the institutional-constitutional framework and the role of rule rationality by contrast to case by case pursuit of self-interest.

Major topics of the seminar were the "models of man" or the views of the nature of the actor that the two contrasted perspectives employ, the role that they assign to morality and civic virtue, their understanding of the significance of the "rules of the game" or the "constitution" as foundations for the "good society," and their respective views on the relation between the market, community and politics.

With regard to the "model of man" the principal issue was the role of self interest as the motivating force of human behaviour. While Etzioni stressed that the economists' ambition to explain all human behaviour in terms of rational pursuit of self interest overlooks the role that genuine concern for others and altruism play in human interaction, Vanberg sought to show how the economic model of man can be generalised from its narrow application as a model of case by case maximisation to a model of prudent rule-following, and how such re-interpretation may help to account for the kind of behaviour that appears to conflict with a standard notion of self interest.

On the morality issue Vanberg conceded that a model of rational choice as case by case maximisation has no room for the kind of personal attitude that the concept of morality describes, but he argued that a model of prudent rule-following may well allow for self-interested actors to impose moral constraints on their own behaviour, dependent on whether or not the contingencies of their social environment provide rewards for morally constrained behaviour. While acknowledging that Vanberg's reference to "soft wired" cultural rules (by contrast to "hard wired" biological rules) provides a major bridge to communitarian thinking about social norms, Etzioni insisted that a reduction of morality to self-interested rule-following overlooks the role that must be assigned to morality as a separate motivational factor in the explanation of human behaviour, a motivational factor that is different from, and often in conflict with, a person's self-interest. The central issue discussed in this context was whether moral commitments can adequately be viewed as reflecting some form of self interest - however long term, indirect or enlightened - or whether it must be considered a distinct human category.

With regard to the significance of the institutional or constitutional foundations of the "good society" the seminar showed that communitarianism and liberalism both recognise the role that is played by formal as well as informal rules, and that both consider the deliberate legislative process as well as the process of spontaneous and informal cultural change as major avenues through which the complex system of societal rules and conventions evolves through time. There is a difference in emphasis, though, in that constitutional liberalism is concerned more with the issue of how citizens, or the players of "social games," may voluntarily agree on mutually beneficial rules and rationally choose the rule-frameworks within which they live, while communitarianism stresses that social rules are handed down from generation to generation, that they are only slowly modified, and that people are poor learners in constitutional as in other matters.

The issue of what role market forces should be allowed to play, and how their domain ought to be defined in relation to the realms of community and politics, is the issue that obviously separates communitarianism and liberalism most, but even with regard to this issue the seminar showed considerable common ground between an Etzioni-type communitarianism, with its emphasis on individual rights and liberty, and a Vanberg-type constitutional liberalism, with its emphasis on the crucial role that an appropriate institutional-constitutional framework plays in markets no less than in politics.

The seminar was joined for the last two and a half days by Professor Václav Klaus, former Prime-Minister of the Czech Republic. Entering the discussion on Friday, August 21, and presenting a lecture on "Society and the Crisis of Liberalism or Liberalism as a Hope for Society?" on Saturday, August 22, Klaus rejected not only communitarianism as just another variety of collectivism, he also distanced himself firmly from Vanberg's constitutional liberalism as a "third way" approach that sacrifices essential liberal principles. By contrast to these two perspectives Klaus portrayed his own position as that of a free market liberalism that advocates a market economy "without attributes" as the most promising foundation for a good society.

VÁCLAV KLAUS

Society and the crisis of liberalism or liberalism as a hope for society*

It is always fashionable to talk about a crisis. It gives those who use such terminology a special aura that they see the world more sharply than the rest of us, that they possess a noble vision of a better world, and that they know how to get there. The question is where the feeling or certainty of a crisis starts - in a deep and penetrating analysis of the status quo or in an aprioristic, elitist, and moralistic ambition? Is it merely a new fashion in thinking, an attempt to create a niché in the very competitive market of ideas or is it a real breakthrough?

At the very beginning of my today's talk, I must confess that I do not see around me any crisis, that I do not see any "zerrissene Gesellschaft", that I do not know any feasible alternative to Western liberalism, and especially that I do not believe in authoritarian, constructivistic ways to create a brave new world (of any form, colour or smell). My position is based both on theoretical arguments in economics and other social sciences and on my personal experience with communism and its transformation into a free, open society we have had an opportunity to experience in the last decade. Both sources of arguments have the same importance to me.

No one would dare to claim that we are approaching paradise. There are many problems in the real world and no one should neglect or underestimate them. The only issue is how to tackle them, what to do with them. Some of us believe in individual human beings and in their motivation to better the world around them - provided basic institutions of society make it possible, some believe in themselves and in the government which could realise their recommendations what to do with the world they have ambitions to bring to perfection. We should agree with Thomas Sowell that these two approaches very clearly describe the current "Conflict of Visions" and that the second, antiliberal vision is "The Vision of the Anointed" (to take use of the titles of his two important books).

I strongly believe in the liberal world order. Such a world is, of course, not without preconditions. Together with Margaret Thatcher, I am convinced that "the life of free men and women has to be a life of self-discipline, self-control and self-sacrifice" and in this respect it has to be based on an elementary moral system. At the same time, I believe in the inherent morality of markets, in the ethics of work and saving, in the crucial link between freedom and private property. It is not possible (or desirable) to legislate - from above or outside - a better world.

* Speech in the framework of the seminar

Such way of thinking has been recently put under a new, strong and dangerous attack. The adjective "dangerous" is appropriate because I see a virus of demagogy and romanticism in the visions of the preachers of communitarism or a civic society as it is called in some countries. There is no identity between the two terms, but the idea of civic society (in its current, Central European meaning) has many similarities with communitarism. And I am aware of the dangers of this idea. There was - perhaps - some justification of (or an excuse for) the idea of a civic society in the communist era when it was one of the strategies for resistance (but I had never shared this strategy). Communism is over, but the old anti-liberal ideas are still with us. They can be seen in continuous attempts to find third ways, to integrate markets with non-markets, to construct capitalism with a human face, to attack individualism (by caricaturing it), to mix genuine, spontaneously evolving associations of individuals with organisations based on obligatory membership, to disregard the crucial role of private property, etc.

Communitarism - as I see it - represents a new version of an old anti-liberal approach to society, a shift from traditional liberal democracy to new forms of collectivism, a romantic dream and "a constructivistic attempt of imposing the moral system of the face-to-face group on the large, anonymous society" (G. Radnitzky, The Inconsistency of Liberal Compromises, Journal des Economistes et des Etudes Humaines, Vol. 7, No. 4., Décembre 1996), a new way of integrating society by organising it at microlevel.[1]

My first argument regards the communitarist's analysis of the contemporary society. They interpret it as an egoistic, individualistic world where the basic form of social interaction takes place among atomistic units (human beings). They are supposedly alone, which means not rooted in various social institutions which would give them other than purely egoistic motives of behaviour. I disagree with such interpretation of events. I do not think it reflects the prevailing atmosphere in our society. It may describe more or less pathological situation of some individuals with problems of association, but not the real world we know and live in.

There is - with all known undermining and weakening factors and influences - a family which remains to be the main foundation of our society and of our public life.[2]

In addition to it, we are - mostly voluntarily - members of other social institutions which brings us into contact with other people. It starts with schools, with the places we work at, with free time activities (sports clubs), etc. The more active we are, the more people we meet and collaborate with. To caricature life in the contemporary Western world as an uncooperative game (or fight) of isolated, self-centred and self-interested individuals is not

---

1 (Communitarism may, however, also be a simple and much more modest empirical hypothesis that a deeper and denser network of human associations creates more of social capital, but real communitarism is much more.)

2 (I agree in this respect with James Q. Wilson and his arguments in "Two Nations", AEI Press, Washington DC, 1998)

justified. We should not be ashamed of self-interest because it is not true that self-interest is a motivation unworthy of human beings. In addition to it, we know - at least since Adam Smith - that society cannot rest on the noblest motives and we know as well that self-interest is the strongest motive, whether we like it or not. It does not imply that self-interest blocks our interest in other people and their well-being. In the language of economics, we can say that the well-being of other people can be, and very often is, a factor in our "utility function" (with a positive sign).

My second argument relates to communitarism as an alternative ideology. I have already mentioned some of my arguments but I would like to repeat the two most important ones:

- communitarism wants to change human being (instead of taking them as they are);
- communitarism in its aversion to individualism and its advocacy of coercive ways of human associating is another form of collectivism.

We are - with our communist past - oversensitive to both aspects of communitarism.

Because of ambitions to change human beings, communitarism is a form of elitism. Its advocates have the feeling that they have been chosen to advise, to moralise, to know better than the "normal" people what is right or wrong, what the people should do, what will be good for them. They want us not only to be free, but to be good, just, moral as well. Of course, in their definition of what is good, just and moral. Similarly as Margaret Thatcher, I start with the assumption that liberty is an individual quality and, therefore, we should not collectivise it.

Communitarism wants to socialise us by forcing us into artificial, not genuine, not spontaneously formed groups or groupings. In this respect, it is another version of corporativism or syndicalism, of organisations with obligatory membership which bring together people of the same profession, age, habits or interests. We used to live in a "world of obligatory memberships". There was one tourist organisation, one organisation of pet-fans, one horse-riding club etc. And we know what it means. For that reason, we want to be "free to choose" (or eventually not to choose).

My third argument regards the ways how to get to the brave new world of communitarism. One dangerous procedure how to do it is to create an intellectual climate hostile to traditional Western liberalism. This proved to be very easy to do and very efficient. After the collapse of communism, in the moment of a strange, ideological vacuum, communitarism (and environmentalism) took their chance. They came with new arguments against our contemporary society, relied on the feeling of "the end of ideologies" and based their tactics on people's inclination to permanently search for something new (or quasi-new).

Communitarism cannot win through preaching only. Its preachers are here, but they cannot start a mass movement which would lead to a social revolution. Instead of it, they try to reach the legislators and to legislate the world according to their dreams. And this is something I am afraid of, because we live in a world of "unconstrained" parliamentarism. When I dare to say unconstrained I mean unconstrained by the feeling of the whole of society and of its fragility. Milton Friedman recently put it crystal dear: "We are ruled by a majority, but it is a majority composed of a coalition of minorities ... No minority has any incentive to be concerned about the cumulative effects of the measures passed." (Two Lucky People, University of Chicago Press, 1998). And this is very dangerous, especially when the decision-makers and legislators thinking is based on "an incredible mishmash of pseudosocial science, pop-psychology, vacuous moralising, rank ideology, and political bias" (Henry G. Manne, The Judiciary and Free Markets, Harvard Journal of Law and Public Policy, Vol. 21, No. 1, Fall 1997). It is our task to limit the introduction of systemic changes based on such aprioristic backgrounds and motivations, and instead to rely on spontaneous evolution of human institutions.

If the communitarians concentrate on founding specific institutions and on working in them, I would be on their side. But it must be done retail, not wholesale. It is necessary to do something specific, not to keep advising others what to do.

Science, pseudoscience and antiscience

USKALI MÄKI
ALAN MUSGRAVE

Summary of the seminar

Alan Musgrave

1. The problem of this seminar is: what distinguishes science from nonscience? - and within nonscience, what distinguishes pseudoscience from the rest and what distinguishes antiscience from the rest?

The Vienna Circle said that science is verifiable by experience and that (given the verifiability theory of meaning) nonscience is nonsense. Popper rejected both the verifiability theory of meaning and the view that science is verifiable. He said instead that science is falsifiable by experience, but nonscience is not nonsense.

The idea that falsifiability is the mark of science has come in for much criticism. Critics point out that falsifications are not conclusive disproofs, because the 'empirical basis' of science is not itself infallible, and because scientists have to decide which part of a falsified system to reject when a falsification occurs (Duhem Problem). Popper was aware of both these points, and neither of them impugn the idea of falsifiability. What these points do impugn (as Kuhn, Lakatos and others pointed out) are certain simple-minded falsificationist methodological policies. Popper's critics are best seen, not as denying that science is falsifiable, but as disagreeing about the methodological importance of this fact.

Something got lost in Popper's redefinition of the demarcation problem. The Vienna Circle did not just want to demarcate nonscience from science. They wanted to destroy it. They did not succeed, but a second demarcation problem remains: how to distinguish nonscience which is respectable from nonscience which is not? Carnap's classic example of the latter is Heidegger on 'the Nothing'. Stove produces other examples, drawn from Plotinus, Hegel and Foucault. Stove despairs of finding a simple diagnosis, such as the verifiability theory of meaning, of what goes wrong in such cases. He does suggest, however, that "abuses of language" play a role in all of them *(The Plato Cult and Other Philosophical Follies,* 1991, p. 189). That seems promising. Heidegger's abuse of language, documented in detail by Carnap, was to take a quantifier ('Nothing') as the name of something. This had already been made fun of by Lewis Carroll in *Through the Looking Class.*

2. Among nonscientific theories are philosophical or metaphysical theories. And among these are certain theories that are antiscientific - idealist or constructivist theories. These stem in large part from abuses of language.

Berkeley's idealism was antiscientific in this sense. Berkeley did not dispute any specific teaching of science, but sabotaged the entire enterprise from a metaphysical point of view. Since there is no matter, physical science is all false.

Berkeley argued that we cannot even conceive of external objects, because to do so we have to conceive of them. Stove calls this 'The Gem': "We cannot conceive of external objects without conceiving of them. Therefore, we cannot conceive of external objects". The abuse of language (or of logic) here is to obtain a false conclusion from a necessarily true premise.

Berkeley's other arguments stem from his idea-ism, the view that we do not perceive external objects but only ideas (images, representations, sense-data) in our minds. The arguments for idea-ism also depend on abuses of language. A round coin viewed from the side looks (appears, seems) elliptical. Illegitimate reification leads to the thought that what is seen is elliptical. From which it follows that what is seen is not the coin. Such an argument can be constructed for any case in which things do not appear as they really are. You get the general conclusion - that we perceive only ideas - by extending the point even to 'veridical perception'. The other argument for idea-ism rests upon the fact that perception is a more or less indirect causal transaction between the object perceived and the perceiver. Philosophers assume that what is perceived is directly perceived (an assumption inconsistent with the causal theory of perception), and conclude that we cannot perceive external objects. Idea-ism is not yet idealism. Berkeley combined idea-ism (we perceive only ideas) with common sense (we perceive objects) to obtain idealism (objects are ideas). He added that God causes all the ideas. Thus, according to Berkeley, all perceptions are God-caused hallucinations. Of course, neither Berkeley nor philosophers anxious to make excuses for Berkeley put it like this.

The next great step forward in idealist philosophy was made by Kant. Kant's philosophy rests upon another Gem: "We cannot experience things without deploying the necessary apparatus for doing so. Therefore, we cannot experience things-as-they-are-in-themselves". There is an inaccessible noumenal world of things-in-themselves, and the phenomenal world of things-as-experienced (conceived, thought about, talked about)-by-humans. Kant hoped to save science from Humean scepticism. To save science he emasculated it, confining it to a phenomenal world partly constructed or constituted by it. And what he saved was not science but certain dogmatic claims about science, claims which science itself transcended.

The abuse of language here are the 'hyphenated entities'. There are no such things as the-Moon-in-itself or the-Moon-as-X-ed-by humans. There is just the Moon, which is not a 'construct' and which existed long before any humans did - at least if science is to be believed.

3. Modern idealism or constructivism is just Kant generalised. There are lots of different phenomenal or constructed worlds. Different paradigms or conceptual schemes or languages or words give us different worlds. The dogma that "there exists an external world" is replaced by the higher wisdom that "reality is at bottom a social and linguistic construct". (Here I quote Sokal's constructivist spoof, as published in *Social Text* in 1996. The Editor of *Social Text* has complained that this spoof, that he did not detect, was unsolicited. The Emperor found without clothes criticises the cameraman for taking nude photos!)

Hilary Putnam's influential 'internal realism' is a species of constructivism. Putnam defends 'internal realism' by contrasting it with a straw position of his own invention called 'metaphysical realism'. Metaphysical realists are supposed to believe that "The world consists of a fixed totality of mind-independent objects". The abuse of language here is to take 'object' as an individuating expression. We can make sense of the question "How many objects are there?" only by replacing 'object' with some individuating concept. Putnam concludes that objects do not exist independently of concepts and that introducing concepts cuts the (noumenal?) world up into objects. This is constructivist rubbish. For any individuating concept X, the world consists of a fixed totality of Xs. (Whether the Xs are 'mind-dependent' depends on whether people make them: that there would not be any tables without people is consistent with a robust metaphysical realism. The construction of social reality is not to be confused with the social construction of reality.)

Uskali Mäki

Most people seem to be able to recognise and agree on instances of science, pseudo-science, and anti-science when they come across with them. Most people, philosophers of science included, are unable to exactly articulate or agree on the criteria used or implied in such intuition-based classifications. Criteria such as verifiability, falsifiability, and progressivity are all found controversial within the philosophy of science today. This is rather embarrassing, given the topicality of the politically loaded issue of demarcation: in many quarters of today's world, science is under attack, and various pseudo-scientific substitutes are gaining in popularity. This situation poses a challenge to scientists and philosophers of science alike. In order to meet the challenge successfully, we first need to be aware of what exactly we want the demarcation project to accomplish as well as what the unavoidable difficulties are.

My clarificatory suggestion is to enrich the classification beyond the threefold distinction between science, pseudo-science, and anti-science. The grand distinction is between what may be called pro-science and anti-science.

Within pro-science we can make a further distinction between proto-science, science, and pseudo-science. They all share a positive attitude in regard to being scientific. Proto-science purports to be a science and will be turned into a science (alchemy may serve as a controversial example). Pseudo-science pretends to be a science but is not and will not be one (astrology being a popular example). Even though this simple distinction between proto-science and pseudo-science may be found appealing, it is far from easy, in practice, to distinguish successful purporting from mere pretending (for example, how long would one have to wait to see whether a non-scientific enterprise will turn into a science?). Considering the category of science within this trichotomy reveals similar problems: we tend to accept that there is good science and that there is bad science (and various degrees of goodness and badness), and that there may be orthodox (majority) and unorthodox (minority) views within a science. But how exactly are we expected to reliably tell the difference between, say, bad science, unorthodox science, pseudo-science, and proto-science?

On the other side of the grand dichotomy we find various forms of anti-science. I take anti-science to consist of hostile commentaries on science. Further distinctions are needed within this category as well. Attacks on particular images of science constitute very weak forms of anti-science, if we want to use this label at all (thus, we should be hesitant about labelling a criticism of the logical positivist - or realist, or constructivist - image of science as anti-science). Attacks on particular modes of doing science are more strongly anti-scientific, but again, we should be cautious: applying the label on these grounds presupposes that we can tell good science from bad science and pseudo-science, since attacks on bad science or pseudo-science should not qualify as anti-science. Finally, attacks on science in all modes and on all images will provide the strongest form of anti-science; but again, the successful application of this category requires that we are able to demarcate science from what is not science. These remarks imply that the grand dichotomy between pro-science and anti-science presupposes a demarcation between enterprises that belong to science and those that don't.

Thus, the demarcations within the family of pro-scientific enterprises are primary, and as pointed out, not easy to draw. Among the reasons are the following three: science involves rhetoric; science is not uniform; and science contains lots of falsehoods. Consider the issue of rhetoric first. The self-image of science is not hospitable towards the idea that scientists practice rhetorical persuasion. This image views rhetoric as alien to science, as being a matter of bending the truth or manipulating the feelings of an audience to one's own advantage (perhaps on the model of commercial advertising or political propaganda). Recent research has argued that rhetoric belongs to all realms of human life, science included. Scientists persuade their various audiences (their fellow scientists, students, university administrators, funding agencies) in order to promote themselves as competent scientists, their research lines as worth the resources they claim, and their theories and experimental results as acceptable for incorporation into the body of scientific knowledge. Every participant in the world of science will recognise rhetorical devices used for these purposes that are also popular in the marketing of pseudo-science, such as appeals to authority and received opinion, specialised jargon, vividly presented simple images and memorable cases, pre-establishment of the terms of inquiry and debate, and many more. We do not yet seem to quite understand what makes certain types of rhetoric scientific and certain other types pseudo-scientific.

It is also notable that the demarcation line between science and pseudo-science is itself subject to rhetorical construction as well as a tool of persuasion. In the US, creationists typically based their case on an "egalitarian empiricism" of an absolutist sort, according to which just anybody is capable of participating in "scientific" inquiry: we produce science by just looking and seeing and reasoning from the immediately obvious evidence to conclusions with full certitude. At the same time, evolutionism has been charged for accepting gaps in their body of evidence (e.g. in fossil record) and filling them with ungrounded speculation, supported by elitist political powers. This threatened to undermine the interests of the scientific community, including its authority and funding. The response by evolutionists was to make appeal to a falsificationist demarcation criterion, intending to present creationism in suspicious light. The irony of this response is that evolutionary theory itself has been blamed by Popper for not meeting the falsificationist standard. One general point to be made is that falsificationism often effectively serves local and temporary rhetorical purposes in presenting one's own views and work in favourable light and in criticising other theories or lines of inquiry. Recent studies in fields such as biochemistry and economics have shown, however, that scientists often preach falsificationism but do not practice it.

It is also part of the official public ideology of science that science aims at truth and manages to attain true claims about the world. It is part of this picture that pseudo-science tends to provide a shelter for falsehoods. As we know, things are somewhat more complicated. Science characteristically employs theories and law statements which essentially involve false idealisations such as ideal gas, mass point, frictionless plane, rigid body. Such theories and laws are strictly false about anything empirically actual. Thus, Galileo's law of freely falling bodies "assumes" that the body falls in a perfect vacuum, that there are no other gravitational or magnetic forces, that the earth is flat, etc. The law gives rather inaccurate results in the case of dropping a bank note on a windy city square; the approximation is better for a cannon ball dropped from the tower of Pisa. Yet, what we get are approximations rather than perfect truths. Our intuitions tend to be comfortable with this idea, but it is a challenge to philosophical research on approximate truth (verisimilitude, truthlikeness) to give us sufficiently close and rigorous approximations to the truth about how the falsehoods of science differ from those of pseudo-science. Another issue arises as we acknowledge the observation that many sociologists of science have suggested, namely that truth is not among the goals or not among the dominant goals of individual scientists. They are instead argued to aim at various non-epistemic goals such as fame and fortune. If this were so, then the challenge is to show how the institutional structures of science are able to transform such individual pursuits into collective outcomes that possess the required epistemic virtues - in analogy to the functioning of the invisible hand of the market economy.

The very idea of distinguishing science from endeavours that are not scientific presupposes that practices included in the category of science share some essential property or properties; in other words, that there be a sufficient degree of unity of science. The higher the degree of heterogeneity within the family of sciences, the more difficult it will be to establish a strict line of demarcation between this family and other, perhaps equally heterogeneous, families of epistemic pursuits. On the face of it, the degree of disunity within science - that is, between practices customarily called by names such as 'science' and 'Wissenschaft' - is impressive. The languages employed by various disciplines constitute a wonderfully mixed bag. Their theories often do not quite cohere with one another. The styles of reasoning range from axiomatic to experimental, from speculative to historical, from statistical to taxonomic (as Crombie has pointed out). Their social roles and the ways in which they address extra-scientific audiences vary dramatically. Such differences cut across the boundary lines between the natural sciences, the social sciences, and the humanities; they are all intrinsically heterogeneous. The challenge is to see whether a sufficient degree of the right kind of unity can be found amongst this disunity so as to justify the confidence we often exhibit in telling science from pseudo-science.

Thus I am arguing that we cannot pretend yet to fully understand and justify why exactly we tend to think that this or that practice or knowledge claim is or is not part of science even though, in our times, the need for rigorous arguments providing such understanding and justification is pressing. My final suggestion is that good arguments are not always sufficient on these matters. Circumstances play a role, too. Pseudo-science will not disappear just by way of sound argument, since much of it grows on the soil of specific social conditions: it is nurtured by poverty, ignorance, fear, alienation. If one wants to reduce the popularity of pseudo-science, one has to remedy these ills. (Besides, we should be relaxed about certain forms of pseudo-science which just serve harmless purposes of entertainment.) As for anti-science, part of the blame may perhaps be put on the culture of science itself: arrogant elitism will provoke resistance and anti-science sentiments. Also, the general feeling that science is a powerful, almost magical engine that is not properly socially controlled, or that does not unproblematically only serve the human well-being through its technological consequences, generates suspicions. What is needed to tune down anti-science sentiments is to integrate science with society so that people can develop the feeling that science is for them.

One Culture - Many Cultures - Culture Clash

CLEMENS ALBRECHT
MICHAEL BOCK

Zusammenfassung des Seminars[1]

A. Die aktuelle Diskussion

Unter den Kommentatoren der Weltlage gibt es einen Konsens, der ungefähr so lautet: Mit der Entwicklung seit 1989/90, dem Ende des Sowjetischen Imperiums und dem Verlust seines mittel- und osteuropäischen Glacis hat sich etwas Grundlegendes verändert. Was diese Änderung weltgeschichtlich bedeutet, ist jedoch umstritten. Entsprechend gehen auch die Meinungen auseinander, wie politisch, ökonomisch oder auch militärisch auf sie zu reagieren sei. Zwei Gruppen von Meinungen lassen sich dabei grob unterscheiden:

a) Zum einen diejenigen, die sich als Sieger des Ost-West-Konflikts wähnen. Sie sehen die Möglichkeit zur friedlichen Vereinigung aller Völker, Nationen und Staaten unter dem Mantel von Wissenschaft, Markt, Technologie und Demokratie zum Greifen nahe. Unter dem Stichwort 'Globalisierung' beschreiben sie immer zwei Tendenzen.

- Erstens die sicherlich (deskriptiv) aufweisbaren, aber keineswegs für die Zukunft sicheren Entwicklungen, voran der Wissenschaften, dann der Märkte, schließlich der Politik, sich in globalen Allianzen zu vernetzen.
- Zweitens predigen sie jedoch auch (normativ) das alte Ideal einer friedlich unter einer Art "Weltethos" geeinten Menschheit, die gemeinsam ihre Interessen verfolge und die Probleme eines neuen Jahrtausends meistern könne.

b) Zum anderen diejenigen, die das Ende einer geschichtlichen Sonderlage sehen, in der die Supermächte die 'normalen' geschichtlichen Konflikte wie unter einem Dampfkessel kontrolliert hätten. Mit dem Ende der bipolaren

1 Von den einzelnen Seminarsitzungen sind Protokolle angefertigt worden, so daß es sich erübrigt, die Abfolge der Themen hier im einzelnen anzuführen. Der Bericht gibt den inneren Zusammenhang, die "Dramaturgie" wieder, nach welcher das Seminar geplant und - trotz einiger Änderungen, die durch den konkreten Verlauf notwendig wurden - auch durchgeführt wurde.

Welt und der Machtblöcke bräche nun auch die Geschichte wieder auf, die verdrängten, unausgetragenen oder auch bewußt wiederaktivierten Konflikte.

Beide Positionen sind nicht neu. Dies mag etwa Heinrich Heines kleine Überlegung von 1830 erhellen, in welcher er zwei verschiedenartige Geschichtsauffassungen kontrastiert. In Deutschland, so Heine, dominierten einerseits die Anhänger der ewigen Wiederkehr des Gleichen, andrerseits die Jünger der steten Perfektionierung des Menschengeschlechts, die sich das Wort 'Zivilisation' zum Schlachtruf erkoren hätten[2].

Die Aktualität dieses Heineschen Textes ergibt sich daraus, daß es eine klare geistesgeschichtliche Kontinuität von der 'Zivilisation' über die 'Modernisierung' zur 'Globalisierung' gibt. Die Schlagworte wechseln, aber der Kategorienapparat und die Deutungsmuster, die diesen Geschichtsauffassungen zugrunde liegen, haben anscheinend alle geschichtlichen Zäsuren überstanden, die uns im Rückblick als die entscheidenden erscheinen: Dies ist um so erstaunlicher, wenn wir auf die Zäsuren dieses Jahrhunderts zurückblicken, auf 1918 oder 1945 etwa, ganz zu schweigen von den Zäsuren voriger Jahrhunderte, 1848 oder gar 1789. Denn daß man nach den Ereignissen, für die diese Jahreszahlen stehen, an sich gerade *nicht* so weiterdenken konnte wie vor ihnen, scheint uns heute eine Selbstverständlichkeit, und wir pflegen die Zeitgenossen zu tadeln, die nicht die Zeichen der Zeit erkannten und nach 1918 wilhelminisch, nach 1945 über den Daseinskampf der Völker weiterrumorten.

Deshalb ist es notwendig, Angebote für eine neue Kategorisierung der Weltpolitik nicht vorschnell abzuschieben. Eines dieser Angebote stammt von dem amerikanischen Politologen Samuel Huntington, der sich vorgenommen hat, den Kategorienapparat für das Verständnis der gegenwärtigen und der zukünftigen Konflikte umzurüsten. Das Seminar hat es sich zur Aufgabe gemacht, die Thesen Huntingtons im Spannungsfeld zwischen Globalisierungspostulat und multikultureller Gesellschaft auszuloten.

Zunächst einige Worte zu Huntington selbst. Er hat das Pech, zu den vieldiskutierten Autoren zu gehören. Dabei stellt sich gesetzmäßig ein Effekt ein, den man die 'Bekanntheitsunkenntnis' nennen kann. Ein Buch, das öffentlich intensiv debattiert wird, braucht nicht mehr gelesen zu werden. Hinzu kommt noch ein zweiter Effekt. Huntingtons Analyse verdirbt vielen die Laune, die in den alten Kategorien zu denken gewohnt sind, ihre wissenschaftliche Identität damit verbinden oder gar damit Geld verdienen. Huntington stört das Harmoniebedürfnis westeuropäischer Kulturwissenschaftler und kirchlicher Würdenträger ebenso wie das der glaubensfrohen Ökonomen, daß "die Märkte" die wirtschaftliche Globalisierung und in ihrem Gefolge die weltumspannende säkulare Ökumene der "civil society" herbeiführen werden und nebenbei das private Aktienpaket füllen. Aus diesem Grund wird auf Huntington von allen Seiten eingedroschen, wie man das von Spielverderbern

2 H. Heine, *Verschiedenartige Geschichtsauffassung,* in: Ders., Werke, Bd. 4, Frankfurt/M 1968, S. 34.

oder von den Überbringern schlechter Nachrichten gewohnt ist. Darum sollen hier kurz die wichtigsten Argumente Huntingtons wiederholt werden.

B. Huntingtons Thesen

Er unterscheidet eine Anzahl von Paradigmen, nach denen heute die weltpolitische Lage geordnet wird:

- Erstens das *'Euphorie-' oder 'Harmonie-Paradigma'*, das nach dem Ausfall des Ost-West-Konflikts einen freien Weg zur friedlichen Einigung der Menschheit sieht. Es ist weitgehend identisch mit dem, was bereits oben als (normatives) 'Globalisierungspostulat' skizziert wurde.
- Zweitens nennt Huntington das *'Zwei-Welten-Paradigma'*, dem er in beiden Fassungen (Ost-West und Nord-Süd-Konflikt) Eurozentrismus vorwirft, weil es die Möglichkeit ausschließt, daß die gegenwärtigen Hauptakteure der Weltpolitik in Zukunft eine minder wichtigere Rolle spielen könnten. Außerdem wird er nicht müde zu betonen, daß es nicht "den" Osten gibt, sondern eben außer dem westlichen Kulturkreis mehrere und sehr verschiedene andere.
- Drittens gibt es das *etatistische Paradigma*, das Staaten als die zentralen, ja einzig handlungsfähigen Akteure der Weltpolitik betrachtet.
- Viertens das *'Chaos-Paradigma'*, das mit einer chaotischen und vorab völlig unberechenbaren Vielfalt aller möglichen Akteure rechnet, die sich nicht vorstrukturieren lasse.

Diese vier Paradigmen hätten, so Huntington, alle eine, wenn auch verschiedene Schwäche bei der Erklärung der weltpolitischen Lage seit dem Ende des sowjetischen Imperiums (nicht unbedingt: der vergangenen weltpolitischen Konstellationen). Ihnen stellt er seinen eigenen Ordnungsentwurf entgegen. Gegenüber dem etatistischen, dem Euphorie- und Zwei-Welten-Paradigma reklamiert Huntingtons Paradigma Realistik, gegenüber dem Chaos-Paradigma einen Erkenntnisvorteil durch Strukturierung; denn, so Huntington, zum erstenmal in der Geschichte sei die globale Politik sowohl multipolar als auch multikulturell. Die wirtschaftliche und soziale Modernisierung, die unzweifelhaft die Entwicklung der Mehrzahl aller Länder präge, erzeuge weder eine universale Kultur noch gar eine Verwestlichung nichtwestlicher Gesellschaften. Coca-Cola, McDonalds, Jeans und das Internet seien kulturelle Oberflächenphänomene, die sich in jede indigene Kultur integrieren lassen. Sie schwächen nicht die Tiefenstrukturen, geschweige denn die Fähigkeit zur offenen, ja militanten Abgrenzung gegenüber dem Westen. Zwar gebe es so etwas wie eine globale Kultur, die Huntington nach der Elite, die sich jährlich dort zu treffen und ihre weitgehend homogenen Vorstellungen über die zukünftige Entwicklung der Welt auszutauschen pflegt, die Davos-Kultur nennt. Diese Eliten umfaßten aber nur einen Bruchteil der Bevölkerung ihrer Länder und würden im Konfliktfall - Serbien hat es vorgeführt - eisern in die Linien ihrer Länder eingebunden.

Alle drei Globalisierungsphänomene - Populärkultur, technische Modernisierung und Davos- oder Alpbach-Kultur - tangieren nach Huntington nicht die Tiefenstrukturen, die, mit Fernand Braudel gesprochen, longue durée der Weltpolitik. Diese sei vielmehr durch eine Kategorie zu fassen, die Huntington selbst mit dem Begriff der 'civilizations' benennt. Wir haben sie - einerseits wegen der größeren begrifflichen Klarheit, andererseits aus ideengenealogischen Gründen - mit dem Wort 'Kulturkreise' übersetzt.

Huntington konstruiert sieben Kulturkreise (der sinische, japanische, hinduistische, islamische, westliche, lateinamerikanische, afrikanische, zu ergänzen: der orthodoxe), die im einzelnen durchaus unsicher und veränderbar sind. Auch die einzelnen Elemente, die diese Kulturkreise konstituieren, von denen das wichtigste zweifellos die Religion stellt, sind bei Huntington verhandelbar und harren der Besserungsvorschläge. Dies alles dient Huntington dann zur Untermauerung seiner zentralen These, daß nämlich sowohl die gegenwärtigen als auch die in Zukunft erwartbaren Konflikte im Vergleich der Paradigmen am ehesten durch die Bruchlinien zwischen diesen Kulturkreisen zu erklären seien.

C. Zur Entstehung von Kulturkonflikten

Wir hatten uns vorgenommen, diese These in einen weiteren geschichtlichen Vergleichshorizont zu stellen. Zu diesem Zweck mußte vorab der Hintergrund sozialwissenschaftlicher Modernisierungstheorien ausgeleuchtet werden, vor dem die Huntington-These in so provozierender Leuchtfarbe strahlt. Die Leuchtfarbe der Originalität verblaßt freilich im Vergleich mit der Kulturkreis-Lehre der historischen Schule in der Ethnologie, den Werken von Spengler, Toynbee, Alfred Weber oder Alfred Louis Kroeber. Die Modernisierungstheorien, als deren aktuellste Mutante das Globalisierungspostulat auftritt (es finden sich dort nämlich alle Elemente mit der einzigen Ausnahme des "nation building"), rechneten jedenfalls nicht mit Konflikten, die sich nicht rational durch einen Abgleich der Interessen aus der Welt schaffen ließen. Über Inseln oder Ölfelder kann man sich jedenfalls prinzipiell einigen. Die von Huntington behauptete Unaustragbarkeit von Kulturkonflikten (aktuelle Beispiele: Jerusalem, Kosovo) scheint Provokation genug, um berechtigt allein in seiner Erörterung schon einen gefährlichen Verstoß gegen die politisch korrekten Wünschbarkeiten multikulturellen Ausgleichs zu sehen. Ob mit der Nicht-Erörterung Huntingtons allerdings mehr für den Weltfrieden erreicht wird, ist ebenfalls fraglich.

Eine der zentralen Einsichten unseres Seminars lautet, daß Kulturkonflikte nur dort auftreten können, wo Kulturen mit universalem Anspruch auftreten. Einfache Gesellschaften kennen lediglich Ressourcen-, Macht- und Statuskonflikte. Das Denken dort ist konkret-anschaulich, nicht begrifflich, die Weltbilder sind mehr oder weniger mit dem sichtbaren Lebensraum des eigenen Stammes identisch, die Wälder, Berge und Flüsse gelten als von jeweils eigenen Geistern beseelt (Animismus). Eine Vorstellung von "Wahrheit" oder "Richtigkeit" über die Grenzen des eigenen Lebensraumes hinaus, gar noch für alle Menschen demonstrabel, existiert nicht und damit der elementarste Grund für Kulturkonflikte.

Folglich mußte die Genese universaler Ansprüche einen Schwerpunkt unseres Seminars bilden. Wir haben sie in mehreren Varianten verfolgt: an der Wandlung des Stammesgottes Jahwe etwa, der in der babylonischen Niederlage im Gegensatz zu vielen anderen unterlegenen Stammesgöttern nicht als der schwächere Gott aufgegeben, sondern zu einem universalen Gott umgedeutet wurde, der sich andere Völker als Werkzeug der Geißelung für die Verfehlungen seines auserwählten Volkes erkor. Er wurde damit zum Herrn der Geschichte *aller* Völker, die damit plötzlich als in *einer* Geschichte stehend begriffen wurden. Einen weiteren Einschnitt bedeutete dann aber auch etwa die paulinische Theologie, in der die Heilslehre des frommen Juden Jesus von Nazareth von ihrer religions- und kulturgeschichtlichen Verankerung im Judentum jedenfalls so weit abgelöst wurde, daß Heidenmission möglich und damit das Heil im Prinzip für alle Menschen zu erlangen war.

Aber nicht nur Religionen generieren Universalisierungsprozesse. Auch Entmythologisierungsanstöße wie die ionische Naturphilosophie, die eben nicht nur Zeus sondern auch die Götter anderer Völker entzaubert hatte, das ius gentium im römischen Recht, das Verträge zwischen Angehörigen verschiedener Kulturen ermöglichte oder der moderne französische Gesellschftsbegriff, der als Reflexion auf die Salonkultur des 17. Jhs. in der Moralistik entstanden war und durch die französische Aufklärungsphilosophie dann zu einer allgemeinen Bezeichnung für alle Sozialverbände universalisiert wurde.

Die zentralen, eine ganze Reihe von Kulturkonflikten generierenden Mächte des 19. Jhs. waren jedoch die großen Ideologien Positivismus und Marxismus. Beide entwickelten sich als eine Ideenlehre, die lediglich einen kleinen Teil sendungsbewußter Eliten vergesellschafteten, sie erhoben jedoch den universalen Anspruch, dem Heil der ganzen Menschheit zu dienen, ob diese nun wolle oder nicht. Die ideengeschichtlichen Bezüge dieser letztlich geschichtsphilosophisch begründeten Lehren zur christlichen Vorstellung einer Heilsgeschichte sind unübersehbar. Im Vergleich zur christlichen Mission, die zwar darauf gerichtet war, möglichst vielen Menschen durch die Taufe eine Anwartschaft auf das ewige Leben zu sichern, das Weltende und Weltgericht jedoch als eine Sache Gottes ansah, radikalisierte sich jedoch der Missionsdrang in dem Maß, wie das Ende der Geschichte als eine diesseitige, innerweltliche Perfektionierung des Menschen und seiner Daseinsbedingungen angesehen wurde. Denn nun gab es keinen Vorbehalt der Art mehr, daß man ja ohnehin noch im irdischen Jammertal lebe. Vom Sieg der "progressiven" über die "reaktionären" Kräfte hing nichts weniger als die endgültige innerweltliche Erlösung der Menschheit ab. Obwohl keineswegs logisch zwingend (man konnte sich auch auf den kontemplativen Standpunkt stellen, der Geschichte auf keinen Fall ins Handwerk zu pfuschen und dem ohnehin unvermeidlich Kommenden seinen Lauf lassen) wurde aus diesen Lehren der totalitäre Aktivismus des 20. Jahrhunderts ethisch gerechtfertigt.

Auch der moderne Nationalismus, der in der expansiven Phase der französischen Revolution durch den Export der universalen Revolutionsideale entstanden war, erhielt seinen Mehrwert gegenüber dem gleichsam normalen Identitätsbewußtsein von Völkern und Ethnien durch einen universalen Anspruch. Erst in der Konfrontation mit den Idealen der Revolution und unter dem Eindruck der napoleonischen Besatzung entwickelte sich in Deutschland eine Nationalbewegung, die nun ebenfalls eine universale Mission für sich geltend machte.

D. Zum Beispiel: der moderne Fundamentalismus

Auf ein Beispiel soll hier noch näher eingegangen werden, weil es eine der Grundströmungen der Gegenwart betrifft. Es wurde auch in den Eröffnungsreden zu diesem Kongreß schon öfter benannt: die Entstehung fundamentalistischer Bewegungen in nahezu allen Weltreligionen.

Zunächst: Religionsgeschichtlich ist der Fundamentalismus kein neues Phänomen. Die Geschichte der drei großen Buchreligionen ist tief von radikalen Bewegungen geprägt worden, die sich auf die Fundamentalität bestimmter ausgewählter Elemente berufen, wie etwa von der jüdischen Orthodoxie, den puritanischen Sekten oder den muslimischen Assassinen. Trotzdem ist der Fundamentalismus neu. Das Neue an ihm sind jedoch nicht seine theologischen Inhalte, seine Kritik der Moderne oder seine sozialen Formen; neu ist, daß diese altbekannten Phänomene seit den 70er Jahren dieses Jahrhunderts weltweit ein großes politisches Gewicht bekommen haben. Neu ist nicht das Phänomen, sondern, um einen Begriff Max Webers zu verwenden, die gegenwärtige Kulturbedeutung des Fundamentalismus.

Unsere Vorstellungen vom Fundamentalismus sind weitgehend von einer seiner Erscheinungsformen geprägt worden, nämlich von der schiitischen Revolution im Iran. Gemeinhin stellen wir uns eine Bewegung vor, die vom Fortschritt überfordert ist. Sie kommt mit den Widersprüchen der modernen Industriegesellschaft nicht zurecht und löst diese durch eine Rückkehr zu mittelalterlichen Verhältnissen: Die Trennung von Staat und Kirche wird aufgehoben, das Leben muß sich bis in den Alltag hinein an religiösen Vorschriften orientieren und das Primat der wissenschaftlichen Welterklärung wird zugunsten religiöser Dogmatik aufgegeben. Dieses Bild prägt nicht nur unsere Vorstellungen vom Fundamentalismus sondern größtenteils auch die sozialwissenschaftlichen Theorien, die ihn, meist in dialektischer Form, in die üblichen Modernisierungstheorien überführen. Der Fundamentalismus wird hier als einziger ernstzunehmender Widerpart zum steigenden Rationalisierungsdruck der Moderne interpretiert, der ihre Probleme durch einen irrationalistischen Rückgriff auf religiöse Substitute aufzulösen versucht.

Abgesehen davon, daß diese modernitätstheoretische Interpretation den enormen Rationalisierungsschub in der Lebensführung durch den Fundamentalismus übersieht, liegt das größte Problem auf einem anderen Gebiet: Die gemeinsame Voraussetzung der Deutungen des Fundamentalismus als irrationalem Widerpart der Moderne ist die Säkularisierungsthese, die Überzeugung also, daß die Bedeutung der Religion proportional zur Entwicklung der Moderne abnehme.

Diese Voraussetzung ist jedoch gerade durch den Fundamentalismus fragwürdig geworden; denn der Fundamentalismus ist nur die radikalste Spitze einer globalen religiösen Erneuerungsbewegung, die seit den 70er Jahren in allen Weltreligionen Fuß gefaßt hat, was gerade Huntington sehr genau registriert. Ihm liegt nicht der letzte Widerstand der großen Religionen gegen die umfassende wissenschaftliche Deutung des Daseins zugrunde, sondern die größte Transformation von Heilserwartungen und Heilsvorstellungen seit der Entstehung der beiden großen säkularen, sich auf wissenschaftliche Legitimität berufenden Ideologien des Positivismus und des Marxismus. Heute werden diejenigen Heilserwartungen, die durch diese großen Ideologien säkularisiert worden sind, durch die globale Enttäuschung über ihre ausgebliebene Verwirklichung wieder in religiöse Formen rückübertragen. In diesem Lichte betrachtet muß man also die Säkularisierungsthese durch zwei Transformationsprozesse von Heilserwartungen ersetzen: zuerst von Religionen in säkulare Ideologien, dann von säkularen in religiöse Ideologien. Der Fundamentalismus kann dann als die ideologisierte Form einer allgemeinen Renaissance der Religion betrachtet werden.

War das Leitmotiv, das das Verhältnis zwischen Religion und moderner Welt seit den 30er Jahren unseres Jahrhunderts bestimmt hatte, noch die Frage nach der Modernisierung der Religion, so hat sich das heute genau umgekehrt; denn im Laufe der 60er und 70er Jahre wurden alle Richtungen zurückgedrängt, die für dieses Bemühen standen, sei es nun der laizistische Islam, das Reformjudentum, der liberale Protestantismus oder das Aggiornamento. Heute geht es global um die religiöse Durchdringung und Prägung der Moderne. Erst diesem umfassenden Perspektivwechsel verdankt der Fundamentalismus seinen Aufstieg, seine Ausbreitung über kleine Gesinnungssekten hinaus zu einem Kulturproblem, mit dem sich alle auseinandersetzen müssen, kurz: verdankt er seine Kulturbedeutung. Aus ihm erwachsen die wichtigsten Potentiale für zukünftige Kulturkonflikte. Der Blick für die Bedeutung dieser Phänomene wird innerhalb Europas, das den Sonderweg der Säkularisierung wählte, von den Debatten bis zur Unkenntlichkeit verdeckt, ob der Staat nach dem Ausfall der christlichen Religion nun die Werteerziehung zu kultureller Toleranz übernehmen müsse und könne.

E. Aktuelle Kulturkonflikte

Gegen Ende des Seminars wurde noch anhand aktueller Beispiele diskutiert, welche Schwierigkeiten sich innerhalb westeuropäischer Länder wie Österreich oder der Bundesrepublik Deutschland durch die Einwanderung von Menschen aus fremden Kulturkreisen ergeben. Eine Teilnehmerin berichtete über einen *interkulturellen Kindergarten*, der Gegenstand ihrer Diplomarbeit gewesen war. Weitere Themen waren der brandenburgische Versuch, mit *LER (Lebenskunde, Ethik, Religion)* einen von den christlichen Konfessionen unabhängigen staatlichen Unterricht einzurichten, der Werteerziehung und Toleranz fördern soll, sowie Probleme der *Ausländerkriminalität* und hier insbesondere die Frage, inwiefern die gesamte Palette der resozialisierenden Maßnahmen, die vor allem im Bereich des Jugendstrafrechts praktiziert werden, sprach- und kulturabhängig sind und daher bei Angehörigen anderer Kulturkreise ins Leere laufen.

Die Erfahrungsberichte und Diskussionen bezüglich aller drei Themen waren insofern ernüchternd, als deutlich wurde, wie schwierig inter- oder multikulturelle Verständigung und Zusammenarbeit konkret zu implementieren ist, wenn mehr erreicht werden soll als eine politische Programmatik. Denn es ist kaum möglich, der Logik oder Dialektik des interkulturellen Kontaktes zu entgehen, die darin besteht, daß gerade durch den Kontakt mit dem "Anderen" bzw. dem "Fremden" die Konturen des "Eigenen" deutlicher ins Bewußtsein treten und dann auch dazu tendieren, nach außen behauptet zu werden. Die Folge ist, daß der gute Wille allein oder die Hoffnung auf spontane Toleranzbildung durch gemeinsames Spielen oder Lernen meist nicht nur nicht ausreichen, sondern geradezu kontraproduktive Effekte hervorrufen können: daß Minderheiten geradezu erzeugt oder erst als solche sichtbar werden oder daß sich Subkulturen bilden und gegeneinander abschotten.

Daher ergänzten diese praxisorientierten Sitzungen die Diskussionen über Huntingtons Thesen insofern sehr gut, als sie die Notwendigkeit deutlich machten, mit der kulturellen Verschiedenheit realistisch zu rechnen und auf einer realistischen Grundlage zur Toleranz und Verständigung beizutragen. Nichts anderes hat ja auch Huntington im Sinn, der entgegen stereotypen Fehlinterpretationen alles andere als ein Scharfmacher ist, sondern mit seinen Ratschlägen an die US-amerikanische Außenpolitik die kontraproduktiven Effekte vermeiden möchte, die unweigerlich auftreten, wenn man die Logik von Kulturkontakten und Kulturkonflikten nicht ernst nimmt. Und wer das Buch bis zum Ende liest, wird ein eindeutiges Plädoyer für die Verständigung der Kulturen finden, denn es sind auch Entwicklungen denkbar, bei denen alle die Verlierer sind: atomare oder ökologische Katastrophen, Herrschaft des organisierten Verbrechens o. a. Eine ganz andere Frage ist dagegen die, ob Huntingtons Mahnung an den Westen, seine universalistischen Ansprüche aufzugeben, mit den Werten des Westens vereinbar ist. Vertragen es die Menschenrechte, daß man ihrer Verletzung in der Welt achselzuckend zusieht? Und verträgt es die Demokratie, als eine Möglichkeit der politischen Verfaßtheit von Menschen unter anderen zu gelten? Ist der universalistische Anspruch überhaupt ablösbar von der Identität des Westens? Hier nimmt Huntington möglicherweise die unerbittliche Logik der Weltbilder selbst nicht ernst genug.

Die Diskussion über die Brauchbarkeit von Huntingtons Paradigma ist noch nicht abgeschlossen. Allerdings scheint als Ergebnis unseres Seminars immerhin so viel festzustehen: die Naivität und Realitätsferne der harmonistischen Globalisierer in der Politik, der Wirtschaft und in der Kulturintelligenz. Das Globalisierungspostulat sollte ohne größere Umschweife in die Reihe jener Ideen gestellt werden, die Karl Raimund Popper als historizistisch kritisiert hat; denn gerade die Kontinuität zwischen Modernisierungs- und Globalisierungsthese legt mindestens einen seiner Kritikpunkte nahe, wenn er schrieb: "Er (der Historizist; zu ergänzen wäre: der Globalisierer) glaubt fest an seinen Lieblingstrend, und Bedingungen, unter denen dieser verschwinden würde, sind für ihn undenkbar. Das Elend des Historizismus, könnte man sagen, ist das Elend der Phantasielosigkeit. Der Historizist kritisiert unaufhörlich jene kleinen Geister, die sich einen Wandel ihrer Welt nicht vorstellen können. In Wirklichkeit scheint aber dem Historizisten selbst die Phantasie abzugehen, denn er kann sich keinen Wandel in den Bedingungen des Wandels vorstellen."[3]

Globalisation and ethnicity: Der Kulturkampf zwischen universalisierter und fragmentierter Kultur

Plenarveranstaltung zum Seminar: One Culture - Many Cultures - Culture Clash

CLEMENS ALBRECHT

Wenn es unter den berufenen und unberufenen Kommentatoren der Weltlage einen Konsens gibt, so lautet der: Mit der Entwicklung seit 1989/90, dem Ende des Sowjetischen Imperiums und dem Verlust seines mittel- und osteuropäischen Glacis, hat sich etwas Grundlegendes verändert. Was diese Änderung weltgeschichtlich bedeute und wie auf sie zu reagieren sei, darüber gehen die Ansichten so weit auseinander, wie man sich das für eine pluralistische Öffentlichkeit nur wünschen kann. Zwei Pole kann man dabei beobachten:

3 Popper, Karl Raimund, Das Elend des Historizismus, (1965), 5. Aufl., Tübingen 1979, S. 102.

Zum einen diejenigen, die sich als Sieger des Ost-West-Konfliktes wähnen. Sie sehen die Möglichkeit zur friedlichen Vereinigung aller Völker, Nationen und Staaten unter dem Mantel von Wissenschaft, Markt, Technologie und Demokratie zum Greifen nahe. Unter dem Stichwort 'Globalisierung' beschreiben sie immer zweierlei: Erstens die unleugbaren Tendenzen voran der Wissenschaften, dann der Märkte, schließlich der Politik, sich in globalen Allianzen zu vernetzen. Zweitens predigen sie jedoch auch das alte Ideal einer friedlich geeinten Menschheit, die gemeinsam ihre Interessen verfolge und die Probleme eines neuen Jahrtausends meistern könne.

Den anderen Pol markieren jene, die das Ende einer geschichtlichen Sonderlage sehen, in der die Supermächte die 'normalen' geschichtlichen Konflikte wie unter einem Dampfkessel kontrolliert hätten. Mit dem Ende der bipolaren Welt und der Machtblöcke bräche nun auch die Geschichte wieder auf, verdrängte, unausgetragene oder auch bewußt wiederaktivierte Konflikte.

Daß beide Positionen so neu wiederum nicht sind, zeigt etwa Heinrich Heines kleine Überlegung zu zwei verschiedenartigen Geschichtsauffassungen von 1830. In Deutschland, so Heine, dominierten einerseits die Anhänger der ewigen Wiederkehr des Gleichen, andererseits die Jünger der steten Perfektionierung des Menschengeschlechts, die sich das Wort 'Zivilisation' zum Schlachtruf erkoren hätten. Mögen die Parolen auch wechseln - von der 'Zivilisation' über die 'Modernisierung' zur 'Globalisierung' -, so scheinen Kategorienapparat und Deutungsmuster alle geschichtlichen Zäsuren zu überstehen, die wir rückblickend so gerne dramatisieren.

Dies ist um so erstaunlicher, wenn wir auf die Zäsuren dieses Jahrhunderts zurückblicken, auf 1918 oder 1945 etwa, ganz zu schweigen von den Zäsuren voriger Jahrhunderte, 1848 oder gar 1789. Daß man nach den Ereignissen, für die diese Jahreszahlen stehen, nicht so weiterdenken konnte wie vor ihnen, scheint uns heute eine Selbstverständlichkeit, und wir pflegen die Zeitgenossen zu tadeln, die nicht die Zeichen der Zeit erkannten und nach 1918 wilhelminisch, nach 1945 über den Daseinskampf der Völker rumorten.

Deshalb ist es notwendig, Angebote für eine neue Kategorisierung der Weltpolitik nicht vorschnell abzuschieben. So etwas können sich nur Politiker leisten, die zu Kongreßreden gebeten werden. Eines dieser Angebote stammt von dem amerikanischen Politologen Samuel Huntington, der sich vorgenommen hat, den Kategorienapparat für das Verständnis der gegenwärtigen und der zukünftigen Konflikte umzurüsten. Unser Seminar hat es sich zur Aufgabe gemacht, die Thesen Huntingtons im Spannungsfeld zwischen Globalisierungspostulat und multikultureller Gesellschaft auszuloten. Über diesen Versuch möchte ich im folgenden berichten.

Zunächst einige Worte zu Huntington selbst. Er hatte das Pech, zu den vieldiskutierten Autoren zu gehören. Dabei stellt sich gesetzmäßig ein Effekt ein, den ich die 'Bekanntheitsunkenntnis' nenne. Ein Buch, das öffentlich intensiv debattiert wurde, braucht nicht mehr gelesen zu werden.

Darum möchte ich auch auf die Gefahr hin, Bekanntes vorzutragen, kurz die wichtigsten Argumente Huntingtons wiederholen.

Huntington unterscheidet eine Anzahl von Paradigmen, nach denen die weltpolitische Lage geordnet wird: Erstens das 'Euphorie-' oder 'Harmonie-Paradigma', das nach dem Ausfall des Ost-West-Konfliktes einen freien Weg zur friedlichen Einigung der Menschheit sieht. Es ist weitgehend identisch mit dem, was ich oben unter dem Globalisierungspostulat bereits skizziert habe. Zweitens nennt Huntington das 'Zwei-Welten-Paradigma', dem er in beiden Fassungen (Ost-West und Nord-Süd-Konflikt) Eurozentrismus vorwirft, weil es die Möglichkeit ausschließt, daß die gegenwärtigen Hauptakteure der Weltpolitik in Zukunft eine minder wichtigere Rolle spielen könnten. Drittens gibt es das etatistische Paradigma, das Staaten als die zentralen, ja einzig handlungsfähigen Akteure der Weltpolitik betrachtet, und viertens das 'Chaos-Paradigma', das mit einer chaotischen und vorab völlig unberechenbaren Vielfalt aller möglichen Akteure rechnet, die sich nicht vorstrukturieren lasse.

Diese vier Paradigmen hätten, so Huntington, alle eine, wenn auch verschiedene Schwäche bei der Erklärung der weltpolitischen Lage seit dem Ende des sowjetischen Imperiums (wie gesagt: nicht der vergangenen Lagen). Ihnen stellt er seinen eigenen Ordnungentwurf entgegen. Gegenüber dem etatistischen, dem Euphorie- und Zwei-Welten- Paradigma reklamiert Huntingtons Paradigma Realistik, gegenüber dem Chaos-Paradigma einen Erkenntnisvorteil durch Strukturierung; denn, so Huntington, zum ersten Mal in der Geschichte sei die globale Politik sowohl multipolar als auch multikulturell. Die wirtschaftliche und soziale Modernisierung, die unzweifelhaft die Entwicklung der Mehrzahl aller Länder präge, erzeuge weder eine universale Kultur noch gar eine Verwestlichung nichtwestlicher Gesellschaften. Coca-Cola, McDonalds, Jeans und das Internet seien kulturelle Oberflächenphänomene, die sich in jede indigene Kultur integrieren lassen. Sie schwächen nicht die Tiefenstrukturen, geschweige denn die Fähigkeit zur offenen, ja militanten Abgrenzung gegenüber dem Westen. Zwar gebe es so etwas wie eine globale Kultur, die Huntington nach der Elite, die sich jährlich dort zu treffen und ihre weitgehend homogenen Vorstellungen über die zukünftige Entwicklung der Welt auszutauschen pflegt, die Davos-Kultur nennt (ich bin versucht, diese Kultur im folgenden dem genius loci zu Ehren die Alpbach-Kultur nennen). Diese Eliten umfaßten aber nur einen Bruchteil der Bevölkerung ihrer Länder und würden im Konfliktfall - Serbien hat es vorgeführt - eisern in die Linien ihrer Länder eingebunden.

Alle drei Globalisierungsphänomene - Populärkultur, technische Modernisierung und Davos- oder Alpbach-Kultur - tangieren nach Huntington nicht die Tiefenstrukturen, die, mit Fernand Braudel gesprochen, longue dureé der Weltpolitik. Diese sei vielmehr durch eine Kategorie zu fassen, die Huntington selbst mit dem Begriff der 'civilisations' benennt. Wir haben sie - einerseits wegen der größeren begrifflichen Klarheit, andererseits aus ideengenealogischen Gründen - mit dem Wort 'Kulturkreise' übersetzt. Huntington konstruiert sieben Kulturkreise (der sinische, japanische, hinduistische, islamische, westliche, lateinamerikanische, afrikanische, zu ergänzen: orthodoxe), die im einzelnen durchaus unsicher und veränderbar sind. Auch die einzelnen Elemente, die diese Kulturkreise konstituieren, von denen das wichtigste zweifellos die Religion stellt, sind bei Huntington durchaus verhandelbar und harren der Besserungsvorschläge. Das alles dient Huntington dann zur Untermauerung seiner zentralen These, daß nämlich sowohl die gegenwärtigen als auch die in Zukunft erwartbaren Konflikte im Vergleich der Paradigmen am ehesten durch die Bruchlinien zwischen diesen Kulturkreisen zu erklären seien.

Soweit zu Huntington. Wir haben uns vorgenommen, diese These in einen weiteren geschichtlichen Vergleichshorizont zu stellen. Zu diesem Zweck haben wir vorab den Hintergrund sozialwissenschaftlicher Modernisierungstheorien ausgeleuchtet, vor dem die Huntington-These in so provozierender Leuchtfarbe strahlte. Die Leuchtfarbe der Originalität verblaßt freilich im Vergleich mit der Kulturkreis-Lehre der historischen Schule in der Ethnologie, den Werken von Spengler, Toynbee, Alfred Weber oder Alfred Louis Kroeber. Die Modernisierungstheorien, als deren aktuellste Mutante das Globalisierungspostulat auftritt (Ausnahme: nation building), rechneten jedenfalls nicht mit Konflikten, die sich nicht rational durch einen Abgleich der Interessen aus der Welt schaffen ließen. Die von Huntington behauptete Unaustragbarkeit von Kulturkonflikten (Jerusalem, Amselfeld) scheint Provokation genug, um berechtigt allein in seiner Erörterung schon einen gefährlichen Verstoß gegen die politisch korrekten Wünschbarkeiten multikulturellen Ausgleichs zu sehen. Ob mit der Nicht-Erörterung Huntingtons allerdings mehr für den Weltfrieden erreicht wird, ist ebenfalls fraglich. Eine der zentralen Einsichten unseres Seminars lautet, daß Kulturkonflikte nur dort auftreten können, wo Kulturen mit universalem Anspruch auftreten. Einfache Gesellschaften kennen lediglich Ressourcen-, Macht- und Statuskonflikte. Die Genese universaler Ansprüche bildete einen Schwerpunkt. Wir haben sie in mehreren Varianten verfolgt: an der Wandlung des Stammesgottes Jahwe etwa, der in der babylonischen Niederlage im Gegensatz zu vielen anderen unterlegenen Stammesgöttern nicht als der schwächere Gott aufgegeben, sondern zu einem universalen Gott umgedeutet wurde, der sich andere Völker als Werkzeug der Geißelung für die Verfehlungen seines auserwählten Volkes erkor. Aber nicht nur Religionen generieren Universalisierungsprozesse. Auch Entmythologisierungsprozesse wie die ionische Naturphilosophie, die eben nicht nur Zeus, sondern auch die Götter anderer Völker entzaubert hatte, das ius gentium im römischen Recht oder der moderne französische Gesellschaftsbegriff, der als Reflexion auf die Salonkultur des 17. Jh. in der Moralistik entstanden war und durch die Aufklärungsphilosophie dann zu einer universalen Bezeichnung für alle Sozialverbünde universalisiert wurde.

Die zentralen, eine ganze Reihe von Kulturkonflikten generierenden Mächte des 19. Jh. waren jedoch die großen Ideologien Positivismus und Marxismus. Beide entwickelten als eine Ideenlehre, die lediglich einen kleinen Teil sendungsbewußter Eliten vergesellschafteten, den universalen Anspruch, dem Heil der ganzen Menschheit zu dienen, ob diese nun wolle oder nicht. Auch der moderne Nationalismus, der in der expansiven Phase der französischen Revolution durch den Export der universalen Revolutionsideale entstanden war, erhielt seinen Mehrwert gegenüber dem Identitätsbewußtsein von Völkern und Ethnien durch einen universalen Anspruch. Erst in der Konfrontation mit den Idealen der Revolution und unter dem Eindruck der napoleonischen Besatzung entwickelte sich in Deutschland eine Nationalbewegung, die nun ebenfalls eine universale Mission für sich geltend machte.

Auf ein Beispiel möchte ich hier näher eingehen, weil es auf eine der Grundströmungen der Gegenwart reflektiert. Es wurde auch in den Eröffnungsreden zu diesem Kongreß schon öfter benannt: die Entstehung fundamentalistischer Bewegungen in nahezu allen Weltreligionen. Zunächst: Religionsgeschichtlich ist der Fundamentalismus kein neues Phänomen. Die Geschichte der drei großen Buchreligionen ist tief von radikalen Bewegungen geprägt worden, die sich auf die Fundamentalität bestimmter ausgewählter Elemente berufen, wie etwa von der jüdischen Orthodoxie, den puritanischen Sekten oder den muslimischen Assassinen. Trotzdem ist der Fundamentalismus neu. Das Neue an ihm sind jedoch nicht seine theologischen Inhalte, seine Kritik der Moderne oder seine sozialen Formen; neu ist, daß diese altbekannten Phänomene seit den 70er Jahren dieses Jahrhunderts weltweit ein großes politisches Gewicht bekommen haben. Neu ist nicht das Phänomen, sondern, um einen Begriff Max Webers zu verwenden, die gegenwärtige Kulturbedeutung des Fundamentalismus.

Unsere Vorstellungen vom Fundamentalismus sind weitgehend von einer seiner Erscheinungsformen geprägt worden, nämlich von der schiitischen Revolution im Iran. Gemeinhin stellen wir uns eine Bewegung vor, die vom Fortschritt überfordert ist. Sie kommt mit den Widersprüchen der modernen Industriegesellschaft nicht zurecht und löst diese durch eine Rückkehr zu mittelalterlichen Verhältnissen: Die Trennung von Staat und Kirche wird aufgehoben, das Leben muß sich bis in den Alltag hinein an religiösen Vorschriften orientieren und das Primat der wissenschaftlichen Welterklärung wird zugunsten religiöser Dogmatik aufgegeben. Dieses Bild prägt nicht nur unsere Vorstellungen vom Fundamentalismus, sondern größtenteils auch die sozialwissenschaftlichen Theorien, die ihn, meist in dialektischer Form, in die üblichen Modernisierungstheorien überführen. Der Fundamentalismus wird hier als einziger ernstzunehmender Widerpart zum steigenden Rationalisierungsdruck der Moderne interpretiert, der ihre Probleme durch einen irrationalistischen Rückgriff auf religiöse Substitute aufzulösen versucht.[1]

Abgesehen davon, daß diese modernitätstheoretische Interpretation den enormen Rationalisierungsschub in der Lebensführung durch den Fundamentalismus übersieht, liegt das größte Problem auf einem anderen Gebiet: Die gemeinsame Voraussetzung der Deutungen des Fundamentalismus als irrationalem Widerpart der Moderne ist die Säkularisierungsthese, die Überzeu-

---

1 Siehe etwa T. Meyer, Fundamentalismus. Aufstand gegen die Moderne, Reinbek 1989; T. Meyer, Hg., Fundamentalismus in der modernen Welt. Frankfurt/M. 1989; H. Hemminger, Hg., Fundamentalismus in der verweltlichten Kultur, Stuttgart 1991.

gung also, daß die Bedeutung der Religion proportional zur Entwicklung der Moderne abnehme.

Diese Voraussetzung ist jedoch gerade durch den Fundamentalismus fragwürdig geworden; denn der Fundamentalismus ist nur die radikalste Spitze einer globalen religiösen Erneuerungsbewegung, die seit den 70er Jahren in allen Weltreligionen Fuß gefaßt hat. Ihm liegt nicht der letzte Widerstand der großen Religionen gegen die umfassende wissenschaftliche Deutung des Daseins zugrunde, sondern die größte Transformation von Heilserwartungen und Heilsvorstellungen seit der Entstehung der beiden großen säkularen, sich auf wissenschaftliche Legitimität berufenden Ideologien Positivismus und Marxismus. Heute werden diejenigen Heilserwartungen, die durch die großen Ideologien säkularisiert worden sind, durch die globale Enttäuschung über ihre ausgebliebene Verwirklichung wieder in religiöse Formen rückübertragen. In diesem Lichte betrachtet muß man also die Säkularisierungsthese durch zwei Transformationsprozesse ersetzen: zuerst von Religionen in säkulare Ideologien, dann von säkularen in religiöse Ideologien. Der Fundamentalismus kann dann als die ideologisierte Form einer allgemeinen Renaissance der Religion betrachtet werden.

War das Leitmotiv, das das Verhältnis zwischen Religion und moderner Welt seit den 30er Jahren unseres Jahrhunderts bestimmt hatte, noch die Frage nach der Modernisierung der Religion, so hat sich das heute genau umgekehrt; denn im Laufe der 60er und 70er Jahre wurden alle Richtungen, die für dieses Bemühen standen, zurückgedrängt - sei es nun der laizistische Islam, das Reformjudentum, der liberale Protestantismus oder das Aggiornamento. Heute geht es global um die religiöse Durchdringung und Prägung der Moderne. Erst diesem umfassenden Perspektivwechsel verdankt der Fundamentalismus seinen Aufstieg, seine Ausbreitung über kleine Gesinnungssekten hinaus zu einem Kulturproblem, mit dem sich alle auseinandersetzen müssen, kurz: verdankt er seine Kulturbedeutung. Aus ihm erwachsen die wichtigsten Potentiale für die Austragung von Kulturkonflikten. Der Blick für die Bedeutung dieser Phänomene wird innerhalb Europas, das den Sonderweg der Säkularisierung wählte, von den Debatten bis zur Unkenntlichkeit verdeckt, ob der Staat nach dem Ausfall der christlichen Religion nun die Werteerziehung zu kultureller Toleranz übernehmen müsse und könne.

Soweit mein kursorischer Überblick zum Themenkreis, den wir in unserem Seminar behandelt haben oder noch behandeln werden. Unsere Diskussion über die Brauchbarkeit von Huntingtons Paradigma ist noch nicht abgeschlossen und wird vermutlich nur ein provisorisches Ende finden. Da bei all diesen vorsichtigen Formulierungen für die nun folgende Diskussion die reale Gefahr ausbleibender Kulturkonflikte besteht, sie mithin sich in einem langweiligen 'Ja, so könnte man das auch sehen' zu erschöpfen droht, möchte ich mir wenigstens eine Rückzugslinie definitiv verbauen: Die Naivität und Realitätsferne der harmonistischen Globalisierer à la Lubbers scheinen jedenfalls nach der Lektüre Huntingtons und erst recht nach dem Ende unseres Seminars festzustehen.

Bei nicht wenigen der Eingangsreferate, die in den erbaulichen Ton politischer Moralpredigten übergingen, den ich selbst in der politischen Bildung immer dann anzustimmen pflege, wenn meine Kenntnis der Realitäten ausgeht, kam mir ein Satz Clyde Kluckhohns in Erinnerung, der einmal meinte: "Social scientists from the beginning have cared more about the 'ought' than the 'is'." Darum möchte ich mit einer Forderung enden, die ebenfalls als Verbeugung vor dem genius loci und der Tradition dieser Tagung zu verstehen ist. Das Globalisierungspostulat sollte ohne größeren Umschwung in die Reihe jener Ideen gestellt werden, die Karl Raimund Popper als historizistisch kritisiert hat; denn gerade die Kontinuität zwischen Modernisierungs- und Globalisierungsthese legt mindestens einen seiner Kritikpunkte nahe, wenn er schrieb: "Er (der Historizist; ich ergänze: der Globalisierer) glaubt fest an seinen Lieblingstrend, und Bedingungen, unter denen dieser verschwinden würde, sind für ihn undenkbar. Das Elend des Historizismus, könnte man sagen, ist das Elend der Phantasielosigkeit. Der Historizist kritisiert unaufhörlich jene kleinen Geister, die sich einen Wandel ihrer Welt nicht vorstellen können. In Wirklichkeit scheint aber dem Historizisten selbst die Phantasie abzugehen, denn er kann sich keinen Wandel in den Bedingungen des Wandels vorstellen."[2] Mit der Forderung, die Kritik des Globalisierungspostulats als Kritik des Historizismus fortzuführen, möchte ich ebenfalls mit einem weiteren Zitat Poppers enden: "Ich hoffe, daß es mir dadurch gelungen ist, einen Standpunkt zu konstruieren, den anzugreifen sich wirklich lohnt."[3]

MICHAEL BOCK

Ich stimme mit meinem Vorredner völlig überein. Es ist an der Zeit, das Gerede von der Globalisierung grundsätzlich zu überdenken. Huntington hat dies getan. Und seine Analyse verdirbt manchen die Laune. Sie stört das multikulturelle Harmoniebedürfnis, zeigt Abgründe und Holzwege die Angst machen, weckt aus dem Traum der säkularen Ökumene. Deshalb bekommt er Prügel. Der Zorn über die schlechte Nachricht trifft ihren Überbringer. Aber sollte die Wissenschaft nicht besser unterscheiden können als ein cholerischer Tyrann?

Lassen Sie mich noch zwei Aspekte ergänzen. Der 2. Weltkrieg war ein Krieg um Macht, Einfluß und Ressourcen. Gewiß. Aber er war auch ein Kulturkonflikt. Und wie in anderen derartigen Konflikten war es auch hier: Die

2 Popper, Karl Raimund, Das Elend des Historizismus, (1965), 5. Aufl., Tübingen 1979, S.102.

3 Popper, Karl Raimund, Das Elend des Historizismus, (1965), 5. Aufl., Tübingen 1979, S.3.

Kultur der Besiegten wurde vernichtet. Die Götter der Sieger waren die stärkeren. "Re-education" im allgemeinen und eine gezielte Wissenschaftspolitik führten zu einem fast vollständigen Traditionsbruch in der deutschen Soziologie, der Politikwissenschaft, der Nationalökonomie und der Pädagogik.

Daß die Modernisierungs- und Globalisierungstheorien so einflußreich werden konnten, ja zum kaum mehr hinterfragten Hintergrundwissen der Epoche des Kalten Krieges werden konnten, ist daher keineswegs eine Folge ihrer generellen wissenschaftlichen Stärke und Überlegenheit, sondern das Ergebnis einer zeitgeschichtlichen Sondersituation und des politischen Willens der USA. Ein Kreuzzug für Modernisierung und Globalisierung. Es ist deshalb kein Zufall, daß Huntington bei der Suche nach Verbündeten gerade bei den Traditionen fündig wird, die dem erwähnten Traditionsbruch und der Globalisierung der US-amerikanischen Sozialwissenschaften zum Opfer gefallen waren.

Es sind Historiker wie Toynbee und Spengler, es sind Kultursoziologen wie Fernand Braudel, Max und Alfred Weber. Die prägende Kraft von Religionen und Weltbildern, die Modellierung von Macht- und Interessenskonflikten durch sie, die eruptive, elementare Kraft von Heilserwartungen und Feindbildern waren für sie aus der Weltgeschichte nicht wegzudenken. Huntington nimmt dankbar an.

Und nun der zweite Aspekt. Huntington wird oft gescholten für die wenig erfreulichen Aussichten, die sein Buch eröffnet. Meistens allerdings von Kritikern, die sich von der negativen Aura von Worten wie "culture clash", "gespaltene" oder "zerrissene Gesellschaft" den Serotoninhaushalt durcheinanderbringen lassen. In Wirklichkeit hat Huntington alles andere im Sinn als eine Propaganda für culture clash. Seine Devise lautet vielmehr: Achtet euch untereinander als Zivilisationen, sucht Gemeinsamkeiten und Verständigungsmöglichkeiten, seid bei Bruchlinienkonflikten deeskalierend, denn ihr müßt wissen: Viel schlimmer als die anderen Zivilisationen sind für euch alle Möglichkeiten eines Rückfalls in die Barbarei, etwa durch eine weitere Zunahme des organisierten Verbrechens oder durch eine nukleare oder ökologische Katastrophe.

Huntington ist kein Scharfmacher. Und so empfiehlt er dem westlichen Kulturkreis, sich zwar auf die Einzigartigkeit seiner Traditionen und Werte zu besinnen, aber seine universalistischen Ziele aufzugeben. Rückzug, Nonintervention, Deeskalation, besinnen auf die eigene Stärke und Identität, das sind seine Vorschläge. Aber sind diese Vorschläge konsistent? Kann der Westen seine universalistischen Ansprüche aufgeben und sich auf sich selbst zurückziehen?

Vertragen es die Menschenrechte, daß man ihrer Verletzung achselzukkend zusieht? Und verträgt es die Demokratie, eine Möglichkeit der politischen Verfaßtheit unter anderen zu sein? Ist der universalistische Anspruch überhaupt ablösbar von der Identität des Westens? Diese Frage und damit die Logik der Weltbilder nimmt Huntington meines Erachtens nicht ernst genug, und daher ist er noch viel zu optimistisch.

Evolutionary roots of conflicts and conflict resolution behaviour

FRANS B. M. DE WAAL
ROBERT A. HINDE

Summary of the seminar

The objective of this seminar was to introduce students to biological explanations of human behavior, basic principles of evolutionary thinking, comparisons with animal behavior, and critical reflection on the limits of such comparisons. Aggression and conflict resolution were among our central themes.

The aggression debate

Over the last half a century, aggression has occupied a pivotal role in debates about human nature. After World War II, aggression became a favorite theme due to Konrad Lorenz's *Das Sogenannte Böse* ("On Aggression"), published in 1963. Lorenz's central thesis was that human aggression is an instinct, produced by an innate drive, hard or impossible to control, that seeks an outlet ranging from sports to gang violence. This rather Freudian message was amplified by other popularizers, but countered by psychologists and anthropologists who demonstrated that aggression is learned, and questioned the universality of aggression in human society.

The premises of this debate were fundamentally flawed. It was tacitly assumed that demonstrating either a genetic or a learning component would settle the issue, whereas we now of course assume involvement of both influences in almost everything humans do. Another serious weakness was the lack of attention to natural checks and balances on aggression: aggression was treated as a separate behavioral category in isolation from other aspects of social life.

Debate about these ideas was vehement, but the tone changed with increased information. For example, the purported peacefulness of our closest relatives, the apes, was not nearly so complete as both Lorenz and his detractors had assumed. For example, lethal inter-group violence is considered a pervasive characteristic of the chimpanzee, a conclusion with possible implications for the origins of human small group warfare. In addition, the chief explanatory framework of Lorenz's days, with its emphasis on species preservation, has since been abandoned (see below). The argument that animals will not kill each other because otherwise their species will die out has been replaced by theories about how individuals and their close kin benefit from constraints on aggression.

At the time, there was little attention as to how aggression functions in the social context, how it contributes to and disturbs social relationships, and how it poses a threat to the cooperation on which many animals, including our own species, rely for survival. Most species studied at the time were territorial animals, in which aggression of course mainly serves a dispersive function. This one-sidedness in the approach to aggression is important in relation to the issue of conflict resolution, where the social context is of paramount importance (see below).

Aggression of one sort or another is a major cause of suffering in the modern world. In this symposium we addressed some of the basic issues relevant to the bases of aggression in humans and other animals. We have made use primarily of data from the higher nonhuman primates as well as studies of human beings. The merits and dangers of generalizing from nonhuman species to our own were discussed.

Aggression was formerly seen as an "instinct". However, the concept of "instinct" has been used in diverse ways, and is now seen as valid at best in a descriptive sense. In particular, the view that the display of aggression leads to a decrease in the tendency to behave aggressively (catharsis) has been shown to be incorrect.

Our definition of aggression refers to actions involving the intent to harm (verbally or physically) others. But aggressive actions are rarely simple. Usually they are based not simply on an intent to harm another individual, but to use aggression to achieve another goal - for instance to advance the actor's status, or to acquire some object or situation. The diverse categories of aggression that have been proposed mostly depend on the differing contributions of such ancillary motivations.

Levels of analysis in biology

Full understanding of human aggression requires study of its immediate causation, the development in the individual of the propensity to behave aggressively, its function and consequences, and its evolutionary history. One entire seminar was devoted to theoretical issues basic to these four questions (known as Tinbergen's four Why's). First, the diversity of causes and consequences relevant to every action, and the relation between cause and consequence, were emphasized. Some, but not all consequences are functions in a biological sense.

Next, some issues in the development of behavior were analyzed. Discussion was based on two examples - the development of the adult song pattern in birds, and the development of nest building behavior in canaries. The development of behavior has usually involved discussion in terms of dichotomies - innate versus learned behavior, phylogenetic versus experiential sources of adaptedness, stable versus labile patterns, and so on. The merits of such approaches were discussed.

An important and too little realized aspect of development is that all experiences are not equally effective in inducing learning. There are predispositions to learn some things rather than others, constraints on what can be learned, and sometimes children seem to "know more than they can have learned". Also the effectiveness of particular experiences changes with the life-cycle, so that there are "sensitive periods" for learning.

As a background to the evolutionary question, the modern approach to the evolution of behavior was summarized. Evolution depends on the selection of individuals (and perhaps in some cases groups) who are best able to rear offspring which will in turn propagate the genes they have acquired from their parents. It is thus in an individual's biological interests to help relatives, provided that the cost to the helper (in terms of effects on reproductive success) do not exceed the benefit (in the same terms) to the relative. This is known as "kin selection".

Often the best strategy for an individual depends on what the other is doing, or on the composition of the group. Games theory has been used to see which strategies of behavior are "evolutionarily stable".

Many aspects of the behavior shown by humans in the modern world became part of our repertoire in the early stages of human evolution, when the social and physical environments were quite different from those in which most humans live today. Thus, such aspects of human behavior must be interpreted against a background of our presumed "environments of evolutionary adaptedness". Modern studies of the evolution of human behavior fall into several "schools", the principal characteristics of which were outlined.

To understand human aggression, or for that matter almost any other aspect of human behavior, it is necessary to recognize a number of levels of social complexity - individual psychological mechanisms, individual behavior, short-term interactions, social relationships, groups, and societies. Each level has properties not relevant to the level below, and requires different explanatory concepts. Furthermore each affects the others and affects and is affected by the physical environment and by the socio-cultural structure of values, norms, beliefs, institutions, and so on. These principles were illustrated by the genesis of snake phobias.

Social dominance

Most social animals establish predictable patterns of competition based on past experiences. Instead of fighting with each other all the time, they learn who usually wins and who usually loses, and establish stable outcomes known as dominance relationships. These relationships were first discovered in chickens hence the frequently used term pecking order. The social hierarchy is characterized by two features: great asymmetry within the relationship (i.e. if A often threatens B, B will rarely threaten A), and linearity, or transitivity of the relationships (i.e. if A dominates B, and B dominates C, A should dominate C as well).

We discussed the complications of this simple hierarchical system in macaques and chimpanzees. Macaques have a matrilineal hierarchy, in which status is determined by kinship relations. The kinship relations lead to alliances, in which kin support each other, which in turn lead to dependent rank, that is, rank positions dependent on the support of others.

This system is even more pronounced in chimpanzees. Not that kinship is the critical factor, but the predominance and influence of coalitions. Chimpanzees are political animals in that when they jockey for positions physical strength is only one, and perhaps not the most important variable. Popularity with the group, and effective support from high-ranking individuals are just as important in determining who reaches the top.

Conflict resolution

In many animals, one can observe reunions following aggression. Chimpanzees kiss and embrace their opponent, bonobos have sex after fights, and rhesus monkeys groom each other. These contacts are labeled "reconciliations." Reconciliation is best regarded as a heuristic concept, that is, a speculative formulation serving as a guide for the solution of a problem. The problem under consideration is how animals manage to maintain group cohesion despite occasional conflict.

According to the English dictionary, "reconciliation" (*Versöhnung*) refers to the re-establishment of close relationships, and the settlement of conflict. In line with this definition, the first aim of reconciliation research has been to compare two contrasting expectations concerning the effect of aggression. The traditional notion that aggression serves a spacing function, predicts decreased contact between individuals following aggressive conflict. The reconciliation hypothesis, on the other hand, predicts the exact opposite, namely that individuals try to undo the damage inflicted by aggression on social relationships. Hence we expect a) increased contact following aggression, and b) the use of special reassuring and appeasing gestures during these contacts.

The reconciliation concept is supported, therefore, if individuals contact each other more frequently and with more calming gestures after aggression than in the absence of preceding aggression. This means that a baseline condition needs to be defined to compare post-conflict behavior with. Many controlled studies have supported the above predictions of increased contact and behavioral specificity following aggression. With regards to the pacifying function implied by the concept of reconciliation, several studies have confirmed that the chance of renewed aggression is reduced and social tolerance restored following post-conflict contact.

The main theory regarding the occurrence of reconciliation is that it will be most common in valuable relationships. There is now both experimental and observational evidence that this is the case.

We also discussed "consolation" (*Trost*) in which one individual reassures another who is distressed. This behavior seems limited to the great apes and humans, perhaps because it requires a certain level of self-other distinction that is not found in monkeys and other animals. Acts of empathy and sympathy may, thus, be more developed in the Hominoids, a finding of relevance to the issue of morality.

Individual and collective aggression

The bases of aggression were discussed at three levels of social complexity. At the individual level, experiences both within and outside the family may influence the developing individual's propensity for aggression. The occurrence of aggressive behavior may be influenced by certain concurrent predisposing factors, and elicited by others. Aggression within families is regrettably frequent: some of the factors affecting this were discussed. Understanding of aggression between small groups required some discussion of the characteristics of human groups, including the tendency to perceive in-group members as more similar to each other, and more different from outsiders, than is actually the case. The role of leaders can be crucial.

International war involves quite new principles. It is best seen as an institution, with a number of constituent roles - soldiers, generals, munition workers, politicians, and so on. Incumbents of each of these roles are influenced by the rights and duties associated with the role. Thus soldiers fight primarily because it is their duty to do so in the role that they occupy. Aggressiveness does not cause wars, though wars may cause aggressiveness. It is thus important to understand the forces that maintain war as an institution. These were discussed in three groups - everyday factors, such as books, films, and aspects of education; pervasive cultural factors, such as national traditions, religion, and nationalism; and the military-industrial-scientific complex.

Evolution of morality

In the past we have seen attempts to derive moral rules directly from nature, resulting in a dubious genre of literature going back to Ernest Seton's (1907) *The Natural History of the Ten Commandments*. Other biblical titles have followed, principally in the German language, spelling out how moral principles contribute to survival. Much of this literature assumed that the world is waiting for biologists to point out what is Normal & Natural, hence worth being adopted as ideal. Attempts to derive ethical norms from nature are highly questionable, however. Known as the *naturalistic fallacy,* this problem has been recognized centuries ago.

Whereas human morality does need to take human nature into account by either fortifying certain natural tendencies - such as sympathy, reciprocity, loyalty to the group and family, and so on - or by countering other tendencies - such as within-group violence and cheating - it is in the end the society that decides, over many generations, on the particulars of its moral system. There is a parallel here with language ability: the capacity to develop and learn a very complex communication system such as language is naturally present in humans, but it is filled in by the environment resulting in numerous different languages. In the same way, we are born with a moral capacity, and a strong tendency to absorb the moral values of our social environment, but we are not born with a moral code firmly in place. The filling in is done by the social environment often dictated by the demands of the physical environment.

The moral codes found in human societies must come from somewhere. We often think of them as a product of divine revelation: it was suggested that, although the moral code of a society is usually purveyed by the religious system, its origins lie in human nature.

Social living is of biological advantage to individuals, and requires that the selfish, anti-social impulses of individuals be subordinated to prosocial ones. One mechanism for this, effective in small groups of related individuals, is kin selection. As groups became larger, reciprocal altruism became a basic principle for much social behavior. Principles concerned with how others should behave became codified. The moral code is, however, susceptible to manipulation by those in positions of power, so that individuals may be persuaded to behave against their own reproductive interests. Although we usually think of them as absolute, codes tend to change over time within limits set by human nature, due to an ongoing dialectic between how individuals behave and how they are supposed to behave. The approach suggested here is therefore neither completely relative nor absolute.

The moral code of a society may differ to a limited extent from the societal ideology. It may also be discrepant from the moral judgments of individuals, whose perceptions are colored by self-interest. Moral codes are also influenced by a number of other factors, including (a) Status seeking: precepts may safeguard the positions of those in power; (b) Sexual relations: thus they may specify when intercourse is and is not permissible, protect males from being cuckolded, and regulate incestuous unions.; and (c) The maintenance of group distinctiveness.

An interesting question for moral philosophers is whether, on the basis of external behavior alone, an extraterrestrial observer charged with finding the only moral animal on earth would automatically end up pointing at *Homo sapiens.* If we think it unlikely that human behavior will strike the observer as the most moral, this raises questions about how to define morality, and how it sets us apart from the rest of the animal kingdom. Thus, whereas we do hesitate to call the members of any species other than our own "moral beings," we also believe that many of the tendencies and cognitive abilities underlying human morality antedate our species' appearance on this planet. We discussed sympathy and empathy, reciprocity, conflict resolution, and the establishment of social rules as areas in which humans share many features with other primates.

At the same time that our moral systems rely on basic mental capacities and social tendencies that we share with other cooperative primates, such as chimpanzees, we also bring unique features to the table, such as a greater degree of internalization of social rules, a greater ability and tendency to adopt the perspective of others, and of course the unique capacity to debate issues amongst ourselves, and transmit them verbally, including their rationale. To communicate intentions and feelings is one thing, to clarify what is good, and why, and what is bad, and why, quite something else. Animals are no moral philosophers.

Apes from Venus: Bonobos and human social evolution

Plenary meeting of the seminar: Evolutionary roots of conflicts and conflict resolution behaviour

FRANS B. M. DE WAAL

At a juncture of history at which women are seeking equality with men, scientists suddenly find that females play a central, perhaps even dominant role in the social life of one of our nearest relatives. "How convenient!" as the Church Lady of Saturday-Night Live used to exclaim. Yet, instead of an ideological attempt to overturn male-biased evolutionary scenarios (Man the Hunter; Man the Tool-Maker; Men in Groups, etceteras), we are dealing with an authentic discovery. In the last couple of years, many strands of knowledge have come together concerning a relatively unknown anthropoid ape with an unorthodox repertoire of behavior: the bonobo. The findings are commanding much attention because the species, a close relative of the chimpanzee, shares over 98% of our genetic make-up. Not too long ago, a much more distant relative, the savannah baboon, was widely regarded as the best extant model of the human ancestor; these terrestrial primates are adapted to the sort of ecological conditions that protohominids may have faced after they descended from the trees. The baboon model was largely abandoned, however, when it became clear that a number of fundamental human characteristics are absent or only minimally developed in these monkeys, yet present in chimpanzees. Cooperative hunting, food-sharing, tool-use, power politics, and primitive warfare were observed in chimpanzees. In the lab, these apes were able to learn symbolic communication, such as sign language, and to recognize themselves in a mirror - an indication of self-awareness. Chimpanzees are, of course, also genetically much closer to us than are baboons; both humans and chimpanzees belong to the Hominoid branch of the primate order that split off a long time ago from the monkeys.

Whereas selection of the chimpanzee as the touchstone of hominid evolution represented a great improvement, one aspect of the models did not need to be revised: male superiority remained the "natural" state of affairs. In both chimpanzees and baboons, males are conspicuously dominant over females. In baboons, males are not only twice the size of females, they are equipped with canine teeth as formidable as a leopard's, whereas females lack such weaponry. Sexual dimorphism may be smaller in the chimpanzee than in the baboon, males reign supremely and often brutally; it is highly unusual for a fully grown male chimpanzee to be dominated by a female, any female. Enter the bonobo, which is best characterized as a female-centered, egalitarian species that substitutes sex for aggression. It is impossible to understand the social life of the bonobo, including the equality between the sexes, without attention to its sex life: the two are almost indistinguishable. Whereas in most other species, such as chimpanzees and baboons, sexual behavior is a fairly distinct category, in the bonobo it has become part and parcel of social relationships, and not just between males and females. Bonobos engage in sex in virtually every partner combination: male-male, male-female, female-female, male-juvenile, female-juvenile, and so on. The frequency of sexual contact is also rather high compared to other primates. The bonobo's rate of reproduction in the wild, however, is approximately the same as that of the chimpanzee, with single births to a female at intervals of 5 to 6 years. So, bonobos share at least one very important characteristic with our own species, namely a partial separation between sex and reproduction.

Discovery of the species

Discovered in 1929, the bonobo is one of the last large mammals to be known to science. Rather than in a spectacular African setting, the historic event took place in a colonial Belgian museum following the inspection of a skull by Ernst Schwarz, a German anatomist. Schwarz declared that he had found a new subspecies of chimpanzee, but soon the morphological differences were considered important enough to accord the bonobo the status of an entirely new species within the same genus, Pan, as the chimpanzee. Officially, the bonobo was classified as Pan paniscus, or the diminutive Pan, but I believe a different label might have been selected had taxonomists known then what we know now. The old taxonomic name of the chimpanzee, Pan satyrus, which refers to the age-old myth of apes as lustful satyrs, would have been perfect for the bonobo.

Despite the fact that bonobos are also known as pygmy chimpanzees, this name is plainly incorrect (and rapidly failing out of favor) as the species cannot be distinguished from the common chimpanzee on the basis of size. Adult males of the smallest subspecies of common chimpanzee weigh on the average 43 kilograms, compared to 45 kilograms for male bonobos. Females of both species weigh approximately 33 kilograms. What then are the differences? It is like comparing a Concorde with a Boeing 747; I do not wish to offend any chimpanzees, but bonobos do have more style. The overlap in weight and size notwithstanding, all bonobos have a more gracile build than all chimpanzees. The bonobo's body is slim and slender, with long legs, and a small head on a thin neck and narrow shoulders. The lips are reddish in a black face, the ears are small, and the nostrils are almost as wide as a gorilla's. Bonobos also have a flatter, more open face with a higher forehead than the chimpanzee, and - to top it all off - an attractive coiffure with long, fine, black hair neatly parted in the middle.

The bonobo's life cycle resembles that of the chimpanzee. Mothers nurse and carry their offspring for up to four or five years. Males and females reach adolescence by the age of seven. Females give birth for the first time at the age of thirteen or fourteen, and full-grown adulthood is reached at approximately fifteen years of age. Their longevity is unknown, but if the chimpanzee is an example it may be over forty years in the wild, and up to late fifties in captivity.

Whereas fruits are central to the diets of both wild bonobos and chimpanzees, chimpanzees add more animal foods and bonobos more pith from herbaceous plants. Bonobos do eat invertebrates and occasionally capture and eat small vertebrates, including mammals, but their diet seems to contain relatively little protein, and they have thus far not been observed to hunt monkeys, as chimpanzees are known to do. Another difference is that, whereas chimpanzees use a rich array of tools in order to obtain foods (from cracking nuts with stone tools to fishing for ants and termites with sticks), tool-use in wild bonobos appears very little developed.

Gentle, playful, and intelligent, bonobos are more controlled in their expression of emotions than the extremely extrovert chimpanzee. For example, male chimpanzees often engage in spectacular charging displays in which they show off their strength and stamina, throwing rocks, breaking branches, and uprooting small trees in the process. They can keep up these trance-like and noisy performances for many minutes during which most other community members wisely stay out of their way. Male bonobos, on the other hand, usually limit displays to a single, brief run while dragging a few branches behind them.

In their communication the two species have a lot in common except for notably different voices. The well-known low-pitched, drawn-out "huuu - huuu" pant-hooting of the chimpanzee is replaced by rather sharp, high-pitched barking sounds in the bonobo. The differences in vocalization are so striking that experts have no trouble distinguishing the two species by car. Like chimpanzees, bonobos also signal emotions and intentions through facial expressions and hand gestures, many of which are also present in the nonverbal communication of our own species. For example, bonobos will beg by stretching out an open hand (or, sometimes, foot) to a possessor of food, and will pout their lips and make whimpering sounds if the begging is unsuccessful.

Bonobos and chimpanzees are equidistant to us. The split between the human line of ancestry, on the one hand, and the chimpanzee and bonobo line, on the other, is believed to have occurred a "mere" 8 million years ago. Since this time, our own species evolved plenty of new characteristics, such as bipedal locomotion, huge brains, and the loss of body hair. The divergence between the chimpanzee and the bonobo occurred considerably later, and may have been prompted by the chimpanzee's need to adapt, at least partially, to relatively open, dry habitats, such as savannahs and woodlands. Bonobos, on the other hand, probably never left the protection of the forest; currently, the species is entirely restricted to wet African rainforests. If so, the bonobo may have undergone less evolutionary change than both humans and chimpanzees, hence may more closely resemble the common ancestor of all three modern species.

Indeed, in the 1930s, Harold Coolidge, the American anatomist who gave the bonobo its taxonomic position, suggested that the bonobo might be closest to the primogenitor. The species' body proportions have been compared to those of Australopithecus, and it is true that when bonobos stand or walk upright, they look as if they stepped straight out of an artist's impression of early hominids.

Kama sutra primates

If there is any domain in which bonobos and chimpanzees differ, it is in their sexual behavior. It is now generally recognized that peculiarities of the bonobo's social organization are linked to the special and ubiquitous role of sexual behavior in smoothing tensions and cementing relationships.

The first suggestion that the sexual behavior of bonobos differs from that of chimpanzees resulted from observations at European zoos. Wrapping their shocking findings in Latin, Eduard Tratz and Heinz Heck reported, in 1954, that chimpanzees mate more canum (like dogs) and bonobos more hominum (like people). In those days, face-to-face copulation was still considered uniquely human; a cultural innovation that needed to be taught to pre-literate people (hence the term "missionary" position) as it reflected the dignity and sensibility separating humans from subhumans. Published in the German language, these early studies were ignored by the scientific establishment, however. The bonobo's human-like sexuality needed to be rediscovered, in the 1970s, before it became accepted as a characteristic of the species.

Bonobos become sexually aroused remarkably easily, and express this in a variety of mounting positions and genital contacts. Sexual behavior is highly flexible; bonobos act as if they have read the Kama Sutra, using every position and variation one can imagine. Thus, whereas chimpanzees never adopt face-to-face positions, bonobos do so one out of three times during copulations in the wild, and even more often in captivity. Furthermore, the frontal orientation of the vulva and clitoris strongly suggest that the female genitalia are adapted for this position. Another similarity with humans is increased female sexual receptivity. The tumescent phase of the female's genitals, resulting in a conspicuous pink swelling that signals willingness to mate, covers a much greater part of the menstrual cycle in bonobos than in chimpanzees. Instead of a few days out of her cycle, the female bonobo is almost continuously sexually attractive and active.

Perhaps the bonobo's most typical sexual pattern, unknown in any other primate, is so-called genito-genital rubbing, or GG-rubbing, between adult females. One female clings with arms and legs to another - almost the way an infant clings to its mother - while the other female, standing on both hands and feet, lifts her off the ground. The two females then rub their genital swellings laterally together with the same rhythm as that of male thrusting during copulation. Given the rather prominent clitoris of bonobo females, there can be little doubt that their smiles and squeals during GG-rubbing reflect orgasm-like experiences. Laboratory experiments have demonstrated that women are not the only female primates capable of physiological orgasm, such as contractions of the uterus and an accelerated heart-rate at the climax of intercourse.

Male bonobos, too, may engage in pseudo-copulation, but generally perform a brief scrotal rub instead: standing back-to-back, one male rubs his scrotum against the behind of another. They also show so-called penis-fencing: a rare behavior, thus far observed only in the wild, in which two males hang face to face from a branch while rubbing their erect penises together as if crossing swords.

The variety of sexual and erotic contacts in bonobos is quite spectacular, especially if we include the sporadic oral sex, massage of another individual's genitals, and intense tongue-kissing. Lest this leaves the impression of a pathologically over-sexed species, I must add, based on hundreds of hours of watching bonobos, that their sexual activity is rather casual and relaxed; it appears a completely natural part of their group life. Also, even though the bonobo is a serious contender for the title of sex champion of the primate world, including the prize for the longest penis - distinctions thus far erroneously reserved for Homo sapiens - its sexiness should not be exaggerated.

Like people, bonobos engage in sex only occasionally, not continuously. At the zoo, the average bonobo initiates sex once every one-and-a-half hours, whereas the average chimpanzee does so once every seven hours. In the natural habitat, the frequencies are no doubt lower. Furthermore, with the average copulation lasting 13 seconds, sexual contact in bonobos is rather quick by human standards. Thus, instead of an endless orgy, we see a social life peppered by brief moments of sexual activity.

Make love, not war

My own interest in bonobos did not stem from a fascination with sex per se, but from research on aggressive behavior in primates, particularly the way social relationships are repaired following conflict. For example, after two chimpanzees have engaged in a fight, they may come together for a hug and mouth-to-mouth kiss. Assuming that such emotional reunions serve to restore peace and harmony, I labeled these contacts reconciliations. Any species that combines cooperation and bonding between individuals with the potential of conflict needs conciliatory mechanisms. Imagine how quickly marriages would break up if people had no way of expressing regret at their actions, or making up for hurting each other. With this in mind, I set out to study the aftermath of aggression in a variety of primates, including bonobos. Though expecting peacemaking in these apes, too, I was little prepared for the form it would take.

The study took place at the San Diego Zoo, in California, which at the time housed the world's largest captive bonobo colony. I spent entire days in front of the enclosure with a video camera, following the ongoing activities in the group. The camera was switched on at feeding time, which turned out to be the peak time for sexual behavior. As soon as an animal caretaker approached the enclosure with food, the males would develop erections. Even before the food was thrown into the enclosure, the bonobos would be inviting each other for sex: males would invite females, females would invite males, and also the characteristic GG-rubbing between females was common at this time. What was all this sex about?

The simplest explanation would seem that, in the bonobo, excitement over food translates into sexual arousal, as if the motivations for feeding and sex are intertwined. This may be partly true, yet a third motivation aroused by food is probably the real cause: competition. In almost all animals, the introduction or discovery of attractive food induces competition over access. There are two reasons to believe that sexual activity is the bonobo's answer. First, anything, not just food, that arouses the interest of more than one bonobo at a time tends to result in sexual contact. For example, if two bonobos approach a cardboard box thrown into their enclosure, they will briefly mount one another before playing with the box. What such situations share with feeding time is not a high level of excitement, but the possibility of conflict over possession. Whereas this leads to squabbles in most other species, bonobos are remarkably tolerant, perhaps precisely because they use sex to divert attention and change the tone of the encounter. I have even seen adult females GG-rub after one had found a small piece of rope, and another hurried over for a closer look.

Second, bonobo sex often occurs in aggressive contexts totally unrelated to food. For example, one male chases another away from a female, after which the two males reunite and engage in scrotal rubbing. Or, one female hits a juvenile, to which the juvenile's mother responds by lunging at the aggressor, immediately followed by intense GG-rubbing between both females. Chimpanzees kiss and embrace during reconciliations, yet rarely engage in sex, whereas bonobos use the same sexual repertoire then as they do at feeding time. Based on an analysis of many such incidents, my study yielded the first solid evidence for sexual behavior as a mechanism to overcome aggression. Not that this function is absent in other animals (or in humans, for that matter), but the art of sexual reconciliation may well have reached its evolutionary peak in the bonobo.

In summary, the rich sexual behavior of bonobos is closely tied to control over aggressive tendencies. It keeps competition down at feeding time, and facilitates rapprochement between former opponents. Given its peacemaking and appeasement functions, it is not surprising that sex occurs in so many different partner combinations; the need for peaceful coexistence is obviously not restricted to heterosexual pairs.

Bonobos in the wild

Bonobos are rare in captivity and seriously endangered in the wild. Worldwide, there are less than one hundred bonobos in zoos and research institutions, compared to thousands of chimpanzees. In Zaire, the only country in which the species occurs naturally, there may remain between 10,000 and 20,000 bonobos within a limited range south of the Zaire river. Given the species' slow rate of reproduction and the rapid destruction of its tropical habitat there is reason for great concern.

Field research on bonobos started only in the mid 1970s, more than a decade after the most important studies on wild chimpanzees had been initiated. In terms of continuity and invested (wo)manpower, the chimpanzee projects of Jane Goodall and Toshisada Nishida, both in Tanzania, are unparalleled. Bonobo research by Takayoshi Kano and other primatologists of Kyoto University, however, is now almost two decades underway at a site named Wamba, in Zaire, and is beginning to show the same pay-offs.

Before reviewing the most important distinctions between bonobo and chimpanzee society, one fundamental similarity deserves attention. Both species live in so-called fission-fusion societies: unlike many monkeys, the apes do not travel in large groups, but move alone or in small "parties" of a few individuals at a time, the composition of which changes constantly. Individual A may travel with B and C in the morning, but when they meet D and E in the forest, A may join E for the rest of the day, while B, C and D go their way. All associations, except the one between mother and dependent offspring, are of a temporary character.

Initially, this flexibility baffled investigators, and made them wonder if these apes know social groups with a stable membership at all. After many years of carefully documenting the composition of chimpanzee parties in the Mahale Mountains, Nishida was the first to crack the puzzle. He reported that chimpanzees form large communities: all members of a particular community mix freely in ever-changing parties, but members of different communities never gather. Later, Goodall added territoriality to this picture, that is, not only do communities not mix, males of different communities engage in lethal battles.

In both bonobos and chimpanzees, males stay forever in their natal group, whereas females tend to migrate during adolescence (bonobos during early adolescence, between 7 and 10 years, and chimpanzees during late adolescence, between 10 and 12 years). As a result, the senior males of a chimpanzee or bonobo group have known all junior males since birth, and all junior males have grown up together. Moreover, males are often related to one another, resulting in close bonds in maternal brothers. Females, on the other hand, transfer to an unfamiliar and often hostile group where they may know no one, or only a few other female migrants from their own community. One of the chief differences between chimpanzee and bonobo society turns out to be the way in which young females are integrated into their new community.

A matrifocal society

Upon transfer into another community, young bonobo females at Wamba single out one or two senior resident females for special attention, using frequent GG-rubbing and grooming with these females to build up a relationship. If the residents reciprocate, close associations are established, and the younger female gradually becomes accepted and integrated. After having produced her first offspring, the young female's position becomes more stable and central until, when she grows older and achieves high status, the cycle is repeated, with young immigrants now seeking a good relationship with her. Sex thus smoothes the migrant's entrance into the community of females, which is much more close-knit in the bonobo than in the chimpanzee.

A second major difference with chimpanzee society is that bonobo males remain attached to their mothers all their lives, following them through the forest, and resting dependent on them in aggressive encounters with other males. During one observed power struggle among adult males at Wamba, the mother of one played a decisive role, repeatedly chasing off her son's rival until this male gave up the confrontation. As a result, the highest-ranking males of a bonobo community tend to be sons of important females.

What a contrast with chimpanzees! Male chimpanzees fight their own battles with each other, often relying on the support of other males. Inasmuch as male coalitions are opportunistically established and broken in the pursuit of power, they have a distinctly political character. Furthermore, besides competing amongst themselves, adult male chimpanzees travel together in all-male parties, and groom each other frequently. Thus, males form a distinct social hierarchy within chimpanzee society, with high levels of both competition and association among themselves. Their bonding is not surprising given the need to stick together against males of neighboring communities; failure to form a united front might result in the loss of lives. The danger of being male is reflected in the adult sex ratio of chimpanzee populations, with more than one female per male.

In bonobos, on the other hand, there is only a single report of serious inter-community violence. Peaceable mingling of communities seems to be the rule, including mutual sex and grooming. Friendly overtures are mostly made by females; male-male relations between groups are relatively tense. Perhaps related to the virtual absence of intergroup combat, all-male associations are unusual, and the male hierarchy is less developed. Most typical is the mixed party, with adult males, adult females, and youngsters. Rather than being male-bonded, bonobo society gives the impression of being female-bonded, with males, even adult males, being oriented to and relying on their mothers instead of other males. No wonder, Kano calls mothers the "core" of bonobo society.

The bonding among female bonobos is rather surprising as it violates a fairly general rule, outlined by Harvard anthropologist Richard Wrangham, that the sex that stays in the natal group develops the stronger within-sex bonds. For example, male-bonding of chimpanzees follows naturally from males remaining in the community in which they were born. The same is true for female-bonding in Old World monkeys, such as macaques and baboons; males being the migratory sex in these species, females stay their entire lives together, forming complex kinship networks. Bonobos are unique in that females, the migratory sex, strongly bond with same-sexed strangers later in life. Establishing an artificial sisterhood, female bonobos can be said to be secondarily boded. Although we know now how this happens - through the use of sexual contact, grooming, and tension-reduction among females - science has no answer yet to the question why bonobos and chimpanzees differ in this respect. The answer is being sought in different ecological conditions (for example, the abundance and energetic quality of food in the forest), but it is uncertain if this explanation suffices.

The third, and final, major difference between our two closest relatives is that bonobo society is not only female-centered, it appears to be female-dominated! The relation between the sexes ranges from egalitarian to dominance by the "weaker" sex. This is a revolutionary finding, bound to destroy traditional models of human social evolution that take male superiority for granted. Since females occupy top positions in most captive bonobo colonies known to me, I have for a long time suspected female dominance to be characteristic of the species. Fieldworkers may have suspected the same for an even longer time. Yet, bonobo specialists have been reluctant to make such a controversial claim. Until last summer, that is. At the XIVth Congress of the International Primatological Society, in Strasbourg (France), investigators of both captive and wild bonobos for the first time presented data that left little doubt about the issue.

Amy Parish, of the University of California at Davis, reported on food competition in identical groups (one adult male; two adult females) of chimpanzees and bonobos at the Stuttgart Zoo. Honey was provided in a place from which it could be extracted by dipping sticks into a small hole (similar to the way chimpanzees feed on termites and ants in nature). As soon as honey was given, the male chimpanzee would make a charging display through the enclosure and simply claim everything for himself; only when his appetite was satisfied would he let the females fish for honey. In the bonobo group, in contrast, it was the females who approached the honey first. After having engaged in some excited GG-rubbing, they would feed together, taking turns with virtually no competition between them. The male might make as many charging displays as he wanted; the females were not intimidated, and ignored the commotion.

Observers at the Belgian animal park of Planckendael, which currently has the most naturalistic bonobo colony, reported similar findings. If a male bonobo tried to harass a female, all females would band together to chase him off. Because females appeared more successful in dominating males when they were together than on their own, their close association and frequent GG-rubbing may represent an alliance. That is, females may bond so as to outcompete members of the individually stronger sex. That they manage to do so not only in captivity is evident from Takeshi Furuichi's summary of the relation between the sexes at Wamba: "Males usually appeared at the feeding site first, but they surrendered preferred positions when the females appeared. It seemed that males appeared first not because they were dominant, but because they had to feed before the arrival of females. Even middle- and low-ranking females could displace males."

Food, sex, and the nuclear family

Let me reiterate that the bonobo is one of the least violent primate species known to science. Much of the time, conflicts are settled peaceably; attractive food, as we have seen, tends to induce sexual activity rather than overt competition. This has been observed not only in zoos or at the Japanese fieldsite, where humans provide food, but also at a site at which food provisioning is totally absent. In Lomako Forest, also in Zaire, a station has been operated intermittently by European and North-American fieldworkers since the mid 1970s. Here, Nancy Thompson-Handler, of the State University of New York at Stony Brook, saw wild bonobos engage in sex when they entered trees loaded with ripe figs, or when one amongst them had captured a prey animal, such as a small forest duiker. The flurry of sexual contacts would last for five to ten minutes, after which the apes would settle down to consume the food.

Occasionally, the role of sex in relation to food is taken one step further; a step that brings bonobos very close to humans indeed. It has been speculated by anthropologists, such as Owen Lovejoy and Helen Fisher, that the reason for the partial separation between sex and reproduction in our species is that sex serves to cement mutually profitable relationships between men and women. The human female's capacity to mate throughout her cycle, and her strong sex drive, make it possible to exchange sex for male commitment and paternal care, thus tying men and women together in the nuclear family. Instead of a conscious strategy, this is thought of as an arrangement favored by natural selection for the simple reason that it allows women to raise more offspring than they could raise on their own. Although bonobos clearly do not establish the exclusive heterosexual bonds characteristic of our species, their behavior does fit important elements of this model: female bonobos show extended receptivity and use sex to obtain male favors. Thus, a female who does not dominate a particular male still has sex as a "weapon".

At the San Diego Zoo, I observed that if Loretta was in a sexually attractive state, which she was during a large portion of her cycle, she would not hesitate to approach the adult male, Vernon, if he had food. She would present herself to Vernon, mate with him, and make high-pitched food calls while taking over his entire bundle of branches and leaves. She would hardly give the male a chance to pull out a branch for himself, sometimes grabbing the food out of his hands in the midst of intercourse. This was quite a contrast with periods in which Loretta had no genital swelling; then she would wait until Vernon was ready to share.

Suehisa Kuroda reports similar exchanges at Wamba: "A young female approached a male, who was eating sugar cane. They copulated in short order, where-upon she took one of the two canes held by him and left". In another case, "a young female persistently presented to a male possessor, who ignored her at first, but then copulated with her and shared his sugar cane".

Despite such quid-pro-quo between the sexes, there are no indications that bonobos form human-like nuclear families with permanent bonds between a male and one or several females; in the bonobo, the burden of raising offspring appears to rest entirely on the female's shoulders. In fact, nuclear families are probably incompatible with the widespread use of sex found in bonobos. If we speculate that our ancestors started out with a sex life similar to that of bonobos, the evolution of the family must have brought dramatic change. The integrity of this social unit requires all sorts of protective moral restrictions and taboos that, amongst other things, assure males that they are caring for their own, not someone else's offspring. Thus, although our species is characterized by an extraordinary interest in sex, there are no human societies in which people publicly engage in it at the drop of a hat. A sense of shame and a desire for domestic privacy, which have no place in bonobo society, are typical human concepts related to the evolution and cultural bolstering of the family unit.

Sex does serve peacemaking and bonding functions within the human family, however, such as when a couple seals a reconciliation by making love. In addition, it is obvious that no degree of moralizing can make sex disappear from every non-family realm of human society. The bonobo's behavioral peculiarities may help us understand why, and as such have serious implications for models of human evolution.

Just imagine that we had never heard of chimpanzees or baboons, and had known bonobos earlier on. We would at present most likely believe that early hominids lived in female-centered societies, in which sex served important non-reproductive functions, and in which warfare was rare or absent. This is not to say that this ancestral model would have been superior to the ones that we have had thus far, but it would definitely have led to a very different line of theorizing.

"Das Selbe hat uns verloren" [Celan]. Nichtidentität in der modernen Literatur

ANIL BHATTI
ALEXANDER VON BORMANN

Zusammenfassung des Seminars

Zum Ansatz Nichtidentität

Identitätsvorstellungen charakterisieren Philosophie, Kunst und Literatur der Renaissance, der Klassik, des Traditionalismus: Klassizismus ist Grenzziehungskunst, und so gilt Zerrissenheit als negativ. Eine ältere Tradition will davon nichts wissen, hat in Romantik und Moderne ihr Recht eingeklagt und bekommen: Die Denkfigur 'Nicht-Identität' macht Problemfelder ansprechbar, die anders dem (Nach)Denken entzogen blieben. Es ist, Goethe zufolge, nicht gerade die Avantgarde, die für die Einheit der Person eintritt: "Volk und Knecht und Überwinder, / Sie gestehn zu jeder Zeit, / Höchstes Glück der Erdenkinder / Sei nur die Persönlichkeit." Das wird von Suleika (im "Westöstlichen Divan") als (westliche) Meinung zitiert, um Hatem eine 'östliche' Antwort zu ermöglichen: "Kann wohl sein! so wird gemeinet; / Doch ich bin auf andrer Spur ..." Dieser anderen Spur ging das interkulturell angesetzte Seminar nach, und zwar in sechs Sitzungen, die je ein eigenes Thema hatten, einen eigenen Akzent trugen.

Zur Vorbereitung waren u.a. die beiden Bände von Wilhelm Heitmeyer (Hrsg.) empfohlen: I. Was treibt die Gesellschaft auseinander (ed. Suhrkamp 2004/ Ffm. 1997); II. Was hält die Gesellschaft zusammen? (ed. Suhrkamp 2034/ Ffm. 1997). Wichtig für ein Literaturseminar ist es, die Vokabel/Denkfigur "Zerrissenheit" nicht in jenem negativ konnotierten Bezugsfeld zu lassen, wie es die fünfziger Jahre nahelegen ("Verlust der Mitte", "Zersprengtes Ich" usw.). Der englische Titel "fragmented society" half dazu ebenso wie Heitmeyers Schlüsselbegriff "Desintegration" (oder Anomie), womit "weitreichende individuelle, soziale und politische Beeinträchtigungen und Beschädigungen auf die Tagesordnung gesetzt werden" (I,9). Die Analysen des Bandes zeigen, "daß die moderne Gesellschaft durch strukturelle Entwicklungen und marktförmige Prozesse immer mehr Sinn und Solidaritätspotentiale verbraucht, als sie erzeugt" (I,16). Es wird sich zeigen, daß dieser Befund der modernen Literatur (seit der Nachklassik) zugrunde liegt und daß der "Wandel nicht nur zu differenzierten, sondern auch zu ethnisch-kulturell vielfältigen Gesellschaften" (I,17) in der Literatur regelmäßig vorgedacht/ vorentworfen war. Auch gegen die "ethnischen Spaltungen in demokratischen Gesellschaften" (Claus Leggewie/ II,233 ff.) schreibt Literatur regelmäßig an, und zwar nicht nur inhaltlich, sondern auch formal-innovativ, wie sich am Beispiel von Emine Sevgi Özdamar ("Das Leben ist eine Karawanserei ...", Köln 1992) zeigen ließ.

I. "Die ewig einige Welt". Zur Dialektik des Konzepts EINHEIT

Das Leiden an der 'Entfremdung' bestimmt einen Großteil der Literatur unseres Jahrhunderts. Dabei kommt es regelmäßig zu poetischen Lösungen und Vorschlägen, die, und das ist das Problem, zu wenig Resistenz gegenüber dem Einsatz von Gewalt haben: EINHEIT / Harmonie, Geschlossenheit um jeden Preis. Das spiegelte sich auch auf der Seite des Verstehens. Der halbaufklärerischen These von der "einen Menschheitskultur" entspricht ein universeller Verstehensanspruch, verschärft gesagt: eine imperialistische Hermeneutik. Wilhelm Dilthey besteht z.B. darauf, das im Verstehen alle Zeiten und alle Kulturen für uns identisch werden: "Aus Steinen, Marmor, musikalisch geformten Tönen, aus Gebärden, Worten und Schrift, spricht derselbe menschliche Geist zu uns und bedarf der Auslegung. Und zwar muß der Vorgang des Verstehens überall, sofern er durch die gemeinsamen Bedingungen und Mittel dieser Erkenntnisart bestimmt ist, gemeinsame Merkmale haben. Er ist in diesen Grundzügen derselbe."

Für das Theorem 'Zerrissenheit' kann diese Überzeugung als Folie angenommen werden; so galt es, sie zu problematisieren. Kritisiert wurde das Nachleben des universalhistorischen Ansatzes, der nostalgische Bezug auf "jene Geschichte, die universal ist, weil sie alle Geschichten in eine wendet, in die einzige Fortschritts- und Vollendungsgeschichte der Menschheit" (Odo Marquard: Universalgeschichte und Multiversalgeschichte. In: O.M., Apologie des Zufälligen. Stuttgart: Reclam UB 8351, 1986. S. 56. Vgl. ders.: Einheit und Vielheit. In: O.M., Skepsis und Zustimmung. Stuttgart: Reclam UB 9334, 1994. S. 30-44).

Zur Ideologiekritik der Einheitskonzepte tritt freilich gleichzeitig die Klage über Ausgrenzungen, und die Literatur, die sich regelmäßig auf der Seite der Abweichler, der 'Zerrissenen', der Nicht-Zugehörigen findet, kennt entsprechend beide Tonarten: den kämpferisch kritischen wie den aussichtslos klagenden. Beide sind dem Pathos verpflichtet: einer Gefühlsrede, die keinen Einspruch, keine Disputation zuläßt, die unbedingt ist, an ihrem Recht festhält und verzweifelt.

Die Beispiele hierfür entnahmen wir Hölderlins "Hyperion": "Ruhmlos und einsam" kehrt das erzählende Ich zurück in sein Vaterland, doch "die Fülle der allebendigen Welt" umfängt es und evoziert das begeisterte Gefühl des Einsseins mit Allem: "Eines zu sein mit allem, das ist Leben der Gottheit, das ist der Himmel der Menschen. - Eines zu sein mit allem, was lebt, in seliger Selbstvergessenheit wiederzukehren ins All der Natur, das ist der Gipfel der Gedanken und Freuden, das ist die heilige Bergeshöhe ..." Der Begeisterung folgt die Ernüchterung, die Reflexion: "Aber ein Moment des Besinnens wirft mich herab. Ich denke nach und finde mich, wie ich zuvor war, allein, mit allen Schmerzen der Sterblichkeit, und meines Herzens Asyl, die ewig einige Welt, ist hin ..." Hölderlin entwirft Zerrissenheit nicht nur als Zustand des Subjekts, sondern auch als Verfassung der Gesellschaft, der zeitgenössischen Deutschen, und Hyperions Schimpfrede ("Barbaren von alters her") entwickelt ausdrücklich 'Zerrissenheit' als unseligen Zustand, wenn er das Volk "dumpf und harmonienlos, wie die Scherben eines weggeworfenen Gefäßes" nennt. Es ist eine Anklage, für die wir im Literaturseminar keine Überbietung fanden:

"Es ist ein hartes Wort und dennoch sag' ich's, weil es Wahrheit ist: ich kann kein Volk mir denken, das zerrissner wäre, wie die Deutschen. Handwerker siehst du, aber keine Menschen, Denker, aber keine Menschen, Priester, aber keine Menschen, Herrn und Knechte, Jungen und gesetzte Leute, aber keine Menschen - ist das nicht wie ein Schlachtfeld, wo Hände und Arme und alle Glieder zerstückelt aufeinander liegen, indessen das vergoss'ne Lebensblut im Sande zerrinnt?" (Reclamausgabe S. 169)

II. Geschlossene versus offene Kultur

Die Indien-Rezeption in Deutschland/Österreich führt genauer in die Dialektik von Einheit-Vielheit ein. Das Indien-Erlebnis der deutschen Romantiker (ihnen war es eine Denkfigur) und der Intellektuellen zum Fin-de-siècle wurde an mehreren Texten vergegenwärtigt. Vergleiche dazu: Martin Kämpchen (Hg.): Rabindranath Tagore and Germany: A Documentation. Max Mueller Bhavan/Goethe Institut. Calcutta 1991; Anil Bhatti: August Wilhelm Schlegels Indienrezeption und der Kolonialismus. In: Konflikt-Grenze-Dialog. Hg. von Jürgen Lehmann u.a. Frankfurt/M. (P. Lang) 1997. S. 185-205; Hermann Graf Keyserling: Ost und West auf der Suche nach der gemeinsamen Wahrheit. (Shanghai-Rede). Sonderdruck.

Die deutsche und europäische Indienbegeisterung, die sog. 'Orientalische Renaissance', verdient einen kritischen Blick: "Durch Dichotomisierungen, essentielle Abgrenzungen, Verweigerung der Zeitgenossenschaft wurden dem Konstrukt 'Indien' Wissenschaft, Rationalität, Religion im genuinen Sinne, Philosophie, individuelle Freiheit und Arbeitsethos abgesprochen. Distanziert und kulturell eingefroren, war dieses Konstrukt 'Indien' nicht mehr ein Mitakteur der weltgeschichtlichen Gegenwart." (Bhatti, S. 186) Gab es, so wurde gefragt, Risse im hegemonialen Diskurs? Ließen sich Gegenstimmen vernehmen, "als utopischer Rest der europäischen Konstruktion nichteuropäischer Differenz"? Hierfür stand Keyserlings Shanghai-Rede ein, die zwar auch universell ansetzt und den Osten als den "Grund des Menschentums" begreift (Europa, Indien und China sind ihm "drei Koordinaten, die auf den gleichen Mittelpunkt bezogen sind"); doch zugleich hebt er als

"Wahrheit" heraus, "daß prinzipielle Einheit und phänomenale Mannigfaltigkeit keine Gegensätze sind, daß nichts verderblicher und törichter ist, als um der Einheit willen die Verschiedenheit aufheben zu wollen." Damit ist er auf dem Wege zu einem verträglichen Einheitskonzept, zum Versuch, Vielheit ohne Zerrissenheit zu denken, wofür auch Jacques Derrida als Zeuge berufen wurde ("Das andere Kap / Die vertagte Demokratie. Zwei Essays zu Europa." dt.: Frankfurt 1992, ed. Suhrkamp 1769): "Es gibt keine Kultur und keine kulturelle Identität ohne diese Differenz mit sich selbst." Und genauer noch (Freuds Psychologie des Selbst einschließend): "Es gibt keinen Selbstbezug, keine Identifikation mit sich selber ohne Kultur - ohne eine Kultur des Selbst als Kultur des anderen, ohne eine Kultur des doppelten Genetivs und des Von-sich-selber-sich-Unterscheidens, des Unterscheidens, das mit einem Selbst einhergeht [différence à soi]." Entsprechend war ein Teil der Kursarbeit auch als Verständigung / als Gespräch mit Texten angesetzt, als Übung im Ansprechen und Zuhören, als Differenzierung und Bezug. Vgl. dazu auch Manfred Riedel [Teilnehmer-Referat]: "Einheit in der Vielfalt. Vom geistigen Weg Europas". In: "Europa wohin?" Hg. von Hilmar Kopper u.a. (Stuttgart: DVA 1996).

Der Rekurs auf den Osten war also gutteils kritisch angesetzt, um ihn, der als vermeintlich holistisches Gegenbild / als Gegenentwurf zur Erfahrung der Zerrissenheit und Fragmentierung im Krisenbewußtsein der europäischen Moderne fungiert, als Denkfigur zur Diskussion zu stellen.

Hugo Ball schreibt 1926: "Fragt man die Künstler, woran sie leiden, so kann man immer wieder dasselbe hören. Sie haben keine Beziehung zur Wirklichkeit. Das Band, das sie in früheren Zeiten mit der Gesellschaft einigte, ist zerrissen." (In: H.B., Der Künstler und die Zeitkrankheit. Ausgewählte Schriften. Hg. von H.B. Schlichting. Frankfurt/M., Suhrkamp 1988. S. 108).

Der Bezug zwischen Fragment und Totalität, zwischen dem Zerrissenen/Zersprengten und dem organisch Ganzen, gehört, wie auch immer problematisiert, zum Krisenbewußtsein der Moderne, zu ihrer Ästhetik und Kulturtheorie. 'Indien' figuriert dabei als Gegenpol, indem es seit dem europäischen Mittelalter zum "geographischen Utopieraum par excellence" wurde (Ernst Bloch). Seit dem Ende des 18. Jahrhunderts spielt nun dieses 'Indien' als Chiffre, Signal, Konstruktion eine nicht zu übersehende Rolle im Diskurs der sich entwickelnden Moderne. Die Sehnsucht nach einer nichtentfremdeten Ganzheit, einem utopischen Potential, das zur ökumenischen Synthese zwischen westlichem Materialismus und östlichem Geist führen könnte, vernachlässigt, wo sie sich äußert, für gewöhnlich die politische Dominanz des Kolonialismus. (Vgl. hierzu Edward W. Said "Kultur und Imperialismus", dt. Frankfurt/M.: S. Fischer 1994)

Warnend schon Hugo Ball 1925: "So gewiß es ist, daß der philosophisch und humanistisch begründete Sittenkodex des modernen Staates, die sog. freie Ethik, dem Ansturm der in Fluß geratenen Gewalten nicht standhält, so fragwürdig ist der Weg derer, die auf der Flucht ihr Heil im Buddhismus, im Mithraskult, in Eleusis oder Heliopolis suchen ... Die exotischen Religionen mögen vergleichsweise zur Vertiefung beitragen: eine Lösung des Heute und Hier vermögen sie nicht zu bieten. Wir sind Europäer, nicht Asiaten. Unser seelisches Interesse ist einer bestimmten Tradition verpflichtet ..."

III. Literatur und Klassengesellschaft - der soziale Riß

Früh, schon im 18. Jahrhundert (Matthias Claudius; Schubart; G.A. Bürger: "Du nicht von Gott, Tyrann") hat das Bewußtsein von 'Oben und Unten' seinen literarischen Ausdruck gefunden - zunächst feudalismuskritisch orientiert, später deutlich klassenbezogen. Aber was heißt "deutlich"? Am Gedicht "Manche freilich" von Hofmannsthal ließ sich wahrnehmen, wie (hohe) Poesie mit kostbaren Mitteln aus dem Oben/Unten ein "Durcheinander" macht, das keine Empörung mehr auslöst, allenfalls stille Melancholie. Ehrlicher geht Hofmannsthals "Ein Brief" (1902) mit dem Befund der Zerrissenheit um, die nun auch das Subjekt erreicht hat; die berühmten Sätze: "Es ist mir völlig die Fähigkeit abhanden gekommen, über irgend etwas zusammenhängend zu denken oder zu sprechen. (...) Es zerfiel mir alles in Teile, die Teile wieder in Teile, und nichts mehr ließ sich mit einem Begriff umspannen." - Im Vergleich mit zwei Texten von E.G. Kolbenheyer (Barde des 'Dritten Reichs'), denen das Gedicht "Manche freilich" als Subtext unterlegt war, wurde die 'Lösung' des Klassengegensatzes in der Meister- und Führerideologie deutlich ("Die Andern", "Der Meister"): "Tausend müssen bluten und streben, / Daß einer baue, / Blicke verdürsten aus tausend Leben, / Daß einer schaue." Ähnlich fällt Stefan Georges Votum für "ein jung geschlecht" aus, das "den einzigen der hilft den Mann gebiert", dem, als Führer, "zucht wiederum zucht" ist und der dann das Neue Reich pflanzen soll. Bei Josef Weinheber erscheint dieses Konzept (1940) als imperialer Formbegriff [Teilnehmer-Referat]. Das Sonett etwa ist ihm "auf der äußersten Rechten aufgestellt, als Zeichen und Unterpfand eines eifernden Ordnungswillens und als Sinnbild der Unumstößlichkeit der Gesetze. Sie ist das Kehrgesicht zu jener äußersten Linken, zum abgründig Chaotischen des genial Bedrängten, der auf des Messers Schneide geht und jeden Augenblick in das Sinnlose, Formlose, Gottlose abzustürzen droht." Poetologische Bestimmungen, das zeigt sich, sind letztlich auch politische Voten. Daß diese Scheinlösung nicht nur rechts, sondern auch links gesucht wurde, zeigt der politische Expressionismus ("Wir sind die verheißnen Erhellten") mit der Illusion, die Welt eben mal neu bauen zu können ("Blitzende Zähne roden / Dickichte nieder: da schnellen die Blumen hoch, luftig und bunt"). - Gegen dieses Programm einer 'erschlichenen Einheit' wurde der Text "Eine Kreuzung" von F. Kafka gesetzt [Teilnehmer-Referat], ein entschiedenes Plädoyer für das Aushalten-Können von Andersheit / Fremdheit / Befremdlichkeit, zumal wenn sie gegeben ist ("ein Erbstück").

Wie direkt sich die Literatur dem Klassendenken und gutteils dem Imperialismus unterstellt hat, macht etwa ein "Lied der Deutschen jenseits der Meere" von Felix Dahn (1886) kenntlich: "Noch war die Welt nicht ganz vertheilt! / Noch manche Flur auf Erden / Harrt gleich der Braut: die Hochzeit eilt! / Des Starken will sie werden. / Noch manches Eiland lockt und lauscht / Aus Palmen und Bananen: / Der Seewind braust, die Woge rauscht,/ Auf! freudige Germanen!"

Daß der beherzte Zugriff der Herrschenden sich eine Generation später subtiler darstellt und Goethe-Schiller-Kirchenlied bemüht, zeigt Brechts "Heilige Johanna der Schlachthöfe" (1929). Die Schlußszene setzt die Ideologie der Mitte (Kaufherren) gegen die emphatisch vorgetragene Einsicht Oben/Unten (Johanna): "Die aber unten sind, werden unten gehalten / Damit die oben sind, oben bleiben." Brecht kritisiert im oratorisch angelegten Schluß auch die Neigung der 'bürgerlichen' Literatur (Hofmannsthal, Rilke, Werfel u.v.a.), Freiheit / Hoheit / Glück ('indisch') als innere Errungenschaft auszulegen und von äußeren Zuständen abzukoppeln: "Und auch die, welche ihnen [sc. denen unten] sagen, sie könnten sich erheben im Geiste / Und stekken bleiben im Schlamm, die soll man auch mit den Köpfen auf das / Pflaster schlagen. Sondern / Es hilft nur Gewalt, wo Gewalt herrscht, und / Es helfen nur Menschen, wo Menschen sind." - 1968 werden diese dichotomischen Denkmuster wieder repristiniert, wofür drei Agitprop-Texte als Beispiele dienten.

IV. Orient und Okzident - postkolonial

Gegen die unmittelbare Parteinahme der Literatur ist ins Feld zu führen, daß sie damit ihre Eigenart, die ästhetische Distanz und Mehrwertigkeit, verliert. Zur Erinnerung daran, was das heißt, wurde Hölderlins "Mnemosyne" ins Feld geführt: "Ein Zeichen sind wir, deutungslos / Schmerzlos sind wir und haben fast / Die Sprache in der Fremde verloren." Ein schwieriger Text, der als Hinweis auf den Zeichenbegriff (Vorbereitung der Lektüre von Kafkas "Von den Gleichnissen") und den hermetischen Ansatz genommen wurde: Literatur besteht, wo sie sich selber achtet / ernst nimmt, auf Unübersetzbarkeit. (Peter Waterhouse läßt einen Text sagen: "Nicht mich übersetze, übersetz dich", was Kafkas "Gehe hinüber" aufnimmt.)

Ist der Orient, ist Indien auch in dieser Weise ernst / fremd genommen? Heinrich Heines Indiengedichte benutzen die Fremde vor allem als Requisit ("Auf Flügeln des Gesanges ... Fort nach den Fluren des Ganges" - im wesentlichen eine Reimüberlegung). Doch baut Heine sein Gedicht "Am Ganges duftets und leuchtets" zugleich szenisch, er stellt die Redeweise über die Fremde als Parlando vor, sich selbst als "Grafen vom Ganges" - in seinen Text-Spielen wird die bilderschaffende Sehnsucht zum Thema. Rilkes Buddha-Gedichte (in: "Neue Gedichte") heben die Hoheit des anderen hervor: "Er, der vergißt, was wir erfahren / und der erfährt was uns verweist." Im Gedicht "Buddha in der Glorie" werden christliche Grußformeln zitiert, aber nicht im Gestus der Aneignung - Sonnen erscheinen als Plural und Buddha besetzt nicht, abendländisch, das Zentralgestirn: "denn ganz oben werden deine Sonnen / voll und glühend umgedreht. / Doch in dir ist schon begonnen, / was die Sonnen übersteht." So hat, heißt es in "Schlangen-Beschwörung", "der Inder / dir eine Fremde eingeflößt". Die Interpretation der (nicht ganz selbstverständlich zugänglichen) Texte nahm zunächst deren Fremdheit an und versuchte, sich mit ihnen sozusagen gesprächsweise in Beziehung zu setzen. Das ist bewußt und entschieden gegen den Essentialismus (etwa eines Ernst Jüngers) abgesetzt, dem Osten und Westen zu Seins-Unterschieden gerieten. Mit Eric Wolf ist jeder Versuch zu kritisieren, sich die Welt als einen Tisch vorzustellen, auf dem "die einzelnen Kulturkreise wie harte, runde Billardkugeln aneinanderklacken und sich gegenseitig in Bewegung setzen." Vgl.: Eric Wolf, Die Völker ohne Geschichte. Europa und die andere Welt seit 1400. Frankfurt/M.-New York 1982/1986; Anil Bhatti: Aspekte der Grenzziehung: Postkolonial. In: Kulturelle Grenzziehungen im Spiegel der Literaturen: Nationalismus, Regionalismus, Fundamentalismus. Hg. von H. Turk u.a. Göttingen (Wallstein Verlag) 1998.

Gegen die Suche nach authentischen Wurzeln und Abgrenzungen ist das von Nehru ins Spiel gebrachte Palimpsest-Konzept (eine kulturelle Einschreibung folgt der anderen und überlagert sie, ohne sie auszuwischen) oder auch die Denkfigur 'Rhizom' (Wurzelverflechtung) von Deleuze-Guattari zu halten, beide als Kritik eines Authentizitätsdiskurses gemeint. Das deutsche (europäische) Indienbild entsprach der Sehnsucht nach Sammlung, gesetzt gegen die Erfahrung der Zerstreuung, den beunruhigenden Einbruch des Neuen. Indem es als Konstrukt gewußt / gesehen wird, ist eine Abgrenzung zum Wissenstypus im Kolonialismus bezeichnet, worin eine komplexe Vernetzung und Verschränkung eine Vielfalt von Interessenlinien und Rationalismen geschaffen hatte: "Ausschließlichkeit verkürzt die historische Situation um ihren Reichtum an Problemen. Zu diesen gehört die Tatsache, daß die Produktion von Wissen im Kolonialismus ein Paradigma schuf, das auch die Kritik am Kolonialismus prägte, ja grundsätzlich bestimmte. Die nationalistische Kritik am Kolonialismus stellte auch ein essentialistisches 'wahres' Indien dem Kolonialismus gegenüber. Es scheint, als ob es um einen Kampf um das Monopol an Authentizität gegangen wäre. Gerade das Prozeßhafte im historischen Aufstieg und Untergang des Kolonialismus wird da in der Kulturtheorie preisgegeben." Anil Bhatti: Zum Verhältnis von Sprache, Übersetzung und Kolonialismus am Beispiel Indiens. In: Kulturelle Identität. Hg. von Horst Turk und Anil Bhatti. Erich Schmidt Verlag Berlin/Sonderdruck; Vgl. Claus Leggewie: Ethnische Spaltungen in demokratischen Gesellschaften. In: Heitmeyer (Hg.) "Was hält die Gesellschaft zusammen", S. 233-254.

Edward W. Said hat in seinem Buch "Kultur und Imperialismus. Einbildungskraft und Politik im Zeitalter der Macht" (dt. S. Fischer 1994) die afrikanistischen und indianistischen Diskurse "als Beispiele des allgemeinen europäischen Projekts, entfernte Länder und Völker zu beherrschen", gedeutet, doch zugleich festgehalten, daß die großen Erzählungen von Emanzipation und Aufklärung "die Menschen in der kolonialen Welt ermutigten, sich zu erheben und das Joch abzuschütteln". Kultur als Quelle der Identität und der Differenz, was in einer Analyse von Kiplings Roman "Kim" (1901) ausgeführt wurde [Teilnehmer-Referat]: "Kim" als Beitrag zu einem orientalisierten Indien der Phantasie und zu dem, was die Historiker "die Erfindung der Tradition" genannt haben. - Das Thema wurde mit einem Teilnehmer-Referat zur Indienrezeption (u.a. bei Hegel und Marx, Grass und Sloterdijk) fortgesetzt. Dazu kamen Hinweise auf die (emphatische) Rezeption B. Brechts in Indien.

Sloterdijk hebt den Widerspruch zwischen einem postkolonialen Asien, das "sich in die industrielle, szientifische, politische und militärische Mobilmachung stürzt" und dem westlichen Asienkult hervor. Darin sieht Sloterdijk nicht so sehr den Topos der "Eroberung des Eroberers", sondern eher das Muster einer neuen kulturellen Renaissance in Anlehnung an Raymond Schwabs Studie über die europäische Indienrezeption im 19. und frühen 20. Jahrhundert ("La renaissance orientale", Paris 1948). Die "Asiomanie", die "heutige asiatisierende Renaissance (taucht) in die altöstlichen Weisheitswelten ein, um der Spätmoderne, deren Korruption bedrohlich, wenn nicht unheilbar erscheint, Wege ins Neue, Niegewesene, Unzugängliche zu bahnen. Asien ist für viele die Chiffre, die einer Vorstellung des für uns Unvorstellbaren Obdach bietet." Peter Sloterdijk: Eurotaoismus. Zur Kritik der politischen Kinetik. Frankfurt/M. 1989. S. 86 f.

V. Literatur als Ort der Differenz

Das Subjekt wird in der Literatur nicht nur als Wohnplatz der Widersprüche kenntlich, als Ort der Zerreißproben und oft genug unerträglichen Spannungen, sondern auch als "Kreuzung" (Kafka), worin es auf Identität, Zurechenbarkeit, aufs Wiedererkennen nicht sehr ankommt. Um diesen positiven Aspekt von 'Zerrissenheit' philosophisch zu sichern, wurde auf Derridas Nietzsche- und Lévi-Strauss-Lektüre eingegangen, einen nicht einfachen, aber aufschlußreichen Text: "Die Struktur, das Zeichen und das Spiel im Diskurs der Wissenschaften vom Menschen" (in: J.D., Die Schrift und die Differenz. Frankfurt: dt. 1976, stw 177). Ihm zufolge ist "das Zentrum nicht das Zentrum", indem es nicht in der Gestalt eines Anwesenden gedacht werden kann, treibt Denken und Benennen (als Substitut) die zentrale Präsenz doch stets schon über sich selbst hinaus. "Infolgedessen mußte man sich wohl eingestehen, daß es kein Zentrum gibt, daß das Zentrum nicht in der Gestalt eines Anwesenden gedacht werden kann, daß es keinen natürlichen Ort besitzt, daß es kein fester Ort ist, sondern eine Funktion, eine Art von Nicht-Ort, worin sich ein unendlicher Austausch von Zeichen abspielt." Wichtig für unser Thema: Es ist nicht nötig, das als Verlust zu deuten, nostalgisch also die Notwendigkeit der Interpretation "gleich einem Exil" zu erleben. Die andere Lesart, die Derrida privilegiert, zielt auf "die fröhliche Bejahung des Spiels der Welt und der Unschuld der Zukunft, die Bejahung einer Welt aus Zeichen ohne Fehl, ohne Wahrheit, ohne Ursprung, die einer tätigen Deutung offen ist. Diese Bejahung bestimmt demnach das Nicht-Zentrum anders denn als Verlust des Zentrums. Sie spielt, ohne sich abzusichern."

Das titelspendende Celan-Gedicht "Zu beiden Händen" (aus "Die Niemandsrose", 1963) scheint dieses Theorem bildlich aufzunehmen: "O diese wandernde leere / gastliche Mitte". Die Kritik am Identitätsphantasma ("Das Selbe") bleibt ambivalent, wie es jede Ausgrenzung ist. Die letzte Strophe lautet, in auffällig stark gebrochenen Versen: "Das / Selbe / hat uns / verloren, das / Selbe / hat uns / vergessen, das / Selbe / hat uns -- " Die Strophe ist genau gebaut: das "Selbe" tritt (ohne Artikel in der Zeile) dreimal auf, in der Mitte, in der zweiten und in der vorletzten Zeile. "Verloren" und "vergessen" - das gilt und gilt nicht; die Strophe ist wie ein Abzählvers gebaut, der Schluß landet bei "hat uns". Die beiden Striche öffnen freilich den Text: für den Eintrag von Lesererfahrungen (die Fortsetzung der Reihe verloren / vergessen)? fürs Fraglichmachen des Haben? Jedenfalls ist für das Gedicht die Doppelung konstitutiv (beide Hände, fern/nah, Welt/uns, du/ich, oben/unten, zufallen/entfallen, haben/verlieren), was sich, in mehrfacher Weise, als dezentrierende Geste deuten läßt. - Kafkas Text "Von den Gleichnissen" und Rilkes Sonett "Archaischer Torso Apollos" wurden in diesem Zusammenhang gedeutet. (Vgl. dazu den Teilnehmer-Beitrag von Karl Pangerl!) Rilkes Sammlung der "Neuen Gedichte anderer Teil" beginnt mit dem berühmten "Archaischer Torso Apollos" und endet mit "Buddha in seiner Glorie". Der pluralischen Dezentrierung im Buddha-Gedicht entspricht im Apollo-Gedicht der Hinweis, daß das Fragmentarische (Torso) kein Zeichen eines Mangels, kein Aufruf, ein Ganzes zu erdichten, ist. Das Fragment steht nicht für ein Abwesendes, das zu restituieren wäre. So und nur so kann der Torso "glühen", "flimmern", den Beobachter "blenden"; sonst wäre es nicht möglich, daß jede Stelle des Torsos den Beobachter "sieht". Der berühmte Schlußsatz des Gedichts "Du mußt dein Leben ändern" gewinnt dadurch seine epiphanische Konsequenz, die von dem Fragment, als Signatur der Kunst in der Moderne, zum Vermittlungsproblem Kunst-Leben übergreift.

VI. Vielstimmigkeit versus Zerrissenheit. Gegenwartsliteratur im Zwiespalt

Gibt es Grenzen des Spiels, wenn wir Kunst ohne 'Ausdruck', ohne vorsätzliche Botschaft denken? Auf den Zusammenhang von Vielstimmigkeit und Verständigung konnte nur hingewiesen werden, etwa mit den Begriffen/ Konzepten "Intertextualität", "Interkulturalität", "Subjekt-im-Prozeß" und mit dem Text von Ossip Mandelstam "Über den Gesprächspartner" (in: O.M. "Gesammelte Essays I", Ammann Verlag, Zürich 1991, S. 7-16). Mandelstam ironisiert die (später noch pathetisch von G. Benn vertretene) Position der frühen Moderne, das Wort der Dichter sei an niemanden gerichtet: "Jeder Mensch hat Freunde. Warum sollte sich der Dichter nicht an seine Freunde richten, an die Menschen, die ihm ganz natürlich nahestehen?" Mandelstam betont (gegen den Symbolismus) "die gleichsam juristische Wechselbeziehung, die den Akt des Sprechens begleitet: ich spreche - also hört man mir zu, und zwar nicht ohne Grund, nicht aus Liebenswürdigkeit, sondern aus einer Verpflichtung heraus". Es ist dies eine Bindung, welche das Subjekt nicht zerreißen kann, ohne mit Wahnsinn dafür zu bezahlen: "Die kultivierte

Heuchelei und Höflichkeit, mit der wir fortwährend unser Interesse füreinander betonen, hat ihren tiefen Sinn."

Also: von einer 'zerrissenen Gesellschaft' zur 'responsive community'? Folgt man den Überlegungen von Odo Marquard [Teilnehmer-Referat] zu "Vielheit und Einheit" (in: O.M., Skepsis und Zustimmung. Stuttgart 1994. Reclam UB 9334) und zum Konzept "Multiversalgeschichte", so gibt es da gar keine Wahl: "Je erfolgreicher die Universalisierung, desto nötiger die Pluralisierung ... Beides gehört zusammen." Marquard besteht auf einer "Nichtkrisenphilosophie der Moderne", die "von der emphatischen Fortschrittsphilosophie verschieden ist", damit die Philosophie nicht zur "Wacht am Nein" verkehrt würde. Die Lyrik der Gegenwart, der das Ich grundsätzlich ein anderer ist (Rimbaud), läßt sich z.B. gar nicht aufschließend lesen, wenn man nicht 'Zerrissenheit' in 'Vielfalt der Stimmen' umgedacht hat. Daß an solchen Denkbewegungen der historisch-politisch wie ideologiekritisch-philosophisch ernötigte Wechsel vom kolonialen (imperialistischen) Diskurs zum postkolonialen Denken vielfältig beteiligt ist, wurde regelmäßig an sprechenden Beispielen deutlich.

KARL PANGERL

Der Verlust des Zentrums als Gewinn der Mitte. Vom idealistischen Wahrheitsanspruch zur Metaphysik des Pluralistischen Zeitalters*

"Eines zu sein mit allem, das ist Leben der Gottheit, das ist der Himmel des Menschen. Eines zu sein mit allem, was lebt, in seliger Selbstvergessenheit wiederzukehren ins All der Natur, das ist der Gipfel der Gedanken und Freuden ... Auf dieser Höhe steh' ich oft, mein Bellarmin! Aber ein Moment des Besinnens wirft mich herab. Ich denke nach und finde mich ... allein mit allen Schmerzen der Sterblichkeit ... " (Hölderlin, Hyperion)

Elementar bricht jener existentielle Widerspruch auf, der mit jedem Menschen immer neu geboren wird, in einer Vielzahl von Poeten aber sich erst idealtypisch überhöhte und dann, sobald die Vision der Realität nicht länger standzuhalten vermochte, bis zur Verzweiflung eskalierte: in der Verurteilung zu Vergänglichkeit nach dem Bleibenden zu streben, als personifizierte Zerrissenheit Einheit zu denken.

* Referat im Rahmen des Seminars

Diese Einheit kann in dreierlei Form kristallisieren: in Gott als Bezugspunkt oder transzendentaler Aufgehobenheit; als über Zeit-Räume hinausgehobene Utopien - die deutschsprachige Indienrezeption des 19. und angehenden 20. Jahrhunderts mag als Beispiel hierfür gelten; aber auch als Ideale, die in Wahrheitsanspruch und Sozialutopie eine eminent politische Dimension annehmen und infolge ihres Absolutheitsanspruchs immer wieder ins Totalitäre umschlugen, es förderten oder - wie bei Bertolt Brecht - einer Totalität eine andere gegenüberstellten. Provoziert ein solches Denken in Idealen den Verlust der Menschenwürde?

Jacques Derrida läßt sich auf den Versuch ein, dem Abendland sein metaphysisches Zentrum als Inbegriff aller Zentralität zu entreißen. Er geht aus vom Begriff der Struktur, die bislang auf ein Zentrum hin gedacht und damit ihres Eigenwerts als Struktur beraubt wird: *"Der Begriff der zentrierten Struktur ist in der Tat der Begriff eines begründeten Spiels, das von einer begründenden Unbeweglichkeit und einer versichernden Gewißheit, die selber dem Spiel entzogen ist, ausgeht."* Das Zentrum wird *" ... .zur Funktion, zum Nicht-Ort, worin sich ein unendlicher Austausch von Zeichen abspielt".* Die Welt der Sprache wird in diesem Medium jener begrenzte Ausschnitt von Wirklichkeit, in welchem sich das Spiel der Möglichkeiten menschlicher Existenz in unendlicher Vielfalt entfalten kann.

Wo kein Zentrum im herkömmlichen Sinne vorhanden ist, kann kein auf Wahrheit gründender Machtwille Totalitätsanspruch erheben, ja die Wahrheit selbst verliert im selbstreferentiellen Spiel der Individuen ihren Anspruch auf allgemeine Verbindlichkeit. Indem Derrida Wahrheit und Metaphysik entkoppelt, wird erstere ebensosehr zum Ereignis wie das Leben selbst. Was aber bleibt von der Metaphysik?

Einen möglichen Zugang zu dieser Frage eröffnet Franz Kafkas Parabel "Von den Gleichnissen". Wenn das Gleichnis, das im Bild sich vermittelt, nicht mehr anzustrebendes Vorbild ist, sondern der Mensch im Zuge eines Bewußtwerdungsprozesses in es Eingang gefunden hat, kann er das Gleichnis selbst nicht mehr denken. Das individuelle Sein bezieht von da an die Eindrücke der Außenwelt nicht mehr auf die Zentralität seines Ich, sondern in der Freude am Sehen gibt es der Welt ihre Wunder - und ihre Würde - zurück. Die Geburt der Kultur in der Reflexion als Wiedergabe des anverwandelten Bildes. Das impliziert: Was man eigentlich ist, kann man nicht denken. Wenn man aber die eigene Wesenheit nicht denken kann, hat man kein Recht, eine andere zu denken, sondern muß lernen, als Leben im Bild dem Leben zu begegnen.

Mit R.M. Rilkes Sonett "Archaischer Torso Apolls" finden wir zu einer Neudefinition des "Bildes" über ein bloßes Abbild, des Schauens über das bloße Sehen hinaus. Indem der Betrachter sich auf sein Gegenüber einläßt, beginnt es zu atmen, bekommt Seele, die auf ihn zurückwirkt, ihn selbst verändern und als einen Neuen entlassen wird. Bleibt auch das Leben in der Unmöglichkeit, all seine Möglichkeiten auszuschöpfen, ein Torso - in jedem seiner Teile strahlt es als Ganzes. Die Unvollkommenheit wandelt sich vom

Stigma zum Ausgangs- und Anknüpfungspunkt. Wo Unvollkommenheiten einander begegnen, können sie jene Vollkommenheit denken, der sie schon angehören. Wie flüchtige Fragmente glitzern die Sterne, hingestreut über das Firmament, dem, der noch flüchtiger ist als sie. Idealisierung bedeutet also in der Projektion von Idealen, etwas erreichen zu wollen, das man schon in sich trägt. Dies hat eine zweifache Entfremdung des Menschen von sich selbst zur Folge: zum einen, weil er sein Selbst verläßt, aus ihm als Suchender heraustritt, und zum anderen, weil er sein Wesen nur in einem Teilaspekt - eben einem speziellen Ideal - sucht und sich damit seines komplexen inneren Gleichgewichts begibt. Der eine wird dem anderen fremd.

In "Eine Kreuzung" von Franz Kafka stellt sich grundsätzlich die Frage, wie mit fremden Lebewesen, Individuen umzugehen sei. Indem er vermeidet, das hierin beschriebene Fabelwesen zu benennen - ihm einen Namen zu geben oder es einer Gattung zuzuordnen, verzichtet er darauf, Verfügungsgewalt auszuüben. Er beläßt ihm seine Eigenart und begnügt sich damit, sich ihm durch Umschreibung anzunähern.

Hierin mag auch ein Schlüssel liegen, wie künftighin der Dialog zwischen Individuen und unterschiedlichen Kulturen als Sonderform von Individualität stattfinden kann. Hermann Keyserling erkannte 1913, daß hinter verschiedenen kulturellen Entwicklungen jeweils eigene Wahrheiten stehen; mit dem unterschiedlichen Erkenntnishintergrund in Zusammenhang steht die Herausbildung spezifischer, nicht direkt von einer Sprache in eine andere übertragbarer Begriffe, was die Verständigung zusätzlich erschwert. Zur Kommunikation in Begrifflichkeiten tritt nunmehr ein Abtasten in Umschreibungen. Streitigkeiten über Definitionen werden auf diese Weise vermieden, desgleichen die Fixierung des Gegenübers auf eine bestimmte Vorstellung und Position; drittens eröffnen sich im Umschreiben neue Ansätze für Konfliktlösungen. Und wer sich schließlich als selbst im Wandel begreift, bringt Verständnis für jene auf, die ihrerseits dem Wandel unterliegen. Wo aber der Mensch seine Verletzlichkeit und permanente Vorläufigkeit zurückerhält, entlarvt sich jede Form der Bedrohung als Verweigerung seiner Bestimmung.

Generationenvertrag - Generationenkonflikt

ROSEMARIE VON SCHWEITZER
ENGELBERT THEURL
HANNELORE WECK-HANNEMANN

Zusammenfassung des Seminars

Globalisierung und nachhaltige Entwicklung, Liberalisierung und soziale Marktwirtschaft, Individualisierung und zukunftsfähige Demokratie, einfache und reflexive Moderne sind theorie- und ideologieträchtige Beschreibungen des Zeitgeistes der Gegenwart. Es wird den Individuen weltweite Kommunikation und Partizipation versprochen und zugleich wird ihnen ein Verantwortungshorizont eröffnet, auf welchen niemand vorbereitet sein kann. Die Chancen und Risiken sind neu für alle Generationen und Personen.

Im Seminar "Generationenvertrag - Generationenkonflikt" wurde aus einer sozialwissenschaftlichen und mikrotheoretischen sowie einer ökonomischen und makrotheoretischen Perspektive der Frage nachgegangen, in welcher Weise sich die Modernität der westlichen Industriegesellschaften im Hinblick auf die Sicherung des Zusammenlebens und Zusammenwirtschaftens der Generationen zu verständigen vermag bzw. welches Konfliktpotential diese existentielle Verständigung erschwert.

Im Zentrum der Diskussion der Generationenbeziehungen stand die Frage der Transmission von materiellen, sozialen und kulturellen Ressourcen im Lebensverlauf und Familienzyklus der Generationen oder Altersgruppen. Während eine Altersgruppe nach Geburtsjahrgängen abgrenzbar ist, ist eine Generationenbezeichnung und Abgrenzung nach Karl Mannheims grundlegender Analyse davon bestimmt, daß sich Generationen nicht nur aus den gleichen Jahrgängen bündeln lassen, sondern daß sie durch ein gemeinsames, persönlichkeitsprägendes Erleben charakterisiert werden. Es geht folglich nicht nur um die Zugehörigkeit zu einer bestimmten Position auf der Alterspyramide, sondern zusätzlich um das Bewußtsein, den Zeitgeist der Geschichte in besonderer Weise erfahren zu haben, beispielsweise als "Trümmerfrauen", als 68er im Westen oder 61er im Osten Deutschlands. Die Mannheimsche Analyse enthält die wichtige Einsicht, daß die Generationenzugehörigkeit den Menschen als gesellschaftliches Wesen charakterisiert.

Am Beispiel eines Textes aus dem Fünften Familienbericht Deutschlands (1994) "Familien und Familienpolitik im geeinten Deutschland" wurden die unterschiedlichen Lebensverhältnisse und Lebenschancen der Generationen in den neuen und alten Bundesländern, nach Zeitereignistafeln und Altersphasen geordnet, diskutiert und die Verständigungsprobleme zwischen Alt und Jung sowie Ost und West herausgearbeitet. So haben beispielsweise die 1998 noch im Erwerbsalter stehenden Männer und Frauen in Ost- und Westdeutschland der Geburtsjahrgänge 1937-1947 als Kriegs- und Nachkriegskinder eine vergleichbare Kindheitserfahrung. Dann aber lebten die einen in einer westlichen Demokratie mit ungewöhnlich großen Lebenschancen, während die anderen im Osten durchaus auch im Vergleich zu den "Bruderländern" Aufstiegs- und Wohlfahrtschancen hatten, aber sich wieder in einer Diktatur arrangieren mußten und im Vergleich zum Westen ungewöhnlich viele Einschränkungen ihres Alltagslebens hinzunehmen hatten. Nach der friedlichen Revolution 1989 und der Wiedervereinigung waren sie dann nochmals im Vergleich zum Westen die Verlierer, wenn auch Gewinner der Befreiung aus einer Diktatur und einem bankrotten Wirtschaftssystem. Sie "verloren" in der Mehrzahl durch ihr Leben in und für einen "Unrechtsstaat" an Werten ihrer Lebensgeschichten und nicht selten auch die Chance einer Integration in die Lebens- und Arbeitswelt der für sie neuen "Bonner Republik". Das Problem der Weitergabe der Lebenserfahrungen der Älteren an die nächste Generation verläuft in beiden Teilen Deutschlands so sehr unterschiedlich. Noch wissen wir nicht, welche Folgen diese Geschichte für die Zukunft haben wird.

Margret Mead nennt aufgrund ihrer kulturanthropologischen Forschungen drei sich grundlegend unterscheidende Kulturmuster der Generationenbeziehungen. Im ersten Muster, der postfigurativen Kultur, herrscht die Zeitlosigkeit vor. Für die Alten wie für die Jungen bleibt alles beim Alten. Die Älteren sind durch ihre Erfahrungen die Weisen, welche die Jungen lehren und leiten, das Leben zu meistern. Es besteht bei der Dominanz dieses Kulturmusters bei keiner Generation ein Zweifel darüber, daß die Welt und das Alltagsleben so bleibt wie es immer schon war. Gestört wird diese zeitlose und scheinbar "heile" Welt allerdings durch fremde Völker, die als friedliche Handeltreibende kommen und gehen oder als Krieger über Alteingesessene herfallen und fremdartige Kulturen auf dieser gewalttätigen Weise sich einander begegnen. Es sind dann die gleichaltrigen Generationen, die sich als fremdartige erleben und sich auf sehr unterschiedlicher Weise gegenseitig Kultur vermitteln, beispielsweise die Amerikanisierung Westdeutschlands und das "Lernen von der Sowjetunion" in der DDR.

Margret Mead nennt dieses zweite Muster der Kulturvermittlung über gleichaltrige "Fremde" kofigurativ. In kofigurativen Kulturen dominieren zunächst noch die Älteren, doch in dem Maße, in dem die Völker mobiler werden, die Erde zusammenrückt, dichter besiedelt wird und die Völkerschaften zu wandern beginnen, sind es zunehmend die Jüngeren, welche durch ihre größere Mobilität einen Erfahrungsvorsprung vor den Älteren erwerben. In den sich modernisierenden Gesellschaften stehen die Zeiten nicht mehr still, sondern sie verändern sich in immer kürzeren Intervallen, so daß die althergebrachte Art der Erfahrung erneuert werden muß oder als praxisrelevantes Wissen ihren Wert für die Wohlfahrt der Gemeinschaft verliert. Mit dieser Entwicklung einher geht der Ansehensverlust der Altvorderen, denn sie verfügen nicht mehr über einen Kompetenzvorsprung für die Alltagsbewältigung.

Doch kofigurative Kulturen bedürfen an Stelle der Hüter der Tradition, der Expertendienste, der Institutionen und bürokratischen Systeme. Je rascher die technischen Entwicklungen und sozial-kulturellen und politischen Modernisierungsprozesse vor sich gehen, desto schneller differenzieren sich die Expertensysteme und veralten, so sie nicht angepaßt werden. Auch Jüngere können schnell "alt" aussehen. Jede Generation muß sich in solch temporeichen Modernisierungsprozessen fit halten, um nicht zu den "Frühvergreisten" oder auch Verlierern der Geschichte zu gehören.

Nun gibt es keine Gesellschaft, in welcher sich eine kofigurative Kultur als einziges Muster über längere Perioden hielt. Sofern sich jedoch für eine Gesellschaft für eine bestimmte Zeitperiode die kofigurative Kultur als das dominante Muster verfestigt, betrachten die Alten wie die Jungen es als völlig "natürlich", daß die jüngere Generation ein anderes Verhalten zeigt als die vorausgegangenen Älteren. Es ist in der Gegenwart modern, sich als Älterer nur unter Älteren zu bewegen und als Jüngerer nur mit Gleichaltrigen ausgebildet und plaziert zu werden. Die Generationen suchen keine alltäglichen gemeinschaftlichen Lebens- und Begegnungsräume. Es ist nicht erwünscht, man ist es nicht gewohnt, und folglich ist man auch nicht daran interessiert. Nach dem Zeitgeist hat die Gegenwart jung zu sein, und folgerichtig geben sich die Älteren selber entweder auch "jugendlich", flott und unternehmungslustig oder eben "alt" und nicht mehr zuständig für eine zukunftsorientierte Gegenwartsgestaltung. In der Toscana oder auf Mallorca läßt sich ganz angenehm überwintern. Aber auch Aussteiger jüngerer Jahrgänge sind in dieser Hinsicht in ihrer Lebensweise "alt". Sie versuchen Vergangenheit zu kopieren, Gegenwart und Zukunft zu negieren. Was fehlt, ist die, die Zeiten und damit Generationen übergreifende, Perspektive für eine zukunftsorientierte Gegenwartsgestaltung. So heißt der Untertitel zu Margret Meads kleiner Schrift wohl zu Recht "Jugend ohne Vorbild".

Wenn verstärkt durch das unterschiedliche Generationenschicksal in Ost- und Westdeutschland das Gespräch der Generationen noch durch zusätzliche Erfahrungsbarrieren erschwert wird, sind die Zunkunftsperspektiven des Zusammenlebens der Generationen noch ungewisser. Was dabei unter bestimmten gesellschaftlichen Rahmenbedingungen der deutschen Gegenwart herauskommen kann, wurde am 22. 8. 1998 in der Frankfurter Allgemeinen Zeitung von Mark Siemons in einem Artikel mit dem Titel "Odins Helfer. Die rechte Jugendkultur ist eine echte Gegenwelt" eindrucksvoll dargelegt: "An die Stelle direkter Provokation durch Naziparolen oder Zuschlagen ist eine Phase der Institutionalisierung getreten, die Etablierung einer umfassenden Jugendkultur mit dem Anspruch auf Meinungsführerschaft. - Diese Jugendkultur ist kritisch, radikal, ganzheitlich, authentisch und vom Establishment nicht vereinnahmt. Sie äußert sich in Rockmusik, in Undergroundmagazinen und in Computernetzwerken."

Das Konzept der liberalen Kommunikationsgesellschaft versagt, Toleranz oder Gleichgültigkeit ist bei der Aggressivität und Empfindungslosigkeit dieser Jugendlichen ein hohes Risiko. Die Gesprächsbemühungen von "Würdenträgern der Gesellschaft" kommen zu spät und scheitern am Desinteresse der Radikalen. So kann eine kofigurative Kultur der Toleranz, der Empathie verlustig gehen und Sprachlosigkeit zwischen den Generationen zu bürgerkriegsähnlichen Verhalten führen, wie Enzensberger in seinen "Aussichten auf den Bürgerkrieg" (1993) es für die Zukunft auch der westlichen Gesellschaften für möglich hält.

Doch Margret Mead verweist noch auf ein drittes und auf die Zukunft hin ausgerichtetes Kulturmuster. Sie nennt es präfigurativ. In einer präfigurativen Kultur sind die Gegenwartsinteressen aller Generationen zukunftsorientiert, aber ohne Vorbilder. "Wenn wir eine präfigurative Kultur zustande bringen wollen, in der die Vergangenheit Instrument, nicht aber ein Zwang darstellt, müssen wir der Zukunft einen anderen Standort zuweisen", so Mead am Ende ihrer Schrift.

Im Seminar blieb nur noch wenig Zeit, sich der Zukunft und den ihr zugehörigen sozialwissenschaftlichen Theorien zuzuwenden. Die Postmoderne, welche in ihren Denkmustern den Tod des Subjekts der Vernunft ankündigt und mit ihm das Ende der Geschichte und der Metaphysik, kennt weder die Bedeutung voı Vergangenheit noch die Möglichkeit der Zukunftsorientierung. Wir leben und handeln in der Gegenwart der Lebenssituationen in grandioser Freiheit, denn "anything goes".

Anders denken die "Weiter-so-Modernisierer", wie Ulrich Beck sie nennt. Sie bewegen sich in dem relativ zeitlosen Muster einer postfigurativen Kultur bzw. eines anzupassenden Konservatismus. Beck selbst bleibt in seinem Modell der Risikogesellschaft durchaus auch noch den Vorstellungen der Aufklärung verbunden. Den Herausforderungen der "reflexiven Moderne", welche den Wahrnehmungsdefiziten der einfachen Moderne nachspürt und die Folgen dieser Defizite als die Risiken der Zukunft entdeckt, soll das moderne Subjekt mittels seiner Kritikfähigkeit begegnen können.

Giddens wiederum, der ebenfalls die Defizite und Risiken der Moderne als Ausgangsfrage für die Charakterisierung der posttraditionalen Gesellschaften der Gegenwart benutzt, hofft nicht auf die kritische Vernunft der Individuen. Er baut in seiner Zukunftsvision auf eine Reflexivität und Erneuerung der erstarrten Institutionen und Expertensysteme. Diese verlieren mit ihrer Ausdifferenzierung, Ökonomisierung und nicht mehr demokratisch kontrollierbaren Globalisierung an Vertrauen. Der Vertrauensverlust kann nur über ein aktives Bemühen um Vertrauen zurückgewonnen werden. Die Zukunft ist "Jenseits von Links und Rechts" irgendwo und irgendwie in einer "Demokratie der Gefühle" zu suchen, in welcher die Offenheit der Auseinandersetzung wieder einen aufrichtigen Diskurs ermöglichen können soll. Mit der posttraditionellen Gesellschaft der Gegenwart geht für Giddens eine Epoche zu Ende, deren Zwanghaftigkeit durch die erstarrten Expertensysteme abgelöst werden wird durch eine Neuordnung der Institutionen in ihrem Bemühen, das Vertrauen zurückzugewinnen, das ihnen Macht und Ansehen sichert. Dieses soll über die Pflege der zwischenmenschlichen Beziehungen und die Wiedergewinnung der sozialen wie der Geschlechter- und Generationensolidarität gelingen.

Scott Lash, der Beck wie Giddens noch ganz in der kritischen Theorie der Aufklärung verhaftet sieht, versucht noch einen Schritt weiter in die Zukunft zu gehen. Er unterscheidet sich nicht von Beck und Giddens in der Analyse der Vergangenheit und Gegenwart, doch die Zukunft muß anders sein. Er argumentiert damit, daß weder die kritische Vernunft der Individuen, noch das Bemühen der Institutionen und Experten um ein neues Vertrauen zu ihrer Aufrichtigkeit, uns in der Zukunft weiterhelfen kann. Er setzt auf eine "ästhetische Reflexivität" im Sinne eines Bedeutungszuwachses der Lebenswelt als eingespielte Sittlichkeit. Gemeinschaftlichkeit als sinnlich wiederzugewinnendes Wahrnehmungsvermögen und die Erfahrung eines gemeinschaftlich erfolgreichen Handelns im Sinne von Heideggers "Werkstatt" sollen uns dazu verhelfen, eine gemeinsinnige Zukunftsgestaltung erst wieder möglich zu machen. Nicht mehr nur "mehr Macht" und "mehr Markt", sondern "mehr Empathie" und ein lebensweltliches sittliches Urteilsvermögen werden Zukunftsorientierungen neu eröffnen.

Es bestand im Seminar schnell darüber Konsens, daß, welcher Zukunftsvision wir auch folgen mögen, Bildung nicht nur für die Wirtschaft und den Job, sondern für die verantwortliche Lebensgestaltung von Nöten ist. Die Vermittlung von Sach- und Daseinskompetenzen für das sich selbst bestimmende Individuum, getragen von Sittlichkeit und Gemeinsinn, bedarf einer Neuorientierung der Bildungsinstitutionen und ihrer Bildungsangebote. Alte Bildungsvorstellungen werden möglicherweise wieder modern. Wieder einmal sind Schule und Familie, aber auch Forschung und Lehre gefragt, denn in den globalisierten medialen Welten gibt es weder Zensur noch sittliche Wegweiser für die Aneignung von Kulturmustern und Wertesystemen. In der Kommunikationsgesellschaft fühlen sich die Verbrecher ebenso gut aufgehoben wie die Verführer und Ideologen und "alle, die guten Willens sind". In ihr sind alle gleichberechtigt und es ist alles möglich, Schönheit und Friedfertigkeit sowie Barbarei, Brutalität und Widerwärtigkeiten.

Die Aufgabe des Seminars war es jedoch nicht, über die Zukunft der Moderne zu diskutieren, sondern weiter über die Modernisierung des Generationenvertrages zu sprechen. Der "Generationenvertrag" meint dabei das sozialstaatliche Ordnungssystem zur Existenzsicherung, das im Sinne der Moderne und des Gesellschaftsvertrags zwischen den Generationen gerecht "ausgehandelt" sein soll.

Der Einfluß des Staates auf das alltägliche Zusammenleben und Zusammenwirtschaften der Generationen hat sich beispielsweise durch das Erbrecht, die Schulpflicht, das Unterhaltsrecht mit der Verpflichtung der Eltern zur Berufsausbildung der Kinder, den "Generationenvertrag" zur Alterssicherung und durch die Kranken- und Pflegeversicherung immer weiter ausgedehnt. Es werden so die Rahmenbedingungen für das Zusammenleben und Zusammenwirtschaften der Generationen staatlich geregelt und verändert. Bezahlt werden die sozialisierten öffentlichen Leistungssysteme über Steuern und durch Beiträge der im Erwerbsleben stehenden Personen. Durch die Veränderungen der Lebensstile, Lebensphasen und Lebensverläufe, der Erwerbsbteiligungen, den Geburtenrückgang und der Verlängerung der Lebenserwartung stehen die Finanztransaktionen zwischen den Generationen und Geschlechtern auf dem politischen Prüfstand. Das Vertrauen auf ihre Leistungssicherheit und Gerechtigkeit ist im Schwinden begriffen.

Aus ökonomischer Sicht ergibt sich die Notwendigkeit der oben angesprochenen Generationenverträge bzw. das Potential für Generationenkonflikte letztlich aus der Diskrepanz von ökonomischer Leistungsfähigkeit und ökonomischem Bedarf (z.B. Investitionsbedarf in Humankapital, Konsumbedarf) über den Lebenszyklus. Viele ökonomische Ausgabennotwendigkeiten bzw. Ausgabenwünsche haben eine ausgeprägte Bindung an diesen Zyklus. Zu denken ist hier insbesondere an den Pflegebedarf in der Kindheit und im Alter, an Ausbildungsleistungen, an Gesundheitsleistungen, an Investitionen in Behausung, Mobilität, etc. Die ökonomische Leistungsfähigkeit, die teilweise Resultat der Aufwendungen ist, weist ihrerseits eine starke Bindung an den Lebenszyklus auf.

Beide, sowohl der ökonomische Bedarf als auch die ökonomische Leistungsfähigkeit, dürfen dabei aber nicht als Begriffe in einem feststehenden und objektiven Sinne interpretiert werden. Sie hängen von der gesellschaftlichen und ökonomischen Entwicklungsstufe ab und sind letztlich Ergebnis des gesellschaftlich-politischen Rahmens und der individuellen Lebensentscheidungen innerhalb dieses Rahmens. So war unter den Bedingungen nicht seßhafter Gesellschaften die physische Mobilität eine entscheidende Voraussetzung für die ökonomische Leistungsfähigkeit und hat auch die Herausbildung entsprechender Verhaltensregeln im Falle der physischen Immobilität entscheidend geprägt. Wichtig erscheint auch, daß ökonomische Leistungsfähigkeit auf unterschiedlichen ökonomischen und gesellschaftlichen Entwicklungsstufen unterschiedlich gemessen wird. In modernen Marktgesellschaften wird sie überwiegend mit Markteinkommen gleichgesetzt.

Sieht man von der Situation eines absoluten Inseldaseins ab, in der die obige Diskrepanz von ökonomischer Leistungsfähigkeit und Konsumwünschen durch die bescheidenen Möglichkeiten einer intertemporalen-intrapersonellen Umverteilung (begrenzt durch die Lagerfähigkeit der Produkte bzw. die Haltbarkeit des Realvermögens) gemildert wird, dann beinhaltet jede andere Form der Schließung dieser Diskrepanz einen "Vertrag" mit anderen Individuen bzw. eine temporäre oder permanente Umverteilung zwischen den Individuen. Der Begriff "Vertrag" ist dabei sehr weit zu interpretieren und kann höchst unterschiedliche Bindungsqualitäten, Ausgleichsmedien, Anspruchsvoraussetzungen, Bestandsrisiken, Ansprüche, Personengruppen, ökonomische Wirkungen und Zielerreichungsgrade umfassen. Er reicht von den vielfältigen nichtkodifizierten und informellen Ansprüchen innerhalb der Familie, über die staatliche Verpflichtung der Eltern für ihre Kinder bzw. für ihre Eltern (z.B. Regelung über Ausgedinge in der Landwirtschaft), über die kreditfinanzierte private Ausbildungsfinanzierung, über die Alterssicherung aus dem Kapitaldeckungsverfahren bis hin zur staatlichen Studienfinanzierung und zur staatlichen Alterssicherung über umlagefinanzierte Beiträge oder Steuern.

Generationenverträge bergen daher Generationenkonflikte mit unterschiedlicher Sprengkraft durch ihre Ausgestaltung in sich. Dies zeigt das Beispiel der intrafamiliären Absicherungssysteme sehr deutlich. Sie sind unzureichend spezifiziert und lassen Ungleichgewichte über längere Zeiträume und unterschiedliche Mechanismen (Ausgleichsmedien) zur Herstellung der intrafamiliären Reziprozität zu. Diese Eigenschaften sind Stärken der intrafamiliären sozialen Absicherung, gleichzeitig aber auch ihre Schwächen. Mangelhaft spezifizierte Absicherungsverträge für das Alter führen - wie viele Beispiele zeigen - zu Konflikten, die nicht auf die Absicherungsfunktion begrenzt bleiben, sondern auf andere intrafamiliäre Beziehungen abfärben können.

Neben diesem vertragsinhärenten Konfliktpotential führen ökonomische und soziodemographische Verschiebungen dazu, daß der intergenerative Umverteilungsbedarf steigt, bzw. Belastungsasymmetrien durch die mangelnde Antizipation dieser Verschiebungen entstehen. Eine solche Situation ist derzeit gegeben. Mehrere Faktoren (steigende Ausbildungserfordernisse, Probleme am Arbeitsmarkt) haben zu einer Verzögerung des Erwerbseintrittes und damit zu einem steigenden Umverteilungsbedarf von den Erwerbstätigen zu den Noch-Nicht-Erwerbstätigen geführt. Verschärft wird dies dadurch, daß Staaten aus mehreren Gründen vor der Notwendigkeit stehen, einen steigenden Anteil der Kosten der Kindererziehung aus öffentlichen Mitteln zu finanzieren. Durch die "Verstaatlichung" der Alterssicherung in den letzten 100 Jahren haben Kinder ihre intrafamiliäre Investitionsfunktion weitgehend verloren bzw. der Anreiz für diese Investition ist gesunken. Dieses Beispiel zeigt deutlich, daß Generationenverträge, die mehr als zwei Generationen umfassen, nicht in einer Dimension verändert werden können, ohne (negative) Rückwirkungen auf andere Dimensionen zu haben.

Prognosen über die Verschiebung der demographischen Struktur (Rückgang der Geburtenhäufigkeit, Anstieg der Lebenserwartung) deuten auf starke Steigerungen des Finanzierungsbedarfes für die Alterssicherung in den nächsten Jahren hin. Diese Prognose ist deswegen besorgniserregend, weil bereits derzeit in vielen Staaten von einer Renten- bzw. Sozialkrise gesprochen wird, obwohl die letzten 20 - 30 Jahre (z. B. in Österreich) aus demographischer Sicht relativ günstige Jahre waren. Die Pensions- und Sozialstaatskrise (Gesundheitswesen, Pflegewesen) der Gegenwart ist weitgehend nicht-demographisch bedingt. Sie beruht vielmehr auf bewußten sozialpolitischen bzw. arbeitsmarktpolitischen Entscheidungen, die teilweise zu erheblichen Fehlsteuerungen geführt haben.

Da - wie bereits betont wurde - der intergenerative Ausgleich in modernen Industriestaaten überwiegend durch staatliche bzw. teilstaatliche Institutionen durchgeführt wird, sind dadurch verschiedene Gerechtigkeitsdimensionen (intragenerative Gerechtigkeit, intergenerative Gerechtigkeit, Geschlechtergerechtigkeit) und Konfliktdimensionen angesprochen. Ausführlich diskutiert wurden im Seminar verschiedene Definitionen des Generationenvertrages und deren Implikationen sowie die unterschiedlichen Formen der Finanzierung von Alterssicherungssystemen, nämlich das Umlageverfahren und das Kapitaldeckungsverfahren. Dabei wurde der Beurteilung ein gemeinsamer Kriterienkatalog zugrundegelegt, der u.a. die folgenden Komponenten beinhaltete: die Rendite der Systeme aus einzelwirtschaftlicher Sicht, die demographische Stabilität, die ökonomische Stabilität (Kapitalmarktrisiko, Inflationsanfälligkeit), die Verteilungsgerechtigkeit, die politische Steuerungs- und Beeinflußungsmöglichkeit. Es läßt sich zeigen, daß die Bewertung der beiden Finanzierungsoptionen entscheidend auch von der zugrundeliegenden Modellstruktur abhängt. So sind z.B. unterschiedliche Annahmen über Offenheit von Kapital- und Arbeitsmärkten im internationalen Kontext von entscheidender Bedeutung für die Beurteilung der beiden Finanzierungsoptionen.

Im Rahmen des Seminars wurden die Vor- und Nachteile der einzelnen Systeme der Alterssicherung vor dem Erfahrungshintergrund der vertretenen Generationen erörtert. Darauf aufbauend wurden mögliche Optionen einer Umgestaltung des Alterssicherungssystems besprochen und bewertet. Diese Diskussion und Bewertung von Reformoptionen war auch Gegenstand der Referate und Diskussionen im Rahmen der Plenarveranstaltung zu diesem Arbeitskreis. Dabei setzte sich Prof. Dr. Rainer Münz (HU Berlin) mit der Entwicklung der demographischen Struktur Österreichs, Prof. Dr. Bernd Marin (EZ Wien) mit der Konzeption eines nachhaltigen Generationenvertrages in Österreich und Prof. Dr. Robert Holzmann (Univ. Saarbrücken/Weltbank) mit den Reformvarianten der Alterssicherung in einer internationalen Perspektive auseinander. Die Referate sind in diesem Band abgedruckt.

Verschiebungen zwischen den Generationen, wie wir sie derzeit konstatieren, werden in erster Linie in ihrer Auswirkung auf den Generationenvertrag innerhalb der Pensionssicherung diskutiert. Dies ist verständlich und gerechtfertigt, wenn man die budgetär-quantitative Seite des Problems diskutiert. Macht man sich aber Gedanken über die Ausgabendynamik, dann ist zu erwarten, daß diese im Gesundheitswesen und im Bereich der Pflegevorsorge wesentlich höher sein wird als im Pensionsbereich. Die Vergangenheit ist dafür ein gutes Indiz. Obwohl es in den letzten Jahren kaum demographische Verschiebungen gegeben hat, haben sich die Gesundheitsausgaben in Österreich von 4,0% des BIP im Jahre 1960 auf 8,1% des BIP im Jahre 1996 verschoben. Die Gründe dafür sind mannigfaltig. Einige davon sind:

- *Der tertiäre Kostendruck:* Gesundheits- und Pflegeleistungen haben eine spezifische Produktionstechnologie. Diese Produktionstechnologie ist stark auf den Faktor Arbeit gestützt und läßt von daher über die Zeit kaum Produktivitätsfortschritte zu. Diese Charakterisierung gilt insbesondere für den Pflegebereich. Im Gesundheitswesen ist diesbezüglich, wie lebhafte Diskussionen im Seminar gezeigt haben, eine differenzierte Einschätzung notwendig. Die Konsequenz aus dem tertiären Kostendruck ist, daß dieser Sektor mit höheren Preissteigerungsraten als andere Wirtschaftssektoren konfrontiert ist und daher überproportional viele finanzielle Ressourcen in den Bereich fließen müssen, um das reale Leistungsniveau zu erhalten.

- *Die Betonung von Produktinnovationen gegenüber Prozeßinnovationen:* Das Überwiegen der Vollversicherung im Gesundheitsbereich bewirkt, daß Auswahlentscheidungen im Bedarfsfall in erster Linie unter Qualitäts- und kaum unter Kostenaspekten durchgeführt werden. Diese Tendenz wird durch das ärztliche Interesse an Produktinnovationen und durch das Überwiegen des Gewinnerzielungsverbotes für Krankenhäuser verstärkt. Versorgungsqualität wird damit zum hervorstechenden Wettbewerbsparameter. Diese Faktoren bewirken eine Verschärfung der tertiären Kostendruckproblematik.
- *Die herausragende Bedeutung der medizinisch-technologischen Entwicklung*
- *Die Reduktion der familiären Pflegekapazität:* Die familiäre Pflegekapazität im Krankheitsfall und bei Pflegebedürftigkeit geht zurück und wird in Zukunft weiter schwinden. Die Reduktion der Familiengröße, die Veränderung der familiären Strukturen und die steigenden Mobilitätserfordernisse des Arbeitsmarktes sind Gründe dafür. Hier ist es notwendig, daß neue Formen der informellen Pflege auf überfamiliärer Ebene entstehen. Solche sehr ermutigenden Versuche des Aufbaues neuer Solidaritätsbeziehungen lassen sich - wie im Seminar erörtert wurde - vereinzelt beobachten.

Medizin-technische Revolutionen im Gesundheitswesen und die Veränderung der demographischen Struktur haben in einigen Gesundheitssystemen verstärkt zur Diskussion von Modellen der Rationierung von Gesundheitsleistungen geführt. Demnach sollen den Patienten nach bestimmten Kriterien medizinisch sinnvolle Leistungen vorenthalten werden. Um solche Rationierungsmodelle zu vermeiden, erscheint es notwendig, die im Gesundheitswesen und im Pflegewesen bestehenden Rationalisierungspotentiale zu nutzen.

In einzelnen Gesundheitssystemen vom "Sozialversicherungstyp" (z.B. Niederlande, Deutschland) wurden in den letzten Jahren Schritte eines Übergangs vom Pflichtversicherungssystems zur Versicherungspflicht eingeleitet. Die diesbezügliche Entwicklung und Diskussion in Deutschland wurde von Dieter Haas (Diplomand am Institut für Finanzwissenschaft der Universität Innsbruck) vorgestellt. Die gesundheitspolitische Diskussion in Deutschland war lange Zeit durch die vermeintliche Unvereinbarkeit von Solidaritätskomponente und Wettbewerbskomponente geprägt. Die Solidaritätskomponente drückt sich dabei durch einkommensorientierte Beiträge und durch die Abkoppelung von Beitragsleistung und Gesundheitsleistung aus. Wettbewerb zwischen den Krankenversicherungen in Kombination mit einkommensorientierten Beiträgen ist nicht funktionsfähig, weil er zwangsläufig zum "Rosinenpicken" der Versicherungen führen muß. Der Standardvorschlag der Ökonomik für diesen Fall lautet, Versicherungsfunktion und Umverteilungsfunktion zu trennen. Dies bedeutet in der Konsequenz risikoorientierte Beiträge in der Krankenversicherung in Kombination mit einem verteilungspolitisch motivierten Ausgleich außerhalb der Krankenversicherung z.B. über eine negative Einkommenssteuer. Diese Variante erschien allerdings in Deutschland politisch nicht mehrheitsfähig.

Mit dem Übergang von der Pflichtversicherung zur Versicherungspflicht war daher in Deutschland ein "Kunstgriff" notwendig. Die bisherige Form der Finanzierung über einkommensorientierte Beiträge wurde beibehalten, zwischen den Versicherten und den Versicherungen wurde aber eine Ausgleichsinstitution geschaltet, die die einkommensorientierten Beiträge für die Versicherungen in risikoorientierte Beiträge transformiert. Damit ist ein funktionsfähiger Wettbewerb zwischen den Versicherungen möglich. Das diesbezügliche Ausgleichsverfahren wird Risikostrukturausgleich genannt. Ähnliche Konzeptionen existieren in den Niederlanden und in der Schweiz. Entscheidend für die Funktionsfähigkeit des dadurch induzierten Wettbewerbs sind u. a. zwei Punkte:

- *Die Indikatoren für den Risikostrukturausgleich:* Die Erfahrungen in den Niederlanden und in Deutschland zeigen, daß Alter und Geschlecht als Prädiktoren für Gesundheitsrisiken unzureichend sind und daher für die Versicherung Anreize bestehen, "schlechte" Risiken zu diskriminieren, wenngleich entsprechende Diskriminierungsverbote bestehen. Auch darf in den Risikostrukturausgleich das tatsächliche Ausgabeverhalten der Krankenkassen nicht eingehen, weil ansonsten die Gefahr für Moral-Hazard-Verhalten der Versicherungen besteht. Ein richtig konzipierter Risikostrukturausgleich ist eine wesentliche Voraussetzung dafür, daß auch chronisch kranke Personen, alte Menschen oder Personen mit hohen Krankheitsrisiken für die Versicherungen eine "interessante" Klientel sind.
- *Die Existenz geeigneter Wettbewerbsinstrumente für die Versicherungen:* Entscheidend ist dabei eine entsprechende Vertragsfreiheit zwischen den Versicherungen und den Anbietern medizinischer Leistungen. In diesem Bereich müssen noch entsprechende legistische Vorleistungen erbracht werden. So muß ein selektives Kontrahieren mit Ärzten und Krankenhäusern auf Basis von langfristigen Verträgen möglich sein, um den Versicherungswettbewerb zum Vorteil des Patienten funktionsfähig zu machen.

Die skizzierten Modelle in Deutschland, den Niederlanden und der Schweiz befinden sich derzeit noch in der Aufbauphase, so daß ein abschließendes Urteil zum Zeitpunkt wenig sinnvoll erscheint. Es erscheint aber ein interessanter Versuch, Rationalisierungspotentiale in einem dezentralen Prozeß von "Trial und Error" zu identifizieren und zu nutzen und damit auch weitgehende Rationierungsschritte zu vermeiden. Letztere müssen nämlich zwangsläufig zu kaum kompromißfähigen Generationenkonflikten im Gesundheitswesen führen.

Dem Generationenvertrag liegt unausgesprochen auch ein Geschlechtervertrag zugrunde, der auf dem Leitbild der lebenslangen Ehe und der "bürgerlichen Familie" des 19. Jahrhunderts mit der strengen Aufgabenteilung zwischen Mann und Frau beruht. Ehefrauen und legitimierte Kinder werden ohne zusätzliche Beitragsleistungen mitversichert und bekommen von den Beitragsleistungen des Ernährers "abgeleitete" Leistungen. Dieses Leitbild hatte nach dem zweiten Weltkrieg eine Blütezeit der Akzeptanz. Es wurde jedoch durch den neuen Feminismus der 68er Jahre und die Frauenforschung radikal in Frage gestellt. Die junge Frauengeneration wollte endlich auch, den Männern gleich, gesellschaftlich integriert Ausbildung und Erwerbskarrieren erhalten und eine gleichrangige und gleichwertige soziale Sicherung.

So gibt es in den Altersgruppen und Generationen der Frauen und verstärkt durch die unterschiedlichen Erwerbs- und Karrierechancen der Frauen in Ost- und Westdeutschland unterschiedliche Leitbilder für das familiale Zusammenleben, die Erwerbsbeteiligung und die Bereitschaft, Kinder zu haben und zu heiraten. So steht auch der dem "Generationenvertrag" unausgesprochen zugundeliegende "Geschlechtervertrag" in Frage. Die Generationensolidarität setzt Geschlechtersolidarität voraus. Die Pluralität der Lebensformen, der familialen Lebensgeschichten und Lebensleistungen sowie der damit verbundenen unterschiedlichen Erwerbskarrieren und Erwerbschancen verlangt nach einem Abbau der strukturellen Rücksichtslosigkeiten gegenüber den familialen Systemen. Es bedarf zugleich auch einer öffentlichen Anerkennung der privaten familialen Leistungen der Heranbildung, Versorgung, Betreuung, Pflege und Erziehung und Daseinssicherung des Humanvermögens einer Person, der Familie wie der Gesellschaft. Dieses führt dann auch zu einer gerechten eigenständigen sozialen Sicherung der Frauen und wenigen Männer im Dienst der familialen Lebensformen.

Literaturhinweise

Aly, G.: Macht, Geist, Wahn. Kontinuitäten deutschen Denkens. Berlin 1997.

Badelt, Chr., et al., Kosten der Pflegesicherung - Strukturen und Entwicklungstrends der Altenbetreuung, Wien 1995.

Beck, U., Giddens, A., Lash, S.: Reflexive Modernisierung. Eine Kontroverse. Frankfurt/M. 1996.

Benhabib, S.: Selbst im Kontext. Kommunikative Ethik im Spannungsfeld von Feminismus, Kommunitarismus und Postmoderne. Frankfurt/M. 1995.

Börsch-Supan, A. Eine umfassende Verpflichtung zur Solidarität, Frankfurter Allgemeine Zeitung, Serie "Die Ordnung der Wirtschaft, Ausgabe vom 14. Juni 1997, S. 15.

Bundesministerium für Familien und Senioren: Familienbericht, Fünfter: Familien und Familienpolitik im geeinten Deutschland. Zukunft des Humanvermögens, Bonn 1994.

Bundesministerium für Jugend, Familie, Frauen und Gesundheit: Familienbericht, Vierter: Die Situation der älteren Menschen in der Familie, Bonn 1986.

Enzensberger, H. M.: Aussichten auf den Bürgerkrieg. Frankfurt/M. 1993.

Gabriel, K., Herlth, A., Strohmeier, K.-P. (Hrsg.): Modernität und Solidarität. Festschrift für Xaver Kaufmann, Freiburg, Basel, Wien, 1997.

Gardener, H.: Die Zukunft der Vorbilder. Stuttgart 1997.

Hareven, T.-K. (Hrsg.): Transition. The Family and the Life Course in Historical Perspective, New York u. a., 1978.

Honneth, A. (Hrsg.): Pathologie des Sozialen. Die Aufgabe der Sozialphilosophie, Frankfurt/ M., 1994.

Kaufmann, F.-X.: Zukunft der Familie im vereinten Deutschland. Gesellschaftliche und politische Bedingungen, München, 1995.

Krappmann, L., Lepenies, A. (Hrsg.): Alt und Jung. Spannung und Solidarität zwischen den Generationen, Frankfurt/M. 1997.

Lampert, H.: Die Zukunft des Sozialstaates Deutschland. Elemente einer Reformstrategie. Uni Augsburg, Beitrag Nr. 176, Volkswirtschaftliche Diskussionsreihe, März 1998.

Leggewic, C.: Die 89er: Porträt einer Generation, Hamburg, 1995.

Luhmann, N.: Vertrauen. Ein Mechanismus der Reduktion sozialer Komplexität. 2.erw.A., Stuttgart 1973.

Lüscher, K., Schultheis, F. (Hrsg.): Generationenbeziehungen in "postmodernen" Gesellschaften, Konstanz, 1993.

Mannheim, C.: Das Problem der Generationen. In: soziologische Texte, Wissenssoziologie, Bd. 28, Berlin, Neuwied, 1964.

Mead, M.: Der Konflikt der Generationen. Jugend ohne Vorbild, Freiburg/Br., 1971.

Mues, I., (Hrsg.): Was Frauen bewegt und was sie bewegen, Frankfurt/M. 1998.

Rürup, B., Perspektiven der Pensionsversicherung in Österreich, Gutachten im Auftrag des Bundesministeriums für Arbeit, Gesundheit und Soziales, Darmstadt 1997.

Vaskovics, L. (Hrsg.): Familienleitbilder und Familienrealitäten, Opladen, 1997.

Weltbank, the Old Age Crisis, Washington 1994

Zweifel, P., Felder, St., Eine ökonomische Analyse des Alterungsprozesses, Bern et al., 1996.

Plenarveranstaltung zum Seminar:
Generationenvertrag - Generationenkonflikt

ROSEMARIE VON SCHWEITZER

Der Diskurs der Generationen miteinander

Wir waren ein interdisziplinäres Seminar. In der Seminarleitung standen sich Finanzwissenschaften und Haushaltswissenschaften gegenüber. Zu Zeiten der Entstehung der ersten Wirtschaftslehre - der Ökonomia des Aristoteles - war die Ökonomie eine Ethik, sie gehörte zur Politik und richtete sich an den Haushaltsvorstand des Oikos und gleichermaßen an den Staatslenker. Zur Zeit sind es Ausnahmefälle (Alpbach), die Gelegenheit geben, daß Wissenschaftler beider Disziplinen miteinander diskutieren. Wir verfügten aber auch noch über andere wissenschaftliche Kompetenzen und biographische Erfahrungen, die wir zu nutzen Gelegenheit erhielten.

Das Thema "Generationenvertrag - Generationenkonflikt" kann makroökonomisch und ebensogut mikroökonomisch diskutiert werden. Die makroökonomische Thematik behandelt die Probleme des Umbaus des Sozialstaates, der mikroökonomische Diskurs der Generationen miteinander bezieht sich auf das Zusammenleben und zusammen Wirtschaften der Menschen im Alltag.

Die Plenarsitzung und ihre Vortragenden werden sich jetzt in erster Linie der Makroperspektive zuwenden, doch der Sozialstaat setzt Rahmenbedingungen für die Pluralität der privaten Lebensformen.

Das "Subjekt der Moderne", das politisches Mitspracherecht einfordert, ist zunehmend nicht mehr nur der mündige männliche Polisbürger (der gesellschaftlichen Eliten), sondern es sind wir alle - die Jüngsten und die Ältesten sowie die Schwächsten. Diese Mitsprache erfolgt durch die Art und Weise, wie wir unsere Alltagsleben und unsere Alltagskultur gestalten und somit gesellschaftliche Tatsachen schaffen.

Die Generation der Kinder wie die derjenigen Personen - zumeist Frauen -, welche auf Erwerbskarrieren zugunsten der Familientätigkeiten verzichten, zwingen nicht nur zu einem Diskurs des finanziellen Lasten- und Leistungsausgleichs, sondern auch zu einem grundsätzlich neuen Diskurs über unsere sozialen Systeme.

In unseren Seminargesprächen ging es nicht um einen Umbau in Richtung der liebenswerten "Bonobo-Gesellschaft" und es ging auch nicht um die Beibehaltung eines eher unseren "Schimpansen-Verwandten" ähnlichen Gesellschaftsvertrages. Wir diskutierten die Vision einer humanen Zukunft, in welcher beide Geschlechter, alle Generationen in den von ihnen frei gewählten und persönlich auch zu verantwortenden Lebensformen im Diskurs miteinander sich über die gewünschte Wohlfahrt der Gemeinschaft wie der Individuen in ihren familialen Alltagsbezügen zu verständigen bemüht sind.

Eine solche Utopie zu verfolgen ist uns nicht urwüchsig angeboren, wir müssen sie erlernen, ein Leben lang, immer wieder unter neuen Bedingungen einüben und unser Handeln auf seine Folgen auch für andere, vor allem für Schwächere, kritisch überprüfen.

Die Weitergabe der Lebenserfahrung zwischen den Generationen verläuft in traditionellen Gesellschaften nach einem - wie M. Mead es nennt - postfigurativen Kulturmuster. Dieses ist durch eine annähernde Zeitlosigkeit gekennzeichnet, die dazu führt, daß die Alten wie die Jungen alles beim Alten lassen und die Älteren durch ihre Erfahrung für den Erhalt dieser Kultur die Verantwortung tragen, die Hüter der Kultur sind. Die Jungen haben sich zu fügen und tun dieses auch.

Die Konfrontation mit anderen Kulturen im Zuge der Modernisierungen führt dann dazu, daß sich auf Drängen vor allem der Jungen, aber auch mit Zustimmung der Alten das konfigurative Kulturmuster herausbildet, das dadurch gekennzeichnet ist, daß die Jungen wie die Alten es für völlig natürlich halten, daß die Generationen unterschiedliche Lebensweisekonzepte haben. Junge wie Alte bedürfen der Expertensysteme, um mithalten und mitreden zu können, während jeder in seiner Altersgruppe aufwächst, lebt und alt wird.

Man hat einander wenig zu sagen, und vor allem man interessiert sich nicht füreinander, man ist absolut tolerant oder gleichgültig. Was dabei unter bestimmten gesellschaftlichen Rahmenbedingungen herauskommen kann, können Sie in der FAZ des heutigen Samstags unter dem Titel "Odins Helfer. Die rechte Jugendkultur ist eine echte Gegenwelt" nachlesen.

Ich zitiere nur einige wenige Aussagen:

An die Stelle direkter Provokation durch Naziparolen oder Zuschlagen ist eine Phase der Institutionalisierung getreten, die Etablierung einer umfassenden Jugendkultur mit dem Anspruch auf Meinungsführerschaft.

Diese Jugendkultur ist kritisch, radikal, provozierend, ganzheitlich, authentisch und vom Establishment nicht vereinnahmt. Sie äußert sich in Rockmusik, in Undergroundmagazinen und in Computernetzwerken. Das Imponiergehabe der ersten Randalierer-Generation wirkt auf die Jüngeren wie auch auf die ältere Generation anziehend und attraktiv, welche sich im liberalen Staat und der Marktwirtschaft ausgegrenzt, abgewickelt, nicht angenommen und nicht verstanden fühlen. Die Jungen prügeln auf die Schwächeren, grüßen sich mit der ominösen Zahl 88 und erklären Klassenzimmer und Jugendclubs als "befreite Zonen", in welche sich Personen ausländischer Herkunft nicht begeben sollten.

Das Konzept der liberalen Kommunikationsgesellschaft versagt. Die Neutralisierung durch gehenlassen, geschehenlassen, die Phase geht von selber vorbei, ist bei der Aggressivität und Empfindungslosigkeit dieser Jugendlichen ein hohes Risiko. Die Gesprächsbemühungen zwischen "Würdenträgern der Gesellschaft" scheitern an dem Desinteresse der Radikalen.

Die konfigurativen Kulturmuster in ihrer Toleranz und Gleichgültigkeit unter den Generationen kann zu einem erheblichen Konfliktpotential führen.

Mead nennt noch ein präfiguratives Kulturmuster der Generationenbeziehungen, in welchem die Generationen sich mit Empathie und Neugierde begegnen und sowohl das Kind, der Behinderte, der Fremde oder Älteste gleichermaßen als Diskurspartner anerkannt ist und man miteinander redet, wie man sich die gemeinsame Zukunft oder gemeinsame Problemlösung vorstellt.

Dieses war der Inhalt unserer heutigen letzten Seminarstunde. Es ging in diesem Gespräch der Generationen und Disziplinen um unsere Alpbach-Erfahrung, ihre kritische Reflexion und um eine Vision für Alpbachs Zukunft. Zum Schluß hat jeder die Art seines persönlichen Gewinns von den Alpbachgesprächen mitgeteilt. Junge wie Alte hatten auch bei kritischer Analyse eine positive Bilanz. Wir danken dafür dem Alpbach-Forum.

RAINER MÜNZ

Zu grau oder zu bunt? Die Jungen und die Alten in der österreichischen Gesellschaft von morgen

Jung gegen alt

Die Paradoxien sind bekannt. Stolz berichten Politiker, Zeitungen und Statistiker, daß die Lebenserwartung steigt. Wir alle halten das für einen Beweis hoher Lebensqualität. Zugleich werden wir in periodischen Abständen auf die kommende Überalterung unserer Gesellschaft hingewiesen. Dann kommt meist der Hinweis auf die drohende Unfinanzierbarkeit des Sozialstaates. Denn künftig wird es zu viel mehr alte Leute geben, die von Pensionsversicherung und Krankenkasse Leistungen erwarten. Und es wird weniger Junge geben, die Steuern und Beiträge zahlen. Man kann freilich nicht alles haben - eine ständig steigende Lebenserwartung, aber zugleich weniger alter Menschen.

Auf jeden Fall werden die Gegensätze zwischen den Generationen wachsen. Denn das politische und demographische Gewicht verschiebt sich zu den Älteren, die finanzielle Last zu den Jüngeren. Zugleich erhöht sich durch wachsenden Wohlstand und steigende Börsenkurse auch die ökonomische Macht eines Teils der älteren Generation.

Manche prophezeien unserer Gesellschaft eine Art "Krieg" zwischen alt und jung. Der Begriff weckt allerdings falsche Assoziationen. Man denkt unwillkürlich an eine Situation, wo Ältere und Jüngere aufeinander losgehen. Doch zu Auseinandersetzungen im Stil der Bauernkriege oder der Schlachten verfeindeter Fußballfans wird es nicht kommen. Statt dessen drohen Verteilungskämpfe zwischen der Pensionsversicherung, der Arbeitslosenversicherung, dem Fiskus und der Masse der Steuer- und Beitragszahler.

Auf dem Weg zur kinderlosen Gesellschaft

Daß es heute stärker und schwächer besetzte Generationen gibt, hat mit Geburtenbooms und Geburtenrückgängen der Vergangenheit zu tun. Zu den "starken Generationen" gehören die Geborenen der späten 30er und frühen 40er Jahre. Die nationalsozialistische Bevölkerungs- und Familienpolitik, aber auch die Begeisterung vieler Österreicher für das Dritte Reich führten damals zu mehr Kindern "für den Führer". Zu den "starken Generationen" gehören darüber hinaus die Geborenen der 50er und frühen 60er Jahre. Sie sind der Baby-Boom.

In Zukunft wird es keine "starken Jahrgänge" mehr geben. Denn die Geburtenrückgänge der jüngeren Vergangenheit bewirken, daß sich die Zahl potentieller Eltern deutlich verringern wird. Unsere Gesellschaft wird noch kinderloser werden als heute. Da zugleich die Lebenserwartung weiter steigt, ist mit einem neuerlichen Alterungsschub zu rechnen. Österreichs Bevölkerung ist nicht bloß seit Beginn des 20. Jahrhunderts älter geworden. Sie wird auch in der ersten Hälfte des 21. Jahrhunderts stark altern. Dafür gibt es zwei Ursachen.

Steigende Lebenserwartung, sinkende Kinderzahlen

Erste Ursache des Alterungsprozesses ist die steigende Lebenserwartung. Um 1850 wurden unsere Vorfahren im Schnitt nur rund 38 Jahre alt. 1950 hatten Männer in Deutschland bei der Geburt eine Lebenserwartung von etwa 64 Jahren und Frauen von etwa 68 Jahren. Derzeit liegt die Lebenserwartung der Männer bei 74 Jahren. Frauen werden im Schnitt fast 80 Jahre alt. Alterung am oberen Ende der Alterspyramide hat also mit dieser positiven Entwicklung zu tun, daß wir alle mit einem längeren Leben rechnen dürfen als unsere Vorfahren. Dies gilt nicht nur zum Zeitpunkt unserer Geburt. Auch mit 60 haben wir mit relativ großer Gewißheit noch etliche Jahre vor uns.

Zweite Ursache des Alterungsprozesses ist die verringerte Kinderzahl in unserer Gesellschaft. Dadurch gehen die Geburten zurück, und die Alterspyramide altert auch an der Basis. Denn weniger Kinder vergrößern automatisch das Gewicht der alten Leute innerhalb unserer Gesellschaft.

Ausblick bis 2030

Wie wird es weitergehen? Bevölkerungsprognosen können einen weiteren Blick in die Zukunft wagen als Wirtschaftsprognosen oder Wettervorhersagen. Dies hat mit der Langfristigkeit und "Trägheit" des Prozesses zu tun. So sind beispielsweise die Pensionisten des Jahres 2050 alle bereits geboren. Aber auch die Zahl der Abiturienten der Jahre 2005-2010 steht heute beinahe schon fest. Wichtigste Veränderung der Bevölkerungsstruktur ist in den nächsten Jahrzehnten die wachsende Zahl alter Menschen, insbesondere der Hochaltrigen.

Derzeit ist ein Fünftel der in Österreich lebenden Bevölkerung über 60 Jahre alt (21%), darunter etwas über 7 Prozent über 75jährige. Bis zum Jahr 2030 wird der Anteil der älteren Menschen in Österreich auf gut ein Drittel steigen (35%), darunter fast 15 Prozent über 75jährige.

Auch der Rückgang der Kinder und Jugendlichen in unserer Gesellschaft läßt sich aus heutiger Sicht relativ gut vorhersehen. Heute sind 21 Prozent der Bevölkerung unter 20 Jahre alt, 2030 werden gerade noch 16 Prozent dieser Altersgruppe angehören. Durch die niedrigen Kinderzahlen der Gegenwart sind die Geburtenrückgänge der Zukunft bereits vorprogrammiert. Dieser Prozeß läßt sich auch durch Zuwanderung aus dem Ausland nur bremsen, aber nicht stoppen. Denn niemand kann sich wünschen, daß in Zukunft vor allem Kinder ohne Begleitung ihrer Eltern aus dem Ausland zuwandern, um unsere geburtenschwachen Jahrgänge "aufzufüllen".

Weniger Schulen, aber keine Entlastung des Arbeitsmarktes

Was bedeuten diese Veränderungen für unsere Gesellschaft? Üblicherweise bewirken demographische Veränderungen bloß eine "Revolution auf leisen Sohlen". Nur selten machen sich Veränderungen kurzfristig so drastisch bemerkbar wie der Geburtenrückgang in Ostdeutschland und in anderen postsozialistischen Gesellschaften Mittel- und Osteuropas nach 1989. Doch auch längerfristig wirksame Verschiebungen der Altersstruktur können die Gesellschaft nachhaltig verändern.

Durch die gesunkenen Kinderzahlen kommt z.B. auf unser Schulsystem ein erhebliches Problem zu. Viele Schulstandorte werden in Zukunft mit erheblichen Rekrutierungsproblemen zu kämpfen haben, sobald die Schülerzahlen deutlich sinken. Dies gilt insbesondere für weniger stark besiedelte und durch Abwanderung geprägte Regionen Österreichs. Dazu gehören vor allem weite Teile der Obersteiermark, das obere Waldviertel, das Südburgenland, Osttirol und Südkärnten.

Das Bildungssystem ist derzeit kaum in der Lage, auf solche Veränderungen angemessen zu reagieren. Ein Großteil der Lehrer sind Beamte auf Lebenszeit mit Versetzungsschutz. Viele werden sich erfolgreich weigern, an einer anderen Schule oder gar ein stärker benötigtes Fach zu unterrichten. Solche Folgeprobleme demographischer Veränderungen treten zwar nicht mit "schicksalhafter" Notwendigkeit ein. Aber sie sind durch das Beharrungsvermögen unseres politischen Systems und unserer Verwaltung auch nicht leicht vermeidbar.

Im Gegensatz zum Bildungssystem wirkt sich die Bevölkerungsentwicklung auf den Arbeitsmarkt für absehbare Zeit nicht besonders stark aus. Eine niedrige Geburtenrate vergrößert eher noch die Nachfrage nach Arbeitsplätzen für Frauen.

Auch die angestrebte Anhebung des Pensionsalters bei Männern und Frauen und die wachsende Erwerbsbeteiligung der Österreicherinnen führen nicht sobald zu weniger Menschen, die einen Job suchen. Längerfristig verändert sich allerdings die Struktur des Arbeitskräfteangebotes. Das Durchschnittsalter der Berufstätigen steigt. Da weniger Schulabgänger nachrücken, reduziert sich auch die Zahl jener Arbeitskräfte, die neu erworbene Qualifikationen, Innovationsbereitschaft und jugendliche Dynamik mitbringen. Dies ist zugleich eine beträchtliche Herausforderung für das Bildungssystem. Denn was wir mehr denn je brauchen werden, sind Schulabsolventen, die ihr Wissen auch während ihres weiteren Lebens auf den neuesten Stand bringen können und wollen. Ziel sind also nicht die "Fertigen", sondern die systematisch lernfähigen und neugierigen Absolventinnen und Absolventen. Eine weitere Herausforderung an Schule und Lehrer ist die zunehmende Heterogenität der jüngeren Generation. Hier ist der Ausländeranteil größer als bei den Erwachsenen. Dafür sorgt nicht bloß die Zuwanderung, sondern auch die beträchtliche Zahl im Inland geborener Kinder mit ausländischem Paß. Sie zu integrieren, damit wir in Zukunft nicht in einer entlang ethnisch-kultureller Grenzen gespaltenen Gesellschaft leben müssen, ist vor allem eine Aufgabe innerstädtischer Schulen. Denn hier konzentriert sich die ausländische Bevölkerung. Das damit verbundene Konflikt- und Frustrationspotential ist beträchtlich.

Probleme der Pensionsfinanzierung

Absehbar prekär wird die Situation für die Rentenversicherungen. Denn wir befinden uns heute in der paradoxen Situation, über aktuelle Schwierigkeiten der Finanzierung der Pensionsversicherung diskutieren zu müssen, obwohl die Relation zwischen Erwerbstätigen und Personen im Rentenalter derzeit relativ günstig ist. Die Babyboom-Generation der 60er Jahre und die Zuwanderung der 80er und 90er Jahre führen zu einer großen Zahl von Erwerbsfähigen. Ihnen stehen aufgrund der Kriegstoten des Zweiten Weltkriegs vergleichsweise wenige Alte gegenüber. Aus rein demographischer Sicht befindet sich unser Pensionsversicherungssystem somit in einer sehr günstigen Situation. Daß die Pensionsversicherung dennoch vor Finanzierungsproblemen steht, ist eine Folge hoher Arbeitslosigkeit sowie des stark gesunkenen Pensionsalters. Ersteres bedeutet weniger Beiträge, letzteres zusätzliche Lasten, denen auf der Beitragsseite keine entsprechenden Einnahmen gegenüber stehen.

Zu den derzeitigen Finanzierungsproblemen der Rentenversicherung werden in Zukunft neue hinzukommen. Denn die Zahl alter und pensionsberechtigten Personen wird in Österreich rasch wachsen, die Zahl der Beschäftigten, die Sozialversicherung einzahlen, hingegen nicht. Denn zukünftiges Wirtschaftswachstum wird - wie schon in der jüngeren Vergangenheit - kaum zu mehr Beschäftigung führen. Zugleich bestehen erhebliche Widerstände gegen eine Anhebung der Beiträge zur gesetzlichen Pensionsversicherung. Fast alle Diskussionsbeiträge münden in die Forderung: Entlastung der Arbeit, weniger Lohnnebenkosten am Wirtschaftsstandort Österreich. Die Jüngeren unter den heute ökonomisch Aktiven werden sich daher - gemessen am letzten Aktiveinkommen - entweder mit geringeren Alterspensionen aus der gesetzlichen Pensionsversicherung begnügen müssen. Das setzt private Ersparnisse voraus. Oder sie müssen über das 65. Lebensjahr hinaus berufstätig bleiben. Dies geht aber nur, wenn es dann einen funktionierenden Arbeitsmarkt für ältere Menschen gibt. Derzeit ist das bekanntlich nicht der Fall.

Die Alterung der Bevölkerung belastet zugleich die Krankenkassen. Auch hier werden die Kassenleistungen voraussichtlich reduziert oder ihre Inanspruchnahme zeitlich stärker beschränkt werden. Schon jetzt bemühen sich gerade die privaten Krankenkassen in erster Linie um jüngere und gesunde, also um möglichst "kostengünstige" und risikolose Versicherte.

Hinzu kommt, daß Geldleistungen alleine nicht ausreichen, eine adäquate Betreuung älterer und gebrechlicher Menschen sicherzustellen. Was Österreich benötigt, ist eine angemessene Infrastruktur im Gesundheits- und Pflegebereich für die zukünftig rasch wachsende Zahl hochaltriger Menschen. Dabei ist zu bedenken, daß sich das Ausmaß der in den Familien erbrachten unentgeltlichen Pflegeleistungen weiter reduzieren wird. Das ist eine Spätfolge sinkender Kinderzahlen, aber auch eine Konsequenz der größeren Umzugshäufigkeit. Auch wer Kinder hat, lebt im Alter oft nicht in deren Nähe.

Wichtigstes Problem der Gesellschaft von morgen wird freilich nicht die Finanzierung der Pensionen sein. Noch entscheidender sind qualitative Veränderungen, deren Auswirkungen wir heute noch gar nicht voll abschätzen können. Denn im Gegensatz zu Vergangenheit und Gegenwart werden Kinder, Jugendliche und junge Erwachsene im Österreich des 21. Jahrhunderts deutlich in der Minderheit sein. Es wird für sie schwerer, ihre Interessen gegen die Mehrheit der Älteren durchzusetzen. Konflikte sind zumindest absehbar, weil demnächst eine Mehrheit der Wahlberechtigten über 50 Jahre alt sein wird. Hinzu kommt, daß sich die jüngere Generation mehr als bisher von der älteren Generation unterscheiden wird. Dafür sorgen junge Zuwanderer und die wachsende Zahl in Österreich geborener ausländischer Kinder. Österreich wird daher in Zukunft nicht nur ergrauen. Das Land wird auch eine ethnisch und religiös viel buntere Gesellschaft haben als heute. Auf beide Entwicklungen sind wir schlecht vorbereitet.

ROBERT HOLZMANN

Generationenkonflikt oder Reform(un)fähigkeit: Globale Trends der Pensionsreformen

0. Einleitung

Das Altern der Bevölkerung in den Industriestaaten, verstanden als ein steigender Anteil von älteren Personen (65 Jahre und darüber) in der Bevölkerung, wird vielfach mit einem Generationenkonflikt in Verbindung gebracht. Der Grund ist das Umlageverfahren der staatlichen Pensionsversicherung, welches die traditionelle Finanzierungsform der Alterssicherung in fast allen OECD-Ländern darstellt und welches bei einer steigenden Alterslastquote - ceteris paribus - einen ständig ansteigenden Beitragssatz (oder Budgetzuschüsse) verlangt. Dieses Finanzierungsverfahren wird vielfach als Generationenvertrag bezeichnet, da die jeweilige erwerbstätige Bevölkerung Beiträge (Lohnsteuern) zur Bezahlung von Pensionen an die jeweilige ältere Bevölkerung in der Erwartung entrichtet, daß die künftige Erwerbsbevölkerung ebenso verfahren wird, wenn man selbst das Pensionsalter erreicht hat. Bei steigendem Beitragssatz und/oder künftig verringerten Pensionen wird aber die Gefahr gesehen, daß die Erwerbsbevölkerung den "Generationenvertrag" aufkündigt. Verschlechtert sich die Alterslastquote, sinkt auch die interne Ertragsrate des Umlagesystems. Dies läßt für die jüngeren Erwerbstätigen die kapitalgedeckte Alternative der Alterssicherung als vorteilhafter erscheinen.

Ist ein Generationenkonflikt unausweichlich? Angesichts der bereits hohen Beitragssätze und des zu erwartenden fortschreitenden Alterungsprozesses der Bevölkerung der Industriestaaten erscheint dies eine begründete Vermutung. Oder ist ein möglicher Generationenkonflikt nur das Ergebnis der Reformunfähigkeit des Pensionssystems in vielen OECD Staaten (inklusive Österreich)?

Dieser Beitrag versucht anhand der weltweiten Pensionsreformen (bereits durchgeführt oder noch in Vorbereitung) aufzuzeigen, daß ein möglicher Generationenkonflikt keine notwendige Schlußfolgerung ist. Die gegenwärtige Dynamik der Pensionsreformen ist weltweit einmalig und umfaßt alle Kontinente und Regionen, inklusive einzelner OECD-Staaten. Die Schlußfolgerung, welche für viele westeuropäische OECD-Staaten und deren ungenügende Pensionsreformen zur Vermeidung eines Generationenkonflikts gezogen werden könnte, wäre, daß der Reformunfähigkeit Politikversagen und nicht der Mangel an Reformalternativen zugrunde liegt.

Die Struktur des Beitrags ist wie folgt: Im nächsten Abschnitt wird kurz aufgezeigt, daß das Altern der Bevölkerung ein weltweites Phänomen und nicht nur auf die OECD-Staaten beschränkt ist. In Abschnitt II werden die Vorsorgemöglichkeiten für den Alterskonsum dargestellt: Diese sind bekannt und begrenzt. Abschnitt III legt dar, daß das Altern der Bevölkerung nur einer der vielen Gründe für eine rasche und umfassende Pensionsreform ist. Dies erklärt auch, warum Länder mit einer vergleichsweise guten demographischen Ausgangsposition sich zu einer umfassenden Pensionsreform entschlossen haben. In Abschnitt IV werden die drei Hauptalternativen einer Pensionsreform anhand ihrer Vorzüge und Schwächen dargelegt: eine reine Reform des Umlagesystems; ein vollständiger Übergang zu einem kapitalgedeckten System; und ein Mehrsäulensystem mit gemischter Finanzierung, Leistungsformen und Verwaltung. Im letzen Abschnitt werden schließlich die weltweite Dynamik und Richtung der Pensionsreformen zusammengefaßt und graphisch dokumentiert. Daraus wird ersichtlich, daß in vielen Teilen der Welt umfassende Pensionsreformen stattgefunden haben bzw. gegenwärtig vorbereitet werden, welche das Pensionsmodel der Weltbank - das Mehrsäulensystem zum Vorbild haben (World Bank, 1994).

I. Das weltweite Phänomen des Bevölkerungsalterns

Das Altern der Bevölkerung, gemessen durch einen Anstieg der Alterslastquote oder durch einen Anstieg des Durchschnittsalters, ist kein Phänomen, welches nur die Industriestaaten betrifft. Es ist ein weltweites Phänomen, welches alle Kontinente und Regionen und grundsätzlich alle Länder der Welt berührt. Die Gründe dafür sind überall die gleichen - Rückgang der Geburtenrate, Anstieg der Lebenserwartung und in einzelnen Ländern auch das Abwandern von jüngeren Bevölkerungskohorten. Das Niveau des Bevölkerungsalterns und seine Veränderung ist jedoch unterschiedlich und in den reichen OECD-Staaten besonders ausgeprägt, da hier die Geburtenrate das Reproduktionsniveau schon lange unterschritten hat.

Tabelle 1 und 2 weisen die Ursachen des Bevölkerungsalterns aus, Graphik 1 die Konsequenzen nach Regionen bzw. Jahren. Eine Reihe von Dingen sind dabei bemerkenswert:

1. Der starke weltweite Rückgang der Fruchtbarkeitsraten in den letzten drei Jahrzehnten, und der (optimistischerweise) prognostizierte Wiederanstieg zum Reproduktionsniveau in den OECD und ECA Staaten sowie der weitere (mäßige) Rückgang in den folgenden vier Jahrzehnten in allen anderen Region der Welt.
2. Der starke weltweite Anstieg der Lebenserwartung in den letzten drei Jahrzehnten und der prognostizierte weitere (mäßige) Anstieg in den folgenden vier Jahrzehnten.
3. Das ausgeprägte Altern in fast allen Regionen der Welt. Für das Jahr 2050 wird prognostiziert, daß fast alle Regionen die demographische Alterslastquote der reichen Industriestaaten des Jahres 1998 bereits überschritten haben, darunter auch die bevölkerungsreiche Region Asien.

Für die Pensionspolitik der Regionen mit gegenwärtig niedriger Alterslastquote ergeben sich zwei Alternativen:

1. Eine kurzsichtige Politik, welche die gute demographische Situation der nächsten Dekaden zum Ausbau eines Umlagesystems benutzt und vergleichsweise hohe Pensionen bei vergleichsweise niedrigem Beitragssatz im Übergang garantiert. Die Finanzierungsprobleme würden jedoch in wenigen Jahrzehnten massiv auftreten.
2. Eine weitsichtige Politik, welche die gute demographische Situation zur Entwicklung eines Pensionssystems nützt, welches resistenter gegenüber Bevölkerungsalterung ist bzw. in Ländern mit bestehenden Umlagesystem die vergleichsweise geringe implizite Pensionsschuld zur umfassenden Reform und Ausbau einer kapitalgedeckten Alterssicherung nützt.

Tabelle 1: Rückgang der Fruchtbarkeitsraten
Totale Fruchtbarkeitsraten

	1970	1980	1990	2000	2010	2020	2030	2040
OECD Staaten	2.45	1.83	1.75	1.59	1.70	1.88	2.04	2.07
Europa & Zentralasien	2.64	2.46	2.26	1.61	1.70	1.97	2.05	2.08
Lateinamerika & Karibik	5.20	4.05	3.17	2.31	2.15	2.09	2.09	2.09
Naher Osten & Nordafrika	6.75	6.06	4.94	3.18	2.62	2.30	2.19	2.13
Süd & Ostasien	5.98	5.26	4.03	2.92	2.66	2.46	2.31	2.23
Afrika (ohne Norden)	6.61	6.64	6.03	5.09	4.07	3.18	2.56	2.37

Tabelle 2: Anstieg der Lebenserwartung
Lebenserwartung bei Geburt (in Jahren)

	1970	1980	1990	2000	2010	2020	2030	2040
OECD Staaten	70.9	73.8	76.0	78.4	79.8	80.7	81.2	81.6
Europa & Zentralasien	65.0	67.8	69.3	70.3	72.3	74.4	75.2	76.0
Lateinamerika & Karibik	60.6	64.8	68.1	72.0	74.2	75.6	77.2	77.2
Naher Osten & Nordafrika	52.8	58.5	64.5	68.8	70.4	72.7	74.3	75.9
Süd & Ostasien	48.8	53.8	59.2	60.7	63.8	66.9	68.1	69.2
Afrika (ohne Norden)	44.2	47.6	50.7	50.6	55.2	59.3	60.8	62.4

Quelle: Weltbank

Anteil der alten Bevölkerung (65 Jahre und älter), nach Regionen, 1998, 2030, und 2050

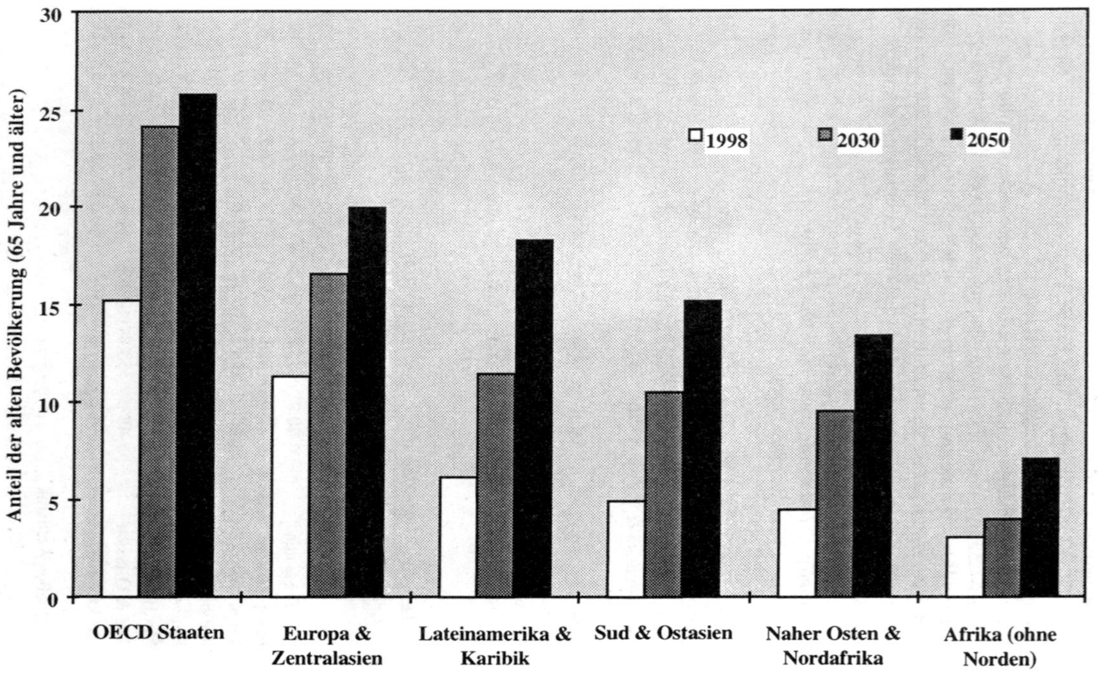

II. Die Vorsorgemöglichkeiten für den Alterskonsum sind bekannt und begrenzt

In einer geschlossenen Gesellschaft (und die Welt ist eine solche) sind die Vorsorgemöglichkeiten für den Alterskonsum bekannt und beschränkt. Sie bestehen im wesentlichen aus der Individualvorsorge à la Robinson Crusoe und der Gesellschaftsvorsorge im Rahmen eines intertemporalen Tausches.

Die Individualvorsorge besteht in der Anhäufung von später verzehrbaren Gütern. Abgesehen von einer Endzeitgesellschaft (in der es keine Kinder mehr gibt) oder dem tatsächlichen Inselbewohner ist ein solcher Ansatz nicht effizient (Lagerprobleme und -verluste; Unsicherheit der Restlebensdauer) und auch ungenügend (Dienstleistungen können z.B. nicht gelagert werden).

Die Gesellschaftsvorsorge im Rahmen eines intertemporalen Tausches bietet dagegen die Möglichkeit einer effizienten Altersvorsorge und kann auf zwei Arten gestaltet sein:

1. Eine formelle oder informelle Vertragsbeziehung auf Transferbasis, in welcher sich die Jüngeren und Erwerbstätigen verpflichten, für die Alten und nicht mehr Erwerbsfähigen zu sorgen. Die traditionelle Großfamilie, wie sie noch in vielen Ländern Asiens oder Afrikas organisiert ist, baut auf diesem informellen Versicherungsvertrag auf. In den Industrieländern wurde mit dem Zerfall der Großfamilie dieses System vielfach durch das staatliche Umlagesystem der Alterssicherung und den Steuer-/Transfermechanismus ersetzt.
2. Eine marktmäßige Vertragsbeziehung, in welcher die Erwerbstätigen während ihrer Aktivzeit Vermögenstitel/Produktivvermögen erwerben, welches sie im Alter an die nächste Generation veräußern, um ihren Alterskonsum zu finanzieren. Zur Absicherung gegen die Unsicherheit des Sterbezeitpunkts kann ein Teil des Vermögens wohlfahrtserhöhend in eine Annuität umgewandelt werden.

Die Alternativen des intertemporalen Tauschansatzes weisen auch darauf hin, daß der Alterskonsum immer aus den laufenden Einkommen einer Gesellschaft finanziert werden muß (Satz von Mackenroth): durch freiwillige Überlassungen; durch Steuern auf Faktoreinkommen; durch Einkommen aus den Vermögenstiteln; oder durch Konsumverzicht der Jüngeren (Sparen) und Erwerb von Vermögenstitel von den Älteren (Entsparen). Ist daher die Form des Tauschansatzes irrelevant für die Bewältigung demographischer Probleme? Ich glaube nein, und zwar aus zumindest drei wesentlichen Gründen:

1. Umlage- und Kapitaldeckungsverfahren haben unterschiedliche ökonomische Effekte auf das gesamtwirtschaftliche Einkommen (BNP). Eine höheres BNP erlaubt es, demographische Probleme leichter zu lösen, und es gibt eine Reihe von Hinweisen, daß ein überbordendes Umlageverfahren die gesamtwirtschaftliche Wertschöpfung negativ beeinflußt.
2. Das Altern eine Bevölkerung verlangt eine Verlängerung der Erwerbsphase/Erhöhung des Pensionsalters. Im Rahmen eines Umlagesystems bedarf diese Maßnahme grundsätzlich einer politischen Entscheidung, welche, wie die politischen Erfahrungen weltweit zeigen, schwierig ist. Im Rahmen

eines Kapitaldeckungssystems ist die Entscheidung grundsätzlich endogen. Steigt die Zahl der Älteren, welche Vermögen an die Jüngeren veräußern wollen, so sinkt der Vermögenspreis, welcher erzielt werden kann, und gibt einen Anreiz, den Beginn des Ruhestandes aufzuschieben.

3. Obwohl alle Regionen der Welt einem Alterungsprozeß ausgesetzt sind, ist der Prozeß nicht synchron. Die reichen Regionen sind auch jene mit einem fortgeschrittenen Altern, niedriger Kapitalproduktivität und potentiell hohem Sparangebot; in den ärmeren Regionen ist das Altersniveau noch gering und Kapitalbedarf und -produktivität potentiell hoch. Dies erlaubt grundsätzlich eine wohlfahrtserhöhende Investition eines Teils des Alterssparens in den ärmeren Regionen, welche zur künftigen Finanzierung des Alterskonsums verwendet werden kann. Eine umfassende Bestreitung dieses Weges verlangt jedoch neue internationale Regelungen, welche derzeit noch nicht bzw. nur ungenügend bestehen (etwa Sicherstellung von Auslandsinvestitionen)

III. Das Altern der Bevölkerung ist nur einer der vielen Gründe für eine rasche und umfassende Pensionsreform

Der Anstieg der staatlichen Pensionsausgaben in den OECD-Staaten in den letzten Jahrzehnten war nicht mehrheitlich von einer Verschlechterung der Altersstruktur hervorgerufen. Die Ausdehnung der Deckung auf weitere Bevölkerungskreise, ein stetiges Sinken des Pensionsalters und der Anstieg der durchschnittlichen Pensionshöhe waren ebenso bedeutsam. Andererseits wird das gegenwärtige Pensionssystem in den OECD-Staaten vielfach für Arbeitsmarktprobleme und sinkende Wachstumsdynamik verantwortlich gemacht. Zur Bewältigung der demographischen Probleme ist es daher notwendig, die Probleme mit dem gegenwärtigen System zu lösen. Die Gründe für eine rasche und umfassende Pensionsreform sind vielfältig (Holzmann, 1998). Die wesentlichsten Überlegungen seien in der Folge kurz skizziert.

Fiskalische Gründe: In vielen Ländern ist das umlagefinanzierte Pensionssystem durch laufende Defizite gekennzeichnet, welche durch eine Kombination von allgemeinen Abgaben und öffentlicher Verschuldung finanziert werden. Aber auch ausgeglichen bilanzierende Pensionssysteme können fiskalische Probleme schaffen, wenn hohe Beitragssätze allgemeine Steuereinnahmen verdrängen (wie Einkommensteuern) oder wenn sie die Verschuldungskapazität des Staates, welche besser für langfristige Investitionen verwendet werden sollte, erschöpfen. Beide Effekte - hohe Beiträge bzw. Steuern oder erhöhte Schulden für den laufenden Konsum - können die Wachstums- und Beschäftigungsaussichten eines Landes schädigen.

Die Lösung der kurz- und langfristigen Finanzierungsprobleme sind wohlbekannt, begrenzt und politisch unerfreulich: eine Reduktion der Ersatzrate; eine Erhöhung des Pensionsalters; ein weiterer Anstieg des Beitragssatzes oder ein Anstieg der staatlichen Transfers, finanziert durch höhere Steuern oder geringere andere Ausgaben. Für einige Ökonomen erscheint die Lösung des Alterungsproblems durch eine Kombination von "parametrischer Reform" und einem zentralen, teilkapitalisierten Systems (Reservefonds), welches einen höheren, aber konstanten Beitragssatz erlaubt, möglich (Chand und Jäger, 1996). Dieser Ansatz ignoriert jedoch die politische Ökonomie der Pensionsreform und andere Bedenken gegenüber dem jetzigen System.

Die *ökonomischen Gründe* für eine Pensionsreform liegen in den unterstellten verzerrenden Wirkungen eines schlecht strukturierten Pensionssystems auf individuelle Arbeitsangebots- und Sparentscheidungen sowie auf Finanzmarktentwicklungen und damit auf Outputniveau und Wachstumspfad. Die empirische Evidenz für solche Effekte ist steigend.

- Wenn ein Pensionssystem eine schwache Beziehung zwischen Beiträgen und Leistungen aufweist, dann werden jüngere Arbeitnehmer die Beiträge als Lohnsteuer betrachten, was zur Steuervermeidung und gegebenenfalls auch zu verringertem Arbeitsangebot führt. Bei älteren Arbeitnehmern ermutigt dies einen früheren Ruhestand. In Ländern mit schwacher Kontroll- und Beitragseinhebungskapazität werden diese Effekte durch eine Verschiebung in den informellen Sektor verstärkt. Aufgrund der höheren Transaktionskosten (inklusive Korruption) und Verwendung von inferiorer Produktionstechnologie in diesem Sektor kann dies die Wachstumschancen eines Landes weiter verschlechtern.
- Ob ein Umlagesystem die private Sparquote langfristig senkt, ist empirisch noch immer ein Streitpunkt unter Ökonomen. Mehr Zustimmung besteht für die These, daß eine nicht antizipierte Ausweitung des Umlagesystems (inklusive dessen Einführung) einen permanenten (negativen) Kapitalstock- und Outputeffekt bewirkt, ebenso wie eine Verschiebung zu einem kapitalgedeckten System Kapitalstock und künftigen Output erhöhen kann. Der wesentlichere Nachteil eines Umlagesystems im Vergleich zum Ausbau eines Kapitaldeckungsverfahrens scheint jedoch in den Wirkungen auf die Finanzmarktentwicklung zu liegen. Es gibt wachsende empirische Evidenz, daß Finanzmarktentwicklung und Wirtschaftswachstum eng verbunden sind, und die Evidenz für Chile legt nahe, daß der wichtigste Effekt von dessen Pensionsreform in einer verbesserten Verwendung des bestehenden Kapitalstocks zu finden ist (Holzmann, 1997a).

Distributive Überlegungen: Im Idealfall sollte die gesamte Bevölkerung Zugang zur Alterssicherung derart haben, daß das Existenzminimum auf dem Niveau der Armutsgrenze gesichert ist. Die Beschäftigten sollten dabei einen Teil ihres Aktiveinkommens so ersetzt bekommen, daß Konsistenz mit ihren vergangenen Beitragsleistungen besteht. Es gibt jedoch eine Reihe von Abweichungen von diesem Prinzip.

- Beispielsweise sind in vielen ärmeren Ländern einkommensbezogene Pensionssysteme zumeist auf die bessergestellten Arbeitnehmer des öffentlichen und offiziellen privaten Sektors beschränkt, die jedoch vielfach Transfers aus dem Budget erhalten, welche von der Gesamtbevölkerung finanziert wird.

- Privilegien für einzelne Sektoren (insbesondere ein früher Ruhestand) stellen oft ein ähnliches Problem dar. Sind diese nicht mit einem aktuarisch höheren Beitragssatz verbunden, so besteht nicht nur eine Quersubventionierung von anderen Nicht-Privilegierten, sondern auch kein Anreiz zur Verbesserung der Produktionstechnologie für den Arbeitgeber.
- Des weiteren bestehen auch intergenerative Verteilungsprobleme. Es gibt gute Gründe für eine Umverteilung zugunsten der jetzigen Bevölkerung nach Kriegen oder in Übergangsökonomien vom Plan zum Markt. Ein kontinuierlicher Anstieg der öffentlichen Generosität ist jedoch schwer zu rechtfertigen, wenn dies zu Lasten der Konsummöglichkeiten der künftigen Generationen geht bzw. die internen Ertragsraten zwischen Generationen sehr unterschiedlich zu werden beginnen.

Politische Risiken: Öffentliche Pensionen sind vielfältigen politischen Risiken ausgesetzt, u.a.:

- Die exzessive Leistungsgewährung im unreifen, nicht fundierten System, wo die Beitragseinnahmen leicht ausreichen, um die Ausgaben decken zu können. Dieselben Leistungshöhen können in Zukunft jedoch nicht ohne drastische Beitragserhöhungen finanziert werden.
- Die meisten öffentlichen Pensionssysteme haben mit einer teilweisen Kapitaldeckung begonnen. Diese Reserven wurden jedoch häufig durch geringe Kapitalerträge oder unmittelbare Ressourcenverwendung für andere Zwecke entwertet (siehe Lateinamerika, Afrika und jüngst Ostasien).
- Es gibt eine exzessive Reaktion von öffentlichen Pensionssystemen auf die kurzfristigen Budgetbedingung des Staates. Dies gilt für weniger und hochentwickelte Staaten, wie die jüngsten Erfahrungen in der EU zur Erreichung der Maastrichtschen Budgetkriterien dokumentieren.
- Es gibt auch eine exzessive Reaktion von öffentlichen Pensionssystemen auf die langfristigen Budgetbedingungen des Staates; dies macht es unwahrscheinlich, daß die gegenwärtigen Versprechen gegenüber der Baby-Boom Generation eingehalten werden können.

Es gibt aber auch einen vielfältigen Bedarf, die öffentlichen Pensionssysteme an *die geänderten Nachfrage- und Angebotsbedingungen* anzupassen, u.a.:

- Der geringe Planungshorizont von Individuen (Kurzsichtigkeit) wird zumeist als erste wesentliche Begründung für staatliche Altersvorsorge genannt. Diese Kurzsichtigkeit verringert sich jedoch mit steigendem Einkommensniveau bzw. kann durch aufklärerische Maßnahmen gesenkt werden. Damit sinkt die Notwendigkeit, hohe Einkommensersatzraten über staatliche Zwangssysteme vorzuschreiben.
- Die Finanzmärkte haben sich weltweit wesentlich verbessert. Vor allem in den hochentwickelten Industriestaaten besteht heutzutage das volle Instrumentarium, um eine Sicherung des Alterskonsums zu gewährleisten (wie hochverzinsliche Bankeinlagen, Investitionsfonds, Lebensversicherungen, z.T. auch preisindexierte Anleihen). Auch dies verringert die Notwendigkeit staatlicher Interventionen.

- Die internen Ertragsraten der Umlagesysteme sinken mit Alterung der Bevölkerung; die Ertragsraten von kapitalgedeckten Alternativen sind in den letzten beiden Jahrzehnten durch Finanzmarktinnovationen und Kapitalisierung gestiegen. Diese Veränderung der relativen Preise alternativer Alterssicherungssysteme führt zu veränderter Nachfrage der Individuen, aber die unterschiedliche Risikostruktur und Kovarianz der Risiken nicht zur Null-Nachfrage nach dem Umlagesystem.

IV. Hauptalternativen einer Pensionsreform

Die Hauptoptionen für die Reform des staatlichen Pensionssystems sind im wesentlichen dreifach: eine Reform des Umlagesystems; ein rascher und vollständiger Übergang zu einem Kapitaldeckungssystem; ein gradueller Übergang zu einem Mehrsäulensystem mit einer Mischung in der Finanzierung, der Leistungsgewährung und der Verwaltung. Die genaue Mischung wird von den Anfangsbedingungen eines Landes und Beschränkungen im Übergang abhängen.

(i) *Reine Reform des Umlagesystems:* Mit einigen wesentlichen Ausnahmen lassen sich mit einer "parametrischen Reform" des Umlagesystems (d.h. Erhöhung des Pensionsalters, längerer Durchrechnungszeitraum, veränderte Steigerungsbeträge etc.) die meisten der oben angesprochen Probleme bewältigen, zumindest jedoch verringern. Die Notwendigkeit einer frühen und dauerhaften Pensionsreform angesichts der Veralterung der Bevölkerung und die dafür zur Verfügung stehenden Instrumente sind seit Jahren bekannt (Holzmann, 1988). Dennoch gibt es weltweit wenige Beispiele einer erfolgreichen Reform eines Umlagesystems: Was sind die Probleme, was die Alternativen?

- Es ist politisch nicht attraktiv, eine umfassende Reform des Umlagesystems vorzunehmen: Die fiskalischen und ökonomischen Vorteile würden zu einer Zeit geerntet, wenn die verantwortlichen Politiker bereits selbst im Ruhestand sind. Andererseits führen kontinuierliche marginale Reformen zu einem Zeitinkonsistenzproblem und damit zu einem Glaubwürdigkeitsverlust. Politiker können keine überzeugende Verpflichtung dahingehend eingehen, daß die vorgeschlagene "parametrische Reform" eine dauerhafte ist, d.h. das System langfristig auf eine sichere Finanzierungsbasis stellt bzw. daß sie keinen Anreiz, die Beitrags-/Leistungsstruktur in Zukunft aus politischen Gründen zu ändern. Angesichts dieses Glaubwürdigkeitsproblems haben die Individuen wiederum einen Anreiz, sich einer solchen Reform von Beginn an zu verwehren.
- Eine Möglichkeit, das Glaubwürdigkeitsproblem zu bewältigen, besteht in der Selbstbindung der Politik (ähnlich der Unabhängigkeit der Zentralbank). So kann beispielsweise eine gesetzliche Verpflichtung eingeführt werden, daß Rentenpolitik auf langfristigen Prognosen (75 und mehr Jahre) basieren muß, welche durch ein unabhängiges Versicherungskomitee erstellt werden. Der gesetzliche Auftrag, bei Abweichung vom langfristi-

gen Gleichgewicht unmittelbare Maßnahmen zu ergreifen, kann diese Glaubwürdigkeit liefern. Für das US-amerikanische Alterssicherungssystem besteht diese Verpflichtung, und dies mag die vergleichsweise erfolgreiche Pensionsreform von 1983 erklären. Die jüngste Diskussion in den USA weist aber darauf hin, daß dieser Selbstbindungsmechanismus noch verbesserungsfähig ist.

- Eine mögliche andere bzw. zusätzliche Strategie für eine Reform des Umlagesystems besteht in einem "Paradigmawechsel". Ein solcher ist dem Vorschlag inhärent, eine Reform à la Chile vorzunehmen. Das nächste Analogon in einem Umlagesystem ist der Übergang zu einem "fiktiven Beitragskonto" (Notial Defined Contribution Account, NDC), welches bereits in Lettland, Schweden, Italien und Polen eingeführt wurde bzw. vor der Einführung steht. Der NDC Ansatz eignet sich dabei die Terminologie von kapitalgedeckten individuellen Konten an und nutzt dies, um umlagefinanzierte Versprechen zu definieren. Durch diesen Ansatz macht es die impliziten versicherungsmathematischen Zusammenhänge eines Umlagesystems explizit. Diese zusätzliche Transparenz hilft den Politikverantwortlichen und der breiten Öffentlichkeit, die Abwägungen besser zu verstehen, welche jedem Umlagesystem zugrunde liegen.

(ii) Ein *vollständiger Übergang zu einem kapitalgedeckten System* erlaubt grundsätzlich die Lösung aller Anreizprobleme, die sich ansonsten stellen: die Frage des Sparvolumens, intergenerative Gleichbehandlung und Finanzmarktentwicklung, die meisten Verteilungsprobleme sowie bei Einbeziehung einer staatlichen Mindestsicherung bzw. Beitragssubventionen für Niedrigeinkommensbezieher und Schwerpunktgruppen (etwa Arbeitslose und Karenzurlauberinnen), auch der Einbau von umverteilungspolitischen Freiräumen. Andererseits ergeben sich neue Probleme und Anforderungen, u.a.:

- Das erste wesentliche Problem ist die Finanzierung der impliziten Schuld, welche durch den Übergang zur Kapitaldeckung explizit gemacht wird. Wird diese Schuld nicht zurückgezahlt, sondern als erhöhte Staatsschuld ausgewiesen, so ergeben sich keine makroökonomischen Vorteile wie Erhöhung des Kapitalstocks; gegebenenfalls können sogar zusätzliche Budgetprobleme durch größere Risikoprämien auf die erhöhte Staatsschuld auftreten. Eine Rückzahlung dieser impliziten Schuld durch erhöhte Abgaben oder verringerte Staatsausgaben führt zu einer Umkehr der vergangenen intergenerativen Umverteilung, welche mit Einführung des Umlagesystems stattgefunden hat. Eine Doppelbelastung der Übergangsgeneration kann allerdings dann vermieden werden, wenn die durch die Reform verringerten negativen Externalitäten (z. B. auf dem Arbeitsmarkt) oder entstehenden positiven Externalitäten (Wachstum durch Finanzmarktentwicklung) eine belastungsfreie Rückzahlung gestatten (Holzmann, 1997a and b). In den meisten OECD-Staaten ist die implizite Schuld jedoch gewaltig (in der Größenordnung von 100 bis 300 Prozent des BIP), so daß eine belastungsfreie Rückzahlung nur sehr langfristig möglich wäre.

- Ein zweites Problem ist die Gestaltung der Finanzmärkte, deren Regelung und deren Überwachung. Kapitalgedeckte Pensionen sollten zur Entwicklung der Finanzmärkte beitragen, bedürfen vor deren Einführung aber bestimmter Minimalbedingung sowie geeigneter Regelungen und Überwachungsmechanismen zu deren Funktionieren. Die jüngsten Erfahrungen in Ostasien haben dies wieder schmerzlich bestätigt. Andererseits stimmen die Erfahrungen in Chile, Argentinien und z.T. auch in Mexiko optimistisch, daß dies erzielt werden kann.
- Ein weiteres Problem stellen die hohen Transaktionskosten der privaten Pensionsfonds und Versicherungen dar. Diese liegen weit über jenen des staatlichen Systems auf Umverteilungsbasis. Zwar wird ein weit besserer Service geliefert; die Kostendifferenz in Prozent der Beitragssumme bzw. des Anlagekapitals kann aber Größenordnungen erreichen, welche die Differenz der Ertragsraten kompensiert (Thompson, 1998). Die Bemühungen, in den lateinamerikanischen Ländern diesem Problem zu begegnen, stimmen jedoch hoffnungsfroh.
- Schließlich besteht noch das Problem des ökonomischen Risikos durch Marktfluktuationen der Vermögensanlagen. Dieses Risiko ist grundsätzlich höher als im Umlagesystem, was bewirkt, daß ohne geeignete Diversifikationsmöglichkeiten Pensionskohorten mit identischen Beiträgen aber unterschiedlichen Ruhestandszeitpunkten sehr unterschiedliche Einkommensersatzraten aufweisen würden. Möglichkeiten einer Risikoverringerung existieren beispielsweise im schrittweisen Übergang vom Aktienportfolio zu einem Anleihenportfolio bei Annäherung des Ruhestandszeitpunktes, in internationalen Diversifikationen, in preisindexierten Anleihen etc. Diese Möglichkeiten sind jedoch oft noch beschränkt und bei weitem nicht völlig sicher. Unsystematische Risiken (wie weltweite Finanzkrisen) können überhaupt nicht diversifiziert werden.

(iii) Angesichts der Probleme mit den beiden genannten Reformansätzen stellt sich naturgemäß die Frage, ob ein gemischter Ansatz - das Mehrsäulensystem - ein besseres Pensionssystem als auch einen geeigneteren Reformansatz darstellt. Idealerweise besteht ein solches Pflichtsystem aus a) einem leistungsbezogenen Basissystem auf Umlagebasis mit staatlicher Verwaltung und b) einem beitragsbezogenen System auf Kapitaldeckungsbasis unter privatem Management. Ein System und Reformansatz weist eine Reihe von Vorzügen auf, u.a.:

- Der Ansatz erlaubt eine Trennung zwischen den beiden Hauptzielen der staatlichen Pensionsprogramme, nämlich Armutsvermeidung und Einkommenssicherung, und der Erfüllung durch zwei getrennte Instrumente. Ersteres kann mit einem vergleichsweise kleinen Umlagesystem bzw. durch eine steuerfinanzierte Grundpension erzielt werden. Zweiteres ist durch ein kapitalgedecktes Pflichtsystem mit Beitragssätzen von 10 bis 13 Prozent erreichbar.

- Ein weiterer Vorteil liegt in der Risikodiversifikation. Mit dem Ansatz wird nicht das gesamte Altersportfolio einheitlich den gleichen ökonomischen, demographischen und politischen Risiken ausgesetzt. So sind etwa die Ertragsraten des Umlagesystems (Lohnsteigerung) und des Kapitaldeckungssystems (Zinssatz bzw. Aktienerträge) nur sehr gering oder sogar negativ korreliert, so daß sich aus einem gemischten Portfolio Wohlfahrtsgewinne erzielen lassen (Tabelle 3).

Tabelle 3: Korrelationskoeffizienten zwischen Lohnsteigerungsraten und Finanzmarkterträgen (1953-95)

	Deutschland	Japan	UK	USA
Löhne und Zinssatz	-0.09	+0.24	+0.19	-0.20
Löhne und Aktienerträge	-0.08	+0.19	-0.02	+0.07

Quelle: eigene Berechnungen nach Daten in Thompson (1998)

- Ein nur teilweiser Übergang auf ein Kapitaldeckungsverfahren (zweite Säule) reduziert naturgemäß auch die Übergangskosten anteilig. Während die Finanzierung von 200 oder gar 300 Prozent des BIP unmöglich erscheint, liegen 100 Prozent im Rahmen der chilenischen Pensionsreform. Dies ist auch ein Grund, warum die mitteleuropäischen Reformstaaten (Ungarn, Polen, Kroatien und die Tschechische Republik) eine moderate zweite Säule vorsehen.
- Während eine teilweise Änderung der Finanzierung die Übergangskosten anteilig reduziert, ist zu erwarten, daß die positive Entwicklung der Externalitäten auf den Arbeits- und Finanzmärkten durch die Reform überproportional ausfallen: Ein Rückgang der steuerlichen Zusatzbelastung ist mit dem Quadrat des Steuersatzes verbunden; die positiven Finanzmarkteffekte ergeben sich schon bei einem kleinen Volumen der Pensionsfonds.
- Schließlich liefert ein solcher Ansatz Perspektiven für die jüngeren Bevölkerungsgruppen, nämlich höhere Erträge zumindest auf einen Teil ihrer Beiträge. In Ungarn war dies der entscheidende Faktor, welcher den politischen Reformwiderstand zugunsten einer fundamentalen Reform des Umlagesystems gebrochen hat. Diese Reform war nicht möglich, ohne in das breitere Umfeld des Mehrsäulenansatzes gestellt zu werden. Dieses Muster wiederholt sich derzeit in Polen.

V. Pensionsrevolution - die weltweiten Trends

Pensionsreformen sind in den OECD-Staaten keine Neuigkeit; in den meisten Staaten (inklusive Österreich) finden sie seit Jahrzehnten im Abstand von wenigen Jahren statt. Pensionsreformen, welche diesen Namen jedoch verdienen - sowohl von den Zielsetzungen als auch den eingesetzten Instrumenten - sind jedoch bis in die 90er Jahre weltweit ein Ausnahme: Chile

(1981); USA (1983); Schweiz und Großbritannien (1985). Seither hat sich die Reformdynamik jedoch wesentlich verstärkt: In Lateinamerika hat sicherlich der Erfolg des chilenischen Reformexperiments viel zur Nachahmung in den 90er Jahren beigetragen: Argentinien, Bolivien, Peru, Kolumbien, Paraguay und kürzlich Mexiko haben nachgezogen (siehe Queisser, 1998). Andere Länder wie Costa Rica, Venezuela und Nicaragua sind in ihren Vorbereitungen schon sehr weit fortgeschritten.

In den Reformstaaten Mittel- und Osteuropas und Zentralasiens haben die vielen erfolglosen Reformversuche sicherlich den Auslöser für radikalere Reformansätze gegeben. Lettland, Ungarn und Kasachstan sind die Vorreiter. Die polnische und kroatische Reform ist derzeit im Parlament. Alle anderen Staaten des ehemaligen Ostblocks sind grundsätzlich mit der Vorbereitung einer umfassenden Pensionsreform beschäftigt (siehe Holzmann, 1997c, Palacios and Rutkowski, 1998). Aber auch in vielen Ländern Afrikas, des vorderen Orients und Ostasiens hat sich unter den politischen Entscheidungsträgern die Einsicht verstärkt, daß eine Pensionsreform notwendig ist und, wenn geeignet gestaltet, wesentliche ökonomische Vorteile daraus erzielbar sind (siehe Boersch-Suppan, 1998). Zum Teil kommt der Reformbedarf aus einer anderen Ecke. So sind es die "Provident Funds" Afrikas und Asiens, welche einer Reform bedürfen, um den sozialen und ökonomischen Zielsetzungen eines Pensionssystems gerecht zu werden.

Die genannten Länderreformen sind durch eine Vielzahl von unterschiedlichen Ansätzen und Differenzen in Vorbereitung und Implementierung gekennzeichnet. Es lassen sich jedoch gemeinsame Reformcharakteristika stilisieren, u.a.:

- Es gibt eine klare Bewegung weg vom Umlagesystem hin zu einer Verstärkung von kapitalgedeckten Alterssicherungsprogrammen auf freiwilliger und verpflichtender Basis. Der Ausbau der freiwilligen kapitalgedeckten Systeme in Form der individuellen Ruhestandskonten in den USA, Kanada, UK und einzelnen anderen OECD-Staaten sind ein Beleg dafür. Die Einführung von einer kapitalgedeckten Pflichtsäule ein anderer.
- Fast alle umfassenden Pensionsreformen der Welt sind durch die Einführung eines verpflichtenden Mehrsäulenansatzes in der Finanzierung gekennzeichnet (d.h. umlage- und kapitalgedeckte Basis; siehe Graphik 2). Dahinter verbergen sich sehr unterschiedliche Aufteilungen zwischen beiden Finanzierungsformen. Beispiele sind die Mindestpension Kasachstans, welche umlagefinanziert wird, wogegen alle Einkommensersatzleistungen kapitalgedeckt sind (ein Reformansatz à la Chile), oder auch Ansätze aus Lateinamerika (z.B. Argentinien) und Osteuropa (z.B. Ungarn), wo ein reformiertes, aber weiterhin noch umfassendes Umlagesystem durch ein kapitalgedecktes System ergänzt wird.

Graphik 2: Mehr-Säulen Pensionssysteme

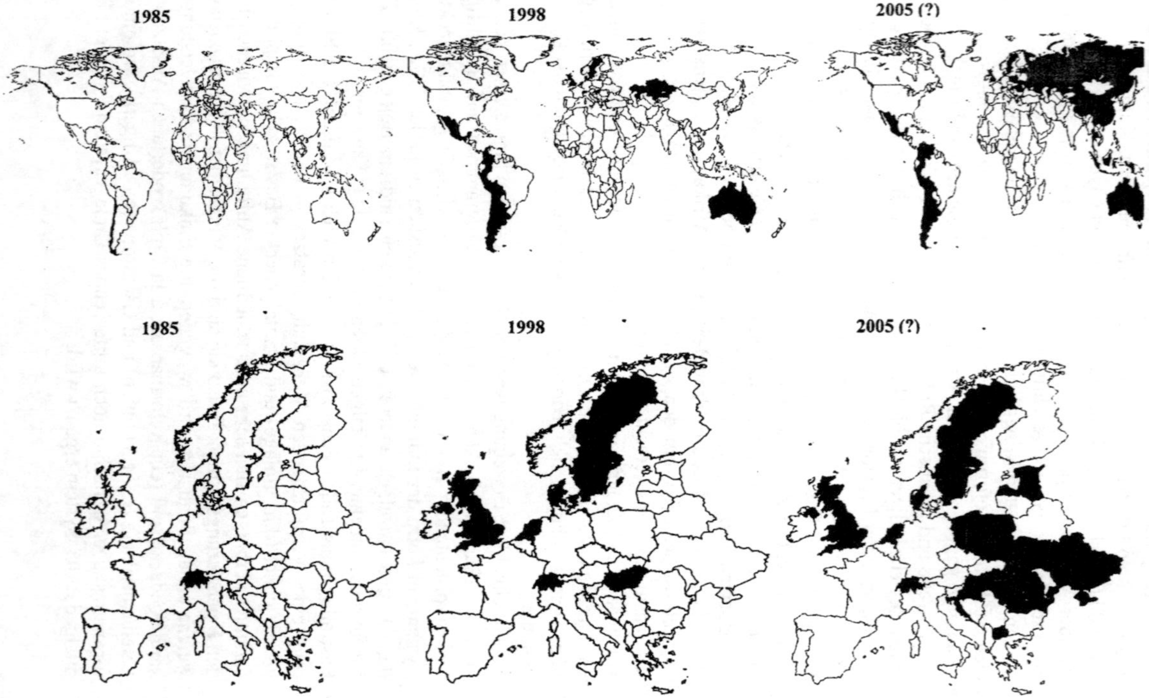

- Parallel mit der Diversifikation in der Finanzierung findet auch eine Diversifikation in den Pensionsleistungen statt (siehe Graphik 3). Die kapitalgedeckte Säule ist grundsätzlich eine beitragsbezogene Leistung, d.h. die Pensionsleistung wird allein durch die Summe der Einzahlungen und deren Verzinsung bestimmt. In einzelnen Ländern wird jedoch auch das reformierte Umlagesystem als fiktives Beitragskonto gestaltet (geplant für Polen und in Diskussion in einer Reihe von anderen Reformstaaten, darunter die Russischen Föderation). Im Gleichgewichtszustand entspricht jedoch ein fiktives Beitragskonto weitgehend bzw. sogar vollständig einem (deutschen) Durchrechnungssystem oder einem (französischen) Punktesystem.
- Während die Umlagekomponente des Mehrsäulensystems weiterhin staatlich verwaltet wird, ist die kapitalgedeckte Komponente grundsätzlich privatwirtschaftlich organisiert, zumeist in der Form von Pensionsfonds à la Chile (Graphik 4). Diese unterliegen jedoch zumeist einer strengen und umfassenden Regulierung und Aufsicht. Zur Vermeidung einer administrativen Zusatzbelastung haben eine Reihe von Ländern jedoch begonnen, die Beitragseinhebung, Registrierung und teilweise auch Leistungsauszahlung zu zentralisieren. Ein "Clearing-house" kann dabei auf der bisherigen Sozialversicherungsverwaltung aufbauen, wobei die Dienstleistungen an die privaten Pensionsfonds über eine gemeinsame Gesellschaft (öffentlich und private Teilhaber) angeboten wird.

Graphik 3: Pensionsleistungsstruktur 1985-2005

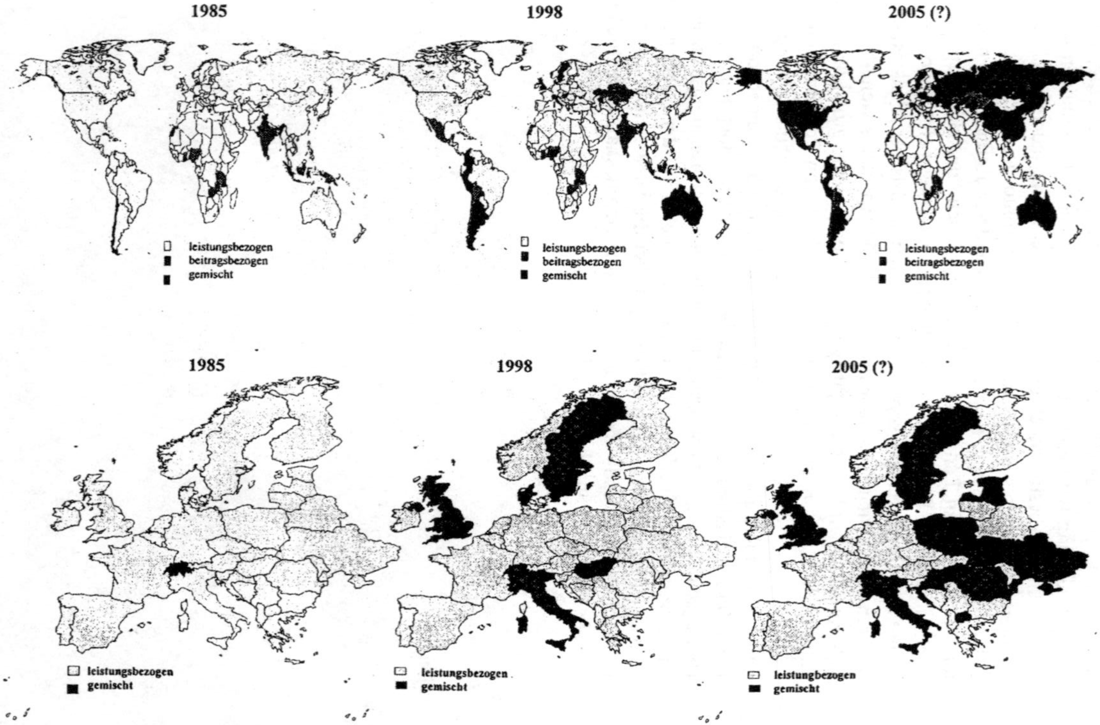

Graphik 4: Verwaltungsformen von Pflichtsystemen 1985-2005

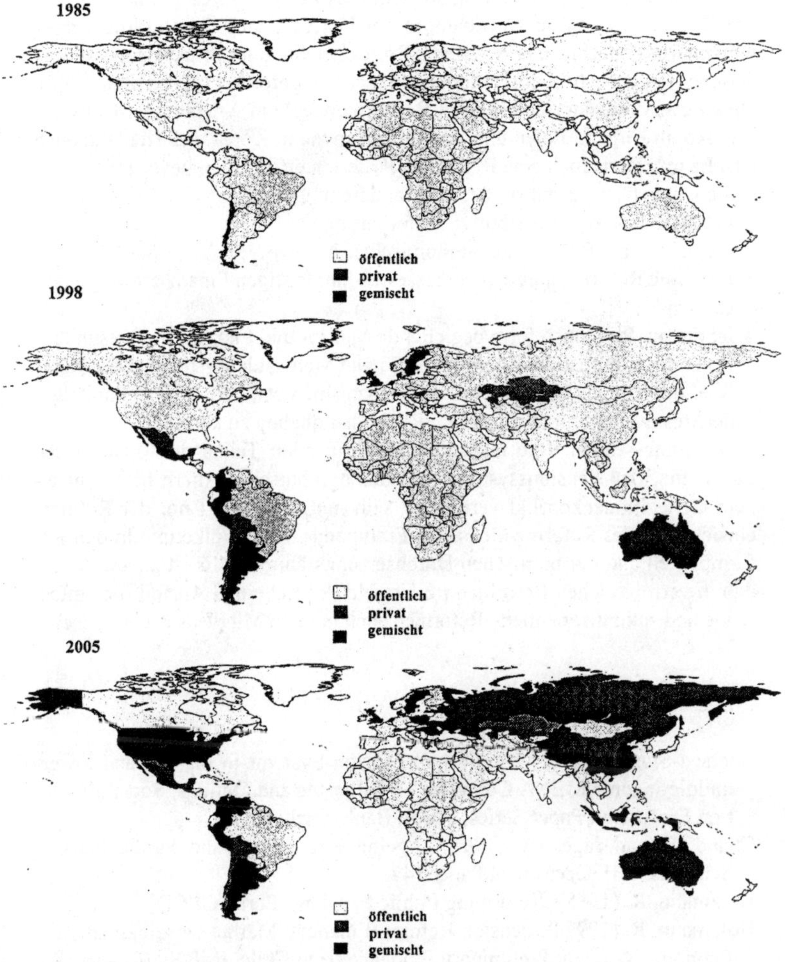

Wenngleich viele Staaten in ihren Pensionsreformen dem "Weltbankmodell" in den Grundzügen folgen, so stellt dies keine Blaupause dar. Eine solche Kopie wird von der Weltbank in der Unterstützung der Reformanstrengungen (durch technische Assistenz, Projektkredite oder Strukturanpassungsdarlehen) in den Mitgliedsländern auch nicht eingefordert (Holzmann, 1998). Dies weisen die unterschiedlichen Reformkonzepte in Argentinien, Bolivien, Mexiko, in Ungarn, Polen und Kasachstan sowie in Korea und Thailand auch aus. Es müssen jedoch eine Reihe von Kriterien erfüllt sein, bevor eine finanzielle Unterstützung stattfindet, unter anderem:

1. Erfüllt die Reform distributive Anforderungen?
2. Verbessert die Reform die ökonomischen Anreize?
3. Führt die Reform zu einem verbesserten langfristigen Finanzierungsgleichgewicht?
4. Ist die die Pensionsreform begleitende Makro- und Fiskalpolitik gesund?
5. Kann die administrative Struktur das neue Mehrsäulensystem handhaben?
6. Sind die regulativen und Kontrollmechanismen etabliert, um ein kapitalgedecktes System mit akzeptablem Risiko handhaben zu können?

Die umfassenden Reformanstrengungen in allen Teilen der Welt weisen darauf hin, daß Pensionssysteme und demographisches Altern nicht mit einem Generationenkonflikt verbunden sein muß. Es bedarf nur der Reformeinsicht und des Reformwillens, des Einbindens der Bevölkerung in den Reformprozeß und der politischen Durchsetzungsfähigkeit. Es ist zu wünschen, daß die erfolgreichen Reformen im Umfeld der EU einen Anstoß für umfassende und zukunftsorientierte Reformen auch in ihren Mitgliedsländern geben.

Literaturhinweise

Boersch-Suppan, A. (1998): Formal Pension Systems in the low and lower-middle-income MENA Countries - Challenges and Options, Social Protection Discussion Paper Series, World Bank, forthcoming.

Chand, S. and Jäger, A. (1996): Ageing Populations and Public Pension Schemes, IMF Occasional Paper 147.

Holzmann, R. (1988): Reforming Public Pensions, Paris (OECD).

Holzmann, R. (1997a): Pension Reform, Financial Market Development, and Economic Growth: Preliminary Evidence from Chile, IMF Staff Papers 44, No. 2, June, 149-178.

Holzmann, R. (1997b): On the Economic Benefits and Fiscal Requirements of Moving from Unfunded to Funded Pensions, in: The Future of the Welfare State - Challenges and Reforms, European Economy - Report and Studies No. 4, 1997, 121-163.

Holzmann, R. (1997c): Starting Over in Pensions: The Challenges Facing Central and Eastern Europe, Journal of Public Policy 17, No. 2, 195-222.

Holzmann, R. (1998): A World Bank Perspective on Pension Reform, Social Protection Discussion Paper Series, World Bank, Discussion Paper No. 9807, April.

Queisser, M. (1998): The Second-Generation Pension Reforms in Latin America, OECD, Development Centre Study, forthcoming, (a shortened version is also forthcoming in the Social Protection Discussion Paper Series, World Bank).

Palacios, R. and Rutkowski, M. (1998): Pension Reform in Eastern Europe and Central Asia, Social Protection Discussion Paper Series, World Bank, forthcoming.

Thompson, L. (1998): Older and Wiser: The Economics of Public Pensions, Washington, D.C. (The Urban Institute Press).

World Bank (1994): Averting the Old-Age Crisis: Policies to Protect the Old and Promote Growth, New York (Oxford University Press).

Braucht die globalisierte Marktwirtschaft ein globales System der sozialen Gerechtigkeit?

WERNER TEUFELSBAUER

Punktuation

Zwischenkriegszeit und nach Zweitem Weltkrieg bis ungefähr 1990

- Nationalstaaten sind weitgehend abgetrennte Märkte mit oft eigenständigem System der sozialen Gerechtigkeit.
- An der Jahrtausendwende sind die nationalen Märkte aufgebrochen und tendieren zu einem einheitlich globalen Markt.
- Diese Globalisierung der Märkte setzt die nach wie vor nationalen sozialen Gerechtigkeitssysteme unter Druck: Jene mit hohem Schutz und Umverteilungsniveau drohen zunehmend im Verhältnis zu billigeren Gerechtigkeitssystemen unfinanzierbar zu werden.
- Globale, mobile Unternehmen drohen sozial teuren Nationalstaaten in billigere abzuwandern, wenn beim Sozialmodell nicht nachgelassen wird. Dies wird entweder ganz pragmatisch mit den globalen Kostenwettbewerb begründet oder aber sozialphilosophisch, daß die umfangreichen nationalstaatlichen Sozialsysteme als Ausdruck sozialer Macht sowieso nur dem ökonomischen Gesetz entgegengestanden seien und diese an seiner wohlfahrtssteigernden Wirkung hinderten (Hayek, Friedmann). Die Vertreter der durch Globalisierung unter Druck stehenden sozial teuren Systeme üben ihrerseits Druck auf neuere, billigere Systeme unter Hinweis auf universell gültige Prinzipien von Gerechtigkeit aus, die soziale Gerechtigkeit durch *Macht* anzuheben. Dies geschieht unter Anwendung naturrechtlicher Prinzipien (Menschenrechte, Sozialrechte ...) bzw. unter Verwendung kontrakttheoretischer Argumente (Prinzip *Fairness/Rawls*).
- Dieser Druck stößt auf Widerstand und Unverständnis: Die Universalität des Prinzips Gerechtigkeit im Sinne westlicher Wohlfahrtsstaaten durch staatliche Maßnahmen herzustellen wird in Frage gestellt. Eigene, abweichende Gerechtigkeitsprinzipien werden dem gegenübergestellt (z.B. "Asian Values"),

- für die entweder selbst wieder Universalität beansprucht wird (islamischer Fundamentalismus?); es kommt zur Rivalität von Gerechtigkeitssystemen mit Universalitätsanspruch,
- oder aber nur Anerkennung im *Kontext* zur spezifischen *nationalen Kultur* verlangt wird.

Der Widerstand, den westliche Wohlfahrtsstaaten vorfinden, wenn sie ihre traditionellen Vorstellungen sozialer Gerechtigkeit anderen Staaten aufdrängen wollen, führt zur *Ernüchterung über die Aufrechterhaltbarkeit* des eigenen Systems. Von den Kommunitariern, den Vertretern der "Civil Society", wird die *Kontextbezogenheit sozialer Gerechtigkeitssysteme anerkannt.* Nicht staatliche Gerechtigkeitssysteme, sondern "Communities" sollen ein Verständnis für *Rechte* und *Pflichten* der Mitglieder definieren und Gerechtigkeit auf freiwilliger Basis schaffen und so die Kosten der sozialen Kosten, nicht aber das Leistungsniveau verringern.

- Individuell und zwischen den Nationalstaaten ist das Konfliktpotential relativ hoch. In den westlichen Wohlfahrtsstaaten besteht ein hoher *Angst*-Pegel, der Nährboden für Populismen und Radikalismus birgt. Zwischen den Staaten besteht ein gespanntes Diskussionsklima, in dem die eigenen Gerechtigkeitsvorstellungen den anderen oft mit einer gefährlichen Arroganz vorgehalten werden.

Können die Wirtschaftswissenschaften bei der Lösung der Probleme behilflich sein?

- Ist es etwa so, daß soziale Gerechtigkeitssysteme nicht nur Kosten, sondern auch Produktivfaktoren darstellen, deren produktive Beiträge den Kosten gegengerechnet werden müssen, so daß schon aus diesem Grunde Systeme mit einem hohen Pegel sozialer Gerechtigkeit nachhaltig wettbewerbsfähig gegenüber Systemen mit niedrigerem Niveau bleiben können?
- Gibt es auch andere Faktoren, die bei globalisierten Mächten differenzierte Gerechtigkeitsmodelle (vor allem hinsichtlich der Kosten) ermöglichen?
- Beruhen viele der derzeit angstmachenden Probleme weniger auf dem Entstehen eines freien Weltmarktes als oft weiterhin bestehende Unvollkommenheit der Spielregeln? Welche für alle gültigen Spielregeln braucht der globale Markt, damit Wettbewerb fair ist?

MUNIR AKRAM

I would like to thank the European Forum for inviting me to speak on the question of Social Justice in a Globalised Market Economy, a subject that lies at the heart of the current debate on international economic matters.

Social justice

The concept of social justice is broadly used to denote a condition in which the equitable development of *all* peoples is ensured. The achievement of such a condition has been one of the fundamental goals of the international community. The UN-Charter, in its opening lines, speaks of the determination of the members to promote "social progress and better standards of life ...". This thought recurs in repeated UN-resolutions and development strategies. Most recently, the issue of social justice was addressed in a detailed, and an authoritative manner, by the world leaders at the 1995 World Social Summit. The leaders recognised that "broad based and sustained economic growth ... is necessary to sustain ... social justice", and also agreed on a general programme of action to realise this objective.

The objective of social justice has thus been on the agenda of the international community for many years. What has given this issue particular urgency are the dramatic changes being wrought by the forces of globalisation, and their profound impact on the social conditions of all the world's peoples.

The contours of globalisation

What specifically is happening, economically and socially, due to the emergence of the globalised market economy?

The increasing trend to "open" national markets, as well as advances in communications and information technology, are resulting in profound changes in the way in which goods and services are produced, distributed and exchanged. Production is global, trade flows are world-wide, and capital moves at unsettling speed across borders. The national economies of the major trading nations are increasingly integrated into a global whole. The national economic decisions of these countries create immediate and long-term, direct and indirect, economic and social consequences for other countries.

The general prescription of economic liberalisation and free markets has so far, and by and large, held good in promoting growth. There *has* been remarkable growth in trade and investment flows in recent years. A number of developing countries *have* achieved per capita incomes closer to those in the developed countries. And, in the "information age", the globalised economy has created exciting possibilities for the developing countries to leap-frog entire stages of development and move closer to the ranks of affluent nations. But:

One, increased trade and investment flows witnessed in recent years have bypassed the majority of developing countries. Most nations remain mired in poverty, specially the least developed countries. The share of the LCD's in world exports remains under 0.04%. Net investment flows to them are a paltry $ 1 billion. Their external debt continues to grow. It increased by $ 20 billion between 1990 and 1995.

Two, the gains from liberalisation have been manifestly asymmetrical in favour of the developed countries. Liberalisation has proceeded apace in areas such as information technology and telecommunications which are of greater economic interest to developed countries. On the other hand, areas of trade in which developing countries have a particular interest, such as textiles, agriculture, and the movement of natural persons, are being liberalised at a much slower pace.

Three, the Asian crisis has demonstrated that even dynamic developing economies with "sound economic fundamentals" are significantly vulnerable to external factors, specially volatile capital flows, over which they have little control.

Four, the embrace of free markets i.e. globalisation has been accompanied by an accentuation of income disparities amongst and within countries with obvious negative implications for the welfare of large segments of populations. There is, in many countries, an erosion of the middle classes with inevitable negative implications for the stability of democratic systems.

Five, given the increasing integration of national economies, it is clearly beyond the capacity of individual countries - even the largest economic powers - to manage the process of globalisation by themselves. Even the G-7 and the larger group of OECD-countries have not yet demonstrated the will and vision to ensure that globalisation proceeds at a pace and in directions where the "creative destruction" of inefficiencies is not transposed into a runaway train of economic depletion and social deprivations.

Social justice in a globalised economy

The globalised Economy does imply a Globalised System of Social Justice. Indeed, even though economic activities are the basis for social progress, social progress will not be realised simply through the free interplay of market forces. Public policies are necessary to maintain social stability and to create a national and international economic environment that promotes growth with equity, responsibility and involvement.

In this increasingly integrated yet uneven process of globalisation, several questions arise regarding "social justice": What priority should be accorded to "social justice" in the struggle for economic efficiency? Whether the present, mainly national, systems for the promotion of social justice are adequate? What rules and institutions are required to ensure social justice for all

- in the developing and developed countries - in the context of ongoing economic changes? History may be a useful guide, at least in arriving at some answers to these questions.

A historical perspective

The closest historical parallel to the ongoing changes was the transformations created by the Industrial Revolution. That process, too, witnessed "creative destruction" as the mosaic of feudalism was replaced by nation states. Today, also, the emergence of new modes of production is leading to dramatic, and yet, disturbingly uneven growth. Changes in the economic base are affecting the social, cultural and legal superstructure of societies. Also, as in the Industrial Revolution, new economic units are emerging. National economies are being complemented, if not being supplanted, by the global economy.

It is self-evident that the current "globalisation" process must avoid the massive suffering and social dislocations of the early Industrial Revolution. There are few modern day Luddites who reject the new technologies or changes. There are also no coherent "radical" alternatives to the market global economy. The disastrous experience of this century with "socialist" systems has ensured that. There is an inherent recognition that the present world economic system, with all its imperfections, continues to offer possibilities of growth and development.

Analysing demands for social justice

What are the policy responses required to the specific demands for social justice i.e. those being voiced in most industrialised countries and those emanating from the concerns of the developing countries?

a. Developed countries' concerns

In the developed countries, the demands for social justice come largely from two quarters. Firstly, from groups within these countries which are concerned about falling wages and unemployment i.e. the major trade unions. These groups are allied with others concerned about the effect of globalisation on the environment, cultural identity, and more generally on national sovereignty. More perniciously, these concerns are utilised to further interests in these countries which seek to protect uncompetitive production against low-wage imports.

The trade unions, and increasingly the political leaders, of industrial countries hold globalisation, especially trade from developing countries, as being responsible for the loss of jobs and lower wages.

Firstly, the "social dumping" argument. It is argued that cheap imports lead to loss of jobs and/or lower wages in the industrial countries and, therefore, should be restrained. Some leading trade economists, such as Paul

Krugman, dismiss the view that competition from the Third World is a major problem for advanced countries and contend that this is both questionable in theory and flatly rejected by data. A number of studies by reputable institutions, such as the OECD and the IMF, have pointed out that trade has little to do with de-industrialisation in advanced countries, which is a normal feature of technological progress and economic development. The Managing Director of the IMF, M. Camdessus, summed up the findings of objective studies on this issue in an address to the Sixteenth World Congress of the ICFTU. He attributed the difficulties faced by low-wage workers in developed countries to: (a) restructuring of economies, which are shifting focus from low-skill to high-skill jobs; (b) low rates of growth in the developed countries; and (c) the speed of technological change, specially the increasing utilisation of computers which pushes the non-numerate and non-literate to the economic sidelines.

Secondly, it is said that low labour standards in developing countries provide an unfair trade advantage and thus must be equalised, through trade measures, if necessary. This "unfair trade advantage" argument is not upheld by sober economic analysis. The comparative advantage of developing countries in labour intensive goods and their low labour standards are a manifestation of their level of economic development and large supplies of labour. Low labour standards are not the primary source of the developing countries' comparative advantage. According to an OECD Study on "Trade, Employment and Labour Standards" there is no evidence that low standards countries enjoy a better global export performance than high standards countries ... and core labour standards do not play a significant role in shaping trade performance. The economist Gary Fields makes the point that the labour standards in most developed countries are "simply unattainable for most of the world's people." If this is so, it lends substance to the argument made by the developing countries that by pressing for "equalisation" of labour standards, the developed countries - or interested lobbies in these countries - aim to erode their genuine and fair comparative advantage or to use this as grounds for constructing new protectionist barriers.

Although the argument that trade with "low standards" developing countries is primarily responsible for falling wages and unemployment has been refuted by objective data and analysis, the remedy proposed for this phenomenon has been, nevertheless, to link the observance of "core" labour standards with trade or, more specifically, with punitive trade measures against "offending" countries. This has resulted in the so far unsuccessful move to address labour standards in the WTO with the aim of introducing a 'social clause' in WTO-Agreements. A parallel debate has continued on this in the ILO. This year the ILO-Assembly adopted a Declaration on "fundamental workers rights". Although one argument for the Declaration was that it would prevent the issue from being raised in the WTO, a few Governments and labour union representatives indicated that they would persist in their efforts to raise this issue in the WTO.

Thus will increase, rather than ameliorate, social dislocation. These problems - marginalisation of low skill workers - obviously have to be addressed at the national level. Observance of internationally agreed labour standards - a global objective - can be best be promoted by ensuring economic growth and development, to which international trade can contribute significantly. It would be counterproductive to resort to trade measures, as these would negatively affect the growth prospects of the countries which are being asked to improve working conditions. The ILO can continue to monitor and encourage Governments to work towards achievement of better labour standards, but without jeopardising the conduct of international trade.

b. The economic and social concerns of developing countries

There is increasing evidence that the socio-economic problems of peoples in the developing countries have deteriorated due to the operation of the globalised economy. Income disparity between the richest 20% and the poorest 20% of the world's people has more than doubled in the last 30 years, from 30 to 1 to 61 to 1. While 15 countries have seen a surge in economic growth over the past three decades, 1.6 billion people live in more than 100 countries which are economically worse off today than they were 15 years ago. Between 1960 and 1993, the per capita income gap between industrial and developing countries almost tripled, from $5,700 to $15,400.

It is true, of course, that wrong policies and mis-governance in the developing countries have contributed to this deterioration in human conditions. Good governance is essential, more so in the developing countries, to respond to the challenge of addressing "basic human needs". But, so far, there is insufficient recognition of the fact that the economic and consequent social decline in the developing countries can be attributed, in significant measure, to the manner in which the global economy functions. To illustrate:

- Trade liberalisation has virtually excluded the sectors of primary interest to the developing countries i.e. textiles and agriculture. Even under the Uruguay Round these sectors are to be opened up slowly and progressively.
- Existing trade rules are not faithfully observed. E.g. the WTO-Agreement on Textiles and Clothing, which envisaged total liberalisation in phases by 2005, is being interpreted that any meaningful liberalisation of products of major interest to the developing countries will be delayed till the end. Doubts have arisen about the ultimate intentions of the concerned developed countries.
- Trade rules do not adequately take into account the unequal size of competitors in the global market. Slightly longer phase in periods for developing countries to meet their obligations and modest "technical assistance" do not "level the playing field".
- There is incessant pressure on developing countries to continue opening their markets regardless of their capacity to cope with the consequences. The East Asian crisis clearly demonstrated that, despite strong economic

fundamentals, the Asian 'tigers' were ill equipped to face certain challenges. As World Bank President, Mr. Wolfensohn, stated in the wake of the crisis: the financial and corporate structures of the affected countries were "not well suited to cope with the demands of an increasingly globalised economy." And yet, as Stephen Hillinger of the Development Group for Alternative Policies has observed, countries with far more poorly developed structures continue to be pushed to open their economies, willy nilly, to the free flow of capital, goods and services.

- Standard prescriptions continue to be advised for developing countries to redress problems encountered in the course of the integration into global markets. These prescriptions for even greater liberalisation tend to overlook the disruptive role of external factors, especially of volatile capital flows. Instead, prescriptions concentrate only on "disciplining" domestic policies (budget deficits, inflation etc.). Such prescriptions accentuate economic difficulties and do little to alleviate social concerns. In the wake of the East Asian crisis, the World Bank warned that 20 million Indonesians are likely to lose their jobs, and 50 million - one quarter of the population - face a "return to poverty" because of the economic crisis. (Government projections warn that up to 95 million people could "return to poverty".) In South Korea, 1.5 million people have lost their jobs; many thousands more join their ranks each week. In Thailand, the army of the jobless has reached 2.7 million (from 1.8 million at the end of 1997). Something is obviously wrong with the policy response to the recent economic difficulties. The current approach is contributing to the "development of underdevelopment".
- Even with the most determined liberalisation measures, most developing countries continue to be bypassed by trade and investment flows. Over 70% of investment flows are directed to only ten developing countries. The share of LCD's in world exports and investments is negligible.
- An undue fascination with market forces to alleviate poverty has reduced the compulsion to resolve the structural impediments to development - crippling debt overhang, difficulties in access to technology, declining availability of development finance on concessional terms. This remains of crucial importance if conditions of social justice are to be established in developing countries. E.g. development finance. ODA flows to developing countries continue to decline, ostensibly on the grounds that such assistance is not "effective". This is refuted by the EU's experience of alleviating poverty within its members, and of equalising living standards amongst the members. According to a recent 10 year assessment of the so-called "Cohesion Fund" programme, which is the EU's internal aid policy, a convergence process is underway, with the "4 Poor" members (GR, P, E and IRL) witnessing an increase in their average per capita income from 66% of the EU average in 1983 to 76% in 1995. This success surely has lessons for international development efforts as well.

The way forward

As the Director-General of WTO has said: "The social issue must be at the heart of globalisation. As with the environment, the question is not *whether* the social question should be addressed in our interdependent world. The question is *how*. The goal of a just society remains immutable and unchanging - it is our strategy for achieving that goal which must be new." From the analysis I have attempted, it is clear that such a strategy will require simultaneous and complementary efforts to promote two inter-related objectives:

one, to secure greater equity and removal of the flaws in the global economic system - specially the financial and trading system; and

two, to evolve effective and sustainable "social welfare" systems, in all countries, taking into account the experience gained in the industrialised countries of Europe and the Americas.

The policy actions required to redress the deficiencies of the global economic system are perhaps clearer than the creation of a global sustainable "social" welfare systems. The globalised market economy can provide the economic basis for socially just societies. But this will not happen by itself. Measures will have to be taken at the international level to ensure that the forces unleashed by globalisation serve social ends and promote equitable development of all peoples. The challenge facing the international community in the coming years is to meet, simultaneously, the requirements of efficiency, growth as well as social justice. What is called for is the effective "governance of globalisation".

In moving towards such a "governance of globalisation", the following measures appear to be essential:

- *First,* priority must be given to strengthen the capacity of multilateral institutions to address the issues of trade, finance and development in an "integrated" manner. Paul Volcker's observed, for instance that it is not productive to concentrate energies only on lowering tariffs since the effects of those lower tariffs can be swamped many times over by changes in exchange rates that very often seem to be unrelated to differentials in inflation rates or other competitive factors. Global monetary reform is, therefore, one issue which has to be considered in tandem with rules regarding trade, and in the overall context of the development impact of measures in these areas.
- The institutions responsible for rule making in the "globalisation" process i.e. the IMF, WTO and World Bank, should be democratic, transparent and inclusive. This will require democratisation of the decision-making processes of these institutions. Also, the most universal and democratic international organisation, the United Nations, must live up to its mandate to oversee the realisation of "better living standards for all in greater freedoms" in all countries. Appropriate mechanisms have to be devised for the greater involvement of the representatives of civil soci-

ety, including private business and consumer groups, in debates relating to economic and social development issues.

- A serious attempt must be made to address the perennial issues of debt, access to technology, and development finance. Control over these by the developed countries is *not* a legitimate component of their competitiveness in the globalised economy. Unless there is progress on these systemic and fundamental "equity" issues, it is doubtful that any significant advance can be made to improve the social conditions of the majority of the world's population.
- Rules regarding international trade must take into account the great disparity in the ability of developing and developed countries to compete in global markets. These rules must also ensure symmetrical benefits for all countries, with trade liberalisation proceeding in a balanced manner in areas of interest to both developed and developing countries.
- Social concerns, including labour standards should be dealt with objectively in relevant international fro such as ILO. These concerns should not become a vehicle for disguised protectionism.

The redress of the global economic system may enhance the capacity of countries - developing and developed - to provide social justice for their peoples. But, as we witness in the United States, for example, this will not happen automatically. An intense argument is underway whether the US or European model of "social welfare" is best.

Does the current health of the US economy, with its enviable figures of low inflation, high employment and persistent growth make it the favoured model? These positive features however mask some uncomfortable realities. There is a pervasive insecurity in the work force, with associated problems of alienation, uprootedness, and erosion of the sense of community. These social phenomena impose economic costs, most visibly incurred in controlling high level of crimes and drug abuse. Also, despite some claims to the contrary, the US economy has not overcome the economic cycle. A downturn can be expected which, in the absence of adequate social welfare provisions, could see a deterioration in the social conditions of the more vulnerable segments of society.

The European model presently faces much criticism. This focuses on the rigidities in the labour markets, bloated welfare systems and a failure to foster an entrepreneurial spirit which would enable European states to fully benefit from opportunities created by globalisation. These factors impede efficiency without contributing to particularly satisfactory social conditions.

The search must continue for an economic model which would result in a happy synthesis of welfare and efficiency considerations. It is increasingly being suggested in developed countries that a "new political bargain has to be struck to achieve two objectives. The first is to allow nations to remain on the globalisation path and to get the maximum benefit out of it in terms of growth and jobs. The second objective is to reinvent a transparent social security system that efficiently protects the most vulnerable in society and is financially sustainable."

Neither global economic reform, nor the evolution of sustainable social welfare system can be realised without a major political and ethical change specially at the level of leaders and intellectuals in all nations. What is required is a realisation among common people that there is a *unity* in the struggle of the South and the North for equitable, sustained and sustainable economic and social development. A new concept of a "global community" appears to be essential - a community where all human beings are acknowledged as being entitled to "basic human needs", to a "life of dignity", to "improved standards of living ... in longer freedoms", to the "right to development" (to quote from only a few declarations and agreements agreed in various international conferences and forums).

How can we promote the recognition and then realisation of this "Global Community"? The concept could be evolved by examining the various models of "solidarity within diversity" which history offers. The "models" of "multicultural democratic communities" include:

- the city-states of Ancient Greece;
- the Swiss Confederation;
- the Islamic concept of the "Ummah";
- recent studies in the US on "post-modernity ethics" and the endeavour of "modern" democracies to "integrate" culturally diverse individuals or groups within a larger society or nation.

Unless we can overcome, at the end of the 20th Century, the narrow "tribalism" which manifests itself even in the most advanced nation-states, it will be difficult to cope with the challenge of globalisation which has arisen due to technological advances and the search for efficiency, profit and growth. We must now build upon the visions of global solidarity reflected in the UN-Charter and in the Declaration of the World Social Summit, and promised in almost *all* scripture and ethical thought, to realise a "Global Community" which will represent and reflect the capacity of the people of the world to live together in full respect for the well-being and dignity of each individual *and* the common good. This is the vision, the "revolution", we are obliged to promote at the dawn of the new Millennium - by promoting globalisation and realising our inherent "humanity".

PETER SCHMIDHUBER

Mit dem Thema "Globalisierung und Gerechtigkeit" werden zwei kontroverse Themen der postmodernen Diskussion zueinander in Beziehung gesetzt. Diese Diskussion dürfte noch nicht auf ihrem Höhepunkt angelangt sein. Sie erfaßt immer breitere Kreise. Durch die Ostasienkrise hat sie tagespolitische Aktualität erlangt.

Globalisierung ist mehr als ein ökonomischer Prozeß. Sie ist - wie der Münchner Soziologe Ulrich Beck behauptet - eine grundlegende Systemveränderung, eine Infragestellung der Grundlagen der westlichen Moderne.

Was die Frage nach der Gerechtigkeit anlangt, so ist diese Frage im Zeichen des Wertepluralismus - des anything goes -, in einer Zeit eines generellen Mangels an verbindlicher Orientierung, noch schwieriger zu beantworten. Philosophie, Theologie, Soziologie und Rechtswissenschaft steuern wichtige Einzelerkenntnisse bei, aber sie sind nicht in der Lage, eine allgemein gültige Antwort zu finden. Hans Küng hat in seinem Buch "Weltethos für Weltpolitik und Weltwirtschaft" den kühnen Versuch einer definitiven Antwort unternommen. Aber es bleibt die Frage, ob dieser Versuch nicht im Vorfeld des Allgemeinen und deshalb Unverbindlichen steckengeblieben ist.

Das zentrale Problem ist das Wachstum der Weltbevölkerung (3 Mrd. 1974; 5,7 Mrd. 1994 - ein durchschnittliches Wachstum von 1,8% pro Jahr, das aber höchst ungleich verteilt ist). Wie können gewaltsame Verteilungskonflikte in einer crowded world, also im Kampf um die knapper werdenden Ressourcen, verhindert werden?

Daraus ergeben sich auch eine Reihe von Zielkonflikten, was z.B. gesellschaftliche Widerstände gegen die Nukleartechnik und die Gentechnologie anlangt. Ein anderes schwieriges Thema sind die Wohlstandsunterschiede. Im Jahr 1988 verhielt sich das BIP/pro Kopf der 5 reichsten Länder zu den 5 ärmsten Ländern wie 122:1.

Soviel zum Umfeld des Themas. Da aber heute weder der Soziologe Beck noch der Theologe Küng anwesend ist, reduziert sich die Diskussion auf Ökonomie und Politik im herkömmlichen Sinn.

Lassen Sie mich von den Veränderungen in der Wirtschaft sprechen, die mit einem solchen Tempo ablaufen, daß die Politik Mühe hat ihnen zu folgen, bzw. sie zu beeinflussen.

I. Phänomene der Globalisierung

Die weltwirtschaftlichen Rahmenbedingungen haben sich in den letzten Jahrzehnten grundlegend verändert. Folgende - keineswegs vollständige - Hinweise sollen dies deutlich machen.

1. Heute besteht in vielen Ländern freier Kapitalverkehr. Die Investoren können weitgehend frei darüber entscheiden, in welchem Land sie ihr Kapi-

tal anlegen oder es wieder abziehen. Sie lassen sich dabei nicht nur vom Ertrag und der Bonität der jeweiligen Investition leiten, sondern auch von ihrer Einschätzung der Stabilität der politischen Verhältnisse und der Solidität der Finanzarchitektur des betreffenden Staates.

2. Die stetige Zunahme des Welthandelsvolumens erweist sich als wichtiger Wachstumsmotor insbesondere für die wirtschaftlich entwickelten Staaten. Dies ist nicht zuletzt auf die Liberalisierung des Welthandels zurückzuführen. Gleichzeitig wird von verschiedenen Seiten unterschiedlicher Regelungsbedarf reklamiert, z.B. von den westlichen Industriestaaten werden Übereinkommen gegen den Einsatz von Kinderarbeit oder gegen die Vernachlässigung des Umweltschutzes angemahnt. Die Fortschritte zur Lösung dieser Probleme innerhalb der Welthandelsorganisation (WTO) und der Internationalen Arbeitsorganisation (ILO) sind eher gering.

3. Immer mehr Großunternehmen agieren weltweit. Sie verstehen sich als global players. Die multinationalen Unternehmen diversifizieren nicht nur ihre Produktionsstätten, Beschaffungsquellen und Absatzaktivitäten, auch die Aufnahme von Kapital und das Management werden internationalisiert. Das Finanzmanagement solcher Konzerne hat nicht nur betriebliche Stabsfunktionen, sondern bildet ein eigenes profit center, d.h. einen auf selbständige Gewinnerzielung programmierten Geschäftsbereich. Die Neigung zu Zusammenschlüssen von multinationalen Unternehmen nimmt zu. Es kommt zur Konzentration von Marktmacht, die insbesondere von Entwicklungsländern kritisiert wird.

4. Die rasanten Fortschritte in der Kommunikations- und Informationstechnologie, die neuen Finanzinstrumente und Techniken des Risikomanagements haben neue und bessere Möglichkeiten der weltweiten Steuerung finanzieller Risiken eröffnet.

5. Welthandel, relative Verbilligung der Transportkosten, umfassender technischer Fortschritt, der zu neuen Produkten und zu effizienteren Herstellungsverfahren führt, sowie die Migration (national und transnational) sind wichtige Triebkräfte der Globalisierung.

6. Es besteht eine gewisse Tendenz zur Loslösung der Finanztransaktionen von der "realen Wirtschaft". Das Volumen der Finanztransaktionen beträgt ein Vielfaches des Welthandels an Waren und Dienstleistungen. Es ist im Jahr 1995 auf 1,3 Billionen $ täglich geschätzt worden. In der Zwischenzeit dürfte das Transaktionsvolumen weiter stark gestiegen sein.

7. Die Finanzmärkte sind durch den Einsatz einer ständig zunehmenden Zahl von neuen Finanzprodukten (insbesondere Derivate) mit einer häufig undurchsichtigen Risikostruktur leistungsfähiger, komplizierter, aber (mangels Transparenz) auch krisenanfälliger geworden. Die moderne Kommunikationstechnik erlaubt blitzschnelle Dispositionen "rund um die Uhr" und "rund um den Globus". Die Kehrseite solcher Möglichkeiten ist wachsende finanzielle Instabilität.

8. Angesichts der begrenzten Reichweite nationalstaatlicher Maßnahmen kommt der internationalen Kooperation der Staaten eine große Bedeutung

zu. Dies gilt insbesondere für die Aufsicht über die Finanzmärkte. In der noch andauernden ostasiatischen Finanzkrise hat sich gezeigt, daß das Finanzsystem einer Reihe von Staaten nicht ausreichend belastbar war. Der Ausbau von Entscheidungsmechanismen der internationalen Finanzkooperation (z.B. G 10, Basler Ausschuß) insbesondere auf dem Gebiet der Bankenaufsicht ist deshalb dringlich. Die Zusammenarbeit der Regierungsstellen und der Notenbanken der OECD-Staaten in Währungs- und Finanzfragen ist bereits sehr eng. Die Führungsrolle der USA ist unbestritten - wenn auch nicht überall gleich geschätzt.

9. Der Internationale Währungsfonds (IWF) und die anderen internationalen Finanzorganisationen (z.B. Weltbank) spielen für die Krisenprävention und die Krisenüberwindung eine immer größere Rolle. 83 Staaten - das ist etwa die Hälfte der souveränen Staaten -wenden bereits vom IWF vorgeschlagene Restrukturierungsprogramme an oder haben Verhandlungen darüber aufgenommen. Das Volumen der zur Eindämmung der Finanzkrise einiger ostasiatischer Staaten von verschiedener Seite zur Verfügung gestellten und vom IWF koordinierter Kredite liegt in der Größenordnung von mehr als 100 Milliarden US $.

10. Die Akzeleration des Globalisierungsprozesses und die Zunahme an Komplexität des Systems führt zu einer höheren Krisenanfälligkeit (Ostasien) und zur Erhöhung des Risikos des Überschlags krisenhafter Erscheinungen auf andere Weltregionen (Lateinamerika?, Rußland?). Die Gefahr der Ansteckung (Contagion) risikoträchtiger Volkswirtschaften nimmt zu.

II. Folgerungen

1. Wesen und Folgen der rasanten staatenübergreifenden technisch-wirtschaftlichen Entwicklung, für die sich die Bezeichnung Globalisierung durchgesetzt hat, sind nicht unumstritten. Darüber wird ein heftiger Diskurs auf der wissenschaftlichen und der politisch-ideologischen Ebene geführt. Es geht dabei um die Fragen inwieweit die Globalisierung eine unausweichliche Entwicklung ist und welche Möglichkeiten ihrer Beeinflussung auf der nationalen Ebene es noch gibt - und *wie* hoch gegebenenfalls die Opportunitätskosten der teilweisen Abschottung von der Globalisierung sind.

2. Man darf auch die Augen nicht davor verschließen, daß es - einen Wohlstandszuwachs durch den Globalisierungsprozeß unterstellt - gleichwohl Globalisierungsgewinner und -verlierer gibt. Es spricht einiges dafür, daß die weniger qualifizierten Arbeitnehmer in den Industriestaaten insbesondere in Europa zu den Globalisierungsverlierern gehören. Auch die Bekämpfung von Finanzkrisen kann zu einer höchst ungleichmäßigen Verteilung der Belastungen führen, wenn z.B. Subventionen für Nahrungsmittel (Reis) und wichtige Bedarfsgüter (Benzin) infolge der Auflagen des IMF gekürzt werden (Indonesien). Wenn die Schuld an solchen Entwicklungen dann noch ethnischen Minderheiten (Chinesen 3% der Bevölkerung - Kontrolle von 60% der Handelsumsätze) zugeschoben wird, entstehen gefährliche po-

litische Konflikte. Dieser - von Emotionen nicht freie - Streit problematisiert von neuem das schwierige Verhältnis von Staat, Wirtschaft und Gesellschaft.

3. Die Interventionen des IWF in der Mexikokrise und in der gegenwärtigen Ostasienkrise haben dem IMF auch massive Kritik eingetragen. Wenn die Marktteilnehmer damit rechnen können, daß hochriskante Finanzoperationen für sie folgenlos bleiben, weil der IWF in jedem Fall eingreifen werde (moral-hazard-Problem) führt dies zu einer weiteren Destabilisierung des Weltfinanzsystems. Das Risikobewußtsein der Marktteilnehmer muß geschärft werden. Die privaten Banken und Finanzinstitutionen dürfen nicht aus ihrer Verantwortung entlassen werden. IWF ist keine Kreditversicherung. Der IWF ist als die zentrale Institution des Festkurswährungssystems von Bretton Woods gegründet. Seit dem Zusammenbruch dieses Festkurssystems im Jahr 1973 hat sich das Weltfinanzsystem wesentlich verändert und wird sich weiter wandeln. An diese Veränderungen muß sich der IWF anpassen. Manche liberalen Ökonomen (z.B. Milton Friedman) verlangen sogar die Abschaffung des IWF - was allerdings nicht zur Debatte steht.

4. Die Globalisierung wirkt sich in den Schwellenländern (emerging markets) anders aus als in Nordamerika und in der EU. Die Vergrößerung der sozialen Ungleichheit, gemessen am Lohndifferential, ist eine nicht zu überschauende Konsequenz der Globalisierung in den Schwellenländern. Die am wenigsten entwickelten Länder vor allem in Schwarzafrika sind von den positiven Wirkungen der Globalisierung weitgehend ausgeschlossen. Ihre - im Verhältnis zu ihrer Wirtschaftskraft - horrende Verschuldung nimmt weiter zu. Es droht die Gefahr, daß die "Wohlstandslücke" zwischen den Volkswirtschaften der "ersten" und der "dritten" Welt sich noch weiter vergrößert.

5. Seit dem Weltgipfel über die soziale Entwicklung (World Summit of Social Development) im März 1995 in Kopenhagen werden nicht nur die Entwicklungspolitik der Industriestaaten, sondern auch die Programme der internationalen Finanzorganisationen mehr an den sozialen Problemen der Entwicklungsländer orientiert. Das Schwergewicht liegt dabei auf den Operationen der Weltbank. Aber auch der IMF, der eine andere Zielsetzung, nämlich die Gewährleistung eines funktionsfähigen Währungssystems, hat, berücksichtigt im zunehmenden Maß die verteilungspolitischen Wirkungen seiner Maßnahmen.

6. Ralf Dahrendorf hat in einem Aufsatz "Weltmarkt und Sozialökonomie" (Merkur Heft 9/10/1997) auf einen möglichen Zielkonflikt im Zuge der Globalisierung aufmerksam gemacht. Er sieht ihn darin, daß drei Aufgaben gleichzeitig gelöst werden sollen, nämlich

(1) Wohlstand unter den neuen Bedingungen eines weltweiten Wettbewerbs mehren, bzw. erhalten,
(2) sozialen Zusammenhalt und Solidarität zu wahren oder herzustellen
(3) und politische Freiheit zu sichern.

Dieses "magische Dreieck" ist ein weltweites Postulat, das - um es vorsichtig auszudrücken - nicht überall mit den politischen Realitäten übereinstimmt. In den verschiedenen Weltregionen werden - als Folge disparater ideologischer Positionen - unterschiedliche politisch-gesellschaftliche Akzente gesetzt.

Dies führt zu unterschiedlichen Problemen, d.h. zur Gefährdung unterschiedlicher Ziele. Es hat z.B. den Anschein, daß einige Schwellenländer eine forcierte Wachstumspolitik auf Kosten der Ziele "sozialer Zusammenhalt" oder leistungsfähiges Staatswesen (good governance) betrieben haben. Die krisenhaften Zustände in einigen ostasiatischen Staaten, z.B. in Indonesien, sind ein Beleg dafür.

Andererseits hat man sich in Europa über die internationale Wettbewerbsfähigkeit der Exportwirtschaft und über mangelnde Flexibilität des Wirtschaftssystems - bedingt durch hohe soziale Lasten - Sorgen gemacht. Einige dieser Wachstumshemmnisse - aber bei weitem nicht alle - konnten in den letzten Jahren beseitigt werden.

Die Steigerung der Wachstumsdynamik ist nicht nur wichtig für die Behauptung einer guten Position im weltweiten Wettbewerb, sondern auch zur Erfüllung der Leistungsversprechen eines im Weltmaßstab überdimensionierten Sozialstaats.

Der fortschreitende Globalisierungsprozeß, einschließlich möglicher regionaler oder weltweiter wirtschaftlicher Störungen, wird die Wirtschaftspolitik vor immer neue Herausforderungen stellen, auf die rechtzeitig reagiert werden muß.

Bei verringerten Aktionsmöglichkeiten auf der nationalen Ebene nimmt der Zwang zur weiteren Integration der Europäischen Union und zur weltweiten Zusammenarbeit zu.

Die Zielkombination des "magischen Dreiecks" ist das politische Programm der in der Weltöffentlichkeit so gepriesenen Zivilgesellschaft. Zwischen diesen Zielen eine Balance zu halten, die auf einem weitgehend demokratischen Konsens beruht, ist eine schwierige Aufgabe. Sie muß immer wieder aufs Neue bewältigt werden. Man wird sie in Peking und Moskau anders zu lösen haben als in Washington oder in Wien.

ROLF H. HASSE

Globalisierung. Marktwirtschaft im Spannungsfeld zwischen wirtschaftlicher Effizienz und meta-ökonomischen Zielen

1. Das Problem

Hinter diesem Generalthema verbirgt sich ein grundsätzlicher Konflikt bzw. eine fundamentale Auseinandersetzung, in der sich die Ökonomie seit Jahrtausenden befindet.

Auf die Frage "Braucht die globale Markwirtschaft ein globales System sozialer Gerechtigkeit?" ist weder mit einem einfachen Ja noch mit einem definitiven Nein zu antworten. Aus diesem Grunde habe ich meine Ausführungen ebenfalls auf dieses breite Fundament gestellt. Vielleicht greife ich sogar noch weiter aus, als es die Initiatoren bei ihren konzeptionellen Überlegungen angedacht haben. Sie haben mich angeregt, die Ursprünge dieser Kontroverse zwischen der Ökonomie und meta-ökonomischen Zielen und Forderungen kurz zu beleuchten. Daran anschließend werden die Bereiche untersucht, auf die sich die Kontroverse national und international richtet:

- Globalisierung;
- Entwicklungstendenzen der Weltwirtschaftsordnung und der WTO;
- Globalisierung, Sozialstandards und Kulturidentität;
- der Handel als Vehikel für Rechtsnormen;
- Globalisierung und nationale Sozialsysteme.

Aufgrund der Breite werden viele Problembereiche nur skizziert.

2. Drei Formen der meta-ökonomischen Kritik der Marktwirtschaft

Die Ökonomie wird im folgenden vereinfachend mit der Marktwirtschaft gleichgesetzt, weil sie als einzige Wirtschaftsordnung alle Elemente enthält, gegen die sich die philosophische, religiöse, kulturelle, soziale Kritik an der Wirtschaft richtet:

- Individualismus;
- Eigeninteresse;
- Privateigentum - auch an den Produktionsmitteln;
- Utilitarismus (Nutzen-, Gewinnorientierung);
- Effizienz;
- Zweckrationalität.

2.1 Der Ursprung der meta-ökonomischen Kritik

Der älteste und nachhaltigste Beitrag zur Ökonomie wurde in der Antike von Aristoteles geleistet. Seine Systematisierung und Kritik an der Ökonomie ist im Mittelalter durch die Renaissance der griechischen Philosophie von der Scholastik aufgegriffen worden.

Aristoteles betrachtet die Wirtschaft als die unterste Stufe der Seinsbereiche. Er unterteilt sie weiter in die *Oikonomia* und *Chrematistik* (vgl. Abbildung 1).[1] Die Oikonomia als Produktion für den Eigenbedarf und den Tausch ist notwendig und lobenswert. Sie dient zur Ergänzung und Vervollständigung des Selbstgenügens und erfüllt im Sinne Aristoteles die Bedingung, *im Einklang mit der Natur* zu stehen. Die ökonomische Betätigung in diesem Bereich zählt zu den Tugenden.

Im Gegensatz dazu steht die Chrematistik. Ihre Zielsetzung und folglich auch ihre Beurteilung fallen anders aus. Sie gilt im Vergleich zur Oikonomia als künstlich und führt zu verderblichen Verhaltensweisen. Sie umfaßt die Produktion für das Gewinnstreben und die Anhäufung eines möglichst großen Vermögens. Dieses ist bereits kein echter, sondern nur ein künstlicher Reichtum. Besonders problematisch ist, daß es die menschlichen Verhaltensweisen verdirbt, weil es eine Spirale der Begehrlichkeit erzeugt. Dieses Verhalten ist *gegen die Natur*.

Die äußerste Form der Verderblichkeit ist erreicht, wenn das Geld von seiner Funktion als Mittel zum Zweck (Tauschmittel) entfernt wird und als Selbstzweck und Mittel zum Erwerb eingesetzt wird. Das Verleihen von Geld gegen Zinsen ist in besonderem Maße verderblich (Wucher).

Diese Gedanken wurden im Mittelalter wieder entdeckt und mit dem christlichen Erlösungsgedanken verbunden (Scholastik). Sie prägten und prägen auch noch heute das christliche Gedankengut, sowohl die Moraltheologie der katholischen Kirche als auch die christliche Soziallehre der lutherisch-protestantischen Kirche.

Gleichermaßen wurden diese Auffassungen Bestandteil der Philosophie sowie des wissenschaftlichen Sozialismus über Rousseau und Marx. Die Auffassungen über den Zins wurden jahrhundertelang von diesen meta-ökonomischen Restriktionen mitgeformt.[2]

2.2. Die Werteskala der menschlichen Erkenntnis

Dieser kulturelle Humus hat eine Rangordnung der Berufe und Tätigkeiten herausgebildet, die der Aphoristiker Georg Chr. Lichtenberg prägnant zusammenstellte. Die Wertigkeit hat er aus den unterschiedlichen Kombinatio-

---

1 Vgl. Issing, Otmar, Aristoteles - (auch) ein Nationalökonom?, in: Vademecum zu einem Klassiker des antiken Wirtschaftsdenkens, Düsseldorf o.J., S.95-125.

2 Vgl. Böhm-Bawerk, Eugen, Kapital und Kapitalzins, 4., unveränd. Aufl., Meisenheim/Glau 1961, vor allem Band 1: Geschichte und Kritik der Kapitalzinstheorien.

nen aus "Ehre" und "Brot" abgeleitet. Mit einem Schmunzeln, aber noch stärker mit einer Anerkennung seiner scharfen Beobachtungsgabe, stellt man fest, daß sich an der Einstufung von Aristoteles offenbar wenig geändert hat. Für Aristoteles war die Wirtschaft die unterste Stufe des Seinsbereichs. Nach Lichtenberg war die "Oeconomia" eine Wissenschaft, mit der "Brot und keine Ehre" zu erringen ist (vgl. Abbildung 2).

3. Das Spannungsverhältnis zwischen Ethik und Wirtschaft

Die Spannung zwischen ethischen Ansprüchen und dem Wesensgehalt der Wirtschaft besteht unverändert. In der "Welt der Kultur" existiert eine negierende Haltung gegenüber dem wirtschaftlichen Bereich der Gesellschaft. Bei Ökonomen, die sich auch mit diesen Fragen auseinandersetzen, entsteht vielfach der Eindruck, daß die Schriften

- von Adam Smith (Theory of Moral Sentiments) und Robert Malthus
- sowie die Arbeiten von Alfred Müller-Armack, Alexander Rüstow und Wilhelm Röpke

gar nicht wahrgenommen worden sind. Deshalb entgeht gerade Nicht-Ökonomen die Erkenntnis, in welchem Ausmaße philosophische, anthropologische und ethische Fragen das theoretische Fundament der Marktwirtschaft sind und die Gestaltung einer Wirtschaftsordnung prägen.[3]

Die Grundprobleme der Ethik lassen sich in 3 Fragen zusammenfassen:[4]

- der Frage nach dem "höchsten Gut";
- der Frage nach dem "richtigen Handeln"
- und der Frage nach der "Freiheit des Willens".

Dies gilt vor allem, wenn man die Ethik als wissenschaftliche Disziplin, als "Theorie der menschlichen Lebensführung" versteht.[5] Da sittliche Freiheit darin besteht, aus Gründen zu handeln, entsteht Ethik aus der praktischen Vernunft.

Die bei Kant postulierte Alternative, entweder Güter- und Zweckethik oder formale Ethik, stellt keinen vollständigen Gegensatz dar und erlaubt deshalb eine pragmatische Behandlung ethischer Fragen in der Wirtschaft, vor allem wenn man der Mittlerposition der materialen Werteethik von Max Scheler[6] folgt. Er unterscheidet zwischen Güterwerten, die die Nützlichkeit von mate-

---

3 Vgl. u.a. Gutmann, Gernot, Ethische Grundlagen und Implikationen der ordnungspolitischen Konzeption "Soziale Marktwirtschaft", in: Gutmann, G. und A. Schüller (Hrsg.), Ethik und Ordnungsfragen der Wirtschaft, Baden-Baden 1989, S. 323-356.

4 Vgl. Delius, D., Ethik, in: Diemer, A. und I. Frenzel, (Hrsg.), Philosophie, Frankfurt/M. 1958, S.73f.

5 Vgl. Rendtorf, T., zitiert nach F. Böckle, Anthropologie und Sachgesetzlichkeit im Dialog zwischen Moraltheologie und Wirtschaftsethik, in: Enderle, G. (Hrsg.), Ethik und Wirtschaftswissenschaften, Berlin 1985, S.55.

6 Vgl. dazu W. Stegemüller, Hauptströmungen der Gegenwartsphilosophie. Eine historisch-kritische Einführung, Wien-Stuttgart 1952, S.36f.

riellen und immateriellen Gütern für den Menschen kennzeichnen, und sittlichen Werten, für die eine Rangordnung besteht. Die tägliche Lebenssituation besteht aus einem dauernden Umgang mit materiellen und immateriellen Gütern in Verbindung mit Menschen. Dadurch fließen in diese Aktionen auch sittliche Werte ein. Sie werden zwar nicht unmittelbar verwirklicht, sie sind aber Bestandteil der Güterwerte. "Insoweit menschliches Handeln auf die Verwirklichung der geforderten Güterverhältnisse ausgerichtet ist, erscheint an diesem Verhalten der sittliche Wert. Dieser bildet also nicht das Objekt des Handelns, sondern er erscheint gleichsam auf dessen 'Rücken'."[7]

Mit diesem Fundament gelingt es, die Diskussion um die Wirtschaftsethik aus der verengenden Fragestellung der moralischen Legitimation des Eigeninteresses und des Gewinns herauszulösen und in die gesamte Breite

- der materiellen und immateriellen Güter,
- der interpersonellen wirtschaftlichen Beziehungen,
- der wirtschaftlichen Transaktionen,
- der Verteilung der Güter und der Einkommen am Markt und danach (Umverteilung)
- und der Rahmenbedingungen für das wirtschaftliche Handeln

zu stellen.

So werden mit der politischen Entscheidung zugunsten einer Wirtschaftsordnung, mit der die materielle Güterversorgung besser als mit anderen Alternativen realisiert werden kann, auch sittliche Werte verwirklicht. Dies gilt um so nachdrücklicher, wenn die dritte Frage der Grundprobleme der Ethik, die Frage nach der Freiheit des Willens, gleichzeitig gelöst wird, indem individuelle Dispositionsspielräume im Wirtschaftsprozeß geschaffen werden. Dies hat Wilhelm Röpke sehr prägnant formuliert, indem er feststellte: "Die moralische Bedeutung des Rahmens, innerhalb dessen sich die einzelnen auf dem Markt betätigen, ist ... mindestens so wichtig wie die Frage des individuellen Verhaltens innerhalb dieses Rahmens".[8]

Besondere Probleme der Wahrnehmung und Akzeptanz bestehen

- in bezug auf die Güterwerte, die durch immaterielle Güter geschaffen werden
- und bei der Frage der Verteilung der Ergebnisse wirtschaftlichen Handelns.

Gerade in diesen Bereichen der Gestaltung von Ordnung ist auf universaler wie nationaler Ebene eine Perzeptions-Lücke festzustellen, die auf normativ dogmatischen Fundamenten beruht. Das Objekt des Konflikts ist die Wirtschaft und die Ökonomie als Wissenschaft. Das Problem ist die Mißachtung der ökonomischen Theorie und ihrer empirischen Basis.

Viele Kritiker pflegen eine einseitige Betrachtung der Ökonomie, indem sie an den Diskussionen und Kontroversen über das gesellschaftspolitische

---

7 Gutmann, G., Ethische Grundlagen und Implikationen der ordnungspolitischen Konzeption "Soziale Marktwirtschaft", a.a.O., S.328f.

8 Röpke, Wilhelm, Wirtschaft und Moral, in: Aktionsgemeinschaft Soziale Marktwirtschaft (Hrsg.), Was wichtiger ist als Wirtschaft, Tagungsprotokoll Nr. 15, Ludwigsburg 1960, S-17-31.

Leitbild der Wirtschaftsordnung nur die Teile verwenden, die ihrer vorgefaßten Meinung bzw. ihrem Normenkosmos entsprechen. Diese Verhaltensweise der partiellen geistigen Abschließung ist unwissenschaftlich. Max Weber hat die Aufgabe der Wissenschaft zutreffend umrissen, die im hier betrachteten Falle verletzt wird:

"Lieber unbequeme Wahrheiten als bequeme Halbwahrheiten vortragen."

In den Auseinandersetzungen um die Prinzipien einer Wirtschaftsordnung hat es unterschiedliche Paradigmen gegeben, und auch heute bestehen international große Auffassungsunterschiede über die Gestaltung des Verhältnisses von Wirtschafts- und Gesellschaftsordnung. Der Liberalismus im Sinne des wirtschaftspolitischen Liberalismus ist etwas vollständig anderes als der Paläoliberalismus bzw. Utilitarismus; die klassische Ökonomie ist nicht gleichzusetzen mit der freien Marktwirtschaft der angelsächsischen Länder; der Neoliberalismus ist wiederum eine ordnungspolitische Prägung, die verwechselt wird mit der neoklassischen Theorienbildung; die Begriffe "Laissez-faire-Liberalismus", "Manchester-Liberalismus" und andere Spielarten werden in einer Weise schlagwortartig verwendet und instrumentiert, daß die bewußte oder unbewußte Verzerrung von Sachverhalten das Ergebnis ist.[9]

Die geisteswissenschaftlichen, kulturellen und gesellschaftspolitischen Fundamente von Wirtschaftsordnungen sind international sehr vielfältig - es gibt nicht die Marktwirtschaft. Weil dies so ist, sollten Pauschalierungen vermieden werden - auf der Seite der Befürworter und der Kritiker der Globalisierung. Z.Z. scheint es aber so, daß der Informationsstand vieler Kritiker über die Gestaltungsformen von Wirtschaftsordnungen und über die ethischen Grundlagen des ökonomischen Lebensbereichs nicht ausreicht, um ihnen weitreichende Kritik bzw. Ablehnung Glaubwürdigkeit zu verleihen.

Fehlentwicklungen existieren im Prozeß der Globalisierung. Sie zu vermeiden und zu beheben, setzt aber Kenntnisse über die Fundamente und Wirkungsweisen von Wirtschaftsordnungen voraus. Nur so ist es möglich, Maßnahmen zu ergreifen, die Kosten vermeiden, ohne größere, andere Kosten zu versuchen.

4. Macht oder ökonomisches Gesetz?

Aus diesem Dilemma kann man ein Fazit ziehen: Der Kulturpessimismus bzw. die meta-ökonomische Kritik an der Ökonomie sind alt und werden sich fortsetzen. Gleichzeitig kann man für dieses Spannungsverhältnis eine Ergebnisprognose wagen, die theoretisch und empirisch gut begründet ist. Im Sinne des Generalthemas hat diese einen (mehrfachen) Vorteil:

---

9 Zu den Grundlagen vgl. die Einführungen und die Literatur in: Issing, Otmar, Geschichte der Nationalökonomie, 2. Aufl., München 1988; Boelcke, W.A., Liberalismus, in: Handwörterbuch der Wirtschaftswissenschaften (HdWW), Band 5, Stuttgart/New York 1980, S.32-47.

- Erstens besteht eine Art "Heimvorteil", weil sie von einem Österreicher entwickelt worden ist - von Eugen von Böhm-Bawerk (1914).
- Zweitens, die These, daß das "ökonomische Gesetz" gegenüber der "Macht" bzw. politischen Entscheidungen obsiegt, ist am Beispiel der Sozialpolitik bzw. der sozialen Systeme abgeleitet worden.[10]
- Drittens, die These ist seitdem immer wieder empirisch bestätigt worden - in allen politischen Systemen, vor allem aber in Demokratien aufgrund des rascheren Rückkopplungsprozesses, wenn politische Entscheidungen gegen Marktkräfte zu Wirkungen führten, die politische Rückwirkungen bei Wahlen verursachten.

Von Politikern wie von Kritikern der Marktwirtschaft wird in der Regel übersehen, wie autoritär ihre Verhaltensweisen sind, wenn sie gegen marktwirtschaftliche Prinzipien entscheiden. Marktwirtschaft kann *bei wirksamem Wettbewerb* mit einer Basisdemokratie auf wirtschaftlichem Gebiet verglichen werden. Zahlreiche Anbieter und Nachfrager treffen freiwillig und selbständig Entscheidungen über Kaufen und Verkaufen. Auf dem Markt werden damit die freien, auf der Grundlage individueller Präferenzen getroffenen Entscheidungen zusammengeführt und koordiniert.

Staatliche Eingriffe in diese Märkte sind Eingriffe in die Präferenzen von zahlreichen Individuen. Konflikte entstehen nur dann nicht, wenn derartige Eingriffe Mängel des Marktes beheben (Marktversagen). Nur in diesen Fällen entsprechen die Interventionen dem Gebot der Subsidiarität. In allen anderen Fällen werden individuelle Präferenzen mißachtet und die Funktionsweise des Marktes verzerrt: Eine Marktseite wird in der Regel politisch begünstigt (Subvention, Steuernachlaß, höhere Preise) und die Gegenseite benachteiligt (Verringerung des verfügbaren Realeinkommens). Diese Konfliktproblematik besteht für viele soziale Systeme in vielen Ländern seit langem. Sie ist unabhängig von der Globalisierung entstanden, letztere erhöht aber den Anpassungsdruck allgemein und drängt zu einer Art von Reform, die
- deutlich von bisher dominierenden politischen Präferenzen in der Sozial- und Umverteilungspolitik abweicht
- und auch andere, politisch ebensowenig gewünschte Finanzierungsformen erfordert.

Ganz im Sinne von Böhm-Bawerk handelt es sich um einen Konflikt zwischen
- Macht und ökonomischem Gesetz
- bzw. Präferenzen einer kleineren Gruppe von Entscheidungsträgern und Nutznießern und der größeren Gruppe von Belasteten, die andere Präferenzen haben.

Die Globalisierung hat *eine* entscheidende Wirkung. Sie raubt der ersten Gruppe die Möglichkeit, ihre Präferenzen (Erhaltung bestehender sozialer Systeme) durch staatlichen Zwang weiter durchzusetzen.

---

10 Von Böhm-Bawerk, Eugen, Macht oder ökonomisches Gesetz?, Nachdruck mit einer Einführung von Hans-Heinrich Barnickel, Darmstadt 1975.

Zusammenfassend kann man also zwei Formen der Kritik an der Marktwirtschaft unterscheiden:

- die moralisch-ethische Kritik
- und die Kritik an der Verteilung der Ergebnisse des Marktprozesses.

Eine dritte Konfliktgruppe klammere ich hier aus: diejenige, die aus purem Eigeninteresse eine Verminderung der Wettbewerbsintensität zu erreichen strebt, um eigene Einkommensvorteile zu realisieren.

Ein Paradoxon ist, daß die moral-ethische Kritik im Laufe der Jahrhunderte wenig Variationen erfahren hat und fast keine Lernbereitschaft und Lernfähigkeit aufweist. Sie scheint aber die Mehrheit zu haben, obwohl sich die Vertreter dieser Kritik in eigenen ökonomischen Entscheidungen "klassisch" ökonomisch verhalten. Sie haben fast gar nicht die ethischen Fundierungen der ökonomischen Klassiker von A. Smith, R. Malthus und J.St. Mill ernsthaft geprüft. Ebenso werden die ethischen Begründungen des Ordo-Liberalismus und der Sozialen Marktwirtschaft (W. Eucken, A. Rüstow, W. Röpke, A. Müller-Armack, F. Böhm) wohl verdrängt, um die eigenen normativen Grundsätze gegen die Marktwirtschaft keiner Probe zu unterwerfen.[11]

Ein weiteres Problem besteht darin, daß die Gruppe, die ihre Kritik auf die Verteilung der Marktergebnisse konzentriert, in der Regel bewußt oder unbewußt Korrekturmaßnahmen präferiert, die die Marktwirtschaft stören oder gar aufheben. Der Streit zwischen Befürwortern der Marktwirtschaft und dieser Kritikergruppe erhält dadurch eine unnötige Schärfe und Unklarheit. Transparent ist der Konflikt, wenn ein Ausmaß an Umverteilung angestrebt wird, das den Marktprozeß zerstören könnte (zuviel Umverteilung). Probleme tauchen dann auf, wenn beide Seiten eine Umverteilung, eventuell sogar in gleichem Umfange, befürworten, aber bei der Wahl der Mittel keinen Konsens finden. Dann stimmt die normative Basis scheinbar überein, aber bei der Wahl der wirtschaftspolitischen Instrumente bestehen unvereinbare Positionen. Dieser Konflikt herrscht in der Realität vor und signalisiert, daß viel tiefgreifendere Auffassungsunterschiede über eine Marktwirtschaft bestehen. Diesen Dissens muß man sichtbar machen, um z.B. hinter der vorgeschobenen Kritik an der Globalisierung und einiger Ergebnisse die eigentliche Normenbasis zu erkennen.

Einige Hinweise hierzu möchte ich skizzieren.

5. Globalisierung - wirtschaftliche und ordnungspolitische Entwicklungslinien

Globalisierung als Begriff ist neu, der Prozeß überhaupt nicht. Er ist uralt. Seine Triebfedern sind

- das Streben, den Raum schneller zu überwinden,
- der Wunsch, Kontakte zu gewinnen und zu pflegen,

---

11 Vgl. u.a. Müller-Armack, Alfred, Genealogie der Sozialen Marktwirtschaft, Frühschriften und weiterführende Konzepte, 2. erw. Aufl., Bern-Stuttgart 1981.

- das Bemühen, die Zeit besser zu nutzen,
- der Wille, Ressourcen ertragreicher zu nutzen.

Abgeschlossenheit von Wirtschaft und Gesellschaft ist also nie das Ziel gewesen, sondern Offenheit. Mit dem allmählichen Abbau der militärischen und politischen Ausdehnung der Territorien (Kolonialismus, Imperialismus) und mit der völkerrechtlichen Anerkennung staatlicher Souveränität (Völkerbund, UN-Charta) wurde die Offenheit das dominierende Prinzip der internationalen Politik und Wirtschaft.

Die Weltwirtschaftsordnung, die nach dem 2. Weltkrieg geschaffen wurde, institutionalisierte die Zielsetzung der schrittweisen und gegenseitigen Öffnung der Volkswirtschaften

- durch den Internationalen Währungsfonds für die internationale Währungsordnung und die Herstellung der Freiheiten des Zahlungs- und Kapitalverkehrs,
- durch das GATT und seit 1995 die WTO für die Welthandelsordnung und den Abbau von Handelsschranken sowie die Durchsetzung der Prinzipien der Multilateralität und Meistbegünstigung,
- durch die OEEC/OECD, die beide Zielsetzungen förderte.

Ergänzt wurden diese beiden Säulen durch eine dritte für das Ziel "Entwicklung". Hierfür wurde auf der universalen Ebene die Weltbank geschaffen, die auf anderen Ebenen durch die IDA in der OECD, die Europäische Investitionsbank in der EG und durch die Osteuropabank ergänzende Hilfe erfährt.

Die Geschichte der Weltwirtschaftsordnung nach 1945 ist die der zunehmenden *Liberalisierung* und *Internationalisierung* wirtschaftlicher Transaktionen. Dies waren die üblichen Begriffe, um diese Entwicklung zu charakterisieren. Der Begriff der Globalisierung trat ungefähr zu dem Zeitpunkt auf, als sich der Trend der Liberalisierung und Öffnung der Märkte verlagerte. Im Mittelpunkt der Diskussionen und der Politik der Liberalisierung der Weltwirtschaft stand bis zum Beginn der Uruguay-Runde (1986) der internationale Handel. Es wurde um den Abbau von Handelsschranken gerungen. Für den dafür komplementären Zahlungsverkehr hatten die führenden Industrieländer Konvertibilitätsverpflichtungen gegenüber dem IWF, in der OECD und in der EWG 1958 übernommen. Der internationale Kapitalverkehr und die nationalen Bankensysteme wurden nur zögerlich in die Marktwirtschaft entlassen (vgl. Art. 67 EWG-Vertrag: "soweit es für das Funktionieren des Gemeinsamen Marktes notwendig ist").

Dies änderte sich ab Mitte der 80er Jahre drastisch und nachhaltig. Parallel mit dem Paradigmawechsel in der Währungspolitik zugunsten der Geldwertstabilität wurde die Freiheit des internationalen Kapitalverkehrs hergestellt. Die Globalisierung der Finanzmärkte traf mit der Revolution der Kommunikationstechnologie zusammen. Von nun an übernahmen die Finanzmärkte und deren umfassende Konvertibilität die Vorreiterrolle. Die Liberalisierung des Handels folgte mit den Ergebnissen der Uruguay-Runde und den neuen

Aufgaben für die WTO.[12] Diese Entwicklung entspricht in ihrer Struktur und zu erwartenden Nachhaltigkeit der Situation während der Goldwährung vor 1914!

Die Uruguay-Runde brachte nicht nur eine weitere Senkung der Zollsätze. Viel bedeutsamer sind:

- die Ausdehnung der GATT-Prinzipien auf den Handel mit Dienstleistungen (GATS),
- die Einbeziehung des Handels mit Eigentumsrechten (TRIPS),
- die Einführung des Instituts "plurilateraler Abkommen",
- die Überwachung handelsrelevanter Investitionsmaßnahmen,
- die Überwachung regionaler Präferenzzonen und von Selbstbeschränkungsabkommen,
- die Institutionalisierung eines Schiedsgerichtsverfahrens,
- die schrittweise Re-Integration des Handels mit Textil- und Agrargütern.

Der wirtschaftliche Anwendungsbereich und die rechtliche Verbindlichkeit der GATT-Regeln wurde entscheidend vergrößert. Hinzukommt, daß die Zahl der Länder und der Umfang des Welthandels, für den die GATT-Regeln gelten, sukzessive zugenommen haben (90% des Handels im Jahre 1997). Dieser Trend wird zunehmen, da die ehemaligen Planwirtschaften zu marktorientierten Wirtschaftssystemen wechseln und in die WTO drängen (Tabelle 1).

*Tabelle 1: Entwicklung der Zahl der Vertragsparteien bzw. der Mitgliedstaaten im GATT/in der WTO, 1947 - 1996**

Zeit/Handelsrunde	Dauer Jahr/Ende der Verhandlungen	Zahl der Vertragsparteien bzw. Mitgliedstaaten
Genf	1947	23
Annecy	1949	33
Torquay	1950/51	34
Genf	1955/56	42
Dillon	1961/62	45
Kennedy	1964/67	48
Tokio	1973/79	99
Uruguay	1986/93	123
WTO	1996	125
	ca. 2000	155

* Vom Vertrag zurückgetreten sind China (1950), Libanon (1951), Syrien (1951) und Liberia (1950); V.R. China hat seit 1984 einen Beobachterstatus.

Quelle: Senti, Richard, GATT-System der Welthandelsordnung, Zürich 1986, Anh. 2; ders., GATT-WTO. Die neue Welthandelsordnung nach der Uruguay-Runde, Institut für Wirtschaftsforschung der ETH-Zürich 1994, S. 21 - 25.

---

12 Vgl. Hasse, Rolf H., Entwicklung und Aufgabe der WTO als Institution der Welthandelsordnung, in: FIW, Die Bedeutung der WTO für die europäische Wirtschaft, Referate des XXX. FIW-Symposiums, Köln 1997, S. 15-35.

Es besteht also ein eindeutiger Trend zur Globalisierung der Güter- und Dienstleistungsmärkte, an dem alle Staaten teilhaben wollen.

Das Programm heißt internationale Marktwirtschaft. Nach der Asien-Krise, die neben der Besinnung auf ökonomische Grundsätze vor allem den Staat als Akteur am Wirtschaftsprozeß zurückdrängen wird, kann man auch formulieren: *Die Weltwirtschaft entwickelt sich immer stärker zu einer internationalen Privatwirtschaft.*

Trotz dieser Entwicklung sollten folgende Strukturveränderungen nicht unbeachtet bleiben:

Die Länderstruktur hat sich und wird sich weiter stark verändern. Die Dominanz der weitentwickelten Industrieländer wird zwar im Handel nicht gebrochen (allein die Triadeländer USA, EU und Japan erreichten 1996 einen Anteil am Welthandel von 48,7%). In der Institution des GATT bzw. der WTO ist ihre Stellung aber schwächer geworden, zumal die WTO - anders als der IWF - keine Gewichtung der Stimmen kennt (Tabelle 2).

Tabelle 2:

Ländergruppe[1]	Jahr	Abstimmungsanteil		
Europa und	1947	13 von 23	=	56,5%
Nordamerika	2000	30 von 155	=	19,4%
"wirtschaftlich	1947	10 von 23	=	43,5%
schwache Länder"	1994	94 von 123	=	76,4%
	2000	116 von 155	=	74,8%

1. Die Zahl der Länder umfaßt nicht alle Mitgliedsländer der WTO; es fehlen die "Schwellenländer".

Zwei gegenläufige Tendenzen sind zu beobachten. Das Übergewicht der "wirtschaftlich schwachen Länder" könnte dazu führen, daß immer mehr Länder die Ausnahmeregeln des Kapitel IV GATT in Anspruch nehmen und weitere Sonderregeln nachfragen. Dies würde die GATT-Prinzipien aushöhlen. Das Risiko besteht, diese Verhaltensweise ist aber z.Z. keineswegs feststellbar.

Wenn man die Ergebnisse der Uruguay-Runde analysiert, fällt auf, daß viele Entwicklungsländer sich den Normalbedingungen des GATT annähern und unterwerfen, so bei der "Bindung" ihrer Zollsätze. Dahinter könnte die Einsicht stehen, daß sie keineswegs große Vorteile aus den Ausnahmen und Präferenzen ziehen können. Viele dieser Sonderbestimmungen sind von den Importländern protektionistisch "umgedreht" worden, oder die Verfahren sind so kompliziert gestaltet worden, daß sie die Fähigkeiten der Unternehmen und Verwaltungen in den Entwicklungsländern überfordern. Dies kann als eine subtile Form des "neuen" bzw. "administrativen" Protektionismus betrachtet werden.

Tabelle 3:
Veränderungen der Zollbindung vor und nach der Uruguay-Runde in %

	Vor Uruguay		*Nach* Uruguay	
	nominal	handels-gewichtet	nominal	handels-gewichtet
Industrieländer	78	94	99	99
Nordamerika	100	100	100	100
Europa (EU, EFTA)	100	100	100	100
Lateinamerika	38	57	100	100
Asien	17	36	67	70
Reformstaaten Osteuropas	73	74	98	96
wirtschaftlich schwache Länder	22	14	72	59
Exkurs: Agrarzölle	0		100	

Quelle: GATT, News of the Uruguay-Round, April 1994, S. 7.

Es ist aber aus Tabelle 3 auch eine weitere Erkenntnis zu gewinnen: Gerade die asiatischen Länder zeigten eine relativ geringe Neigung, sich den Zollbindungsregeln zu unterwerfen. Hier spiegelt sich das japanische Entwicklungsmodell wider: Denn Japan hat bis heute eine GATT-inkonforme Außenhandelsordnung. Dahinter steht die Zielsetzung, als Außenseiter Nutzen aus den GATT-Regeln zu ziehen, ohne sie selbst im gleichen Maße zu beachten.

Es müssen deshalb *drei* Entwicklungen genau beobachtet werden:

(1) Wie gestalten die asiatischen Länder ihre Außenwirtschaftsordnungen während und nach der Konsolidierungskrise?

(2) Welche Bedingungen werden China bei einem Beitritt zur WTO auferlegt? Zu großzügige Ausnahmen können die Glaubwürdigkeit der WTO-Regeln nachhaltig beeinträchtigen.

(3) Mit Rußland und anderen Transformationsländern existieren weitere Beitrittskandidaten zur WTO, die alle keine marktwirtschaftliche Tradition haben.

Um so wichtiger wird eine klare Position der Industrieländer prinzipiell und gegenüber Beitrittskandidaten sein, wenn die liberale Welthandelsordnung gefestigt werden soll. Auf diesem Gebiet bestehen noch große Defizite und Aufgaben.[13]

13 Vgl. Hasse, Rolf H., Entwicklung und Aufgabe der WTO als Institution der Welthandelsordnung, a.a.O., S. 15-35.

6. Die Kritik an der Globalisierung - die neue Form der Kapitalismuskritik?

Die wichtige Schlußfolgerung lautet:

(1) Die Globalisierung findet statt.

(2) Die Kritik an der Marktwirtschaft - national und international - ist ebenso persistent.

Systematisiert man die Kritik an der Globalisierung, dann kann man folgende Bereiche identifizieren:

(1) Ökonomisch-politische Ängste und Gefährdungen durch die Globalisierung der Märkte und vor allem durch die freie Standortwahl bei Direktinvestitionen. Hierbei kann man zwei Zweige unterteilen:

a) Die Gefahr einer negativen Spirale nach unten im internationalen Standortwettbewerb ("race to the bottom").
Die internationale Konkurrenz um ausländische Direktinvestitionen und um die Erhaltung der Investitionen vor Ort von inländischen multinationalen Unternehmen führt zu sinkenden Löhnen und Steuersätzen.
Die Ungleichheit der wirtschaftlichen Entwicklung nimmt zu. Lohnstagnation, zu geringe Nachfrage und Arbeitslosigkeit sind die Folgen.
Gewinner: Das Kapital, gut ausgebildete Arbeitskräfte.

b) Ungleiche Entwicklung als Ergebnis. Eine Region, die Direktinvestitionen anzieht, entwickelt sich auf Kosten anderer Regionen: Nullsummenvorstellung der internationalen Entwicklung.
Früher: Imperialismus-Theorie: Der Norden wächst auf Kosten des Südens.
Heute: Angst, der Süden und Osten könnten zu Lasten des Nordens wachsen; niedrigere Lohnkosten als Verdrängungsfaktor.

(2) Außerökonomische Argumente und Befürchtungen:

a) Der Markt sei "wertindifferent" und deshalb seien viele seiner Wirkungen ethisch negativ. Die Globalisierung bewirke oder verstärke die Probleme der Kinderarbeit, unsozialer Arbeitsbedingungen, der fehlenden Koalitionsfreiheit (Gewerkschaftsbildung), der Umweltzerstörung und der Menschenrechte.

b) Globalisierung und Wirtschaftsethik stünden in einem Widerspruch: Die Ökonomisierung der Lebensbereiche würde zu einer (Über-)Individualisierung der Gesellschaften führen.

c) Politische Dimension: Eine "entfesselte" globale Ökonomie führe zu einer Entmündigung der (nationalen) Politik. Die Globalisierung sei eine Gefährdung der Demokratie.

Ohne auf die aufgeworfenen Probleme hier im einzelnen einzugehen, sollen einige Schlußfolgerungen und einige Fragen gestellt werden, wie die Diskussion geführt werden muß.

Mehrere Erkenntnisse lassen sich aus dem Prozeß der Globalisierung für die Wirtschaften und Gesellschaften vor allem in den Industrieländern ziehen:

(1) Die Globalisierung verändert entscheidend die bisherigen Machtbalancen
- zwischen Staat und Wirtschaft,
- zwischen den Faktoren Kapital und Arbeit.

Die Ursache dieser Verschiebungen ist, daß der Staat und in hohem Maße auch der Faktor Arbeit immobiler sind als die Wirtschaft und der Faktor Kapital in seinen unterschiedlichen Verwendungsformen (Geldkapital, Investition in Sachkapital an unterschiedlichen Standorten, Humankapital).

Die Globalisierung ist ein Prozeß der Marktöffnung. Dadurch wächst der Wirtschaftsraum als Aktionsraum für Unternehmen und auch für Personen und Güter. Demgegenüber bleibt der Staatsraum (Raum der Rechtshoheit) begrenzt, wenn keine internationalen Rechtsregeln die Globalisierung begleiten. Es entstehen zunehmende Spannungen zwischen dem "Wirtschaftsraum" und dem "Staatsraum".

Leitet eine derartige Entwicklung Veränderungen ein, wie sie von vielen Seiten in unterschiedlicher Form beschrieben und beschworen werden?

- Eine weltweite "Entmündigung der Politik durch eine entfesselte Ökonomie"?
- Die Entstehung neuer Armutsinseln und die Gefährdung der Demokratien?
- Die Abschaffung der Arbeit durch den Kapitalismus (Vivianne Forrester)?
- Die Aufkündigung des Gesellschaftsvertrages der Nachkriegszeit (Friedhelm Hengsbach)?

Oder unterlaufen den Pessimisten der Globalisierung grundlegende Fehler in der Analyse bzw. der Therapie?

Die staatsräumliche Orientierung der Politiken wird immer problematischer, weil der Wirtschaftsraum sich immer stärker vom Staatsraum mit seiner räumlich begrenzten Kompetenz für die Wirtschafts- und Finanzpolitik löst. Für die Wirtschaftspolitik und z.B. die Tarifparteien ergeben sich gravierende Veränderungen. Die Politiken der Einkommenserzielung, der Einkommenssicherung und der Umverteilung müssen sich an die neuen Marktentwicklungen anpassen. Der Gestaltungsspielraum der Umverteilungspolitik wird kleiner bzw. muß auf andere Felder und Instrumente verlagert werden. Der Politik stehen nur folgende Optionen für die Gestaltung von Ordnungen zur Verfügung: die extraterritoriale Durchsetzung nationaler Entscheidungen, die internationale Kooperation und die Internationalisierung von Kompetenzen.

Die Strukturumbrüche in der Weltwirtschaft bewirken analoge Strukturumbrüche in den staatlichen Politikbereichen.

(2) Die Globalisierung bzw. die neuen Strukturen der internationalen Arbeitsteilung werden dazu beitragen, daß in den hochentwickelten Ländern die gewerbliche Wirtschaft (der 2. Sektor) relativ schrumpfen wird. Dieser Strukturwandel gefährdet/vernichtet in erster Linie Ar-

beitsplätze von wenig ausgebildeten Arbeitskräften in diesem Sektor. Neue Arbeitsplätze im Dienstleistungssektor sind erforderlich. Gleichzeitig stellt sich die Frage, ob man noch von "Industrieländern" sprechen soll, wenn 70 - 80% der Wertschöpfung im tertiären Sektor stattfindet. Vielfach gewinnt man den Eindruck, daß der Begriff Industrieland eine nostalgische Haltung zugunsten der Erhaltung überholter Strukturen begünstigt.

(3) Die Humankapitalbildung wird gegenüber der Sachkapitalakkumulation an Bedeutung gewinnen. Humankapital wird die zentrale Basis für Qualifikation, berufliche Flexibilität, Innovationen und damit für Beschäftigung werden - individuell und gesamtwirtschaftlich.

7. Politische Durchsetzungsstrategien - eine Skizze

Auf den Prozeß der zunehmenden Internationalisierung wirtschaftlicher Entscheidungen und Transaktionen kann die Politik mit zwei grundsätzlich unterschiedlichen Strategien reagieren:

– mit einer defensiv, protektiven Strategie
– oder mit einer offensiven, perspektivischen Ordnungspolitik.

Im folgenden sollen wichtige Elemente dieser politischen Alternativen umrissen werden.

7.1 Defensiv, protektive Strategien

7.1.1 Das nationale Bremsen der Globalisierung bzw. ihrer Rückwirkungen

Der Versuch, die Globalisierung national zu bremsen, bedeutet, daß der Staat versuchen müßte, seine Volkswirtschaft von der zunehmenden internationalen Arbeitsteilung abzukoppeln. Die traditionellen Instrumente einer derartigen Politik wären Handelsbeschränkungen und Kapitalverkehrskontrollen. Eine derartige Strategie würde auf zwei Barrieren stoßen:

(1) Rechtlich ist es kaum möglich, die Liberalisierungsverpflichtungen im Handelsverkehr national aufzukündigen. Denn das GATT baut auf dem Grundsatz auf, ein einmal erreichtes Liberalisierungsniveau zu schützen. Dies schließt nicht die Rücknahme einzelner Liberalisierungszugeständnisse aus, es bindet eine solche Ausnahme aber an Kompensationsangebote bei anderen Produkten, um das gesamtwirtschaftliche Liberalisierungsniveau zu erhalten. Es verbleiben als Handlungsmöglichkeiten nur
   - der offene bzw. versuchte Vertragsbruch, der aufgrund der institutionalisierten Schiedsgerichtsverfahren in der WTO schwieriger geworden ist;
   - der Austritt aus der WTO.

Im Zahlungsverkehr existieren ähnliche Rechtsschranken. Lediglich der Kapitalverkehr genießt gemäß IWF-Charta keinen vollständigen materiellen Rechtsschutz. Dem steht der Liberalisierungskodex der OECD, die faktische Abschaffung von Kapitalverkehrskontrollen auf internationaler Ebene sowie die Kodifizierung der Freiheit des Kapitalverkehrs nach innen und außen ("erga omnes") der EU-Länder im Vertrag von Maastricht (Art. 73a-h) gegenüber.

(2) Als faktische Barriere wirkt, daß es sich die Länder gar nicht leisten können, ihre Volkswirtschaften von der internationalen Arbeitsteilung abzukoppeln. Die Kosten des teilweisen Alleingangs sind zu hoch im Vergleich mit den Vorteilen der weiteren Nutzung der Chancen des internationalen Austausches von Gütern, Personen und Kapital.
Eine weitere Grunderkenntnis der internationalen Arbeitsteilung muß hervorgehoben werden: Handels- und Kapitalverkehrsbeschränkungen sind Maßnahmen der Umverteilungspolitik, die wohlfahrtsmindernd wirken.

Vor diesem Hintergrund müssen auch die Überlegungen beurteilt werden, die darauf abzielen, mögliche Rückwirkungen der Globalisierung auf den Arbeitsmarkt - Lohneinkommen, Tarifautonomie, Tarifparteien - zu mildern bzw. zu kompensieren. Der Arbeitsmarkt ist ein politisch sensibler Markt: Dies hebt aber den Tatbestand nicht auf, daß es in erster Linie ein Markt ist, der ökonomischen Gesetzmäßigkeiten und Restriktionen unterliegt. Ferner darf nicht mißachtet werden, daß der Arbeitsmarkt vom Gütermarkt abhängig ist (Arbeitsnachfrage, Lohnzahlungspotential hängen von der Nachfrage nach den produzierten Gütern und ihren Preisen ab) und nicht umgekehrt.

Das Problem mit dem Arbeitsmarkt im Prozeß der Globalisierung liegt

- in den unterschiedlichen Anpassungsgeschwindigkeiten beider Marktseiten;
- in der größeren Mobilität auf der Seite der Arbeitsnachfrage.

Diese Asymmetrien werden durch die Globalisierung verstärkt und verändern die formale Gleichgewichtigkeit der Tarifpartner und viele Elemente des Streikrechts als Kampfmittel einer aggressiven Einkommenspolitik.

Unternehmen müssen auf Veränderungen am Gütermarkt sofort reagieren. Arbeitnehmer sind durch Tarifverträge, Gesetze und Rechtsprechung vor direkten Rückwirkungen aus dem Gütermarkt temporär geschützt. Dieses Spannungsverhältnis hat Rückwirkungen auf unternehmerische Dispositionen. Es ist deshalb eine besondere Herausforderung für die Tarifpartner, hier eine Balance zu bewahren. Denn bei offenen Märkten steht Unternehmen (nicht allen, aber immer mehr) für die Standortwahl die Möglichkeit offen, neuen Produktionsstandort im Ausland zu wählen, wenn dort die Asymmetrie zwischen den Anpassungserfordernissen auf dem Gütermarkt und deren Lösung auf dem Arbeitsmarkt geringer ist. Unternehmen und damit das Kapital sind mobiler als die Arbeitskraft. Die Option der Abwanderung verändert die Parteiengewichte für Tarifverhandlungen. Die Tarifpolitik bei zunehmend offenen Märkten muß neu orientiert werden. Ökonomische Bedingungen müssen nachhaltiger beachtet werden; Schutz- bzw. Umverteilungsmaßnahmen werden ihre soziale Zielsetzung nur erreichen, wenn sie nicht marktinkonform gestaltet werden. Soziale Elemente dürfen nicht mit der Entlohnung nach Leistung gekoppelt werden.

Arbeitszeitverkürzung ist ebenso wenig eine Lösung der Arbeitsmarktprobleme wie bloße Lohnsenkungen. Tarifpolitik hat es verdient, als Feld für Innovationen und für Kreativität entdeckt zu werden.

7.1.2 Internationale Kooperation

Zwei Einsichten prägen diese Politikalternative. Einmal die Erkenntnis, daß die Globalisierung das Verhältnis zwischen Staatsraum und Wirtschaftsraum so nachhaltig verändert hat, daß die Verhandlungsposition des nationalen Staates gegenüber dem Faktor Kapital schwächer geworden ist. Zweitens befürchtet man eine abwärtsgerichtete Anpassung ("race to the bottom"), wenn alle Staaten isoliert und im Sinne Hobbes kompetitiv um Produktionen und Wertschöpfungsanteile ringen.

Da die nationale Option (siehe 7.1.1) nicht nur keine Erfolgschancen bietet, sondern darüber hinaus eine Negativspirale verursachen kann, wird die Lösung in der internationalen Kooperation gesehen.

Ein internationales Kartell der Staaten bzw. Regierungen soll gebildet werden, das ein internationales Moratorium gegen "zu weite" Liberalisierung (Hyperkapitalismus) und zur Beschränkung der Direktinvestitionen beschließt. Man kann es wenden, wie man will, alle Maßnahmen haben ein Ziel: Sparen und Investieren werden stärker national gebunden - wie es Beschränkungen des Kapitalverkehrs auch bewirken. Das Finanz- und Sachkapital wird immobilisiert und damit an die größere Unbeweglichkeit des Faktors Arbeit angepaßt. Dies wirkt wie eine Realsteuer auf das Kapital, dessen Möglichkeiten eingegrenzt werden, zum Ort mit der höchsten Rendite zu wandern. Gleichzeitig wird damit versucht, auf dem politischen Markt die Machtbalance künstlich zugunsten des Staates und der Interessenvertretungen des Faktors Arbeit (Gewerkschaften) und aller ebenfalls immobilen Sozialverbände (dies gilt für Sozialsysteme, die territorial gebunden sind und viele Umverteilungselemente enthalten und insofern auf die Immobilität und Erfaßbarkeit der Einzahler angewiesen sind) zu verändern.

Dabei gilt es zu beachten: Die Theorie eines zirkulären Abwärtstrends ("race to the bottom") ist umstritten. Viele Elemente sind keine Theorie, sondern Annahmen, mit denen eine normative These begründet werden soll. Schließlich muß die Grundsatzfrage geklärt werden: Wieso soll ein Kartell zwischen Regierungen normativ besser sein als die Ergebnisse des Marktes, d.h. zahlreicher, individueller Entscheidungen, die ja in ihrer Summe die Globalisierung ergeben? Alle Vertreter der Strategie einer internationalen Kooperation treffen eine normative Setzung, die ein Problem ist und möglicherweise mehr Probleme schafft, als sie vermeiden möchte. Die Theorie der internationalen Kooperation und die Erfahrungen mit derartigen Ansätzen bieten kein Fundament, diesen Ansatz einfach zu präferieren.

7.1.3 Standards als internationaler Wertekonsens

Die Diskussion um die Ausgestaltung der Welthandelsordnung beschränkt sich nicht auf Fragen des unmittelbaren Austausches von Waren und Dienstleistungen. Zunehmend werden meta-ökonomische Aspekte eingebracht. Einige davon beziehen sich auf die Produktionsweise (Kinderarbeit), andere auf die Folgen bestimmter Produktionsverfahren (Umwelt) oder auf die Rahmenbedingungen des Arbeitsrechts (Koalitionsrecht, freie Betätigung von Gewerkschaften). Dies sind neue Dimensionen für das GATT/die WTO, die von ihrer Rechtssystematik sich bisher auf den reinen internationalen Austausch von Waren und Dienstleistungen beschränkt hat und die Bereiche der Produktion und ihrer Rahmenbedingungen bzw. Rückwirkungen ausgeklammert hatte; diese Probleme und ihre Lösungen wurden der ausschließlichen Kompetenz der souveränen Teilnehmerstaaten zugeordnet.

Die *neuen* Themen sind eine Mischung aus ethischen Normen und gesellschaftlichen Zuständen und Zielen:

- Menschenrechte,
- Gewerkschaftsfreiheit, Koalitionsfreiheit,
- Arbeitsstandards (Zwangsarbeit, Kinderarbeit),
- Umweltstandards,
- Diskriminierung im Arbeitsrecht,
- Wahrung der kulturellen Identität.

Die Schwierigkeiten, die damit verbunden sind, sollen nur umrissen werden - durchaus provokativ.

(1) In welchem Umfang wird durch die Forderung, derartige Standards bzw. Normen im Handels durchzusetzen, aus einer internationalen Normenvielfalt und Normenkonkurrenz, ein Normendiktat? Das grundsätzliche ökonomische Verhalten der Wirtschaftssubjekte ist überall auf dem Globus gleich, also universal; die Normen, um die es hier geht, sind es aus den verschiedensten, nicht-ökonomischen und ökonomischen Gründen *nicht*.

(2) Wie sollen diese Normen durchgesetzt werden?
Freiwillig: Dies ist das Prinzip der ILO. Sie besteht seit 1919, und die Länder gehen durch den Beitritt eine Selbstverpflichtung ein.
Druck: Standards in völkerrechtlichen Verträgen im Rahmen z.B. der WTO, die durchgesetzt werden mit Mitteln, die von Streitschlichtungsverfahren bis zu handelspolitischen Sanktionen reichen können.

(3) Wo ist die Grenze zwischen dem ethischen Anspruch und dem ökonomischen Eigeninteresse, das eventuell die neuen Normen umdreht und für protektionistische Zwecke mißbraucht?

(4) Die Durchsetzung mit Hilfe von Sanktionen verlangt eine Abwägung zwischen der Wertigkeit der Normen und den Rechten, die aus dem Eigentum und den damit verbundenen Rechten auf Nutzung und Beschäftigung abgeleitet werden: Jede Handelssanktion verursacht massive ökonomische Kosten, und es ist nicht gesichert, daß diejenigen Unternehmen und Beschäftigten, die davon betroffen werden, dieselben Normen vertreten, wie diejenigen, die ihre Präferenz für die Normen durch derartige Sanktionen durchsetzen wollen. Ausweichhandlungen sind die "natürliche" Folge.

Ein vorsichtiges Fazit lautet: Bei Standards und Sanktionen ist viel Vorsicht und Zurückhaltung geboten. Man muß vor allem aufpassen, daß

– kein neuer Protektionismus entsteht: "Ethik unter falscher Flagge";
– nicht versucht wird, leichtfertig international unterschiedliche ethische Standards durch politischen Druck und ökonomische Hebel zu "harmonisieren".

Forderungen sind leicht zu erheben, deren Realisierung wirft jedoch sehr komplexe politische, organisatorische und handelspolitische Probleme auf. Kosten und Nutzen sind sorgfältig abzuwägen - dies lehrt die Theorie und Politik der Embargos (wirtschaftlicher Sanktionen).[14] Ferner muß beachtet werden, daß die Durchsetzung von sozialen Standards in der WTO mit Hilfe von Sanktionen eine stärkere Aushöhlung der nationalen Souveränität der Staaten gemäß Art. 2 UN-Charta bedeuten würde, als sie dort vorgesehen ist (Art. 49 ff.). Dort wird eine "Bedrohung des internationalen Friedens" vorausgesetzt, und der Sicherheitsrat muß einen Beschluß ohne Veto fassen. Wie soll dies in der WTO entschieden werden? Die Utopie der WTO als "Super-UN" oder die WTO als Erfüllungsgehilfe der UN sind dann Optionen, über die sehr ernsthaft nachgedacht werden muß.

Dennoch ist anzumerken, daß bereits heute einige positive Entwicklungen festzustellen sind, die auf breitem Konsens beruhen.

(1) Die Diskussion um einzelne Normen hat Rückwirkungen. Deutlich ist dies gegeben beim Thema Zwangsarbeit, begrenzt bei dem Aspekt der Kinderarbeit (Waren-Label), sehr weitreichend bei einzelnen Umweltproblemen (tropische Hölzer). Auch die Weltbank hat mit ihrem "Human Development Index" das Problem der Menschenrechte in die Entwicklungspolitik eingebracht. Diese Entwicklungen erfordern Überzeugung und diese wiederum Zeit. Den Zeitbedarf mit Repressionen abzukürzen, ist ein Problem.

(2) Daraus ist abzuleiten, daß es konsensfähige und weniger konsensfähige Normen gibt. Ferner ist festzustellen, daß es viele Wege gibt, diese

14 Vgl. hierzu: Hasse, Rolf H., Theorie und Politik des Embargos, Untersuchungen des Instituts für Wirtschaftspolitik an der Universität zu Köln, Band 25, Köln 1973; ders., Wirtschaftliche Sanktionen als Mittel der Friedenssicherung - Aspekte des Irak-Embargos, in: Fritz-Assmus, Dieter und Thomas Straubhaar (Hrsg.), Sicherheit in einem neuen Europa, Ökonomische und politische Aspekte, Sozioökonomische Forschungen, Band 36, Bern u.a. 1996, S.93-137.

ethischen Normen politisch vorzutragen und umzusetzen. Ob der internationale Handel ein geeignetes Vehikel ist, muß äußerst sorgfältig und von Fall-zu-Fall bzw. für jede Form einzeln geprüft werden. Pauschale Vorgehensweisen werden wahrscheinlich mehr zerstören als aufbauen. Die Erfahrungen mit wirtschaftlichen Sanktionen begründen eher, diesen Weg der Konditionierung des internationalen Handels nicht einzuschlagen.

Exkurs: Nationale Sozialsysteme und Globalisierung

Die Globalisierung verschiebt das Verhältnis von Staatsraum zu Wirtschaftsraum. Die Bedingung von Sozialsystemen, die im Umlageverfahren finanziert werden und/oder starke Umverteilungselemente enthalten, werden nachhaltig verändert. Diese Systeme verlangen, daß die Zahlungspflichtigen erfaßbar sind (natürliche und juristische Personen) und ihre wirtschaftlichen Aktivitäten im Staatsraum stattfinden und kontrolliert werden können. Diese Voraussetzungen erodieren sukzessive durch die zunehmende Mobilität der Faktoren und die Möglichkeit, die Aktivitäten international zu verlagern. Dadurch wird die Grundlage der Finanzierung gefährdet.

Dies bedeutet, daß nunmehr auch die Sozialsysteme und die Präferenzen, die zu ihrer jetzigen Organisations- und Finanzierungsform geführt haben, einem Effizienztest unterworfen werden. Dies ist gleichzeitig auch ein Test, inwieweit die "institutionalisierten Präferenzen" den aktuellen noch entsprechen. Dieser Test oder auch die Erosion müssen trotz des normativen Gezeters sachlich beurteilt werden. Im Kern geht es um die Beurteilung,

- ob die neue Situation eine Art "Aufkündigung eines Gesellschaftsvertrages" ist oder nur dessen notwendige Anpassung in dynamischen Gesellschafts- und Wirtschaftsordnungen;
- ob die Kernpräferenzen gar nicht gefährdet sind, sondern nur die Finanzierungsform geändert werden muß.

Die zweite Alternative kennzeichnet die zukünftigen Aufgaben am deutlichsten. Die Verquickung von Versicherungselementen und Umverteilung in den Sozialsystemen muß entkoppelt werden. Der Lohn ist ein Leistungslohn und kein Soziallohn. Die Rentenversicherung darf nicht ein Instrument der Umverteilung sein und der Rentenbeitrag nicht zu einer Steuer degeneriert werden. Umverteilung hat offen über Steuereinnahmen finanziert zu werden, die klar legen, für welche normativen Zwecke das verfügbare Einkommen der Bürger verringert wird. Dieser Transparenztest ist eigentlich ein Gebot der Demokratie. Gegen dieses wurde nachhaltig verstoßen - durchaus undemokratisch durch Verschleierung der Fakten. Die Globalisierung nimmt den Exekutiven Ermessensspielräume. Sie hebt nicht gesellschaftliche Präferenzen auf, sondern verlangt, daß die Politik dafür wirbt und sie dem Akzeptanztest durch die Bürger stellt.

Wer diesen Prozeß als "Aufkündigung des Gesellschaftsvertrages" geißelt, sollte zuvor eindeutig klarstellen, was für einen Gesellschaftsvertrag er meint. Dieser Test wird gar nicht vorgenommen, wenn der Status quo als Gesellschaftsvertrag postuliert wird, ohne dessen Akzeptanz geprüft zu haben.

Dasselbe Testverfahren muß für Sozialstandards angewendet werden, die man exportieren möchte.

8. Ein kurzes Zwischenfazit

Viele Kontroversen haben ihren Ursprung in normativ ungeklärten Positionen zwischen Ökonomen und der Mehrheit derjenigen, die sich als Nicht-Ökonomen verstehen. Hier ist Basisarbeit erforderlich.

Die Globalisierung verändert viele Lebensbereiche. Doch ist in der Analyse Zurückhaltung geboten. Märkte erfassen keineswegs alle Lebensbereiche, sondern nur einen Teil des gesellschaftlichen Lebens. Die Klärung dieses Tatbestandes ist notwendig, um künstliche Dramatisierungen zu vermeiden.

Sozialstandards international zu verwirklichen, ist in nobles Ziel. Es legitimiert aber nicht, wenig noble Instrumente ohne eingehende Prüfung ihrer Eignung einzusetzen. Gerade gegenüber wirtschaftlichen Sanktionen ist aus theoretischen und empirischen Erkenntnissen größte Zurückhaltung geboten.

Das Generalthema kann wie folgt beantwortet werden: Die globale Marktwirtschaft braucht *kein* globales System sozialer Gerechtigkeit. Der Schwerpunkt der Antwort liegt auf "globales System". Wenn es mehr sein soll als ein Kanon gemeinsamer Normen, wird es eine Utopie bleiben. Marktwirtschaft schöpft ihre Dynamik aus der Vielfalt der Güter und Präferenzen. Gesellschaften unterscheiden sich durch ihre Kulturen und ihre abweichenden gesellschaftlichen Präferenzen. Wenn man nun Marktwirtschaft und Gesellschaften im internationalen Rahmen betrachtet, werden die Bedeutung und Vorzüge der Unterschiedlichkeit nicht aufgehoben. Sie sind der Reiz des kulturellen Austausches und der Anreiz für die internationale Arbeitsteilung.

Da die Globalisierung ein Prozeß ist, der die Entwicklung der Menschheit immer begleitet hat (regionale, internationale Erweiterungen der Lebensbereiche), ist nicht zu erwarten, daß die stattfindende Beschleunigung dieses Prozesses ein vollständig neues Ergebnis produziert. Noch ist der Mensch Gestalter der Entwicklung, da er anthropologisch nicht Teil einer determinierten Entwicklung ist.

Abbildung 1:

Aristoteles' Gliederung der Wirtschaft*

Wirtschaft
/ \
Oikonomia Chrematistik

Oikonomia
Haushaltskunst. Produktion für den Eigenbedarf und den Tausch.
Sie ist *lobenswert* und notwendig.
Sie dient zur Ergänzung und Vervollständigung des Selbstgenügens - steht im Sinne Aristoteles *im Einklang mit der Natur* ("Tugend").

Chrematistik
Produktion für das Gewinnstreben.
Anhäufung eines möglichst großen Vermögens, das kein echter, sondern nur ein künstlicher Reichtum ist.
Es kennt kein Ende (eine Spirale der Begehrlichkeit) und führt deshalb zu Verhaltensweisen, die *gegen die Natur* sind.

Das Problem Geld
Wenn Geld vom Mittel zum Zweck (Tauschmittel) zum Selbstzweck und Mittel des Erwerbs wird, verdirbt es den Menschen. Das Verleihen von Geld gegen Zinsen ist in besonderem Maße verderblich (Wucher).

* Vgl. Issing, Otmar, Aristoteles - (auch) ein Nationalökonom, in: o.V., Aristoteles und seine "Politik", Vademecum zu einem Klassiker des antiken Wirtschaftsdenken, Düsseldorf o.J., S. 95 - 125.

Tafel der menschlichen Erkenntnis

nach Georg Chr. Lichtenberg

Wissenschaften bringen

Brot und Ehre	kein Brot u. keine Ehre	Ehre und kein Brot	Brot und keine Ehre
Jurisprudentia	*Metaphysica*	*Poesia*	*Advocatia*
Medicina	*Logica*	*Belles Lettres*	*Oeconomia*
Theologia	*Critica*	*Mathesis*	*Anatomia*
Analysis infinitor.		*Philosophia*	Rechnen und Schreiben.

Georg Christoph Lichtenbergs' Vermischte Schriften, neue vermehrte, von dessen Söhnen veranstaltete Original-Ausgabe, 1. Band, Göttingen 1853, S. 271.

ORTRUN GAUPER

Globalisierung - der Anfang eines neuen Klassenkampfes?

Die Nachricht schlug wie eine Bombe ein. Ein geplatzter Baukredit zu Beginn des Sommers 1997 löste eine Massenhysterie der Kreditgeber auf den südostasiatischen Finanzmärkten aus und stürzte die aufstrebenden Industriestaaten Malaysien, Hongkong, Korea, Indonesien und Thailand in eine unglaubliche Wirtschafts- und Sozialkrise. Das bemerkenswerte der Geschichte ist, daß das südostasiatische Wirtschaftswunder das Musterbeispiel schlechthin für neoliberale Ökonomen darstellte: sehr disziplinierte und ehrgeizige Arbeitskräfte, ein sehr günstiges Investitionsklima und keine großen Ansprüche für kollektivvertragliche oder einzelbetriebliche Arbeitsvereinbarungen. Die Früchte der Anstrengungen schienen sich einzustellen: Ein jährliches Wachstum des Pro-Kopf-Einkommens von mehr als 5% und ein Anteil dieser Region von 40% am Weltwirtschaftswachstum. Indonesien konnte dadurch die Hälfte seiner Bevölkerung aus der Armutsfalle holen (von 64% auf 11% Armutsrate bis zum Jahr 1995). Doch innerhalb von 6 Monaten wurde 20jährige Arbeit zerstört, indem eine galoppierende Inflation und Konkurse großer Firmen eine Arbeitslosigkeit von 15 Millionen Menschen auslösten. Und wenn man bedenkt, daß in Indonesien jeder, der mindestens eine Stunde gearbeitet hat, als Beschäftigter gezählt wird, dann steigt die Zahl der Arbeitslosen auf weitere 40 Millionen Menschen. (das sind 44% der erwerbstätigen Bevölkerung).[1]

Arbeitslosigkeit heißt in Indonesien und in vielen dieser Länder gleich viel wie seine Existenzbasis verlieren. In diesen Ländern gibt es keinerlei soziale Absicherung. Die einzige Chance, die beim Verlust des Arbeitsplatzes bleibt, ist Schwarzarbeit oder die Rückkehr in ländliche Familienstrukturen. Im Falle Südkoreas haben sich die Löhne und Gehälter bis Mitte der 90er Jahre an das Niveau der wichtigsten OECD-Länder angeglichen. Dennoch sind sozialer Fortschritt und Schutz für die Arbeitnehmer zurückgeblieben, indem der einzelne noch immer selbst für die Ausbildungskosten seiner Kinder, für Gesundheit-, Kranken- und Altersvorsorge selbst aufkommen muß und es keine Form von Hilfe oder Arbeitslosengeld gibt. Massive Entlassungen werden damit zu einem sozialen und politischen Sprengstoff.

In Indonesien wird keine friedliche Opposition geduldet, unabhängige Gewerkschafter landen im Gefängnis, und die Armee spielt eine entscheidende Rolle auf allen Ebenen der Wirtschaft und Gesellschaft. Ein Textilunternehmen erklärte gegenüber Gewerkschaftsvertretern, daß die Lohnkosten nur 7% seiner Produktionskosten ausmachten, und räumte zugleich ein, er habe

1 John Evans, "Die Tigerstaaten entdecken die Massenarbeitslosigkeit" in Le Monde Diplomatique 5/98.

30% seines Umsatzes für besondere Zahlungen aufgewendet, mit anderen Worten: für Schmiergelder.

Die Spitze des Eisberges dieser Katastrophe sind Sparprogramme, um die Kapitalnot dieser Länder aufzufangen. Der Internationale Währungsfonds gewährt Kreditverlängerungen, wenn Strukturanpassungsprogramme verordnet werden, die die Inflation und das Budgetdefizit stoppen. Das bedeutet jedoch Lohnkürzungen, Entlassungen und die Streichung von Sozialtransfers (falls es solche überhaupt gibt). Ergebnis des Dilemmas: "Die Mittelschicht und die Armen stehen durch steigende Verbraucherpreise, Arbeitslosigkeit und einschneidende Lohnsenkungen vor dem existentiellen Nichts. Die Kapitaleigentümer werden durch hohe Zinssätze und Steuererleichterungen noch reicher."

Die Überwälzung der Kosten dieser Finanzmarkt- und Wirtschaftskrise auf Staat und Arbeitnehmer hat sowohl neoliberale Ökonomen des IWF und der Weltbank als auch Regierungschefs der G8 aufgerüttelt, die Auswirkungen der Globalisierung in ihrer sozialen und demokratischen Dimension wahrzunehmen und das jetzige System ohne Regeln in Frage zu stellen. So legte der IWF bei seiner Tagung im April fest, die internationalen Finanzinstitutionen zu reformieren, nach neuen Regeln für mehr Transparenz auf den Finanzmärkten zu suchen und die Kosten solcher Krisen auch auf ihre Ursacher zu überwälzen. Tony Blair bestätigte in einem Interview nach dem G8-Gipfel in Birmingham: "We need new rules of the game in order not to stay politically paralysed."

Das gilt jedoch nicht nur für die Großbanken, Versicherungen und Pensionsfonds. Es gibt rund 40.000 multinationale Unternehmen, die 80 Millionen Menschen beschäftigen. Von den multinationalen Unternehmen sind ungefähr 250.000 verbundene Unternehmen abhängig, und für diesen gesamten Komplex arbeiten etwa 200 Millionen Leute.[2] 1% der multinationalen Unternehmen sind für die Hälfte aller ausländischen Direktinvestitionen verantwortlich, wobei der Großteil davon (95%) in den Industrieländern bleibt.[3] Diese großen Unternehmensgiganten haben durch ihre wirtschaftliche Stärke unmittelbaren Einfluß auf die Politik und die nationalen Gesetzgebungen. Sie werden damit zu einem Schlüsselfaktor für Arbeitsmarktpolitik und industrielle und soziale Umstrukturierungen.

Transnationale Konzerne bringen nicht das Ende der Politik, sie machen neue politische Regeln nötig. Viele können noch im nationalen Rahmen erlassen werden, manchmal geht es nur noch international. So spricht Kurt Biedenkopf, Ministerpräsident von Sachsen, in einem Zeit-Interview (Die Zeit, 21/98) davon, daß die Mobilität der Wirtschaft und des Kapitals, ohne daß der politische Bereich mitwächst, das Normengebäude der sozialen Marktwirtschaft aushöhlt. Unternehmen nutzen den Umstand, daß Regierungen um

---

2 Abebe Abate, Leiter des Bureau for Multinational Enterprise Activities der Internationalen Arbeitsorganisation in Genf, in: "Die Mär von den mächtigen Multis", Die Zeit, 4.6.1998.

3 UNCTAD, World Investment Report 1996.

Investitionen miteinander konkurrieren. So hat auch die erzliberale OECD in ihrer letzten Ministertagung im April anerkannt, daß unfairer Steuerwettbewerb - den Staaten und nicht Konzerne anfachen - eingeschränkt werden muß. Dabei orientiert sie sich an der Initiative der Steuerharmonisierung der Europäischen Union. Dasselbe gilt auch für soziale Wertmaßstäbe im internationalen Handelssystem. Traurige Berühmtheit haben die Sonderwirtschaftszonen erlangt, mit denen vor allem Entwicklungsländer durch Ausnahmen von nationalen Arbeitsregelungen, niedrigen Löhnen, Verbot von Gewerkschaften sowie Streik- und Versammlungsfreiheit und nicht zuletzt Zwangs- und Kinderarbeit berühmt wurden. Kürzlichster Vorfall war ein vietnamesisches Werk, das Sportschuhe für Nike fertigt. Das amerikanische Transnational Resource & Action Center veröffentlichte im November 1997 einen Untersuchungsbericht, der Grund- und Menschenrechtsverletzungen an den Arbeitnehmern aufdeckte. Arbeiter wurden mit Abzügen vom kargen Mindestlohn (40 Dollar im Monat) bestraft, weil sie bei der Arbeit gesprochen hatten. 2000 Näherinnen waren in einer überhitzten Halle ohne ausreichende Lüftung zusammengepfercht. Schädliche Gase wurden nicht abgesaugt. Die Staubbelastung lag 10fach über dem zulässigen Grenzwert. Arbeiter, die mit giftigen Chemikalien hantierten, waren darüber nicht informiert.

Aber auch Industrieländer neigen zu derartigen Zugeständnissen, um im Wettlauf für internationale Investitionen den besten Standort zu bieten. Ein Beispiel dafür ist der Staat South Carolina, der Mercedes-Benz im Jahr 1992 für eine Produktionsniederlassung mit 2000 neuen Arbeitsplätzen neben einem lukrativen Beihilfenpaket von 130 Mio. $ und 36,6 Mio. $ Bauland die Organisierung von Gewerkschaften in Betrieben gezielt bekämpfte. "Besser ein Job als kein Job" ist die Devise des Bundesstaates, und so wird versucht, Arbeitnehmer durch Kostensenkungsstrategien die Beschäftigung zu erkaufen. Und so kam es zu der widersprüchlichen Situation, daß Arbeitnehmer in Deutschland für die Produktion von Luxusautos 60% mehr verdienten als ihre Kollegen in South Carolina. In Deutschland werden die Arbeitnehmer von starken Gewerkschaften vertreten, die mit der Industriebranche Kollektivverträge verhandeln. Dieses System wurde nicht in die USA exportiert. Aber selbst in Österreich kennen wir die Situation, daß der Bezirk Weiz in der Oststeiermark den Magna-Werken von Frank Stronach erlaubt, statt einem Betriebsrat eine firmennahe Sicherheitsvertrauensperson zu ernennen, die sich lediglich um Sicherheit und Hygiene am Arbeitsplatz kümmert.

Dabei sprechen gerade die Länder mit Kollektivvertragserfahrung und betrieblicher Mitbestimmung (z.B. Deutschland und Österreich) von den positiven Erfahrungen dieser Instrumente. Für die Arbeitnehmer erfüllt der Kollektivvertrag drei Funktionen:

- die überbetriebliche Solidar- und Schutzfunktion zur Sicherung des Lebensstandards und geregelter Arbeitsbedingungen,
- die Umverteilungsfunktion des wirtschaftlichen Wohlstandes,
- die Mitsprache in Fragen der Arbeitsbedingungen.

Für die Unternehmen bedeutet der Kollektivvertrag:
- die Standardisierung und Vereinheitlichung der Arbeitskosten,
- die Herstellung stabiler und überschaubarer Arbeitsbedingungen,
- die Kooperation zwischen Kapital und Arbeit (was motivierend wirken kann).[4]

Die Globalisierung hat jedoch die Kartellfunktion dieser nationalen Kollektivvertragsregelungen ausgehöhlt. Das wurde einerseits durch die multinationalen Unternehmen selbst erzeugt, die ihre Arbeitnehmer durch Parolen wie "wenn ihr nicht billiger werdet, dann verlagern wir eben in ein Niedriglohnland" unter Druck setzen. Und andererseits geschah dies in den letzten 2 Jahrzehnten durch die Mehrheit der Finanzminister in der OECD, die die Inflexibilität der Arbeitsmärkte auf makroökonomische Schocks anprangerten, und damit die Arbeitslosigkeit als strukturelles Problem abstempelten. Die Verbetrieblichung des Kollektivvertragssystems ist eine bestehende Empfehlung der Jobs Study der OECD und wurde seit vielen Jahren auch schon von der Europäischen Kommission in die Empfehlungen für die Grundzüge der Wirtschaftspolitik aufgenommen. Dies würde jedoch, wie die international vergleichende Forschung zeigt, den Einstieg in die kollektivvertragslose Gesellschaft bedeuten. Denn in allen Ländern, in denen die einzelbetriebliche Vereinbarung dominiert, ist der Anteil jener Arbeitnehmer, die unter der Geltung eines Kollektivvertrags stehen, dramatisch gesunken. In den USA existiert ein Kollektivvertrag nur mehr für jeden 5. Arbeitnehmer, in Großbritannien ist dieser Anteil in der Ära Thatcher von über 70% auf unter 50% gesunken, und in Neuseeland hat sich innerhalb von 2 Jahren nach der Deregulierung die Zahl der tarifvertraglich erfaßten Arbeitnehmer halbiert.

Die Wirtschafts- und Währungsunion stellt in Europa einen neuerlichen Druck auf den Arbeitsmarkt und die Tarifpolitik dar. Unterschiedliche Lohnstrukturen und Arbeitsregelungen werden den Unternehmen und neoliberalen Politikern eine neue Stimme für die Deregulierung des Kollektivvertragssystems und die betriebliche Mitbestimmung zur "Bekämpfung der Standortverlagerungen" bieten, sollten die Gewerkschaften es nicht schaffen, die Kollektivvertragsverhandlungen zu europäisieren und grenzüberschreitende Gestaltungsspielräume für die Betriebspartner zu finden.

Dabei sind die Entwicklungsländer gerade diejenigen, die den guten Willen der Industrieländer für eine Sozialklausel in einem internationalen Handelssystem davon abhängig machen, ob Europa in seinem Integrationsbestreben der sozialen Dimension eine Bedeutung beimißt oder nicht.

In den Industrieländern gelten als Verlierer der Globalisierung vor allem weniger qualifizierte Arbeitnehmer. Die öffentliche Meinung sieht das Problem in der Konkurrenz mit den Niedriglohnländern. Andere sehen die Hauptursache in der Rationalisierung der Arbeit durch Kapital. In den USA, wo die Auswirkungen auf die Lohnunterschiede am größten sind, betrug der Außenhandelsanteil der Länder, die die Hälfte der US-Löhne zahlen, im Jahr

4 Franz Traxler, "100 Jahre Kollektivvertrag - seine Bedeutung heute", Wien 13.12.1996.

1960 2% und 1990 2,7%.[5] Europa als ganzes ist im wesentlichen fast eine geschlossene Wirtschaft - wie auch die USA und Japan. Der Außenhandel beträgt in der EU, in den USA und in Japan nur rund 8 ½%. Es handelt sich um Binnenwirtschaften, die Spielraum für eine eigenständige Politik ermöglichen würden. In Europa selbst haben wir jedoch enorme Lohnunterschiede, die eine der wichtigsten Aufgaben der Gewerkschaften darstellen. So kostet etwa in Großbritannien eine industrielle Arbeitsstunde kaum mehr als in Spanien - ein typischer Fall von Lohndumping.

Für die internationale als auch die europäische Gewerkschaftsbewegung ist die Globalisierung nichts anderes als ein Verteilungskampf zwischen Kapital und Arbeit unter dem Titel Standortwettbewerb.

Den Abwertungswettlauf versucht die Europäische Union durch eine einheitliche Währung beizukommen. Seit Mitte der siebziger Jahre versuchte man Unternehmen mit Subventionen anzulocken. Das europäische Wettbewerbsrecht stellt die staatlichen Beihilfen unter immer strengere Aufsichtskontrollen. Mit neoliberaler und amerikanischer Schützenhilfe geht man zum Lohn- und Sozialdumping-Wettlauf über. Flexibilisierung der Arbeitszeiten, Deregulierung des Arbeitnehmerschutzes und Lohnauffächerung nach unten für niedrig qualifizierte Arbeitnehmer sollen den Arbeitnehmern Beschäftigung sichern. Der Wohlfahrtsstaat wird durch Steuer-, Sozialabgaben- und Lohnnebenkostenwettbewerb bei gleichzeitiger Begrenzung der öffentlichen Ausgaben zu Stabilitätszwecken aus den Angeln gehoben.

Welche Antwort sieht nun die Gewerkschaftsbewegung in der Globalisierung der Wirtschaft und ihre Auswirkungen auf die Sozialpolitik?

Welche positiven Auswirkungen der Freihandel für wirtschaftliches Wachstum, Wettbewerbsfähigkeit einer Volkswirtschaft bzw. für eine breitere Produktpalette auch haben mag, es ist klar, daß die Beziehungen zwischen Unternehmen und Gewerkschaften durch die Internationalisierung sich stark verändert haben. Die Gewerkschaften bekommen immer mehr das Gefühl, daß die Wirtschaft ohne Grenzen sie aus dem politischen Verhandlungsprozeß hinausdrängt. Die Regierungen verstecken sich hinter Ohnmächtigkeit, wenn es um Steuer-, Zins- oder Wechselkurspolitik geht. Die Verantwortung für die eigene Politik wird auf unantastbare und unsichtbare Marktkräfte abgeschoben. Globalisierung ist nichts anderes als ein Katalysator geworden, um den Staat aus dem Markt zurückzudrängen. Thatchers Devise "Es gibt keine Alternative" ist zum einheitlichen Denken geworden. Die konservative Regierung Großbritanniens proklamierte ständig ein Wettbewerbsmodell aus Südostasien. Zur selben Zeit meinte der südkoreanische Staatschef Kim Young Sam, daß Südkorea seine Arbeitsregelungen lockern müsse, damit koreanische Unternehmen nicht nach Schottland oder South Wales auslagern müßten.

---

5 Paul Krugman, "Peddling Prosperity", W.W. Norton & Co, New York, 1994.

Andererseits stellt die Globalisierungsfalle eine gute Möglichkeit für protektionistische und nationalistische Politiker dar, durch eine kapitalistische Verschwörungstheorie Ängste der Arbeitnehmer und Bürger zu schüren und damit in die internationale Solidarität und Einigung einen Keil zu treiben. (z.B. Le Pen und seine Front Nationale, die österreichischen Freiheitlichen, Vlams Block in Belgien usw.)

Das wirkliche Problem ist jedoch nicht die Globalisierung, sondern das Fehlen an Politik. Gemeinsame Probleme müssen auf einer gemeinschaftlichen Ebene gelöst werden. Früher waren politische Zuständigkeit und der ökonomische Bereich weitgehend deckungsgleich. Die Nationalökonomie war eine geographisch definierte Wirtschaft. Die Politik hatte die Möglichkeit, dafür Gesetze zu erlassen und durchzusetzen. Wir müssen die politische Zuständigkeit und den ökonomischen Spielraum wieder deckungsgleich machen.

In Europa benötigen wir durch den einheitlichen Binnenmarkt eine Art Wirtschaftsregierung, d.h. eine zentralistische Struktur, die die Wirtschaftspolitik koordiniert. Auf Weltwirtschaftsebene können wir es durch verbindliche Regeln auf WTO-Ebene, durch Koordinierung der Wirtschaftspolitik zwischen G8, OECD-Staaten und internationalen Währungsfonds sowie durch die regionalen Wirtschaftsräume (EU, NAFTA, ASEAN) erreichen. Dabei sollte das Prinzip des Föderalismus vorherrschend sein.

Während man im Wettbewerbsrecht erste Schritte setzt, um die Lücken zwischen dem Wirkungsbereich transnationaler Unternehmen und den nationalen Gesetzgebungen zu schließen, fehlt Vergleichbares im Sozialrecht, im Arbeitsschutz, bei ökologischen Normen und bei den Kollektivverträgen. Die Vereinigten Staaten haben beispielsweise versucht, ihr Kartellrecht auch exterritorial anzuwenden. Auch die EU-Kommission probiert ähnliches. Bei den Fusionsplänen von Boeing hat sich die Europäische Kommission eingemischt, da Boeing den europäischen Markt beliefert und die Fusion eine zu starke Marktmacht in Europa bedeutet hätte. Auf WTO-Ebene überlegt man sich bereits internationale Regeln einer Wettbewerbsordnung, die von einer unabhängigen Behörde überprüft werden sollen.

Aber auch internationale Arbeits- und Umweltnormen sollten Bestandteil des multilateralen Handelssystems werden. Die Regulierung von Arbeitsnormen durch globale Mindeststandards stellt keine neue Forderung dar. Bereits die Ursprünge der internationalen Handelsabkommen (Havanna Charter) weisen auf die Wechselbeziehung zwischen Arbeitsnormen und internationalem Handel hin. Artikel 7 der Havanna Charter spricht von der Bedeutung fairer Arbeitsnormen, und daß der Handel nichts anderes als ein Mittel zur Mehrung des Wohlstandes darstellt. Doch die Havanna Charter wurde nie verabschiedet, und in der GATT-Präambel findet man nur noch das Ziel der Reduktion von Zöllen und anderen Handelsschranken. Die Verfassung der Internationalen Arbeitsorganisation verweist hingegen auf die Notwendigkeit, ein hohes und stetiges Volumen des internationalen Handels zu fördern.

Die Durchsetzung von internationalen Arbeits- und Umweltnormen wird jedoch eine Voraussetzung für die Steuerbarkeit globaler Märkte darstellen.

Darüber hinaus ist es der WTO bereits gelungen, Rechte für Investoren, Urheber und sogar teilweise für die Umwelt zu gewähren. Da wird es immer schwieriger, den Schutz von Menschenrechten nicht aufzunehmen.

Folgende ILO-Konventionen werden global als internationale Arbeitsnormen anerkannt:

Vereinigungs- und Kollektivvertragsfreiheit, Verbot von mißbräuchlicher Kinderarbeit, Nicht-Diskriminierung zwischen Mann und Frau sowie Verbot von Zwangsarbeit. Eine Diskussion von nationalen arbeitsrechtlichen Bedingungen, wie z.B. Mindestlohn, Arbeitszeiten, Urlaubszeiten, Teilzeitbeschäftigung usw. soll auf der internationalen Ebene nicht behandelt werden.

Studien der OECD und der Weltbank zeigen auf, daß die vorgeschlagenen Sozialstandards die Wettbewerbsfähigkeit der Entwicklungsländer nicht gefährden. Es gibt auch keinen Hinweis auf ein besseres Außenhandelssaldo für Länder mit niedrigeren Sozialstandards gegenüber Ländern mit höheren Standards. Und nicht zuletzt korrelieren Handelsbilanz und sozialer Fortschritt positiv miteinander. Verbesserung der Bildung und Technologieoffensiven erhöhen die Wettbewerbsfähigkeit eines Landes, während passive Lohnveredelungsländer nur eine Ausnützung billiger Arbeitskräfte und keine realen Investitionen in Bildung oder Forschung erfahren.

Die Entwicklungsländer befürchten in der Sozialklausel einen wieder aufkeimenden Protektionismus der Industrieländer, um ihre Wettbewerbsfähigkeit zu schmälern. Doch die internationalen Gewerkschaften und Nichtregierungsorganisationen des Südens haben das Sicherheitsnetz und den Regulierungsmechanismus dieser Klausel für niedrig qualifizierte ArbeitnehmerInnen bereits erkannt. Sie schafft größere Gerechtigkeit in den Nord-Süd-Beziehungen und beinhaltet ethische Gesichtspunkte, die oft vom Welthandel ausgeklammert werden. Sie stärkt die nationale Gesetzgebung über Arbeit und soziale Sicherheit und stellt ein Instrument für eine gerechtere Verteilung der Wachstumsgewinne dar. Sie unterstützt die Arbeit der Internationalen Arbeitsorganisation. (Am Weltsozialgipfel 1995 in Kopenhagen erklärten alle Teilnehmerländer, diese Grund- und Menschenrechte zu ratifizieren. Bis jetzt hat nicht einmal Österreich die ILO-Konvention für Kinderarbeit ratifiziert.) Dank der verbindlichen Arbeitsnormen werden die Gewerkschaften gestärkt und die Tarifabschlüsse mit den Unternehmen und Regierungen verbessert. Und nicht zuletzt dient die Sozialklausel als Sensibilisierungsinstrument für die sozialen und demokratischen Auswirkungen der Globalisierung.

Die Sozialklausel soll auf multilateraler Ebene verbindlich festgelegt werden, da die Arbeitnehmerrechte globale Dimensionen haben und daher globaler Lösungen bedürfen. Es kann multilateral auch mehr Druck auf Regierungen ausgeübt werden, deren nationale Gesetzgebung noch keine Mindestarbeitsnormen enthält. Dies soll durch eine gemeinsame Kommission der WTO und der Internationalen Arbeitsorganisation, die die Einhaltung dieser Normen überwacht, geschehen. Dabei kann der Vorteil genutzt werden, daß sowohl WTO, IAO und UN dieselben Mitgliedsstaaten haben und somit leichteres politisches Einverständnis bei dieser Arbeit erreicht werden kann.

Das neue Allgemeine Präferenzsystem der Europäischen Union erlaubt die Zurückziehung von Präferenzzöllen im Falle von Menschenrechtsverletzungen, wie Zwangsarbeit und Sklaverei. Im Jahre 1997 beschloß der Rat der Europäischen Union die Ausschließung von Birma aus dem APS-System, nachdem der Europäische Gewerkschaftsbund die Menschenrechtsverletzungen durch Zwangsarbeit in Birma anklagte. Im Februar dieses Jahres klagte der EGB Pakistan bei der Europäischen Kommission an. Im Mai dieses Jahres verabschiedete der Rat das positive Anreizsystem für Entwicklungsländer, die ihre Sozialstandards verbessern. Nach dieser Verordnung soll es für Entwicklungsländer, die den Allgemeinen Präferenzzoll der EU genießen, weitere Zollsenkungen geben, wenn sie sich dazu verpflichten, die international anerkannten Arbeitsnormen (Vereinigungs- und Kollektivvertragsfreiheit, Verbot von Zwangs- und Kinderarbeit, Nichtdiskriminierung zwischen Mann und Frau) einzuführen bzw. zu verbessern.

Seit 1992 schließt die Europäische Union nur mehr Handelsabkommen ab, die eine Menschenrechtsklausel als grundlegende Bedingung beinhalten. So ist das letzte Handelsabkommen EU-Australien daran gescheitert, daß Australien diese Menschenrechtsklausel nicht akzeptieren wollte.

Auf privater Ebene gibt es Initiativen zur Verbesserung der Arbeitsbeziehungen, wie z.B. Verhaltenskodizes multinationaler Konzerne oder Gütesiegel in Sachen "Fair Trade". Sie sind leichter umzusetzen als zwischenstaatliche Entscheidungen und richten sich direkt an die betroffenen Akteure (Unternehmen, Arbeitnehmer, Verbraucher).

Bürgerinitiativen, die aus Protest gegen ausbeuterische Produktionen entstanden und ihre Regierungen zu Handelsembargos gegen Kinderarbeit oder Rodung des Regenwaldes überzeugen konnten, haben multinationalen Unternehmen wie Nike sehr geschadet. Plötzlich ist der Arbeitsschutz in Vietnam keine interne Angelegenheit mehr. Das hat einige Unternehmen dazu veranlaßt, ihren Zulieferfirmen aus Entwicklungsländern Verhaltenskodizes aufzuerlegen. Doch sie übernehmen keine Verantwortung oder Kontrolle, ob diese Firmen die Verhaltensregeln auch anwenden. Aus diesem Grund sind solche Verhaltenskodizes nur sinnvoll, wenn sie nicht nur eine PR-Aktion darstellen, sondern die grundlegenden Sozial- und Arbeitsstandards der ILO verbindlich anerkennen. Das Projekt "Good Practice Code" der EU für europäische Firmen in Südafrika war ein positives Beispiel in diesem Sinne.

Die Internationale Arbeitsorganisation hat auch eine große Kampagne zur "sozialen Produktkennzeichnung" lanciert, wobei sie die Konsumenten über die sozialen Bedingungen der hergestellten Produkte informierte, aber gleichzeitig technische Hilfsprogramme zur Umsetzung dieser Standards in den jeweiligen Entwicklungsländern startete.

Im Januar 1997 verurteilte die OECD Südkorea (ein neues Mitglied), seinen Verpflichtungen zur Vereinigungs- und Kollektivvertragsfreiheit nicht nachgekommen zu sein. Das war bei der Aufnahme Mexikos zur OECD nicht der Fall und wäre vor 5 Jahren noch undenkbar gewesen.

Die Verhandlungen der internationalen Arbeitsnormen auf WTO-Ebene wird durch Indien, Großbritannien, Australien, Neuseeland und den ASEAN-Ländern blockiert. Aber obwohl auf der letzten Ministerkonferenz in Singapur die internationalen Arbeitsnormen als non-issue behandelt wurden, dominierten sie die Medienberichterstattung während der ganzen Konferenz.

Die Singapur-Deklaration zur Überprüfung der internationalen Arbeitsnormen könnte die Einleitung von Verhandlungen auf der WTO-Ebene darstellen.

Die politische und wirtschaftliche Integration Europas hat auch eine soziale Dimension mit sich gebracht, die über grundlegende Arbeitnehmer- und Menschenrechte hinausgehen. Das europäische Sozialmodell stellt für viele Mitte-Links-Politiker die Antwort auf die Globalisierung dar:

- Der soziale acquis communautaire ist der Rahmen zur Bekämpfung von Sozialdumping.
- Die Europäische Betriebsratsrichtlinie ist das erste Pflänzchen der Information und Konsultation von Arbeitnehmern auf europäischer Konzernebene.
- Die Strukturfonds sind der erste Ansatz eines europäischen Finanzausgleichs.

Zur Zeit versucht der Europäische Gewerkschaftsbund Lobbying für eine betriebliche Mitbestimmung der Arbeitnehmer in der zur Zeit zur Verhandlung stehenden Richtlinie für eine Europäische Aktiengesellschaft zu erreichen.

Die Gewerkschaften müssen jedoch auch immer mehr in die makroökonomische Ebene miteinbezogen werden. Langsam kristallisiert sich in Europa heraus, daß die Beschäftigungskrise nicht nur mit strukturellen Faktoren (z.B. Anpassungsfähigkeit, Mobilität, Bildung, Chancengleichheit), sondern auch mit einer Wachstumskrise zu tun hat. Das Globalisierungsargument sowie die Stabilitätskriterien der WWU disziplinierten die Gewerkschaften seit 1993 in ihrem Lohnverhalten. Anstatt zu investieren, um konkurrenzfähig zu bleiben und Arbeitsplätze zu erhalten, bremsten die zu hohen Zinsen in Europa die Investitionen und ließen sie auf den Finanzmarkt abwandern. Die hohen Gewinnquoten gingen in Anleihen, fielen also als Nachfrage aus und kosteten Beschäftigung. Große Konzerne verhielten sich in Europa wie Banken.

Jeder Regierungsvertreter und Beamte weiß jedoch, daß die schlechte Investitionsentwicklung in der Europäischen Union der achtziger Jahre die Hauptursache für die schwache wirtschaftliche Entwicklung und Beschäftigung ist. Anstatt jedoch die deutsche Bundesbank zu einem investitionsfördernden Zinssatz zu zwingen, versuchte man die Angebotsbedingungen für die Unternehmen zu verbessern (z.B. Senkung der Steuerquote, zurückhaltende Lohnpolitik, gute Exportzuwächse, verbesserte Unternehmensgewinne). Doch in der Europäischen Union reagiert die Beschäftigung kurzfristig kaum auf Reallohnschwankungen, vielmehr schwankt einfach die Lohnquote, d.h. es ändert sich die Verteilung: Lohnzurückhaltung steigert kurzfristig die Gewinnquote und hat wenig Auswirkung auf die Beschäftigung. Langfristig rechnet man durch die höheren Gewinne mit höheren Investitionen, wenn diese jedoch nicht in Finanzanlagen oder ins Ausland gehen.

Während sowohl die USA als auch Japan mit einer expansiveren Geldpolitik bei Wachstums- und Beschäftigungskrisen reagieren, haben sich die Europäischen Finanzminister und die EZB auf einen geldpolitischen Masochismus eingeschworen. Die Preiswertstabilität überschattet alle wirtschaftspolitischen Ziele. Die Angst vor den Finanzmärkten läßt Inflationsängste bei den ersten Anzeichen eines Wirtschaftsaufschwungs entstehen. Und die erhoffte Lenkungsfunktion des Zinssatzes für Investitionen und nicht für Spekulationen ist noch weit außer Sicht. Damit die Gewerkschaften in ihren Lohnforderungen sich nicht nur Stabilitätsdogmen unterwerfen müssen, werden sie sich nach 1999 verstärkt in die Debatte über die geldpolitische Strategie der EZB einmischen und auf einem Dialog mit der EZB bestehen. Dasselbe sollte auf internationaler G8-Ebene geschehen, denn die Finanzmarktkrise Asien verdeutlicht sehr genau, welche Auswirkungen unkontrollierte Marktkräfte und Regierungen im Standortwettbewerb anrichten können.

Auf europäischer Ebene sehen wir folgende Wege aus der Krise:

- verstärkte Zusammenarbeit der europäischen Gewerkschaften, handlungsfähige Konzernbetriebsräte und soziale sowie tarifliche Mindeststandards;
- die Beschäftigungspolitik darf nicht nur strukturell, sondern muß auch im Zusammenhang mit der Wirtschaftspolitik gesehen werden, d.h. Vertretung der Gewerkschaften in der Europäischen Zentralbank, um Einfluß auf die Geld- und Zinspolitik zu haben;
- das Wachstum wird zur Bekämpfung der Arbeitslosigkeit in absehbarer Zeit nicht ausreichen, die Diskussion der Arbeitszeitverkürzung sollte wieder aufgenommen werden;
- Standortvorteile gründen sich heute nicht mehr auf Ausstattungsvorteile, sondern auf Wissensvorsprung. Nur durch entsprechende Investitionen in Aus- und Weiterbildung sowie in Forschung und Entwicklung bleibt Europa konkurrenzfähig.

Die Tarifpolitik kann kurzfristig aktiv wenig zur Beschäftigungssteigerung beitragen. Arbeitslosigkeit wird in erster Linie nicht am Arbeitsmarkt, sondern auf dem Geld- und Gütermarkt durch die Zins- und Nachfragepolitik bekämpft. Die Zeit der Lohnzurückhaltung ist vorbei. Produktivitätsorientierte Lohnforderungen sollen den heimischen Verbrauch stützen.

Organisierte Kriminalität - mafiose Strukturen - Strategie in der Bewältigung

HELMUT FUCHS
ROLAND MIKLAU
MARK PIETH
JÜRGEN STORBECK

Zusammenfassung des Seminars

1. Das Seminar befaßte sich zunächst mit *dem Begriff, den Ursachen und den Erscheinungsformen der organisierten Kriminalität.* Eine international akkordierte Definition der organisierten Kriminalität existiert nach wie vor nicht, wohl aber besteht ein hohes Maß an Übereinstimmung über maßgebende Merkmale (meist in Form eines Katalogs teils fester, teils austauschbarer Kriterien) sowie typische Erscheinungsformen. Die "Organisationsdichte" der einzelnen Gruppen ist unterschiedlich und reicht von qualifizierter Bandenkriminalität über "branchenorientierte" Organisationen bis zu hochentwickelten "kriminellen Mischkonzernen". Eine kriminalstatistische Erfassung stößt auf größte Schwierigkeiten, aussichtsreicher erscheinen multidisziplinäre Forschungsansätze (etwa in den Niederlanden und in der Schweiz).

Die organisierte Kriminalität bedient illegale Märkte (Drogen, gebrauchte Kraftfahrzeuge, Menschenhandel, Menschenschmuggel, Waffen, Falschgeld, Schwarzgeldveranlagung, Abfallentsorgung usw.), auf denen hohe Profite erzielbar sind, die sodann im Wege der Geldwäsche verschleiert, veranlagt und reinvestiert werden. Dazu kommen Kreditkarten- und Scheckbetrug, Kapitalanlagebetrug, Taschendiebstähle und Schutzgelderpressungen. Zu den neueren Erscheinungsformen zählen Warenpiraterie, Computerkriminalität und Organhandel, aber auch etwa Zigarettenschmuggel in großem Stil, Subventionserschleichung und andere Straftaten zum Nachteil der finanziellen Interessen der Europäischen Union. Abschottung nach außen (in der Schweiz sogar gesetzliches Tatbestandsmerkmal der kriminellen Organisation) und erforderlichenfalls Einschüchterung und Gewalt nach innen und außen sowie Bestechung dienen den Zielen krimineller Organisationen, der Geheimhaltung ihrer Tätigkeiten und der Absicherung gegen Strafverfolgungsmaßnahmen.

2. Ausführlich erörtert wurden Fragen der *strafrechtlichen Einordnung von Erscheinungsformen der organisierten Kriminalität und Probleme der Gegenstrategien des Staates:*

Während das zu schützende Rechtsgut bei Angriffen auf Leib und Leben, die sexuelle Integrität, das Vermögen udgl. offenkundig ist, haben viele Domänen der organisierten Kriminalität einen verdünnten Bezug zu konkreten Rechtsgütern des einzelnen, beziehen die Opfer in die kriminellen Aktivitäten ein oder gefährden kollektive Rechtsgüter. Dies führte zu einer Vorverlagerung bzw. Ausdehnung des strafrechtlichen Schutzes im Bereich der Vorbereitungs- und Begünstigungshandlungen sowie der Organisations- und der Gefährdungsdelikte, insbesondere zur Schaffung oder Aktivierung der neuen Tatbestände der "kriminellen Organisation (Vereinigung)" und der "Geldwäsche", aber auch zu neuen, vor allem verdeckten polizeilichen Gegenstrategien sowie zur Schaffung prozessualer Eingriffsbefugnisse, die zum Teil an die neuen Straftatbestände (Verdachtslage) anknüpfen. Dazu kommen Sorgfalts-, Dokumentations- und Meldepflichten im Bankenbereich (aber nach und nach auch außerhalb der Finanzinstitutionen) und das Bestreben, die Erträge aus profitträchtigen Kriminalitätsformen und deren Surrogate durch Transaktionsverbote, Beschlagnahmen und andere Provisorialmaßnahmen sowie durch gerichtliche Verfalls- und Einziehungsentscheidungen u.ä. abzuschöpfen, letzteres auch bei Dritten, juristischen Personen und unter teilweiser Umkehr der Beweislast. Der Sicherung von Personalbeweisen dienen prozessuale Zeugenschutzbestimmungen, polizeiliche Zeugenschutzprogramme sowie Kronzeugenregelungen (Strafmilderung oder Straffreiheit im Austausch für die Kooperation von Mitgliedern krimineller Vereinigungen mit den Strafverfolgungsbehörden).

Angesichts des zum Teil diffusen und sich wandelnden Charakters der kriminellen Gruppierungen und der Profitverwertungsformen sowie deren Vermengung mit legalen Geschäftstätigkeiten liegt das Schwergewicht der neuen Straftatbestände nicht bei den (zum Teil untypischen) objektiven Merkmalen, sondern auf der subjektiven Tatseite (Vorsatz bzw. Wissentlichkeit); auch enthalten die Tatbestände vielfach finale Elemente. Das bringt unscharfe Abgrenzungen mit sich, die bei der Anknüpfung von Eingriffsbefugnissen mit Unsicherheiten verbunden sind. Ist darin eher eine legitime Erleichterung der Ermittlungspraxis bzw. eine kriminalpolitisch wünschenswerte "Verunsicherungsstrategie" zu erblicken oder vielmehr eine Abkehr von anerkannten liberalen Rechtsprinzipien des Strafrechts zu beklagen?

Die verdeckten polizeilichen Ermittlungsmethoden (Einsatz von V-Leuten, Scheinkauf von Drogen usw., kontrollierte Durchfuhr, verdeckte Ermittlungen, elektronische Überwachungen, Rasterfahndung), die sich den Aktionsweisen vernetzt Und heimlich agierender Tätergruppierungen anpassen, sind mit erheblichen Problemen verbunden (Gefährdung von Beamten und V-Leuten, Anpassung an das "Milieu", Begehung von Straftaten als "Keuschheitsprobe", hoher personeller und technischer Aufwand). Sie stoßen an rechtsstaatliche und ethisch-moralische Grenzen und führen zu Beweisverwertungsproblemen im Strafprozeß. Vor allem liegt in ihnen ein Abbau des Grundsatzes des offenen und täuschungsfreien Ermittelns. Kann es gelingen, diese Nachteile durch komplementäre rechtsstaatliche Sicherungen und kompensatorischen Rechtsschutz auszugleichen? Oder untergräbt der Staat mit diesen Methoden seine eigene Legitimität, indem er nach 'Waffengleichheit' mit dem Verbrechen strebt? Bedeutet die faktisch weitgehende Aufhebung der Trennung von polizeilicher Gefahrenabwehr und Strafverfolgung (von Präventivpolizei und Repressivpolizei) die Ersetzung des Paradigmas des klassischen Strafprozesses durch ein Bürgerrechte gefährdendes "Kontrollmodell"? Droht andernfalls - bei unterlassener Anpassung polizeilicher Gegenstrategien - ein Abbau des staatlichen Gewaltmonopols durch private Sicherheitsdienste? Können die Tendenzen zum Aufbau von Datensammlungen, zu deren Vernetzung und zum internationalen Datenaustausch durch die Etablierung von Datenschutzstandards (gesetzliche Grundlage, Zweckbindung, Auskunfts-, Löschungs- und Beschwerderechte, Ahndung unbefugter Datenweitergabe) ausreichend ausgeglichen werden?

3. Im besonderen widmete sich das Seminar den Erscheinungsformen der *Geldwäsche* und den zu ihrer Zurückdrängung und Unterbindung entwickelten *Kontrollsystemen*. Dabei wurden u.a. der faktische Ablauf von Geldwäschetransaktionen, die Bedeutung der "off-shore"-Finanzplätze und die - in den Industriestaaten erstaunlich rasch, im wesentlichen zwischen 1989 und 1991 vorgenommene - Etablierung eines international akkordierten Präventions- und Überwachungssystems im Bereich der Finanzinstitutionen, dessen Kern die Aufmerksamkeit auf "unübliche" Umstände und Vorgangsweisen von Kunden an Hand von Indikationenlisten udgl. ist (40 Empfehlungen der Financial Action Task Force", EG-Geldwäsche-Richtlinie 1991, Europaratskonvention 1990), erörtert.

Die anfängliche Bindung der Geldwäsche an "Drogengeld" ist durch Erweiterung der Vortatenkataloge in Richtung einer Erfassung der Erträge aller schweren Straftaten aufgegeben worden. Die insbesondere innerhalb der EU akkordierte Erweiterung der Geldwäsche-Vortaten auf aktive Bestechungshandlungen, Zollstraftaten usw. wirft Fragen nach dem Geldwäsche-Substrat und dessen Erfaßbarkeit auf. Eine Ausdehnung der Sorgfalts- und Meldepflichten auf den Nicht-Banken-Bereich ist Schritt für Schritt im Gange. Nicht harmonisiert wurden jedoch - selbst unter den EU-Mitgliedstaaten - die Meldesysteme bzw. die Art der zentralen Erfassung und Auswertung der Meldungen (die national unterschiedlich an Polizei-, Justiz-, Finanz- oder Bankaufsichts- bzw. Clearingstellen erstattet werden). Hat man sich etwa bewußt Raum für traditionelle nationale Wettbewerbsvorteile gelassen?

Es besteht Grund zur Vermutung, daß die Schaffung des (letztlich weltweit beabsichtigten) Kontrollsystems nicht nur "die Mafia in ihrem finanziellen Zentrum treffen" will, sondern die Finanzströme insgesamt nachvollziehbar und kontrollierbar halten will. Ist diese Regulierung demnach ein Ersatz für die im Zuge der "Globalisierung" und Liberalisierung entgleitende nationale

Kontrolle? Ist die Geldwäschegesetzgebung ein Schritt zur Steuerung wirtschaftlicher Abläufe mit den Mitteln des Strafrechts?

4. Die *internationale Zusammenarbeit bei der Bekämpfung der organisierten Kriminalität* stößt auf viele Hindernisse: Der Informationsaustausch ist oft schwerfällig und zu langsam, eine grenzüberschreitende Koordination der Ermittlungen fehlt vielfach, unterschiedliche gesetzliche Regelungen und zum Teil veraltete Rechtshilfe- und Auslieferungsübereinkommen erschweren eine effiziente Zusammenarbeit, der polizeiliche Informationsaustausch über Interpol ist mangels ausreichender Datenschutzregelungen problematisch.

Im Bereich der EU wird an einer schrittweisen Intensivierung und Beschleunigung der Zusammenarbeit gearbeitet. Das Schengener Informationssystem (SIS) stellt den weltweit größten Fahndungs-Datenpool für Strafverfolgungsbehörden dar. Das Schengener Vertragswerk ermöglicht auch grenzüberschreitende Nacheile und Observation. Das im Aufbau befindliche Europäische Polizeiamt (Europol) dient als "Informationsdrehscheibe" der Verbesserung der Zusammenarbeit in wichtigen Kriminalitätsbereichen (Drogen, Menschenhandel, Terrorismus usw.) durch gezielten Informationsaustausch über nationale Verbindungsbeamte, Speicherung von relevanten Daten sowie Unterstützung und Koordination nationaler Ermittlungen. Die justizielle Rechtshilfe wird durch unmittelbaren Verkehr zwischen den zuständigen Behörden der Mitgliedstaaten, durch partielles Abgehen vom Grundsatz der beiderseitigen Strafbarkeit, durch Nutzung technischer Möglichkeiten (z.B. Zeugenvernehmung per "Videokonferenz") und durch die Einrichtung eines "Europäischen Justiziellen Netzwerks" (von regionalen Ansprechpartnern und abrufbaren rechtlichen Basisinformationen) erleichtert. Die Auslieferung wird besonders durch häufigere, vereinfachte Auslieferung (mit Zustimmung des Betroffenen statt durch gerichtliche Zulässigkeitsentscheidung) beschleunigt.

Da Polizei und Justiz zum Kernbereich der staatlichen Souveränität gehören und da die Strafrechtssysteme - noch mehr die Prozeßrechtssysteme - der europäischen Staaten eine lange und sehr spezifische Entwicklung hinter sich haben, wäre es unrealistisch, eine baldige organisatorische und rechtliche Harmonisierung der Strafverfolgung in Europa zu erwarten. Für eine effiziente Verbesserung der Zusammenarbeit bildet eine rechtssystematische Konvergenz vielfach keine Voraussetzung. Jedoch haben sich die Gesetze der Mitgliedstaaten in einigen für die Bekämpfung organisierter Kriminalität wichtigen Bereichen in hohem Maß angenähert (z.B. Drogenstrafrecht einschließlich eines Frühwarnsystems für synthetische Drogen, Tatbestand der kriminellen Organisation, Abschöpfung von Erträgen aus Straftaten, Geldwäsche, Zulässigkeit bestimmter polizeilicher Ermittlungsmethoden). Weitere Schritte werden im Rahmen der Umsetzung des 1997 beschlossenen EU-Aktionsplans zur Bekämpfung der organisierten Kriminalität gesetzt werden. Im Rahmen der Vorbereitung der mittel- und osteuropäischen Staaten auf einen Beitritt zur EU kommt es zu einer gesamteuropäischen Rechtsannäherung und zu einer engeren grenzüberschreitenden Zusammenarbeit der Justiz-, Polizei-, Zoll- und Immigrationsbehörden. Nach dem Muster der wechselseitigen Evaluierung von Kontrollmaßnahmen zur Bekämpfung der Geldwäsche, wie sie die Financial Action Task Force (FATF) entwickelt hat, geht man auch in der EU und im Rahmen der Heranführungsstrategie gegenüber den Beitrittsstaaten dazu über, nicht nur die Ratifikation von internationalen Rechtsinstrumenten, sondern auch deren effiziente innerstaatliche Umsetzung und die Anwendungspraxis kollektiv (gegenseitig) zu überprüfen.

5. Übereinstimmend wurde festgehalten, daß Maßnahmen gegen die organisierte Kriminalität ganzheitliche Gegenstrategien erfordern, die sich nicht auf die Ermittlung und Verfolgung von Straftaten beschränken dürfen, sondern den vielfältigen Gesamtbereich der *Prävention* einschließen müssen, der bei der Kriminalitätsbekämpfung häufig unterbewertet wird. Dies bedeutet vor allem, der organisierten Kriminalität den Nährboden der illegalen Märkte durch soziale, organisatorische, technische, verwaltungs- und zivilrechtliche Maßnahmen soweit wie möglich zu entziehen (Beispiel: kontrollierte Abgabe von Heroin oder Methadon an Langzeitsüchtige) sowie Gesellschaft und Wirtschaft gegen das Vordringen der Korruption zu immunisieren. Dazu gehört nicht zuletzt die Festigung der "moralischen Infrastruktur" der Gesellschaft (in der Beamtenschaft, der Wirtschaft, den freien Berufen usw.).

In diesem Zusammenhang wurde auch die Frage nach der Sicht und Einstellung des Bürgers aufgeworfen. Für diesen mag die Alltagskriminalität sichtbarer und ängstigender sein als die meist heimlich agierende und Gesellschaft und Wirtschaft kaum merklich infiltrierende, längerfristig aber bedrohlichere organisierte Kriminalität und Korruption. Die Rechte und Interessen des Bürgers erscheinen sowohl durch das Vordringen organisierter Kriminalitätsformen als auch durch manche Gegenmaßnahmen (Kontrollsysteme, heimliche Ermittlungsmaßnahmen wie elektronische Überwachung, zunehmende Speicherung personenbezogener Daten) in Gefahr. Um so wichtiger ist eine realistische und ausgewogene Problemdarstellung in den Medien, die sich von unangemessener Dramatisierung, Romantisierung und Verzerrung fernhalten sollte.

Plenarveranstaltung zum Seminar: Organisierte Kriminalität - mafiose Strukturen - Strategie in der Bewältigung

JÜRGEN STORBECK

Europa im Griff der organisierten Kriminalität?

1. Einleitung

Nach den Kriminalitätsstatistiken der letzten 30 Jahre verzeichnen die europäischen Staaten einen erheblichen Anstieg von Kriminalität. In den letzten 2 Jahren flacht dieser Trend aber ab, nach der Statistik einiger Staaten ist sogar ein leichter Rückgang von Kriminalität festzustellen. Andererseits veränderte sich aber die Qualität der Straftaten. Überproportional wächst die Zahl der Straftaten, die durch besonderes technisches Know-how oder Zusammenwirken von Kriminellen, von organisierter Kriminalität, gekennzeichnet sind, was in gewisser Weise auch im Einklang mit der allgemeinen technologischen Entwicklung und den Veränderungen unseres Wirtschaftsleben ist.

Doch können Kriminalitätsstatistiken zuverlässig Aufschluß über Existenz und Umfang von organisierter Kriminalität geben?

Zunächst besteht Uneinigkeit darüber, was als organisierte Kriminalität überhaupt zu bezeichnen ist. Manche Staaten der EU leugneten bis vor wenigen Jahren überhaupt die Existenz von organisierter Kriminalität auf ihren Territorien und sprachen allenfalls über das Vorhandensein von Bandenkriminalität. Inzwischen besteht zumindest Einigkeit über einige bedeutsame Merkmale von organisierter Kriminalität wie:

- der auf eine gewisse Dauer angelegte Zusammenschluß von Personen,
- das Streben nach finanziellen bzw. wirtschaftlichen Vorteilen oder Macht und Einfluß unter Verwendung illegaler Methoden und Mittel,
- die Abschottung nach außen sowie
- Schutz und Disziplinierung gegenüber den Mitgliedern, also nach innen.

Eine einheitliche internationale Definition besteht jedoch nicht.

Organisierte Kriminalität entwickelt sich quasi im Dunkeln, ist für Staat, Gesellschaft und Strafverfolgungsbehörden kaum zu erkennen. Sie drückt sich in den meisten Kriminalstatistiken mit ihrem häufig noch traditionellen Ansatz nicht aus, zumal gerade in der Massenkriminalität mit geringer Aufklärungsquote nur selten gesagt werden kann, ob z.B. ein Taschendiebstahl oder ein Einbruch durch einen Einzeltäter oder das Mitglied einer kriminellen Organisation begangen worden ist. Nur wenn es im Rahmen von Verteilungskämpfen, beim Wettbewerb um illegale Märkte zu gewalttätigen Auseinandersetzungen kommt, wird organisierte Kriminalität für die breite Öffentlichkeit erkennbar.

Der Boden für das Entstehen von organisierter Kriminalität ist gegenwärtig in Europa geradezu ideal: Die Globalisierung unseres Wirtschafts- und Soziallebens begünstigt nämlich auch das Entstehen und die Aktivitäten von organisierter Kriminalität. Organisierte Kriminalität kann illegale Güter z.B. in Containern wegen des riesigen weltweiten Frachtaufkommens fast unkontrolliert und mit geringen Kosten von Kontinent zu Kontinent, von Land zu Land transportieren und so neue Märkte erschließen oder bestehende Märkte von Einzeltätern oder lokalen Banden übernehmen.

Die Globalisierung der Kommunikation durch Telefon, Fax, Email und Internet eröffnet kriminelle Verdienstmöglichkeiten im Bereich Pornographie, Geldwäsche und verschiedenen Formen der Wirtschaftskriminalität.

Die Wahl des "Geschäftssitzes" für die Ausübung krimineller Aktivitäten ist durch diese Globalisierung nicht mehr abhängig von der geographischen Lage, sondern kann u.a. nach Gesichtspunkten des günstigsten Straf-, Wirtschafts- und Finanzrechts oder des geringsten Strafverfolgungsdrucks getroffen werden.

Schließlich ist Kriminalität um so profitabler, je organisierter sie sich darstellt. Während bei einem normalen Taschendiebstahl meist nur das Geld und einzelne Wertgegenstände bei einem Hehler zu 10 bis 20% des tatsächlichen Wertes genutzt werden können, läßt sich die Beute, wenn der Dieb Mitglied einer kriminellen Organisation ist, bis zu 90% verwerten: Ausweispapiere werden verfälscht und dann genutzt oder verkauft, Euroschecks in anderen Staaten eingelöst, mit Kreditkarten Betrügereien begangen etc.

Bedeutungsvoll für unsere aktuelle Kriminalitätslage ist schließlich, daß Europa und insbesondere die Länder der EU unter einen ungeheuren Druck von illegalen Einwanderern gekommen sind, die nur durch illegale Arbeit und Aktivitäten überleben und deshalb leicht durch Kriminelle ausgebeutet werden können. Diese große Anzahl von Illegalen bietet einen idealen Nährboden für Entstehen bzw. Erstarken organisierter Kriminalität.

2. Erscheinungsformen von organisierter Kriminalität

Organisierte Kriminalität kann im gesamten Spektrum der Straftaten des Strafgesetzbuches auftauchen. Aber einige Gebiete sind in besonderer Weise durch organisierte Kriminalität gekennzeichnet:

- Die Produktion von und der Handel mit illegalen Gütern ist ein Hauptbetätigungsfeld von organisierter Kriminalität. Beispielhaft sind hier Rauschgiftproduktion und -handel und Waffenhandel als besonders lukrative Einnahmequelle zu nennen, aber auch der illegale Zigarettenhandel und Produktpiraterie gehören hierzu.

- Ein zweites Feld von organisierter Kriminalität ist das Angebot illegaler bzw. krimineller Dienstleistungen wie Prostitution und Schleuserkriminalität oder das Angebot von Werk- und Dienstleistungen unter illegalen Bedingungen wie wir sie im Bereich der Wirtschaftskriminalität z. B. im Baugewerbe bei Preisabsprachen kennen.

Organisierte Kriminalität versucht aber nicht nur illegale Märkte zu übernehmen, sondern auch ins legale Wirtschaftsleben mit illegalem Geld und teilweise auch mit kriminellen Methoden einzudringen. Organisierte Kriminalität stellt sich heutzutage in 3 großen Organisationsformen dar:

- Da ist als höchstentwickelte Form der "kriminelle Mischkonzern". Hierzu zählen italienische Organisationen wie die Mafia und Cosa Nostra, die Camorra und die N'drangheta. Nach Interpol-Schätzungen haben diese Organisationen mit italienischer Herkunft eine Mitgliederzahl von 3 Millionen Personen, vor allem in Europa und Nordamerika. Chinesische Triaden mit weit mehr als 200.000 aktiven Mitgliedern haben ihren Hauptsitz in China, Taiwan oder Hongkong, aber agieren weltweit und natürlich auch in Europa. Japanische kriminelle Organisationen wie die Yakusa zählen 100.000 aktive Mitglieder, vorwiegend in Japan und den starken japanischen Auslandsgemeinden, wie wir sie auch in der EU kennen.
- Die Aktivitäten der "branchenorientierten" kriminellen Organisationen konzentrieren sich auf spezifische kriminelle Bereiche wie Drogenhandel, Kraftfahrzeugverschiebung oder Schleuserkriminalität. In diese Gruppe gehören mexikanische und kolumbianische Drogenkartelle, türkische Rauschgiftorganisationen, polnische Autoschieberbanden, Hells Angels und nigerianische kriminelle Organisationen. Bei diesen Organisationen zeigt sich die Tendenz, die Produktpalette zu erweitern und die Aktivitäten räumlich und inhaltlich auszudehnen. Einige der nigerianischen, türkischen und osteuropäischen Organisationen mögen bald zur ersten Gruppe gehören.
- Die dritte Form organisierter Kriminalität hat noch viele Elemente einfacher Bandenkriminalität. Diese Organisationen haben häufig wechselnde Mitglieder, üben nicht unbedingt eine auf Dauer ausgelegte spezifische kriminelle Tätigkeit aus, sondern begehen mehr anlaßbezogene Verbrechen, je nachdem, was gerade anliegt. Dazu zählen u.a. die vom russischen Innenministerium geschätzten 4000 Organisationen im Bereich der ehemaligen Sowjetunion, von denen ein großer Prozentsatz in die westlichen Staaten drängt und deren Struktur sich mehr und mehr verfestigt.

Wie ist nun speziell die Situation organisierter Kriminalität in der EU?

- Organisierte Kriminalität besteht in unterschiedlicher Ausformung, in unterschiedlichen Kriminalitätsbereichen und mit unterschiedlichen Methoden in *allen* Mitgliedsstaaten der EU. Drogenproduktion und -handel als das profitabelste Geschäft ist noch die bedeutendste Aktivität organisierter Kriminalität, während Schleuserkriminalität und Menschenhandel für kriminelle Organisationen immer interessanter werden. Neben der eigentlichen Drogenkriminalität sowie der Begleit- und Folgekriminalität stellen die Geldwäsche, einschließlich der Investition illegaler Gelder in der EU, sowie die Anwendung von Gewalt, Erpressung und Korruption durch Rauschgiftorganisationen besondere Gefahren für unser Wirtschafts- und Gesellschaftssystem dar. Von Drogenkriminalität dehnen sich kriminelle Organisationen mehr und mehr auch in andere Bereiche aus. Beunruhigend aber sind auch neue Formen des Verbrechens wie Computerkriminalität und Umweltkriminalität.

- Organisiertes Verbrechen wie z.B. die Mafia hat in den Staaten der EU noch nicht die Kontrolle übernommen. Doch alarmierende Entwicklungen sind in bestimmten Gewerbezweigen wie z.B. im Gaststätten- und Vergnügungsgewerbe, in der Bauindustrie, in der gewerblichen Haltung von Schlachtvieh und im Transportwesen in vielen Staaten zu verzeichnen.
- Die Verwicklung von Teilen ethnischer Minderheiten in organisiertes Verbrechen in vielen EU-Staaten gibt aus politischen und sozialen Gründen, aber auch wegen ihres Umfangs, ihrer Intensität und der besonderen Schwierigkeiten bei strafrechtlichen Ermittlungen Anlaß zu größter Sorge. Traditionelle und moderne Ermittlungsmethoden wie Zeugenbeweis verbunden mit Zeugenschutzprogrammen verfehlen wegen "Sippenhaft" ebenso ihre Wirkung wie das Einschleusen von verdeckten Ermittlern, die - wenn überhaupt erfolgreich - praktisch nie zum "Zentrum der Macht" gelangen.
- Meist unterschätzt, doch äußerst bedeutungsvoll und besonders gefährlich wegen der Möglichkeiten der Infiltration in das politische, gesellschaftliche und wirtschaftliche Leben, ist unser "einheimisches" organisiertes Verbrechen. Gerade bei organisiertem Verbrechen von EU-Staatsangehörigen besteht ein Trend, Strategien und Maßnahmen zur Abwehr von Strafverfolgung und zur Beeinflussung des öffentlichen Lebens zu entwickeln und anzuwenden. Dazu gehören u.a. Überwachung und Einschüchterung von Staatsanwälten und Polizisten, Korruption und Manipulation der Presse.

Der Aufbau von Handelsbeziehungen und Erleichterungen im Grenzverkehr werden verstärkt für Rauschgiftgeschäfte genutzt. Rauschgiftkartelle steigern ihre Exporte nach Europa, wie wir aus den immer größeren Sicherstellungen erkennen und aufgrund des großen Angebots bei uns feststellen müssen. Die Kartelle nützen nicht nur die traditionellen Routen über den Balkan, über Spanien, die Häfen Rotterdam, Antwerpen, Hamburg und Bremen oder die Flughäfen Frankfurt, Paris, London, Rom, sondern führen inzwischen auch über den Umweg Rußland, Polen usw. in die wirtschaftlich reichen Regionen Europas ein. Überhaupt gewinnen die Staaten Osteuropas wachsenden Einfluß auf die Rauschgiftzufuhr nach Mittel- und Westeuropa.

Die Balkanroute als "klassischer" Versorgungsweg der Konsumenten von Heroin in Westeuropa hat sich weit nach Norden und Osten verlagert und führt teilweise schon über die Ukraine, Rußland und Polen.

Beunruhigender ist jedoch, daß osteuropäische Kriminalität sich mehr und mehr auf die Produktion von Rauschgift für Westeuropa verlegt:

- Polen ist mit 15-20% drittgrößter Produzent von Amphetamin in Europa.
- Ungarische Kriminelle haben in den letzten zwei Jahren bedeutende Mengen von MDA hergestellt.
- In Riga ist vor zwei Jahren eine große MDA-Fabrik entdeckt worden.
- Eine südamerikanische Gruppe zusammen mit Ungarn hat schon 1993 versucht, in Budapest ein Kokain-Labor aufzubauen.
- Gefahren gehen von den ehemaligen Republiken der Sowjetunion aus. Opium, Cannabis und Ephedrin werden in großen Mengen schon in Kasachstan, Kirgisien, Usbekistan, Tadschikistan und Rußland angebaut und inzwischen auch schon veredelt.

Bei der Einfuhr und Verteilung von Heroin in die EU sind Türken, einschließlich Kurden, führend, aber auch Nigerianer und andere Schwarzafrikaner spielen insoweit eine wichtige Rolle. Der Kokainhandel ist in der Hand südamerikanischer Gruppierungen, die eng mit der regionalen und lokalen organisierten Kriminalität bei Zwischen- und Kleinhandel zusammenarbeitet. Synthetische Drogen werden von unseren eigenen Kriminellen produziert und verteilt; dabei muß Motorradgangs besondere Beachtung geschenkt werden.

So sind wir in Westeuropa bedeutende Produzenten von Rauschgift, im wesentlichen von synthetischen Drogen aller Art (Niederlande, Deutschland), aber sogar von Cannabis, dem sogenannten Nederweed mit höherem THC-Gehalt (Tetra-Hydro-Cannabinol) (Niederlande, Belgien, Vereinigtes Königreich, Deutschland, Portugal, Spanien).

Mit Kraftfahrzeugdiebstahl und internationaler Kfz-Verschiebung hat sich neben der Rauschgiftkriminalität ein weiteres bedeutendes Betätigungsfeld der organisierten Kriminalität entwickelt. Indikator für dauerhaft abhanden gekommene Pkw ist die Zahl unerledigter Fahndungsausschreibungen. Danach dürften im vergangenen Jahr ca. 300.000 Pkw und Kombi auf Dauer in den Staaten der EU verschwunden sein. Der Schaden beläuft sich auf rund 6 Milliarden DM. Führend in dieser Kriminalität sind polnische Tätergruppen, aber mehr und mehr auch Weißrussen, Russen, Ukrainer und Bulgaren.

Abnehmer der Beutefahrzeuge finden sich nach wie vor in den Staaten des Nahen und Mittleren Ostens, von wo Fahrzeuge der EU auch in den Fernen Osten weiterverschoben werden. Die EU-Anrainerstaaten im Osten werden vermehrt zu Transitländern für die Belieferung von mittlerweile ganz Osteuropa und den Nachfolgestaaten der ehemaligen Sowjetunion. Märkte tun sich aber auch in Afrika auf.

In der Falschgeldkriminalität spielt die Situation in Osteuropa eine besondere Rolle. Die desolate wirtschaftliche Lage in den GUS-Staaten und die damit einhergehende fehlende Währungsstabilität mit vierstelligen Inflationsraten haben dazu geführt, daß der US-Dollar, die DM und andere Währungen der EU-Staaten als Ersatzwährung gehandelt werden, zumal selbst Produkte des täglichen Lebens nur gegen Devisen zu erhalten sind. Diese Situation bietet ideale Voraussetzungen für die Herstellung und Verbreitung von Falschgeld. Wie sich die Einführung des Euros nun auswirken wird, ist noch schwer abzuschätzen.

Einer anhaltend großen Gefährdung ist auch der unbare Zahlungsverkehr ausgesetzt. Die unaufhaltsame Verbreitung von Euroschecks und Scheckkarten sowie der weltweit einsetzbaren Kreditkarten haben sie zu einem bevorzugten Objekt kriminellen Mißbrauchs durch chinesische, nigerianische und südamerikanische Gruppen werden lassen.

Ein neuer Markt für Kriminelle ist die illegale Abfallversorgung, der Mülltourismus. Giftige Substanzen werden über mehrere Staaten transportiert, in den Papieren dann umdeklariert, um auf Müllkippen innerhalb und außerhalb der EU verscharrt zu werden.

Die illegalen Handelsaktivitäten haben auch die "Ware" Mensch erfaßt. Jährlich werden mehrere 10.000 junge Frauen in osteuropäischen Ländern und in Fernostasien mit verlockenden Versprechungen angeworben, um sie in Westeuropa, meist unter Zwang, der Prostitution zuzuführen. Wie Ware werden sie unter Zuhältern gehandelt. Eine Analyse einschlägiger Ermittlungsverfahren zeigte, daß die Frauen vor allem aus Rußland, der Ukraine, Tschechien, der Slowakei, Bulgarien und Ungarn sowie aus Thailand und von den Philippinen stammen.

Etwa 5% der bekanntgewordenen Opfer sind minderjährig. Dabei geraten die schon ortsansässigen Prostituierten oder Zuhälter in den Groß- und Mittelstädten Mittel- und Westeuropas unter die Kontrolle der jeweiligen Russenmafia oder werden aus dem Verkehr gezogen. Die teilweise äußerst brutalen Tötungsdelikte in Berlin, Hamburg und Budapest sind Folgen der Verteilungskämpfe und Geschäftsübernahmen im Rotlichtmilieu.

Die Einschleusung von Menschen in die reichen Staaten und Regionen der Welt ist ein äußerst lukrativer Zweig krimineller Aktivitäten geworden. Mindestens 200.000 Personen werden jährlich durch kriminelle Organisationen nach Westeuropa zu einem Preis von 2.000 bis 15.000 Dollar geschmuggelt. Der Gesamtumsatz beträgt also ca. eine Milliarde US-Dollar. Andere Schätzungen bewegen sich in der Höhe von fünf bis sechs Milliarden DM.

Beängstigend ist der Anstieg von Schutzgelderpressungen im Gaststättengewerbe und der Vergnügungsindustrie, die sich bei uns in der EU noch vor allem gegen ausländische Geschäftsbetriebe richten und von ausländischen Kriminellen begangen werden. Das Dunkelfeld ist hier sehr groß. Daß diese Kriminalität sich bald auf andere Wirtschaftszweige und auch gegen Unternehmungen unserer Staatsangehörigen ausdehnt, ist nicht auszuschließen.

Aber nicht nur Kriminelle und die kriminell genutzte "Ware Mensch" strömen von Osteuropa nach Westeuropa, sondern auch gestohlene Kunstobjekte wie Ikonen und Antiquitäten, seltene Metalle und vor allem illegales Geld. Die Investition dieses illegalen Geldes gefährdet das wirtschaftliche Gleichgewicht in unseren Staaten, da die dadurch begünstigten Unternehmen ohne Steigerung der Produktivität wesentlich konkurrenzfähiger werden, aber unter kriminellem Einfluß stehen.

Die Investition von Geldern aus kriminellen Geschäften im legalen Bereich ist für unsere Wirtschaft und unseren Handel wie Kokain für den menschlichen Organismus. Es putscht auf, führt zur Abhängigkeit und zerstört schließlich. Beängstigend sind gegenwärtig die Investitionen der Kriminellen der GUS-Staaten in der EU.

Eine besondere Gefahr geht von den Folgen der Neuordnung Osteuropas und des Balkans und entsprechender politischen Veränderungen in anderen Teilen der Welt aus, die kriegerische Auseinandersetzungen und Vertreibungen mit sich geführt haben. Es ist davon auszugehen, daß diese kriegerischen Auseinandersetzungen schon heute, aber auch künftig, teilweise durch illegale Gewinne, also durch organisierte Kriminalität in Europa finanziert werden.

Neben den kriminellen Organisationen aus den GUS-Staaten drängen Banden aus dem Balkan - aus Rumänien, Bulgarien, Albanien, Ex-Jugoslawien und den dortigen Nachfolgestaaten - auf den westeuropäischen Markt.

Ein spezifisch deutsches Kriminalitätsphänomen ist organisierte Kriminalität von Vietnamesen - gegenwärtig noch im wesentlichen in den neuen Bundesländern und Berlin.

3. Reaktionen der EU und ihrer Mitgliedsstaaten auf die Entwicklung organisierter Kriminalität

Schon national werden durch diese Kriminalitätsentwicklung erhebliche Herausforderungen an Staat und Gesellschaft gestellt; in der internationalen Verbrechensbekämpfung und der grenzüberschreitenden polizeilichen Kooperation aber haben wir nur Chancen, wenn wir neue Wege und Methoden entwickeln und anwenden.

National und international stimmt man allmählich überein, daß nur mit einem ganzheitlichen Ansatz der Kampf gegen organisierte Kriminalität erfolgversprechend ist. Gesetzesänderungen in Strafrecht, Strafprozeßrecht und Polizeirecht sowie neue polizeiliche Methoden und Technologien haben die Repression inzwischen wesentlich effektiver gemacht, aber auch Prävention und Rehabilitation müssen verstärkt werden. Durch soziale und verwaltungsrechtliche Maßnahmen müssen wir der organisierten Kriminalität den Nährboden entziehen. Ich denke zum Beispiel an schwarze Listen von Personen und Gesellschaften mit Bezügen zu organisierter Kriminalität bei öffentlichen Ausschreibungen für Großprojekte, wie sie in den USA erfolgreich angewandt werden, oder an medizinisch kontrollierte Abgabe von Heroin bzw. Methadon an Langzeitsüchtige.

Im Rahmen der EU und des Schengener Vertragswerks arbeiten Regierungen, Parlamente und Strafverfolgungsbehörden daran, das notwendige Instrumentarium zu einer effektiven gemeinsamen Bekämpfung internationaler Kriminalität zu schaffen und weiterzuentwickeln.

Das "Schengener Zusatzübereinkommen" als Teil des Schengener Vertragswerks und Europol in seiner jetzigen und künftigen Form bieten neue Wege und Methoden in der internationalen Zusammenarbeit von Polizei,

Zoll und Justiz. Darüber hinaus arbeiten im sog. Dritten Pfeiler der EU eine Vielzahl von Experten der Mitgliedsstaaten in unterschiedlichen Arbeitsgruppen daran, die rechtlichen, technischen und politischen Voraussetzungen für eine erfolgreiche europäische Verbrechensbekämpfung zu schaffen.

In der Verbesserung des Informationsaustauschs und der Analyse liegt gegenwärtig das Schwergewicht der Initiativen.

Und dabei ist man drei Wege gegangen. Einmal wird versucht, den Informationsaustausch auf den traditionellen Wegen zwischen lokalen, regionalen und nationalen Polizeidienststellen und Justizbehörden zu beschleunigen und zu verbessern. Genannt werden sollten hier die Eröffnung kürzerer oder sogar unmittelbarer Geschäftswege, der gegenseitige Zugriff auf nationale Informationssysteme, die Benennung von nationalen oder regionalen Ansprechpartnern für spezielle Problemfelder oder der Austausch von Verbindungsbeamten. Der zweite Ansatz ist der Aufbau von internationalen, polizeilichen Informations- und Fahndungssystemen und die Errichtung bzw. der Ausbau zentraler internationaler polizeilicher Institutionen wie Europol oder von Institutionen mit verwaltungspolizeilichen oder zollrechtlichen Funktionen innerhalb der Europäischen Kommission oder dieser nachgeordnet.

Schließlich übertragen die Staaten der EU zentralen Institutionen wie Europol die Koordination von internationalen Ermittlungen und Einsätzen.

Zu erwähnen ist schließlich noch das Aktionsprogramm der EU zur Bekämpfung organisierter Kriminalität. Danach sollen in 30 Einzelmaßnahmen folgende Ziele erreicht werden:

- kontinuierliche Harmonisierung von Rechtsvorschriften zu Drogenkriminalität, Geldwäsche und organisierter Kriminalität;
- Verbesserung der Zusammenarbeit zwischen justitiellen Strafverfolgungsbehörden;
- bessere Erforschung der Phänomenologie organisierter Kriminalität;
- Ausdehnung der Richtlinie über Geldwäsche auf einschlägige Berufskreise, die nicht zum klassischen Finanzsektor zählen;
- Verstärkung von Prävention und Einführung administrativer Maßnahmen, um der Korruption und der Einflußnahme von organisierter Kriminalität auf Politik, Verwaltung und Gesellschaft zu begegnen;
- Ausbau des strukturierten Dialogs mit den assoziierten mittel- und osteuropäischen Staaten über Drogenfragen;
- enge Zusammenarbeit mit den transatlantischen Partnern.

Die Beschlüsse der EU zur Kriminalitätsbekämpfung erfüllen die Bedürfnisse der Praxis zwar nur teilweise, doch gehen sie in die richtige Richtung. Die Politik hat den Ernst der Lage, d.h. die Bedrohung unserer Demokratien und unseres Gesellschaftssystems durch international organisierte Kriminalität erkannt und scheint gewillt zu sein, unter Aufgabe von kleinlichem nationalstaatlichen Denken die notwendigen Maßnahmen zu treffen.

HELMUT FUCHS

Organisierte Kriminalität - Strategien ihrer Bekämpfung

Bei der Beschäftigung mit organisierter Kriminalität kann man von zwei Tatsachen ausgehen: Zum ersten ist es unbestreitbar, daß dieses Thema heute die Öffentlichkeit und die Politik stark beschäftigt. Organisierte Kriminalität wird als eine neue und gefährliche Bedrohung der Gesellschaft empfunden, wenngleich die Ansichten darüber, wie groß diese Bedrohung in Wirklichkeit ist, weit auseinandergehen.

Die zweite Tatsache ist, daß unter dem Leitgedanken der Bekämpfung organisierter Kriminalität Teile unserer Rechtsordnung grundlegend umgestaltet worden sind. Zum einen wurden neue Straftatbestände geschaffen. Zwar ist organisierte Kriminalität Kriminalität und damit ohnedies durch die überkommenen Straftatbestände erfaßt: Drogenhandel, Scheckbetrug und Schutzgelderpressung sind selbstverständlich schon seit langem strafbar. Doch die neuen Tatbestände setzen zur leichteren Beweisbarkeit im Vorfeld und am Nachtatverhalten an: Unabhängig von jeder konkreten Straftat wird die Beteiligung an einer kriminellen Organisation für strafbar erklärt, und unabhängig von der Beteiligung an konkreten Straftaten wird jedermann wegen Geldwäscherei für strafbar erklärt, der Vermögenswerte an sich bringt, verwaltet oder sonst irgendwie berührt, die aus einer strafbaren Handlung herrühren.

Diese neuen Straftatbestände wiederum sind der Ansatzpunkt für neue Eingriffsbefugnisse des Strafprozeßrechts und des Polizeirechts: Telefonüberwachung, geheime elektronische Überwachung von Personen und Räumen ("Lauschangriff"), Rasterfahndung, Kontosperren und das Einfrieren von Geldern sowie der Einsatz von verdeckten Ermittlern können auf den Verdacht der Beteiligung an einer kriminellen Organisation oder auf den Verdacht der Geldwäscherei für eine kriminelle Organisation gestützt werden.

Auffällig an dieser Entwicklung ist, daß sie fast ausschließlich das Strafrecht und das Polizeirecht betrifft. Während im Handel und Gewerbe, im Bankwesen und im Geldverkehr die rechtlichen Regeln vermindert werden, werden das strafrechtliche und das strafprozessuale Instrumentarium ausgebaut. Dem grundsätzlichen Abbau des Staates und der Deregulierung in unserer gegenwärtigen Gesellschaft stehen ein Ausbau des Strafrechts und eine Regulierung durch Strafrecht gegenüber.

Was ist das für ein Strafrecht, das ausgebaut wird? Ein Strafrecht, das von einem Abbau der in Aufklärung und Liberalismus entwickelten Rechtsprinzipien gekennzeichnet ist. Denn bei den neuen Tatbeständen der Geldwäscherei und der kriminellen Organisation ist es nicht gelungen, das strafbare Verhalten hinreichend bestimmt zu umschreiben und die Grenze zwischen strafbarem und straflosem Verhalten klar zu ziehen. Das ist kein Mangel an Gesetzestechnik, sondern liegt in der Natur der Sache. Zwar läßt sich beispielsweise bei der Geldwäscherei in einfach strukturierten Sachverhalten sagen, wann ein Vermögenswert aus einer Straftat stammt. Da jedoch Geld - und erst recht Buchgeld - auf Umlauf und Vermischung angelegt ist, muß die Grenze bald verschwimmen. Wie groß muß der Anteil von "schmutzigem" Geld auf einem Konto sein, damit man sagen kann, das Kontoguthaben sei Vermögen, das aus einem Verbrechen herrührt? Niemand weiß es.

Dazu kommt, daß die neuen Deliktsbeschreibungen in ihren objektiven Merkmalen unklar, untypisch und sozial-ethisch neutral sind. Das äußere Geschehen läßt keinen Schluß auf die Straftat zu. Wie beteiligt man sich an einer kriminellen Organisation? Indem man telefoniert, eine Wohnung vermietet oder mietet, im Hotelzimmer auf den Anruf eines anderen Kriminellen wartet und durch jede andere sozial völlig unauffällige Handlung, die erst durch den bösen Willen des Täters oder durch sein Gesamtverhalten, den gedanklichen Bezug zur Organisation, zu einer strafbaren Tat wird. Gestraft wird nicht mehr für eine Rechtsgutsverletzung, sondern für ein Nachtat- oder Organisationsverhalten oder für die Vorbereitung einer Straftat. An die Stelle des Einzeltatstrafrechts und der Einzeltatschuld treten das Organisationsdelikt und das Zusammenhangsverschulden. Das Wesentliche an den neuen Strafbestimmungen ist nicht das äußere Verhalten, sondern sind die Absichten des Täters und die Zusammenhänge des Geschehens. Das Schwergewicht des Beweises verlagert sich auf die schwer beweisbare, aber auch leicht unterstellbare innere Tatseite.

Die Unsicherheiten potenzieren sich dadurch, daß die strafprozessualen Eingriffsbefugnisse bloß an den Verdacht einer strafbaren Handlung, z.B. an den Verdacht der Beteiligung an einer kriminellen Organisation, anknüpfen. Zudem findet sich bei den Maßnahmen selbst ein Abbau von Grundsätzen des Strafprozeßrechts: Es war ein Grundsatz gerade der österreichischen Strafprozeßordnung aus dem Jahre 1873, daß das rechtsstaatliche Strafverfahren fair, offen und täuschungsfrei zu sein hat. Mit voller Klarheit sagt das Gesetz, daß bei der Vernehmung keine "Vorspiegelungen" angewendet werden dürfen und daß es "allen öffentlichen Beamten bei strengster Ahndung untersagt" ist, "auf die Gewinnung von Verdachtsgründen oder auf die Überführung eines Verdächtigen dadurch hinzuwirken, daß er ... durch insgeheim bestellte Personen zu Geständnissen verlockt wird, die dem Gerichte hinterbracht werden". Klarer kann man den Grundsatz des offenen und täuschungsfreien Strafverfahrens nicht ausdrücken.

Die neuen Maßnahmen des Strafprozeß- und des Polizeirechts sind dagegen ihrem Wesen nach auf Heimlichkeit und Geheimhaltung angelegt: Telefonüberwachung und Abhören in Wohnungen, verdeckte Ermittlungen, kontrollierte Durchfuhr und Datensammlungen wirken gerade dadurch, daß der Betroffene nichts von ihnen erfährt und, wenn überhaupt, erst sehr spät mit den Ermittlungsergebnissen konfrontiert wird. Gleiches gilt für anonyme Zeugen als Beweismittel und die Verwendung von Denunzianten und Spitzeln, die im Verfahren überhaupt nicht hervortreten.

Freilich kann man zur Begründung dieser geheimen Ermittlungsmaßnahmen anführen, daß neue, besonders gefährliche Formen der Kriminalität eben neue, besonders wirksame Mittel ihrer Bekämpfung erfordern. Das Argument ist nicht unberechtigt, dennoch ist Vorsicht angebracht. Denn der Staat, der in großem Umfang heimlich und verdeckt vorgeht, wendet die gleichen Mittel an, die gerade für die Kriminalität charakteristisch sind. Begeben wir uns nicht auf das Niveau des Verbrechens, wenn wir zu seiner Bekämpfung die selben Mittel anwenden? Signalisiert der Staat nicht Schwäche und untergräbt er nicht seine eigene Legitimität, wenn er eine Waffengleichheit zwischen der Polizei und den Verbrechern anstrebt, eine Waffengleichheit, die es aus prinzipiellen Erwägungen nie geben kann und darf?

Freilich folgt daraus nicht, daß man auf geheime Ermittlungsmaßnahmen absolut verzichten müsse. Wie immer geht es um Abwägung und Einhaltung eines bestimmten Maßes, aber auch um Zurückhaltung in der Anwendung des Strafrechts. Darum sollten diese Überlegungen in erster Linie Anlaß dafür sein, nach anderen Mitteln zu suchen, die der Entstehung von für die Gesellschaft bedrohlichen Kriminalitätsformen von vornherein entgegenwirken.

An der Spitze muß die soziale und die moralische Prävention stehen. Daß eine gute Sozialpolitik - innerstaatlich wie weltweit als Entwicklungspolitik - und eine gute Familien- und Erziehungspolitik die beste Kriminalpolitik sind, ist eine abgedroschene Formel, gleichzeitig aber eine immer noch gültige Wahrheit. Überhaupt sollte man die Rolle des Strafrechts und des Polizeirechts, so wichtig diese sind, nicht überschätzen: Straftaten werden nicht in erster Linie aus Furcht vor einer Strafverfolgung, sondern vor allem deshalb unterlassen, weil "man so etwas einfach nicht tut". Es sind in erster Linie die moralischen Hemmungen, die glücklicherweise bestehen und die die meisten Menschen daran hindern, anderen Menschen Leid zuzufügen. Diese Hemmungen und das Wertbewußtsein sollte man in der Gesellschaft stärken, nicht einseitig das Heil von neuen Straftatbeständen und Ermittlungsmaßnahmen erwarten.

Auch bei den rechtlichen Maßnahmen sollte man, schon um der Effizienz willen, nach Maßnahmen außerhalb des Strafrechts suchen. Was damit gemeint ist, sei anhand jener Fallgestaltung gezeigt, die auf lange Sicht vielleicht die gefährlichste und gleichzeitig am schwersten zu bekämpfende Bedrohung unserer Gesellschaft durch organisierte Kriminalität ist: die Investition von - möglicherweise - aus Verbrechen stammenden Gewinnen ausländischer krimineller Organisationen in inländische Unternehmungen. Die Unterwanderung der Wirtschaft mit deliktisch auf leichte Weise erlangtem Kapital muß auf die Dauer verheerende Folgen für die wirtschaftliche Moral in einem Land haben.

Theoretisch können solche Investitionen mit der Strafbestimmung gegen Geldwäscherei bekämpft werden. Praktisch werden Bestrafung und strafrechtliche Gewinnabschöpfung daran scheitern, die sich die Vortaten nicht mit jener Sicherheit nachweisen lassen, die für eine strafrechtliche Maßnahme notwendig ist, insbesondere dann, wenn die Taten in Staaten begangen worden sind, von deren Behörden - aus welchen Gründen immer - keine hinreichende Rechtshilfe erwartet werden kann.

Praktisch erreichen wird man nur dann etwas, wenn man Abstriche beim Beweis macht, und das setzt voraus, daß man sich auf wirtschaftsrechtliche Ordnungsmaßnahmen ohne Strafcharakter beschränkt. Zu denken wäre etwa an ein verwaltungsrechtliches oder auch gerichtliches Investitionsverbot für Gelder, für die kein legaler Erwerb glaubhaft gemacht wird. Durch ein solches Verbot wird niemandem etwas weggenommen. Es wird nur verhindert, daß mit solchen bedenklichen Geldern in Österreich gewirtschaftet wird und sich Investoren mit leicht erlangtem kriminellem Geld einen Vorteil gegenüber gesetzestreuen Unternehmern verschaffen, die mit teuren Krediten arbeiten müssen. Für ein solches Verbot könnte man ohne weiteres von den strafrechtlichen Beweisgrundsätzen abrücken, so daß ein geringeres Maß an Wahrscheinlichkeit als die volle Überzeugung von der Tatschuld ausreicht.

Doch ein solches außerstrafrechtliches Ordnungsrecht liegt wohl nicht im Zug der Zeit. Heute kann jeder, der eine Teigkugel formen kann, eine Pizzeria eröffnen und jeder, der aus Nord, Süd, Ost oder West mit Millionen zu uns kommt, ein anonymes Konto eröffnen oder ein Grundstück kaufen. Dafür werden dann die Pizzerias verwanzt und die Konten strafrechtlich gesperrt. Ob dies wirklich einen Gewinn an Freiheit bedeutet?

MARK PIETH

Geldwäsche

I. Einleitung

Geldwäsche ist als Thema nicht mehr ganz so taufrisch, es beginnt aber nun auch in der Justizpraxis eine Rolle zu spielen.

a) Wir erinnern uns daran, daß es Ende der 80er Jahre mit einem Mal an uns Europäer herangetragen wurde. Plötzlich hatte ein Vorgang, den es natürlich längst gab, einen neuen Namen und urplötzlich war ein Handlungsbedarf da, der bestehende Ansätze, etwa den österreichischen Hehlereitatbestand oder im administrativen Bereich bestehende Sorgfaltspflichten von Bankiers, als ganz unzureichend und nachbesserungsbedürftig erscheinen ließ.

b) Wir erinnern uns auch an die Etappen, über die ein in aller Eile zusammengekneteter Mindeststandard die Welt eroberte: Auf die Vorläufer der Wiener Betäubungsmittelkonvention von 1988 im strafrechtlichen und das "Basel Statement of Principles" im finanzaufsichtsrechtlichen Bereich folgten die berühmten Empfehlungen der "Financial Action Task Force" (FATF) von 1990, die praktisch unverändert in die EG-Richtlinien von 1991 übernommen wurden. Das strafrechtliche Gebäude wurde derweil in Europa mit der Europaratskonvention No. 141 zu den Themen Beschlagnahme und Einziehung/Verfall fertiggebaut.

c) Wir kennen das jedenfalls in den groben Zügen simpel erscheinende zweispurige Modell, das auf der strafrechtlichen Seite einen Tatbestand des mindestens eventualvorsätzlichen Verbergens von Verbrechenserlösen oder auch der Einziehungsvereitelung, ein modernes Einziehungsrecht, das auch Verbrechenserlöse und deren Surrogate erfaßt, und entsprechende Rechtshilfebestimmungen und ein adäquates Verfahrensrecht voraussetzt. Auf der administrativen oder finanzaufsichtsrechtlichen Seite will ich kurz an die berühmten 5 Pflichten der Financiers erinnern: an die Pflicht, die Kunden zu identifizieren, die zusätzliche Sorgfalt bei unklaren Umständen, die entsprechenden Dokumentationspflichten, die Meldepflicht und die Pflicht zum Aufbau einer betriebsinternen Compliancestruktur. Ebenfalls erwähnen will ich das Pendant auf der Behördenseite: Die möglichst zentrale Datenabgleichstation und deren Verfahrensregeln, insbesondere die Regelung von automatischer oder angeordneter Transaktionssperre.

Die weiteren Regeln, insbesondere die amerikanischen Normen zur routinemäßigen Bargeldkontrolle erscheinen demgegenüber sekundär, sie haben sich nicht durchgesetzt.

Es ist eigentlich erstaunlich, daß dieses Grundmuster, das innerhalb weniger Wochen im Winter 89/90 zusammengeschustert wurde, bisher nie grundsätzlich überprüft wurde. Zwar hat die FATF 1996 eine revidierte Version ihrer Empfehlungen veröffentlicht, die neben Randkorrekturen vor allem versuchte, das Thema Geldwäsche vom Nexus zum Drogenthema abzulösen. Das Erstaunliche ist, daß dieses Modell um die Welt gegangen ist, dann aber selbst in regional eng verbundenen Staaten kaum Anstrengungen zu einer weitergehenden Harmonisierung unternommen wurden.

Was im Kontext von FATF und OECD, der Welt der Industrienationen, Sinn machte ("Soft law", "peer pressure" und vage Konzepte, die lokal ganz unterschiedlich umgesetzt wurden.), paßt im regionalen Kontext, etwa der EU, schon weit schlechter. So z.B., daß an einem Ort die Meldeinstanz eine dezentrale Strafbehörde, am anderen Ort eine strukturell völlig anders organisierte zentralisierte Verwaltungsbehörde in der Nähe der Bankaufsicht ist, daß an einem Ort jeder Bürger meldet, am anderen die Institution, die Verdachtsgründe intern weiter überprüft und dann als Institution weiterleitet - dies muß zu Friktionen führen.

II. Diskrepanzen und Folgen

Es scheint fast, als hätte man gerade in Europa bewußt Raum für Lösungen gelassen, die traditionelle Wettbewerbsvorteile dieser Staaten erhalten sollten: Schaut man sich den Flickenteppich vor allem im finanzaufsichtsrechtlichen Bereich an, erstaunen die gezielt geschaffenen Defizite einzelner Lösungen. Ich will aber nicht mehr auf dem offensichtlichsten Manko, der Beschränkung auf Drogenwäschegeld, insistieren; Luxemburg ist daran, diesen Kapitalfehler des Systems zu korrigieren, Frankreich hat es bereits getan.

Indessen halte ich es für erstaunlich, daß der deutsche Gesetzgeber bei Erlaß des GWG eine der zentralsten Normen der 5 Pflichten "vergessen" konnte, nämlich die der Aufmerksamkeits- und Nachfragepflicht bei bloß unklaren, aber noch nicht eigentlich suspekten Umständen. Zugegeben, der deutsche Financier riskiert Kriminalstrafe auch bei grober Fahrlässigkeit - er muß aber, nachdem die Identifikation ihn nicht stutzig gemacht hat, nicht aktiv Merkwürdigkeiten nachgehen und weitere Fragen zum wirtschaftlichen Hintergrund stellen, er kann warten, bis es wirklich suspekt wird.

Frankreichs System ist so rechtsstaatlich, daß es sich selbst ins Abseits manövriert: Auf Meldung hin erfolgt nicht eine automatische gesetzliche Transaktionssperre, sie muß vielmehr im TRACFIN angeordnet werden - und wenn sich der Verdacht ex post als unbegründet herausstellt, haftet der Staat. Wen wundert es, daß es noch keine sog. (frz.) "opposition" gegeben hat, und daß nur ganz wenige Meldungen auch zu Strafverfahren geführt haben.

Großbritannien scheint in dieser Domäne der Musterknabe zu sein. Die Meldungen gehen bei einer effizienten zentralen Polizeieinheit, bei Scotland Yard, ein, werden per Computer ausgewertet. Zudem ist jedermann und nicht nur der Financier meldepflichtig. Die Konsequenz sind ca. 20.000 unsortierte Meldungen pro Jahr. Überwiegend "trash" - überdies bleiben lediglich 5 Minuten Bearbeitungszeit pro Meldung! Man kann ein System auch zu Tode füttern.

Die Schweiz tat sich lange schwer mit der Erfassung des Nicht-Bankenbereichs - und es ist nicht garantiert, daß die heute gewählte Lösung der "Selbstkontrolle auf Probe" auch bei den Treuhändern wirklich funktioniert.

Zum Thema Österreich und der allseits bekannten Identifikationsthematik bei allen Formen von Inhaberdokumenten brauche ich keine weitere Ausführungen zu machen. Sie haben genügend Schläge eingesteckt.

III. Aktuelle Entwicklungen

Im Rahmen der industrialisierten Welt und der etablierten Finanzplätze (OECD-Raum) wird an der Konsolidierung des Erreichten gearbeitet:

- FATF/EU überwachen die Umsetzung ihrer Programme.
- UNO und ER (in Osteuropa) tragen die "frohe Botschaft" in die entlegensten Winkel der Welt.

Darüber hinaus ist eine viel weiter reichende Entwicklung eingeleitet. Bei genauerem Hinsehen sind es eigentlich zwei verschiedene Vorstöße, die in dieselbe Richtung gehen.

Die UNO, insbesondere das UNDCP und CPP unter der neuen Direktion von Pino Arlacchi, scheint das Gehör des Generalsekretärs und auch der Generalversammlung zu finden und den offshore Destinationen - seien es Bank- oder Gesellschaftsparadiese - auf den Leib zu rücken. In einer ähnlichen

Richtung gehen auch aktuelle Bestrebungen der FATF. Die Gründe sind evident: Nachdem in Europa (und den übrigen Industrienationen) die Standards angeglichen werden, weichen die "schwarzen Schafe" der Finanzbranche auf Karibikinseln aus und schalten zur Anonymisierung eine extraterritoriale Zwischenstation (dort domizilierte Banken oder Anwälte) ein. Das Manöver hat zur Konsequenz, daß die Kontrollkette infolge fehlender Handelsregister, fehlender Aufsicht oder fehlender Rechtshilfebereitschaft unterbrochen wird.

Im Grunde geht die neue Tendenz der EU in eine ähnliche Richtung. Im Kontext des Harmonisierungsprozesses nationaler Strafrechte in der EU hat man sich in einer ersten Etappe des Schutzes der finanziellen Interessen der Gemeinschaft angenommen. Im Kontext der K-Artikel des Unionsvertrags sind, nach den Regeln der "Dritten Säule", d.h. vorläufig nach völkerrechtlichen Prinzipien, das Übereinkommen zum Schutz der finanziellen Interessen 1995 und die beiden Zusatzprotokolle von 96 und 97 abgeschlossen worden.

Zugleich findet seit Amsterdam und dem Umbau der K-Artikel und der dort abgestützten Matrikeln eine geradezu hektische Aktivität statt.

Für unseren Kontext relevant ist die Verpflichtung zur Bestrafung der Geldwäsche, von Erträgen aus EU-Betrug und EU-Korruption, und wir wissen, daß das, was EU-Betrug genannt wird, gemäß Artikel 1 des Übereinkommens von 1995 alle Formen der EU-Abgabenhinterziehung aber auch Subventionserschleichung umfaßt.

Da treffen sich die Interessen der EU, der UNO und der FATF: Wer Steuerhinterziehung u.ä. vermeiden will, muß auf offshore-Orte, auf das Bankgeheimnis losgehen, muß die Gesellschaftskonstituierung kontrollieren, muß also Mindestanforderungen an die Rechtshilfe stellen - ein stolzes Programm!

IV. "Hidden Agendas"

Zum Schluß dieses bewußt essayistischen Exposés möchte ich noch etwas ketzerischer werden und die Frage der verborgenen Hintergründe, nach dem Motor dieses so schnell zustandegekommmenen weltweiten Rechts- und Sinneswandels, aufwerfen.

Haben Sie sich auch schon gewundert, daß Länder, die zwar keine Freunde der Drogenkartelle waren, deren Drogenproblem sich aber in Grenzen hielt, schon 1989 bei dieser rechtlichen Revolution mitgemacht und innerhalb von 10 Jahren weltweit das gesamte Finanzsystem umgekrempelt und mit erheblichen zusätzlichen Kosten belastet haben?

Meine These als ehemaliges Mitglied der FATF ist, daß es immer schon um weit mehr ging, als um die Abwehr von Drogenhändlern. Daß die Thesen von der Achillesferse und der Schläge gegen das Zentrum der Mafia immer bloß "teilwahr" klangen.

Meine These ist, daß sich die Geldwäschenormen weit mehr für den legal operierenden Financier, für das Alltagsgeschäft und auch das private banking im besonderen interessieren, daß sie die Welt der Finanztransaktionen auf Papier oder doch in den Computer zwingen wollen, damit Finanzflüsse insgesamt rekonstruierbar und in diesem Bereich eine weltweite Kontrolle möglich wurde, als Substitut für die uns entgleitende nationale Kontrolle im Zuge der Liberalisierung und der Globalisierung: Es geht mindestens so sehr um den Überblick über weltweite Finanzströme, wie darum, Verbrecher zu fangen und ihr Geld einzuziehen.

Im übrigen ist die Geldwäschegesetzgebung ein Teilschritt in einem langfristigen Prozeß der Steuerung wirtschaftlicher Abläufe mit den Mitteln des Strafrechts. Denken Sie nur an die Kette der Themen internationaler Strafrechtsvereinheitlichung der letzten 10 Jahre: Gesetze gegen Betäubungsmittelhandel, gegen Geldwäsche, zur Einziehung, zum Verfall, die Ausdehnung der Geldwäschenormen auf die schweren Vortaten. Einführung der Haftung der Unternehmen, koordinierte Bekämpfung der nationalen und transnationalen Korruption, neue Bestimmungen zur Betrugsbekämpfung, vor allem im EU-Kontext, bis hin zu konkreten Vorschlägen eines einheitlichen Kernstrafrechts im Rahmen der EU. Strafrecht scheint oftmals der einfachere Weg der Globalisierung und Kontrolle zu sein als Verwaltungs- oder Zivilrecht. Dort müßte man konkrete Wirtschaftsabläufe reglementieren. Mit Strafrecht schlägt man "schwarze Schafe" tot, im übrigen ist es zahnlos und vor allem symbolisch gemeint.

Der Kampf um Arbeit

BERND MARIN

Zusammenfassung des Seminars

Kein Ende der Arbeit! Kein Ende der Arbeitslosigkeit?

Neue Vollbeschäftigung wäre möglich - aber Massenarbeitslosigkeit bleibt wahrscheinlich. Trotz bedrückender Politikprognosen ein erstaunlich und erfreulich breiter Fachkonsens in Alpbach:

- *Kein Ende der Arbeit: Der Arbeitsgesellschaft geht die Arbeit nicht aus* - allenfalls die *Vollzeit-Vollbeschäftigung* für eine *wachsende Erwerbsbevölkerung* auf gegebenen Arbeitszeit- und Lohnniveaus.
- *Mehr Jobs verringern noch nicht die Arbeitslosigkeit.* Wie Wirtschaftswachstum für Job Creation notwendig, aber nicht hinreichend ist, so ist Job Creation notwendig, nicht hinreichend für weniger Arbeitslosigkeit. Sie steigt umgekehrt nicht zwangsläufig bei weniger Jobs durch Kündigungen, Rationalisierungen, Entindustrialisierung.
- *Globalisierung hat überhaupt nichts mit Arbeitslosigkeit zu tun. In Europa hat sie eher Jobs geschaffen.* "Globalisierungsfalle" ist Quatsch, geschäftige Angstmache, Weltverschwörungstheorie.
- *Die Massenarbeitslosigkeit in Europa ist überwiegend "hausgemacht"*, falscher Wirtschaftspolitik geschuldet. Sie ist das Problem großer, alter Industrieländer (Deutschland, Frankreich, Belgien, Italien, Spanien). Seit 1993 ist *Deutschland* das einzige EU-Land mit wachsender Arbeitslosigkeit *und* sinkender Beschäftigung. *Und niemand hat "unnötig" restriktiv mehr Arbeitslosigkeit erzeugt als die Deutsche Bundesbank.*
- *Keine "Eurosklerose": Europas Wirtschaft ist wettbewerbsfähig*, siehe Leistungsbilanzüberschüsse, steigende Einkommen, Gewinne usw. Arbeitskosten- und strukturelle Angebotsprobleme werden mehr behauptet als bewiesen.
- *Kleine Länder* mit höchster Außenwirtschaftsverflechtung ("Globalisierungsgrad") und sozialpolitischem Ausgleich gehören zu den *beschäftigungspolitisch erfolgreichsten:* etwa Norwegen, die Schweiz, Holland, Österreich, Dänemark, Portugal und jüngst Irland. Fast ein Wunder, daß Österreich von der deutschen Krise nicht stärker betroffen war.

- *Beschäftigungspolitisch erfolgreiche "policy-mixes"* kombinieren (modische) Angebots- und (zeitgeistwidrige, oft sogar dementierte) nachfrageseitige Maßnahmen; flexible Güter-, Dienstleistungs- und Arbeitsmärkte; "zurückhaltende" Lohnpolitik unterhalb der Produktivitätszuwächse; Entlastung der Arbeit von Abgaben durch Verlagerung zu indirekten Steuern, von konsumptiven Transfers zu produktiven Investitionen, und vor allem ein *"richtiges" timing* oder *sequencing der öffentlichen Haushaltskonsolidierung* erst *nach* einer expansiven Wiederbelebung der Konjunktur (wie, entgegen den Deklarationen, in den USA und Großbritannien).
- *Flexible Arbeitszeitverkürzung* macht Sinn über variable Jahres- und Lebensarbeitszeiten, *Abbau des overworking*, und unfreiwilliger Vollzeit, durch Zeitguthaben statt bezahlter Überstunden, *Ausbau* qualifizierter, "vollzeitnaher bzw. langzyklischer *Teilzeit*", Familien- und Pflege*freistellungen*, Elternteilzeit, Bildungskarenzen, Sabbaticals etc. Inflexible Betriebe und Sozialpartner, die (oft temporäre) Teilzeitwünsche ihrer MitarbeiterInnen/Mitglieder ignorieren, kosten über 10 Mio. nachgefragte Jobs.
- Zuletzt müssen wir uns von *historisch "gestrigen" wirtschaftspolitischen Dogmen, etwa der "Unmöglichkeit" von Wirtschaftspolitik*, verabschieden, die in "kleinen, offenen Volkswirtschaften" gerade noch zeitgemäß waren, im großen, fast geschlossenen EU-Binnenmarkt hingegen kontraproduktiv wirken. Bleibt die Frage, wie wir den Sickerprozeß wissenschaftlicher Einsichten in Politik und Medien - der in den letzten siebzig Jahren jeweils etwa eine Generation Zeit brauchte! - beschleunigen können, wenn der bloße Rückstand an *conventional wisdom* solche verheerende (Langzeit)Arbeitslosigkeit und Reservearmeen hervorbringt. Geld- und Fiskalpolitik wurde an die EU *abgegeben, nicht aufgegeben.* Wenn keine EU-Wirtschaftspolitik zur Unterstützung der NAPs entsteht, wird die Massenarbeitslosigkeit langfristig weiter ansteigen.

JOZE MENCINGER

Generating employment in economies of transition - The case of Slovenia*

1. Abrogation of the "Socialist Social Contract"

Among the domains that have been nearly overlooked[1] in early discussions on transition were the changes in the labour market mechanism. This is peculiar because it should be apparent that transition would require large redeployment of workers and that changes would have substantial costs in terms of unemployment and substantial drop in real wages. Namely, for several decades, unemployment was, with exception of Yugoslavia, considered "liquidated" and labour market was an ideological taboo. Indeed, growth in former socialist economies frequently appeared to be constrained through labour shortages. In reality, shortages were created by a "socialist social contract": commitment to full employment and fairly equal wages (though often augmented by large and less equal fringe benefits). The demand for labour was not set by market conditions and enterprises "hoarded" labour; there were no lay-offs during the slack periods and more workers than needed were employed during the boom periods.

While variations among countries in transition are huge some features are common to all; all endured an unprecedented fall in measured output. Contraction of output in the 1989-1993 period surpassed "the macroeconomic stabilisation" expectations and was deeper and more complex than the contraction during the 1929-1933 depression[2]. One could therefore expect that unemployment would be the core problem of transition. The transition namely implied not only a shift from a traditional socialist or a selfmanagement socialist pattern of employment to a capitalist pattern but also that over-employment which had been created in decades of socialism would be abolished; in fact, there have been not many surrogates to the metamorphosis of socialist over-employment into open unemployment. Strangely enough, the abrogation of the socialist social contract has so far brought relatively little opposition. Indeed, social and political acceptance of unemployment in most former socialist countries has been remarkable and even surprising. It is less surprising that affected countries tried to avoid social costs by encouraging

* Speech in the framework of the seminar

1 Extensive analyses of employment during transition began to appear after 1993. See for example Commander, S. and Coricelli, F. (1995).

2 The disappearance of Balcerowicz's "pure socialist production" goods, the disruption in macroeconomic coordination mechanism, the inability to respond quickly to the shift from a sellers' to a buyers' market, the disintegration of the countries or/and trade associations, mistaken macroeconomic policies, and statistical overstatements are usually blamed for an enormous decline in measured output.

early retirement, subsidising unprofitable firms, and preventing bankruptcies though it is obvious that maintaining over-employment might worsen the situation. It is therefore of interest to see how employment reacted to the drop and to the ensuing recovery, if any, of economic activity during transition.

2. Employment mechanism in transition

Simple employment functions relating movements in employment to movements in output of the following form:

$$rE = a + b * rQ$$

or

$$rE = a + b * rQ + c * D$$

(where rE - growth of employment, rQ - growth of output and D - dummy variable which enable distinction between reactions of employment to output in different phases of a business cycle) can serve for analysis. They reflect social and institutional arrangements incorporated in the labour market mechanism, and also indicate what are economic and social consequences of such arrangements. The values of three coefficients reveal basic patterns of job creation and job destruction. Coefficient a relates to "autonomous" changes in employment i.e. changes which are not "caused" by fluctuations in output. Coefficient b is elasticity of employment to output, thus percentage change of employment "caused" by one percent change in output. The value of c indicates whether job creation mechanism (as a response to growth of output) differs from job destruction mechanism (as a response to fall of output).

A summary of relevant employment patterns is presented in Table 1. Five different patterns are distinguished; they can be labelled: traditional socialist, selfmanagement socialist, classical capitalist, traditional European, and neo-European.

In a traditional socialist model, job creation is predominantly autonomous, thus not related to fluctuations in output, neither affected by technological change. Instead, employment is determined by supply of labour, i.e. by demographic factors.

Selfmanagement socialist pattern of employment implies high level of autonomy, low output elasticity, and strong asymmetry i.e. strong downward rigidity of employment.

In a classical capitalist model, technological development should reduce demand for labour, elasticity of employment to output should be high and there should be no asymmetry in hiring and firing.

Table 1
Types of labour markets as determined by a simple employment function

$rE = a + b*rQ + c*D$

type of the market	value of "a" autonomous employment	value of "b" elasticity of employment	value of "c" asymmetry of employment	Consequences
traditional socialist	+	0 insignificant	0 insignificant	no labour market, open unemployment a taboo, constant creation of overemployment;
selfmanaged socialist	0	$0.2 \leq 0.4$	- strong downward rigidity	low open unemployment creation of overemployment in slack periods
classical capitalist	-	1	0 insignificant	flexible labour market without social considerations, no hidden unemployment
traditional European	-	$0.3 \leq 0.5$	- weak downward rigidity	slow hoarding of overemployment, social considerations important
neo European	-	$0.5 \leq 0.7$	+ upward rigidity	reduction of hidden and fast growth of open unemployment hysteresis

a, b, c - parameters of employment function,
rE - rate of change in employment,
rQ - rate of change in output,
D - a dummy variable with value 0, if output is increasing, and 1 if output is falling or stagnating

Due to excessive regulation, a rather low employment to output elasticity can be assumed to exist in a traditional European labour market. Social considerations presume existence of downward rigidity of employment.

The most distinguished characteristics of the neo-European employment pattern which has appeared in the nineties is upward rigidity and increased elasticity of employment to output. They contribute to reduction of previously accumulated over-employment and growing unemployment in developed European economies.

Employment mechanism of ten transitional countries in the period 1989-1997 is presented in Table 2 and Graph 1. Average growth rates of employment and output are followed by parameters of two simple employment functions. Short period and unreliable data[3] do not allow for firm conclusions; major changes in employment pattern during transition can nevertheless be observed both by results in Table 2 and Graph 1.

Hungary, Poland, Slovenia, Slovakia, and Croatia constitute a group; these countries have passed the bottom of transformational recession and began to reduce previously accumulated over-employment; average yearly drop in employment in the observed period exceeds drop in production; elasticity of employment to output is between 0.4 and 0.6, and there is upward rigidity of employment; the recovery in output has not been followed by corresponding recovery in employment. These countries have thus moved from a classical or selfmanagement socialist type of labour market to a neo-European type of labour market, and their unemployment rates have reached the levels in less developed European countries. Thus, official unemployment rates in 1997 were 16.8 percent in Croatia, 10.4 percent in Hungary, 10.5 percent in Poland, 11.5 percent in Slovakia, and 14.4 percent in Slovenia.

Hungary led in reducing over-employment by 22 percent since 1989. Indeed, the country did not even expand over-employment in the beginning of transition which was done by Poland and Slovenia; they were both increasing over-employment until 1993 and began to reduce it afterwards; labour/output ratio in 1997 was in both countries approximately 15 percent lower than in 1989. Croatia and Slovakia have lagged. Downward rigidity of employment in Czech Republic is rather surprising. The country has retained, amidst liberal rhetorics, many characteristics of socialist employment pattern; squeeze in output was not accompanied by corresponding drop in employment. In addition, and contrary to popular notion, the increase in the share of service sector lagged behind corresponding figures in other CEE countries.

Bulgaria has had a rather unique pattern of adjustment: a very high "capitalist" elasticity of employment to output implying that the degree of over-employment has remained practically unchanged despite enormous drop of employment and real wages. In Romania, large squeeze of output was accompanied by much smaller drop of employment, and consequently a raise of over-employment until 1992; growth in output between 1993 and 1996 reduced over-employment to 1989 level again while ensuing drop in output increased it again in 1997. It is not certain whether these two countries have reached the bottom of transformational depression yet.

In CIS countries, over-employment has actually increased rather than decreased during transition. While in three Baltic states over-employment expanded in the first phase of transition and began diminishing in the second,

---

3 Two main sources of data were used for the analysis: *WIIW Handbook of Statistics, Countries in Transition 1995*, WIIW Vienna, 1995; and *European Bank Transition Report Update*, April 1998, EBRD 1998.

its level in 1997 nevertheless exceeded the 1990 level; labour/output ratio was 52 percent higher in Latvia, 41 percent in Lithuania, and 20 percent in Estonia (in 1995). In Russia, over-employment has been increasing in the whole period; in 1997, labour/output ratio was 50 percent higher than in 1989, and it doubled in Ukraine and Moldova. In short, prospects related to employment in the countries of former "socialist South" are frightening; transition will turn them into a "third world" model of capitalist market economy with half of labour force being unemployed or participating in informal economy rather than to a model of a contemporary capitalist market economy.

Table 2
Employment patterns in transition

	rE	rQ	a	b	R2/DW	a	b	c	R2/DW
Bulgaria	-3.9	-3.2	-1.13	0.85	0.83	-2.40	1.15	3.92	0.86
			(-1.0)*	(4.9)	3.05	(-1.3)	(3.0)	(0.9)	2.50
Croatia	-5.7	-5.0	-4.03	0.44	0.74	-5.01	0.58	2.99	0.78
			(-4.0)	(4.2)	1.85	(-3.6)	(3.3)	(1.0)	1.57
Czech Rep.	-1.0	-1.2	-0.57	0.34	0.86	-0.89	0.39	0.91	0.88
			(-1.4)	(5.6)	2.17	(-1.5)	(4.0)	(0.7)	2.08
Hungary	-4.6	-1.8	-3.49	0.59	0.62	-1.74	0.27	-4.1	0.75
			(-3.2)	(2.8)	1.22	(-1.1)	(1.0)	(-1.5)	1.55
Poland	-2.1	+0.8	-2.45	0.47	0.79	-4.64	0.89	6.57	0.84
			(-3.3)	(4.3)	1.03	(-2.3)	(2.3)	(1.2)	1.29
Romania	-1.9	-7.6	-2.26	-0.05	0.11	-0.87	-0.42	-9.7	0.17
			(-2.4)	(-0.8)	2.73	(-0.3)	(-0.6)	(-0.6)	2.45
Russia	-1.9	-7.7	-0.51	0.19	0.56				
			(-0.9)	(2.8)	2.15				
Slovakia	-2.8	-1.2	-2.12	0.52	0.60	-3.59	0.69	2.93	0.62
			(-1.5)	(2.7)	3.03	(-1.2)	(1.8)	(0.5)	2.89
Slovenia	-2.0	-0.3	-1.91	0.42	0.58	-3.02	0.68	2.79	0.62
			(-2.5)	(2.6)	2.86	(-1.5)	(1.4)	(0.6)	2.26
Ukraine	-2.3	-12.5	-0.29	0.16	0.42				
			(-0.2)	(1.9)	1.92				

* t values in parenthesis

Graph 1
Employment patterns in transition

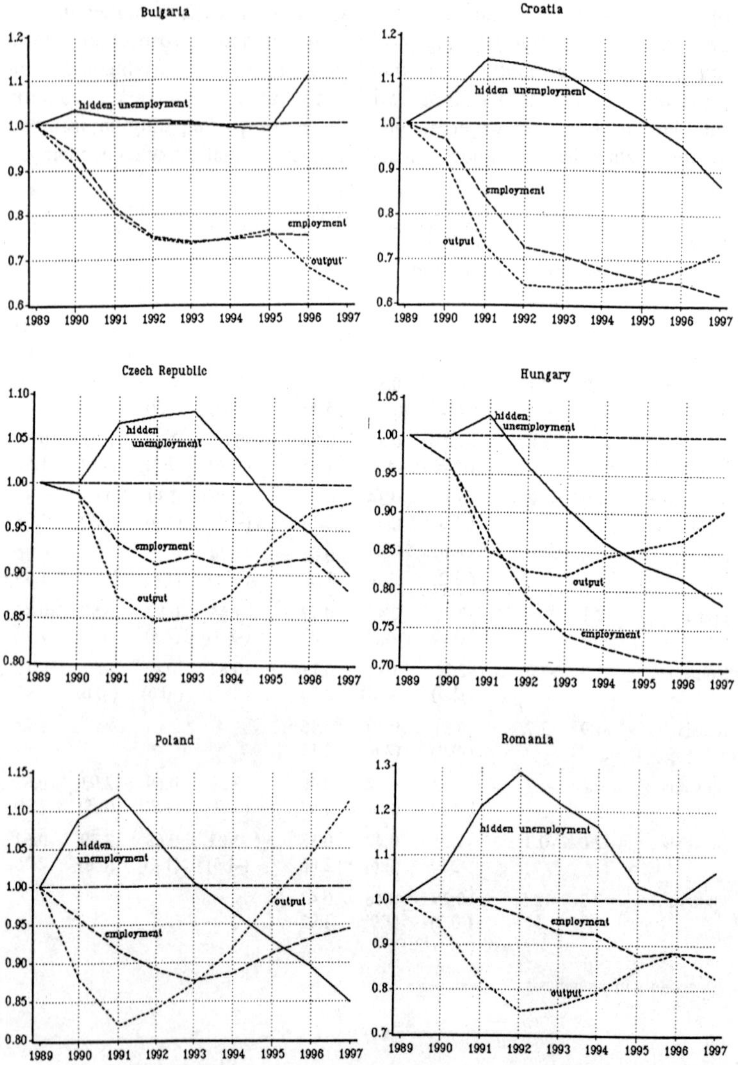

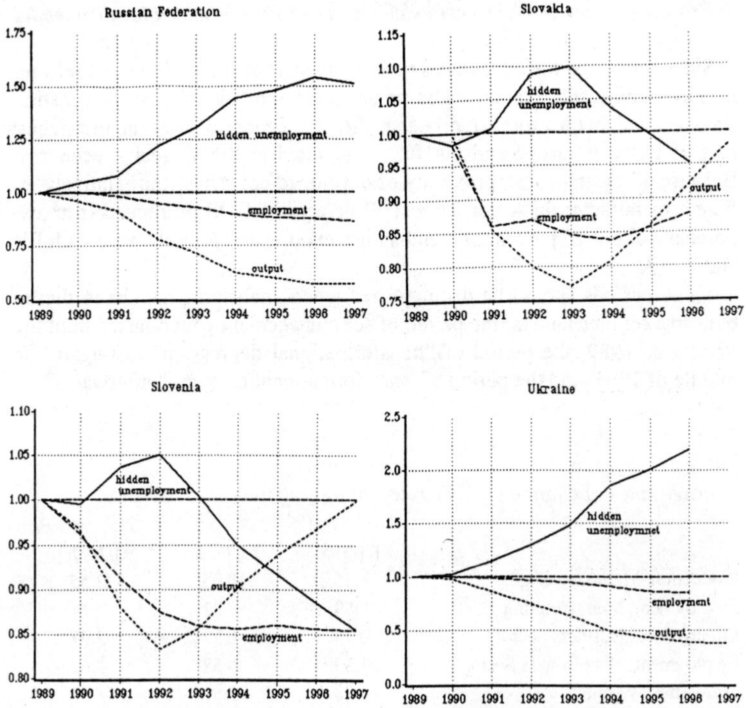
Russian Federation
hidden unemployment
employment
output
Slovakia
hidden unemployment
output
employment
Slovenia
hidden unemployment
output
employment
Ukraine
hidden unemploymnet
employment
output
1989 1990 1991 1992 1993 1994 1995 1996 1997

3. *From a socialist employment model*[4] *to a neo-European employment model*

Slovenia shared the advantages of an early start of market oriented reforms in Yugoslavia, and maintained some advantages of its own. Market institutions existed before transition began, the tiny economy was far the richest part of Eastern Europe and not fully integrated in the Yugoslav economy. Because of its small size, proximity of developed countries, and relatively efficient manufacturing sector, almost 50 percent of GDP originated from exports and about 70 percent of merchandise exports and imports were with EU and EFTA.

Three periods should be distinguished when analysing changes in the labour market mechanism: the period of selfmanagement which lasted until the middle of 1989, the period of "transformational depression" lasting to the middle of 1993, and the period of "transformational recovery" afterwards[5].

Table 3
Average rates of change of basic relevant aggregates[*]

	81/1-89/6	89/7-93/6	93/7-97/10
Production, Manufacturing	1.36	-10.05	2.55
Employment, Manufacturing	0.89	-7.32	-5.14
Employment, Business Sector	0.73	-6.77	-2.97
Employment, Nonbusiness Sector	1.80	-0.58	3.02
Total Employment	0.88	-5.67	-1.83
Registered Unemployment	11.32	48.26	2.08
Vacancies	-1.29	5.32	15.95
Retirements	4.50	7.00	1.13
Old Age Retirements	5.73	10.05	1.10

[*] average yearly growth rates are calculated from monthly data; thus $rX_t = 100*(X_t/X_{t-12}-1)$

4 In the theory of economic systems, Yugoslav economy served as the only example of what is called the self-managed, the participatory, the labour-managed or the socialist market economy. Benjamin Ward's Illyrian firm, Evsey Domar's producers cooperative, Jaroslav Vanek's labour-managed market economy, and Branko Horvat's realistic model were all directly or indirectly inspired by the particularities of the Yugoslav institutional setting. This setting, however, was not particularly stable and often differed considerably from its theoretical blueprints. Since 1945, four distinct systemic types can be distinguished: (i) administrative socialism, or a Soviet-type economic system (1945-1952); (ii) administrative market socialism (1953-1962), which gradually led to (iii) market socialism (1963-1973), and (iv) contractual socialism (1974-1988) followed by the collapse of socialism and the breakdown of the country.

5 Supply and demand characteristics on the product market are used to delimit the periods. The edge in 1989 is determined by the prevalence of demand constraints over supply constraints on the product market. The bottom of recession in the middle of 1993 serves to edge the second period from the third.

3.1. *Creation of hidden unemployment in the eighties*

Though, according to ideological premises, labour could not be treated as commodity "sold" on the market, and though, job security was guaranteed by the Constitution labour market in a rudimentary form nevertheless existed. Indeed, when hiring a worker there was no substantial difference between it and a labour market in a capitalist market economy. The difference emerged afterwards; a newly employed worker namely became employee, manager, and employer at the same time. If for any reason (a fall in demand for output, new technology etc.) demand for labour decreased he should as an employer or a manager fire himself which was not very likely. Job security and labour hoarding were thus normal features of the economic system based on self-management[6]. What were the alternatives to lay-offs when employment should be reduced? Self-imposed reduction of wages could lower relative price of labour and shift optimal combination of resources in favour of more labour and less capital. Selfmanagement should therefore result in a greater downward flexibility of wages. However, while the aversion of workers to fire their fellow workers and themselves was indisputable, greater downward wage flexibility was not. In fact, it was outweighed by another feature of a socialist economy: "the soft budget constraint". Indeed, downward wage flexibility was for the first time substantiated by wage setting of many non-privatised firms time during transition, thus, at the very quagmire of self-management.

Macroeconomic performance in the period of "contractual socialism" (1974-1988) is characterised by the break in 1980, when acute difficulties in Yugoslavia began. They consisted of stagnation coupled with decreased efficiency, rising level of open and hidden unemployment, inflation, and increased interregional disparities. Deterioration turned to stagflation and, after 1983, to a kind of hyper-stagflation. The annual growth of GNP decreased from 5.7% in the period 1974-1980 to stagnation in the 1980s, unemployment rate reached 16.4% at the end of 1988, average inflation rate increased from 20% in the 1974-1980 period to 200% in 1988, and real wages dropped to two thirds of those in 1979. Slovenia participated in general deterioration

---

6 The two most prominent scholars in the field of labour-managed economy, Vanek and Horvat, stressed its macroeconomic advantages. Vanek's conclusions about the expected performance of the self-managed economy were extremely favourable, particularly "in generating full employment, long-run price stability, and growth" (Vanek, 1971, p.38). Horvat (1972) arrived at similarly favourable macroeconomic implications. According to him, high rates of growth are assured by a higher propensity to invest due to reduced risk and uncertainty, full employment by the reluctance of workers to dismiss fellow workers, and price stability by the absence of the fundamental employee-employer conflict.
The above macroeconomic propositions of Vanek and Horvat were tested against the Yugoslav reality in the 1971-1977 period (Mencinger, 1986). Only the proposition of stability in employment and short term growth rates was confirmed, while promotion of long run growth and price stability were not.

though the performances were slightly better than in the rest of the country. Thus, hidden unemployment created by asymmetry of hiring and firing was in 1989 estimated to 46 thousands while, at the same time, registered unemployment was only 28 thousands (Mencinger, 1989).

3.2. Restructuring of the economy by firing and retiring

In 1988, Yugoslavia reached the point at which any economic reforms unaccompanied by political reforms could only increase the inconsistency between the economic and the political system. The rather peculiar economic system came to its end after continuous economic crisis, ideological disintegration, dysfunctional institutions, growing ethnic and social tensions and political stalemate.

The transition from socialism to capitalism, at least formally, began at the end of 1988 when the *Enterprise Law* shifted decision-making rights from workers to owners. In reality, proper equity owners and employers have not yet been found and a kind of legal chaos in corporate governance based on the legacy of selfmanagement has continued.

Favourable starting position of Slovenia should make transition from socialism to capitalism easy. However, a rather successful stabilisation was accompanied by a drop in economic activity and a rise of unemployment very similar to those elsewhere. Macroeconomic development following political changes and, particularly, the secession from Yugoslavia had typical features of transformational depression[7]. It was the dramatic reduction of trade with the rest of the former Yugoslavia which actually triggered the depression by lessening the overall demand by the amount equal to 24 percent of sales which amounted to approximately 133 percent of "proper" exports, or to 50 percent of GDP. The economy adapted ruthlessly. Employment went hand in hand with a decrease of economic activity, elasticity of employment to output in the business sector exceeded the corresponding figures observed in developed European capitalist countries. There were two major sources of displacements: bankruptcies and lay-offs; and three available exits: alternative

---

7 Slovenia was, most likely, the least affected by the disruption in coordination and by the transfer from the sellers' market towards the buyers' market which characterised the transition to a market system in other socialist countries. The coordination of the economy had been for many years decentralised, the impacts of insufficient demand had prevailed over supply shortages already in the eighties and the notion of "monetary overhang" was unknown. Slovenia shared advantages of an early start of market oriented reforms in Yugoslavia, and maintained some advantages of its own. A homogeneous socially stable population; skilled workers; a well diversified manufacturing sector dispersed over the country which would require less restructuring than in the rest of Yugoslavia, and which, as a consequence, would diminish social tensions during the transition; rather supple responsiveness of a homogeneous economy to economic policy measures; well established economic links with western markets; and geographical position were among them. The dramatic collapse of trade with the former Yugoslav republics was undoubtedly the major cause of deep depression.

employment, unemployment, and exit from labour force. Drop in employment by 1 percent increased number of unemployed by 4.8 percent and those retired by 1.3 percent; only few found jobs with the new emerging private sector. The so called restructuring of the economy thus consisted mainly of "firing and retiring" during which the number of unemployed nearly quadrupled, the number of pensioners increased to 430 thousands.

The reluctance of firms to fire workers was articulated by initial increase of hidden unemployment and widely spread early retirement. Both were socially more acceptable than unemployment, and both played an important role in alleviating social and political pressures of transition. Annual growth of the number of pensioners increased from long run 4.5 percent to 7 percent; the corresponding figures for old age pensioners were 5.7 and 10 percent. Nearly half of those who retired in this period retired prematurely, and number of old age pensioners increased from 180 thousands to 250 thousands[8], while the ratio of pensioners to employees dropped to a horrifying 1.6.

The logic of early retirement has been questioned since then. Its significance both for alleviation of social problems on the one side and for accelerating the collapse of the "pay as you go" pension system can be assessed by the difference between actual number of old age pensioners, and "normal" (long run trend) number of old age pensioners. Early retirement reached the peak in 1991, when number of old age pensioners increased by 27.2 thousands; 15.9 thousands retired prematurely. After 1992, exit to early retirement began to dwindle for two major reasons: the pool of those eligible for

8 The Labour Code of October 1989 gave employers the right to lay of workers but by a mandated advance notification period of 24 months. This was in February 1991 reduced to a more reasonable period of 6 months.
Economic and social criteria for identifying redundant workers were determined in the General Collective Bargaining Agreement in August 1990. They included work quality, qualifications, experience, seniority, health, number of dependents, ability to become self-employed, ownership of a farm or a firm. Entitlements of redundant workers were also determined. The employers could be required to keep workers on the payroll for at least six months with at least the minimum wage or to offer them a lump sum payment; workers could be reassigned within a firm and they could be retrained; they could use an early retirement with the firm purchasing their missing pension credits. Early retirement at reduced pension levels was accessible at 55 years of age and 35 years of work experience for men; the corresponding figures for women are 50 and 30 years.
Workers with at least nine months of continuous employment got a right for unemployment compensation of 70 percent dropping to 60 percent after three months. The duration of eligibility depended on the duration of employment with the upper limit of two years for those with cumulative employment of 20 or more years. After expiration, unemployed workers were eligible for means-tested unemployment assistance. Unemployment compensations and early retirement in a "pay as you go" pension system demanded increase of social transfers. Taxes and contributions had to swell and the share of public sector in GDP soon increased to 48 percent.

such an exit decreased, and new legal provisions restricted the access[9]. Consequently, in 1993, old age retirement growth rate declined below long run "normal" growth rate. It increased again in 1998 as a reaction to the discussions of the Pensionary Reform.

Table 4
Annual exit from workforce (in 000 from december to december)

	1	2	3	4
1990	61.6	21.6	23.6	16.4
1991	75.3	35.7	27.2	12.4
1992	37.0	27.0	15.8	-5.8
1993	21.0	18.9	3.9	1.8
1994	8.0	-13.6	1.6	20.0
1995	5.0	3.4	2.0	-0.4
1996	10.0	-5.0	3.9	11.1
1990 - 1996	217.9	88.0	88.0	40.9

1 exit from total employment, 2 exit to registered unemployment, 3 exit to old age retirement, 4 exit elsewhere = total employment - registered unemployment - old age retirement;

It is evident that the exit to early retirement replaced the exit to unemployment. Unemployment nevertheless escalated; the number of registered unemployed persons quadrupled in three years reaching 137 thousands in the last quarter of 1993[10]. Unemployment would be much higher if all who retired prematurely would instead become unemployed; at the peak in 1991, registered unemployment would be 35 percent higher. On the other hand, early retirement has attributed considerably to the increase of old age dependency rate, thus accelerating the "old age crisis"; it has not caused it.

9 Before March 1992, men qualified for old age pension at 60 years of age and 40 years of work, and women at 55 years of age and 35 years of work experience. The level of pension was 85 percent of the base computed as the average of the inflation adjusted wages in ten best years. By the 1992 law, the pensionable ages are to increase gradually to 63 for men and 58 for women.

10 Things were not so bad by ILO standards; according to the latest interview and respecting ILO standards, *School of Social Sciences* estimated unemployment rate slightly under 8 percent.

Graph 2
Early Retirement During Transition

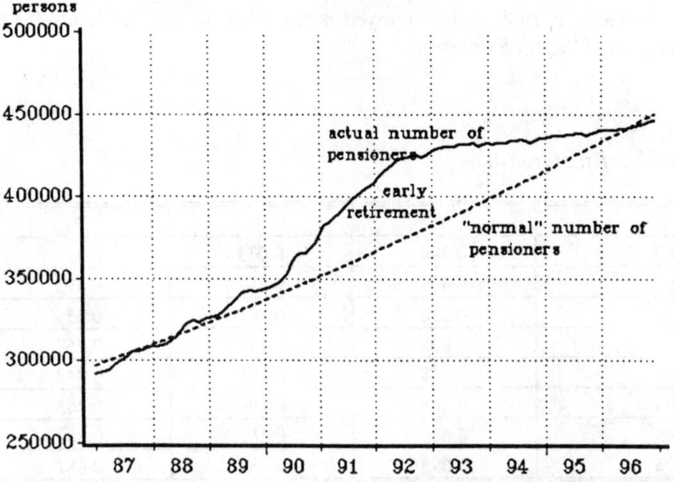

Unemployment and Early Retirement

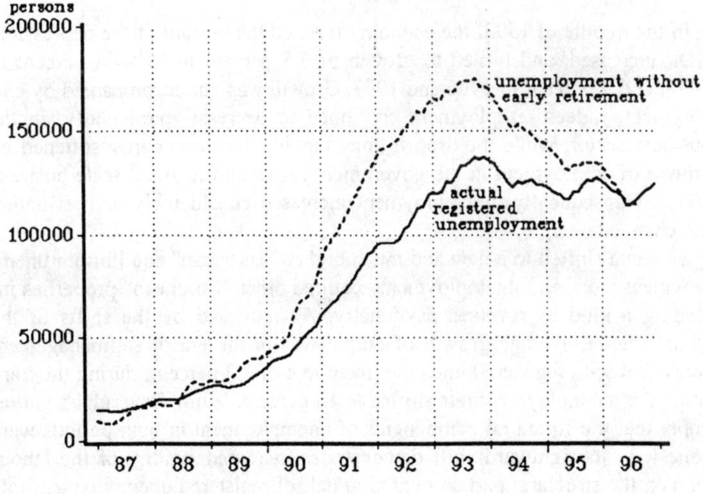

Social burden escalated which is shown in Table 5. While in 1989, 100 employees should "take care" of 39 pensioners and 3 unemployed; in 1996, their burden increased to 68 pensioners and 19 unemployed. Total burden thus doubled; in 1989, 100 employed persons had to provide funds for 43 persons, in 1996, for 88 persons.

Table 5
Social burden of transition

	1	2	3
1989	0.394	0.033	0.437
1990	0.438	0.055	0.493
1991	0.530	0.101	0.631
1992	0.608	0.149	0.757
1993	0.648	0.195	0.843
1994	0.668	0.196	0.865
1995	0.680	0.189	0.869
1996	0.695	0.187	0.882

1 number of retired persons/number of employed persons;
2 number of registered unemployed persons/number of employed persons;
3 number of retired and registered unemployed persons/number of employed persons;

3.3. Reversed asymmetry in recovery

In the middle of 1993, the economy reached the bottom of the depression. GDP increased, and turned to growth of 5.5 percent in 1994, 4 percent in 1995, and 3 percent in 1996 and 1997. Growth was not accompanied by employment. Indeed, employment continued to decrease, particularly, in the business sector; while the drop in total employment was partly softened by growth of employment in the government sector and in small scale business sector. Consequently, unemployment increased considerably and its nature has changed.

Slovenia shifted to a new and much higher "European" equilibrium unemployment rates, and unemployment acquired other "European" properties including a kind of reversed asymmetry. As indicated by the shifts of the Okun's curve, average growth of output was in the era of selfmanagement consistent with registered unemployment rate of 2.2 percent; during the transition the unemployment rate shifted to 15 percent. While Beveridge's curves imply that the structural components of unemployment in both periods were quite low, its rightward shift demonstrates increased rigidity of the labour market; the structural part amounted to half of registered unemployment rate before transition, and to only slightly more than one tenth after transition.

Graph 3

Shifts of the Okun's Curve

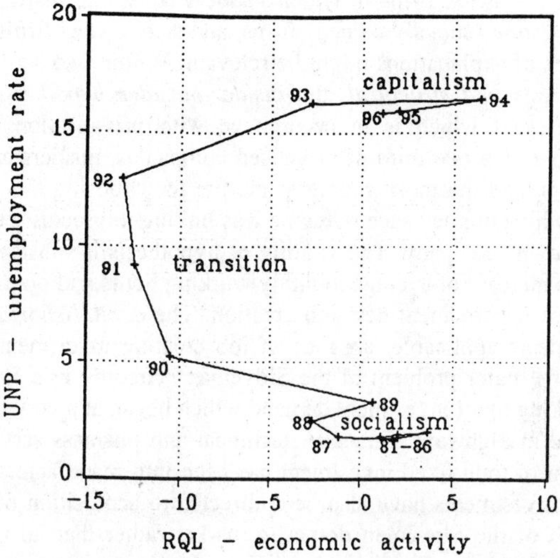

Shifts of the Beveridge's Curve

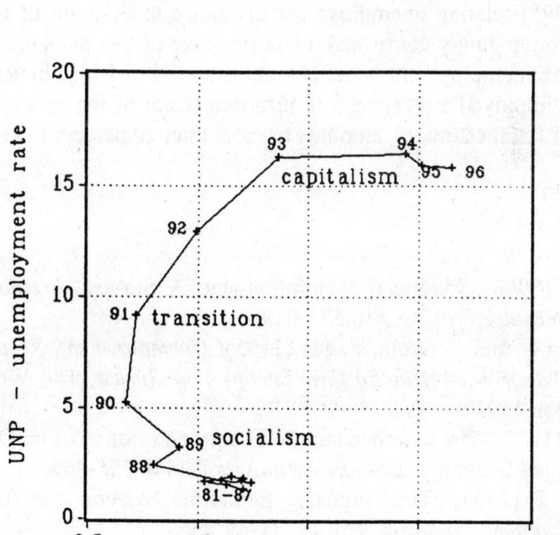

High and persistent unemployment in Slovenia does not require a specific model or a rejection of alternative explanations (Bean, 1994); indeed, a variety of property forms which coexist (proper private foreign and domestic firms, recently privatised firms in which insiders constitute majority shareholders, still existing "socially owned" firms, and state owned firms) implies that coexistence of explanations might be relevant. Within two sets of explanations: *hysteresis and structural*, the *insider-outsider hypothesis* appears particularly relevant which is in accordance with privatisation outcome. Namely, in more than two third of privatised companies, insiders are majority shareholders, and the most important motive for choosing the privatisation methods which implied such outcome was linking job security to ownership of their "own" company. The validity of hypothesis is substantiated by the data on the increase of average monthly working hours and on prevalence of temporary over permanent new job creation. The *capital shortage hypothesis* also appears applicable; absence of job creating investment demand appear to be the major problem of the Slovenian economy in a foreseeable future; the picking up of investment demand which began at a very low level, is concentrated in highways, financial, technical and business services; less than 20 percent of total fixed investment has been into manufacturing. Most foreign direct investments have also been directed to acquisition of existing enterprises and of the Slovenian domestic market rather than to greenfield job creating investments. Finally, according to *high unemployment benefits hypothesis,* unemployment benefits and labour market regulation decrease labour market flexibility and keep unemployment high. An analysis by M. Vodopivec (1995) relating unemployment insurance to duration of unemployment very convincingly confirmed the importance of this explanation. In addition, actual unemployment benefits include a kind of fringe benefits; many formally unemployed are engaged in informal sector of the economy which, according to latest estimates, amounts to more than 20 percent of GDP.

References:

Bean, C.R. (1994): European Unemployment: A Survey, *Journal of Economic Literature*, Vol XXXII, 573-619;

Commander, S. and Coricelli, F. eds (1995): *Unemployment, Restructuring, and the Labor market in Eastern Europe and Russia*, The World bank, Washington 1995

Horvat, B. (1972): The Macroeconomic Theory and Policy of an Open Worker Managed Economy, *Economic Analysis*, Vol.6, 255-269.

Mencinger, J. (1986): The Yugoslav Economic Systems and Their Efficiency, *Economic Analysis*, Vol. 19, 31-43.

Mencinger, J. (1989): Gospodarska reforma in brezposelnost (Economic Reform and Unemployment) *Gospodarska Gibanja* 3/1989, 23-39;

Vanek, J. (1970): *The General Theory of Labour-Managed Market Economies*, Ithaca;
Vodopivec, M. (1995): *Unemployment Insurance and Duration of Unemployment: Evidence From Slovenia's Transition*, unpublished paper, World Bank, Washington;

GUNTHER TICHY

Makroökonomische Beschäftigungspolitik
Beschäftigungsprobleme aus Mangel an Politikkoordination innerhalb der europäischen Union*

Daß die europäische Arbeitslosigkeit trotz insgesamt gar nicht so schlechter Wirtschaftslage Rekordwerte erreicht, hat nicht bloß Besorgnis, sondern auch zahllose Erklärungsversuche ausgelöst, die vielfach eng mit Krisenszenarien populärer "Sachbücher" verbunden sind. Sie reichen von der "Arbeitsgesellschaft, der die Arbeit ausgeht", über die "Globalisierungsfalle" bis zur "menschenleeren Fabrik". Die Realität ist sehr viel weniger spektakulär, glücklicherweise auch weniger gefährlich und gestaltbarer.

Ursachen der gegenwärtigen Arbeitslosigkeit

Besonders beliebt als Erklärung der Arbeitslosigkeit ist in unseren Tagen die *Globalisierung:* Sie setze die Industrieländer der Konkurrenz der Niedriglohnländer aus, in denen die Löhne ein Zehntel und weniger hoch sind; die Arbeitsplätze müßten abwandern. Das Argument ist falsch, weil die Konkurrenzfähigkeit nicht von den Löhnen, sondern von den Lohnstückkosten abhängt, den Lohnkosten je Produkteinheit, und diese sind infolge der niedrigen Produktivität der ungeschulten Arbeitskräfte in diesen Ländern bei Qualitätsprodukten auch nicht niedriger als in den Industriestaaten. Dementsprechend hat die EU auch einen Leistungsbilanz*überschuß;* wenn irgend etwas, hat die Globalisierung in Europa somit Arbeitsplätze *geschaffen* und nicht

* Referat im Rahmen des Seminars

vernichtet.[1] Auch die vielzitierten *Strukturprobleme* - es fehle an genügend qualifizierten Arbeitskräften - können keine entscheidende Rolle spielen, denn es mangelt an offenen Stellen generell, auch für Qualifizierte.

Daß der Arbeitsgesellschaft die Arbeit ausgehe, es sich also überwiegend um *technische Arbeitslosigkeit* handle, übersehen die einfachsten statistischen Fakten: In der EU entstanden in den letzten Jahren 4½ Millionen zusätzliche Arbeitsplätze, in den USA noch viel mehr. Verglichen mit der Zahl der zusätzlich Beschäftigten ist die Zahl der zusätzlich Arbeitslosen in der EU mit rund 1/3 Million relativ wenig gestiegen, in den USA ist sie sogar deutlich gesunken. Auch die weniger dramatische Behauptung, daß die Arbeitslosigkeit vorwiegend aus rationalisierungsbedingten Kündigungen resultiere, ist falsch: Netto sind, wie der, verglichen zu den Arbeitslosen, größere Beschäftigungszuwachs zeigt, mehr Personen angestellt als entlassen worden.

Nicht-Ursachen der Arbeitslosigkeit
Globalisierung/Konkurrenzunfähigkeit
Strukturprobleme
Technische Arbeitslosigkeit
Rationalisierung/Kündigungen

Ursachen der Arbeitslosigkeit
Hohes Angebot an Arbeitskräften
Mangelndes Wachstum
Restriktive Wirtschaftspolitik

Deutlich zu qualifizieren ist auch das Argument des sogenannten *jobless growth,* der Behauptung, Wachstum führe nicht mehr, wie in der Vergangenheit, zu höherer Beschäftigung: Abbildung 1 zeigt deutlich, daß die Arbeitslosigkeit in der EU (15) bloß dann steigt, wenn die Wachstumsrate unter 2½% fällt. Wachstumsraten über 2½% schaffen sehr wohl Arbeitsplätze in einem Maße, das die Arbeitslosigkeit verringert.

1 Generell wird das Ausmaß der Globalisierung erheblich überschätzt; siehe dazu G. Tichy (1998): Wirkungen und Herausforderungen der Globalisierung - Innovation und Technologie, in *Wirkungen und Herausforderungen der ökonomischen Globalisierung,* Conturen II/98, Sondernummer, 49-67.

Abbildung 1: Wachstum und Arbeitslosigkeit

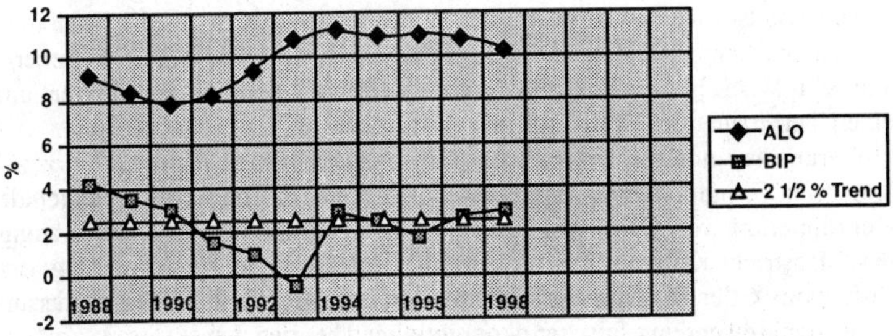

Damit bleiben drei eng miteinander verbundene, wirkliche Ursachen der gegenwärtigen Arbeitslosigkeit in der EU: das hohe Angebot von Arbeitskräften, das zu geringe Wirtschaftswachstum und, als die wichtigste Ursache für letzteres, die unzureichende Wirtschaftspolitik. Das überaus kräftig *wachsende Angebot von Arbeitskräften* ergibt sich aus demographischen Gründen - dem Eintreten geburtenstarker Jahrgänge in das Erwerbsleben und dem Ausscheiden schwacher, der Zuwanderung von Arbeitskräften und - vor allem - aus der steigenden Erwerbsquote: Seit 1983 hat sie von 65,2% auf 66,8% zugenommen, weil immer mehr Frauen in das Berufsleben eintreten.[2] Das zusätzliche Arbeitskräfteangebot hätte auch durchaus beschäftigt werden können, wenn das Wachstum entsprechend hoch gewesen wäre, nämlich bei etwa 3%, wogegen es im Durchschnitt der letzten Dekade bloß 2¼% erreichte. Maßgebend dafür war wiederum die zu restriktive und zu wenig koordinierte Wirtschaftspolitik der EU bzw. der sie tragenden Staaten.

Unzureichende Koordinierung von Geld- und Fiskalpolitik als Ursache der Arbeitslosigkeit

Die europäische Wirtschaftspolitik war in der letzten Dekade erheblich restriktiver als die in den USA. Wie Übersicht 1 zeigt, wertete die USA ihre Währung ab, ihr Budgetdefizit war größer, also ihre Fiskalpolitik expansiver, und ihr Zinssatz niedriger, ihre Geldpolitik somit gleichfalls expansiver als in Deutschland, das die europäische Wirtschaftspolitik dominierte. Dadurch

2 Erwerbsquote der Frauen stieg von 48% auf 56%, die der Männer sank von 82% auf 77%.

konnte, gemeinsam mit der größeren Beschäftigungsintensität des amerikanischen Wachstums[3] ein, verglichen zu Europa, sogar erheblich größerer Arbeitsangebotsdruck bewältigt werden. In den letzten Jahren, als die Hochkonjunktur und ein hoher Beschäftigungsgrad erreicht waren, wurde die amerikanische Wirtschaftspolitik allerdings - zu Recht - deutlich restriktiver, um eine Überhitzung der Konjunktur zu vermeiden.

Warum war nun die europäische Wirtschaftspolitik so restriktiv? Vor allem zwei Gründe müssen herausgearbeitet werden: erstens die mangelnde Koordinierung von Geld- und Fiskalpolitik, vor allem bei der Durchsetzung der Maastricht-Kriterien, und zweitens die mangelnde Koordinierung der Fiskalpolitik der EU-Mitgliedstaaten untereinander, die ihrerseits wiederum Folge der Anwendung falscher ökonomischer Theorien war.

Übersicht 1: Indikatoren der Wirtschaftspolitik

		Deutschland	EU	USA
Wachstum	1988/98	+2.8%	+ 2.3%	+ 2.3%
Beschäftigung	1984/96		+ 0.3%	+ 1.6%
Arbeitsangebot	1984/96		+ 0.5%	+ 1,4%
Realer Wechselkurs	1988/95	+ 1.1%		- 1.5%
	1996/97	- 4,0%		+ 5.5%
Budgetsaldo/BIP	1988/95	- 2.1%		- 3.2%
	1996/98	- 2.8%		- 1.7%
Wertpapierrendite real	1990/95	4.2%		3.7%
	1996/97	1.6%		3.8%

Der Sinn der *Maastricht-Budgetkriterien* soll hier nicht weiter untersucht werden. Es ist grundsätzlich richtig, daß Budgetdefizite, die dauerhaft 2½ bis 3% des Brutto-Nationalprodukts übersteigen, bedenklich sind, weil sie einen zunehmend größeren Teil der Staatseinnahmen für Zinszahlungen binden. Andererseits tragen die Nachteile daraus primär die Staaten selbst; erhebliche Nachteile für die EU sind im Zeitalter weltweiter Finanzmärkte kaum zu sehen, und Zeitpunkt und Tempo des Abbaus waren sicherlich ungünstig gewählt. Wenn aber Zeitpunkt - in einer Rezession - und Tempo gegeben waren, hätten die Folgen für den Arbeitsmarkt durch expansive Geldpolitik gemildert werden können. Eine einfache saldenmechanische Überlegung kann das verdeutlichen:

3 Die amerikanische Wirtschaft ist beschäftigungsintensiver als die europäische, weil der Produktivitätsfortschritt dort merklich langsamer ist. Zum Teil hat das autonome Ursachen, zum Teil hat es mit dem höheren Dienstleistungsanteil zu tun, der seinerseits wiederum einerseits den höheren Entwicklungstand der amerikanischen Wirtschaft, andererseits die stärkere Lohnspreizung spiegelt.

Übersicht 2: Finanzierungssalden der Sektoren

	Haushalte	Firmen	Öffentl. Sektor	Ausland	Welt
Einnahmen - Ausgaben					
Finanzierungssaldo	+ 10%	- 4%	- 6%	+ 0%	0%
Fin. Aktiva - Fin. Passiva					
Finanzierungssaldo II	+ 7%	- 4%	- 3%	+ 0%	0%
Finanzierungssaldo III	+ 10%	- 7%	- 3%	+ 0%	0%

Die Tabelle der Finanzierungssalden illustriert die Situation der EU-Mitglieder vor Maastricht: Der Ausgabenüberschuß (negativer Finanzierungssaldo) der Öffentlichen Hände machte rund 6% der Brutto-Nationalprodukts (BIP) aus und der der Firmen 4%,[4] wogegen die Haushalte einen Einnahmenüberschuß (Netto-Sparen) von rund 10% des BIP hatten; das Ausland mußte einen kleinen Ausgabenüberschuß hinnehmen, d.h. die EU-Leistungsbilanz wies einen kleinen Überschuß auf. Wenn nun der Ausgabenüberschuß der öffentlichen Hände gemäß dem Maastricht-Vertrag von 6% auf 3% reduziert werden sollte, mußte - bei weiterhin etwa ausgeglichener Leistungsbilanz - entweder der Ausgabenüberschuß der Unternehmen vergrößert oder der Einnahmenüberschuß der Haushalte verringert werden.[5] Ersteres, also verstärkte fremdfinanzierte Investitionen sind in einer rezessiven Situation schwacher Nachfrage und wenig ausgelasteter Kapazitäten wenig wahrscheinlich; wenn überhaupt, können sie aber bloß bei sehr niedrigen Zinssätzen, also bei expansiver Geldpolitik, erfolgen. Eher wäre es möglich, den Einnahmenüberschuß der Haushalte zu verringern: Niedrige Zinssätze könnten die Haushalte veranlassen, weniger zu sparen und mehr Konsumkredite aufzunehmen; wiederum jedoch bedürfte dafür expansive Geldpolitik.

Bleibt die Geldpolitik hingegen restriktiv, wie das in Europa durch die Haltung der Deutschen Bundesbank erzwungen wurde, bleiben also die Zinssätze hoch (Übersicht 1); die verringerten Staatsausgaben müssen zu Einnahmeausfällen der übrigen Sektoren führen, damit zu kompensierenden Ausgabenkürzungen, zu Produktionseinschränkungen und letztlich zu Arbeitslosigkeit. Der Einnahmenüberschuß der Haushalte geht zwar auch auf diese Weise zurück, allerdings auf dem wenig attraktiven Weg verminderter Sparfähigkeit durch Einnahmenverluste und Arbeitslosigkeit. Das ist, wie Übersicht 2 für Österreich zeigt, auch tatsächlich geschehen: Die Haushaltssparquote ist deutlich gesunken.

4 Der negative Finanzierungssaldo (Ausgabenüberschuß) der Firmen ergibt sich aus der (partiellen) Fremdfinanzierung der Investitionen.

5 Anderes ist trivial-arithmetisch nicht möglich, die Summe aller Salden muß stets 0 sein.

Abbildung 2:

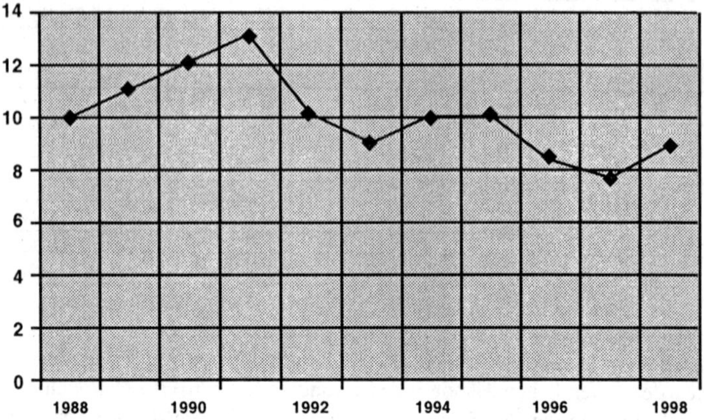

Wäre somit im Maastricht-Vertrag oder außerhalb von ihm eine Koordinierung von Geld- und Fiskalpolitik vereinbart worden, hätten die Maastricht-Budgetkriterien leichter und mit weniger negativen Folgen für die Arbeitslosigkeit erreicht werden können. Einer solchen Koordinierung stehen jedoch schwerwiegende Vorurteile, insbesondere auf deutscher Seite, entgegen. Man glaubt, daß allein eine völlig unabhängige Notenbank Preisstabilität gewährleisten könne. Tatsächlich hatten aber in der Vergangenheit auch unabhängige Notenbanken - wie die deutsche oder die österreichische - die Verpflichtung, auf die Wirtschaftspolitik der Regierung Bedacht zu nehmen; in den USA muß der Präsident der Notenbank die Geldpolitik regelmäßig vor dem Kongreß rechtfertigen, eine Vorgangsweise die als Mindesterfordernis der Koordinierung auch für die EU zu empfehlen wäre.

Unzureichende Anpassung der Fiskalpolitik an die neuen Bedingungen

Die zweite Ursache für das Versagen der Wirtschaftspolitik in den letzten Jahren ist das Festhalten an Konzepten, die infolge geänderter Voraussetzungen obsolet geworden sind. Seit den sechziger Jahren waren die europäischen Volkswirtschaften zunehmend offener geworden; die Außenwirtschaftsquote näherte sich zunehmend der 50%-Grenze. Damit aber wurde nationale Geld- wie Fiskalpolitik zunehmend teuer und unwirksam. Die durch expansive Geldpolitik ausgelösten Zinssenkungen führten nicht mehr zu verstärkter Investition, sondern zu massiven Geldabfluß ins Ausland, das die Zinssenkung binnen kurzem kompensierte. Expansive Fiskalpolitik führte zu zusätzlichen Käufen im Ausland (Sickerverluste), so daß auch erhebliche Budgetdefizite bloß zu geringer Steigerung der Nachfrage nach inländischen Produkten führten, sehr wohl aber zu höherer Staatsverschuldung. Man lernte daher, daß isolierte Nachfragesteuerung in kleinen offenen Volkswirtschaften nicht möglich ist. Damit waren aber auch der Bekämpfung der Arbeitslosigkeit enge Grenzen gesetzt.

Die Gründung der Europäischen Wirtschaftsgemeinschaft und vor allem die Schaffung des Gemeinsamen Marktes und der Währungsunion sollten nicht zuletzt dazu dienen, den wirtschaftspolitischen Spielraum wieder zu erlangen. Das ist deswegen möglich, weil die EU als Ganzes keine kleine offene Wirtschaft ist, sondern eine große, weitgehend geschlossene: Ihre Außenwirtschaftsquote beträgt nicht 50% wie die der Einzelstaaten, sondern bloß 10%.[6] Zusätzliche Staatsausgaben bleiben somit weitgehend in der Region, der Staatsausgabenmultiplikator beträgt etwa 3, nicht mehr wie in den Einzelstaaten 1¼ bis 1½.[7] Auch expansive Geldpolitik erhält für die "große" Währung EURO zusätzlichen Spielraum, verglichen zu "kleinen" Währungen der Einzelstaaten.

Für eine EU-Wirtschaftspolitik - als Wirtschaftspolitik eines großen weitgehend geschlossenen Blocks - ergeben sich ganz andere Wirkungen als für die inzwischen vertraute Wirtschaftspolitik kleiner offener Volkswirtschaften:

* *Exportpolitik* - etwa durch forcierte Steigerung der Konkurrenzfähigkeit - erweist sich als unwirksam: Erstens reichen die 10% Außenwirtschaftsquote der EU sehr viel weniger aus, die übrigen 90% mitzuziehen als die 50% der Einzelstaaten; zweitens aber - und wichtiger - müßten die zusätzlichen Exporte zu einer Vergrößerung des ohnedies schon bestehenden Leistungsüberschusses der EU führen, damit zu entsprechenden Defiziten der übrigen Welt, worauf diese mit einer Abwertung reagieren müßte.
* *Staatsausgabenpolitik* der EU als Ganzes führt - anders als die der Einzelstaaten - nicht zu steigender Staatsschuld, sondern finanziert sich weitgehend selbst: 1 Mrd. EURO zusätzlicher Staatsausgaben (oder 1

---

6 Dasselbe gilt übrigens auch für die USA und Japan; demgemäß konnte auch weiter vorne gezeigt werden, daß die USA in den letzten 15 Jahren sehr wohl eine eigenständige expansive Wirtschaftspolitik betreiben konnten.

7 Rein mechanisch läßt sich das an Hand der abstrakten Multiplikatorformel $\Delta Y = [1/(s + m)]\ \Delta G$ illustrieren (ΔY: Zuwachs des BIP, s: Sparquote, m: Importquote, ΔG: zusätzliche Staatsausgaben): Die Sparquote kann mit 10%, die Importquote für die kleinen offenen Mitgliedsstaaten mit 50%, für die EU mit 10% angenommen werden; eingesetzt ergeben sich Multiplikatoren von $1^2/_3$ bzw. 5, Werte die den oben angeführten ökonometrischen Schätzwerten durchaus nahe kommen.

Mrd. Steuersenkung) führt über den schon beschriebenen Multiplikator von 3 zu einer Erhöhung des Brutto-Nationalprodukts von 3 Mrd. EURO und bei einer Steuerquote von 1/3 zu zusätzlichen Staatseinnahmen von 1 Mrd. EURO; die Staatsschuld bleibt unverändert! (In den Einzelstaaten würde 1 Mrd. Staatsausgaben angesichts eines Multiplikators von 1½ zu einer Steigerung des BIP von bloß 1½ Mrd. und zu zusätzlichen Staatseinnahmen von ½ Mrd., somit zu einer Erhöhung der Staatsschuld im Ausmaß von ½ Mrd. führen.)

* *Besonders zurückhaltende Lohnpolitik,* Lohnsteigerungen somit, die real erheblich unter der Produktivitätssteigerung bleiben, wirken EU-weit restriktiv, da der expansive Effekt durch Erhöhung der Auslandsnachfrage klein ist (siehe oben), der restriktive durch Senkung der Kaufkraft der Haushalte hingegen groß. (Wiederum gilt für kleine offene Volkswirtschaften genau das Gegenteil.)

Der institutionelle AUFBAU der EU übersieht:

Die EU ist große geschlossene Wirtschaft.

Stabilisierungs- und Beschäftigungspolitik sind in diesem Rahmen wieder möglich.

EU-weite Staatsausgaben zur Rezessionsbekämpfung finanzieren sich weitgehend selbst.

Lohnsenkungen wirken expansiv, da ihre Wirkung auf die Binnennachfrage größer ist als auf die Außennachfrage.

Die EU benötigt:

Institutionen zur Koordinierung der Fiskalpolitik der Einzelstaaten.

Verpflichtung der Europäischen Zentralbank, auf die Ziele der Wirtschaftspolitik Bedacht zu nehmen.

Die EU hat also - wenn sie als Ganzes handelt - einen erheblichen Gestaltungsspielraum ihrer Wirtschaftspolitik und damit erhebliche Möglichkeiten, nachfragebedingte Arbeitslosigkeit zu bekämpfen. Delors hat das schon vor Jahren erkannt: Sein Engagement für Binnenmarkt und Währungsunion resultierte auch aus solchen Überlegungen. Demgemäß schlug er als ersten Schritt einer koordinierten EU-Fiskalpolitik ein Programm des koordinierten Ausbaus europäischer Infrastruktureinrichtungen vor. Die Regierungen, nicht zuletzt die deutsche, lehnten selbst diesen Ansatz ab und machten sich somit mitschuldig an der Höhe der gegenwärtigen Arbeitslosigkeit.[8]

8 Es erscheint nicht unwichtig darauf hinzuweisen, daß Deutschland, das Land, das am stärksten expansive Wirtschaftspolitik ablehnt, das einzige EU-Land ist, in dem die Beschäftigung nicht gestiegen, sondern gesunken ist.

Das Institutionen- und Instrumentedefizit der EU

Die mangelnde Koordinierung der Fiskalpolitik unter den EU-Einzelstaaten und die mangelnde Koordinierung der EU-Geld- mit der Fiskalpolitik bedingen einen dramatischen Mangel an Instrumenten und Institutionen zur Bekämpfung der Arbeitslosigkeit in der EU: Die EU-Notenbank ist allein zur Bekämpfung der Inflation bestimmt; andere Ziele muß sie nicht einmal bedenken, und es ist zu befürchten, daß sie das in isolierter Konzentration auf die Glaubwürdigkeit des EURO auch nicht tun wird. Preisstabilität, die über das Ausmaß in den USA und Japan hinausgeht (= ein "starker" EURO), *muß* aber zu einer Aufwertung des EURO und damit zu weiter steigender Arbeitslosigkeit in der EU führen. Anders als zur Inflationsbekämpfung, für die die EU in der Europäischen Zentralbank eine mächtige und voraussichtlich effiziente Institution geschaffen und ihr auch die entsprechenden Instrumente zur Verfügung gestellt hat, gibt es weder Institutionen noch Instrumente zur Bekämpfung der Arbeitslosigkeit: Die Einzelstaaten, die als solche weiterhin kleine offene Volkswirtschaften bleiben, können - wie erwähnt - infolge der hohen Sickerverluste nicht agieren, die EU-Kommission hat keine diesbezüglichen Befugnisse und Institutionen zur effizienten Koordinierung der nationalen Fiskalpolitik gibt es nicht. Enorme Möglichkeiten werden damit verspielt.

RESÜMEE

Die Globalisierung hat in Europa eher Arbeitsplätze geschaffen als vernichtet.

Steigende Arbeitslosigkeit ist nicht unmittelbare Folge von Rationalisierung - die Beschäftigung steigt.

Die europäische Arbeitslosigkeit ist weitgehend Folge verfehlter und nicht koordinierter Wirtschaftspolitik.

Das "Beschäftigungswunder" in USA geht in erheblichem Maße auf expansive Wirtschaftspolitik zurück.

EU könnte als große weitgehend geschlossene Wirtschaft eigenständige Politik betreiben.

Die dafür erforderliche Institutionen und Instrumente wurden bisher jedoch nicht geschaffen.

Ausblick

Die Ausführungen dieses Berichts konzentrierten sich - der Themenstellung entsprechend - auf die makroökonomischen Aspekte der Arbeitslosigkeit. Das konnte um so leichter geschehen, als sich die übrigen Referate dieses Seminars ausführlich mit den anderen Aspekten beschäftigen. Ein makroökonomischer Aspekt, der durch den vorgegebenen Untertitel nicht abgedeckt wird, muß aber abschließend angeführt werden. Der bereits behandelte Angebotsschub am Arbeitsmarkt - als Folge des demografischen Schubs und der steigenden Erwerbsquote der Frauen - hat zu einem völlig anderen Charakter des Arbeitsmarktes geführt: Aus einem Nachfrageüberschuß ist ein Angebotsüberschuß geworden, Arbeit ist von einem knappen zu einem reichlich verfügbaren Produktionsfaktor geworden. Unvermeidliche makroökonomische Konsequenz daraus ist, daß die Arbeitsintensität der Produktion gesteigert, oder anders herum gesagt, die Kapitalintensität verringert werden muß. Das ist eine völlig neue und ungewohnte, aber unausweichliche Problemstellung. Drei Lösungsmöglichkeiten bieten sich an:

* Erstens, eine drastische *Lohnsenkung*, damit Arbeit relativ zu Kapital verbilligt wird; das wird in der einen oder anderen Form lebhaft diskutiert, erscheint aber aus sozialen Erwägungen nicht erstrebenswert und unter wirtschaftlich-technischen Aspekten nicht besonders sinnvoll: In vielen Fällen ist Maschinenarbeit heute verläßlicher, genauer und leichter zu managen.
* Zweitens, *Senkung des Arbeitsangebots* durch Verkürzung der Arbeitszeit, eine Lösung die in qualifizierter Form sicherlich einen Beitrag leisten kann und auch wird; ihre Möglichkeiten und Grenzen werden in den anderen Referaten des Arbeitskreises ausführlich behandelt.
* Drittens schließlich, eine *bessere Ausnutzung des Kapitalbestands* in Form von Mehrschichtbetrieb; auch dadurch kommt es, indirekt, zu einer arbeitsintensiveren Produktion, weil etwa beim Übergang von Ein- zu Zweischichtbetrieb der gleiche Kapitalbestand doppelt so viel Bedienungspersonal erfordert. Zugleich sinken dadurch die Fixkosten, so daß etwas kürzere Schichten bei gleicher Bezahlung, oder deutlich kürzere Arbeitszeit (z.B. 4-Tagewoche) bei mäßig geringerer Bezahlung möglich werden. Vor allem in der Automobilindustrie (BMW, VW) sind solche Modelle bereits verbreitet.[9]

Die Lösung des drängenden Problems der hohen europäischen Arbeitslosigkeit wird sicherlich bloß durch Kombination mehrerer Lösungsansätze möglich sein. Ohne einen entsprechenden Beitrag der Geld- und Fiskalpolitik werden die anderen Ansätze allerdings kaum erfolgreich sein können.

---

9 Siehe dazu u.a. Bosch, G., 1994, *Innovative Arbeitszeitmodelle nötig: Zur Entkoppelung von Arbeits- und Betriebszeiten,* in: Institut für Arbeit und Technik 1994, 14-24, sowie Bihl, G., 1996, Innovative Arbeitszeitgestaltung und Beschäftigungssicherung. Beispiele aus einem Automobilunternehmen. in R.B. Freeman: Arbeitsplatzschaffung und Einkommensbildung in Europa und in den USA: Auf dem Weg ins 21. Jahrhundert, Wien: Zukunftsforum im Bundeskanzleramt.

WOLFGANG KLAUDER

Die Zukunft der Arbeitswelt*

1. Die Industrieländer stehen in der Anfangsphase eines grundlegenden Strukturwandels der Wirtschafts- und Arbeitswelt, vergleichbar mit dem Übergang von der Agrargesellschaft zur Industriegesellschaft. Die für die Wirtschafts- und Arbeitswelt wichtigsten Mega-Trends sind: die technologische Revolution durch grundlegend neue Technologien, die Internationalisierung und Globalisierung des Wirtschaftens durch die Überwindung der nationalen Grenzen, außerdem die Ökologisierung des Wirtschaftens durch den weltweit wachsenden Zwang zum von vornherein integrierten Umweltschutz, die Individualisierung der Arbeitswelt und Gesellschaft durch den Wertewandel, eine hohe Erwerbstätigkeit auch der verheirateten Frauen aufgrund des Wertewandels und des sozialen Wandels der letzten Jahrzehnte, die Alterung der Industriegesellschaften durch die niedrigen Geburtenziffern, die Zunahme der internationalen Wanderungen durch Weltbevölkerungsexplosion, Umwälzungen und Entwicklungsunterschiede.

2. Die Arbeit braucht uns trotzdem nicht auszugehen. Im Gegenteil. Jede Veränderung der Strukturen durch neue Investitionen und neue Angebote an Produkten und Diensten löst Wachstums- und Beschäftigungsimpulse aus. Außerdem gibt es wahrlich überall genug zu tun. Die Geschichte der ökonomisch florierenden Gesellschaften und des technischen Fortschritts ist eine Geschichte der fortlaufenden Umwandlung oder Vernichtung hergebrachter Märkte und Arbeitsplätze in riesigem Umfang sowie der Entstehung neuer Produktmärkte und Betätigungsfelder und damit neuer Arbeitsplätze an anderer Stelle. Sättigungsgrenzen gibt es immer nur für die einzelnen Produkte und Dienste. Die menschlichen Bedürfnisse insgesamt und der menschliche Erfindungsgeist kennen kaum Grenzen. Ein Handicap für die Akzeptanz einer optimistischen Einschätzung des Strukturwandels ist, daß man z.B. die Rationalisierungsmöglichkeiten durch neue Technologien zumeist ziemlich schnell sieht und nutzt, die neuen Produkte und Dienste aber erst entwickelt, die neuen Märkte und Betätigungsfelder erst entdeckt und erschlossen werden müssen. Das erfordert oft mehr Zeit. Dadurch entstehen Übergangsprobleme. Und auch hier gilt außerdem der bekannte Ausspruch von Gorbatschow: "Wer zu spät kommt, den bestraft das Leben."

3. Das Wachstum von Beschäftigung und Arbeitsvolumen in vielen Industrieländern widerlegt alle Thesen generell ausgehender Erwerbsarbeit oder eines "jobless-growth". Z.B. gibt es in den USA heute rd. 50% mehr Erwerbstätige als 1973, in Japan und den Niederlanden rd. 25%, in der Schweiz 16%, in Österreich 7%, in Westdeutschland, Frankreich und Italien dagegen

* Thesenpapier zum Seminar

nur 4-5% und nur in Deutschland ist die Beschäftigung seit 1993 bis heute im Jahresdurchschnitt fortlaufend gesunken.

4. Das Arbeitsmarktproblem ist heute in erster Linie ein Problem der alten großen kontinentaleuropäischen Industrieländer, vor allem Deutschlands, mit entsprechenden negativen Rückwirkungen auch auf die kleineren Nachbarländer. Verantwortlich ist ein Ursachenbündel, das weitgehend hausgemacht ist. Politik, Wirtschaft und Gesellschaft waren in den letzten 25 Jahren zu wenig bereit, sich offensiv und zukunftsträchtig veränderten Rahmenbedingungen anzupassen und ökonomische Zusammenhänge zu beachten. Die drei wichtigsten Ursachenkomplexe in Deutschland sind:

a) inflexibles Festhalten an alten Strukturen und Verhaltensweisen (z.B. hohe Erhaltungssubventionen, Nichtausschöpfung der Dienstleistungspotentiale, zu geringe Innovations- und Risikobereitschaft, unerfüllte Teilzeitwünsche usw.),

b) zu häufig den Produktivitätsfortschritt zu sehr überschreitende Lohnabschlüsse (vor allem in den Boomjahren) und starke Anhebungen der gesetzlichen Lohnzusatzkosten mit der Folge verstärkter Rationalisierung und Preisstabilisierungskrisen,

c) zu einseitige Wirtschafts- und Finanzpolitik (keine Synthese von Angebots- und Nachfragepolitik) und unzureichende Abstimmung mit Geld- und Lohnpolitik (Gegenbeispiele: Österreich, ab 1983 Niederlande, ab 1993 Großbritannien und Dänemark). Für die ostdeutsche Arbeitslosigkeit sind außerdem verantwortlich: das Versagen der DDR-Planwirtschaft, extreme Währungsaufwertung und zu schnelle Lohnanpassung.

5. Wie Simulationsrechnungen des Instituts für Arbeitsmarkt- und Berufsforschung (IAB) am Beispiel Westdeutschland zeigen, ist es mit einem Bündel von aufeinander abgestimmten Maßnahmen ohne zusätzliche Verschuldung möglich, die Beschäftigung binnen fünf Jahren um rd. 2 Mio. zu steigern und die Arbeitslosigkeit annähernd zu halbieren, zugleich den Preisanstieg zu dämpfen und das Wirtschaftswachstum zeitweilig zu beschleunigen sowie die Staatsquote zu senken und mittelfristig auch einen Schuldenabbau einzuleiten. Von entscheidender Bedeutung hierfür wären: eine rasche Ausweitung der freiwilligen Teilzeitarbeit, eine Verringerung der Überstunden sowie moderate Lohnerhöhungen, die einige Jahre hinter dem Produktivitätsfortschritt zurückbleiben und ihn auch später nicht übersteigen, ferner Senkungen von Steuern und Sozialabgaben sowie Umschichtungen in den öffentlichen Haushalten, insbesondere von den Verbrauchs- und Transferausgaben zu den Infrastrukturinvestitionen. Kaufkraftmindernde Konsolidierungsmaßnahmen sollten jedoch erst dann in Kraft treten, wenn der Aufschwung sich auch auf dem Arbeitsmarkt genügend gefestigt hat.

6. Auch die Arbeitsmarkterfolge anderer Länder wie USA, Großbritannien, Niederlande, Dänemark sind das Ergebnis eines Policy-Mix. Als die drei wichtigsten Erfolgsbedingungen lassen sich ableiten: möglichst flexible Güter-, Dienstleistungs- und Arbeitsmärkte, moderate Lohnentwicklung, anfängliche Stimulierung und gegebenenfalls auch weitere Stützung der Nach-

frage durch die Geld- und Fiskalpolitik, Konsolidierung des Staatshaushaltes erst verzögert im Gefolge des Wirtschafts- und Arbeitsmarktaufschwunges.

7. In einer sich ständig wandelnden Welt ist unter marktwirtschaftlichen Bedingungen und bei offenen Grenzen aber letztlich der Strukturwandel im weitesten Sinne die ausschlaggebende Größe für die längerfristige Entwicklung der Beschäftigung und auch den dauerhaften Erfolg jeglicher Beschäftigungspolitik, und zwar sowohl hinsichtlich der Beschäftigungsstruktur als auch des Beschäftigungsniveaus. Die Gesamtzahl der bezahlbaren Arbeitsplätze wird dementsprechend längerfristig um so höher ausfallen, je offensiver, anpassungsfähiger und schneller Wirtschaft und Gesellschaft den Strukturwandel vorantreiben statt an alten Strukturen und Arbeitsplätzen festzuhalten, je mehr es außerdem zunächst um die Erzeugung des Sozialprodukts als um dessen Verteilung geht. Defensive Maßnahmen, wie z.B. die Abschottung von Produkt- und Arbeitsmärkten oder zwangsweise allgemeine Arbeitszeitverkürzungen, können höchstens kurzfristig helfen. Mittel- und langfristig werden sie die Arbeitsmarktprobleme eher verschärfen.

8. Die neuen Informationstechnologien ermöglichen zeit- und standortunabhängigen Informationsaustausch, Automatisierung, Flexibilisierung, Umkehr der Trends zur Großtechnologie und zur extremen innerbetrieblichen Arbeitsteilung, räumliche und zeitliche Entkoppelung von Mensch und Maschine (Arbeits- und Betriebsort, Arbeits- und Betriebszeit), Dezentralisierung der Arbeitsstätten einschl. Heimarbeit, Rückverlagerung von Arbeitsleistungen in die Selbstbedienung und Eigentätigkeit.

9. Die Überwindung der Grenzen durch den europäischen Binnenmarkt einschließlich der Währungsunion und durch die weitgehende Liberalisierung der Weltwirtschaft einschließlich des ehemaligen Ostblocks setzt sowohl die Produkte und Dienste der jeweiligen heimischen Wirtschaften als auch die Standorte für Arbeit und Kapital vermehrt dem internationalen Wettbewerb aus. Die insgesamt wohlstandsfördernde internationale Arbeitsteilung wird sowohl bei Produkten und Diensten als auch bei den Standorten drastisch zunehmen. Weltweite Bildungsexpansion und Informationstechnologien fördern über die Ausbreitung des technischen "Know-how" die Angleichung der Produktivitäten. Höhere Löhne werden auf Dauer nur noch dann bezahlbar sein, wenn auch beim Angebot an Gütern und Diensten eine Spitzenstellung oder sogar eine Vorreiterrolle erzielt werden kann.

10. Im internationalen Wettbewerb stehende Produktionen und Dienste haben in einem rohstoffarmen Hochlohnland um so eher Zukunftschancen, je intelligenter, hochwertiger oder spezialisierter und zugleich umweltverträglicher sie sind (Spitzentechnologie, Nischenspezialisierung, Servicepakete, Systemlösungen usw.) und je mehr neue Märkte aufgespürt und erschlossen werden. Gefordert ist der innovative und risikobereite Manager und Unternehmer, der sogenannte "Schumpetersche Unternehmer". Chancen bieten außerdem die regional oder lokal orientierten bzw. gebundenen Fertigungen und Dienste wie Handwerk, kunden- und transportintensive Fertigungen, allgemeine Infrastrukturdienste, persönliche und soziale Dienste (auch im

Haushalt), insbesondere bei stärkerer Lohnspreizung, gegebenenfalls kombiniert mit einem reformierten Steuer- und Transfersystem, so daß auch einfachere Arbeit wieder bezahlbar wird.

11. Der Strukturwandel begünstigt forschungs- und entwicklungsintensive Industriezweige und Dienstleistungsbranchen, hier vor allem die wirtschaftsbezogenen Dienstleistungsbranchen, die in ihrer Tätigkeit von der Entwicklung der übrigen Wirtschaft, insbesondere der Industrie, abhängig sind. Anteilmäßig wachsen werden in allen Branchen und Berufen nur noch die qualifizierten Dienstleistungstätigkeiten wie Forschen und Entwickeln, Organisieren und Managen, Beraten, Publizieren, Lehren, ferner das Einrichten und Warten von Maschinen. Der Anteil der informationsbezogenen Dienstleistungen wird am stärksten steigen (Trend in die Dienstleistungs- und Informationsgesellschaft).

12. Der Strukturwandel fördert flexible, kleine und mittlere Organisationseinheiten, die Heimarbeit und die Selbständigkeit, mehr Handlungs-, Mitwirkungs- und Arbeitszeitspielräume, ferner kurzfristige, projektbezogene Beschäftigungsverhältnisse und Netzwerkorganisationen. Die Unternehmen werden langfristig nur noch einen kleinen festen Personalstamm benötigen. Das feste, rigide abhängige "Normalarbeitsverhältnis" des Industriezeitalters wird zunehmend an Bedeutung verlieren, der Anteil der Arbeitnehmer an den Erwerbstätigen nicht mehr weiter steigen, sondern sinken. Arbeits-, Wohn- und Freizeitwelt werden autonom, flexibel und dezentralisiert neu gestaltet werden. Langfristig könnten die Wirtschafts- und Erwerbsstrukturen sich wieder flexiblen vorindustriellen Arbeitsmustern mit hoher Aufgabenbezogenheit annähern. Benötigt werden vermehrt flexible, innovative Existenzgründer.

13. Das Wissen und die Fähigkeit zu dessen Umsetzung werden zur wichtigsten Wohlstandsquelle. Aufgrund des skizzierten Strukturwandels steigen in fast allen Berufen, Tätigkeitsfeldern und Branchen die Anforderungen an Qualifikation und Flexibilität der Erwerbspersonen. Allerdings lassen sich die Arbeitsanforderungen im Detail längerfristig weniger denn je vorhersagen. Außerdem läßt die Dynamik der Entwicklung das Wissen rascher veralten und die Verwertbarkeit von speziellen Lehrinhalten schneller sinken. Das in der Erstausbildung erworbene Wissen wird weniger denn je für ein ganzes Berufsleben ausreichen. An Bedeutung müssen daher zwangsläufig generell die Bereitschaft und Fähigkeit zur Umstellung, zum "learning by doing" in der Praxis und zur Weiterbildung gewinnen. Außerdem kommt es zu einer größeren Bandbreite der am Arbeitsplatz geforderten Tätigkeiten und Fähigkeiten im Vergleich zu engen berufsorientierten Wissensinhalten. Das nur in der Praxis erlernbare Erfahrungswissen dürfte wieder an Bedeutung gewinnen. Generell werden bei sehr vielen wirtschaftlichen Tätigkeiten fachübergreifende Kenntnisse und Schlüsselqualifikationen immer unentbehrlicher werden.

14. Die bestmögliche Qualifizierung aller Erwerbspersonen wird zu einer Schlüsselgröße für die künftige Wirtschafts- und Arbeitsmarktentwicklung. Für die Bildungs- und Ausbildungspolitik ergeben sich folgende Konsequenzen:

a) Umgestaltung und Straffung der Erstausbildung zugunsten einer soliden Grundausbildung und der Weiterbildung, mehr fachübergreifender, ganzheitlicher Bildungsinhalte, mehr Schlüsselqualifikationen, mehr Verzahnung mit der Praxis, mehr Grundwissen für selbständige Erwerbstätigkeit.

b) Massiver Ausbau der Weiterbildungsmöglichkeiten (individuell, betrieblich, überbetrieblich, schulisch).

c) Erhöhung der Durchlässigkeit zwischen Bildungs-, Ausbildungs- und Beschäftigungssystem durch mehr Elemente eines Baukastensystems, insbesondere für stärker individualisierte Fortbildungs- und Umschulungsmöglichkeiten.

15. Fazit: Es liegt am Verhalten der Menschen selbst, insbesondere an der Wirtschafts-, Finanz-, Sozial- und Bildungspolitik der Regierungen sowie der Lohn- und Arbeitszeitpolitik der Tarifpartner, ob es für alle Erwerbswilligen auch genügend Erwerbsarbeit gibt. Arbeitslosigkeit ist kein zwangsläufiges Schicksal. Vollbeschäftigung keine Utopie. Allerdings werden sich die Beschäftigungsstrukturen und Arbeitsformen grundlegend wandeln müssen. Nur mit mehr Optimismus, mehr Flexibilität, mehr Pragmatismus und mit offensiven Maßnahmen werden wir die Zukunft bewältigen und wieder Erwerbsarbeit für alle Erwerbswilligen schaffen.

Klavierworkshop Franz Liszt

BARBARA MOSER

Zusammenfassung von Martin Pelzmann

Vorbemerkung

Die Wiener Pianistin Barbara Moser leitete diesen Klavierworkshop vom 17.-22.8.98 in Alpbach, nachdem sie im Vorjahr zum ersten Mal in diesem Rahmen über Franz Schubert referiert hatte. Sie ist bereits für die nächsten zwei Jahre fix engagiert und wird L. v. Beethoven und W. A. Mozart in diesen beiden Workshops behandeln.

Vorbemerkungen zu der Zusammenfassung des Franz Liszt Klavierworkshops, die von einem (ständigen) Teilnehmer des Workshop verfaßt wurde: Es wird ein kurzer Überblick über die folgenden behandelten Themenbereiche gegeben:

- Interpretationen musikalischer Werke unter Beachtung von kulturellen Auffassungsunterschieden
- Hintergrundinformationen über das Umfeld von Franz Liszt
- Entwicklungen auf dem Musiksektor insbesondere des Musikinstruments Klavier.

Eine eingehende Dokumentation der erfolgten Präsentationen und Diskussionen ist ohne Tonträger, Notenmaterial und den Live-Präsentationen der Pianistin nicht möglich. Viel Vergnügen beim Überfliegen der folgenden Zeilen, falls Sie schon so weit gekommen sind!

Liszt'sche Opernparaphrasen

Am Montag, dem 17.8.98, standen die Opernparaphrasen von Liszt im Mittelpunkt und zwar der Bereich der Italienischen Oper. Es gibt von Liszt auch Paraphrasen der deutschen Oper, bezugnehmend auf die Komponisten Mozart und Wagner. Folgende Werke inklusive Interpretationen wurden besprochen:

1. *Lucia di Lammermoor* - Oper von Donizetti
   Interpretation des Originals: Maria Callas (Live-Mitschnitt)
   Interpretation der Klavierfassung: Leslie Howard, Alfred Brendel, Barbara Moser

2. *Rigoletto Paraphrase* - Oper von Verdi
Interpretation des Originals: Luciano Pavarotti, Jaime Aragall, Rudolf Schock (deutsche Aufnahme), Maria Callas, di Stefano (Aufnahme in Mexiko City)
Interpretation der Klavierfassung: Stefan Vladar, Daniel Barenboim
3. *Norma Paraphrase* - Oper von Verdi
Es wurde ein Stilvergleich der oben angeführten Werke von Liszt mit dem Werk des Pianisten und Komponisten Sigismund Thalberg *Die Nachtwandlerin*, Paraphrase nach Bellinis gleichnamiger Oper, vorgenommen.

Liszts Lebenslauf und die Entwicklung des Klaviers

Am 18.8.98 wurden der Lebenslauf von Liszt und die Entwicklung des Instruments Klavier, insbesondere dessen Anschlagsmechanik behandelt. Es wurde das Klavierkonzert Malédiction, ein atypisches Frühwerk, das Liszt bereits mit ca. 16 Jahren komponiert haben dürfte, vorgestellt. Es beinhaltet einige extrem frei variierte Themenblöcke, das heißt neben dem den Titel zuzuordnenden Thema der Verdammung kommen auch Themen für Angst, Leiden, Tränen und Spaß vor. Das Werk nimmt Stilrichtungen von Bartok, Prokoffiew, Strawinsky vorweg. Es folgten Interpretationen des Werkes *Trauergondel* für Klavier mit
1. Stefan Kropfitsch (Cello) und
2. Gidon Kremer (Violine).

Die Interpretation bei 2 war schneller als bei 1. Bei 2 konnte keine Trauer aufgebaut werden, da mit übertriebenem Ton gespielt wurde.

Es wurde das Werk *Bagatelle ohne Tonart* kurz behandelt, das keinen Bezug zu einer Tonart mehr zuläßt.

Die *Années de Pélèrinage* bilden ein Wandereralbum mit direkten Schilderungen von Reisen, völlig anders in der Bedeutung als bei Schubert. Es besteht aus drei Bänden, wobei der erste Band Reisen in der Schweiz, der zweite und der dritte solche in Italien beschreibt. Der zweite Band beinhaltet auch die *Dante Sonate* und die *Petrarca Sonette.*

Ein Live-Mitschnitt von Barbara Moser demonstrierte das sehr impressionistisch gestaltete Werk *Wasserspiele der Villa d'Este* aus den *Années de Pélèrinage III.* Im Gegensatz zu dieser Interpretation mit aufbauendem Spannungsbogen wurde eine farblose Interpretation ohne Aufbau des Pianisten Bolet vorgestellt, bei der auch jede Figur im gleichen Betonungsmuster gespielt wurde.

Es wurden die *6 Consolations* behandelt und die Consolations Nr. 3 und Nr. 1 näher erläutert: Die Interpretation von Daniel Barenboim war farblos und sehr langsam bei Nr. 1, insbesondere ohne Melodiestimme, und bei Nr. 3 mit verschwommenen Klangstrukturen.

Barbara Moser ist auf die richtige Tempoauswahl bei den einzelnen 6 Teilen unter Beachtung des Gesamtwerkes eingegangen und hat die gezielte Verwendung des mittleren Pedals insbesondere bei der Nr. 3 demonstriert.

Liszts Lebenslauf

Es wurde Liszts Lebenslauf gemäß Workshopunterlage behandelt, dabei wurde auf folgende Phasen näher eingegangen:

- erste Beziehung, aus der 3 Kinder folgten
- 10 Jahre ununterbrochene Konzerttätigkeit in ganz Europa
- zweite Beziehung mit Sayn-Wittgenstein
- religiöse Phase (geistliche Werke)

Seine ausgeprägte Reisetätigkeit zwischen 1837 und 1847 (Postkutsche mit Durchschnittsgeschwindigkeiten von 10-20 km/h) weist ein Gesamtausmaß von 50.000 km auf Er konnte währenddessen eine Unmenge von Briefen beantworten und viele der 42 Bände komponieren. Das lang dauernde Wettspiel gegen Sigismund Thalberg konnte Liszt knapp nach Punkten gewinnen. Liszt zeigte ein besonders hilfsbereites Verhalten gegenüber Verwandten, Freunden, Bekannten und Komponisten von vorerst unbekannten Werken. Es war ihm ein Anliegen, vor allem diese Werke bekanntzumachen, weshalb er auch so viele Transkriptionen verfaßt hat. Er gab etwa 300 - 400 Schülern kostenlos Klavierunterricht, unter ihnen auch Sauer und Busoni.

Entwicklung des Klaviers

Es wurde genau auf die Entwicklung des Instrumentes Klavier eingegangen. Der Vergleich zwischen Wiener Mechanik und Englischer Mechanik wurde hervorgehoben und insbesondere auf die Funktionen des mittleren Pedals hingewiesen. Die Summe der Bespannungskräfte aller Saiten, die auf den Rahmen wirken, entsprechen ca. 20 Tonnen. Die erforderlichen minimalen Anschlagkräfte für eine Taste entsprechen im äußeren Bereich der Tasten ca. 50g und im inneren bereits ca. 200g. Eine Erhöhung des Tones a1 von 440 Hz auf 445 Hz bewirkt mit angepaßter Stimmung eine Erhöhung der Summe der Bespannungskräfte von entsprechenden 20t auf 22t. Neben Wandtafeln, welche die Entwicklung der Tastenmechanik darstellten, wurden die zwei unterschiedlichen mechanischen Systeme (englische Mechanik und Wiener Mechanik) in Form echter Modelle demonstriert.

Das Liszt'sche Lied

Am 19.8.98 wurde das Liszt'sche Lied behandelt. Folgende Werke wurden durch Sebastian Reinthaller (Tenor) und Barbara Moser (Klavier) live interpretiert:

1. Die drei Zigeuner (Text: D)
2. Oh, quand je dors (F) (Oh, wenn ich schlafe)
3. Petrarca Sonett Nr. 47 (I)
4. Es muß ein Wunderbares sein (D)

Zugabe: La donna e mobile

Es wurden zusätzlich weitere Aufnahmen von 2 (mit zu tiefem Tenor) und von 4 mit Hampson (Bariton) und von 1 mit Fassbaender (Mezzosopran) für Vergleichszwecke vorgestellt.

Am Musterbeispiel des *1. Notturnos (Liebestraum)* wurde die Methodik für die Erarbeitung der Interpretation eines für Klavier solo transkribierten Liedes erläutert. Eine Orientierung (Charakter und Tempo) hat am zugrundeliegenden Lied zu erfolgen. Nur im Falle, daß das Tempo im Original so langsam ist, daß bei identischer Tempoübernahme Melodiebögen am Klavier verloren gehen würden, ist die Wahl eines etwas rascheren Tempos am Klavier vertretbar. Die viel zu langsame Interpretation durch Daniel Barenboim mit oftmaligen, rhythmischen, nicht deutbaren Verschiebungen widersprachen dem Gedanken des Originals stark. Ähnliches gilt für die zu langsame Interpretation des 3. Notturnos durch Jorge Bolet.

Daß Liszt die Gattung Lied außerordentlich gut beherrscht, konnte durch den Vergleich mit 3 anderen bedeutenden Liedkomponisten *Schubert* (Sängerin: Christa Ludwig), *Schumann* (L. Price) und Wolf (E. Schwarzkopf), (Liszt: Noriko Sasaki) an Hand der Textvertonung von Goethes *Mignon* demonstriert werden. Die Fassung von Schumann wurde als eher einfallslose und schnellste Fassung ohne Abänderungen zwischen den drei Strophen erkannt. Liszt zeigt balladenhafte Züge und Wolf die stärkste dramatische Wirkung. (Es stellte sich die offen gebliebene Frage, ob der Text unbedingt so dramatisch aufzufassen ist.) Schubert erzielt durch Dur-Moll-Modulationen Stimmungsunterschiede zwischen den einzelnen Strophen des Liedes.

Es wurden die *Vergifteten Lieder* von *Heinrich Heine* interpretiert von

- Fassbaender (Mezzosopran) - Hier kam die ernst zu nehmende Tragik am besten heraus.
- Gedda (Tenor) - Er will das Tragische nicht wahr haben bzw. ist sarkastisch und ironisch.
- Hampson (Tenor) - Er wirkte trotzig und vorwurfsvoll bzw. teilnahmslos.

Liszt als Pianist und Komponist

Am 20.8.98 wurde in Ergänzung zum Lebenslauf sein Wirken als Pianist näher erläutert und kurz auf unterschiedliche Transkriptionen von Liedern eingegangen. Abschluß und Höhepunkt bildeten genaue strukturelle Analysen und Demonstrationen der vielfältigen Interpretationsmöglichkeiten des zentralen Solo-Klavierwerks *h-Moll Sonate*, die auch am 21.8.98 fortgesetzt wurden. Liszt war der erste Pianist, der im Rahmen groß angelegter Soloabende als *Alleinunterhalter* auftreten konnte. Der typische Klavierabend ist somit erst durch ihn entstanden. Bis dahin war das Klavier immer nur in *potpourri* Konzerten, also in solistischem Gebrauch, sowie mit Orchester, kammermusikalisch und zur Liedbegleitung zu finden.

Folgende Charakteristiken gehen auf Liszt zurück:

- räumliche Aufstellung des Klaviers, so daß der Pianist seitlich zum Publikum gerichtet ist;
- auswendiger Vortrag;

- neuer, wesentlich vollerer Klavierklang im Vergleich zum zuvor üblichen Hammerflügel.

Liszt konnte über Konzerttermine und Veranstaltungsorte in den großen europäischen Zentren ohne Probleme nach seinen Vorstellungen selbst verfügen. Es gab noch keine Konzertagenturen. Liszt hatte gute Kontakte zu mehreren Verlegern. Außerhalb der erfolgreichen 10jährigen Konzertperiode gab er ca. 300 bis 400 Schülern kostenlosen Klavierunterricht und unterstützte durch persönliche Aufführung von Originalen und Transkriptionen die Verbreitung von Werken vieler anderer Komponisten wie Berlioz, Schumann und Schubert.

Folgende Liedtranskriptionen wurden aus den 54 vorhandenen ausgewählt und erörtert:

1. Der Leiermann (Schubert)
2. Des Mädchens Klage (Schubert)
3. Der Atlas (Schubert)

Bei 1 sind die 2 Strophen des Originals auf eine reduziert und die Klavierbegleitung mit der Singstimme zusammen völlig unverändert übernommen. Diese Kürzung auf die Hälfte ist aufgrund des fehlenden Textes sehr gelungen.

Bei 2 wurde der sich aufgrund des Textes ergebenden Steigerung durch zusätzliche Noten Rechnung getragen. Diese gesteigerten Wirkungen werden bei dramatischen Strophen insbesondere durch ausschmückende Themenumspielungen, chromatische Zusätze oder Tremoli erzielt.

Bei 3 sind die im Original vorhandenen Tremoli bei der Begleitung auf zerlegte Akkordfolgen (verminderte, übermäßige Dreiklänge) abgeändert, die am Klavier viel wirkungsvoller zur Geltung gebracht werden können, ohne das Charakteristikum des Originales zu nehmen. Ein Versuch, die im Original vorhandenen markanten Konsonanten des Gesanges zu kompensieren.

h-Moll Sonate

Die *h-Moll Sonate* wurde 1853 innerhalb eines Zeitraumes von ca. einem Jahr komponiert. Bülow hat sie uraufgeführt, konnte aber damit keinen Erfolg beim Publikum erzielen. Hanslick schrieb schlechte Kritiken über diese Liszt-Komposition. Aufgrund der Widmung an Schumann fühlte sich Clara Schumann verpflichtet, Liszt dafür zu danken. Sie konnte dem Werk nichts Positives abgewinnen und hat dies in ihrem Tagebuch auch so vermerkt.

Die h-Moll Sonate kann gemäß Beilagenblatt unterschiedlich gegliedert werden, entweder als einsätzige Sonate oder als Werk mit 4 Sätzen und einer Coda. Letztere Gliederung schafft mehr Überblick, da ohnehin für den 1. und 2. Satz eine Sonatenhauptsatzform angewendet werden kann (der 3. ist ein *Fugen-Scherzo,* der 4. dem 1. ähnlich), welche aus Exposition, Durchführung und Reprise besteht, in diesem Fall allerdings nicht - wie allgemein in der klassischen Sonate üblich - aus einem dramatischen Haupt- und einem kontrastierenden, lyrischen Seitenthema, sondern aus folgenden 4 Hauptthemen und einem fünften Thema (das nur als Hauptthema im 2. Satz auftritt und den 2. Teil der Coda einleitet) mit folgenden angeführten Charakteristiken:

1. Lento Motiv: absteigende Tonfolge als Übergang zwischen anderen Teilen
2. Allegro Motiv: auf- und absteigende Tonfolge mit markantem Rhythmus und Septimakkord
3. Hammerschlag Motiv: in ursprünglicher Form sich anfangs wiederholende, staccatoartige Tonfolge, die sich in einen Septimakkord auflöst
4. Grandioso Motiv: mit wuchtigen sich steigernden Akkorden

Folgende unterschiedliche Interpretationen der Sätze wurden gegenübergestellt:

1. Satz (Seite 14): Alfred Brendel; Leon Fleisher; Cziffra, Alfred Cortot
2. Satz (Seite 21-24): Emil Gilels (sehr gut aufgebaut); Arthur Rubinstein (zu unbalanciert); Martha Argerich (zu früh schon zu laut, so daß dazwischen Dynamik heruntergenommen werden mußte); Svjatoslav Richter (extrem langsam)
3. Satz (Seite 26-27) (Fugato): Shura Cherkasky (lang notierte Noten wurden sehr kurz gehalten); Ivo Pogorelich (leicht und duftig, viele Akzente, besonders schnelle, darübergewischte Triolen); Maurizio Pollini (eher hart, viele Akzente, Triolen wie bei Pogorelich)
4. Coda (Seite 37 - 40): Shura Cherkasky (technisch sehr dürftig, plagt sich); Martha Argerich (besonders schnell und technisch brillant).

Abschließend wurde eine Gesamtaufnahme von Vladimir Horowitz aus den 30er Jahren mit einer Gesamtzeit von 26:30 präsentiert. Es handelt sich um eine in sich einheitlich abgeschlossene Interpretation, bei der effektvoll Spannungen aufgebaut werden, die aber im Vergleich mit vielen anderen Interpretationen wesentliche Unterschiede aufweist.

Die bildende Kunst als Spiegel der Gesellschaft

HANS R. HOETINK

Das Thema, wie es im Programm angekündigt ist, lautet: *Bildkunst als Spiegelbild der Gesellschaft.* Dieser Titel kommt mir zu apodiktisch vor. Lieber würde ich als Titel unserer Zusammenkunft vorschlagen: *Ist Bildkunst Spiegelbild der Gesellschaft?* oder vielleicht besser noch: *Inwieweit ist Bildkunst Spiegel der Gesellschaft?* Wir können uns dann sofort fragen, was die Bildkunst denn eigentlich widerspiegelt, und zugleich können wir uns die Frage stellen, ob die gesamte Gesellschaft sich widerspiegelt oder nur ein Teil derselben. Ich hoffe, im Laufe meiner Ausführungen das eine oder andere zu verdeutlichen. Das Thema, über das wir sprechen werden, ist besonders komplex, gibt Anlaß zu vielen Mißverständnissen und hat viel Rhetorik in sich gespeichert.

Wenn wir ein willkürliches Kunstwerk aus der Vergangenheit betrachten, wird niemand leugnen, daß wir durch das Betrachten und Analysieren einer Darstellung viel lernen können über die Periode und die Aspekte der Gesellschaft, in der das Kunstwerk entstanden ist. Wenn wir auf einem holländischen Stilleben aus dem 17. Jahrhundert ein Glas Bier, Fisch, Brot, Zitronen und eine Zinnkanne sehen, können wir mit Fug und Recht annehmen, daß man offenbar in dieser Periode Bier trank, Brot aß und Zinnkannen als Hausrat benutzte. Aber ganz sicher ist auch das nicht. Wenn wir ein Blumenstilleben aus derselben Periode betrachten, zeigt sich, daß die dargestellten Blumen niemals gleichzeitig geblüht haben können. Die Meinung, diese Blumen hätten im 17. Jahrhundert alle gleichzeitig geblüht, wäre eine falsche Folgerung. So ist die Kleidung auf Porträts aus dem 17. Jahrhundert des öfteren Phantasie. Das Studium der Ikonographie und Ikonologie lehrt uns in dieser Hinsicht vieles. Die Ikonologie befaßt sich mit der Erklärung der Darstellung vor dem Hintergrund der geistigen Umwelt, worin diese entstanden ist, und versucht uns mit den Formen und der Gedankenwelt der Künstler vertraut zu machen. Oft malten sie, was Dichter und Schriftsteller in Worten ausdrückten oder was in bestimmten Gesellschaftskreisen lebte.

Wie gefährlich es ist, aufgrund von Darstellungen ohne weiteres auch unbewiesene psychologische Folgerungen über die Gesellschaft oder sogar über die Mentalität zu ziehen, zeigt unter anderem die ausgezeichnete Analyse von Vinken und de Jongh über das berühmte Gemälde der Regenten und Regentinnen von Frans Hals, das in fast allen niederländischen Schulbüchern abgebildet ist; die vermeintliche Bösartigkeit wurde in dieser Analyse gänzlich entkräftet[1] Seit dem Ende des 18. Jahrhunderts wurden diese Gruppenporträts der Regenten des Armenhauses in Haarlem stets beschrieben als Darstellungen von unsympathischen, harten, raffsüchtigen und wohlhabenden Personen, die von dem armen Maler Frans Hals auf realistisch-sarkastische und spöttisch-bissige Weise wiedergegeben wurden. Nichts von diesen Phantasien hat sich als richtig erwiesen. Soziale Kritik, wie wir sie kennen, war im 17. Jahrhundert undenkbar.

So gibt es zahlreiche Beispiele. Kein Wunder, daß Francis Haskell in seinem faszinierenden Buch *History and its Images* schreibt: 'The hope of making contact with the past through images is a difficult one, full of traps and false turnings'.[2] Diese historisch gesehen unrichtige Interpretation der beiden Regentenporträts von Frans Hals bringt also nicht so sehr ein Spiegelbild der Gesellschaft des 17. Jahrhunderts zum Ausdruck, sondern verschafft uns viel eher einen Blick auf unsere eigene Gesellschaft und die darin lebenden Auffassungen. Nicht die Vergangenheit wird widergespiegelt, sondern unsere eigenen Ideen. Ein anderes besonders prägnantes Beispiel in diesem Zusammenhang sind die Fotos, die Charles Lutwidge Dodgson, alias Lewis Caroll, der Autor von *Alice in Wonderland* und *Through the Looking Glass*, von nackten, jungen Mädchen in der zweiten Hälfte des vorigen Jahrhunderts machte. Diese künstlerischen Fotos, die auf einer Ausstellung in London zu sehen waren, empfindet der heutige Betrachter, wahrscheinlich völlig zu Unrecht, als zweifelhaft und als Ausdruck von Pädophilie.

Alan Riding weist in seiner Besprechung der Ausstellung darauf hin, daß, als diese Fotos 1974 ausgestellt wurden, niemand daran Anstoß nahm. In diesem Jahr hat diese Frage alles andere überschattet. "So hat ein Vierteljahrhundert unseren Blickwinkel total verändert. Heutzutage sehen wir in allem Pädophilie", sagt der Organisator der Ausstellung, Colin Ford. Charles Dodgson, der Fotograf dieser Fotos, war, laut Ford, "probably motivated by a highly romanticised view of innocence. Victorian England had a clear notion that a girl before puberty was as pure and divine as was possible to imagine".[3]

Der moderne Betrachter kann dies schwer nachempfinden. Auch hier erfahren wir also, daß unsere Interpretationen von Kunst der Vergangenheit viel eher den Geist unserer eigenen Gesellschaft wiedergeben als den Geist der damaligen Zeit selbst. Die Fotos und Fernsehbilder, die wir heute täglich sehen, geben kein richtiges oder vollständiges Bild unserer eigener Wirklichkeit. Sogar diese angeblich realistischen Bilder schaffen eine Pseudowelt, je nach der Auswahl und Interpretation.

---

1 P.J. Vinken & E. de Jongh, *De boosaardigheid van Hals' Regenten en Regentessen*, Oud-Holland, 1963, LXXVII.

2 F. Haskell, *History and its Images*, New Haven, 1993.

3 Alan Riding (New York Times Service) *The Secret Life of Charles Lutwidge Dodgson* in: International Herald Tribune, August 22-23 1998, 20.

Wir müssen uns außerdem vor Augen halten, daß die Bilder, die in der Kunst vor uns aufgerufen werden, zu einem erheblichen Teil 'Wunschbilder' sind, die mit der Wirklichkeit oft wenig zu tun haben, obwohl ihre äußere Form sehr realistisch sein kann. Es sind Wunschbilder, die manchmal vom Künstler selbst ausgehen, ein idealisiertes Landschaftsbild oder ein idealisiertes Menschenbild - man denke an die Fabel von Pygmalion, wobei selbstverständlich der Künstler zugleich indirekt das Kunstideal der damaligen griechischen Gesellschaft widerspiegelt. Das Kunstideal bedeutete damals nämlich, daß die höchste Kunst der Natur gleichkommt oder diese sogar übertrifft.

Andererseits können es Wunschbilder sein, die - unmittelbar oder sogar aufgezwungen - aus der Gesellschaft, Religion oder Politik entstehen. Ich denke da an die idealisierten Darstellungen von religiösen Themen, von Herrschern oder Situationen, wie sie sehr prägnant in der Nazikunst, Sowjetkunst oder der Kunst unter Mao wiedergegeben wurden. Die Kunstwerke sind hier nicht so sehr ein Spiegel der Gesellschaft, eher ein Spiegel der von den Machthabern aufgezwungenen politischen Wunschbilder und daher auch interessant und erhellend. Das Wichtige an dieser letztgenannten Kategorie ist, daß in den totalitären Regimes davon ausgegangen wird, die verwendeten Darstellungen könnten den Betrachter - damit die Gesellschaft - in dem Sinne verändern, wie es das Regime beabsichtigt. Dem liegt der Gedanke zugrunde, daß man, wenn man die Kunst und die Bildwelt beherrscht, auch die Gesellschaft beherrschen könne. Es ist die Umkehrung des Gedankens, die Kunst sei Spiegelbild der Gesellschaft. Die deutlichsten und profansten Beispiele im Bereich der Wunschbilder begegnen uns täglich in der Werbung.

Kunstwerke sprechen stets unsere Phantasie an. Sie werden das immer tun, da dies charakteristisch für ein Kunstwerk ist. Kunstwerke stimulieren unsere Phantasie und unsere Einbildungswelt. Wer erinnert sich nicht der Abbildungen historischer Darstellungen in alten Schulbüchern? Haskell weist darauf hin, daß der französische Historiker Michelet die Kunst als Illustration der 'mentality of an age' auffaßte. Wie sehr Jacob Burckhardt und Johan Huizinga versucht haben, auf dem Wege über die Kunst die Vergangenheit zu interpretieren, ist uns allen bekannt. Obwohl Huizinga sich seiner ästhetischen Sicht der Geschichte durchaus bewußt war, hat er in seinen Schriften stark zu dieser ästhetischem Blickwinkel beigetragen. Huizinga ging schließlich von seinen persönlichen Gefühlen der Vergangenheit gegenüber aus, wobei es vor allen anderen die Bilder waren, die ihn zu historischer Forschung inspirierten und stimulierten, kulminierend in seinem klassisch gewordenen prachtvollen Buch *Herbstzeit des Mittelalters* (1919).

Hier gelangen wir an ein interessantes, nahezu unlösbares Problem, mit dem jedermann konfrontiert wird, sobald man sich mit der Vergangenheit und selbstverständlich auch mit der Interpretation der modernen Zeit befaßt. Es ist der Gegensatz zwischen einerseits der im Prinzip persönlichen Vorliebe oder Voreingenommenheit, die uns beim Betrachten inspirieren und begeistern, aber auch blenden kann, und andererseits dem Auftrag zu wissenschaftlicher Analyse, den wir zu erfüllen haben. Ist es doch so: Nur Begegnen ist Rausch, nur Zergliedern ist Armut. Wenn wir vermeiden wollen, in vage, allgemeine Behauptungen, in Phantasien oder unbewiesene psychologische Allgemeinheiten zu verfallen, so müssen wir von Tatsachen und Detailstudien über die Gesellschaft ausgehen. Das bedeutet, daß nüchterne und faktische Kenntnis und Analyse der Beziehung zwischen Kunst und Gesellschaft und somit der Rolle der Kunst in der Gesellschaft außerordentlich erhellend wirkt und zu den zuverlässigsten Ergebnissen führt. Um zu verdeutlichen, was ich meine, nenne ich hier Gegebenheiten, wie etwa die Rolle der Zünfte, der Einfluß des Verbrauchers, der Einfluß des Auftraggebers oder Mäzens, der soziale Status des Künstlers oder des Kunstwerks, der Einfluß von Ausstellungen, vom Kunstmarkt oder von Messen oder die Geschichte des Geschmacks. Es ist bedauerlich, daß diese Faktoren in vielen theoretischen Publikationen nicht immer berücksichtigt werden. So hat Kempers, veranlaßt durch die berühmte, gemalte Darstellung von Stadtverwaltung und Kultursymbolik im Palazzo Publico, in seiner transparenten Publikation mit dem Titel *Kunst, macht en maecenaat* von 1987 deutlich gemacht, wie die Machtverhältnisse zwischen Finanzen, Beratern, Künstlern und Publikum während der frühen Renaissance in Italien lagen.[4] Indem zum Beispiel in den Darstellungen die Bedeutung der Bettelorden und der Stadtverwaltung aufgezeigt wird, erscheint uns die Kunst als Spiegel der sozialen Beziehungen und somit der Gesellschaft.

So ist die Tatsache, daß sich in der zweiten Hälfte des 17. Jahrhunderts in den Niederlanden das Interesse für Historienbilder und religiöse Themen zugunsten profaner Themen wie Genreszenen und Porträts verringerte, ein Anzeichen für eine Änderung in der Gesellschaft und eine sich wandelnde Beziehung zwischen dem Phänomen Kunst und Gesellschaft. In dieser Hinsicht ist die Rolle, welche die Kunst in der Gesellschaft spielt, zweifellos ein realistischer Spiegel eines Aspekts dieser Gesellschaft. Viel direkter spiegelt die Kunst das wider, was in einer Gesellschaft lebt, in Form politischer (Spott)-Drucke. Bekannt sind die vielen politischen Drucke, die u.a. im 17. Jahrhundert in den Niederlanden erschienen sind, mit vielen Anspielungen auf die spanischen Herrscher und den Widerstand dagegen. Als Höhepunkt in der Malerei kann Rembrandts Gemälde mit der Darstellung *Die Eintracht des Landes* von 1641 gelten.

Mit der Entwicklung der Druckerpresse nahmen politische Drucke, oftmals in karikaturistischer Form, großen Aufschwung. Im 19. Jahrhundert sind die Drucke von Daumier ein ausgezeichnetes Beispiel dafür. Sie vermitteln ein gutes Bild vom sozialen Engagement und von den Auffassungen, die in seiner Zeit in den progressiven Kreisen Frankreichs lebten. Trotzdem ist es nicht das, was die meisten Menschen meinen, wenn sie über 'die Kunst als Spiegel der Gesellschaft' sprechen. Sie denken dann nicht so sehr an die Darstellung, sondern an die Form, in der sich uns ein Kunstwerk präsentiert. Mit diesem zwar sehr verführerischen Gedanken geraten wir meines Erachtens

4 B. Kempers, *Kunst, Macht en Maecenaat*, Amsterdam, 1987.

auf Glatteis. Sobald wir über die Form sprechen, richten sich unsere Gedanken selbstverständlich auf den Stil einer bestimmten Periode. Unter Stil versteht man dann die konstanten Formmerkmale, die eine erkennbare und kohärente Einheit bilden, abhängig von der Tradition in einer bestimmten Zeit, Örtlichkeit und Gruppe. Daher können wir Kunstwerke datieren und geographisch einordnen. So sprechen wir von der französischen Gotik, dem deutschen Expressionismus oder von den Kunstwerken aus der Zeit des Barock, die sich zum Beispiel durch eine starke Gefühlsgeladenheit, Kontrastreichtum, Instabilität und Masse auszeichnen. Stil ist gleichsam eine Sprache mit einer inneren Ordnung und Expressivität.

Ich muß jedoch bemerken, daß der Begriff Stil weniger konstant ist, als man auf den ersten Blick meinen möchte. Oft gibt es innerhalb eines Stils unharmonische Elemente und große Variationen. In der stark symbolischen und hieratischen Kunst des Mittelalters finden wir manchmal sehr realistische Figuren vor einem goldenen Hintergrund. In den Manuskripten sehen wir am Rand realistische Figuren gegenüber Hauptfiguren in stilisierter Form. In England sehen wir im 10. und 11. Jahrhundert einen nervösen, offenen, komplizierten, linearen Stil in den Handschriften neben einer sehr plumpen, massiven, geschlossenen Architektur. Zu Zeiten Königin Elisabeths I. suchen wir in der Malerei vergeblich nach einem Stil, der Übereinkunft aufweist mit dem der Dichtkunst. Im Rußland des 19. Jahrhunderts suchen wir vergeblich nach einer Parallele zwischen der großartigen Literatur und der Malerei, wie Shapiro in seinem Artikel über Stil bemerkt.[5] Doch spricht man nicht ganz zu Unrecht über den bestimmten Stil einer Kultur: der gotische Stil, der Rokoko-Stil, der Louis XV-Stil und andere mehr. Darf man aber, und darum handelt es sich hier, mit einem Stil und somit mit der Form von Kunstwerken psychologische Allgemeinheiten verbinden? Darf man Kunststil mit Lebensstil verbinden? Die wesentliche Frage ist, ob und wenn ja, wie weit man Formänderungen interpretieren darf als psychologische Änderungen und wie denn die genaue Beziehung ist. Wenn wir die Frage positiv beantworten, wäre die Form, in der Kunstwerke sich uns präsentieren, die Folge einer kollektiven Denkweise, ein kollektives Gefühl, wovon alle Kunstäußerungen, die Philosophie, die Religion durchtränkt wären, ja die Kunst wäre einem Zeitgeist unterworfen.

Selbstverständlich haben nationalistische Gefühle ebenso wie Ansichten über Rasse und Gruppe neben politischen, sozialen und psychologischen Theorien diese Auffassung verstärkt. Deutsche Kunst sei expressiv und irrationell als Widerspiegelung des deutschen Geistes. Man vergißt dabei, daß die Biedermeier-Kultur nicht weniger deutsch ist. Natürlich würde ich nicht leugnen, daß die deutsche Kunst sich von der Kunst anderer Länder unterscheidet, aber das ist eher die Folge von Bildtraditionen, Formkonventionen und Thementradition als die eines 'deutschen Geistes'.

Seit dem 18. und 19. Jahrhundert lebte sehr stark der Gedanke, die Kunst sei Reflexion der Gesellschaft. Für Winckelmann konnte die griechische

5 Meyer Shapiro, *Style, Aesthetics today*, Meridian Books 1961, 81-113.

Kunst nur in einer Kultur der Freiheit blühen, deren Äußerung sie auch war. Als Winckelmann mit der Tatsache konfrontiert wurde, daß der von ihm so sehr bewunderte Torso von Belvedère in einer Zeit entstanden war, in der es um die griechische Freiheit geschehen war, wußte er dieses Problem zu lösen, indem er feststellte, die Statue müsse in einer zwischenzeitlichen Periode von Freiheit entstanden sein. Für Winckelmann war die griechische Kunst der Ausdruck des griechischen Geistes. Die Schwierigkeit lag jedoch darin, daß man den griechischen Geist seinerseits aus der griechischen Kunst kennenlernte.

Nach Winckelmann hat die Beziehung zwischen Kunst und Gesellschaft viele Kunsthistoriker beschäftigt. Dvorák versuchte, übrigens nicht frei von aprioristischen Ausgangspunkten, Kunstgeschichte und Ideen über die Geschichte in seinem bekannten und glanzvollen Werk *Kunstgeschichte als Geistesgeschichte* (1924) zu integrieren, worin er sich unter anderem bemühte, Parallelen zu entdecken zwischen der Kunst von Greco und der Gegenreformation, zwischen der Kunst von Brueghel und religiösen und philosophischen Bewegungen. Gelehrte wie Dilthey, Worringer und Spengler suchten nach einer Einheit von Philosophie, Kunst, Psychologie und Soziologie, mit anderen Worten: Sie suchten den totalen Menschen.

Die Auffassung, das Kunstwerk sei die Expression der Gesellschaft, hängt auch mit der Auffassung zusammen, der Künstler sei vor allem deshalb so aktiv, weil er ein so gutes Empfinden für seine Zeit habe. Eine Ansicht, die heutzutage in säkularisierterer Form noch sehr lebendig ist: der Künstler als Seher und Prophet. Im 19. Jahrhundert begegnen wir solchen Ideen vielfach in der Romantik, unter anderem bei Runge, und auch Baudelaire spricht in seinen *Curiosités esthétiques* (1859) von der Kunst als Selbstexpression im Zusammenhang mit einem Weltbild. Ein Jahrhundert später schreibt Willy Baumeister in seinem Buch *Das Unbekannte in der Kunst* (1960): "Nicht der Künstler als Person, sondern die Urkräfte des Weltlebens sprechen durch ihn".

Bei einigen modernen Kunstsoziologen stoßen wir auf Auffassungen, die in etwa vergleichbar sind. Der französische Kultursoziologe Jean Duvignaud ist der Meinung, daß, wenn ein Künstler sein Werk schaffe, er darin eine unsichtbare Gemeinschaft inkorporiere.[6] Nach Duvignaud liegen die Wurzeln der Kunst in kollektiver Erfahrung, und dadurch will Duvignaud zu einer Soziologie der künstlerischen Expression kommen. Obgleich dieser Gedanke attraktiv und verführerisch ist, werden Sie begreifen, daß ich mich dieser Auffassung nicht anschließen kann. Wir meinen, hierin Hegels Ideen durchklingen zu hören; war dieser doch der Ansicht, daß Gesetze, militärische Aktionen, die Philosophie und die Kunst, mit anderen Worten, alle Formen der Zivilisation dem Zeitgeist oder dem Weltgeist unterworfen seien.

Marxistische Soziologen, wie Antal und Hauser, haben mehrfach versucht, dieses schwierige Problem zu lösen, indem sie eine Theorie entwickelten, die einen Zusammenhang zwischen Stil oder Form der Kunst und der Struktur der Gesellschaft aufweisen sollte. Die verfochtene Theorie gründet nicht so

6 J. Duvignaud, *Sociologie de l'art*, Paris, 1967.

sehr auf einer Analyse der veränderlichen, tatsächlichen gesellschaftlichen Umstände, unter denen das Kunstwerk entstanden ist, sondern geht eher von einer bestimmten Gesellschaftsauffassung aus.

Gombrich hat in seiner Kritik an Arnold Hausers *The Social History of Art* (1951) überzeugend aufgezeigt, wie sehr diese dialektisch-materialistische Auffassung im Widerspruch zu den Tatsachen steht.[7] So ist zum Beispiel nicht aufrechtzuerhalten, daß hieratische und konventionelle Stilprinzipien kennzeichnend seien für den traditionell eingestellten Landadel oder für eine konservative Priesterklasse, während eine naturalistischere und subjektivere Kunst die Äußerung der Mittelklasse oder Bourgeoisie sei, so als ob die griechische Kunst nicht in einer Demokratie geblüht hätte und als ob der üppige Rokoko-Stil in Frankreich und Deutschland im 18. Jahrhundert nicht von der Hofkunst getragen worden wäre. Solch generalisierende Theorien geben letzten Endes mehr Einblick in die Auffassung des Theoretikers als in die beschriebene Kunst oder Kultur.

Zusammenfassend können wir jedoch, mit Gombrich, nicht leugnen, daß sich hier ein wesentliches Problem verbirgt. Zweifellos haben wir es in jeder Gesellschaft mit einem bestimmten kulturellen Klima zu tun, mit bestimmenden Auffassungen in bestimmten Kreisen, die ihrerseits für Veränderungen, Verlagerungen und Moden verantwortlich sind. Wer würde das bestreiten? Die in der Kunst vorkommenden Darstellungen und Themen und ebenso der Stellenwert, den die Kunst in ihrer Gesamtheit, als Phänomen, innerhalb der Gesellschaft hat, sind davon eine Widerspiegelung.

Wer könnte leugnen, daß aus Delacroix's Gemälden eine deutliche Sympathie des Künstlers, und mit ihm einer Gruppe Geistesverwandter, für den Freiheitskampf der Griechen spricht oder für die Sache der Republikaner in Frankreich? Sympathiegefühle, die hier zweifellos die Form des Wunschbildes angenommen haben, das dem Künstler vor Augen stand. Man denke nur an das berühmte Gemälde von Delacroix *Die Freiheit auf der Barrikade*. Wie isoliert andererseits Delacroix sich gegenüber der Republik fühlte, geht aus der Tatsache hervor, daß er das Publikum als 'ce stupide troupeau' bezeichnete (1855). Aus diesem simplen Beispiel mag hervorgehen, wie komplex dies alles ist und wie vorsichtig wir damit sein müssen, ohne weiteres zu behaupten, Delacroix's Kunst sei 'der Spiegel der Gesellschaft'. Im übrigen geht aus dem Ausspruch von Delacroix wohl auch hervor, wie isoliert sich der Künstler, und mit ihm vermutlich viele andere, der Gesellschaft gegenüber fühlte. Letzteres ist, wie wir wissen, charakteristisch für eine bedeutende Gruppe von Künstlern des 19. Jahrhunderts, als von einer wachsenden Kluft zwischen Kunst und Gesellschaft die Rede war; eine Kluft, die bis in unsere Tage spürbar ist.

So sind wir nach und nach in der modernen Zeit angelangt. Die beklemmendste Frage, die, wie ich vermute, jedem auf den Lippen brennt, lautet, wie die Lage der Kunst in unserer eigenen Zeit ist. Zugleich kann man sich

---

7 E.H. Gombrich, *The Social History of Art* in: Meditations on a Hobbyhorse, London, 1963.

fragen, welche charakteristischen Merkmale die Zeit hat, in der wir heute leben, und ob etwas davon sich in der Kunst widerspiegelt.[8]

Im allgemeinen kann man sagen daß seit dem 19. Jahrhundert, mit der Entstehung der bürgerlich-industriellen Gesellschaft, Kunst und Gesellschaft auseinander gewachsen sind. Die Entstehung des Phänomens 'Avantgarde', die mit dieser Trennung in unmittelbarem Zusammenhang steht, findet gerade in dieser Periode statt - seit der Mitte des 19. Jahrhunderts läßt sich beobachten, daß eine Gruppe von Künstlern, die wir jetzt sehr bewundern, sich stets mehr auf sich selbst zurückgezogen hat. Auch in der Literatur beobachtet man eine Entzweiung zwischen dem Ich und der Welt. Das Thema an sich wird in der Malerei allmählich weniger wichtig, während die individuelle Form größeren Nachdruck bekommt. Was schließlich übrig bleibt, läßt sich als Reflexionskunst charakterisieren: eine sich unaufhörlich steigernde Spiegelung menschlicher Subjektivität, mit dem Ergebnis - Bedeutungsschwund. "In dieser Perspektive erscheint die Geschichte der Künste eindeutig als Verlustbilanz", so schreibt der Soziologe Lepenies.[9] Parallel dazu sehen wir in der europäischen Gesellschaft eine stärkere Individualisierung aufkommen. Eine gemeinsame Ideologie verliert mehr und mehr an Bedeutung, und heute gibt es sie nicht mehr. Von einer Stileinheit ist heute kaum noch die Rede und auch nicht mehr von einem gemeinsamen Geschichtsbild oder Weltbild. Auch die Kunst kennzeichnet sich durch eine große Heterogenität und eine Mischung von Genres. Die großen Ideologien, die während der Aufklärung oder kurz danach aufgekommen sind, wie Liberalismus, Kapitalismus, Kommunismus, Sozialismus, erleben jetzt, während des Postmodernismus, ihren Bankrott. Für die meisten Menschen bleiben nur der Markt und der Konsum übrig. Der Künstler habe sich innerlich längst von der Gesellschaft entfernt und suche nur noch die Anerkennung der Kunsthändler, behauptet Arnold Gehlen.

Unsere heutige Gesellschaft fragt jedoch andauernd und ununterbrochen nach Innovation und neuen Reizen, gleichgültig, ob es sich um Waschmittel oder Kunst handelt, um sportliche Leistung oder Sex. Das Paradoxe ist, daß von der Kunst eine ständige Avantgarde erwartet wird. Wesentliche Innovation oder Erneuerung gibt es kaum noch. Der Künstler wiederholt, ändert und variiert das bereits Vorhandene, was jedoch von den Kunstkritikern und Kunsthändlern stets als etwas Neues präsentiert wird, gerade weil die Gesellschaft danach fragt. Die Heterogenität der heutigen Kunst hat, wie Grampp behauptet, viel mehr ihren Grund in wirtschaftlichen als in psychologischen Faktoren.[10]

---

8 A. Gehlen, *Zeit-Bilder, zur Soziologie und Aesthetik der modernen Malerei*, Frankfurt, 1986.

9 W. Lepenies, *Das Ende der Kunst und das Ende der Geschichte* in: Aufstieg und Fall des Intellektuellen in Europa, Frankfurt/New York/Paris, 1992, S. 91.

10 "One reason for change is that novelty is interesting while repetition is monotonous. This should reassure people who have been told and believe that the multiplicity of styles of modern painting reflect the disappearance of values, standards and criteria, or the bewilderment of the alienated artist in a hostile world".
"The economist's explanation is, by contrast, prosaic - not a frisson in it - but it is intelligible and in principle can be judged empirically".
W.D. Grampp, *Pricing the Priceless*, New York, 1989. S.5 und S. 70.

Weil Autorität an sich verdächtig ist und es außer dem Marktpreis oder Versteigerungspreis kein Kriterium für Qualität gibt, fürchtet man, etwas zurückzuweisen, was sich als innovativ anbietet. Dazu kommt, meiner Ansicht nach, daß wir aufgrund unserer Erfahrungen jüngeren Datums alle große Angst haben, in die Ecke der 'Kolonels' oder der entarteten Kunst manövriert zu werden. Die Kunstkritik ist also infiziert.

Typisch für die heutige Situation sind die Aktivität und der Einfluß von u.a. dem ehrgeizigen Londoner Sammler und Spekulanten Charles Saatchi. Saatchi beeinflußt einen Teil des modernen Kunstmarkts, so wie ein großer Währungsspekulant oder Anleger die Börse beeinflussen kann. Ende der achtziger Jahre beschloß Saatchi, seine Sammlung von Werken von Kiefer, Mangold, Ryman, Schabel und Chia zu verkaufen und sich auf die Young British Artists mit Damian Hirst als favorisiertem Künstler zu konzentrieren. Jetzt lanciert er höchstpersönlich eine neue Kunstrichtung, 'New Neurotic Realism'. Der Katalog ist schon erschienen, aber die Ausstellung hat er, taktisch und publizitätsmäßig sehr gescheit, erst für Januar 1999 geplant. Als der Künstler Chia bei Saatchi Einwendungen gegen den Verkauf seiner Werke vorbrachte, bedeutete das eine starke Beeinträchtigung seiner Reputation als Künstler, aber keinen Schaden für Saatchi![11]

Infolge des riesigen Einflusses der Publizität und des Kommerzes ist überdies das, was in London oder New York geschieht, sofort in Tokio bekannt. Diese 'global communication' ist ein weiteres Merkmal unserer Gesellschaft, das sich in der heutigen Kunst widerspiegelt. Man darf sich in dieser Hinsicht fragen, wie weit die von uns so sehr bewunderte und gepriesene künstlerische Unabhängigkeit noch existieren kann, wenn der Einfluß des Marktes alles beherrscht. Wo bleiben Verantwortlichkeit und Freiheit des Künstlers?

Wenn der Künstler sich heutzutage nicht wie jeder erfolgreiche Geschäftsmann mit der Welt, der Mode oder dem Kommerz konformiert, bleibt für ihn wenig mehr übrig, als einen Monolog fortzusetzen, entweder in einer abstrakten Form, die bestenfalls zwar 'ausdrucksstark, intellektuell aber tot' ist, oder in rationell mathematischen und optischen Gesetzen seine Zuflucht zu suchen oder eine figurative Form zu wählen, die jedoch meistens in hohem Maße kommentarbedürftig ist.

Dies alles bedeutet nicht, daß heutzutage keine faszinierenden und schönen Kunstwerke geschaffen werden; diese Frage ist aber nicht das Thema unserer Zusammenkunft. Wo jedoch Cézanne noch sagen konnte, daß der Ausgangspunkt für seine Arbeit "la nature et le Louvre" war, ist seit Duchamp und Malevitch die Kunst selbst zum Problem geworden, genauso wie unsere zerrissene Gesellschaft selbst.

---

11 H. Hartog Jager, *Een moderne Renaissance vorst*, NRC Handelsblad 31.7.1998.

WILLEM ELIAS

The visual arts as broken mirror of society

Introduction

Society is an entity composed of fragments: individuals, groups, hierarchies, etc. Up to roughly the middle of the nineteenth century, Western society was still able to present itself as a closed unity. "Fragments" that did not match that unity, were either excluded or confined. From that time onwards, art does not any longer confirm this model of the society as a closed unity; instead it starts to reveal its fundamentally fragmented nature. The impressionists' "Salon des Réfusés" among other things exemplifies this shift. Hans-Georg Gadamer's formulation is very clear: "So long as art occupied a legitimate place in the world, it was clearly able to effect an integration between community, society, and the church on the one hand and the self-understanding of the creative artist on the other. Our problem, however, is precisely the fact that this self-evident integration, and the universally shared understanding of the artist's role that accompanies it, no longer exists - and indeed no longer existed in the nineteenth century."[1]

Artworks stand as signs of the time[2] - they mirror or reflect the time. So called "modern art" reflects society's fragmentation by being fragmentated itself. Artworks then, as signs, are to be viewed as the broken mirrors of the (fragmented) society. To a greater or a lesser extent, this property of modern art has been articulated in contemporary art theories. We find this largely putting in perspective of the triangle artist - artwork - spectator m all five major movements of the philosophy of art: Freudians excavating the unconscious; Marxists elaborating the notion 'ideology'; analytic philosophy crusading against essentialisms; existentialists emphasising subjectivism; structuralists pointing out contextual determinism.

With reference to modern art and contemporary philosophy of art, one could consider the splintered mirror being caused by the reflection of a broken world. Postmodern art and philosophy have broken the mirror themselves, using its fragments as their basic principle, ruins as their paradigm. In this short lecture I can give only some exemplifications:

1 H.G. Gadamer, *The Relevance of the Beautiful and Other Essays* (Cambridge, Cambridge University Press, 1986), p. 6.

2 Cf. W. Elias, *Signs of the Time* (Amsterdam/ Atlanta, Rodopi / GA, 1997). All sources mentioned in the following text can be found here.

Gombrich

Gombrich, the psychologist of the art, constantly emphasises the multiplicity of interpretations. Though it is indeed important that he points out the impossibility of holding two inconsistent views at the same time. "We are not aware of the ambiguity as such, but only of the various interpretations. It is through the act of 'switching' that we find out that different shapes can be projected into the same outline." (Gombrich 1980, 198) If one wants to free oneself of a certain projection, then one should switch from one to the other. Therefore, the "test of consistency" consists of "the possibility of classifying the whole of an image within a possible category of experience." (Ibid, 200)

Obviously, ambiguity also presents itself with the problems of perspective. In this respect, Gombrich claims that a number of modern movements, "Cubism, I believe, is the most radical attempt to stamp out ambiguity and to enforce one reading of the picture - that of manmade construction, a coloured canvas." (Ibid, 238) Braque, for example, does not use perspective, texture and shadow effects for harmonisation, but for conflict. By reversing the mutual relationships, Braque makes clear that for him an exercise in painting is at stake instead of evoking an illusion. Cubism resists illusionist interpretation by introducing conflicting indications, which refute the test of consistency. In Cubism, the coherent forms play hide and seek in the incomprehensible web of ambiguities. In abstract art, there is no test at all on the basis of which we could decide which reading we will adopt. Abstract art characterises itself by an open ambiguity. Yet even non-figurative painting derives its meaning and effects partly from the habits and mental attitude which one has acquired in looking at pictures. After all, each three-dimensional form on canvas would be infinitely versatile without the knowledge of certain probabilities. Perhaps that could be prevented, if the painter can succeed in making us see his signs or strokes of paint as traces of movements and actions, as is the case in "action painting". That is why these painters want to avoid all resemblance with familiar objects or even with spatial organisation. Yet, in Gombrich's view, the spectator has to follow the traditional path in order to be able to determine the absence of all meaning. "But few of them appear to realise that they can drive into the desired identification only those who know how to apply the various traditional tests and thereby discover the absence of any meaning except the highly ambiguous meaning of traces." (Ibid, 244)

One clearly feels that Gombrich's heart is not completely in these recent forms of art. The function he can attribute to it is secondary: "If this game has a function in our society, it may be that it helps to 'humanise' the intricate and ugly shapes with which industrial civilisation surrounds us. We even learn to see twisted wires or complex machinery as the product of human action. We are trained in a new visual classification." (Ibid, 244)

Freud

In his metaphilosophical article "Sign as theme. A confrontation of the classical philosophical sign and the structural sign" (1969), Herman Parret underlines the importance of the philosophical slant of Freud's move; in particular the so-called "epistemic" turn which brings about the end and thematises at the same time the limit of a past that corresponds largely with the theoretical epoch of the Greco-Western tradition. He puts Freud on one line with Nietzsche and Heidegger by stating: "Thus, Nietzsche preaches the active forgetting of being and thus the end of philosophy; the Freudian revolution shows the illusion of conscious activity, undermines the complexity of knowing and power and decentralises the autonomy of the subject; thinking the limit of metaphysics and the indication of onto-theo-teleology in Heidegger means at the same time criticising humanism and the infinity of subjectivity; thus also Michel Foucault presumes 'the end of the human being' and the privileges of the inexhaustible creative consciousness." (Parret 1969, 232) To the four names mentioned, Parret also adds the name of Marx, as witness of this epistemic turn to a "post-theoretical time". This time starts at the moment thought becomes a thought of the margin which is not identical, but carries in itself the lie and the illusion. This is contrary to the classical philosophical figure of "theorein", where thought presents being as presence. Parret postulates that the whole of history of philosophy, from Plato to Husserl, has as its purpose (telos): the ontologising of thought, the logocising of grammar (speaking) and the phoneticising of writing. Therefore, the onto-theo-teleology incarnates the fascination of the foundation or the origin, which is evidence or presence. Although Husserl turns against metaphysical speculation, still the "Wesenschau" (the viewing of essence) is paradigmatic for all metaphysics as "view", as the question of origin, and as movement within the ideality of presence

In his article "Philosophy and Psychoanalysis" (1969), Samuel Ijsseling agrees with this view. He points out that in the circles of Lacan, the Freudian discovery is seen as a "decentralising". This means that Freud does not situate the real center of the human being in the same place as the humanistic tradition had assigned to it. The statement which became almost proverbial is concisely formulated: "... daß das Ich nicht Herr sei in seinem eigenen Haus" (that the I is not master in his own house). (Mooy 1979, 98)

Lacan

In the reports of Jacques Lacan's seminars, the function of painting is treated in a complex way. Lacan develops a dialectic between the gaze and the eye. It is of importance that the way he approaches a painting fits in with his criticism of the privileges Cartesian thought attributes to consciousness. Parallel to the purity of the function of the subject, Lacan develops a dimension of a way of perceiving, where the scale (l'optique géométrale) is important and the point by point correspondence of two units in space is essential. Thus, art and science are entangled. In Lacan's view, this scale perspective is not similar to perception, but an orientation in space, which could even be imagined by a blind person. However, the function of perception has to be explored further. The gaze has to be discovered in the painting, be present in it as a trap. In this context, the gaze has a drive, an exhibitionist function. (Lacan 1979)

Between the two characters in 'The French Ambassadors', a distorted figure, an anamorphosis is to be seen: a skull following us when we slowly move to the left and then back again to the right. Lacan's reading is that this enigmatic presence of the skull reflects our own futility. As a subject the painting calls us and includes us literally in it by luring us as spectator into a trap. For Lacan, this trap, this web, this labyrinth is a general characteristic of the visible. "In this matter of the visible, everything is a trap, and in a strange way 'entrelacs' (interlacing). There is not a single one of the divisions, a single one of the double side that the function of vision presents, that is not manifested to us as a labyrinth." (Ibid, 93)

Lacan breaks with the traditional philosophy of perception, which cautions against the so-called optical illusion, but still adheres to a geometrical approach to perception, that is perception situated in space, which is not the visual in its essence. For Lacan, the essence of the relationship between being and appearance is elsewhere. Not in a straight line, but in the shining point, source of reflecting flashing. "Light may travel in a straight line, but it is refracted, diffused, it floods, it fills, - the eye is a sort of bowl - it flows over, too, it necessitates, around the ocular bowl, a whole series of organs, mechanisms, defences." (Ibid, 94)

Marcuse

In Marcuse's view, art has been forced to look at the world in such a way that it alienates the individual from his fundamental social existence and action. Thus, art liberates sensibility, imagination and reason in all realms of subjectivity and objectivity. The element of alienation obliges the spectator to develop a counter-consciousness as a negation of the real conformist state of mind. Then, art fulfils a cognitive function. It transmits knowledge in a manner not possible in another language, because of which "it (art) communicates truths not communicable in any other language; it contradicts." (Marcuse 1979, 10) Art differs from the one-dimensional optimism of propaganda called art within socialist realism because of "the notion which sees art as performing an essentially dependent, affirmative-ideological function, that is to say, glorifying and absolving the existing society." (Ibid, 11) Art has its own language and it is only through this language that it sheds light on reality. This dimension does not coincide with the social process of production. "Moreover, art has its own dimension of affirmation and negation, a dimension which cannot be coordinated with the social process of production." (Ibid, 22)

Marcuse briefly discusses art as a witness of the permanent search for identification by means of discovering the non-identification or the other. Art indeed always endeavours to capture "something" in a different way, and that "something" might be subjective or objective, but it is not sure. Those moments of uncertainty and indecisiveness are connected with the infinite adventure of the human effort to try to understand the self and the world. The "something" claims to be a transindividual view on something, but ultimately it proves only a personal view on that something. Or the other way around: something presents itself as an individual mythology, but it expresses the truth of the role mythology still plays for contemporary man. Art often seeks to grasp the ungraspable, comparable to a child's attempt to catch a soap bubble and the discovery that it is only wet foam, but continuing to grasp the next soap bubble from the air. The constant effort to capture the object with the limited possibilities of the subject is the purpose of the artist. He wants to understand the object but differently than other subjects would or have. After all, only the unicity of this object-capturing gives the artist's effort meaning in the collectivity of subjects. In that way, it acquires a place in the infinite series of random pictures of artists. Marcuse does not use many words for these ideas. He limits himself by stating, "In all its ideality art bears witness to the truth of dialectical materialism - the permanent non-identity between subject and object, individual and individual." (Ibid, 29) Perhaps the concept of "ideality" could be understood here as the infinite series of possibilities to understand reality in part.

"Art cannot change the world" is a thought in line with the thought on the revolutionary autonomy of art: "Art provides an aesthetic dimension which can only be acquired by means of art". An old dream, or better put, a fallacy will disappear. "The basic thesis that art must be a factor in changing the world can easily turn into its opposite if the tension between art and radical praxis is flattened out so that art loses its own dimension for change." (Ibid, 35) We believe that art is very sensitive to contextual fluctuation and that it has a tendency to become non-art or no-longer-art or pseudo-art, for example, in the sense of art propaganda (too much content in relation to form) or artistic decoration (too much form in relation to content). Art does not accept a compromise.

Hadjinicolaou

Hadjinicolaou remarks that the concepts of "outlook on life", "philosophy" and "philosophy of life" have to be understood as equivalents to the Marxist concept of "ideology". This could mean that Hadjinicolaou sometimes merely deals with concepts. In his terminology he defines style, "As a specific connection of formal and thematic picture elements, which is one of the particular forms of the entire ideology of a social class." (Hadjinicolaou 1977, 103) Thus, according to Hadjinicolaou style is nothing but a "pictorial ideology" (idéologie imagée). That concept he understands as: "... a specific connection of formal and thematic picture elements through which human beings express how they relate to their conditions of existence: a connection which is one of the particular forms of the encompassing ideology of a class." (Ibid, 105)

Obviously, the ideology of the dominant classes cannot coincide with the ideology of the dominated classes. And if one defines "image production" as on the ideological level, then it follows that what is valid for ideology in general is also valid for the pictorial ideology. As a consequence, different social classes also have different pictorial ideologies. Theoretically, each class or its part "should" have its typical pictorial ideology. According to Hadjinicolaou, the function of art is to reveal the ideological view with its dual aspect of recognition-misunderstanding and illusion-allusion with regard to "reality". Thus, pictorial ideology and scientific knowledge do not coincide. The task of image production (a term he prefers to "art" which refers to the broad view on the nature of images, thus to the fact that he puts high art on a par with low art) is not to pass on scientific knowledge. However, pictorial ideology should do so. It should be understood as "the essential characteristic of objects and facts which belong to the realm of image production." In order to deepen the concept of pictorial ideology, Hadjinicolaou has to distinguish between positive and critical pictorial ideology. He understands this as follows, "We understand 'positive pictorial ideology' as the pictorial ideology of a work which does not have a conflicting relationship with other types of ideology of which it contains certain elements. This positive and non-conflicting relationship can go as far as glorifying other types of ideology in the pictorial ideology (which is the case in all political, religious allegories etc.) However, with 'critical pictorial ideology' we mean a work's pictorial ideology, which relates critically to other types of (non-pictorial) ideology of which it contains certain elements. This criticism expresses itself in how the subject of the work has been treated." (Erwald 1978, 184) Hadjinicolaou states that if the passing of knowledge must be an issue in image production, one should speak of "sensory" knowledge. This knowledge only becomes scientific knowledge because of the mediation of an historian.

According to Hadjinicolaou, the aesthetic effect is nothing but the pleasure the spectator experiences when he recognises himself in the pictorial ideology of the work. Obviously, the history of reception becomes of great importance in analysing the pictorial ideology. Countering the idealistic question "What is beauty?", Hadjinicolaou poses the materialist question "When and why does what type of person experience this work of art as beautiful?"

Wittgenstein

Wittgenstein repeatedly points out the importance of the special and cultural context of aesthetic appreciation, exactly excluding the description of such an appreciation. "It is not only difficult to describe what appreciation consists of, but impossible. To describe what it consists of we would have to describe the whole environment." (Wittgenstein 1966, I, 7) And on the cultural ties of expressions of an aesthetic judgement, he writes: "The words we call expressions of aesthetic judgement play a very complicated role, but a very definite role, in what we call a culture of a period. To describe their use or to describe what you mean by a cultural taste, you have to describe a culture." Which includes being bound to time: "What we now call a cultured taste perhaps didn't exist in the Middle Ages. An entirely different game is played in different times." (Ibid, II, 8) Thus, a language game belongs to an entire culture. A statement such as "this is a fine crown gown" could be said now as well as in the days of Edward II, but with a different meaning. In emphasising this cultural context and the relativity of taste, Wittgenstein seeks to demonstrate that if one wants to understand, one should most of all watch the language game which factually occurs in certain objects and in certain circumstances, with respect to verbal aspects as well as non-verbal ones. As long as one fails to do that, the problem traditional philosophy was engaged in - i.e. how is it theoretically possible that an aesthetic difference of opinion prevails - is futile.

Goodman

In his book *Languages of Art* (1976), Nelson Goodman employs art as the starting point for a general theory of symbols. Goodman aims to understand the world but also desires to "create" it by means of studying systems of symbols and their function in our perception and action, in art as well as in science. Similar to Gombrich, Goodman belongs to the theorists who spread the view that artistic activity is guided by cultural conventions. In his book, Goodman deals with a number of aspects of art and the experience of art which are strongly related to the issue of meaning in contemporary art. Goodman's statement that a painting be considered as a pictorial symbol will be the starting point for delving into the problem of realism, expression, authenticity and the relationship between the emotive and the cognitive component.

Goodman discards the so-called mimetic theory which defines art as an attempt to approach reality as exact as possible. In his article "The Way the World Is" (1960), Goodman states that "what the world is" amounts to the many ways it can be truly viewed, described, represented and so on. Thus, there is no such thing as "the way the world is". If one copies reality, one chooses one of the many possibilities of reproduction. In line with Gombrich, Goodman rejects the possibility of the innocent eye. "The eye comes always ancient to its work, obsessed by its own past and by old and new insinuations of the ear, nose, tongue, fingers, heart, and brain. It functions not as an instrument self-powered and alone, but as a dutiful member of a complex and capricious organism. Not only how but what it sees is regulated by need and prejudice." (Goodman 1976, 7)

Nothing is seen in a simple way. Goodman breaks with the view that there could be something like a perfect copy. We believe indeed that art's most important role is to represent certain ways of seeing by means of a certain medium, because of which something can emerge from the dullness of the everyday habitual gaze. Fascinating art is often the result of a fascinating eye which is not innocent, neither on the level of the artist nor on the level of the viewer. By pointing out the mythical character of the innocent eye, Goodman arrives at his assertion that absorbing information cannot be separated from interpretation. The most ascetic vision, for example a sober portrait, or the most exaggerated vision, for example a caricature do not differ on the basis of how much is interpreted, but merely of how it is done.

"But reception and interpretation are not separable operations; they are thoroughly interdependent." (Ibid, 8) Therefore, mimetic theory on the art of representation becomes unsettled. An image does not represent something with or without its characteristics, it represents something "as", in its quality of. Thus, again and again a part of the whole is described. This assumes a choice. The rule of preference within this choice is a form of classifying objects and characteristics. It is not a matter of transferring a passion. Indication of new elements or groups and their relationships by novel means of identification (labels) or new combinations of old means of identifications can provide new insight. Art can contribute to knowledge, or to put it in the words of one of Goodman's favourite thoughts: art can make and remake the world. "If his picture is recognised as almost but not quite referring to the commonplace furniture of the everyday world, or if it calls for and yet resists assignment to a usual kind of picture, it may bring out neglected likeness and differences, force unaccustomed associations, and in some measure remake our world. And if the point of the picture is not only successfully made but is also well-taken, if the realignments it directly and indirectly effects are interesting and important, the picture - like a crucial experiment - makes a genuine contribution to knowledge." (Ibid, 33) Art goes against the cliché of the everyday look. That requires imagination. Effective representation is a creative act. Goodman even dares to say that nature is a product of art. "In sum, effective representation and description require invention. They are creative. They inform each other: and they form, relate, and distinguish objects. That nature imitates art is too timid a dictum. Nature is a product of art and discourse." (Ibid)

Heidegger

An ontology of art should treat Martin Heidegger. His line of thought is particularly interesting for the question of the sense of art. Some of our additional objections stem mainly from the fact that Heidegger's philosophy of art is only part of his metaphysics. It is an element in his search for truth and his attempt to reveal what he calls the "Being of beings".

In *The Origin of the Work of Art* (1935), Heidegger points out the correspondence between works of art and everyday objects. An aesthetic approach is necessary to "understand" art. Yet, one should not lose sight of the thingness of art. The essence of daily objects is their utility ("being-useful-for"). The authenticity of tools is disclosed by a work of art. Therefore, Van Gogh's painting tells us what the essence of shoes is. Heidegger disregards how important it is to reveal the artwork's material being. Instead of showing the peasant shoes as being-a-tool, a pictorial passion makes Van Gogh reveal the quality of paint. Heidegger's approach to the canvas is too rational. The painting only interests him as a means to arrive at "the Being of beings". In fact, he is dealing with the farmer's Being as a human being who employs his tools in harmony with nature. Art's Being is merely a mediator to arrive at the being of the countryman. Art fascinates him as far as its connection with Being is concerned. Heidegger reflects on art and the artwork from the perspective of Being, which implies that the essence of art and the artwork are determined by the activity of Being. In Heidegger's terminology, this means that Being as unconcealment enables the true essence of art and the being of the artwork in founding truth as a struggle between world and earth.

One of the important questions Heidegger poses is: does man still know his surroundings, a "home", an essential proximity of human beings and things, or is his ultimate fate to be thrown into an uncertain world? Manual work is the only kind of labour which connects man with his natural surrounding. In this kind of labour, Heidegger also includes thinking and writing poetry as interactive contact with one's personal approved language. It is interesting to verify this thought in relation to the functions of art. However, thinking and writing as possibilities for staying in the essential proximity of one's surroundings wither away. In the meantime, Heidegger's authentic "surroundings", a cabin in the mountains, belongs to one of the favourite programs of the tourist industry. Manual labour has become folklore in light of an expansive industry. The robot is no longer science fiction, but an operational instrument which reduces the number of workers in a "factory" from hundred to ten. Manual labour has been reduced to operating switches on the digital computer. With respect to visual art, it is remarkable how it compensates for the loss of manual labour in various ways. For example, in replacing utilitarian manual labour (servitude) with an artificial revaluation of craft. There is no longer craft "in order to" realise, but craft for craft's sake. In a certain way, a form of perversion. However, the question is whether such proximity to one's surroundings is a state of alienation. Besides, in contemporary art, one finds the tendency to represent "traditional methods" in a pseudo-ritualistic way. Craft as ritual is part of the religion of art, of art celebrating its ultimate source. Art as a consecration of craft, as a perversion of pure functional servitude. At the same time, art can be considered alienation, since its religion is practised by high priests represented as brilliant artists.

Contemporary art does not reflect a "rural" proximity. It is a combination of decay on the one hand, the disintegration of an old world with its old values, and, on the other hand, a new world which does not pretend by any means to be a better one, but indeed to be a world which is more "true", less false, less caught up in appearances.

Merleau-Ponty

According to Merleau-Ponty, the undermining of common categories does not come about because of a type of art which merely strives for the representation of the real world. It is striking how Merleau-Ponty attaches great value to the role of abstract art, contrary to somebody like Lévi-Strauss. The circle which connects nature with the expression on canvas by means of the eye and the hand does not allow an interruption. It is the way silence manifests its sense. The problem of the figurative and non-figurative presents itself differently: "This is the reason why the dilemma of figuration and non-figuration is posed wrongly. That precedent of what is to what we see and what we make to see; of what we see and make to see to what is, is perception itself. And in order to give the ontological formula of painting, one hardly has to violate the words of the painter, since Klee wrote the words 'I am unassailable in the immanence' which one has inscribed on his tombstone." (Merleau-Ponty 1964, 87)

Merleau-Ponty assigns a metaphysical meaning to the history of modern art, with its attempt to free itself from illusionism and to acquire a specific dimension. However, this sense allows too many interpretations and, therefore, is hardly demonstrable. Merleau-Ponty states that the world no longer presents itself to the painter. Both are interrelated in such a way that the painting is "auto-figurative" in the first place. The colours should not be the colours of nature. "It has to do with the dimension of colour, which creates out of itself identities for itself, differences, texture, materiality, a 'something'". (Ibid, 67) The freeing of the "auto-figurative" makes the artistic process infinite, both individually and historically, or as finite as humanity itself.

The statement of Merleau-Ponty that the effort of modern art consists particularly of multiplying systems of equivalence is important. This relates to what is the main task of the artist: to mold ever new artistic forms from certain cultural concepts, motives, themes or content. It does not influence how or with what kind of material the artist will do this. "The effort of modern art did not exist so much in making a choice between line and colour, or even between figuration of things and creations of signs, but rather in increasing the systems of equivalence, in breaking their devotion to the appearance of things; this could have demanded the creation of new materials or new means of expression, but sometimes it occurs as a new investigation and a reinvestment of what existed before." (Ibid, 71-72)

Merleau-Ponty gives more depth to this thought by pointing out that it is impossible to speak of progress and divide civilisation into hierarchies. In a certain way, the entire human history is stationary, a continuous procession where being will never be completely found. Yet, the search of the painter is always complete, even if it seems fractional, because all problems are related to each other, and each solution will foster different questions. Thus, there will never be a definite answer which will generally hold true. "Since depth, colour, form, line, movement, outline and physiognomy are the branches of

Being and since each of them could reduce the whole, there are, in painting, no separate "problems", nor real opposite roads, nor partial "solutions", nor progress by accumulation, nor irrevocable choices. One is never protected against these irrevocabilities." (Ibid, 88-89) There are no real achievements. Each solution will open new ways to unknown realms. Each discovery will precipitate a new search.

Sartre

Sartre feels pressed between the content and the form of artworks which, nonetheless, always present themselves in a manner of social commitment. Human terror should not be represented too figuratively, but neither should it be veiled. "In fact, the dilemma remains: if people and their terror are the issue, we can neither accept the representation of the cruelty nor its disappearance into beauty." (Sartre 1964, 369) Sartre has to admit that there are exceptions to this basic political criticism of the aesthetic. For example, within the non-artistic theory of former resistance fighters, Picasso's *Guernica* became the symbol of the unity of political struggle and beauty. In this context, beauty is pinned down dogmatically to a work with a political motive. if the aesthetic-political meaning of Picasso's work would be limited to this, its meaning is of no importance. Sartre was in all respects moved by it. "Therefore, the canvas unites qualities which are irreconcilable. Without any trouble. Unforgettable uprising, commemoration of a massacre; at the same time, the painting seems to have only searched for beauty and found it after all. The sharp complaint remains, but without disturbing the calm beauty of the forms. And, conversely, this beauty does not betray: it will help." (Ibid, 368) Thus, beauty can indeed express a moral commitment, even in an abstract form. "Watch *Guernica:* it is a moral commitment. Nothing is ponderous; this beautiful classical and mythological painting evokes events but does not teach us anything. It transforms cruelty into abstract figures." (Sartre 1972, 322)

The existential artist draws, paints or creates sculpture in order to mark out a human essence within a space different from the space perceived. Giacometti creates figures, for example, full of elegant vulnerability and delicate inner decay; reflections of affected worldviews in confrontation with individual pride. Stylish decline, a sophisticated underworld, examples of precursors of a relatively new set of values decried by old bourgeois morals. The new human being, deserted by God and his believers. Characters who reveal an inner authenticity and its experience, carved out in their skin. They are not citizens who act as "puppets of a social convention". On the contrary, they are actors of the antisocial and unconventional domain, who, in the negation, discover the freedom to put anticipated different values on the canvas by way of experimentation. Obviously, existential art has a hint of the Kierkegardian aesthetic category, where the individual experiences himself as an exception and observes the world from a distance. Painterly streaks will sometimes represent a metaphysical void. There is no ontological criteria because of which the existential artist is in constant uncertainty, a seeming characteristic of a large part of the art of this century. The artist will strive incessantly for perfection, but this striving is infinite. Art will continually question what heightens this uncertainty. Time and again, ideality and materiality are confronted with each other in different relationships. This infinite delay of the definitive will turn the artist into a lunatic, imprisoned in a loneliness resulting from the differences in perspective between author and spectator. "But there is in particular a difference of position between him and us. He knows what he wanted to do and we don't; but we know what he did and he does not." (Sicard 1978, 143)

Mukarovsky

Jan Mukarovsky made a first attempt to systematise a semiotics of art within the history of aesthetics. In Prague, in 1934, during the 8th international congress of philosophy, he gave a lecture entitled *L'art comme fait sémiologique*. In this text, he limits himself to a basic statement of a program. In this text, he presents his main views on the subject.

His most interesting view is, that, unlike the beliefs of psychological aesthetics, one cannot reduce the work of art to the mentality of the artist nor to the mood it evokes in the spectator. Each subjective mood has a trace of individuality and transitoriness. Therefore, it is intangible and incommunicable as a whole, whereas the artwork has as a function to mediate between its creator and the collective. The work of art as an "object" in the sensory world continues to exist and is accessible in an unrestricted way to perception. However, the work of art cannot be reduced to the material object. After all, the outer appearance and the inner structure of the material artwork will change completely if situated in another time and space. Mukarovsky distinguishes between subjective states of consciousness - with a meaning constituted by a collectivity - and additional subjective psychic elements. The meaning in the collective consciousness is determined by what the subjective states of consciousness - evoked in the members of a certain group by the materiality of the work - have in common. The subjective elements outside this common core can be compared with "associative factors" of aesthetic perception. These subjective elements of the perceiving subject can acquire objective semiotic characteristics, comparable with the connotation of words. This happens indirectly, via the center which belongs to social consciousness.

Another important view in Mukarovsky's text deals with the idea that art - more than any other social phenomenon - is able to characterise and present a certain era, since the work of art refers to the entire context of social phenomena such as philosophy, politics, religion, economics etc. This reference results from the autonomy which Mukarovsky ascribes to the sign each work of art is. Contrary to non-autonomous signs, the work of art does not refer to a certain reality. It is merely characterised by its mediating role between members of the same collective. This implies that the artwork should be understood similarly by both the person who creates it and the person who perceives it. However, sometimes the social context will lag behind the stage which is expressed. Moreover, the artwork should not be employed as a historical or sociological document before the documentary value, that is the quality of the relationship to the factual social context, has been interpreted.

The work of art has a double semiotic meaning. In addition to the function of autonomous sign, it has the function of communicative sign. For example, it can express a psychic state as well as a thought or sensation. This function can be perceived in works of art where a certain theme is treated and where, initially, the semantic content seems to function as a communicative meaning. Mukarovsky even writes, "In reality, each component of the artwork - even the most 'formal' one - possesses a typical communicative value apart from the subject. Thus, the colours and lines of a painting mean 'something' even in the absence of any subject. The communicative power lies in the virtual semiological character of the formal components vaguely called art by us without subject. Thus, in order to be exact, one should maintain that it is again the entire structure which, even communicatively, functions as the meaning of the artwork. The subject of the artwork simply plays the role of axis of crystallisation with regard to this meaning, which would continue to be vague without it." (Mukarovsky 1936, 1068)

In the development of art with semantic content, there seems to be a dialectic antinomy between the function of the autonomous sign and the communicative one. This will grow highly problematic if one questions the relationship between art and the signified object from the perspective of communication. Different from art as an autonomous sign, art as a communicative sign directs itself towards a certain reality, for example a clear-cut event or a person. Contrary to pure communicative signs, the relationship between the artwork and the signified object has no existential value when judging the artwork. This does not mean that modifications in the relationship to the signified object will be without any meaning for the artwork. They function as a factor of the structure. "It is very important for the structure of a given work to know whether it treats its subject as 'real' (sometimes even as documentary), as 'fictive' or as oscillating between these two poles." (Ibid, 1069)

There are works based on the balance between these two relationships to reality. The portrait, for example, tells something about the person represented and is at the same time a work of art without existential value.

From a semiological perspective, the theorist can acquire insight into the development of art as an immanent movement, having a continuous dialectical relationship with the development of the other cultural domains.

Eco

In the introduction of his book *The Open Artwork,* Umberto Eco defends his view that the study of the work of art should not be restricted to the observation of the object. The ways of consumption should not be excluded because, in creating a work, the artist cultivates a type of consumption, often various consumptive possibilities, "... he (the creator) designs various possibilities of consumption which he keeps present in his mind." (Eco 1965, 11)

Eco wants to emphasise that the artist cannot deny that he works for a receiver of a message which he constructed himself by means of his object. Although the receiver will interpret this message and reveal its ambiguities, the artist will still feel responsible for this chain of communication. Each work to be created - the "poetic" - is a design for communication. It is a design about an object and its effect. "Thus, every investigation into poetics should keep the two aspects in mind; particularly when the poetics of an open artwork are involved, which are the design of a message provided with a wide range of interpretative possibilities." (Ibid, 11)

Thus, *The Open Artwork* departs from the assumption that an artwork is a fundamentally ambiguous message, a multiplicity of signifieds which coexist in one single signifier. In Eco's view, that is the characteristic of each work of art. In contemporary art, the ambiguity is often an explicit purpose of a work.

Eco refers to the pictorial signs of the Informals as an example of "open" art, because of the fields of interpretative possibilities, configurations of stimuli in a fundamental indefiniteness. At the same time, these works offer a series of continuously changing readings, and moreover, they are structured as elements of groups which may have various mutual relationships.

The "open artwork" implies a certain world view. The artist gives the visual answer to the world view science propagates. This is not an implicit conceptual message to be discovered in the forms of art, but rather a structural metaphor. The "open" art as epistemological metaphor has a function of showing a new view of the world. Art provides a vehicle to imagine the world and interpret it in our sensibility. The "open" artwork reveals the discontinuity of the phenomena and the impossibility to acquire a definite common image of the world. "The discontinuity of the phenomena questions the possibility of a unified and definitive worldview; art offers us a possibility of representation of this world, the world in which we live and, thus, the possibility to accept it and to integrate it in our sensitivity. The 'open' art work intends to give an image of the discontinuity in complete lucidity: it does not say anything about it, it is this discontinuity. It offers itself as an intermediary between the abstract categories of science and the living ground of our sensitivity; it is as a transcendental plan of sorts, enabling us to understand new aspects of the world." (Ibid, 124)

Eco warns against the danger of a boundless openness of the artwork as a consequence of an exaggerated interest of the spectators in the game of their private imagination. The artwork should not assume the role of a drug, which incites phantasms. The "open" artwork should remain a field of possibilities rather than all possibilities leading to nothing. "Like the reader who escapes the control of the artwork, at a certain moment the artwork seems to escape all control, even the author's and the 'sponte sua' seems to begin to speak as an electronic brain gone mad. What remains then is no longer a field of possibilities, but the vague, the original, the indefinite free of obligations, the all or nothing." (Ibid, 127)

Lévi-Strauss

To Lévi-Strauss, "savage thought" is not the thought of savages nor of a primitive or archaic society. "But rather mind in its untamed state as distinct from mind cultivated or domesticated for the purpose of yielding a return. This latter has appeared at certain points of the globe and at certain moments in history, and it is natural that Comte, lacking ethnographic data (and that ethnographic sense which can be acquired only by the collection and handling of data of this type) should have apprehended the former in its retrospective form, as a mode of mental activity anterior in time to the latter. We are better able to understand today that it is possible for the two to coexist and interpenetrate in the same way." (Lévi-Strauss 1966, 219)

Lévi-Strauss makes a comparison with nature where, besides having wilderness, some areas are cultivated for agriculture or cattle raising. Because of their expansion, the latter areas threaten the former with extinction. Although savage thought is threatened as well, there are domains where it continues to be protected, such as in the domain of art.

Lévi-Strauss attributes a scientific value to aesthetic perception. He prefers any form of classification to chaos. Even on the level of aesthetic perception, classification can be useful. It is interesting to proceed in thought and act in such a way that a similarity will arise between what satisfies the aesthetic feeling and what comprises objective reality. The aesthetic properties (form, colour, smell) give the spectator the right to state that these visible characteristics are a sign of particular but hidden properties. The search for a constitutive structure is already present in a primary form. Rather than staying indifferent to each coherence, it is useful to compose a possible incoherent classification on an aesthetic basis, because this will activate sensory attention. Lévi-Strauss attaches much importance to the "science of the concrete", based on a "logic of sensory perception". A conquest of the world as perceived by the senses becomes possible in terms of sensory perception. As regards the relationship to the exact sciences, Lévi-Strauss' main thought concerns parallelism. These two perspectives of reality are not in line. So-called primitive thought is not precursory - in the sense of less-developed - to exact thought. It is a conjunctive way of thought, but of earlier origin. "This science of the concrete was necessarily restricted by its essence to results other than those destined to be achieved by the exact natural sciences but it was no less scientific and its results no less genuine. They were secured ten thousands years earlier and still remain at the basis of our own civilisation." (Ibid, 16) Thus, there are two different ways of scientific thought. They depend on two strategic levels where nature can be conquered by scientific knowledge.

Presently, art is still an aspect of this one strategy. A consequence is that art does not refer to things as adornment, decoration, beautiful prints or satisfaction of romantic sentimentality. On the contrary, art is connected with an outlook on life and a means of "conquering nature" through indicating its separate characteristics. Even if, in some cases, this indication proves equal to a magical approach - and thus might have little interest in an exact scientific approach - it is still of importance within the construction of an outlook on life and a system of values.

The need for order is at the basis of what Lévi-Strauss calls primitive thought; however, only as far as it is the basis of all thought. To depart from what is common in all thought will ease the access to forms of thought which seem alien to us. Visual art seems just such an alien form of thought. Organisation often occurs in avant-garde art, for example, in some forms of object art which turn the organisation of waste matter into artistic activity.

Remarkably, Lévi-Strauss points out that organisation - besides being considered a general aspect of art - demonstrates at the same time an immediate relationship with the religious domain. Not being "useful" is a common property of both ritual and art, or is a ritual characteristic of art. One of the principles of the avant-garde as iconoclastic visualisation is to destroy the established formal order. That almost never happens without reorganisation which continues to be a characteristic of artistic creation and aesthetic perception. No matter how disorganised, for example, Arman's representations are, they still result from an accurate destructive reorganisation.

Barthes

In *The Pleasure of the Text,* Barthes explains the importance of "novel" as cultural principle and, therefore, in art. He does not mention the term "art". However, art appears to be a synonymous to "novel". "Novel" is a series of terms which all relate to the concept of "stereotype": repetition, the language of power, the ruminating linguistic machines of official institutions such as education, the sports world, advertising, mass events, tear-jerkers etc. Although Barthes uses "linguistic" language, his view can be applied to visual language as well. The stereotype is an instrument of ideology. Conversely, the novel is part of the field of pleasure. The novel does not coincide with fashion, but is considered a criterion for all criticism. "The Novel is not a manner, it is a value, a foundation of all criticism: our evaluation of the world does not, as in Nietzsche, - and certainly not directly - depend on the opposite of the noble and vile but on the opposite between the Old and the Novel." (Barthes 1973, 65)

Barthes explains as well why art, as a non-stereotype, is a value which produces pleasure. He claims that art is an exception. Art is never a rule abusing another autonomous organism by imposing on it and falsifying it. Art is its own rule. "The opposite (the axe of value) is not necessarily prevalent between consecrated and named contraries (materialism and idealism, reformism and revolution etc.); but it is everywhere and always between the exception and the rule. The rule is the abuse, the exception, the pleasure." (Ibid, 67) Ideological examples (materialism, idealism etc.) could be substituted with "isms" from art history, which would then be epigrammatic rather than exceptional.

Barthes' criticism of repetition is detached from formal repetition, such as for example the ritual, but directed towards that form of mass culture which repeats contents and reproduces ideological schemes. This mass culture modifies superficial norms, outward appearances, which continue to have the same meaning. Therefore, "fashion" is not identical to "novel". Conversely, in art, a new form has a novel meaning. Thus, the novel as value constitutes all criticism: in the first place, the criticism of the novel value of the form itself, but also social criticism. In Barthes' view, semiology should protect art, as the novel form producing novel meaning, against non-art, as the stereotype modifying forms while preserving meaning. He represents stereotypes as natural products with an innate meaning, although they are produced by society. This is what Barthes calls a myth: the representation of a historical event as a natural occurrence. (Barthes, 1957) It is the social-critical function of semiology to reveal this myth. "Well, in my opinion, semiology departed from a purely passionate movement: to me (around 1954) it seems that a science of signs could activate social criticism and that Sartre, Brecht and Saussure could have joined each other in this project; in fact, the point was to understand (or to describe) how a society produces stereotypes, that is, supplements of artificiality which it then consumes as innate meanings, in other words supplements of nature." (Barthes 1978, 14)

Related to Barthes' aversion to the stereotype is his refusal of the arrogance of triumphing discourses, such as those of the sciences, the military and particularly what he calls the "doxa" or public opinion. "The Doxa (a word that will return) is the public Opinion, the spirit of Majority, the petit bourgeois Consensus, the Voice of the Natural, the Violence of the Prejudice. One could call each manner of speaking which is adjusted to appearance and the opinion of practice doxology (Leibniz's word)." (Barthes 1975, 51)

Against the doxa, he sets the para-doxa, the conflicting opinion, including art, that fights ideology. But para-doxa can become doxa. The fight continues. Barthes refers to aesthetics as a possible solution. He quotes Brecht, who does not criticise ideology directly but via aesthetic links. Contra-ideology disguises itself as a fiction, albeit not a realistic one. Barthes considers the production of rules for indirect and transitional discourse a possible role for aesthetics in our society, as a new form of ideological criticism. "Perhaps the role of aesthetics in our society is to formulate rules of an indirect and transitive discourse (it can transform language, but hides its domination and good faith)." (Ibid, 108)

Along the same line, Barthes formulates the role the intellectual should play in a bourgeois consciousness. He attributes a role to the intellectual which may be valid for the artist as well, least of all because there is no reason not to consider this group intellectual. Their task is to contribute to the process of decomposition of bourgeois consciousness. "Let us accept that the historical task of the intellectual (or of the writer) is presently to maintain and to emphasise the decomposition of the bourgeois consciousness." (Ibid, 67)

The term "decomposition" should not be equated with "destruction". Barthes means the former as: disentangling while acting as if one remains within that consciousness. He claims that, in Western civilisation, one needs bourgeois consciousness at this time. The destruction of bourgeois consciousness presupposes a leap forward. But according to what linguistic use? To leave that consciousness untouched means that one lapses into a dogmatism. Barthes prefers decomposition. "While in decomposing, I agree to accompany this decomposition, to decompose gradually myself: I skid, get caught and am dragged along." (Ibid, 68)

Barthes rightly claims that art as an intellectual activity needs Western bourgeoisie to prevent it from becoming non-art; non-art in the sense of a dogmatic refusal of artistic means and an ideological preference to leave these artistic means unused. Barthes posits 2 perspectives. First, that decomposition should remain internal. Secondly, that the decomposer will ultimately decompose himself as a consequence of becoming a non-dogmatic outsider.

We believe that the problem of the decomposition within the bourgeois consciousness has consequences for the relationship of artwork to spectator. The "odd" thing about an artwork is that it is an attempt to decompose bourgeois consciousness. In this context, "odd" can be described as what does not satisfy bourgeois consciousness. The bourgeois citizen views the artist as odd, but the artist makes a fool of the citizen, and thus of everybody. He does this with art that aims at the decomposition of that bourgeois consciousness. This is the reason the bourgeois disgusts contemporary art. Once the issue is the decomposition of one's consciousness, rather than beauty and decoration, a different problem is posed. In this context, one could question the belief that the bourgeois is open to decomposing his bourgeois consciousness and thus part of himself.

One could state that the "decomposition of the bourgeois consciousness" is one of the major issues in modern art. In order to demonstrate this, the history of modern art should be rewritten. Much modern art seems incomprehensible unless observed as attempts to decompose bourgeois consciousness from within. Remarkably, function and motive coincide, which is not the case when the issue is destruction as an external attack. This demonstrates that Barthes prefers decomposition, "... in order to destroy bourgeois consciousness one should stay away from it, and this externalisation is only possible in a revolutionary situation: in China, class consciousness is presently in the process of destroying itself, rather than decomposing; ..." (Barthes 1975, 68)

Modern art is not in such a revolutionary situation. Therefore, Barthes is able to compare the phenomenon of deconstruction with a sweet metaphor,"... to make it decline, break down, collapse, on the spot, like one would do with a bag of sugar by drenching it with water." (Ibid, 67)

Foucault

Foucault often refers to art as a metaphor to confirm his theories. His famous work, *Les mots et les choses,* originates from a literary text where Borges quotes a Chinese encyclopaedia on the classification of the animal kingdom. It turns the scientific world upside down by placing unusual classifications next to each other such as "i) those who thrash around as madmen; j) numerous; k) those who are drawn with a fine camel-hair brush ...". Foucault maintains that the function of such a text is to evoke pleasure. After all, such a text shakes our thought process and undermines the schemes for orderly classification of the animal kingdom. Our thousand-year old understanding of the concepts of "the similar" and "the other" are shaken. It goes without saying that painting - at least Surrealism, but in fact all movements which go against habitual perception - can fulfil such a function as well.

Foucault's argument proves that he considers the function of art the creation of heteropies rather than utopias. Utopias comfort. They might be out of place on this earth, yet they reveal a wonderful, unblemished space. As a dream image, they do not assume a revolutionary shape but are very soothing. Conversely, heteropies are alarming. They undermine language in a hidden way because they prevent things from becoming designated, and wreck or confuse common names. Previously, they have ruined not only the syntax of sentence construction, but likewise the syntax that holds words and things together. And that is less obvious, "This is why utopias permit fables and discourse: they run with the very grain of language and are part of the fundamental dimension of the *fabula;* heteropias (such as there are those to be found so often in Borges) dissociate speech, stop words in their tracks, contest the very possibility of grammar as its source; they dissolve our myths and sterilise the lyricism of our sentences." (Foucault 1973, xviii) Thus, art questions existing classifications. It proposes a particular order.

There are more interesting views on art to be distilled from the course of *Les mots et les choses.* Although specific reference is made to literature, many considerations can be applied to art as well. The canvas certainly can be viewed as a discourse, but indeed, in what Foucault calls the modern era, as a specific form, "the counter-discourse". (Ibid, 44) In this era, art acquires a different function. It frees itself of all values allowing access to various domains in the classical period: good taste, pleasure, the natural, the true. In its space, art gives rise to all that can guarantee the denial of that space: the scandalous, the ugly, the impossible. It breaks with all genres and only wants to reveal itself, brilliant in the shine of its own being. "It breaks with the whole definition of genres as forms adapted to an order of representations and becomes merely a manifestation of a language which has no other law than that of affirming - in opposition to all other forms of discourse - its own precipitous existence." (Ibid, 300) Art reaches beyond itself, as if the content of its discourse were the interpretation of its form.

Derrida

In 1957, Derrida conceives the plan to write a study, led by Hyppolite, on ideality and the literary object. Inspired by Husserl's phenomenology, he intends to explore the act of writing. What makes a literary text a literary text? Derrida does not find the answer, but acquires a special interest in textuality. This was new in French thought where, at that moment, Sartre and Merleau-Ponty placed experience and perception at the center of attention.

The interest in textuality reveals immediately that a never completely comprehensible network of allusions and references is at work in every text. Derrida does not criticise texts, nor does he indicate the text's inaccuracies. Neither does he interpret them in the traditional sense of the word. Derrida's perspective is not hermeneutic. From a hermeneutic perspective, one searches for the hidden or other sense; one tries to formulate in a better or at least different way what is actually there, and tries to explain each part (word, sentence, fragment, text) from the whole and the whole from the parts. However, Derrida does not explore the meaning, but rather the sentence's development or its constitution in and through the text. He intends by no means to say differently what is put into words by philosophers or poets, but keeps as strictly as possible to the letter. According to Derrida, the whole is never a fact and, therefore, it cannot serve as an ultimate explanation. "The" whole does not exist; at the most one can speak of "a" whole where the boundaries can be shifted again and again which will enable various interpretations. Therefore, Derrida's textual activity cannot be connected directly with hermeneutics.

Derrida's method is referred to as the now-fashionable concept of "deconstruction". It departs from the view that each text is a construction and part of a texture - to use an image from another domain. Similar to a constructed work, a text is a structure made of words, sentences, passages, themes, fragments, and constructed according to previously given schemes and rules with respect to genre, style, design and so forth. Texts always refer to other texts, which refer to other texts, ad infinitum. If a text were not interwoven into the texture of other texts, it could not come into being nor could it be understood. That has far-reaching consequences, not only for the author but also for the reader. No author is ever completely lord of his text, nor is a reader ever able to completely understand a text. The same holds for visual art if one considers it as a text, the painter as an author and the spectator as a reader.

Deconstruction is the attempt to reveal the joints of this system of texture, of this network of references. At the same time, the method reveals the many decisions made or rejected by the author while constructing a text. It refers to the many texts which are excluded and confronted with a triple absence - the reader, the author and what is described. Derrida's method of deconstruction makes the various defence mechanisms and strategies of conquest - which function in the margin of the text - step into the lime-light. Derrida wants to show the construction of the text as construction by means of a never-ending analysis, which focuses on that what is in the text and on what has been excluded or forgotten.

In his book *La Vérité en Peinture,* one will find a good example of "deconstruction" in his unravelling of the discussion between Schapiro and Heidegger on Van Gogh's *Peasant Shoes.* In the beginning of this chapter, Heidegger's interpretation of this work was discussed. The art historian Schapiro wrote a short article (Simmel 1968, 203-209) where he scientifically demonstrates that the painting concerned represents Van Gogh's shoes instead of a peasant's shoes. Since Van Gogh was a city dweller at that time, these shoes can hardly express the Being of a peasant shoe and its relationship to nature and labour. (Ibid, 205.

Schapiro's criticism on Heidegger is that the latter projected his imagination into the painting. In Heidegger's fanciful description, Schapiro does not find anything one could not have discovered in looking at a real pair of peasant shoes. Schapiro's interpretation is that one should have an eye for the personal and physiognomic aspects of those shoes. The shoes are in fact part of a self-portrait by Van Gogh. They refer to the difficult trip to the Borinage where Van Gogh was a pastor for awhile.

Derrida deconstructs the difference of opinion which actually sparked an exchange between Schapiro and Heidegger. After the deconstruction, there is not much left except for the conviction that each interpretation tends to acquire an essential character and can be founded on speculative data. One should escape from essences.

This deconstruction proves how "unfounded" an interpretation can be, not in the sense of senselessness but in the sense of being fragmentary and, thus, partly founded. Schapiro's approach is worthwhile and an interesting result of factual research, albeit with some less factual data.

Baudrillard

One cannot blame Baudrillard for playing a starry-eyed idealist. In his view, each form of critical radicalism has become useless. All negativity has been resolved in a world which almost seems to be a completed realisation. There is nothing left but to develop "fatal strategies" against the enigmatic zero in things and discourses, since only "fatal strategies" will be able to escape the compelling logic of objects. How? By blackmailing and challenging reality, against the principle of reality which for the most part constitutes objects. By postulating the futility and worthlessness of reality. By following axioms and rules different from those to which objects respond.

An example of such a fatal strategy is art which, in confrontation with the challenge of consumer society, becomes more valuable than normal goods.

Art should not expect any good from critical denial because this will only be its ridiculous and powerless mirror. This situation can be compared with dialectic thought, which has become a mirror of capitalism because of critical denial. Art should surpass the formal abstraction of goods glorified as fetishes. By cultivating the exchange value, it can distance itself even more from the usage value. In other words, art should exaggerate its uselessness as a reaction against the destruction of the old objective ideals such as beauty, authenticity, and functionality. "The only radical and modern solution is to accentuate in goods what is novel, original, unexpected, and brilliant, namely the formal indifference for purpose and value, the priority of total circulation. That is what the artwork should intend: shock, alienation, surprise, commotion, fluidity and even destruction, transience and unreality; it should appropriate all these characteristics of value." (Baudrillard 1985, 184-185)

Habermas

Habermas' attempt to rescue "the project of the modern" follows naturally from the paradigm of his theory on the communicative act, in particular the necessity to hold on to a communicative rationality. In his Adorno lecture, Habermas points out the growing distance between the culture of experts and the culture of the general public. He departs from Surrealism's failed attempt to renounce art. In Habermas' view, this attempt arises because modern art cannot keep its promise of happiness. All the more, because since Baudelaire, modern art has been the critical reflection of irreconcilability with the social world. According to Habermas, one becomes more aware of this as art removes itself further from life and withdraws into pristine final autonomy. Habermas is very harsh in judging the Surrealist attempt to denounce art. He calls it a "Nonsense Experiment", accentuating rather than affecting the structures of art and proposes the following: "The radical attempt to cancel art ironically pushes those categories to the fore with which classic aesthetics used to define its domain of objects; obviously, these categories have themselves changed in the process." (Habermas 1981a, 458) In praising the importance of the relationship between art and personal problems of life, Habermas emphasises theme and content as the source of the layperson's recognition of the experience of life, at the expense of problems of form, which is the domain of the expert. However, there is no direct access to the work of art without the trained eye. The artwork is not a sounding board for personal experiences and anecdotes. Without discovering the path through the labyrinth of forms, there is no confrontation with the experience of life. Habermas wants to believe theoretically in the "project of the modern", but has little hope. This project has to be realised on all levels. Partial realisation means failure and, thus, an incomplete project. Habermas did not counter the impression that there is a fundamental difference between modernists and postmodernists. The modernists cannot think without the illusion of an utopian project that has to be completed. Conversely, the postmodernists spare themselves such an illusion.

Lyotard

No doubt, Jean-François Lyotard is the spokesman of a philosophy departing from a disillusioned - and as such desperate - world view and the modern project, which wonders whether a world view is conceivable at all. In the discussion between "modernists" and "postmodernists", he is Habermas' opponent. Lyotard has labelled the concept of "postmodernism". "Simplifying to the extreme, I define *postmodern* as incredulity toward meta-narratives. This incredulity is undoubtedly a product of progress in the sciences: but that progress in turn presupposes it. To the obsolescence of the meta-narrative apparatus of legitimisation corresponds, most notably, the crisis of metaphysical philosophy and of the university institution which in the past relied on it. The narrative function is losing its functors, its great hero, its great dangers, its great voyages, its great goal. It is being dispersed in clouds of narrative language elements - narrative, but also denotative, prescriptive, descriptive, and so on. Conveyed within each cloud are pragmatic valencies specific to its kind. Each of us lives at the intersection of many of these. However, we do not necessarily establish stable language combinations, and the properties of the ones we do establish are not necessarily communicable." (Lyotard 1984, xxiv) In the book *Postmodernism explained to children* - absolutely no children's book - Lyotard elaborates on the concept of meta-narratives. Like myths, they aim at legitimating institutions, social and political practices, legislation, ethics and modes of thought. However, different from myths, they do not search for this legitimisation in an improving, original act, but in a future to be realised, in an idea to become effective. This idea - for example freedom, enlightenment, socialism - has an legitimating value because of its universality. It gives direction to all human realities. An example of such a meta-narrative is the "Incomplete Project of the Modern", which Habermas still favours. In Lyotard's view, this project is not incomplete, but destroyed. Auschwitz is a symbol of that destruction. But Auschwitz is also the victory of the capitalist techno-sciences over other candidates for the universal finiteness of human history. These two examples, anti-fascism and anti-capitalism, demonstrate that one can hardly label Lyotard a neo-conservative.

In his thesis *The Postmodern Condition,* Lyotard elaborates on the destruction of the credibility of "Meta-Narratives" which promise the emancipation of humanity. He doubts we can continue to categorise events as a universal history of humanity. After all, there is no community, no "we". Lyotard analyses the social context on the basis of Wittgenstein's concept of "language game". He rejects the modern analysis of community as a functional entity or as a dialectic duality. From a postmodern perspective, the social realm is atomised in smooth networks of language games. The "self" is incorporated into a complex and mobile fabric of relationships. It is situated along junctures of communicative circuits where it continues to have some influence on passing messages. Against the monopolising tendencies of the "Grand Narratives", Lyotard pleads for a heteromorphy of language games, for a plurality of the numerous little narratives which tell about daily life. Lyotard does not stress so much the quest for a universal consensus on the rules of those language games as a merely local and temporary agreement. That agreement is related to the present conversation partners who cannot be treated unequally in their speaking, listening and acting. "Rules are not denotative but prescriptive utterances, which we are better of calling metaprescriptive utterances to avoid confusion (they prescribe what the moves of language games must be in order to be admissible). The function of the differential or imaginative or paralogical activity of the current pragmatics of science is to point out these metaprescriptives (science's 'presuppositions') and to petition the players to accept different ones. The only legitimisation that can make this kind of request admissible is that it will generate ideas, in other words, new statements." (Lyotard 1984, 65)

The condemnation of the terror of the "Grand Narratives" demonstrates the right of heteromorphy. This heteromorphy is constituted by a social context. The context should be understood as an indefinite number of games with rules dependent on the players. The players are not independent of the obligation imposed on them by the institutions, but they are able to influence the rules of the game. Thus, Lyotard does differ from Habermas. Habermas aims to direct the elaboration of the legitimisation towards a universal consensus by what he calls "discourse", in other words, the dialogue of argument. This assumes that all speakers are able to agree on rules or meta-instructions which are universally valid for all language games. However, this presupposes that the purpose of the dialogue is consensus. According to Lyotard, the language games are clearly heteromorphic and dependent on heterogeneous pragmatic rules. Consensus is a condition of discussion rather than its purpose. In Lyotard's view, that purpose is paralogism, thus the search for dissent.

Lyotard also criticises Adorno. His criticism of the Frankfurt School can be understood as a break with his own thought before 1968, where he developed a view on society strongly related to the critical theory of Frankfurt. After May '68, Lyotard stops believing in any truth.

His theme becomes nihilism rather than revolution. Against the class struggle, he poses a permanent post-bourgeois cultural revolution. "If Marxism is not true, it is not because it is false, but because nothing is true." (Descombes 1979, 211) According to Lyotard, Adorno assigns art an eschatological function. However, art neither redeems, nor reconciles. It is art's power to stay within nihilism and to accept and manifest this. In his book *Economie Libidinale* (1974), Lyotard expresses the despair resulting from a crisis after May '68 which he shares with so many. This crisis is connected with the ultimate finality of the attempt to moralise politics. In an interview, he formulates his disbelief in its rationalist foundation, "Definitely, there is no rationalism, not even in Jürgen Habermas' sense, which could escape this terrible moment of nihilism or complete scepticism." (Reijen 1987, 104)

Conclusion

These are, shortly, a number of examples from diverse movements of 20th century philosophy of art. From them art proves to be a sign of the time. Art presents society as a fragmentation. But - if you'll allow me this postmodern conclusion - it is not the fragmentation, being a pluriformity, that causes the danger, rather the attempt to unify that what is fundamentally different.

There is no reason to search for a truth in art which will exclude another truth. The fragmented truths do not have to fit together like a puzzle. The concept of art is confusing in its generality. "Art is art" is not a valid tautology. The discussion of whether art is a product of thought or of the senses is completely superfluous. Each form of art has a right to exist but no form must necessarily continue to exist.

Postmodernism is a plea for the multitude or pluralist, thus more tolerant, view of reality. This is contrary to the aggressive "singular" retaken positions of the avant-garde. The trans-avant-garde is less authoritative than the avant-garde. It does not define itself as a necessarily aggressive reaction to the strong imperium of the established "old guard". Therefore, the trans-avant-garde defines itself less negative as a reaction to the existent achievements and makes a less arrogant impression. Against the presumption of the avant-garde that it knows better it sets the "not knowing" or the "yes but". Its weapon is irony, which puts tradition as well as anti-tradition into perspective. Thus, the trans-avant-garde continues to be critical but within another category. As a consequence of the erosion of the term "avant-garde", the change of category was necessary in order to remain critical.

In order to remain modern, Modernism requires the proposition "post". In order to remain before the "garde" as a guardian of the establishment, the avant-garde demands transcendence; on the condition that the application of the multitude of new principles as a foundation of the "modern" is more important than posing the firm principles of innovation itself.

Alpbacher Porträt: Lise Meitner

HANNELORE SEXL

"Der Boden, auf dem ich stehe" Ein Porträt zum 120. Geburtstag und 30. Todestag der österreichischen Kernphysikerin

Radioaktivität und Kernphysik haben die Geschichte unseres Jahrhunderts mitbestimmt und werden auch die Geschichte des 21. Jahrhunderts beeinflussen. Kaum jemals ist das Janusköpfige der Wissenschaft so zur Geltung gekommen wie bei Radioaktivität und Kernphysik. Ein positives Beispiel: der weltweite Einsatz der radioaktiven Isotope in der Medizin. Auf der anderen Seite: die Entwicklung der Kernwaffen.

Vor 100 Jahren haben Henri Becquerel und das Ehepaar Curie die Radioaktivitätsforschung eingeleitet, durch Rutherfords Atommodell ist sie in die Kernphysik übergegangen.

Die Österreicherin Lise Meitner hat in der ersten Hälfte unseres Jahrhunderts wesentliche Beiträge zur Erforschung der Radioaktivität und Kernphysik geleistet.

Lise Meitner hat den Großteil ihres Lebens nicht in ihrer Heimat Österreich verbracht. Die Stationen ihres neunzigjährigen Lebens sind: 30 Jahre Wien, 30 Jahre Berlin, 30 Jahre Exil in Stockholm und Cambridge. Ihr Leben lang bleibt Lise Meitner ihrer Heimat Österreich stark verbunden. Mit 73 Jahren schreibt Lise Meitner aus ihrer Emigration in Stockholm an die Wiener Physikerin Berta Karlik:

"... ich fühle beinahe täglich mit Dankbarkeit, wieviel ich an Gutem und Schönem von zuhaus mitbekommen habe. Letzten Endes ist es noch heute der Boden, auf dem ich stehe ..."[1]

1 Lise Meitner an Berta Karlik, 26.6.1951, Archiv Radiumforschung, Österreichische Akademie der Wissenschaften, Wien

Wien 1878-1907 - Kindheit, Jugend und Studienjahre

Mitten in die Regierungszeit Kaiser Franz Josephs wird Elise Meitner am 17. November 1878 als drittes von acht Kindern des Hof- und Gerichtsadvokaten Philipp Meitner und seiner Frau Hedwig, geb. Skovran, in Wien geboren. Durch Versehen eines Beamten, der bei Elise Meitners Geburtsdatum die Ziffer 1 vergißt, wird der 7. November 1878 zu ihrem amtlichen Geburtsdatum. Es ist der Tag, an dem 11 Jahre früher die Entdeckerin des Radiums, Marie Curie-Sklodowska, geboren wurde.

Lise Meitner wächst in einem liberalen, intellektuellen, von Musik und Kultur geprägten Elternhaus auf. Lebenslänglich ist ihre Bindung an die Familie innig und stark. Die fünf Töchter und drei Söhne erhalten intensiven Musikunterricht und eine Berufsausbildung. Der Vater unterrichtet seine Kinder selbst in Englisch und Latein. Obwohl ihre Eltern jüdischer Abstammung sind, werden Lise Meitner und ihre Geschwister im protestantischen Glauben erzogen. Lise Meitner und einige ihrer Geschwister lassen sich als Erwachsene protestantisch taufen.

Bereits im Kindesalter beginnt Lise Meitners Interesse an naturwissenschaftlichen Phänomenen. Sie liest sehr viel, ist eine ausgezeichnete Schülerin und hat *"als Gelehrte"* in der Familie eine Sonderstellung. Nach Besuch der Volksschule und Bürgerschule, die sie 1892 mit 14 Jahren abschließt, will Lise unbedingt *"weiterlernen"*. Ihr Wunsch ist es, entweder Naturwissenschaften oder Medizin zu studieren. Philipp Meitner wünscht sich für seine dritte Tochter eine Ausbildung als Pianistin. Lise Meitner lehnt entschieden ab. Da es 1892 in Österreich keine öffentlichen Gymnasien für Mädchen gibt und zuerst Lises ältere Schwestern in aufwendigen Privatstunden auf die Externistenmatura vorbereitet werden, macht Lise auf Drängen der Eltern eine Ausbildung als Französischlehrerin und unterstützt damit die Ausbildung ihrer beiden älteren Schwestern durch Privatstunden. In diesen Jahren arbeitet sie in ihrer Freizeit bei verschiedenen sozialen Hilfsorganisationen. Im Alter von 20 Jahren erhält sie von den Eltern finanzierte Privatstunden, um sich auf die Externistenmatura vorzubereiten. Die Zeit zwischen ihrem 14. und 20. Lebensjahr bezeichnet Lise Meitner später immer wieder als *"meine verlorenen Jahre"*.

Ein junger Lektor am Physikalischen Institut der Universität Wien, Arthur Szarvasy, unterrichtet Lise Meitner und drei andere Mädchen in Mathematik, Physik und Chemie. Neben dem theoretischen Unterricht zeigt er ihnen am Physikalischen Institut der Universität Wien verschiedene Experimente, vor allem zur Optik und Elektrizitätslehre. Es ist Lise Meitners erster Kontakt mit der Universität Wien. Durch Szarvasys Unterricht wird ihre Liebe zu den Naturwissenschaften bestärkt, sie beschließt, nicht Medizin, sondern Mathematik und Physik zu studieren. In zwei Jahren schafft Lise Meitner den Lehrstoff der vier Gymnasialjahre und im Juni 1901 besteht sie als eine der wenigen Mädchen die Externistenmatura am Akademischen Gymnasium in Wien.

Lise Meitner ca. 1900, Churchill Archives Center, Cambridge, MTNR

Die Jugendjahre um die Jahrhundertwende in Wien prägen Lise Meitners Leben bis ins hohe Alter. Im Vielvölkerstaat des Habsburgerreiches ist Wien das Zentrum von Kunst und Kultur, traditionelle und moderne Strömungen befruchten einander und bestehen nebeneinander. In ihrer Kindheit erlebt Lise Meitner die Eröffnung der neuen Universität, des Burgtheaters und des Kunsthistorischen Museums, in ihrer Jugend die Gründung der Secession und die Bauten des *"bahnbrechenden analytischen"* Architekten Otto Wagner. In Lise Meitners Jugendjahren erhält Wien die Form, die uns heute vertraut ist.

In dieser Zeit entsteht auch Lise Meitners lebenslange Vorliebe für Goethe, dessen Verse sie bis ins hohe Alter immer wieder in ihren Briefen zitiert, aber sie wird auch mit den Werken Schnitzlers, Bahrs und des jungen Hofmannsthal, den sie persönlich kennt, konfrontiert. Lange Jahre ist einer ihrer Leitsätze: *"Täglich zweieinhalb Stunden für schöne Literatur"*. Für Lise Meitner ist es vor allem die Zeit, in der ihre lebenslange Passion für Musik vertieft wird. Sie selbst ist nach langjährigem Unterricht eine hervorragende Pianistin. Neben der Wiener Klassik, die sie besonders liebt, setzt sie sich mit Werken von Gustav Mahler und Arnold Schönberg auseinander. Das Interesse für Malerei fehlt ihr weitgehend.

Mit fast 23 Jahren, im Herbst 1901, beginnt sie an der Wiener Universität Physik, Mathematik und Philosophie zu studieren. Mathematik hört sie bei den Professoren Gegenbauer und von Eschenried, Experimentalphysik bei Exner und von Lieben und theoretische Physik bei Boltzmann. Es sind vor allem die Vorlesungen Ludwig Boltzmanns, die Lise Meitner faszinieren. Durch Boltzmann, der in einem vierjährigen Kurs Mechanik, Hydrodynamik und Elastizitätslehre, Elektrizität und Magnetismus, Kinetische Gastheorie liest, erhält Lise Meitner eine ausgezeichnete theoretische Ausbildung. Im Jänner 1954 schreibt Lise Meitner an den Radiochemiker Engelbert Broda:

"In meiner Erinnerung sind seine Vorlesungen die schönsten und anregendsten, die ich jemals gehört habe ... Er war selbst von allem, was er uns lehrte, so begeistert, dass man aus jeder Vorlesung mit dem Gefühl wegging, es werde einem eine ganz neue und wunderbare Welt eröffnet. ..."[2]

Lise Meitners lebenslanger Glaube, daß Naturwissenschaften den Menschen ethisch und moralisch bilden, hat seine Wurzeln in Boltzmanns Vorlesungen. Nach 8 Semestern beginnt Lise Meitner mit ihrer Dissertation bei Franz Seraphin Exner. Es ist eine halb theoretische halb experimentelle Arbeit mit dem Titel "Wärmeleitung in inhomogenen Körpern". Die Rigorosen bei den Prüfern Exner und Boltzmann besteht sie am 11. Dezember 1905 mit Auszeichnung. Ihre Dissertation wird in den Sitzungsberichten der Kaiserlichen Akademie der Wissenschaften zu Wien 1906 veröffentlicht. Sie ist die zweite Frau in Österreich, die im Hauptfach Physik promoviert. Lise Meitner

---

2 Lise Meitner an Engelbert Broda, Jänner 1954, MTNR Meitner-Papers, Churchill Archives Center, Cambridge

legt auch die Lehramtsprüfung für Mathematik und Physik ab und absolviert ein Probejahr an einer Wiener Schule.

Nach zwei weiteren Arbeiten im Institut von Franz S. Exner beginnt Lise Meitner, gemeinsam mit Stefan Meyer, damals Assistent bei Boltzmann, in dem jungen aufblühenden Gebiet der Radioaktivität zu arbeiten. Lise Meitner hat Glück. Das Wiener Physikalische Institut von Franz S. Exner hat um die Jahrhundertwende eine Vorrangstellung in der radioaktiven Forschung. Knapp nach der Entdeckung von Polonium und Radium durch das Ehepaar Curie 1898 in Paris beginnen in Wien Franz S. Exner, Egon von Schweidler und Stefan Meyer mit der Untersuchung der radioaktiven Strahlen. Lise Meitner verfaßt zwei wissenschaftliche Arbeiten über die Ablenkung der Alpha- und Betastrahlen im Magnetfeld. Die Arbeitsbedingungen sind gut, es stehen starke radioaktive Präparate zur Verfügung; zu dieser Zeit hat Österreich das weltweite Monopol zur Herstellung radioaktiver Präparate durch die Uranfabrik St. Joachimsthal. Außerdem verfügt das Physikalische Institut Exners über einen starken Magneten, dessen Bau Boltzmann angeregt hat. Mehr als 40 Jahre später erinnert sich Lise Meitner an diese Zeit:

"Wenn ich an meine Studienzeit in Wien zurückdenke, so ist eine meiner lebendigsten Erinnerungen, wie Sie eines Tages in mein Arbeitszimmer kamen und mir an meinem für Alpha-Messungen bestimmten Elektroskop zeigten, dass Ihre Hände etwas radioaktiv infiziert waren. Es kam mir damals als etwas höchst Wunderbares vor. Sicher hat Ihre Arbeitsrichtung auch die meine mitbestimmt, und in Anbetracht der Freude, die mir die Verfolgung der fast märchenhaften Entwicklung der Radioaktivität im Laufe meines Lebens immer wieder geschenkt hat, bin ich auch heute noch voller Dankbarkeit für diese Mitbestimmung."[3]

Obwohl Lise Meitner nach ihrer Promotion in knapp zwei Jahren vier eigenständige wissenschaftliche Arbeiten vorlegt, hat sie wie fast alle Mitarbeiter der Physikalischen Institute keine Aussicht auf eine bezahlte Anstellung an der Universität; es sind nur wenige für die nächsten Jahre besetzte Dienstposten vorhanden. 1906 lehnt sie das Angebot einer gut dotierten Stelle in der Gasglühlichtfabrik von Carl Auer von Welsbach ab. Nach Anfragen bei Marie Curie und an der Universität Gießen entschließt sie sich, nach Berlin zu übersiedeln, um bei Max Planck, dem bedeutenden theoretischen Physiker und Begründer der Quantentheorie, *"ein besseres Verständnis für die Physik zu bekommen"*. 1905 hat Lise Meitner in Wien einen Vortrag Max Plancks über Quantentheorie gehört, der sie fasziniert hat. Es gibt Hinweise, daß auch das Scheitern einer persönlichen Beziehung Lise Meitner veranlaßt, aus Wien wegzugehen. Mit der Absicht, ein oder zwei Semester zu bleiben, reist Lise Meitner im Herbst 1907 nach Berlin.

3 Lise Meitner an Stefan Meyer, 2.7.1949, Archiv Radiumforschung, Österreichische Akademie der Wissenschaften, Wien

Berlin 1907-1938 - Jahre der Wissenschaft

Lise Meitner bleibt mehr als dreißig Jahre in Berlin. Mit einem ausgezeichneten Empfehlungsschreiben von Franz S. Exner bittet Lise Meitner kurz nach ihrer Ankunft Max Planck um ein Vorstellungsgespräch und ersucht ihn, seine Vorlesungen hören zu dürfen. Frauen sind an preußischen Universitäten noch nicht zugelassen. Max Planck wird Lise Meitners wissenschaftliches und menschliches Vorbild, ihr väterlicher Freund für ihr weiteres Leben. Obwohl sie seine Vorlesungen in den ersten Monaten als *"trocken und langweilig"* empfindet, erkennt sie Plancks wissenschaftliche und menschliche Größe, sie bewundert seine unbedingte Aufrichtigkeit, Integrität und sein stetes Bemühen um Gerechtigkeit. Es entwickelt sich eine starke Freundschaft zwischen diesen beiden charakterlich so ähnlichen Menschen, die durch die gemeinsame Liebe zur Musik noch verstärkt wird. Lise Meitner wird von Max Plancks Familie freundschaftlich aufgenommen. Nach dem Verlust seines Sohnes und seiner Zwillingstöchter ist Lise Meitner für Max Planck wie eine eigene Tochter. Ihr Leben lang denkt Lise Meitner mit Dankbarkeit und Ehrfurcht an Max Planck.

"So oft ich an Planck denke, und ich tue es sehr oft und mit dankbarster Liebe - bin ich immer wieder von der Tragik, die das Schicksal der Familie aufweist, überwältigt und ich muss mich an Vater Plancks Worte halten, dass man kein Anrecht auf das Glück hat. Kein Mensch konnte in seine Nähe kommen, ohne selbst etwas besser zu werden." [4]

"In den 40 Jahren, die ich Planck gekannt habe, und in denen er mir allmählich sein Vertrauen und seine Freundschaft geschenkt hat, habe ich immer wieder mit Bewunderung festgestellt, dass er nie etwas getan oder nicht getan hat, weil es ihm nützlich oder schädlich hätte sein können. Was er für richtig erkannt hat, hat er durchgeführt ohne Rücksicht auf seine eigene Person." [5]

1907 beginnt auch die dreißigjährige Zusammenarbeit und sechzigjährige Freundschaft mit dem gleichaltrigen Radiochemiker Otto Hahn, der bereits in Kanada bei Ernest Rutherford, der überragenden Persönlichkeit der Radioaktivitätsforschung, gearbeitet hat. Die vor allem theoretisch ausgebildete Physikerin Lise Meitner und der Radiochemiker Otto Hahn ergänzen sich wissenschaftlich ideal; von Anfang an ist die Erforschung der Radioaktivität durch Ineinandergreifen von chemischen und physikalischen Untersuchungen gekennzeichnet. Berta Karlik beschreibt die Zusammenarbeit von Otto Hahn und Lise Meitner:

4 Lise Meitner an Martha Krause, 29.10.1952, MTNR Meitner-Papers, Churchill Archives Center, Cambridge

5 Lise Meitner: Max Planck als Mensch, Die Naturwissenschaften, Jg.45, 1958, S.407

"Das Besondere an dieser Zusammenarbeit war, daß sich ein genialer Chemiker mit einer vorzüglich ausgebildeten, in ihrer Forschungsarbeit selbständig und mutig denkenden Physikerin zusammengeschlossen hatte." [6]

In seinen Gedenkworten für Otto Hahn und Lise Meitner schreibt Werner Heisenberg:

"... Otto Hahns unermüdliche Arbeitskraft, sein eiserner Fleiß im Erwerben neuer Kenntnisse, seine unbestechliche Ehrlichkeit erlaubten ihm, noch genauer und gewissenhafter zu arbeiten, noch selbstkritischer über die meisten Versuche zu denken, noch mehr Kontrollen durchzuführen als die meisten anderen, die in das Neuland der Radioaktivität eindrangen.

Lise Meitners Beziehung zur Wissenschaft war etwas anders. Sie fragt nicht nur nach dem "Was", sondern auch nach dem "Warum". Sie wollte verstehen, sie wollte den Naturgesetzen nachspüren, die in diesem neuen Gebiet am Werke waren. Ihre Stärke war also die Fragestellung und dann die Deutung des angestellten Versuchs" [7]

In ihrer Anfangszeit in Berlin hat Lise Meitner an der Universität Schwierigkeiten. Da Frauen noch nicht zum Studium zugelassen sind, darf Lise Meitner die Laboratorien, in denen Otto Hahn seine chemischen Versuche durchführt, und die Hörsäle nicht betreten. Die Vorlesung Max Plancks hört sie mit seiner speziellen Erlaubnis. Ihre Arbeit mit Otto Hahn ist auf dessen radioaktiven Versuchsraum (die sogenannte "Holzwerkstatt") beschränkt. In den ersten gemeinsamen Arbeitsjahren konzentrieren sich Lise Meitner und Otto Hahn auf die Untersuchung von radioaktiven Substanzen und auf die Ablenkung der Betastrahlen im Magnetfeld. Otto von Baeyer, Professor der Physik an der Universität Berlin, stellt Hahn und Meitner einen geeigneten Magneten für ihre Untersuchungen zur Verfügung. 1909 entdecken Otto Hahn und Lise Meitner gemeinsam die Methode des radioaktiven Alpha-Rückstoßes, ein ausgezeichnetes Hilfsmittel zur Abtrennung eines radioaktiven Zerfallproduktes von seiner Muttersubstanz. In den Jahren vor dem ersten Weltkrieg beginnt sich Lise Meitner auf die Untersuchung der Betastrahlen zu spezialisieren und etabliert sich bereits als führende Wissenschaftlerin auf dem Gebiet der Radioaktivität.

Während der ersten fünf Jahre ihres Berliner Aufenthaltes lebt Lise Meitner in bescheidenen Verhältnissen in einem kleinen Zimmer dank der Unterstützung ihrer Eltern. Sie hat keine bezahlte Anstellung und überlegt manchmal, ob sie Brot oder Zigaretten kaufen soll. In diesen Jahren ist Lise Meitner oft einsam trotz ihrer Freundschaften zu den Familien Planck, James Franck, dessen Frau Pianistin ist, Gustav Hertz und vor allem zu der Biologin Elisabeth Schiemann. Obwohl sie beruflich erfolgreich und anerkannt ist, zweifelt Lise Meitner manchmal, ob sie die richtige berufliche Entscheidung für ihr

---

6 Berta Karlik: Lise Meitner, Aus dem Leben der großen Gelehrten, 1953, Archiv Radiumforschung, Österreichische Akademie der Wissenschaften, Wien

7 Werner Heisenberg: Gedenkworte für Otto Hahn und Lise Meitner, Orden "Pour le Mérite" für Wissenschaften und Künste: Reden und Gedenkworte 9, 1968/69, S.111

Leben getroffen hat. In einem sehr persönlichen Brief schreibt sie 1911 an eine Freundin:

"Von mir ist nichts besonderes zu erzählen. Manchmal bin ich kleinmütig, und mein Leben mit seiner großen Unsicherheit, die ewig sich wiederholenden Sorgen und dem Gefühl meiner Ausnahmestellung, des absoluten Alleinseins, erscheint mir dann kaum erträglich. Und was mich am meisten drückt, ist der schreckliche Egoismus, der in meiner jetzigen Lebensweise liegt. Alles, was ich tue, nützt im besten Falle mir allein, meinem Ehrgeiz und meiner Freude am wissenschaftlichen Arbeiten. Und ich finde dann, dass ich einen Weg gegangen bin, der meiner ureigensten Lebensauffassung, daß jeder für die anderen da sein sollte, direkt ins Gesicht schlägt. Ich meine damit gar nicht, dass man sich zwecklos für andere opfern soll, aber irgendwie müßte unser Leben mit dem der anderen verknüpft sein, für sie notwendig sein. Ich aber bin vogelfrei, weil ich niemandem nütze. Vielleicht ist das die schlimmste Einsamkeit, der man verfallen kann."[8]

1912 wird Lise Meitner Max Plancks Assistentin und hat zum ersten Mal eine bezahlte Anstellung. Sie ist *"der erste weibliche Universitätsassistent"* Preußens. In demselben Jahr wird sie Mitglied der Deutschen Physikalischen Gesellschaft; in den Sitzungen dieser Gesellschaft, aber vor allem in den berühmten von Max von Laue geleiteten Mittwoch-Kolloquien, in denen die aktuellsten physikalischen Themen besprochen werden, hat sie Gelegenheit zu fruchtbaren Diskussionen mit Max Planck, Max von Laue, Gustav Hertz, Peter Pringsheim, Albert Einstein, James Franck und Otto von Baeyer.

Durch Vermittlung des Chemikers Emil Fischer übersiedeln Otto Hahn und Lise Meitner aus der engen radioaktiv verseuchten "Holzwerkstatt" in das 1912 eröffnete Kaiser-Wilhelm-Institut für Chemie in Berlin-Dahlem. Von Anfang an trifft Lise Meitner strenge Vorkehrungen, um die neuen Arbeitsräume "strahlungsfrei" zu halten. Die radioaktiven Präparate werden draußen vor den Fenstern aufgehängt, Türschnallen, Telefonhörer u.a. werden mit Zellstoff umwickelt. Diese Maßnahmen werden getroffen, um präzise Messungen durchzuführen und nicht primär zum Schutz der Mitarbeiter. Neben ihrer Assitententätigkeit bei Max Planck arbeitet Lise Meitner zunächst als unbezahlter Gast am Kaiser-Wilhelm-Institut. Otto Hahn wird Leiter der Abteilung für Radioaktivität mit einem bescheidenen Gehalt. 1913 erhält Lise Meitner das Angebot einer gut bezahlten Dozentur mit Aussicht auf eine Professur in Prag. Sie will ihre Arbeit in Berlin nicht aufgeben und lehnt ab. 1914 wird sie wissenschaftliches Mitglied des Kaiser-Wilhelm-Instituts.

Der erste Weltkrieg hat für Lise Meitners Leben eine einschneidende Bedeutung. 1914, bei Ausbruch des Krieges, wird Otto Hahn gemeinsam mit James Franck und Helmut Hertz in eine von Fritz Haber geleitete Spezialeinheit für die Vorbereitung des Gaskrieges einberufen. Lise Meitner arbeitet am Kaiser-Wilhelm-Institut zunächst an der Entwicklung einer Leuchtsub-

8 Lise Meitner an Jenny (Nachname unbekannt), 6.2.1911, MTNR Meitner-Papers, Churchill Archives Center, Cambridge

stanz, die, aufgetragen auf Gewehrläufe, das Zielen erleichtern soll. Nach Absolvieren eines Röntgenlehrganges und Anatomiekurses in Berlin arbeitet Lise Meitner von August 1915 bis Oktober 1916 als Röntgenologin in Lazaretten der österreichisch-ungarischen Monarchie in Lemberg und Trient. Sie will sich in den Dienst ihres Heimatlandes stellen. Die Pflege der Verwundeten überfordert sie psychisch. In dieser Zeit erkennt sie ihre unbedingte Liebe zur Physik, sie weiß nun, daß ihre berufliche Entscheidung richtig ist. Aus Lemberg schreibt Lise Meitner an ihre Freundin Elisabeth Schiemann:

"Herzlich liebe ich die Physik. Ich kann sie mir schwer aus meinem Leben wegdenken. Es ist so eine Art persönliche Liebe, wie gegen einen Menschen, dem man sehr viel verdankt, und ich, die ich so sehr an schlechtem Gewissen leide, bin Physikerin ohne jedes böse Gewissen." [9]

Nach Berlin zurückgekehrt, setzt Lise Meitner die Suche nach der Muttersubstanz des Actiniums fort. Da Otto Hahn Kriegsdienst leistet, ist sie gezwungen, eine Reihe von chemischen Versuchen selbst durchzuführen und als analytische Chemikerin zu arbeiten; sie wird in ihrer Arbeit selbständiger und unabhängiger von Otto Hahn. Bei der schwierigen Beschaffung der radioaktiven Präparate wird Lise Meitner u.a. von Stefan Meyer, nun Direktor des Wiener Radiuminstitutes, unterstützt.

Lise Meitner setzt aber auch ihre Untersuchungen über die Betastrahlen fort. Da ein Großteil der Arbeitsräume im Kaiser-Wilhelm-Institut für militärische Forschungen eingesetzt wird, vor allem von der Gruppe von Fritz Haber, muß Lise Meitner um ihre und Otto Hahns Arbeitsräume kämpfen; es gelingt ihr, sie unverändert zu behalten. 1917 entdeckt sie gemeinsam mit Otto Hahn nach langen Vorversuchen die Muttersubstanz des Actiniums, die den Namen Protactinium erhält. Lise Meitner wird Direktorin einer eigenen radiophysikalischen Abteilung am Kaiser-Wilhelm-Institut und löst sich nun in ihrer Arbeit völlig von Otto Hahn. Ihr Hauptarbeitsgebiet sind die Betaspektren. 1917 wird Lise Meitner der Titel Professor verliehen.

Lise Meitner hat sich während dieser Jahre in Berlin eingelebt und einige tiefe Freundschaften geknüpft. Ihre Freizeit verbringt sie mit dem Besuch von Konzerten und Filmen, Hausmusikabenden bei den Familien Planck, Franck und Schiemann und vielen Ausflügen in die Natur. Ihr Leitspruch ist: *"Spazierengehen ist die heiligste Pflicht des Naturwissenschaftlers"*. Jedes Jahr fährt sie mehrmals nach Wien, Ihre Urlaube verbringt sie mit ihren Geschwistern in Österreich, meist in den Tiroler Bergen.

1918 fordert Albert Einstein Lise Meitner zu einer Zusammenarbeit auf. Einstein ersucht Lise Meitner, die (falschen) Ergebnisse einer experimentellen Arbeit des Chemikers Edgar Meyer, die den kontinuierlichen Charakter der Lichtabsorption zeigen, zu widerlegen. Aber nicht nur Edgar Meyers Experimente, sondern auch Albert Einsteins Berechnungen sind unrichtig. Lise Meitner, zunächst traurig über die *"verpasste Chance"*, freut sich dennoch

9 Lise Meitner an Elisabeth Schiemann, 22.12.1915, MTNR Meitner-Papers, Churchill Archives Center, Cambridge

über die anregende wissenschaftliche, persönliche und musikalische Diskussion, die sie mit Einstein führt. Albert Einstein schätzt Lise Meitners wissenschaftliche Arbeiten sehr hoch ein und bezeichnet Lise Meitner als "unsere Madame Curie".

In der Zeit des 1. Weltkriegs ändert sich auch Lise Meitners politische Einstellung. Lise Meitner übt Kritik an der Monarchie als Staatsform. Sie setzt sich als Intellektuelle immer wieder für die Demokratie ein und stellt sich vehement gegen jede Diktatur. In einem langen Brief an Elisabeth Schiemann vom 29. November 1918 schreibt sie:

"Aber Elisabeth, die ungeheuren Fehler, die vor und während dieses Krieges in der deutschen Außen- und Innenpolitik gemacht wurden, zeigen doch sehr deutlich, daß das System falsch war, daß der Umstand, daß ein einziger Mensch allein die Entscheidung über das Schicksal von Millionen in Händen hält, ohne jede Verantwortlichkeit als die vor sich selbst, eine Ungeheuerlichkeit ist ..."[10]

Am 25.11.1918 schreibt Lise Meitner an den Direktor des Wiener Radiuminstitutes, Stefan Meyer:

"Ich verfolge mit recht viel Sorge die Vorgänge in Deutschoesterreich. Zuerst schien mir ja alles gut und für die Zukunft aussichtsreich. Aber jetzt beginnt wieder das alte Parteiunwesen, der sogenannte Selbstständigkeitstrieb, der aus zwei Menschen drei Parteien macht"[11]

Ihre Einschätzung der politischen und wirtschaftlichen Lage nach dem Verfall der Habsburgermonarchie verführt sie zu ähnlichen Fehlschlüssen, wie sie auch Karl Renner und Otto Bauer zu dieser Zeit unterlaufen sind. Am 29.11.1918 schreibt Lise Meitner an Elisabeth Schiemann:

"... Ich hoffe, daß der Anschluss an Deutschland zustande kommen wird. Es scheint mir unter den jetzigen Verhältnissen das einzig Mögliche ..."[12]

Nach dem Ersten Weltkrieg ist die finanzielle Situation am Kaiser-Wilhelm-Institut katastrophal, es fehlt an Geräten und Präparaten, die Gehälter der Mitarbeiter sind niedrig. Aber die internationale Zusammenarbeit der Wissenschaftler wird wieder möglich, Lise Meitner unternimmt eine Reihe von Vortragsreisen. 1921 hält Lise Meitner in Lund (Schweden) Vorlesungen und richtet ein radiophysikalisches Praktikum ein. Sie arbeitet gemeinsam mit dem Direktor des physikalischen Institutes in Lund, Manne Siegbahn, und seinem Assistenten Dirk Coster. Die Beschäftigung Lise Meitners mit der Röntgenspektroskopie, dem Arbeitsgebiet Siegbahns, hat großen Einfluß auf ihre weiteren Arbeiten.

---

10 Lise Meitner an Elisabeth Schiemann, 29.11.1918, MTNR Meitner-Papers, Churchill Archives Center, Cambridge

11 Lise Meitner an Stefan Meyer, 5.11.1918, Archiv Radiumforschung, Österreichische Akademie der Wissenschaften, Wien

12 Lise Meitner an Elisabeth Schiemann, 29.11.1918, MTNR Meitner-Papers, Churchill Archives Center, Cambridge

Lise Meitner auf Urlaub in Österreich ca. 1920
Churchill Archives Center, Cambridge MTNR

Auf Einladung von Niels Bohr hält Lise Meitner 1921 auch Vorlesungen in Kopenhagen und vertieft ihre Freundschaft mit Niels Bohr und seiner Frau Margarete. Lise Meitner verehrt Niels Bohr als den Wissenschaftler, der den größten Einfluß auf die Entwicklung der Kernphysik ausübt, aber auch als überzeugten Pazifisten, der im Gegensatz zu Einstein an *"nationale Ideale"* glaubt. Als sie Kopenhagen 1921 verläßt, betont sie ihre *"Trauer, nicht in der Nähe dieser wunderbaren Menschen leben zu können"*.

1922 habilitiert sich Lise Meitner bei Heinrich Rubens und Max von Laue als zweite Frau Deutschlands mit der Arbeit "Über die Entstehung der Betastrahlspektren radioaktiver Substanzen". Habilitationskolloquium und -vortrag werden ihr erlassen.

Die Zwanzigerjahre sind vor allem den Untersuchungen über die Betastrahlung, aber auch theoretischen Arbeiten über den Prozeß des Betazerfalls gewidmet. In den frühen Zwanzigerjahren kommt es zwischen Lise Meitner und den englischen Physikern James Chadwick und später Charles Drummond Ellis zu Kontroversen bezüglich der Aufklärung der Natur der Betaspektren. Lise Meitner besteht auf ihrer Annahme, daß die vom Kern eines bestimmten Elementes emittierten Elektronen bestimmte Geschwindigkeiten besitzen und daher Liniencharakter haben. Charles Ellis ordnet den von einem Element emittierten Elektronen ein kontinuierliches Spektrum zu. In diesem Fall hat Ellis recht. Im zweiten Streitpunkt, ob zunächst die Beta- oder Gammastrahlung emittiert wird, behält Lise Meitner recht. 1925 erbringt sie den Nachweis, daß die Gammastrahlen erst nach erfolgtem Atomzerfall emittiert werden. Sie bestätigt 1925 auch die Annahme von Ellis, daß Betaelektronen kontinuierliche Energiespektren besitzen und bereitet damit Wolfgang Pauli den Weg für die Hypothese des Neutrinos. Lise Meitner und ihren Mitarbeitern ist ein wesentlicher Teil der Aufklärung der Alpha- und Betaspektren zu verdanken, welche wichtige Informationen über die Strukturen der Atomkerne liefern.

Mit zunehmendem Alter wendet sich Lise Meitner Fragen der theoretischen Physik, insbesondere der Quantentheorie zu. Seit ihrer Studienzeit in Wien hat Lise Meitner eine *"intensive Passion für die Theorie"* und fühlt sich *"experimentell ganz ungeschickt"*. In ihrer radiophysikalischen Abteilung entwickelt Lise Meitner keine neuen Untersuchungsmethoden und Nachweisgeräte, sondern sie verbessert die vorhandenen Untersuchungsmethoden und paßt sie den Problemstellungen an. Sie führt die Wilsonsche Nebelkammer, eine Methode zur Sichtbarmachung von Teilchenspuren, am Kaiser-Wilhelm-Institut ein und verbessert sie wesentlich. Das Geiger-Müller-Zählrohr, ein neues Nachweisgerät für Gammastrahlen, wird von ihr eingesetzt, um eine von Oskar Klein und Yoshio Nishina angegebene Streuformel für Gammastrahlen zu überprüfen.

1926 wird Lise Meitner zum nichtbeamteten außerordentlichen Professor an der Universität Berlin ernannt. Die Jahre zwischen 1917 und 1933 sind wahrscheinlich die glücklichsten Jahre in Lise Meitners Leben. Rückblickend schreibt Lise Meitner über das Kaiser-Wilhelm-Institut:

"In dieser Arbeitsgemeinschaft herrschte ein guter Geist und eine fröhliche Stimmung, ein Widerschein von Hahns Persönlichkeit ... Es war ein starkes Gefühl der Zusammengehörigkeit vorhanden, dessen geistige Grundlage gegenseitiges Vertrauen war." [13]

1933 verschlechtern die politischen Umstände zusehends Lise Meitners Leben. Am 7. April 1933 wird das Gesetz zur Wiederherstellung des Berufsbeamtentums verabschiedet, im September 1933 wird Lise Meitner die Lehrbefugnis entzogen. Lise Meitners Anstellung am nicht staatlichen Kaiser-Wilhelm-Institut ist zunächst nicht gefährdet, da sie österreichische Staatsbürgerin ist und von Max Planck, Max von Laue und Otto Hahn geschützt wird. Im Oktober 1933 schifft sich Albert Einstein nach Amerika ein und wird niemals mehr europäischen Boden betreten. Er kann nicht verstehen, daß Lise Meitner so lange in Deutschland bleibt und macht ihr später auch massive Vorwürfe.

Ab 1933 ist Lise Meitner von allen universitären Veranstaltungen ausgeschlossen. Diese soziale und wissenschaftliche Isolation ist sicher mit ein Grund dafür, daß sie 1934 wieder eine gemeinsame Arbeit mit Otto Hahn initiiert. Lise Meitner weiß von den Arbeiten Enrico Fermis in Rom, der Uran mit Neutronen beschießt, um Transurane, Elemente schwerer als Uran, zu erzeugen. Lise Meitner überredet Otto Hahn, derartige Versuche durchzuführen. Der ausgezeichnete analytische Chemiker Fritz Straßmann, 26 Jahre jünger als Hahn und Meitner und seit einigen Jahren Mitarbeiter Otto Hahns, wird 1934 zu den Transuranarbeiten zugezogen. 1935/1936 werden von der Berliner Gruppe Hahn, Meitner und Straßmann gemeinsam 8 Arbeiten über Transuranforschung publiziert. Die Reihenfolge der Namen ist verschieden angeordnet, je nachdem, ob die Physik oder die Chemie im Vordergrund steht.

Auch in Paris arbeiten Irène Joliot-Curie und Paul Savitch intensiv an der Herstellung möglicher Transurane. Ein Wettstreit zwischen Paris und Berlin beginnt. Am Wiener Radiuminstitut arbeitet die Chemikerin Elisabeth Rona an der Entstehung von Transuranen. 1936 hält Lise Meitner in Zürich einen Vortrag über die gemeinsam mit Hahn und Straßmann durchgeführten Versuche. Kaum ein Physiker zweifelt in diesen Jahren an der Möglichkeit der Herstellung von Transuranen. Die von der Physikerin Ida Noddack-Tacke 1934 aufgestellte Hypothese, daß ein Urankern bei Beschuß von Neutronen in zwei leichtere Bruchstücke zerfallen könnte, bleibt unbeachtet. Ida Noddack-Tacke verifiziert diese Hypothese experimentell nicht.

Max Planck, Max von Laue und Werner Heisenberg schlagen Lise Meitner mehrfach für den Nobelpreis vor.

Am Institut beginnen für Lise Meitner die Schwierigkeiten. Der Physiker Kurt Hess, NSDAP-Mitglied, zeigt Lise Meitner an und fordert ihre Entfernung vom Institut. In dieser Zeit sind die Aussprachen und Diskussionen mit Max von Laue über die Probleme des Nationalsozialismus und ihre Arbeits-

13 Lise Meitner: Einige Erinnerungen an das Kaiser-Wilhelm-Institut für Chemie in Berlin-Dahlem, Die Naturwissenschaften, Jg.41, 1954, S.98

bedingungen für Lise Meitner eine große Hilfe. Nach dem Anschluß Österreichs im März 1938 wird Lise Meitner Reichsdeutsche, die Rassengesetze gelten nun auch für sie. Ihre Lage am Institut verschlechtert sich dramatisch. Niels Bohr in Kopenhagen, Paul Scherrer in Zürich und James Franck, der freiwillig in die USA emigriert ist, bieten Lise Meitner ihre Hilfe an. Sie weigert sich, ihre wissenschaftliche Arbeit, ihre Abteilung am Institut, ihre Freunde, ihre Wohnung zu verlassen; nur langsam begreift sie, daß ihr keine andere Möglichkeit bleibt. Sie will zunächst zu Niels Bohr nach Kopenhagen, doch am 9. Mai 1938 wird ihr von der dänischen Botschaft die Einreise verweigert. Lise Meitner bittet Geheimrat Carl Bosch, Direktor des Kaiser-Wilhelm-Instituts, um Hilfe. Am 20. Mai 1938 schreibt Carl Bosch einen Brief an den Reichsminister Wilhelm Frick mit der Bitte:

"... der bekannten Wissenschaftlerin Lise Meitner die Ausreise ins neutrale Ausland, nach Schweden, Dänemark oder in die Schweiz zu ermöglichen."[14]

Die Antwort an Geheimrat Bosch vom 16. Juni 1938 ist negativ:

"Sehr geehrter Herr Geheimrat!
Im Auftrag des Herrn Reichsministers ... daß politische Bedenken gegen die Ausstellung eines Auslandspasses für Frau Prof. Meitner bestehen. Es wird für unerwünscht gehalten, daß namhafte Juden aus Deutschland ins Ausland reisen, um dort als Vertreter der deutschen Wissenschaft oder gar mit ihrem Namen und ihrer Erfahrung entsprechend ihrer Einstellung gegen Deutschland wirken ... Diese Auffassung hat insbesondere der Reichsführer-SS und Chef der deutschen Polizei im Reichsministerium des Inneren vertreten.
Mit vorzüglicher Hochachtung"[15]

Lise Meitner wird von Carl Bosch telefonisch von dieser negativen Antwort in Kenntnis gesetzt, sie hat ihre Wohnung bereits verlassen und wohnt im Hotel Adlon, Berlin, und stenografiert diese Nachricht mit. Otto Hahn und Paul Rosbaud, Herausgeber der Zeitschrift "Die Naturwissenschaften", der knapp vorher seine Familie nach England gebracht hat, bereiten ihre Flucht vor. Telegramme und Briefe werden in die Schweiz, nach Holland, Dänemark und in die USA geschickt. Otto Hahn schreibt in seiner wissenschaftlichen Autobiographie:

"Trotz aller ihr bis zuletzt bewiesenen Hilfe und Freundschaft konnte der Präsident (Bosch) nun nichts mehr für ihre Ausreise unternehmen.
Deshalb wurde nunmehr Prof. Scherrer in Zürich gebeten, an Prof. Coster in Holland zu schreiben. Die Professoren Coster, Fokker und de Haas erreichten es, daß die holländische Regierung sich bereit erklärt, Lise Meitner ohne Visum nach Holland hereinzulassen."[16]

---

14 Carl Bosch an Wilhelm Frick, 20.5.1938, zitiert nach F. Krafft: Im Schatten der Sensation, Leben und Wirken von Fritz Straßmann, Verlag Chemie, 1981, S.174

15 Büro des Reichsministers Wilhelm Frick an Carl Bosch, 16.6.1938, zitiert nach F. Krafft: Im Schatten der Sensation, Leben und Wirken von Fritz Straßmann, Verlag Chemie, 1981, S.174

16 Otto Hahn: Vom Radiothor zur Uranspaltung, Vieweg u. Sohn, 1962, S.127

Am 15. Juli 1938 flieht Lise Meitner mit einem kleinen Handkoffer über einen wenig frequentierten Grenzübergang nach Holland. Lise Meitner ist gezwungen, ihre wissenschaftliche Arbeit, ihre Freunde und Kollegen, ihr Zuhause und fast alle ihre persönlichen Gegenstände, ihre Bücher, die aus ihrem Elternhaus geerbten Möbel, ihren Konzertflügel zurückzulassen. Die Blätter in ihrem Kalender, den sie mehr als 60 Jahre täglich führt, bleiben in den Tagen zwischen dem 12. und 15. Juli leer. Am 16. Juli 1938 schreibt sie: *"In Groningen angekommen"*. Lise Meitners Leben ist zerrissen und zerstört.

Lise Meitner hat mehr als 30 Jahre in Berlin gelebt und wissenschaftlich gearbeitet. Sie hat ihre Abteilung im Kaiser-Wilhelm-Institut *"Stein für Stein"* aufgebaut, sich ein Zuhause und einen großen Freundeskreis geschaffen. In den Jahren 1908-1938 publiziert sie 59 Arbeiten allein und 68 Arbeiten gemeinsam mit Otto Hahn und anderen.

Stockholm und Cambridge 1938-1968 - Die Jahre im Exil

Dirk Coster ist es nicht möglich, Lise Meitner eine wissenschaftliche Anstellung in Holland zu vermitteln. Daher reist Lise Meitner nach Kopenhagen zu Niels Bohr, mit dem sie eine tiefe Freundschaft verbindet. Die Möglichkeit, an seinem Institut zu arbeiten, lehnt sie ab; sie fühlt sich mit 60 Jahren unter den vielen jungen Wissenschaftlern zu alt. Sie möchte nicht wie einige ihrer Familienangehörigen in die USA emigrieren. Ohne zu wissen, daß die primitivsten Voraussetzungen, die einfachsten Apparate für eine Weiterführung ihrer Forschungsarbeiten fehlen, entscheidet sie sich für einen Arbeitsplatz am Nobel-Institut bei Manne Siegbahn in Stockholm. Lise Meitner wird in Stockholm niemals glücklich. Ihre Briefe aus der Emigration sind ein Spiegel ihrer Verzweiflung.

> *"Man friert innerlich und äusserlich. Alles, was ich einmal an meinem persönlichen Leben mit bewußter Dankbarkeit lieb gehabt habe, ist weg oder hat sich ins Gegenteil verkehrt. Es ist wirklich so, als ob einem das Leben jedes persönliche Wünschen abgewöhnen wollte. Es erinnert an die Geschichte von dem Bauern, der erzählt, dass er seiner Kuh das Fressen abgewöhnt hat, aber gerade, wie sie es am besten erlernt gehabt hat, ist das Biest gestorben."*[17]

Lise Meitner vermißt vor allem die wissenschaftliche Arbeit.

> *"... Die fehlende Arbeit ist ein grosser Schmerz, denn es bedeutet das Fehlen jeglichen Sinns in meinem Leben und das Fehlen der besten Hilfe für schwere Zeiten.*
> *Alles, was in der Welt geschieht, ist so hoffnungslos unverständlich geworden, widerspricht Allem, was man ein Menschenleben für gut und erstrebenswert gehalten hat. Ich verstehe sehr gut, wieviel Trost fromme Men-*

17 Lise Meitner an Eva Bahr-Bergius, März 1940, MTNR Meitner-Papers, Churchill Archives Center, Cambridge

schen in ihrem Glauben finden können. Aber wieviele Menschen können diesen Weg nicht gehen und die werden von den Geschehnissen doppelt zerschunden."[18]

Lise Meitners Arbeitsbedingungen am Nobel-Institut von Siegbahn sind für sie - verglichen mit den Bedingungen in Berlin - extrem schlecht. Es fehlt an den primitivsten Arbeitsgeräten. Um Röhren und Logarithmenpapier zu erhalten, schreibt sie an Otto Hahn. Sie hat weder einen Laboranten noch einen Assistenten und bezieht das Gehalt eines Anfängers. Erst 1942 erhält sie die Möglichkeit, eine Vorlesung zu halten. Sie lebt zunächst unter einfachsten Bedingungen in einem kleinen Hotelzimmer. Acht Monate nach ihrer Ankunft bezieht sie gemeinsam mit ihrer Schwester Auguste und ihrem Schwager Justinian Frisch eine kleine Wohnung in Stockholm. In Berlin bemühen sich Otto Hahn und Elisabeth Schiemann um ihre Möbel und ihre Bücher. Nach einigen Monaten erhält sie aus Berlin ihre Bücher, die durch Zensur stark dezimiert sind, und einen großen Teil ihrer Möbel. Am Kaiser-Wilhelm-Institut arbeiten Otto Hahn und Fritz Straßmann unermüdlich an Experimenten zur Herstellung von möglichen Transuranen. Immer wieder wiederholen sie ihre Experimente und vergleichen die Ergebnisse mit denen von Irène Joliot-Curie und Paul Savitch in Paris. Weder die Berliner noch die Pariser Forscher können die Ergebnisse richtig deuten.

Otto Hahn wendet sich brieflich an Lise Meitner und bittet um ihre Mitarbeit und ihre Hilfe. Im Spätherbst 1938 beginnt ein reger Briefwechsel zwischen Berlin und Stockholm. Aus diesem Briefwechsel ist die wesentliche Rolle, die Lise Meitner bei der Kernspaltung spielt, eindeutig ersichtlich. Otto Hahn und Fritz Straßmann haben beim Beschuß des schweren Urankerns mit Neutronen überraschenderweise ein Element nachgewiesen, das sich chemisch wie das "leichte" Barium verhält und nicht wie das erwartete Transuran. Am 19. Dezember 1938 schreibt Otto Hahn an Lise Meitner:

"Es ist nämlich etwas mit den Radioisotopen ... Ich habe mit Straßmann verabredet, daß wir vorerst nur Dir dies sagen wollen. Vielleicht kannst Du irgendeine phantastische Erklärung vorschlagen. Wir wissen dabei selbst, daß es eigentlich nicht im Ba (Barium) zerplatzen kann ... Also überleg Dir mal, ob sich nicht irgendeine Möglichkeit ausdenken ließe - ev. Ba Isotope mit viel höherem AG (Atomgewicht) als 137? Falls Du irgend etwas vorschlagen könntest, dann wäre es doch noch eine Art Arbeit zu Dreien! Daß wir dauernd Unsinn machen oder sonst irgendwelche Infektionen uns Streiche spielen, glauben wir nicht.
Ich muß jetzt wieder zu den Zählern ..."[19]

Lise Meitner antwortet bereits zwei Tage später, ist aber noch sehr skeptisch. Lise Meitner an Otto Hahn 21.12.1938:

---

18 Lise Meitner an Elisabeth Schiemann, 17.1.1939, MTNR Meitner-Papers, Churchill Archives Center, Cambridge

19 Otto Hahn an Lise Meitner, 19.12.1938, MTNR Meitner-Papers, Churchill Archives Center, Cambridge

"Eure Radium-Resultate sind sehr verblüffend. Ein Prozeß, der mit langsamen Neutronen geht und zum Barium führen soll! ... Mir scheint vorläufig die Annahme eines so weitgehenden Zerplatzens sehr schwierig, aber wir haben in der Kernphysik soviele Überraschungen erlebt, daß man nicht ohne weiteres sagen kann: es ist unmöglich" [20]

Ebenfalls am 21.12.1938 schreibt Otto Hahn an Lise Meitner:

"... Am Freitag soll die Arbeit zu den Naturwissenschaften gebracht werden. Nach unseren Ra-Beweisen schließen wir, daß wir als Chemiker den Schluß ziehen müssen, daß die drei genau studierten Isotope gar kein Ra (Radium) sind, sondern vom Standpunkt des Chemikers aus Ba (Barium)... Wir können unsere Ergebnisse nicht totschweigen, auch wenn sie physikalisch vielleicht absurd sind. Du siehst, Du tust ein gutes Werk, wenn Du einen Ausweg findest." [21]

Nach einigen kleinen Korrekturen des von Hahn und Straßmann verfaßten Manuskriptes wird die Arbeit am 6. Jänner 1939 der Zeitschrift "Die Naturwissenschaften" zur Veröffentlichung übergeben.

Lise Meitner verbringt Weihnachten und Neujahr bei der Physikerin Eva Bahr-Bergius in Kungälv gemeinsam mit dem Physiker Otto Robert Frisch, dem Sohn ihrer Schwester Auguste. Otto Robert Frisch hat am Radiuminstitut in Wien bei Karl Przibram dissertiert, hat in Berlin und Hamburg in experimenteller Kernphysik gearbeitet und ist zu Niels Bohr nach Kopenhagen emigriert. Am 31.12.1938 konfrontiert Lise Meitner ihren Neffen mit den Ergebnissen von Hahn und Straßmann. Gemeinsam diskutieren sie die Möglichkeit eines "Zerplatzens" des Urankerns in zwei leichtere Bruchstücke. Am 1. Jänner 1939 schließt Lise Meitner ein "Zerplatzen" des Urankerns nicht völlig aus. Lise Meitner an Otto Hahn, 1.1.1939:

"Lieber Otto,

Ich beginne das neue Jahr mit einem Brief an Dich - möge es für alle, die uns angehen, ein gutes Jahr werden.

Wir haben Eure Arbeit sehr genau gelesen und überlegt, vielleicht ist energetisch doch möglich, dass so ein schwerer Kern zerplatzt ... Du wirst ja wohl verstehen, dass die Frage der Richtigkeit der Transurane für mich auch eine sehr persönliche Seite hat. Wenn die ganze Arbeit der letzten drei Jahre unrichtig war, so kann das nicht nur von einer Seite festgestellt werden. Ich bin ja mitverantwortlich dafür gewesen. ..." [22]

Zwei Tage später ist Lise Meitner bereits ziemlich sicher, daß Hahn und Straßmann eine Zertrümmerung des Urankerns nachgewiesen haben. Lise Meitner an Otto Hahn, 3.1.1939:

---

20 Lise Meitner an Otto Hahn, 21.12.1938, Archiv zur Geschichte der Max-Planck-Gesellschaft, Berlin und MTNR Meitner-Papers, Churchill Archives Center, Cambridge

21 Otto Hahn an Lise Meitner, 21.12.1938, MTNR Meitner-Papers, Churchill Archives Center, Cambridge

22 Lise Meitner an Otto Hahn, 1.1.1939, Archiv zur Geschichte der Max-Planck-Gesellschaft, Berlin und MTNR Meitner-Papers, Churchill Archives Center, Cambridge

"Vielen Dank für die ... heute erhaltene Korrektur. Ich bin jetzt ziemlich sicher, daß Ihr wirklich eine Zertrümmerung zum Ba (Barium) habt und ich finde das ein wirklich wunderschönes Ergebnis, wozu ich Dir und Straßmann sehr herzlich gratuliere. ... Jedenfalls habt Ihr ein weites schönes Arbeitsgebiet jetzt vor Euch und Du kannst mir glauben, dass, wenn ich jetzt auch mit sehr leeren Händen dastehe, ich mich doch über die Wunderbarkeit dieser Befunde freue." [23]

Während Lise Meitner am 3.1.1939 *"ziemlich sicher"* ist, daß ein Zerplatzen des schweren Urankerns in zwei leichtere Bruchstücke energetisch möglich ist, ist Otto Robert Frisch zu diesem Zeitpunkt noch skeptisch. In seiner Autobiographie schreibt Frisch:

"Zwei Tage später (am 3.1.39) fuhr ich in sehr aufgeregter Stimmung nach Kopenhagen zurück. Ich konnte nicht warten, unsere Spekulationen - zu jener Zeit war es wirklich nicht mehr als das - Bohr zu unterbreiten, der gerade nach Amerika abreiste." [24]

Am 3.1.1939 schreibt Otto Robert Frisch an seine Tante:

"... erst heute habe ich mit Bohr über das platzende Uran sprechen können. Die Unterhaltung dauerte nur 5 Minuten, da Bohr sofort und in allem mit uns einig war. Er wunderte sich bloß, dass er nicht an diese Möglichkeit gedacht hatte, die so direkt aus den jetzigen Vorstellungen über den Kernbau folge." [25]

Innerhalb weniger Tage gelang Lise Meitner mit Unterstützung von Otto Robert Frisch die physikalische Deutung der Kernspaltung. Sie erklärt die Spaltung des Urankerns mit Hilfe des Bohrschen Tröpfchenmodells und schätzt nach Einsteins Formel $E=mc^2$ die frei werdende Energie ab. Für den Vorgang des Zerplatzens eines Urankerns durch Neutronenbeschuß in zwei leichtere Bruchstücke prägen Lise Meitner und Otto Robert Frisch den Begriff "nuclear fission" oder Kernspaltung, in Analogie zur biologischen Trennung von Zellen. Die Physiker Gottfried von Droste und Siegfried Flügge, Mitarbeiter Otto Hahns am Kaiser-Wilhelm-Institut, kommen im Jänner 1939 unabhängig von Meitner und Frisch zu derselben physikalischen Deutung der Uranspaltung. Otto Robert Frisch untersucht an Bohrs Institut in Kopenhagen die Energie der bei der Kernspaltung entstehenden Bruchstücke. Die von Meitner und Frisch theoretisch berechneten Werte stimmen mit den experimentellen Werten überein.

---

23 Lise Meitner an Otto Hahn, 3.1.1939, Archiv zur Geschichte der Max-Planck-Gesellschaft, Berlin und MTNR Meitner-Papers, Churchill Archives Center, Cambridge

24 Otto Robert Frisch: Woran ich mich erinnere. Wissenschaftliche Verlagsgesellschaft, Stuttgart 1981, S. 149

25 Otto Robert Frisch an Lise Meitner, 3.1.1939, MTNR Meitner-Papers, Churchill Archives Center, Cambridge

Hahn und Straßmann veröffentlichen ihre Entdeckung im Jänner 1939 in "Die Naturwissenschaften"[26], Meitner und Frisch in "Nature"[27]. 1939 war in Deutschland an eine gemeinsame Veröffentlichung von Hahn-Straßmann mit Meitner-Frisch nicht zu denken. Die separaten Veröffentlichungen scheinen eine Trennung Physik-Chemie bzw. Experiment-Theorie zu bedeuten, zeigen aber interdisziplinäre Forschung und sind erzwungen durch Meitners Emigration.

Nur fünf Monate, nachdem Lise Meitner gezwungen war, Berlin zu verlassen, gelingen Otto Hahn und Fritz Straßmann im Dezember 1938 die entscheidenden Versuche, die zur Kernspaltung führen. Mehr als vier Jahre haben Meitner, Hahn und Straßmann gemeinsam gearbeitet. Nach den Veröffentlichungen über die Kernspaltung ist Lise Meitner deprimiert und traurig. Sie macht sich Vorwürfe, die Versuchsergebnisse von Irène Joliot und Paul Savitch zu wenig beachtet zu haben, vor allem aber ist sie deprimiert, daß sie durch ihre erzwungene Flucht von der bedeutenden Entdeckung der Spaltung ausgeschlossen ist und daß ihre von 1934-1938 in Berlin durchgeführten Versuche widerlegt sind.

In ihrer Publikation weisen Meitner und Frisch nicht explizit auf die Bedeutung der Größe der frei werdenden Energie hin. Lise Meitner und Otto Hahn ist die Gefährlichkeit der Auswirkung der Kernspaltung voll bewußt. Beide stellen sich vehement gegen die Erzeugung von Kernwaffen. Weder Lise Meitner noch Otto Hahn noch Fritz Straßmann nehmen an der Entwicklung der Atombombe teil. Es ist fraglich, ob Lise Meitner überhaupt Kenntnis von den Arbeiten in den USA und in England hatte. Für die Entdeckung der Kernspaltung erhält Otto Hahn 1945, rückwirkend für 1944, den Nobelpreis für Chemie; Meitner und Straßmann gehen leer aus. Es sind vor allem die schwedischen Physiker Manne Siegbahn und Theodor Svedberg, die sich gegen eine Auszeichnung für Lise Meitner stellen, während der theoretische Physiker Oskar Klein sich mit aller Kraft für Lise Meitner einsetzt.

Lise Meitner macht ihrer engsten Freundin Elisabeth Schiemann aber auch Otto Hahn, Max von Laue und anderen Kollegen in Deutschland den Vorwurf, *"passiv die Greuel des Hitlerismus"* hingenommen zu haben. Lise Meitner macht Otto Hahn außerdem mehrfach den Vorwurf, ihren Anteil an der Kernspaltung nicht genügend gewürdigt und sie nur als seine *"Mitarbeiterin"* bezeichnet zu haben. Zwischen Lise Meitner und Otto Hahn kommt es immer wieder zu Spannungen, Kontroversen und Mißverständnissen. Vor allem Lise Meitner, aber auch Otto Hahn stehen unter starken psychischen Spannungen. Die aufgezwungene Flucht, der Verlust ihres Instituts und die völlige wissenschaftliche und menschliche Isolation lassen Lise Meitner verzweifeln. Auch Otto Hahn hat schwerwiegende Belastungen, er gilt als poli-

26 Otto Hahn u. F. Straßmann, Nachweis der Entstehung aktiver Bariumisotope aus Uran und Thorium durch Neutronenbestrahlung. Nachweis weiterer aktiver Bruchstücke bei der Uranspaltung. Die Naturwissenschaften, 27.Jg., (1939), S.89-95

27 Lise Meitner u. Otto Robert Frisch, Disintegration of Uranium by Neutrons: A New Type of Nuclear Reaction, Nature, 143, (1939), S.239-240

tisch unzuverlässig, sein Institut ist zerbombt, seine Frau in einer Nervenheilanstalt, sein einziger Sohn schwer verwundet. In einem ausführlichen Briefwechsel und in persönlichen Aussprachen versuchen sie, ihre Probleme zu bewältigen. Otto Hahn reist mehrfach zu Vorträgen nach Stockholm. Bei einem Treffen im Oktober 1943 führen Lise Meitner und Otto Hahn lange Diskussionen. Am 12. Oktober 1943 schreibt Lise Meitner an Otto Hahn:

"Ich war sehr glücklich, dass ich einmal ausführlich und aufrichtig sprechen konnte, und ich danke Dir von Herzen dafür, dass Du Dir so viel Zeit für mich freigehalten hast. Ich werde wieder mit Freude an die gute alte Zeit denken können, eine Zeit ausgefüllt mit befriedigender Arbeit und einem Freundeskreis, der mir sehr viel bedeutet hat und in dessen Mittelpunkt immer Du und die Deinen gestanden haben." [28]

Ebenfalls am 12. Oktober 1943 schreibt Otto Hahn an Lise Meitner:

"... er (Dein Brief) bestätigt nur, was ich schon im Verlauf unseres Zusammenseins allmählich bemerkt hatte, dass wir wieder aufrichtig miteinander sprechen können und dass der Schleier berechtigter und unberechtigter Verstimmungen dem Gedenken an unsere langjährige Freundschaft gewichen ist" [29]

Ebenfalls im Oktober 1943 schreibt Lise Meitner an Elisabeth Schiemann:

"Wenn ich von der Mitfreude absehe, dass Du die langgeplante Arbeit ausführen und mit einer frohen Zukunft rechnen darfst, so haben die Dinge einen ganz anderen Aspekt für mich. Ich sehe nur das Grab, auf dem sie gewachsen sind, ein Grab, das alles umschliesst, was meinem frühesten Leben Formung und Freude gegeben hat." [30]

Immer wieder macht Lise Meitner in ihren Briefen Otto Hahn, Elisabeth Schiemann, und anderen Freunden massive Vorwürfe, *"passiv und ohne Widerstand den Hitlerismus hingenommen zu haben"*. Am 27. Juni 1945 schreibt Lise Meitner an Otto Hahn; einen Durchschlag dieses Briefes hat Lise Meitner aufbewahrt mit dem Vermerk, *"dieser Brief hat Otto Hahn niemals erreicht"*, da er in Belgien interniert war.

"Diesen Brief wird ein Amerikaner mitnehmen, er wird ihn gleich holen, und ich schreibe also in großer Eile, und dabei habe ich so Vieles zu sagen, was mir am Herzen liegt. Behalte das bitte im Auge, und lies ihn bitte mit der Zuversicht an meine unerschütterliche Freundschaft.

Ich habe in diesen Monaten sehr viele Briefe geschrieben, weil mir klar war, dass selbst Menschen wie Du und Laue die wirkliche Situation nicht begriffen hatten ... Ihr habt auch alle für Nazi-Deutschland gearbeitet und habt auch nie nur einen passiven Widerstand zu machen versucht. Gewiss, um Euer Gewissen loszukaufen, habt Ihr hier und da einem bedrängten

---

28 Lise Meitner an Otto Hahn, 12.10.1943, Archiv zur Geschichte der Max-Planck-Gesellschaft, Berlin und MTNR Meitner-Papers, Churchill Archives Center, Cambridge

29 Otto Hahn an Lise Meitner, 12.10.1943, MTNR Meitner-Papers, Churchill Archives Center, Cambridge

30 Lise Meitner an Elisabeth Schiemann, 25.10.1943, MTNR Meitner-Papers, Churchill Archives Center, Cambridge

Menschen geholfen, aber Millionen unschuldiger Menschen hinmorden lassen, und keinerlei Protest wurde laut.
Ich muss Dir das schreiben, denn es hängt so viel für Euch und Deutschland davon ab, dass Ihr einseht, was ihr habt geschehen lassen ... Du wirst dich vielleicht erinnern, dass ich, als ich noch in Deutschland war (und heute weiss ich, dass es nicht nur dumm, sondern ein grosses Unrecht war, dass ich nicht sofort weggegangen bin), Dir oft sagte: Solange nur wir die schlaflosen Nächte haben und nicht Ihr, solange wird es in Deutschland nicht besser werden. Aber Ihr hattet keine schlaflosen Nächte, Ihr habt nicht sehen wollen, es war zu unbequem. Ich könnte es Dir an vielen, grossen und kleinen Beispielen beweisen. Ich bitte Dich, mir zu glauben, dass alles das, was ich hier schreibe, ein Versuch ist, Euch zu helfen." [31]

Zwei Jahre später schreibt sie über Otto Hahn:

"Hahn ist über jeden Zweifel ein anständiger Mensch, mit vielen liebenswerten Eigenschaften: nur fehlt ihm die Nachdenklichkeit und vielleicht auch eine gewisse Charakterstärke, Dinge, die in normalen Zeiten nur kleine Schönheitsfehler sind, aber in so komplizierten Zeitverhältnissen, wie sie jetzt herrschen, von tieferer Bedeutung sind" [32]

1946 erhält Lise Meitner eine Gastprofessur an der katholischen Universität Washington. Sie bleibt mehr als ein halbes Jahr in den USA und genießt das Wiedersehen mit ihren Geschwistern. Sie arbeitet in englischer Sprache 36 Vorlesungen aus, die den aktuellen Stand der Kernphysik dokumentieren. Lise Meitner wird von Präsident Truman empfangen und zur Frau des Jahres gewählt. Vier amerikanische Universitäten verleihen ihr ein Ehrendoktorat. Die Presse bedrängt sie mit der Frage nach ihrer möglichen Mitarbeit an den Arbeiten zur Atombombe, die sie vehement zurückweist. Das Angebot, daß ein Film über ihr Leben gedreht wird, versetzt sie in Panik.

Nach dem zweiten Weltkrieg wird Lise Meitners Leben in Stockholm freundlicher, ihre Arbeitsmöglichkeiten bessern sich. 1947 bezieht sie drei Arbeitsräume in der Försökstation der Königlichen Technischen Hochschule. Ab November 1947 hat sie eine bezahlte Forschungsprofessur. Oskar Klein, Professor für Physik an der Universität Stockholm, wird in der Emigrationszeit zu einem ihrer besten Freunde; von ihm wird Lise Meitner über die neuesten Ereignisse in der Kern- und Elementarteilchenphysik informiert. 1948 lehnt sie ein Angebot von Fritz Straßmann ab, den Lehrstuhl für Physik am Max-Planck-Institut in Mainz, dem Nachfolgeinstitut des Kaiser-Wilhelm-Institutes, zu übernehmen. Sie begründet ihre Absage mit den Worten:

"Jedenfalls glaube ich, dass ich nicht die Stelle in Mainz übernehmen kann. Ich habe wenig Angst vor den ungünstigen Lebensverhältnissen, aber sehr erhebliche Bedenken gegenüber der geistigen Mentalität. ... Es

---

31 Lise Meitner an Otto Hahn, 27.6.1945, MTNR Meitner-Papers, Churchill Archives Center, Cambridge

32 Lise Meitner an James Franck, 21.2.1947, MTNR Meitner-Papers, Churchill Archives Center, Cambridge

würde ein ähnlicher Kampf werden, wie ich ihn in den Jahren 33-38 mit sehr wenig Erfolg geführt habe. Und heute ist mir sehr klar, dass ich ein großes moralisches Unrecht begangen habe, dass ich nicht 33 weggegangen bin; denn letzten Endes habe ich durch mein Bleiben doch den Hitlerismus unterstützt ..." [33]

Wissenschaftlich ist Lise Meitner in ihren späten Jahren vor allem an theoretischen Problemen interessiert. 1948 entwickelt sie ein Schalenmodell des Atomkerns, das erklärt, warum bei der Spaltung des Urankerns unsymmetrische Bruchstücke entstehen. 1950 wird diese Arbeit veröffentlicht. Es ist ihre letzte große wissenschaftliche Arbeit. Sie unternimmt viele Reisen. Fast alle Urlaube verbringt sie in den österreichischen Bergen. Mit 72 Jahren schreibt sie an ihren ehemaligen Schüler Arnold von Flammersfeld:

"Ich bin vor ein paar Tagen aus Tirol zurückgekommen, wo ich eine ungewöhnlich schöne Zeit hatte ... 1000m hinaufzusteigen war eine besondere Freude und auch eine kleine Genugtuung, dass es mir so leicht fiel. Die österreichischen Berge sind ja meine wirkliche Heimat, und überall seine eigene Sprache zu hören, war eine extra Freude." [34]

Im August 1952 nimmt Lise Meitner am Europäischen Forum in Alpbach teil.

"In Alpbach war es in vieler Hinsicht sehr anregend, obwohl es zwei Tage lang ununterbrochen geregnet hat. Aber ich habe viele alte Bekannte getroffen, manches aus den Vorträgen und Studienzirkeln war wirklich interessant und ich bin so freundlich aufgenommen worden; ich habe seit langen Jahren nicht mehr dieses Gefühl der Zusammengehörigkeit in einem Kreis von Wissenschaftlern gehabt" [35]

Ein Jahr später hält Lise Meitner eine Reihe von Vorträgen in Wien; anschließend besucht sie zum ersten Mal nach ihrer Emigration ihr ehemaliges Institut und ihre Wohnung in der Direktorenvilla in Berlin-Dahlem:

"Das Wiedersehen mit Dahlem war beklemmend. Anstelle der Villa ein leerer unordentlicher Platz. Und dann bin ich durch unser Institut gegangen, viele der physikalischen Räume sind gebombt, alles sehr verändert. Ich bin sozusagen durch die Trümmer meiner eigenen Vergangenheit gegangen. Hätte ich nicht so stark in mir den Nachhall gehabt von den fast unglaublich schönen Tagen in Wien, für die ich gar nicht genug danken kann, so wäre der Eindruck in Dahlem noch viel schmerzlicher gewesen." [36]

---

33 Lise Meitner an Fritz Straßmann, 6.7.1948, MTNR Meitner-Papers, Churchill Archives Center, Cambridge

34 Lise Meitner an Arnold Flammersfeld, 20.8.1950, MTNR Meitner-Papers, Churchill Archives Center, Cambridge

35 Lise Meitner an Josefine Stross, 11.10.1952, MTNR Meitner-Papers, Churchill Archives Center, Cambridge

36 Lise Meitner an Berta Karlik, 3.4.1953, Archiv Radiumforschung, Österreichische Akademie der Wissenschaften, Wien, und MTNR Meitner-Papers, Churchill Archives Center, Cambridge

Lise Meitner und Erwin Schrödinger in Alpbach 1952
Archiv Radiumforschung, Österreichische Akademie der Wissenschaften

Mit 75 Jahren bezieht sie ein "Altersstübchen" an der Königlichen Akademie der Ingenieurswissenschaften, das ihr ehemaliger Schüler Sigvard Eklund zur Verfügung stellt. Es ist vor allem den Physikern Sigvard Eklund, Oskar Klein, aber auch Hans Petterson und Malte Jacobsson und ihren Familien zu danken, daß Lise Meitners Leben in Stockholm menschlich und wissenschaftlich *"erträglich"* wird.

"I can say that in Sweden too, physics has brought light and fullness into my life (So kann ich sagen, daß auch in Schweden die Physik Licht und Fülle in mein Leben gebracht hat.)" [37]

Im Alter sucht sie immer mehr den Kontakt zu jungen Menschen, sie unterrichtet und berät Studenten. Einen Brief an die Wiener Gymnasiastin Lisl Hitzenberger, die um biografische Daten und um ihre Weltsicht bittet, beantwortet sie mit den Worten:

"Als Naturwissenschaftler glaube ich an die Wahrheit, worunter ich verstehe, dass man Tatsachen akzeptiert und berücksichtigt, ohne sich von seinen Wünschen beeinflussen zu lassen.

Das ist in meinen Augen gerade der grosse Wert der naturwissenschaftlichen Ausbildung, dass wir lernen müssen, Ehrfurcht vor der Wahrheit zu haben, gleichgültig, ob sie mit unseren Wünschen oder vorgefassten Meinungen übereinstimmt oder nicht." [38]

1959 wird das Hahn-Meitner Institut für Kernforschung in Berlin eingeweiht. Lise Meitner trifft viele alte Kollegen und deren Familien. Es kommt zu politischen und wissenschaftlichen Diskussionen, aber alle haben versöhnlichen Charakter.

1960 übersiedelt sie nach Cambridge, um in der Nähe ihrer Verwandten zu leben. Sie kauft eine kleine Eigentumswohnung in der Nähe des botanischen Gartens, wo sie täglich einige Stunden verbringt. Ihr Lieblingsbruder Walther Meitner stirbt einige Monate nach ihrer Ankunft; Otto Robert Frisch und seine Frau Ulla betreuen sie. Immer wieder fährt Lise Meitner nach Wien zu den österreichischen Freunden, den Familien Schrödinger, Przibram, Thirring und an das Wiener Radiuminstitut. Mit 80 Jahren wird sie Ehrenbürgerin der Stadt Wien. Lise Meitner hat ihre österreichische Staatsbürgerschaft niemals aufgegeben. Der Annahme der schwedischen Staatsbürgerschaft stimmt sie nur unter der Bedingung zu, die österreichische behalten zu können. In einem Interview für den Hessischen Rundfunk sagt sie:

"Ich bin immer Österreicherin und niemals Deutsche gewesen, obwohl ich sehr lange bis 1933 unter den denkbar günstigsten Verhältnissen in Berlin gearbeitet habe." [39]

---

37 Lise Meitner, Looking back, Bulletin of the Atomic Scientists, November 1964, S.7

38 Lise Meitner an Lisl Hitzenberger, 10.4.1951, MTNR Meitner-Papers, Churchill Archives Center, Cambridge

39 Lise Meitner an den Hessischen Rundfunk, 3.3.1955, MTNR Meitner-Papers, Churchill Archives Center, Cambridge

An den Wiener Physiker Hans Thirring schreibt sie:

"... ich (sei) ziemlich sicher, eine typische und ganz gute Österreicherin zu sein, aber ich sei gar nicht sicher, ob ich den Ansprüchen einer deutschen Staatsbürgerschaft zu entsprechen geeignet wäre." [40]

Jahrzehntelang bezahlt Lise Meitner einen Betrag für einen Platz in einem Pflegeheim in Wien. 1963 feiert Lise Meitner ihren 85. Geburtstag in Cambridge. Glückwünsche aus der ganzen Welt treffen bei ihr ein. Sie beantwortet hunderte Briefe. Im Mai 1964 reist sie nach Deutschland und trifft zum letzten Mal James Franck. Sie verbringen gemeinsame Tage in *"unwandelbarer gegenseitiger Freundschaft"*. Weihnachten 1964 fährt sie zum letzten Mal in die Vereinigten Staaten. Nach ihrer Rückkehr wird sie mehrfach krank, erholt sich aber immer wieder. Doch Lise Meitners Kraft wird immer schwächer. Mit 88 Jahren kann sie den Enrico Fermi Preis, eine der größten amerikanischen wissenschaftlichen Auszeichnungen, nicht mehr persönlich in Empfang nehmen. Der Preis wird ihr in Cambridge von Glenn Seaborg im Hause von Max Perutz übergeben.

"Es ist alles so schwierig geworden, weil wir an den alten Grundlagen hängen, die nicht mehr da sind. Es ist in der Politik nicht anders als in der Kunst. Überall ist es ein Suchen nach neuen Grundlagen, nach neuen Ausdrucksformen und wenig bewußter Wille, sich gegenseitig zu verstehen und sich zu verständigen ... Wir lernen langsam. Trotzdem glaube ich daran, daß es einmal wieder eine vernünftige Welt geben wird, auch wenn ich es nicht mehr erleben werde." [41]

Lise Meitner stirbt wenige Tage vor ihrem 90. Geburtstag in Cambridge.

P.S.: Über Lise Meitners Leben geben mehr als 10.000 Briefe Aufschluß. Lise Meitner hat ab 1906 ihren wissenschaftlichen und persönlichen Briefwechsel gesammelt. 1963 hat Lise Meitner testamentarisch ihre Korrespondenz dem Churchill Archives, Cambridge, vermacht. Auch einige Briefpartner Lise Meitners, wie z.B. Otto Robert Frisch, Elisabeth Schiemann, u.a. haben die Briefe Lise Meitners dem Churchill Archives übergeben. Sowohl Lise Meitner als auch Otto Hahn haben kurz gefaßte Tagebücher geführt. Ca. 120 Originalbriefe Lise Meitners sind im Besitz der Österreichischen Akademie der Wissenschaften, Wien (Archiv Radiumforschung).

---

40 Lise Meitner an Hans Thirring, 7.3.1948, Zentralbibliothek für Physik, Wien

41 Lise Meitner, Dankworte, Verleihung des Enrico Fermi Preises, 23.10.1966, MTNR Meitner-Papers, Churchill Archives Center, Cambridge

Lise Meitner ca. 1960, Chruchill Archives Center, Cambridge, MTNR

Ausstellungen

Evidenz des Realen - "Patchwork" von Wolfgang Reichmann

BURGHARDT SCHMIDT

Der Fleckerlteppich nun auch auf 1000m Alpbach-Höhe

"Zerrissene Gesellschaft", dieses Thema steht tatsächlich in Entsprechung zu Wolfgang Reichmanns Kunstunternehmen eines Patchworks, nimmt man es vom Titel her. Patchwork kann man ja so schön ins Österreichische übersetzen mit Fleckerlteppich. Und so erscheint einem die umfangreiche Tafelkombination auf einen Blick im Insgesamt wie die beste Lösung einer Auftragsarbeit. Wenn sich allerdings das Europäische Forum Alpbach das Thema der "zerrissenen Gesellschaft" gestellt hat, dann wird damit gewiß gemeint sein die Frage nach der Auflösung der Solidaritäten innerhalb der Gesellschaft und nach dem Heraufkommen eines extremen oder radikalen Individualismus, der keine Schichten oder gar Stände noch erkennen läßt oder anerkennen will. Dem eben entspricht die Tafelkombination Reichmanns auf den ersten Blick in einer übereinfachen Symbolisierung oder Bildübersetzung.

Und doch, wer genauer zusieht, entdeckt, daß das dargestellte Fetzige aus lauter Häutungen und Vernetzungen, Übernetzungen, Durchnetzungen besteht. Und damit gibt Reichmanns Arbeit nicht nur ein Signalbild ab zum Tagungsthema, sondern einen anschaulichen Beitrag. Wie der Fleckerlteppich seine Fetzigkeit nur durch- und zusammenhält durch eine durchgängige Textur, so kann sich radikaler Individualismus nur realisieren in stabil-elastischer Vernetzung, die transformativ zusammenhält (vgl. Niklas Luhmanns transformative Systemtheorie).

Die Arbeit ist vom Künstler vor kurzem eingebracht worden in das Projekt "Herz und Hirn" der Galerie station3 in Wien (zusammen mit Koloman Mayrhofer). In solchem Zusammenhang vertrat sie die strukturale Nervosität gegenüber der gestalthaften Gefühligkeit, das Hirn gegenüber dem Herzen. Von dieser Perspektive aus könnte sie zur Alpbacher Problematik aufzeigen, unsere Gesellschaft habe sich gehäutet, enthäutet und sensibel neu anders behäutet aus einer Stimmungsgesellschaft zu einer Nervengesellschaft.

Indem aber allen Stimmungsgestalten Nervengewitter in Nervengittern zugrundetoben, sie werden nur grob so recht wie schlecht zustandegebracht durch ein Überhäuten im Schein von abstumpfenden Solidaritätsgefühlen, wäre es nicht ausgeschlossen zu sagen, in so mancher Hinsicht wäre unsere Gesellschaft nur ein wenig ehrlicher geworden. Sie zeigt frei eine Zerrissenheit, die es immer schon gab. Ehrlichkeit hat darum darin allerdings als Hyperwert der Hysterie nur noch wenig Platz, nämlich nur einen individualisierten. Oder anders: Unsere Gesellschaft legt ihr Nervensystem bloß. Ob das gut geht, fragt Reichmann Alpbach. Aber das andere war nichts, davon geht er aus.

nextroom - architektur im netz

JUERG MEISTER

Ziel

nextroom ist ein deutschsprachiges Forum für zeitgenössische Architektur am Internet. Es wurde im März 1996 von Juerg Meister gegründet und steht allen Architekturinteressierten mit Zugang zum World Wide Web unter der Adresse http://www.nextroom.at kostenlos zur Verfügung. Ziel von *nextroom* ist die Schaffung eines virtuellen Umschlagplatzes für Architektur, der einerseits Architekten, Autoren und Fotografen dient und andererseits Architekturinteressierten Einblicke in die komplexe Thematik Architektur und Bauen ermöglicht.

Architekturforum

Dabei wird nicht die Architektur bzw. das Architekturschaffen eines bestimmten Landes repräsentiert, sondern im Sinn des Netzes thematischen vor nationalen Interessen ein virtuelles Architekturforum geschaffen. Neben der Nutzung des World Wide Web als Bildebene betreibt *nextroom* eine offene Mailingliste, einen offenen, interaktiven Wettbewerbs- und Veranstaltungskalender und informiert in Newsgroups regelmäßig über fremde und eigene Aktivitäten.

Arbeitsschwerpunkte

Die derzeitigen Arbeitsschwerpunkte bestehen in der Bildung eines deutschsprachigen Architekturnetzwerkes, der Teilnahme am International Competition Network sowie im Aufbau einer umfangreichen Architekturdatenbank. Zusammen mit "workshop archiV" aus Stuttgart und "architecture & digital" aus Berlin wurde eine offene Kooperation gebildet mit dem Ziel, einerseits einen möglichst umfassenden und vor allem freien und unabhängigen Zugang zum Themenbereich Architektur im Netz zu gewährleisten und andererseits einen Datenbestand zur gemeinsamen Nutzung aufzubauen.

Architekturdatenbank

Die *nextroom* Architekturdatenbank ist ein offenes System, in das Gebäudedaten verschiedener Art und Herkunft in Form von Sammlungen eingebracht werden können. Es eignet sich sowohl für Verbände, die ihre Bestände an Text-, Bild- oder Gebäudeinformation am Internet publizieren als auch für Architekten oder Fotografen, die auf diesem Wege ihr Portfolio zugänglich machen wollen. Der Benutzer kann die Daten nach verschiedenen Kriterien gefiltert abrufen, und er hat die Möglichkeit, von jedem Punkt des Netzes aus in Form von Kommentaren selbst Ergänzungen, Reiseberichte etc. hinzuzufügen. Diese Kommentare werden auf dem "Gebäudekarteiblatt" mitgeführt und sind für jedermann einsehbar.

Arbeitsumgebung für Architekten

Die Funktionalität der Architekturdatenbank läßt sich beliebig ausbauen oder mit anderen Systemen verbinden. Liegt das momentane Schwergewicht eindeutig auf der "Präsentation" von Architektur, soll in Zukunft mit Erweiterungen - z.B. in Form von Kosteninformationssystemen - das thematische Spektrum kontinuierlich erweitert und *nextroom* als "Arbeitsumgebung für Architekten" etabliert werden.

Alpbacher Technologiegespräche

Zerrissenheit oder Integration - gesellschaftlicher Fortschritt und Beschäftigung durch Wissenschaft und Technik?

Eröffnung

MARTIN BARTENSTEIN

1992 hat man sich in Rio de Janeiro zum sogenannten "Welt-Gipfel" getroffen, um nachhaltige Entwicklung weltweit zu einem Thema zu machen. Die Staatengemeinschaft wurde sich darüber einig, daß es mit der derzeitigen nicht-nachhaltigen Entwicklung, mit der Zerstörung der Umwelt und der Ressourcen nicht mehr so weitergehen könne.

Das war 1992. Seit damals sind sechs Jahre vergangen - und wenig ist geschehen. Es gibt zwar einige Fortschritte in struktureller Hinsicht, aber:

- 1,7 Milliarden Menschen sind ohne regelmäßigen Zugang zu sauberem Trinkwasser.
- Verschmutztes Trinkwasser ist die Todesursache Nr.1 auf dieser Welt.
- Amerikanischen Messungen zufolge waren die ersten 6 Monate des Jahres 1998 das wärmste Halbjahr seit Beginn der Temperaturmessungen.
- Das Ozonloch bleibt uns noch mindestens bis 2050 oder 2070 erhalten, nämlich solange, bis die UV-B-Strahlung durch die 2 bis 3 mm dicke Ozonschicht wieder im traditionellen Ausmaß von uns abgehalten wird.

Wenn ich an all das denke, dann war die Entwicklung seit Rio nicht nachhaltig, zumindest nicht ausreichend nachhaltig.

Einer der wesentlichen Gründe, warum in diesen Jahren so wenige Fortschritte erzielt wurden, sind die Zerrissenheit der Politikbereiche und die mangelnde Integration und Abstimmung der einzelnen Politiken. Wir hängen nach wie vor dem sektorellen Ansatz mit vertikalen Strukturen nach: Es gibt Verkehrsminister, es gibt Energieminister, es gibt Umweltminister, es gibt Industrieminister, und sie alle haben miteinander oft recht wenig zu tun. Auf der Ebene der OECD und der UNO setzt sich diese sektorelle Gliederung fort. Nur ansatzweise schaffen wir es, zu horizontalen Gliederungen zu kommen und die Vernetzung der vertikalen Bereiche herzustellen.

Bei der OECD-Umweltministertagung Anfang April 1998 sind erste Fortschritte erzielt worden, um die nachhaltige Entwicklung innerhalb der OECD zu einer Querschnittsmaterie zu machen. Auch auf der Ebene der Europäischen Union konnten wir, was die Entwicklung seit 1993 betrifft, erste Erfolge verbuchen.

Wenn sich in den späten achtziger und frühen neunziger Jahren der Umweltminister um Verkehrsagenden gekümmert hat oder der Verkehrsminister um Umweltagenden, galt das noch als unerwünschte Einmischung. Heute gilt das nicht mehr. Es muß zur Grundlage und zur guten Tradition unserer Arbeit zählen, daß sich Umwelt- und Verkehrsminister nicht nur auf der EU-Ebene treffen, sondern auch auf gesamteuropäischer Ebene wie in Wien im November letzten Jahres, wo auch fast alle GUS-Länder vertreten waren. Das ist ein Ansatz, der Beachtung verdient.

1993 hat diese Entwicklung in der EU ihren Anfang genommen. Das Weißbuch von Jacques Delors zum Thema "Wachstum, Wettbewerbsfähigkeit und Beschäftigung" hat die nachhaltige Entwicklung als wichtigen Politikansatz anerkannt. Auch der Amsterdamer-Vertrag formuliert in seinem Artikel 3 die nachhaltige Entwicklung als Grundsatzpolitik der EU. Hier wird genau das gefordert, was ich vorhin erwähnt habe, nämlich die Integration umweltpolitischer Fragen in alle gemeinschaftlichen Politikbereiche.

Der Weg von den Gipfeln in Luxemburg über Cardiff bis hin zum europäischen Gipfel in Wien im Dezember 1998 hat immerhin mit sich gebracht, daß nicht weniger als drei Räte, nämlich die Räte für Energie, für Verkehr und für Landwirtschaft über ihre Integrationsfortschritte an den Europäischen Rat berichten werden. Daß heißt, sie haben die Theorie über die Implementierung von nachhaltiger Entwicklung in ihren Politiken auch in die Praxis umzusetzen.

Wem das immer noch zu abstrakt ist: Von Cardiff aus haben die Staats- und Regierungschefs den Umweltministern den Auftrag erteilt, in der *Agenda 2000* nachhaltige Entwicklung zu verankern und darüber Bericht zu erstatten. Das umfaßt nicht nur die Landwirtschaft, sondern auch die Osterweiterung und die Neuordnung der Strukturfonds - also sehr, sehr viel Geldvolumen. Im Gegensatz zu dem, was bisher auf EU-Ebene üblich war, ist es uns gelungen, auch von den Vorsitzführungen her für Kontinuität zu sorgen. Es war eine Idee der englischen Präsidentschaft, die österreichische, deutsche und finnische Vorsitzführung zusammenzurufen und die Berichterstattung aus den Räten an die europäischen Gipfel über die Implementierung nachhaltiger Entwicklung fortzusetzen. Damit soll verhindert werden, daß nach sechs Monaten EU-Vorsitz die Dinge wieder im Sand verlaufen.

Das wichtigste Integrationsthema, das einen spezifischen Sektor betrifft, ist aus meiner Sicht die Energie. Sie wissen, daß sich die Staatengemeinschaft - und hier primär die Industrieländer - im Dezember letzten Jahres in Kyoto verpflichtet hat, ihre Emissionen von CO_2 und fünf weiteren Treibhausgasen bis zum Jahre 2010 um 5,2% zu reduzieren. Die Europäische Union hat hier die Verpflichtung übernommen, 8% einzubringen. Das entspricht einer Reduktion von rund 350 Millionen Tonnen, ausgehend von einem Niveau von 1990 von 4,25 Milliarden Tonnen. Nun geht es darum, diese Vereinbarung mit Leben zu erfüllen.

Auf europäischer Ebene konnten wir dazu einen sehr wichtigen Schritt setzen, nämlich die sogenannte Lastenverteilung: Welches EU-Mitgliedsland trägt wieviel zur Treibhausgasreduktion bei? Nachdem wir uns im Juni auf diese Verteilung geeinigt haben, steht ein wesentliches Instrument für den Klimaschutz vor dem Abschluß: die Vereinbarung der Europäischen Kommission und des Rates mit der europäischen Automobilindustrie über eine Verbrauchsabsenkung bei Personenkraftwagen bis zum Jahre 2012 um nicht weniger als 25% gegenüber den heutigen Werten. Es wird zwar nicht das 5-Liter-Auto sein bis zu diesem Zeitpunkt, aber es wird das 6-Liter-Auto sein. Wir senken damit den Kohlendioxydausstoß pro Kilometer von derzeit 185 Gramm auf 140 Gramm.

Dieser Vertrag gewährleistet auch, daß der Markt in der Lage sein wird, sich früher auf Niedrigverbrauchautos umzustellen, wenn das vom Markttechnischen her möglich ist. Ich bin optimistisch, daß noch unter österreichischer Vorsitzführung bei der Oktober-Umweltratstagung diese Vereinbarung abgeschlossen und damit eine CO_2-Reduktion von nicht weniger als 80 bis 85 Millionen Tonnen erzielt werden kann. Das ist im Hinblick auf das EU-Gesamtziel von minus 350 Millionen Tonnen sehr beträchtlich.

Es geht aber auch um andere Politiken, die zum Teil auf Gemeinschaftsebene, zum Teil auf nationaler Ebene verwirklicht werden müssen. Nicht umsonst haben wir uns beim Umweltrat in Graz vor allem mit erneuerbaren Energieträgern beschäftigt. Der Energierat hat vor einigen Monaten ein Weißbuch verabschiedet, aus dem hervorgeht, daß Österreich hier in einer ausgezeichneten Situation ist: Wir beziehen etwa 27% - also mehr als ein Viertel - unseres Primärenergieaufkommens aus erneuerbaren Energieträgern. Einerseits spielt hier die Wasserkraft, andererseits die Biomasse eine wesentliche Rolle. Die Europäische Union mit im Schnitt weniger als 6% hinkt hier noch deutlich hinter uns her.

Diese 6% erneuerbare Energieträger wie vorgesehen auf 12% zu verdoppeln, wird nicht einfach sein. Es handelt sich um eine gewaltige technologische Herausforderung, aber auch um eine Riesenchance, was die Beschäftigung betrifft. Das Weißbuch schätzt, daß allein durch die Primäreffekte dieser Verdoppelung in den EU-Ländern 500.000 neue Jobs geschaffen werden können. Durch Sekundäreffekte, insbesondere durch ein Exportvolumen von 17 Milliarden Euro per 2010, kämen noch einmal 350.000 Jobs hinzu. Bei Umsetzung dieses Programms wären es insgesamt fast eine Million Jobs durch erneuerbare Energieträger. Auf Österreich umgelegt bedeutet das 17.000 neue Jobs.

Es scheint durchaus machbar, daß die Europäische Union geschätzte 74 Milliarden Euro bis zum Jahr 2010 für die Implementierung dieses gemeinschaftlichen, aber auch nationalen Programms investiert und umsetzt. Die daraus resultierenden Kohlendioxydeinsparungen würden nicht weniger als 402 Millionen Tonnen betragen, also sogar mehr, als das Reduktionsziel von Kyoto verlangt.

Da ist es wichtig, auf *best practice*-Modelle zu schauen, diese zu suchen. Es gibt bis jetzt noch nicht sehr viele davon, aber einige doch immerhin. Das zeigt ein Blick nach Dänemark, ein Land, das auf Windenergie setzt. Während die Europäische Union im Rahmen ihres Programmes durch den verstärkten Einsatz von Windenergie insgesamt mit 30.000 neuen Jobs rechnet, ist es in Dänemark in den letzten Jahren gelungen, alleine in diesem Sektor 9.000 Arbeitsplätze zu schaffen. Man bedenke dabei: Dänemark ist bevölkerungsmäßig etwa halb so groß wie Österreich. Es ist den Dänen unter anderem gelungen, durch eine 30-prozentige Investitionsförderung für Windenergie seit 1979 einen Anteil von nicht weniger als 4% am Gesamtstromverbrauch zu erzielen. Aktuelle Schätzungen gehen davon aus, daß Dänemark im Jahr 2005 die 10-Prozent-Hürde überschreitet. Was den Exportschlager Windkraftanlagen betrifft, so kommen nicht weniger als 50% aller weltweit verkauften Anlagen aus dem kleinen Dänemark. Dieser Sektor macht bereits 7 Milliarden Schilling Umsatz.

Im Hinblick auf das, was die österreichischen Bundesländer als Ausführungsgesetzgeber des neuen Bundeselektrizitätswirtschaftsorganisationsgesetzes zu tun haben werden, füge ich hinzu, daß die dänischen Einspeisetarife für Windenergie bei 108 Groschen pro Kilowattstunde liegen und daß dies einer staatlichen Förderung von rd. 50 Groschen pro Kilowattstunde entspricht.

Als *best practice*-Modell sollte Dänemark für uns also durchaus Vorbild sein. Wenn ich an eine österreichische Stärke im Bereich der erneuerbaren Energieträger denke, ist das die Bioenergie im allgemeinen und die Biomasse im besonderen. In unseren Wäldern bleiben jährlich 10 Millionen Festmeter Holz stehen, die nicht geerntet und geschlägert werden. Fast die Hälfte Österreichs, nämlich 46% der Landesfläche, ist mit Wald bedeckt. Wir haben somit alle Voraussetzungen für eine verstärkte Verwendung dieses Energieträgers.

In der Technologie, vor allem jener der mittelständischen Industrie, hat Österreich schon einiges an Vorleistungen erbracht. Es war daher naheliegend, daß Wissenschafts-, Wirtschafts-, Landwirtschafts- und Umweltministerium gemeinsam eine Studie über einen möglichen "Bioenergie-Cluster Österreich" in Auftrag gegeben haben. Ohne allzuviel von den Studienergebnissen vorwegzunehmen, darf ich Ihnen sagen, daß Österreich demnach sehr gute Möglichkeiten hat, die Bioenergie zu einem Schlager zu machen, ähnlich wie es den Dänen mit der Windenergie gelungen ist.

Schon heute sichert die Landwirtschaft 15.000 Arbeitsplätze direkt durch die Erzeugung des Energieträgers Biomasse, im Sekundär- und Tertiärsektor kommen noch einmal 2.500 Arbeitsplätze dazu. Schon heute können wir von einer Wertschöpfung von 10 bis 12 Milliarden Schilling ausgehen, wenn die indirekten und induzierten Effekte einbezogen werden. Die Studienautoren sehen hier noch erhebliche Wachstumspotentiale, beispielsweise in innovativen Bereichen wie Biogas- und Pellet-Herstellung eine Verdreifachung bis Verfünffachung bis 2008. Österreich hat also alle Chancen, ein *best practice*-Modell auf die Beine zu stellen, das dem dänischen Vorbild entspricht.

Und das sollten wir auch tun. Denn nicht nur Österreich setzt auf die Biomasse, sondern auch die Europäische Union. Wenn die EU ihren Anteil erneuerbarer Energieträger von 6 auf 12% tatsächlich verdoppeln will, muß der Anteil von Biomasse laut Weißbuch von derzeit 3,3% auf 8,5% fast verdreifacht werden. Bei der Verstromung von Biomasse geht die Europäische Union davon aus, daß es zu einer annähernden Verzehnfachung bis zum Jahre 2010 kommt, nämlich von derzeit 0,9% auf 8%.

Zuletzt möchte ich auf den Stellenwert eingehen, den die EU den unterschiedlichen erneuerbaren Energieträgern einräumt, und auch, wie das zusätzliche Energieaufkommen von 337 Milliarden Kilowattstunden bewerkstelligt wird, das zur Verdoppelung des Anteils erneuerbarer Energieträger notwendig sein wird. Hier sprechen die Zahlen für sich: Wenn nämlich 61% dieses Zuwachses aus der Biomasse kommen sollen, aber nur 22% aus der Windkraft und der Rest aus der Wasserkraft, ist klar, daß die Union sehr, sehr stark auf die Biomasse setzt. Damit wird offensichtlich, daß wir in Österreich sicher überdurchschnittliche Chancen haben.

Umwelttechnologien spielen im Vergleich zu anderen Technologiefeldern auch eine wesentliche Rolle, wenn es darum geht, Wachstums- und Jobchancen für Österreich abzuwiegen. Eine Studie aus dem Jahr 1997 nennt als die drei chancenreichsten österreichischen Sektoren für zukünftige Technologieschwerpunkte neben der Automobiltechnik die Biomasse im speziellen und die Umwelttechnik im allgemeinen. Eine vom Wissenschaftsressort vorgestellte Studie aus 1998 besagt, daß Österreich in insgesamt sieben Technologiefeldern besondere Chancen hat und diese nutzen sollte. Drei davon ragen in den Umweltbereich hinein.

Das erste Technologiefeld ist umweltgerechte Produktion und Nachhaltigkeit. Das bedeutet ökoeffizientere Produktion, Umsetzung des weltweit anerkannten Konzeptes "Faktor 4", Halbierung des Ressourceneinsatzes bei Verdoppelung des Wohlstandes. Wir müssen nur daran glauben, daß - genau wie das 20. Jahrhundert das Jahrhundert der Erhöhung der Arbeitsproduktivität war - das 21. Jahrhundert das Jahrhundert der Erhöhung der Ressourcenproduktivität sein kann - vielleicht sogar um den Faktor 100, um den sich die Arbeitsproduktivität in diesem Jahrhundert erhöht hat. Das zweite Technologiefeld ist der Bereich der biologischen Nahrungsmittel, ein naheliegender Schluß, zumal Österreich EU-weit den höchsten Anteil an Bio-Bauern hat. Das dritte ist das umweltgerechte Bauen, das in hohem Maß das Thema "Holz als Baustoff" enthält und indirekt an die Wertigkeit des Holzes als energetischer Rohstoff Biomasse anschließt.

Das sind einige der zukunftsträchtigsten Wege, die nachhaltige Entwicklung in andere Politikbereiche zu integrieren. Gerade während der österreichischen EU-Vorsitzführung wird und muß hier in den nächsten Monaten sehr viel geschehen. Bis März nächsten Jahres soll die *Agenda 2000* fertig sein, bis zum Gipfel in Wien sollen - jedenfalls für den Agrarbereich - die Weichenstellungen dafür schon abgeschlossen sein.

Die nächsten Jahre werden gekennzeichnet sein von einem engeren Zusammengehen der traditionellen Gräben zwischen den einzelnen Politikfeldern und den einzelnen Ressortverantwortlichen. Wir haben die Chance, die Zerrissenheit wichtiger Politikfelder durch den integrativen Ansatz zu überwinden und das zu tun, was bisher vielleicht ein wenig unstatthaft war. Aber ich glaube, daß das zur Umsetzung der nachhaltigen Entwicklung unabdingbar notwendig ist.

CASPAR EINEM

I. Zunächst einige Anmerkungen zu Zerrissenheit und Integration

Kennzeichen unserer Zeit ist eine zunehmende weltweite Integration von bestimmten Austausch- und Wirtschaftsprozessen und gleichzeitig eine Tendenz gesellschaftlicher Desintegration in den entwickelten Staaten Europas. Es ist dies nicht wirklich eine ganz neue Tendenz. Sie findet bloß auf neuem Niveau, unter neuen und anderen institutionellen Rahmenbedingungen statt.

Erlauben Sie mir einen - für den heutigen Zweck und Ort - vielleicht etwas überraschenden Rückblick in jenes Jahr, dessen 150. Wiederkehr wir heuer bedenken können, in das Jahr 1848 und auf die Revolution in der Donaumonarchie. Das, was heute einfach 1848er Revolution genannt wird, war ein vielschichtiger Prozeß mit zahlreichen Auslösern, der gerade am Beispiel der Abläufe in Wien besonders gut studierbar und darstellbar ist. Als Basis des revolutionären Aufstands dienten jedenfalls einerseits die außerordentliche Armut, gepaart mit der schlechten Ernährungslage der Arbeiter rund um Wien, wesentlich mitbedingt durch eine Serie von Mißernten in den Jahren zuvor. Das war gewissermaßen der proletarische Teil der Triebfeder. Der bürgerliche und stark studentisch mitbestimmte Teil war die Auflehnung gegen das autoritäre Metternich-System und in der Folge die ersten Forderungen nach Freiheit und Demokratie. Die Bekanntgabe der Staatsschulden war schließlich der Auslöser der ersten Proteststürme und der Hintergrund für die ersten Forderungen nach Demokratisierung - hier als Forderung, das Budget müsse demokratischen Entscheidungen zugänglich gemacht werden

Im weiteren Verlauf der revolutionären Prozesse kam es dann zu einem Zerfall der ursprünglichen Einigkeit der Stände, teils ganz unmittelbar interessengeleitet: Die Forderungen der Arbeiter nach mehr Lohn konnten die Gewerbetreibenden nicht begeistern, die Forderung der Studenten und der Bürgerlichen nach Demokratie konnten den Hunger der Arbeiter nicht stillen. Aber es kam noch ein weiteres hinzu, vor allem im Bereich der Bildungsbürger, der Gewerbetreibenden und der Bauern, das war ein Prozeß des Erwachens von nationaler Orientierung.

Und hier hilft u.a. ein Blick über die Grenzen der Donaumonarchie - in die deutschen Fürstentümer -, um zu verstehen, was hier, was in der Donaumonarchie passierte, woher der Nationalismus gespeist wurde: Er war bei uns und in den deutschen Landen vor allem eine Reaktion der Wirtschaftstreibenden und der bürgerlichen Intelligenz auf eine erste nachhaltige Phase der Globalisierung der Wirtschaft. Seit Mitte des 18. Jahrhunderts - in Österreich beginnend mit Maria Theresia - waren die Staaten bemüht, große und nach einheitlichen Regeln arbeitende Verwaltungen und Wirtschaftsräume zu schaffen. Die beginnende Industrialisierung verlangte größere Absatzmärkte, die Beseitigung von Handelsschranken und von - heute würde man sagen - nichttarifarischen Handelshemmnissen. Unser ABGB ist eine Großleistung dieser Art gewesen - ein einheitliches Rechtsregime für die Monarchie zu schaffen und damit einheitliche Handels- und Vermarktungsbedingungen.

In der Donaumonarchie wendet sich der Nationalismus vor allem auch gegen die starke deutschsprachige Zentralverwaltung, gegen die zunehmende Marktöffnung, gegen den zunehmenden und sich verschärfenden Wettbewerb. Es war die emotionale Reaktion auf den aufkommenden Kapitalismus und seine Tendenz der (internationalen) wirtschaftlichen Integration, die Hoffnung - soweit der Nationalismus defensiv orientiert war, wie etwa in der k. u. k. Monarchie - auf die Erhaltung und Sicherung von überblickbaren Räumen, von wärmender Gemeinsamkeit.

Während sich der Nationalismus in den deutschen Nationalstaaten erfolgreich mit der Revolution von Bürgern, Bauern und Arbeitern verbinden konnte, wurde er - aus Sicht des Herrscherhauses - zum willkommenen Instrument der Spaltung der revolutionären Kräfte, vor allem zwischen den Bauern bzw. den Arbeitern der unterschiedlichen Nationen des Vielvölkerstaates. 1848 war der Nationalismus für die Habsburger noch instrumentalisierbar zugunsten des Erhalts der Monarchie und ihrer Herrschaft. Freilich war das eine gefährliche Karte, denn die nationalen Emotionen schliefen nicht mehr ein und wurden schließlich zum Sprengstoff für den Vielvölkerstaat.

Warum der Rückblick, warum das historische Beispiel? Weil es zeigt, daß Öffnung der Staaten zueinander, daß Öffnung der Märkte hin zu größeren Räumen eine emotionale Basis braucht, ohne die die politisch-gesellschaftliche Integration nicht mehr gelingt. Und es sind in Ermangelung anderer Angebote einfache Muster, nach denen die Emotionen sich orientieren: die gleiche Sprache, das gleiche Aussehen usw.

Nationalistische Regression ist die schnelle und einfache Antwort auf Angst vor zu viel Fremdheit, zu viel Unbeschütztheit in groß und unüberblickbar erlebten Räumen, in denen dann auch noch scharfer wirtschaftlicher Wind des Wettbewerbs, vielfach auch des Wettbewerbs unter ganz und gar Ungleichen weht. Die nationalistische Antwort konnte - wie die Geschichte zeigt - durchaus erfolgreich sein, wenn sie zur Schaffung entsprechend einheitlicher Staaten genutzt wurde (vgl. vor allem die Entstehung des deutschen Reichs). Sie konnte jede dynamische Entwicklung behindern, wenn sie zur Eigenbrötelei führte - teils aus Herrschaftsinteresse, teils aus eigenem Antrieb der nationalen Aktivisten (vgl. vor allem die Entwicklung der Donaumonarchie bis zum 1. Weltkrieg).

Es gibt freilich auch noch etwas komplexere Antworten auf die Verunsicherung, die den Prozeß der immer weiträumigeren wirtschaftlichen Integration, der immer weiträumigeren Öffnung für Wettbewerb, begleitet.

Ich hatte schon letztes Jahr anläßlich der Alpbacher Technologiegespräche Gelegenheit darauf hinzuweisen, daß es vor allem klarer und eindeutiger Signale für die potentiellen Verlierer im Prozeß der Globalisierung bedarf, um sie zu überzeugen, den Weg mitzugehen.

Im internationalen Vergleich zeigt sich, daß jene Staaten und Wirtschaftsräume am stärksten in größere Einheiten bzw. im Welthandel integriert werden konnten, die ihren Arbeitnehmern im Gegenzug eine gute soziale Absicherung angeboten haben. Oder mit anderen Worten: Der Prozeß der weltwirtschaftlichen Integration, der Öffnung der eigenen Volkswirtschaft ist empirisch um so erfolgreicher, je partnerschaftlicher er organisiert wurde, je mehr zugleich auf die Bedürfnisse der Menschen, die sich vor größer werdenden Räumen fürchten, Rücksicht genommen wurde. Das europäische Modell der sozialen Sicherung kann als der Kaufpreis für die Marktöffnung interpretiert werden. Es war die intelligente Antwort auf die Gefahr politischer Desintegration, politischen Widerstands gegen eine Politik der wirtschaftlichen Integration.

Bis hierher habe ich mich mit der eher defensiven Seite der Entwicklung befaßt und versucht, nochmals deutlich zu machen, daß es Bedingungen gibt, die beachtet sein wollen, soll Politik für weltwirtschaftliche Integration, für Marktöffnung, für Erweiterung etwa auch der Europäischen Union erfolgreich, das heißt Politik mit und für die Menschen im Lande sein. Die Ängste wollen ernst genommen werden und sie brauchen eine reale Antwort, sonst drohen die einfachen Reaktionen. Nationalismen aller Art, Abschottung gegen alles Neue und Fremde usw. sind die Alternative.

Jetzt will ich mich auch noch mit der offensiven Seite der Herausforderung, vor der wir stehen befassen:

2. Gesellschaftlicher Fortschritt, die Rolle von Wissenschaft und Technik

Zu den Grundvoraussetzungen für aktives und lustvolles Gestalten des Lebens und der gesellschaftlichen Entwicklung zählt eine entsprechende Erziehung zur Neugier, zum Interesse für andere Menschen und für Neues und Fremdes. Ich kann diesen Gesichtspunkt heute und hier nicht ausführen, zumal mir kein bildungspolitisches Thema gestellt ist. Aber es muß mit aller Deutlichkeit gesagt sein: Nur eine Erziehung und ein Bildungs- und Erziehungswesen, das Lust an der Entdeckung und Fähigkeit der sozialen Integration vermitteln hilft, schafft eine geeignete Grundlage für eine Entwicklung zu gesellschaftlichem Fortschritt, der den Menschen dient.

Gesellschaftlicher Fortschritt ist eine Weiterentwicklung des Zusammenlebens im Interesse aller Mitglieder der Gesellschaft, gesellschaftlicher Fortschritt ist daher definitionsgemäß nichts, das nur einigen wenigen zugute kommen kann. Bereits im Begriff schwingt das Element integrativer Bemühung mit. Ich betone das an dieser Stelle deshalb, weil die Themenstellung der heurigen Technologiegespräche nicht ohne weiteres erkennen läßt, daß Wissenschaft und Technik für sich allein genommen nichts zum gesellschaftlichen Fortschritt beizutragen vermögen. Es bedarf ihrer Einbettung in gesellschaftliche, in politische Zielsetzungen, also etwa hin zu "gesellschaftlichem Fortschritt" in dem von mir skizzierten Sinn.

Wir wollen - und darin weiß ich mich auch mit der Unterrichtsministerin eins - dafür sorgen, daß unsere Kinder, Jugendlichen, unsere jungen Erwachsenen mit Lust auf Entdeckung heranwachsen können. Wir wollen, daß sich bei ihnen Interesse für andere Menschen und deren Entwicklung mit Interesse für das Neue und Fremde und Verständnis für Entwicklung verbindet.

Wissenschaft ist bloß die Zuspitzung dieses neugierigen Interesses am Fremden und am Neuen. Sie braucht Menschen, die bereit sind, sich auf Neues einzulassen, die Lust auf Entdeckung haben, die eine entsprechende und gediegene Bildung erfahren haben, und sie braucht einen Rahmen, der Sinn gibt.

Dieser Rahmen ist die Entwicklung der Gesellschaft, in der wir leben, ist das Wohl der Lebewesen, aber insbesondere der Menschen in unserem Land. Für sie lohnt es, Entdeckungen zu machen, Neues zu entwickeln, Fremdes zu entschlüsseln.

Lassen Sie mich an einem Eindruck, den ich anläßlich eines Besuchs in Israel gewonnen habe, verdeutlichen, worum es geht. Ich habe vor knapp vier Wochen das Science Museum in Jerusalem besucht. Es ist das ein Museum der Wissenschaft und Technik, in dem junge Naturwissenschafter und Naturwissenschafterinnen Kindern Verständnis für Grundbegriffe, aber durchaus auch für komplexe technische Entwicklungen vermitteln - spielerisch und lustvoll für die Kinder. Das Science Museum arbeitet eng mit der Hebrew University zusammen, und es ist für die Studenten der Universität ebenso wie für zahlreiche Absolventen eine Auszeichnung, in diesem Museum mitzuarbeiten. Weil es darum geht, in die Kinder des Landes zu investieren, weil das die Investition in die Zukunft des Landes ist. Es ist kollektives Pionierbewußtsein am Werk und Orientierung auf Menschen, Kinder. Alles, was man in diesem eindrucksvollen Museum erleben, hören und sehen kann, deutet darauf hin: Hier wird an der Zukunft Israels gebaut.

Und das, worum es bei uns geht, ist, Menschen zu finden, zu animieren, an der Zukunft Österreichs mit zu bauen, an der Zukunft der Menschen und ihres Wohlergehens in Österreich. Das ist eine zutiefst politische, soziale und sehr oft eine wissenschaftliche, eine technische Aufgabe und Herausforderung.

Daher noch einmal zurück zum ersten Begriffspaar Zerrissenheit oder Integration; das, worum es geht, ist klar und deutlich zu machen, daß Wissenschaft und Technik nicht für sich genommen, sondern bloß in ihrer Einbettung auf ein gesamtgesellschaftliches Ziel einen sinnstiftenden Rahmen finden können. Das Ziel lautet nicht "Fortschritt", das Ziel lautet: ein besseres Leben für die Menschen, für alle Menschen eine Lebensgrundlage.

3. Beschäftigung durch Wissenschaft und Technik?

Worum geht es: um befriedigende, d.h. sinnstiftende und in den Kontakt, mehr noch in die Kooperation mit anderen Menschen eingebettete Arbeit, die überdies ein Einkommen abwirft, das die Lebenshaltung erlaubt. Was kann Wissenschaft und Technik dazu beitragen?

Zunächst wissenschaftliches Arbeiten ist vielfach - notwendig für den Erfolg - auf eine Weise organisiert, daß dieses Arbeiten vielen der genannten Kriterien entspricht. Bloß bei der Bezahlung ist es vielfach knapp. Aber Selbstbestimmtheit der Arbeit, Sinnhaftigkeit und Zielorientierung und Kooperation mit anderen Menschen zählt im allgemeinen zu den Merkmalen wissenschaftlicher Arbeit. Ich denke, wir sollten diese Tatsachen nicht gering schätzen und als Denkansatz nehmen für die Weiterentwicklung von "Arbeit" insgesamt.

Doch geht es bei der Themenstellung wohl nicht um die qualitative Frage, sondern um die Frage, welchen Beitrag Wissenschaft und Technik zur Schaffung von Beschäftigung leisten können. Und es ist dies eine etwas merkwürdige Frage, bedenkt man, daß ein zentrales Ziel der technisch orientierten Wissenschaften immerhin die Beseitigung mühseliger und gefährlicher menschlicher (Hand-)Arbeit gewesen ist. Und nun soll das Ziel plötzlich umgekehrt werden?

Das, worum es immer gegangen ist und weiter geht, ist, gesellschaftliche Probleme zu lösen. Dazu können Wissenschaft und Technik einen Beitrag leisten. Und wer wollte behaupten, es wären alle gesellschaftlichen Probleme gelöst?! In dem Umfang, in dem wir - und hier meine ich tatsächlich in erster Linie die Politiker - dafür sorgen, daß diese Probleme angegangen und gelöst werden, wird es auch Beschäftigung im Zusammenhang mit dem Einsatz von Wissenschaft und Technik geben. Es wäre aber verfehlt, sich von Wissenschaft und Technik die Lösung der Arbeitslosigkeitsfrage zu erhoffen - oder die Lösung dieser Frage dorthin abzuschieben. Es geht um politische Entscheidungen in Bereichen, in denen der Markt allein keine Lösungen bereit hält!

Zur Reduktion der Arbeitslosigkeit bedarf es einer sinnvolleren Verteilung der Arbeit und Nachfrage nach Arbeitskräften - nicht zuletzt etwa durch zusätzliche staatliche und staatlich ermöglichte oder mitunter sogar begünstigte private Investitionen (denken Sie nur an die Telekomliberalisierung und den ungeheuren Investitionsschub, den sie gebracht hat!), vor allem in die Infrastruktur. Ich gehe dabei von einem sehr weiten Begriff von Infrastruktur aus und schließe Investitionen in Bildungsmaßnahmen mit ein. Es lohnt - auch im rechnerischen volkswirtschaftlichen Sinne - in die Bildung, in die Neugierentwicklung der Menschen zu investieren.

Denn zur Vermeidung von neuer Arbeitslosigkeit brauchen wir jedenfalls Wissenschaft und Technik. Dies gilt in besonderem Maße jetzt, angesichts der Perspektive der Erweiterung der Europäischen Union. Denn die Chancen der arbeitenden bzw. Arbeit suchenden Menschen in Österreich liegen im Bereich höchster Qualifikationen der Beschäftigten selbst, aber vor allem auch der Vorbedingungen für Arbeit, für Produktion und Dienstleistung: im Bereich von Wissenschaft und Technik. Und - auch darauf habe ich bereits letztes Jahr hingewiesen - im Bereich des sozial intelligenten Einsatzes der Menschen, die mit Wissenschaft und Technik zum gesellschaftlichen Fortschritt beitragen können und sollen.

4. Schluß

Zerrissenheit oder Integration - gesellschaftlicher Fortschritt und Beschäftigung durch Wissenschaft und Technik?

Integration. Es geht, wie ich zu zeigen versucht habe, um die Integration der Gesellschaft, darum, die Gesellschaft nicht auseinanderbrechen zu lassen in Gruppen, die profitieren und solche, die über bleiben. Es geht um "gesellschaftlichen" Fortschritt, das heißt Weiterentwicklung des Zusammenlebens im Interesse aller als Projekt.

In dieses Projekt gilt es auch Wissenschaft und Technik zu integrieren als ein wesentliches Element beim und zum Aufbau Österreichs und Europas. Es geht insoweit auch um die Sinnfrage: Es geht um das Projekt des gemeinsamen, friedlichen Lebens in einer schönen Welt, die es zu erhalten gilt.

Und in diesem Projekt fehlt es nicht an Arbeit, die getan werden muß. Es fehlt vielfach an Entscheidung - für genug Möglichkeiten, unternehmerische Initiativen zu entfalten, für Infrastrukturprojekte im Interesse aller, für die sinnvolle Verteilung der Arbeit. Es geht um das Projekt der Entwicklung unserer Gesellschaft, einer Gesellschaft, in der niemand dauerhaft an den Rand gedrängt wird und in der Lust zur gemeinsamen Weiterentwicklung, Partnerschaft und Kooperation die emotionale Grundlage für eine mögliche Hinwendung zu einer offenen und faszinierenden Welt werden.

Österreich wurde 1918 aus einem Wirtschaftsraum in einen Zwergstaat zerrissen, mit einer relativ starken Überkapazität an Einrichtungen bis zu den Schulen. Wir wurden auf ein kleines Land reduziert, mit sehr schwacher inländischer Nachfrage und praktisch nur reguliertem Marktzugang zu den Nachbarn. Darunter haben wir sehr lange gelitten, und wir können heute noch nachvollziehen, wie uns der nicht erlaubte Integrationszugang am Beginn des europäischen Einigungsprozesses geschadet hat. Wir müssen der Geschichte dankbar sein, daß wir noch rechtzeitig dazugekommen sind. Ich habe oft gescherzt: Hätten wir den Zug der EU nicht rechtzeitig erwischt, würden wir nicht mehr vom Industriestandort Österreich reden, sondern von "Industrie stand dort in Österreich". Und daher bleibt die erste Aufgabe der Wirtschaftspolitik heute, durch eine möglichst großflächige Integration des Marktzutritts Freiheitsräume zu schaffen, die es kreativer Kapazität erlauben, sich zu entwickeln.

Basierend auf dieser Analyse hatte Österreich über Jahrzehnte einen für viele faszinierenden "brain drain", eine Abwanderung vieler der besten Köpfe. Wir können uns heute international umsehen, in wie vielen Unternehmen Österreicher in Forschung und Entwicklung an vorderster Stelle stehen, wie viele im Management von Unternehmen tätig sind. Wir haben relativ vieles an technologischer Kapazität zur Kreativität ausgebildet und exportiert - daß jene gelegentlich als Filialleiter zurückkommen, baut uns auf, löst aber das Problem nicht.

Wir sehen jetzt zum ersten Mal eine Umkehrung des "brain drains", es findet ein unglaubliches Interesse - auch überozeanisch - an Studieren und Forschen in Europa statt. Und die Antwort ist schlicht und einfach, daß ein Binnenmarkt von fast 380 Millionen eine mindestens so große Faszination ausübt wie einer von 240 Millionen in den USA. Daher haben wir wieder mehr Platz für Leute. Dieser "brain drain" hat, bei uns jedenfalls, dazu geführt, daß wir den vielfach beschworenen Mangel an kritischer Masse in vielen Bereichen hatten. Wir können also *ex post* für viele Jahrzehnte sagen, bei uns dominierte das Platzhirschsyndrom, weil sich alle Assistenten rechtzeitig ins Ausland verdrückt haben, um etwas werden zu können.

Lassen Sie mich zu einem weiteren Punkt kommen: Wir haben in Österreich *a priori* relativ ungenügende Wirtschaftsstrukturen gehabt. Ich kann mich noch mit Stolz daran erinnern, wie wir uns über die Zusiedlung von Hemdenschneidereien im Mühlviertel, von Spinnereien in der Gegend der Flugschneise Wiens und über andere verlängerte Werkbänke gefreut haben. Das war eine falsche Strategie über Jahrzehnte. Und das, was wir jetzt daraus lernen müssen, ist, daß Österreich mehr Unternehmen braucht, die im Land forschen und entwickeln, auch um so viel Geld sinnvoll für Forschung ausgeben zu können. Und mir ist jeder internationale Investor willkommen, vor allem aber dann, wenn er auch forscht. Und einer der wichtigsten strategischen Ansätze meines Hauses ist, daß die in Österreich befindlichen internationalen Unternehmen mehr Forschung nach Österreich transferieren. Ich sage ganz offen, daß die Direktoren der multinationalen Unternehmen in Österreich meine besten Verbündeten sind für eine dynamische Wirtschaftspolitik in Österreich. Diese kämpfen mehr um den Standort, als ich es je könnte, und müssen daher alles an Kreativität einbringen, um mit Anregungen zur Wirtschaftspolitik, zur Standortpolitik, beizutragen. Und das ist auch die Faszination dessen, was wir momentan in vielen Dingen an Konzentrationen erleben. Wenn jetzt, was immer Mercedes-Chrysler macht, in der Steiermark große Investitionen kommen (und vielleicht nicht an einer 380-V-Leitung scheitern sollten), sehen wir plötzlich, daß wir - Gott sei Dank - offenbar ein innovatives Potential haben, das international besser eingeschätzt als national beschrieben wird. Im ABA-Beirat, dem Beirat für die "austrian business agency", haben wir uns einmal mit den internationalen Investoren unterhalten, was sie als die beiden positivsten Punkte ihrer Tätigkeit in Österreich beschreiben würden. Und diese zwei positiven Argumente sind fast nicht publizierbar, weil sie unserer Mentalität widersprechen. Der eine Vorteil des Standorts Österreich waren die bestqualifizierten Facharbeiter im Konzern und der zweite Vorteil war eine hervorragende Forschungslandschaft, wenn man sie dort zur Zusammenarbeit fordert. Die Kritik hingegen betraf die hohen Strom- und Telefonkosten und die entsetzliche Inflexibilität, man muß zu lange verhandeln, um flexibel zu werden.

Das sind doch Anstöße, mit denen man weiterkommt, aber sie führen mich wieder zu meinem Thema. Man muß hier vieles an Gewohnheit, an etablierten Strukturen zerreißen, um diese Dynamik wirksam werden zu lassen. Wir haben in Österreich zu viel ins Halten und Durchtauchen investiert. Ich erinnere nur daran, was wir etwa im Bereich der früheren Verstaatlichten Industrie finanziert haben, bis wir, mangels Geld, zur Innovation, zur Zergliederung und Privatisierung kamen und heute dort einen der vifsten Motoren der österreichischen Wirtschaft weltweit haben.

Wir haben in unserem kleinen Land zu viele Unternehmen gehabt, die sich um die Versorgung des kleinen inländischen Marktes gekümmert haben; wo auch die erste Reaktion der Nahrungsmittelindustrie auf die Integration in die Richtung war, daß wir sofort zu 50% von Ausländern überflutet werden würden.

Gerade in den Bereichen, in denen in vielen Ländern die Innovation fröhliche Urstände feierte, hatte sich Österreich Marktordnungen gegeben, die Innovation nicht mochten, sondern Hoflieferanten bevorzugten. Ich nenne hier den Telekomsektor, den Energiesektor, die Marktordnungen.

Wenn Sie das Drama der österreichischen Nahrungsmittelindustrie betrachten, so ist das schlicht und einfach dadurch bedingt, daß sie nie andere internationale Marktzugänge hatte als den Verkauf von Stützungen und daher jetzt wirklich das Problem hat, egal, wie die Handelsstruktur aussieht, entsprechende Innovation auch darzustellen.

Nehmen wir die Pharmapreisregelung - etwas Innovationsfeindlicheres kann man sich kaum mehr vorstellen. Meine Meinung dazu: Wer will, daß in diesem Land mehr Geld sinnvoll in Forschung investiert wird, muß mehr Zusammenarbeit zwischen universitären Einrichtungen und den Unternehmen zu Wege bringen.

Ein nächster Punkt, auf den ich auch hinweisen sollte, ist, daß Österreich eines der vom Finanzierungssektor her innovationsfeindlichsten Länder der OECD war. Es wurde immer über mangelndes "venture-Kapital" geklagt. Im Augenblick haben wir genug "venture-Kapital", aber über Jahrzehnte hinweg war nicht die Idee das Entscheidende, um ein Projekt zu finanzieren, sondern die Sicherstellung oder die Verbindungen.

Ich darf hier auch die Akzeptanz von Scheitern in der Gesellschaft nennen: Wer einmal gescheitert ist, wurde in Österreich gebrandmarkt, während woanders jemand, der gescheitert ist, es jedenfalls einmal probiert hat. Und diese mentalen Vorbedingungen für Innovation haben wir unzureichend entwickelt.

Ein nächster Punkt: Wir haben in Österreich, im Gegensatz zu anderen Ländern, keine Impulse der Wehrwirtschaft gehabt. Wenn ich die Vereinigten Staaten als Beispiel anführen darf, wo, nach einer neuen Studie, zwischen 1940 und 1996 in dem, was man Rüstungswettlauf nennt, fast 6 Billionen US-Dollar investiert worden sind, wird ersichtlich, daß wir das in Europa einfach nicht hatten. Und wenn wir das kleine Österreich nehmen, da haben wir nicht einmal die Chance dazu, irgendwelche "spill-over-Effekte" nennenswerten Ausmaßes zu haben. Allerdings stellt sich die Frage, sollte sich Europa in der WEU oder wie immer andere Strukturen geben, dann wird es auch in diesem Bereich gemeinsame Ziele geben müssen.

Ich greife hier vielleicht etwas vor, aber unsere Wünsche an Europa müßten auch darin bestehen, daß man nicht nur über Wettbewerbskontrolle Marktmacht verhindert. Ich nenne hier Microsoft als Beispiel. Klüger wäre es, Alternativprogramme auf die Beine zu stellen und sich selbst als große Wirtschaftsmacht in bestimmten Technologien weniger abhängig zu machen. Und das ist überhaupt einer der Punkte, daß wir in der Frage der Zielsetzungen unserer Gemeinschaftspolitik noch vieles vor uns haben.

Ein weiterer Punkt, der mir auffällt, betrifft unsere Universitäten, die über Jahrzehnte so gut finanziert waren, daß sie nie Patenteinnahmen brauchten, um überleben zu können. Ich höre das von jedem Österreicher, der in den USA eine Professur übernimmt: 5% ihres Gehalts müssen sie selbst verdienen und ihr Institut können sie nur leiten, wenn sie dauernd Aufträge und selbst Patente zu verwerten haben.

Ein weiterer Punkt ist die den Österreichern geradezu angeborene Technologiefeindlichkeit. Dieses Land lebt nach dem Motto: Mögen andere Länder neue Technologien entwickeln, wir liefern die Ethik für deren Nicht-Gebrauch. In diesem Punkt sind wir unschlagbar und haben auch mit größter Medienunterstützung zu rechnen.

Österreich ist Weltmeister in der sozialen Innovation, hat dafür aber vieles an technischer Innovation vergessen. Unser sozialer Innovationsstand ist durchaus "state of the art".

Daher können die gewählten Strategien in der Technologiepolitik also nur sein: Zerreißen, was Innovation bremst und langfristig schädigt, und fördern, was integriert. Integration in Österreich war eindeutig die Nothilfe des Ausbruchs aus regulierten Systemen. Ich sage immer, unser EU-Beitritt hat 100 Kartelle über Nacht vernichtet, die bis dahin füglich gepflegt wurden.

Der Wind des Wettbewerbs hat plötzlich gezeigt, daß auch Arbeitsplätze geschaffen und nicht nur gefährdet werden. Die Strategie muß also sein: Marktzutritt, Markterweiterung und Beseitigung von Barrieren.

Wir brauchen eine gesellschaftspolitische Flankierung des Technologiebewußtseins und der Lust am Neuen. Ich könnte mir vorstellen, daß wir vielleicht mit etwas plakativeren Slogans auch Emotionen in diese Richtung bewegen könnten. Wir sollten uns in Österreich mit der Idee anfreunden, daß es besser ist, Maschinen auszubeuten als Menschen.

Es wäre auch großartig, wenn wir langsam unsere Geschäftsstrukturen an die Erwartungsstrukturen der Konsumenten anpassen würden und nicht umgekehrt. Hier spricht der "Ladenöffnungsminister": In einem Land mit 65% Erwerbsquote haben 90% der Geschäfte zu Zeiten offen, wo alle arbeiten sollten. Das ist eine absurde Gleichung!

In Hinblick auf die Industriestrukturpolitik ist es völlig klar, daß dieses Land nur im Dialog mit seiner Industrie, mit seinem Gewerbe, mit seinen Dienstleistungen technologische Strukturen entwickeln kann. Die Zeiten sind vorbei, wo von oben Wunschtechnologien verordnet werden konnten: z.B. von jetzt an setzen wir auf Biotechnologie oder auf irgend etwas anderes.

Ich halte sehr viel vom Dialog und glaube, ich denke hier an unsere CD-Labors, daß man sehen kann, daß die unglaubliche Dynamik der österreichischen Unternehmen untereinander zu sehr vielem führen kann. In den Frühzeiten der Kammerorganisation etwa waren die Fachverbände die geborenen Cluster, heute sind sie die geborenen Clusterhemmnisse. Ich sehe die Reform der Industrieverbände, die Eingliederung der AOEM in die Wirtschaftskammer, Schaffung von Arbeitsgemeinschaften, Schluß mit sinnlosen Beiträgen. Ich sage nochmals: Wir haben zu viel an Clusterorganisationen, die das nicht tun, was sie tun könnten und sollten, und dauernd Doppelstrukturen gründen.

Das Image der technischen Berufe ist ein weiterer Punkt. Wenn man sich in Österreich umsieht, mit welcher Begeisterung wir akzeptieren, daß die Ingenieursrate dramatisch sinkt, wäre es vielleicht klüger, aus Verzweiflung Technik zu studieren und einen technischen Beruf zu ergreifen statt Politologie oder Theologie, so nützlich beides auch sein mag.

Wir müssen uns auch immer wieder kreativ mit dem Finanzierungsrahmen auseinandersetzen. Wir wachsen jetzt in eine wettbewerbsfähige Bankenlandschaft hinein, die zum Entsetzen aller feststellen mußte, daß sie das nicht mehr tun kann, wozu seinerzeit Alpbach auch gegründet wurde, nämlich Preise und Konditionen abzusprechen.

Man erinnere sich daran, daß Alpbach nie voller war als in jenen Tagen, als die Generaldirektoren die Soll- und Habenzinsen festgelegt haben. Wenn sich Alpbach in eine Richtung entwickeln kann, in der die Kreativität des konstruktiven Zerreißens dazu führt, daß aus den Technologiegesprächen Impulse für zielgerichtete Wirtschafts- und Technologiepolitik herauskommen, dann ist eine, dem Neubau angepaßte Zukunft Alpbachs durchaus gesichert.

Aus meiner Sicht, aus der Sicht des Wirtschaftsministeriums, finde ich es außerordentlich erfrischend, daß Minister Einem und ich für Technologie zuständig sind, ein bißchen Konkurrenz in der Regierung kann nicht schaden. Aber das Faktum bleibt, daß wir schauen müssen, daß wir nicht nur in der Wirtschaft das kompetitive Modell haben, sondern auch in der Administration des Definierens von Zielsetzungen in der Gesellschaft. Wir brauchen eine neue Strukturpolitik. Wir wollen Unternehmen, die in Österreich ihre wissenschaftliche Basis und ihre Forschung ansiedeln. Außerdem müssen die Unternehmen noch stärker zusammenspielen. Die Erfolgsgeschichte unserer CD-Labors, über die mein Sektionschef Kögerler im Detail dann sicher auch noch im Arbeitskreis referieren kann, zeigt, daß in wenigen Jahren Milliardenumsätze gemacht worden sind aufgrund einer Zusammenarbeit österreichischer Unternehmen.

Wir fördern CD-Labors, Christian Doppler-Labors, selbst wenn sie ihren Sitz in Deutschland haben. Diese Art der Vernetzung wird immer wichtiger, und das heißt, Kooperation auch über die Grenzen muß uns recht sein.

Bei der Clusterbildung erlaube ich mir noch ein Beispiel: Seit Jahren bemühen wir uns um einen Holzcluster, und es ist unfaßbar, daß wir, die wir viel zu viel Holz haben, nur 3% unserer Häuser aus Holz bauen. Die Bauordnungen sind die festgeschriebene Strategie des Betons und der Ziegel in Österreich. Schweden baut etwa 90% der Häuser auf Holzbasis, Norwegen genauso, die USA knapp 70% und Österreich, wie gesagt, 3%.

Ich habe vorgeschlagen, weniger über Wohnbaureformen zu reden, sondern besser eine Mindestquote von 20% Holz vorzuschreiben. Und schon entwickeln wir eine Industrie für einen Bereich, der sich unglaublich entwickelt.

Beim Thema Biomasse muß man sehen, daß es überhaupt keinen Sinn macht, beispielsweise in Zeltweg, ein Biomasse verbrennendes Werk aufzustellen, aber das Holz muß man aus Niederösterreich holen, weil man noch keine lokale Holzbringung hat. Das soll kein Angriff sein, doch der Punkt ist, wenn wir die Holzbringung in Österreich nicht industrialisieren, werden wir keine normale Biomassewirtschaft zusammenbringen, wie das jetzt beispielsweise im Modellprojekt in Güssing wunderbar funktioniert. Dort haben sie Fernheizsysteme mit Biomasse, die sie notfalls mit dem Handy aus dem Urlaub steuern können.

Lassen Sie mich auch zu den Kompetenzzentren etwas sagen, auch hier ist es sehr gut, wenn wir in Konkurrenz operieren. Ich habe damit überhaupt kein Problem, daß wir uns manchmal ein wenig überschneiden, denn der Punkt ist, wir sollten Österreich nicht in Einheitsorganisationen zusammenfassen, denn das ist lange genug schiefgegangen.

Wir müssen den Druck auf die Liberalisierung fortsetzen. Sie werden meine Leidensgeschichte erleben, wenn es darum gehen wird, die E-Wirtschaftsliberalisierung umzusetzen, wenn es darum gehen wird, die Gaswirtschaftsliberalisierung umzusetzen, wenn es weiter darum gehen wird, aus der Telekomliberalisierung das beste zu machen.

Wir müssen als öffentliche Hand aktive Mitspieler sein, wenn ich selbst "venture capital" predige, dann muß ich auch selbst einen "venture capital"-Fonds ins Leben rufen, was wir im Wirtschaftsministerium getan haben - dieser konzentriert sich auf Telekom und Biotechnik. Wir schaffen erstmals eine ewige Stiftung, wir wollen nicht weiter Geld unter die Leute werfen, sondern diese 150 Millionen Schilling wären als eine zweckgewidmete Stiftung konstruiert und sollen Geld zurückbringen, das dann weiter investiert werden soll. Die Zeit für eine neue Forschungsförderungslogistik ist gekommen.

Man hat mir einige Zeit lang vorgeworfen, daß ich mich mehr um den Außenhandelsumsatz als um den Forschungsförderungsfonds kümmern würde. Die Mitglieder des Forschungsförderungsfonds wissen aber in der Zwischenzeit, daß es nicht so ist, denn auch bei der Forschungsinnovation war klar: Schluß mit Krediten. Es ist Zeit, nur mehr Zuschüsse oder Haftungen zu verwenden. Wir werden 2 bis 3 Millionen Haftung dem Forschungsförderungsfonds zur Verfügung stellen, es wird also keinen Mangel geben. Es wird auch Zeit, Forschungsfinanzierung von der Budgetabhängigkeit zu befreien. Es hat hier im Vorjahr der von mir mit einem Gutachten diesbezüglich beauftragte Professor Winkler schon über die Notenbankreserven geredet. Die Idee dahinter ist ganz einfach: Im Euro haben wir weit mehr Notenbankreserven, als wir brauchen, auch im Vergleich zu den Dollar-Reserven der Amerikaner. Wir wissen genau, was wir in der Notenbank zuviel haben, und es wird Zeit, daß wir im nächsten Jahr zig Milliarden "ear-marken" als Dauerstiftung für Forschung und Förderung zur Verfügung stellen.

Seit wir eine neue Patentverwertungsgruppe gegründet haben, sehen wir, wieviel an Innovation in Österreich daran scheitert, daß niemand Handreichungen gibt, um Patente wirklich durchzubringen und die entsprechende gewerbliche Sicherheit darzustellen.

Wir brauchen mehr internationale Vernetzung. Sie sehen, wenn Sie heute nach Triest fahren, daß die meisten Hotels durch amerikanische Universitäten blockiert sind, die dort ihre Jahrescamps machen und, vernetzt mit den USA, riesige Forschungsprojekte betreiben. Ich habe vor kurzem zu meinen Kärntner Freunden gesagt, daß, wenn man so viele leere Hotels hat, man sich überlegen sollte, ob man nicht andere Gäste als Zufallsgäste in die Quartiere kommen läßt.

Ich glaube, daß unser Umgang mit dem Gentechnik-Volksbegehren und die darauf gefolgten Regelungen im europäischen Bereich zeigen, daß man die Flinte nicht zu rasch in Korn werfen sollte.

Die wichtigste Aufgabe der Wirtschaftspolitik ist es, den Unternehmen die bestmöglichen Rahmenbedingungen zu geben. Es gibt keine Periode der Wirtschaftspolitik, in der die Unternehmen mit so günstigen Rahmenbedingungen gehegt wurden wie jetzt. Ich darf sie kurz wiederholen: Praktisch keine Inflation, wir haben die niedrigsten Kreditzinsen seit Jahrhunderten, wir haben die niedrigsten Unternehmersteuern seit Jahrzehnten, wir haben freien Marktzugang zu praktisch allen Nachbarmärkten und zu den meisten Weltmärkten dazu, wir haben zunehmende Flexibilisierung, wir haben einen unglaublich hohen Stand an "skills", aber ein Defizit im lebenslangen Lernen, wir haben eine schneller werdende öffentliche Verwaltung, und wir werden uns anstrengen müssen, um zwei, drei Dinge zu lernen.

Unter Euro-Bedingungen ist eine neue Wirtschaftspolitik gefordert: Kein Kapitalmangel, kein Inflationsdruck: "skills", "innovation" and "public administration" wären die drei Leitbegriffe.

Wir wissen, daß öffentliche Administration nicht nur eine Bürde ist, sondern sie in vielem der Schlüssel zu Dynamik ist, ich denke hier beispielsweise an das Anlagenrecht. Wenn Sie die Dienstleistungsgesinnung der meisten Bezirkshauptmannschaften heute im Vergleich zu vor zehn Jahren betrachten, dann leben wir in einer anderen Welt. Wir sollten optimistischer sein und daraufhinarbeiten, daß die öffentliche Hand Neuaufgaben intelligenter und serviceorientierter durchführt, um die Integration von so vielen Strömungen möglich zu machen.

Was die *Agenda 2000* betrifft, würde ich mich über zwei Dinge freuen: Erstens, wenn sie rasch verabschiedet würde, weil die *Agenda 2000* mit den "facility funds" Richtung Osteuropa, Richtung "enlargement", das größte Konjunkturförderungsprogramm in der Geschichte Österreichs bedeuten würde, weil die Milliarden Ecu, die dort jährlich hingehen werden, den "directness effect" auf Österreich haben und wichtiger sind als alles, was wir im direkten Zurückholen erreichen werden.

Ich würde mich auch freuen, wenn wir in der europäischen Budgetpolitik endlich der Forschung mehr Geld geben würden, als es für die absurdesten Zwecke auszugeben.

Ich glaube, daß Österreich weit besser als sein Ruf ist. Es wäre sehr wichtig, sich, vielleicht im Rahmen einer Folgeveranstaltung, mit der Innovationsfähigkeit Österreichs an Daten und Systemen kritischer auseinanderzusetzen. Wenn man sich die Patentbilanz Österreichs ansieht, hat man keinen guten Eindruck. Wenn man allerdings die Patente und Gebrauchsmuster zusammenzählt, dann ist Österreich nach Deutschland und den Niederlanden eines der kreativsten Länder in der Europäischen Union. Und Gebrauchsmuster sind heute, weil sie die praxisnähere Art der Technologie sind, sogar ein besseres Indiz für Fortschritt als manches an Patenten, weil nicht jedes Patent, das angemeldet wird, auch tatsächlich umgesetzt wird.

Aus den Registrierungen des österreichischen Patentamts ist der Trend zum Aufbruch eindeutig zu sehen: 1997 wurden 41% mehr Biochemiepatente, 34% mehr Medizinpatente, 25% mehr Elektrotechnikpatente angemeldet. 15% aller Patente sind in der Zwischenzeit in der Umwelttechnologie. Das heißt, es passiert etwas in Österreich, auch wenn wir es vielleicht zu spät merken.

Lassen Sie uns ein bißchen optimistischer sein, gerade wenn wir jetzt in der europäischen Rolle so viel schöne Festpredigen über Europa halten müssen, auch Europa ist besser als sein Ruf. Die Wettbewerbsfähigkeit Europas ist so, daß man sagen kann, Europa ist der wettbewerbsfähigste Wirtschaftsblock der Welt.

Europa hat, im Unterschied zu den Vereinigten Staaten, einen riesigen Zahlungsbilanzüberschuß, wir haben einen riesigen Handelsbilanzüberschuß, und wir sind "netto-capital-lender". Und wir haben noch immer ein soziales System, wo man notfalls mit einem Einkommen leben kann, probieren Sie das einmal im Durchschnittshaushalt der USA.

Wenn wir uns ein wenig unserer relativen Stärken bewußt werden würden, könnten wir unsere Schwächen leichter und mutiger angehen. In diesem Sinne darf ich Ihnen bei den Technologiegesprächen guten Fortschritt wünschen, schimpfen Sie über die Politik, aber überschütten Sie uns mit Anregungen, damit wir nicht zerrissen, sondern integriert werden.

Der Fremde und das Neue - schaffen oder vernichten sie Arbeitsplätze?

GREGOR HENCKEL-DONNERSMARCK

Introduktion

Zwei archaische Gespenster scheinen in Europa zu geistern: Fremdenhaß und Zukunftsangst! Soziale Probleme lassen die "Geister aus der Flasche", moderne Medien verbreiten die Phänomene sekundenschnell in alle Welt und populistische Politik glaubt auf den Ungeheuern reiten zu können, um Wahlen zu gewinnen.

Eine nervöse Unruhe oder sogar spontane Angst befällt also den Europäer, wenn ihm "der Fremde" begegnet oder wenn er "Neues" erlebt. Die Begegnung mit dem fremden Menschen wird fast automatisch als Bedrohung gewertet ebenso wie das Erleben von Neuem als "Erleiden" und "unter die Räder kommen" (Charlie Chaplin, "modern times") gesehen wird.

So ist wohl auch das uns gestellte Thema eher pessimistisch gemeint, Im Untertitel "schaffen oder vernichten sie Arbeitsplätze?" hört man eigentlich das Zeitwort "schaffen" kaum mehr und glaubt mit Bedauern zustimmen zu müssen, daß tatsächlich Arbeitsplätze vernichtet werden. Regelmäßig geraten

Kirchenmänner und Caritas-Direktoren mit Innenministern aller möglichen Parteien in vielen Ländern Europas aneinander! Die Kulisse des Generalthemas "Die zerrissene Gesellschaft" tut das ihre dazu, die Düsternis der Szenerie zu betonen. All das ist überaus "zeitgemäß" und "in".

Aus dem "Out" der gläubig-kirchlichen Position heraus möchte ich einige vielleicht höchst unzeitgemäße Fragen stellen. Im Hintergrund denke ich den gerade veröffentlichten Disput zwischen Umberto Eco und Cardinal Martini mit, der unter dem Titel "Woran glaubt, wer nicht glaubt" herausgegeben wurde: Wie begründet man sittliche Normen ohne Absolutes.

Gegen den Strom (contra torrentem) positiv zu denken, wird mir durch mein Alter erleichtert, denn die Atmosphäre vor 1968 und vor den Berichten des "Club of Rome" war so, daß man in fremden Menschen eine Herausforderung sah, sie zu "Gästen" zu machen, und "das Neue" - sicherlich naiv - als das prinzipiell auch schon "Bessere" ansah.

Mein Part kann es nicht sein, konkrete Maßnahmen zur Schaffung oder Erhaltung von Arbeitsplätzen vorzuschlagen. Aber die Antwort auf die "theoretische" Frage "Wer ist eigentlich der Fremde?" und "Was ist für uns das Neue?" würde das im Titel gestellte Problem bereits lösen, denn bekanntlich ist ja "die Theorie die radikalste Form der Praxis" (Sgrafitto, Paris 1968). Redlicherweise muß ich allerdings sehr bezweifeln, ob ich endgültige Antworten geben kann, versichere Ihnen aber durchaus selbstbewußt, daß schon die gründliche Beschäftigung mit den Fragen wichtig, nützlich, hilfreich und weiterführend ist.

Ich beginne mit einer Differenzierung der beiden Bestandteile des Titels: So bedeutend auch "das Neue" ist, so ist mir doch "der Fremde" wichtiger, denn er ist ein Mensch, dem ich begegne und der immer "Selbstzweck mit Würde" - oder wenn Sie wollen -"Abbild Gottes" ist; ich komme mit ihm ins Gespräch oder soll das zumindest!

"Das Neue" hingegen ist vorerst einmal unpersönlich, soll vom Menschen gestaltet, auf den Menschen hin für den guten Zweck instrumentalisiert werden. Die Person Mensch darf niemals Sachzwängen geopfert werden, auch wenn diese als "neu" daherkommen.

Der Fremde

Es geht also um den Menschen! Der Kirche und den Christen muß es um den Menschen gehen ("Der Mensch ist der Weg der Kirche!", Redemptor Hominis), und Christen und Kirche haben dies von der Politik und der Wissenschaft einzufordern. "Fremd" können sich aber immer nur zwei oder mehrere sein, die sich begegnen. Die grundsätzliche "Fremdenfreundlichkeit" der Kirche ist aber nicht nur eine aktuelle Mode der "political correctness", sondern zutiefst biblisch, "Urgestein" der jüdisch christlichen Offenbarungstradition.

Zahllos sind die Schutzbestimmungen im Alten Testament für den Fremden, als Beispiel: "Ich komme herbei, um euch zu richten; schon bald komme ich und trete als Zeuge auf gegen die Zauberer und die Ehebrecher, gegen die

Meineidigen und gegen alle, welche die Tagelöhner, Witwen und Waisen ausbeuten, den Fremden im Land ihr Recht verweigern und mich nicht fürchten, spricht der Herr der Heere" (Maleachi 3,5). Abraham nimmt drei Fremde auf, gewährt ihnen Gastfreundschaft, woraus eine Begegnung mit Boten Gottes oder geheimnisvoll sogar mit Gott selbst wird!

Ganz früh in der biblischen Tradition taucht aber auch schon ein anderer Gedanke auf. Eines der frühesten Glaubensbekenntnisse, welches beim Opfer der Erstlinge zu sprechen war, beginnt mit den Worten: "Ein umherirrender Aramäer war mein Vater. Mit wenigen Leuten zog er hinab nach Ägypten und hielt sich dort als Fremdling auf." (Deuteronomium 26,5). Der Gläubige wird also aufgefordert, sich selbst *in die Rolle des Fremden* hinein zu versetzen. Christus selbst gibt dafür sein Beispiel: "Ich war fremd und obdachlos, und ihr habt mich aufgenommen". (Matthäus 25, 35).

Sich selbst fremd zu werden wird letztlich auch zu einem Problem des Individuums, wie es in "Der Fremde" von Albert Camus beschrieben wird. Aber eine kluge Einsicht in die immer gegebene eigene Fremdheit ermöglicht den Dialog mit dem Fremden, der uns begegnet und mit dem wir somit immerhin schon etwas gemeinsam haben. "Weltfremdheit", die den Christen immer wieder vorgeworfen wird, kann so also auch einmal positiv gesehen werden. "Die Welt nutzen, als nutze man sie nicht" (Paulus), auch klösterliche "Weltdistanz" ermöglicht zumindest einen leichten Umgang mit der Welt, nur mit leichtem Schritt berührt man die Erde und fühlt die Drehung des Erdballs unter den Ballen ("I feel the earth move under my feet") und gibt so gastfreundlich dem fremden Menschen auch noch Raum. Es ist konträr entgegengesetzt jener der Erde verhafteten Besitzmentalität, die den fremden Menschen ausschließen will ("Das Boot ist voll!").

Diese biblische Identifikation mit dem fremden Menschen hebt aber die Andersartigkeit nicht auf, sondern ermöglicht das Zusammenleben verschiedener Menschen. Fremd ist also nicht "der Andere", sondern fremd sind wir uns gegenseitig oder sogar miteinander. Daher gilt es auch, jedem Menschen in dieser Begegnung gerecht zu werden.

Das beginnt damit, daß jedem auf jeder Seite der Begegnung ein Recht zukommt, dort, wo er sich zu Hause fühlt, bleiben zu dürfen und auch praktisch zu können. D.h. daß es eine nationale, aber auch internationale gestalterische Politik geben muß - diese fordere ich ein -, die verhindert, daß Menschen gezwungen sind, ihr zu Hause zu verlassen. Die Erfüllung der Menschenrechte, welche vor 50 Jahren deklariert wurden, wäre eine solche Politik.

Soweit aber solche Bedingungen bedauerlicherweise nicht hergestellt sind, muß es das Recht auf Auswanderung geben, dem auch eine Möglichkeit auf Einwanderung entsprechen muß.

Schließlich sollen aber auch die Ängste derjenigen ernst genommen werden, die sich - zu Recht oder zu Unrecht - bedroht fühlen. Ihnen müßte die Erkenntnis der eigenen Fremdheit (s.o.) liebevoll klar gemacht werden. Diese Menschen fürchten oft, ihre kulturelle Beheimatung zu verlieren. Kultur ist aber immer in Entwicklung und Veränderung, sie ist nie statisch, unveränderlich, sondern lebendig im Dialog. Auch ohne Zuwanderung, Begegnung und Dialog mit Fremden verändert sich die kulturelle Heimat ständig und zunehmend schneller (Jugendkultur).

Die Kirche - nebenbei gesagt - hat keinen Grund zur Angst vor der multikulturellen Gesellschaft der Zukunft, denn in der Vergangenheit waren solche Situationen geradezu der Nährboden für die Verbreitung der Lehre Christi, die mit keiner Kultur fix verbunden ist, sondern sich immer mit allen Kulturen im Dialog zu immer Neuem verbindet. (Mein Referat Alpbach 1997)

Ich lasse mir den Optimismus nicht nehmen, daß mittelfristig durch Begegnung und Dialog neue Ideen und sogar auch neue Arbeitsplätze entstehen.

Das Neue

In seinem Roman "Der Fünfte Berg" schildert Paulo Coelho die Situation des Propheten Elias 870 vor Christus im Exil in der Stadt Akbar: Die neue Technologie von damals, der damalige "Daten-high-way" ist die Erfindung der Schrift von Byblos. Wie es der Roman schildert, ist es der Durchbruch von der Bilderschrift der ägyptischen Hieroglyphen zu einer Lautschrift, die unserer Schrift schon sehr nah ist. Die Trivialisierung der heiligen Texte befürchtet der polytheistische Priester von Akbar und provoziert den Krieg, um die Verbreitung der neuen Schrift zu verhindern, denn sie wäre der Untergang der Zivilisation!

Es handelt sich um einen klassischen Fall von Modernitätsverweigerung durch einen Priester. Elias aber, der Prophet des einen Gottes, will den Frieden und läßt die neue Schrift dabei ohne Vorbehalte zu!

Nicht ganz ohne Grund hängt meiner Kirche das Image der Modernitätsverweigerung an. Gar zu antikirchlich und bisweilen atheistisch kamen aber auch die Modernitäten der letzten Jahrhunderte daher. Heute ist die Position der Gläubigen aber wieder auf der anderen Seite des sogenannten Zeitgemäßen. Aus der Katholischen Soziallehre nämlich leite ich grundsätzliche Zustimmung zu Fortschritt ab. Allerdings mit der Verpflichtung auf das Wohl des Menschen und der Allgemeinheit hin.

Rückbindung in ethisch verläßlich Normen gibt daher das Recht auf fast ungehinderte Forschung, gerechte Verteilung der Güter erlaubt Gütervermehrung mit fast allen Möglichkeiten der Technik, Subsidiarität als Prinzip kann verhindern, daß Globalisierung zur Falle wird, Verantwortung für die Schöpfung rettet das angebohrte Raumschiff Erde vor der Zerstörung durch den Menschen ... u.s.w.

Es gibt geradezu eine Verpflichtung die Dämonisierung des Neuen, die in unsere Zeit latent vorhanden ist, zu überwinden. Auch Arbeitsplätze werden nicht durch Nostalgie entstehen, sondern durch um so engagiertere Forschung und Erfindungen sowohl in den Naturwissenschaften als auch in den humaniora. Es ist also ein positiver Auftrag gegeben, das Neue zu ergreifen, damit es dem Menschen nutze. "Seht, ich mache alles neu" ist die entsprechende optimistische Formulierung der Apokalypse. "Der neue Mensch", "der neue Himmel und die neue Erde" sind Gedanken in dieselbe Richtung. Könnte es sein, daß heute gläubige Christen zu den neuen Propheten des Fortschrittsglaubens werden? Ganz "glauben" werden sie dem Fortschritt allerdings wohl nie.

Die ethische Verpflichtung des Neuen könnte man noch breiter als "Rückkoppelung mit der Tradition" beschreiben. Dadurch wird dem unerprobten Neuen der Schrecken genommen. Modernitätsverweigerung und Traditionsverweigerung à la 68 sind also gleichermaßen Verrat am Menschen und seiner Zukunft. Wenn man aber auch noch religiöse Kriterien einführt, sind diese beiden Fehlhaltungen aber sogar sektiererische Häresien.

Conclusion

Um die Begegnung von Personen, die sich als Menschen unterschiedlicher Herkunft gegenübertreten, erfolgreich zu machen, muß jeder seine eigene Fremdheit kennen und so dem jeweils anderen Raum geben.

Um das Neue in den Dienst des Menschen zu stellen, muß es sich in die Tradition einbinden, um die Falsifikation des unerprobten Neuen durch ein Recycling von Erfahrungen zu ermöglichen. Beide Techniken könnte man mit Immanuel Kant "moralisch-praktische Vernunftideen" nennen, um den Menschen im riskanten Fortschritt und in der immer gefährdeten Begegnung mit dem Fremden zu retten. So lautet also die humanistische Begründung.

Da ich jedoch auch religiöse Begründung angegeben habe, zeige ich das Bild einer Missio-Werbekampagne: In der Tradition von Christusikone und Triptychon wird das Neue in der Manier von Andy Warhol eingebunden, um Jesus von Nazareth ganz neu zu zeigen, zwischen zwei Fremden, mit denen er sich solidarisiert und so ganz fremd wird, damit Menschen die Fremdheit zu anderen überbrücken und im biblischen Appell "liebe deinen Nächsten wie dich selbst!" Auftrag zum entsprechenden Handeln erkennen!

ANDREAS NACHBAGAUER

Zusammenfassung der Podiumsdiskussion

Zum weitgespannten Thema "Der Fremde und das Neue - schaffen oder vernichten sie Arbeitsplätze?" diskutierten im Anschluß an das Einleitungsreferat von Pater Gregor Henckel-Donnersmarck unter der Leitung von Chefredakteur Andreas Unterberger die Nobelpreisträger für Chemie und Physik, Jean-Marie Lehn und Klaus von Klitzing sowie der Vorstandsvorsitzende der Alcatel SEL AG, Gottfried Dutiné. Zu Kommentaren waren die Bundesminister Martin Bartenstein und Caspar Einem eingeladen. Die Beiträge von Lehn, v. Klitzing und Dutiné zeigten ein positives Bild des Fortschrittes durch Wissenschaft und Technologie. Nur die Förderung des Neuen und der optimistische Blick in die Zukunft erlaube es, mit zukünftigen Herausforderungen zurechtzukommen und irrationale Ängste zu überwinden. Besondere Bedeutung komme hier der Ausbildung zu.

Wissenschaft und Technologie sind keine Faktoren der Zerrissenheit, so Jean-Marie Lehn. Vielmehr ist der Versuch, miteinander zu reden, zu übersetzen und eine andere Sprache zu lernen, der Beginn der Überwindung der Trennung wie auch der Beherrschung der Welt. Paradigmatisch dafür ist die Wissenschaft: Sie hat keine Grenzen, keine Nationalität, kein Dogma. Alle Wissenschafter können global verkehren und in einer universellen Sprache miteinander sprechen. Dies wird zukünftig auch für andere Bereiche gelten: Die Technologie wird Instrumente zur unmittelbaren und automatischen Übersetzung zur Verfügung stellen. Damit wird es möglich sein, weltweite Kommunikation mit der Konservierung von lokalen Sprachen und Traditionen zu vereinen. Zwar gab und gibt es Phasen, wo die technologische Entwicklung Zerrissenheit hervorgerufen hat, aber das ist letztlich nur ein Mißbrauch der Technologie. Bei aller Verantwortlichkeit von Wissenschaftern hängt die Wirkung der Technologie nur von ihrer Nutzung ab. Klaus von Klitzing stimmt dem grundsätzlichen Optimismus Lehns zu. Das Neue und der Fremde wecken die urkindliche Neugier. Der Fremde, das Fremde, die Fremde sind faszinierend, das Unerwartete zu erforschen ist die Begeisterung jedes Wissenschafters. Für v. Klitzing ist der Fremde und die Fremde eine Bereicherung. Das Fremde würde ohne Ideologien und Religionen nicht existieren. So ist in der Wissenschaft das Fremde aufgrund der gemeinsamen Sprache kein Problem. Dem Normalbürger, dem Nichtnaturwissenschafter dagegen liegt das Gewohnte, vor allem, wenn er älter ist, möchte er keine Veränderung. Zugleich könne nicht auf Politik vertraut werden, diese muß sich nach dem Wahlvolk richten. So werden jedoch nicht gerade die dynamischsten Ideen vorangetrieben.

Für Gottfried Dutiné sind "Der Fremde" und "Das Neue" einander ergänzende Begriffe. Dennoch werden sie von vielen als Bereicherung, von anderen wieder als Bedrohung empfunden. Dabei sind, so die These Dutinés, Fremdartigkeit und Innovation die eigentlichen Triebfedern für zivilisatorischen Fortschritt und wissenschaftliche Entwicklung. Letztlich ist auch ökonomische Entwicklung ohne Innovation undenkbar. Müßte also die Antwort nicht eindeutig lauten: Der Fremde und das Neue setzen selbstverständlich ganz wichtige Impulse für neue, zukunftssichere Arbeitsplätze in den industriellen Volkswirtschaften? Leider nein! Dabei wäre die Situation ideal, die Erschließung des Fremden war technisch und materiell noch nie so einfach und noch nie von so vielen Menschen genützt wie gerade in der heutigen Zeit. Informationen im Rahmen der Wissenschaft sind überall in Sekundenschnelle verfügbar. Alle Kulturkreise sind in ihren verschiedenen Ausprägungen praktisch allen zugänglich. Man mag es bewundern oder beklagen, Faktum ist, daß der gesamte Bereich der Informations- und Unterhaltungsindustrie gegenwärtig nicht nur weltumspannend funktioniere, sondern auch gleichzeitig in der Lage sei, das globale gesellschaftliche und kulturelle Geschehen jederzeit verfügbar zu machen. Das heutige Forschungszentrum ist ein multinationales Unterfangen, systematische industrielle Innovationsforschung praktisch nur auf der Basis der internationalen Ressourcennutzung und Arbeitsteilung möglich. Problematisch wird diese Entwicklung jedoch im Hinblick auf die internationale Arbeitsteilung. Die nationale Bewußtseinsbildung hinkt hier der weltwirtschaftlichen Entwicklung nach. Gleich wie die industrielle Revolution der 2. Hälfte des 19 Jhdts. ist auch die heutige Situation dadurch gekennzeichnet, daß Unternehmensdynastien und epochale Erfindungen mit erfolgreichen industriellen Folgewirkungen nicht im Heimatland in die Tat umgesetzt werden. Der Grund ist einfach: Eine technische Erfindung läßt sich nur umsetzen, wenn die gesetzlichen, technischen und wirtschaftlichen Rahmenbedingungen dafür gegeben sind. Damit einher geht ein wirtschaftsstruktureller Wandel: In der Telekommunikationsindustrie werden in Deutschland rund 90.000 neue Arbeitsplätze geschaffen, in der Automobilindustrie etwa 20.000. Nicht alle bestehenden Arbeitsplätze mit der bestehenden Qualifikation bleiben erhalten, die produzierende Industrie wird Arbeitsplätze abbauen, dafür werden im Service, Entwicklungs- und Marketingbereich zusätzliche Arbeitsplätze geschaffen. Allerdings funktioniert die Schaffung neuer Arbeitsplätze nur bei gleichzeitiger Expansion des Marktes.

Technologie und die Nutzung der Technologie, so auch Lehn, führen von einer arbeitsintensiven, rohmaterialintensiven Schwerindustrie zu intellektuell intensiven und umweltfreundlichen Tätigkeiten. Damit werde sich die Beschäftigungsszene vollkommen verändern, neue Berufe entstehen, andere verschwinden. Alleine die Bereiche Forschung, Umsetzung, Administration und Management der neuen Technologie schaffen viele Arbeitsplätze. Die neuen intellektuellen Anforderungen werden auch mehr Arbeitsplätze im Erziehungssystem, insbesondere in der wissenschaftliche Erziehung in Schulen, Universitäten und für die generelle Öffentlichkeit hervorbringen. Lehn sieht hier einen positiven Zirkel des Fortschritts: Grundlagenforschung stellt Wissen bereit, das angewandt werden kann. Dieses angewandte Wissen bringt neue Arbeitsplätze, Einkommen und Unternehmensneugründungen. Das dort erwirtschaftete Geld wird in neue Laboratorien investiert, wo Grundlagenforschung betrieben werden kann. Auch die wenig entwickelten Länder können von der Forschung in entwickelten Ländern profitieren und dabei Entwicklungsstufen überspringen. Für Lehn ist es nicht vollkommen utopisch, daß das kumulierte Wissen und der Reichtum sowie die effizienten und fortgeschrittenen Technologien der entwickelten Länder eine Grundlage für einen raschen Fortschritt auch der wenig entwickelten Länder darstellt. Kritisch sieht Lehn dagegen die Lage der Hochtechnologie in Europa, die lange Zeit wenig akzeptiert war. Hier muß die europäische Kapazität für Fortschritt und Wissensproduktion in den Bereichen Biotechnologie, Informations- und Kommunikationstechnologien und der Entwicklung neuer Materialien gestärkt werden.

Als einzig sinnvollen Weg schlägt v. Klitzing Investitionen in die Ausbildung vor. Spätestens mit zehn Jahren müssen die Kinder an die Naturwissenschaft herangeführt werden, damit die Begeisterung geweckt wird und später das Neue auch umsetzbar ist. Durch Investitionen in die Ausbildung soll so das Problem der Akzeptanz des Neuen durch Verstehen gelöst werden. Für v. Klitzing gibt es keine Grenze von Neuem, jede Beantwortung erzeugt neue Fragen. Zugleich ist alles, was neu ist, ein Beitrag zur Evolution und zum Fortschritt. Man könne auf das Neue verzichten, einen Stillstand anstreben. Die Folge wäre, daß sich die Globalisierung auch auf unseren Lebensstandard auswirken würde. Und wer die Welt kenne, der hat kein Interesse, seinen Lebensstandard dem internationalen Mittelwert anzupassen. Stillstand erzeugt so Unzufriedenheit. In das Neue vorzustoßen ist letztlich die menschliche Lebensstrategie. Auch Lehn hält unser derzeitiges Wissen nicht für ausreichend. Vielmehr sei langfristige Grundlagenforschung notwendig, um die Welt zu beherrschen und so die Menschheit von den Fesseln der Evolution zu befreien. Die Anwendung von Technologie bringt auch zukünftig neue Freiheiten, neue Mittel des Lebens und des Handelns hervor. Ein wesentlicher Effekt der Wissenschaft und der wissenschaftlichen Erziehung ist das Training in rationalem Denken. Das trägt dazu bei, irrationale Ängste und Ablehnungen abzubauen. Nach Dutiné erlebt der nicht oder nur schlecht mit den wirtschaftlichen Funktionsmechanismen vertraute Bürger die Entwicklung der internationalen Verflechtungen emotional als Bedrohung. Die Einführung neuer Technologien und die neuen Methoden der Unternehmensführung vermitteln ihm in erster Linie den Eindruck, daß es sich hierbei um Rationalisierungs- und Verlagerungsinstrumente handelt. Aus diesem Dilemma gibt es für v. Klitzing nur einen Ausweg: eine klare, konzeptive und ungeschminkte Informationsoffensive. Unternehmerische Entscheidungsträger und politische Gestalter sind hier besonders gefordert. Es gilt, sich gegen die Fremdenangst zu stellen, die Technikfeindlichkeit zu bekämpfen, und vor allem in der Jugend den Willen zur Integration zu stärken.

Martin Bartenstein relativiert bei gleicher Betonung der Ausbildung in seinem Kommentar die vorgetragenen Thesen:

- Europa ist wohl in manchen Bereichen der Hochtechnologie ins Hintertreffen geraten, in den Branchen Automobil, Chemie und Pharmazie können Europäer jedoch mit Amerikanern mithalten. Hier ist mehr Optimismus angesagt.
- Wenn es auch geschieht, daß den Ländern der Dritten Welt Technologiesprünge angeboten werden, zum Beispiel im Umweltbereich, so ist doch die Kehrseite dominant. Laut sind die Klagen der betroffenen Länder über den nicht funktionierenden Technologietransfer oder den Transfer falscher und alter Technologien durch Industrieländer und deren Konzerne.
- Nicht nur "Otto Normalverbraucher" ist gegenüber neuen Technologien skeptisch. Auch auf Seiten der Neinsager und der Bewahrer stehen oft Naturwissenschafter. Diesen informierten Bedenkenträgern ist ebenfalls Gehör zu schenken. Ausbildung wirkt in beide Richtungen, also auch in Richtung eines aufgeklärten Widerstands.

Caspar Einem stimmt v. Klitzing zu, daß der Vorstoß in das Neue unsere Überlebensstrategie ist. Das Neue und der Fremde bleiben - ob wir wollen oder nicht - eine ständige, notwendige Herausforderung. Der springende Punkt ist jedoch, nach welchen Prinzipien vorgegangen wird. Für Einem geht es vordringlich darum, das Zusammenleben der Menschen auf eine friedliche Weise zu organisieren und zu gewährleisten. Das Aufdecken und Bekanntmachen von Neuem dient einem Zweck, es dient nicht ausschließlich der nackten Neugier des Entdeckers. Damit wird ein Wertmaßstab eingebracht, der nicht das Denken behindern soll, aber geeignet erscheint, Fragen der industriellen Anwendung mitzusteuern. Wir würden so tun, als ob es sich von der wissenschaftlichen Entdeckungsarbeit bis hin zur industriellen Anwendung um ein quasi naturgesetzliches Prinzip handelt. Dagegen entspricht dieses Prinzip der marktwirtschaftlichen Logik. Diese Logik ist jedoch nicht das oberste Gesetz menschlichen Zusammenlebens auf der Welt, vielmehr muß es Grenzen und Rahmenbedingungen für die Art und Weise der Umsetzung von Wissen geben. Einem stimmt zu, daß Ausbildung das zentrale Instrument ist, um mit der dynamischen Entwicklung in Wissenschaft und Technik einigermaßen mitzuhalten und nicht einem Mißtrauensschock zu unterliegen. Es geht darum, durch möglichst gute, breite und grundsatzorientierte Ausbildung und Bildung die Menschen in die Lage zu versetzen, sich in einer grundsätzlich fremden, sich stets verändernden Welt zurechtzufinden, also um Orientierungsfähigkeit und Adaptionsfähigkeit. Darüber hinaus muß auch für jeden die Chance gegeben sein, selbst schrittweise Erfahrungen mit dem Neuen machen zu können.

An der von Henckel-Donnersmarck vertretenen These, daß es neben dem Recht, in seiner Heimat bleiben zu dürfen, auch ein Recht auf Aufnahme geben müsse, entzündete sich ein Schlagabtausch zwischen Bartenstein und Einem zum Thema Ein- und Auswanderung. Henckel-Donnersmarck stellte in aller Deutlichkeit fest: "Wenn wir vor fünfzig Jahren in der Menschenrechtsdeklaration ein Recht auf Auswanderung deklarieren, dann muß dem die Möglichkeit auf Einwanderung irgendwo entsprechen, sonst hängt das in der Luft, sonst ist das ein Nonsens." Bartenstein sieht dagegen keine direkte Verknüpfung zwischen dem Recht auf Auswanderung und Recht auf Einwanderung, dies sei auch nicht angemessen. Asyl, also einer Gefahr, einem Regime, einer religiösen Unterdrückung zu entkommen, ist nicht zu vergleichen mit anderen Gründen der Einwanderung. Eine Freiheit der Einwanderung kann es nicht geben, vielmehr ist dies immer ein zweiseitiger Akt des Einwandernden und des aufnehmenden Landes. Die derzeitige österreichische Politik habe mit den Versäumnissen der Regierung Ende der achtziger und Anfang der neunziger Jahre zu kämpfen, als Hunderttausende in das Land gekommen sind. Erst dies habe ein Klima der Fremdenfeindlichkeit erzeugt. Derzeit ist die restriktive Politik vernünftig. Bartenstein tritt im Falle des Beitrittes der Nachbarländer Österreichs zur EU für eine Freizügigkeit der Arbeitskräfte nur mit entsprechenden Übergangsfristen ein. Gleichzeitig muß man sich Änderungen vorbehalten, um auf die demographischen Entwicklungen der Überalterung und der sinkenden Geburtenrate reagieren zu können. Einem dagegen stimmt dem Kirchenvertreter zu und warnt vor einer allzu raschen Ablehnung der Überlegungen Henckel-Donnersmarcks, daß es bei Bestehen eines Rechts auf Auswanderung auch eines Rechts des Ankommens bedarf, "weil, sonst kann man nur ins Meer hupfen." Insbesondere ist daran zu denken, daß die Erklärung der Menschenrechte heuer erst 50 alt sei, daß wir aber vor 53 Jahren das Ende eines Regimes erlebt haben, wo Tausende jüdische Auswanderer nicht gewußt haben, wo sie hingehen sollen und letztendlich, weil es ein Recht zur Aufnahme nicht gegeben hat, zu Tode gekommen sind. Das Potential der Auswanderung wird hier hoffnungslos überschätzt: Einem stellt mit Blick auf das "elitäre Podium und Publikum Alpbachs" fest, man glaube offenbar, daß - "während wir uns noch ansatzweise, aber nicht mehr offiziell vor dem Fremden fürchten" - alle anderen, die irgendwo anders leben, dorthin hingehen, wo sie weder die Sprache noch sonstige Umstände kennen, was also für sie zur Gänze die Fremde ist. Man vertraut offenbar überhaupt nicht darauf, daß gesellschaftliche Projekte auch unter den Bedingungen der Armut Menschen bindet, solange sie glauben können, daß sich etwas zum Besseren bewegt. In Westeuropa meint man offensichtlich, daß, wenn man Menschen kommen läßt, diese auch kommen würden.

HAIM HARARI

Science education for the general public as a crucial ingredient for an advanced economy

Several of last night's speakers - the scientists, interestingly enough, not the industrialists nor the politicians - mentioned that education at the present time is of the highest priority. I would like to briefly describe what it means to live in a world increasingly dominated by science and technology, how it affects every one of us (by which I mean the general public, not the small circle of scientists) and in what way education, and especially science and technology education, can answer many of today's problems.

Practising science a hundred years ago could perhaps be compared to playing music by Shostakovich today. The circles of cognoscenti were limited - a few people practising it, a few people watching and following it, a few who actually understood it, a larger group which took some interest in it once or twice a year, and the majority of humanity totally ignorant of it. If you were to open a newspaper a hundred years ago, you would read about science just as often as you read today about Shostakovich's music, an article every few weeks or every few months, depending on your country of residence and on who happens to be playing at a given time.

Likewise, science was just as relevant as Shostakovich to the industry and economy of the time, in the sense that no big industry was interested in the latest scientific discoveries. This was the time that the electron and X-rays were discovered, it was the beginning of the revolution that eventually led to the understanding of the atom, to nuclear science, to electronics, to the theory of relativity, to the understanding of molecules; in brief, to almost all of 20th century science. It was all born at that time and it was as much in the news then as the music of Shostakovich is today.

Fifty years ago, the situation was already different. Partly because of World War II, which hastened certain technological innovations - from cryptography and code-cracking to radar, nuclear physics and many other fields - science and technology began playing a key role in politics, in war and peace, in life and death. It was at that time, about fifty years ago, give or take a decade, that the transistor, the laser and the role of DNA were discovered. Yet, fifty years ago, all this was still not the business of the general public. One began reading about science in newspapers; political leaders began to have a glimmer of its significance; large industries rose on the basis of its innovations, but it was definitely not something that the general public could feel, smell, or touch. The daily life of most people did not depend on the new scientific discoveries.

Today, we live in a completely different world. We are participating very actively, every single one of us, in two revolutions and in one crisis. One revolution is the electronic revolution, comprising all those things that have to do with the world of computers, electronics, telecommunications, informatics, internets and all their resultant technologies. Inescapably, it touches every area of our life; it is in our home, in our office, when we travel, everywhere.

The second revolution is the genetic revolution, of which most people are not yet fully aware. People are familiar with words such as "genes", "DNA" and "biotechnology", but have not yet absorbed the impact of the daily discoveries triggered by the genetic interpretation of diseases, but also of normal human, animal and plant physiologies, on our health. The ability to manipulate genes (and I'm not talking about cloning), the possibilities of gene therapy, of fixing things that went wrong, of doing experiments to see how certain genetic features relate to specific human problems - all this opens up an incredible panorama of possibilities that will increasingly influence our life, whether we like it or not.

Do you think that Watson and Crick, who discovered the structure of the DNA molecule in the fifties, could have imagined that forty-five years later the fate of the president of the United States would depend on the DNA analysis of his famous stain? When I was in Alpbach some years ago, I drew an example from an item that was then in the headlines - the role of DNA testing in the trial of O.J. Simpson. This is today no longer an extraordinary event; it is used in forensics frequently and in another decade it will be entirely routine.

It has been estimated that approximately 50% of the gross-product of the world is now based, in one way or another, on our understanding of the electron or of the atom: lasers, electronics, computers, new materials, biological aspects of molecular biology, and so on. These science-based products are no longer a little footnote in the annals of history or economics, they are no longer the business of a handful of scientists. Rather, they are in the life and home of every person.

I mentioned two revolutions and one crisis: the two revolutions are the electronic revolution and the genetic revolution. The crisis is of the planet - its environment, its energy and water sources. We are getting bigger in terms of population numbers and in terms of waste. For the first time in history, we are big enough to make a difference - a destructive difference - on the land that we inhabit. This leads to an enormous number of problems, some of which have not yet penetrated our understanding. In Austria, water is not a big problem, but it is absolutely clear that over the next twenty or thirty years, there will be quite a number of local wars in the world on the issue of water, as water becomes an unbelievably scarce resource. I will not get into the complex issue of environmental problems, except to say that the crisis is already here. And between two revolutions and one crisis, almost everything we touch has to do with science and technology.

One fascinating aspect, which I will just mention, is the growing number of points of interaction between the two revolutions, between the world of electronics, computers, informatics on the one hand and the world of genetics, medicine, agriculture on the other. I can give several examples.

When you go to a hospital, you see today a fantastic collection of technology - from magnetic-resonance imaging, to tomography, to laser operations, to radioactive scans - all demonstrating what the world of physics and computers can do for human health.

When you think about the correlation between the understanding of the human brain - a biological problem - on the one hand, and the design of modern computers - an aspect of the world of informatics - on the other, you see a growing connection between the two. And still nobody has succeeded in producing a computer strong enough, fast enough, to compete with the human brain.

Understanding the complex structure of biological molecules for the purpose of designing new drugs and creating cures for various diseases is an endeavour of biology, yet it is entirely played in the field of chemistry, physics and computers.

And finally, there is the international effort, known as the Human Genome Project, to decipher the code of the entire human genome, which will apparently be completed by the year 2003, just five years from now. This vast undertaking, whereby sophisticated mathematical methods must be used to digest huge amounts of biological information, is a prime example of the commingling of two disciplines - the world of genetics and the world of informatics.

My point is that the two revolutions may end in ten years by becoming one revolution, and all this will be just a little more confusing than it already is. The reason is that this revolution touches everything: health, agriculture, environment, energy, industry, communication, transportation, defence, education, politics and even religion.

For example, every person daily faces a certain risk-analysis. The individual doesn't think of it in those terms, but when we walk out on the street, we know that there is a certain risk of being killed in a car accident, yet we do not let this awareness take over our lives, we don't stop walking in the street or driving a car because of it. We calculate the risk and we try to minimise it. And yet there are many other risks - health risks, environmental risks - which nobody bothers to calculate. The issue of statistics - calculating risks, forecasting eventualities - is becoming increasingly dominant in our lives, and will become much more so over the next decade or two. It is fundamental to national policy.

Speaking of statistics, I am reminded of the story about three statisticians who went duck-hunting. The first one who saw a duck, took a shot at it and the bullet passed twenty centimetres above the duck; the second one took a shot, and his bullet passed twenty centimetres below the duck; the third one said: "We got it!" Statistics, clearly, has its dangers, but it has become a very serious business in national policy-making and requires a lot of common-sense.

The world of politics is influenced by the emerging technologies of communication. It's already a very different world than it was just a generation ago, when today every politician depends on television and mass-media, but it is going to be a far more different world when everybody will be able to sit at home and, at the end of the evening news, press a button to express his or her opinion. The screen will instantly show the results of this public opinion poll, or rather this national plebiscite. This technology already exists; it's still a little too expensive, but in ten years it will be commonplace. This will certainly change politics. So much will depend on who is asking the question and how the question is formulated. This too is a very serious business and, incidentally, a potentially great danger to democracy.

To prove my point that science is everywhere, I can even turn to religion and ethics. There are issues that nobody ever thought about, all the issues that emerge from how life is created. This reminds me of the story about the Catholic priest, the Protestant minister and the Jewish rabbi, who were debating the great biological, ethical, religious problem of when life begins. The Catholic priest said: "At the moment of conception"; the Protestant minister said: "At the moment of birth." And the rabbi said: "Life begins when the children leave home and the dog dies."

Two short remarks about how science is generated and what it can do, before we move to education; specifically, to science education. All of science emerges from basic science. Basic science alone may not be useful, but science without basic science simply cannot exist. The best analogy is to think about basic science as raising children: you don't know how they will turn out and what will become of them, but you cannot get them ready-made, fully grown and successful adults. To argue that we should put all our efforts into applied science and industrial research is exactly like saying: "Children are useless, let us therefore start producing them at the useful age of eighteen." Just as you cannot create an adult person out of nothing, without investing eighteen years in raising and educating it, and sometimes also losing your investment, so it is with science. Its outcome is unpredictable and its benefits may only become apparent after fifty or even eighty years. And just as you don't want to raise too many children, you don't want to invest too much in basic science. But you have to invest enough, and you have to let it flourish as freely as possible.

Science, as Professor Lehn said, is a wonderful way of bringing together people and nationalities. And there is no place where this was better demonstrated than at the beginning of rapprochement after world War II between Israel and Germany, which was initiated by scientists of the Max Planck-Institute and the Weizmann Institute only fourteen years after the Holocaust. Scientists from Israel and Germany got together and planted the seed that grew into a new friendship between the two countries. And there is no greater friendship between Israeli and European scientists than the one that exists today between Israeli and German scientists, and there is no more beautiful example of how science can create bridges between people and countries.

If science and technology touch on every aspect of the life of each of us, what are we expected to do about it? We cannot make everybody a scientist - that would make no sense at all. But we certainly need science education as an integral part of general education. At the end of this century, no high school boy or girl, no university student, can consider themselves well educated if they do not have some scientific education.

It may also be a cultural need, as I believe it is, but it is first and foremost a crucial economic need. Because the only sector of the economy in advanced countries which creates wealth is the high-tech sector. And the only kind of people that the high-tech sector needs are people with some level of scientific training. This involves an entire pyramid of skills: there are scientific stars at the top, there are scientists who do routine scientific work, engineers, technicians, laboratory workers, and a host of others with some level of scientific or technical ability. A labourer in a plant, a reception clerk in a hotel, an airline reservation clerk - everyone today must have more technology and more science know-how than before. Think about the business of job creation: a parking-garage twenty or thirty years ago and a parking garage today. A parking garage thirty years ago meant a person sitting with a little book, collecting money, handing out little pieces of paper - a job that required only the ability to count, not even to read - and employed too many people for no good reason. A parking garage today requires no people. The jobs are elsewhere: they are in the company which produces the automatic money machines for the parking garage; they are the jobs for technicians who maintain and repair these machines; they are the jobs in supervising the whole system. There may be less jobs than before, but each of them is much more sophisticated.

Let me try another analogy. Everybody who watches football at least once a year, even someone who is not a great fan, knows a few rules of the game. You know you have to kick the ball and not use your hands, but you also know that there is one guy at the edge of the field who is allowed to use his hands. Having figured that one out, you also realise that sometimes other players also use their hands, but only when the ball goes out of the field. If you are really sophisticated, you note that the one guy who is allowed to use his hands all the time is sometimes *not* allowed to use them. Thus, even a non-expert in football is probably a little more sophisticated in his understanding than he may realise.

My point is that for an advanced economic structure we need people to understand science at the level that they understand football. Not more. You really don't have to understand the thermodynamic principles of a refrigerator in order to open it and take out the milk. But you do have to know that this is a box connected to electricity, in which everything is cold, that if you remove the electricity it will no longer be cold - and a few other principles.

I use these two rather simplistic examples to illustrate the message that there is a certain minimal scientific literacy that is a must, and I claim it does not exist today. You meet very educated and intelligent people, including one of Israel's past ministers of education, who proudly announced: "I failed in mathematics in high school and I wasn't the worse off in life on account of it." Maybe he wasn't, but if a kid fails high school mathematics today, it will surely damage his or her career, because we live in a different world. And in ten or twenty years, I guarantee that it is going to be much more crucial for a lawyer, an entrepreneur, or a business person to have a strong scientific background. My conclusion is that the only solution is a strong national and international effort that will make science education available to everybody, adults and children alike.

What does this mean, science education? If we want the whole population to understand science as it understands football, what do we have to teach? That is not an easy question. But before I address it, I want to add one more argument why it is absolutely crucial - and this time it is not an economic necessity, but a cultural one - to educate the public to a certain level of scientific thinking and literacy.

There is too much anti-science in the world. As we approach the end of a century (the same thing happened a hundred years ago) we see anti-science flourishing in various forms - in superstitions, the coming of the Messiah, the end of the world, but also through ostensibly good magicians, who pretend to have supernatural forces and a variety of "alternative" techniques for the healing of body and soul. When this irrationalism goes beyond a certain point, it becomes dangerous. It threatens democracy, leads to religious fanaticism and other forms of fundamentalism. This is a very compelling reason for ensuring a certain level of science literacy for the general population. Somebody was saying that the best way to fight superstition is to convince superstitious people that superstition brings bad luck.

The issue of what we can believe or can't believe is a difficult one, as the following example may illustrate. In my home country Israel, it was reported that an unidentified flying object had been observed. Lights were seen flashing in the middle of the night, the thing was hovering in the sky, and many people swore they saw it.

Of course, there were two theories: One said that it was a falling meteorite, the other said that these were little green men coming from outer space.

As a scientist, I cannot be sure that it was a meteorite, and I can be pretty sure that there were no little green men from space. But if you think about it for a moment, there is no concrete proof in favour of either of the theories and there is no absolute proof against either of them. So why am I, as an allegedly open-minded scientist, taking sides in such a debate? Why would I prefer to believe that it's a meteorite and not little green men? This entails a very complicated thought process, the gist of which is that we know that meteorites exist and that sometimes they fall, and that when they fall, they create such phenomena, though I cannot be sure it was so in this case; whereas we do *not* know that little green men from outer space exist, and I must wait for clear evidence before I can believe in them.

One can elaborate on this example, which I will not do here, but it demonstrates that this is not a legal issue, nor a mathematical one. A lot of experience, intuition and common-sense are involved. People who do not understand science think that science is always very precise. But this example shows that science is not necessarily precise. The whole point of science is to know when you need to be precise and when it is enough to be approximate.

For all these reasons, we need to undertake an educational revolution in the next decades that places a high priority on science education. The trouble is that every big change in education takes at least a decade or two, or a generation, because first teachers have to be trained. What should we be doing, what should we be teaching, in order to make the general public science literate? The beauty is that it doesn't really matter, since you cannot teach people *all* of science, but as long as you teach certain parts of science, and teach it well, the goal can be reached. It doesn't matter if you teach more biology than physics, or more physics than biology; the essential point is to teach how to *think* in science. To endow people with the tools for rational thinking, you have to teach them how to weigh things, how to think quantitatively, how to evaluate when an algorithmic way of thinking is necessary or when more lateral, intuitive thinking is best.

Children do not think algorithmically, yet they can do fantastic things. When you write a computer program today, you use algorithms, but maybe the computer programs of the future will be different. It has been said that a computer can simulate a professor of classical botany more easily than it can simulate a five-year-old child. And that's probably true, because there are certain fields of science which are very well structured, like classical botany, whereas a five-year-old child is usually very creative - and this cannot be simulated.

There are also the languages of science, which you have to teach. Science is, as I said before, not always precise, as my final example will show: How much is 5000 plus 2? Well, you say 5000+2=5002. Let me give you my answer in the form of a story about the tour guide at the Egyptian pyramids. He was showing the big pyramid to the tourists, and said: "This pyramid is 5002 years old." The tourists asked him how he could know this so precisely. The tour guide said that when he started working there two years earlier, he was told that this pyramid was 5000 years old. This example demonstrates to you that 5000+2 most of the time is 5000, but there are situations where it is 5000+2. When you win a 5000 meter race in the Olympic games by two meters, those two meters are very important. Clearly, to understand these differences, scientific thinking is necessary.

Now you're in a panic because you say: science moves so fast, how can we move it into the educational system? We develop new programs, we introduce them into the school, and by the time they reach the child, science has changed. That is not true. First of all, the basics of science do not change so fast. What changes very fast is technology, and the last thing you need to teach in school is last week's technology, because this indeed will be different next week. The internet doubles itself every year. Teaching the specific technology used to carry the information is totally useless in the school. But to teach the basics of mathematics, of physics, of logic, of algorithmic, quantitative and scientific thinking - this is absolutely crucial. And, paradoxical as it may sound, the faster science moves, the more important it is to concentrate on the basics.

There is also a whole new dimension to teaching. A science teacher today cannot be expected to master everything there is to know about science. Teachers, children, and parents must all understand that a teacher nowadays is like a traffic policeman. He or she has to guide the pupils to the resources - - to the books, the internet, the libraries, the science sources - and find the answers together with them, in a joint effort to think together and reach the truth. A teacher has to know how to *think* about the facts, not to *know* all the facts. Of course, there is a danger of superficiality, and this too should not be ignored. I make no claim to have a ready formula for transmitting scientific literacy to the general public. All I know is that scientific literacy is absolutely imperative in a world so overwhelmingly dependent on science and technology, and that every single country will need to make a big change in its approach to education. If you agree with the ample evidence that scientific knowledge and technology are the most important economic resource of modern nations, then you will also agree that education, and especially science education, is their best investment.

LORE HOSTASCH

Kontinuität und Diskontinuität technisch-wissenschaftlicher Entwicklung. Herausforderungen der Informationsökonomie an Gesellschaft und Politik

Mitteleuropa durchlebt heute, am Ende des 20. Jahrhunderts, einen Strukturwandel von gewaltigen Ausmaßen. Dieser Wandel ist nicht auf Europa allein beschränkt, sondern ist in anderen Teilen der Welt vielfach noch deutlicher zu bemerken. Die *Industriegesellschaft* wandelt sich zunehmend in eine *Informationsgesellschaft*. Mit den immer stärker Verbreitung findenden Neuerungen, speziell in den Bereichen der Informations- und Kommunikationstechnologien, werden sogenannte *Basisinnovationen* eingeführt, deren Implikationen in allen Bereichen unseres gesellschaftlichen und politischen Lebens, selbst in der individuellen Gestaltung von Lebensentwürfen und -plänen spürbar sein werden.

Erwartbare gesellschaftliche und politische Auswirkungen neuer Technologien

Es stellt sich nun die Frage, wie epochal dieser heutige Wandlungsprozeß nun tatsächlich ist bzw. welche nachhaltigen Effekte er für den Arbeitsmarkt, die Art und Form von Beschäftigung und das soziale Gefüge im Gesamten mit sich bringt.

Killt die Informationsgesellschaft die Jobs, ersetzt der PC den Kollegen, die Kollegin am Schreibtisch, gibt es bald keine Büros im klassischen Sinn mehr? Alles Fragen, die bei einer derartigen Diskussion im Raum stehen.

Entwicklungen und Perspektiven am Arbeitsmarkt

Die Frage nach *Freisetzung oder Kompensation* von Arbeitsplätzen durch den technisch-wissenschaftlichen Fortschritt ist heute genauso aktuell wie in der Vergangenheit. Seit ihrem Beginn vor mehr als 200 Jahren in England hat die Industrialisierung unablässig hergebrachte Beschäftigungsmöglichkeiten vernichtet und andersartige geschaffen. Die Entwicklungsgeschichte der Arbeit läßt sich, zumindest in Europa, eben als Fortschritt durch die von Konkurrenz angetriebene *"schöpferische Zerstörung"* verstehen. Die Entwicklungen waren unbestreitbar von dramatischen Krisen gekennzeichnet, deren Leidtragende die sich herausbildende Lohnarbeiterschaft war.

Im Rückblick betrachtet, wurde jedoch zumindest jeder *quantitative* Verlust an Betätigungsmöglichkeiten immer wieder mehr als ausgeglichen.

Und erst die im Vergleich zur vorindustriellen Wirtschaft revolutionären technischen Umwälzungen sowie die daraus nach und nach resultierenden *Produktivitätsfortschritte* und Wachstumsfelder bewirkten die immense Steigerung von Realeinkommen und Freizeit in der westlichen Welt, die den Hintergrund und die Voraussetzung für die politische Entwicklung und Ausgestaltung des *Wohlfahrtsstaates* bildeten. In diesem Zusammenhang darf aber auch nicht auf die Rolle der Gewerkschaften vergessen werden. Es war die Gewerkschaftsbewegung, die die Entwicklung hin zu einem Wohlfahrtsstaat entscheidend mitgeprägt hat. Es ist in erster Linie den Gewerkschaften zu verdanken, daß die Gewinne aus den Produktionsfortschritten auch jenen zugute kommen, die sie primär ermöglichen: der arbeitenden Bevölkerung.

Generell gilt aber: Die Vermehrung von Arbeitsplätzen war noch nie das Ziel technischer Innovationen. Neue Arbeitsmöglichkeiten haben sich einerseits infolge von Konjunkturaufschwüngen seit Beginn der Industrialisierung, andererseits aber auch durch den Einsatz der Interessenvertreter ergeben. Die grundlegende Tendenz, Menschen durch neue Technologien ersetzen zu wollen, ist unleugbar. Ihre historische Grundlage und wissenschaftliche Begründung findet diese Einschätzung zunächst in der Maschinensturm-Debatte um 1820, dann in der Weltwirtschaftskrise von 1929 und schließlich in der intensiven Diskussion der Folgen der zunehmenden Automatisierung seit den 60er Jahren unseres nun ausgehenden Jahrhunderts. Ihr zufolge erhöht der technische Fortschritt vor allem das Rationalisierungspotential und treibt dadurch das Produktivitätstempo stärker voran als das Produktionswachstum, so daß fortlaufend mehr Beschäftigte freigesetzt werden, als anderweitig eingestellt werden können.

Dieser theoretischen, an kurzfristigen Zeithorizonten orientierten Sichtweise wird von *optimistischeren ZeitgenossInnen*, zu denen auch ich mich zähle, allerdings entgegengehalten, daß der technische Fortschritt die Chance bietet, genügend neue Beschäftigungsmöglichkeiten zu schaffen, um Freisetzungen zumindest zu kompensieren. Zu ihrer Begründung werden im allgemeinen folgende plausible Argumente ins Treffen geführt:

1. Solange nicht alle Menschen völlig bedürfnislos sind, läßt technischer Fortschritt immer wieder neue Produktmärkte und damit Betätigungsfelder entstehen, über die in der Gegenwart zumeist noch gar keine Vorstellungen bestehen. So hatte etwa eine amerikanische Technologieprognose aus dem Jahr 1937 weder Computer noch Düsenflugzeuge, Radargeräte oder Antibiotika vorausgesehen. Innovative Angebote wecken aber Bedürfnisse, die sich, notwendige Kaufkraft vorausgesetzt, in Nachfrage nach entsprechenden Gütern und Dienstleistungen transformieren.
2. Die Produkt- und Verfahrensinnovationen verbessern die internationale Wettbewerbsfähigkeit und erfordern neue, arbeitssparende Maschinen, deren Herstellung allerdings die Investitionsgüterindustrie anregt und Aufträge für die Vorlieferanten bedeutet, was insgesamt zu Einkommenszuwächsen führt, die schließlich ihrerseits die Nachfrage nach Konsumgütern steigern.
3. Technikbedingte Freisetzungen können im gesamtwirtschaftlichen Saldo durch Arbeitszeitverkürzungen kompensiert werden, sofern sie mittelfristig kostenneutral im Rahmen des Produktivitätsfortschritts erfolgen.

Der historische Rückblick zwingt meiner Ansicht nach gerade dazu, politisches Handeln an der *"optimistischen" Sicht* der Kompensationshypothese zu orientieren und davon auszugehen, daß alles in allem die verschiedenen neuen Technologien nach Überwindung von Anpassungsproblemen recht kräftige Wachstumsimpulse auszulösen in der Lage sind. Die positiven Effekte dieses Wachstums dürfen dabei aber nicht nur einer bestimmten Gruppe zukommen, sondern es ist sicherzustellen, daß die gesamte Gesellschaft daran partizipiert. Verteilungsgerechtigkeit ist unabdingbar, nicht zuletzt deshalb, um den Zusammenhalt in einer Gesellschaft nicht zu gefährden. Die primäre Herausforderung für eine *zukunfts- und sozialorientierte* Arbeitsmarkt- und Beschäftigungspolitik sehe ich darin, *rechtzeitig* Konzepte zur Gestaltung von Rahmenbedingungen für die mit der Verbreitung neuer Technologien verbundenen *neuen Erscheinungsformen* der Arbeit und ihrer gesellschaftlichen Organisation zu diskutieren und zu entwickeln. Die politische Konsequenz falscher Einschätzungen der zu erwartenden Entwicklungen wären Fehlentscheidungen und inadäquate Maßnahmen. Die diesjährigen *Alpbacher Technologiegespräche* tragen dazu bei, das diesbezügliche Risiko zu reduzieren.

Neue Arbeitsfelder und neue Arbeitsformen

Wo werden nun die neuen Betätigungsfelder entstehen, und in welchen Formen werden die Menschen aller Wahrscheinlichkeit nach untereinander in Arbeitsbeziehungen treten?

Den Prognosen zufolge ist in den nächsten Jahren eine Zunahme der Arbeitsplätze vor allem im *Dienstleistungssektor* zu erwarten, und hier vornehmlich in den neuen Informationsdienstleistungen etwa in den Sparten Medien, Unterhaltung, Software-Entwicklung und Computerservices im weitesten Sinn. Vor dem Hintergrund demografischer Veränderungen rechnen Fachleute zudem auch mit einer Zunahme der Beschäftigung in den Bereichen Gesundheit und Soziale Dienste.

Gegenwärtig arbeiten bereits über 65% der unselbständig Beschäftigten Österreichs im Dienstleistungssektor. Die Tendenz ist generell steigend. Länder wie etwa Großbritannien, die Niederlande, USA und Kanada zeichnen Österreich den künftigen Weg vor. In Großbritannien, den Niederlanden und den USA üben bereits über 70%, in Kanada 80% der Beschäftigten Dienstleistungsjobs aus. Dort ist die *postindustrielle service society* bereits Realität.

Neue Selbständigkeit

Personen, die heute als Arbeitnehmer im klassischen Sinn gelten, könnten in Zukunft verstärkt gezwungen sein, *selbständig* auf Projektbasis und auf eigene Rechnung als hochspezialisierte Vermittler von Fachwissen tätig zu werden. Mit einem Anstieg der Zahl der *freiwilligen und unfreiwilligen* Selbständigen und einer Reduktion fixer Arbeitsverhältnisse ist daher zu rechnen. Viele unselbständig Beschäftigte werden weitgehend autonom agieren und gewissermaßen als *"Intrapreneurs"* mehr Verantwortung zu tragen haben. Unternehmensintern wird man den MitarbeiterInnen größere Selbständigkeit und Eigenverantwortlichkeit aber nicht nur einräumen, sondern auch *abverlangen*, wodurch sie zu *scheinbaren souveränen Mitunternehmern* werden. Flexibler dürften auch die Inhalte der Arbeit ausfallen. Statt lebenslang mit immer wiederkehrenden, gleichförmigen Tätigkeiten befaßt zu sein, könnte in Zukunft die Einbindung der Menschen verstärkt in einer Folge verschiedener Projekte erfolgen, deren jedes eine andere Kombination von Wissen, Fähigkeit und Erfahrung erfordert.

Die *Kehrseite* dieser neuen Freiheiten könnten allerdings Probleme sein, wie die Verlagerung der ökonomischen und auch sozialen *Risiken* vom Arbeitgeber auf die oft unfreiwillig selbständigen ArbeitnehmerInnen. Jahrelange Fixanstellungen und lineare Berufsbiographien dürften deshalb seltener werden, weil neue Formen der Arbeitsorganisation wie Arbeit auf Projektbasis und job rotation, die die mehrfache Nutzung von Arbeitsplätzen durch teleworking, Karenzen oder sabbaticals ermöglichen, den Erfordernissen der Informationsökonomien eher entsprechen.

Telearbeit

Insbesondere in die *Telearbeit* werden vielerorts große Beschäftigungserwartungen gesetzt. Wenn das Ausmaß dieser neuen Arbeitsform gegenwärtig in Europa auch noch recht bescheiden ist, so zeigen sich im *Pionierland USA* bereits Probleme.

Langfristige Dienstverhältnisse werden im Zuge der mit Telearbeit verbundenen zeitlichen und örtlichen Flexibilisierung der Arbeitsverhältnisse sukzessive verdrängt und durch *kurzfristige Werkverträge*, die keine soziale Absicherung bieten, sowie *Teleleiharbeit* ersetzt. Die Arbeitsgesetzgebung wird jedenfalls angesichts dieser Lockerung an die durch das *telecommuting* veränderten Rahmenbedingungen angepaßt werden müssen.

In Österreich hat sich bisher vor allem die Gewerkschaft der Privatangestellten mit den sozialen Risiken der Telearbeit auseinandergesetzt und einen *Telearbeitsmustervertrag* ausgearbeitet. Ein weiteres Problem im Zusammenhang mit Telearbeit liegt darin, daß sie durch die Interessenvertretungen nur schwer auf ein bestimmtes Territorium einschränkbar ist. Sie eröffnet Möglichkeiten für *supranationale Projektteams* und für verstärktes *outsourcing* von Arbeitsleistungen. Durch extreme Verbilligung der Datenübertragung im Weltverkehr werden auch Arbeitsbereiche der *white collar workers* schon heute in Niedriglohnländer ausgelagert. Damit werden auch höherqualifizierte Arbeitskräfte einem ähnlichen Konkurrenzdruck ausgesetzt sein, wie es zuvor eher für *blue collar workers* der Fall war.

Neue Jobs

Neuartige Jobs werden vermehrt in den wichtigen Wachstumsmärkten des Dienstleistungssektors entstehen. Ich will nur auf einige, immer wieder in Diskussionen auftauchende neue Berufsbilder, hinweisen:

- *Software-Consultants*, die individualisierte Softwarepakete für ihre Klienten zusammenstellen,
- *Workflow-Consultants*, die Arbeitsabläufe optimieren,
- *Umwelt-Controller* und *"food designer"* im Lebensmittelbereich,
- *Umweltanwälte*, *Network- und Informationsmanager*, die das Management von Netzwerkaktivitäten anbieten oder die Auswahl und Weitergabe von relevantem Datenmaterial organisieren,
- *Datenadministratoren*, *Informationssystem-Integratoren*, *Informationsdesigner und -broker*, die sich um die ästhetische Gestaltung der Informationsflut annehmen und das Auswählen aus dem unübersichtlichen Informationsangebot unterstützen,
- *"life services"*, die für ihre Kunden das *"smart buying"* ermöglichen, indem qualifizierte Spezialisten Produktvergleiche einholen und Kaufentscheidungen vorbereiten.

All das könnten künftige Berufsbilder sein.

Von den *Primärdienstleistungen* werden Zuliefer- und Botendienste für die Rund-um-die-Uhr-Zustellung von bestellten Teleshopping-Waren (ob Konsumgüter, Dienstleistungen, Datenmaterial oder Nachrichten), Sicherheitsdienste, Datensicherer und Leistungen im Sozialbereich das größte Arbeitsplatzpotential für die Zukunft aufweisen.

Veränderungen der Strukturen der Arbeitsorganisation

Auch die Strukturen der Arbeitsorganisation werden von Veränderungen gekennzeichnet sein. *Virtuelle Organisationskonzepte* etwa werden nicht mehr durch feste Strukturen und abgrenzbare Leistungen definiert, sondern durchlässiger und wandelbarer sein. Die darin angebotenen Arbeitsplätze erfahren eine räumliche, zeitliche und inhaltliche Entkoppelung, indem *Telearbeitsplätze* ausgelagert und von fest angestellen, aber auch von freien Mitarbeitern, ja sogar von den Kunden selbst über Informations- und Kommunikationsverbindungen genutzt werden.

Durch die Eröffnung von Zugriffsrechten auf Teilbereiche des Informationsbestandes und der Datenverarbeitungskapazität des Unternehmens wird die Eingliederung dieser Personen in das innerbetriebliche Geschehen organisiert. Das ermöglicht die Kooperation in *virtuellen Teams*, also Arbeitsgruppen, die für die Dauer eines Projekts zusammenfinden, deren Mitglieder über die Landesgrenzen hinweg an der Erstellung nachgefragter Produkte arbeiten.

Ja selbst die Unternehmen sind in Gestalt *virtueller Netzwerke* bereits vorstellbar, Kooperationen ansonsten unabhängiger Firmen, die sich kurzfristig und zeitlich begrenzt für einen bestimmten Zweck zusammenschließen. Die virtuellen Konzepte tragen dazu bei, die konventionellen und klassischen Erscheinungsformen der Arbeit, gekennzeichnet durch Tätigkeit am gleichen Ort, zur selben Zeit, am selben Produkt, zu verändern.

Worauf müssen sich die Akteure einstellen?

Dieser Strukturwandel unterscheidet sich wesentlich vom letzten großen Umbruch in der Arbeitswelt, der Industrialisierung im 19. Jahrhundert. Damals gestaltete sich der Übergang von der Beschäftigung in Landwirtschaft, Handwerk und Manufakturen zu der in Fabriken vergleichsweise einfach.

Bestimmend für die *Arbeit der Zukunft* wird hingegen primär die zunehmende Turbulenz der Märkte sein. Damit sind sowohl die Unternehmen als auch die im Erwerbsleben stehenden Menschen gefordert, ein hohes Maß an dynamischer Entwicklungsfähigkeit an den Tag zu legen. In der Informationsgesellschaft liegen die entscheidenden *Kriterien für erfolgreiche Unternehmen* daher im situationsspezifischen Handeln, in der Fähigkeit zur schnellen Reaktion auf Kundenwünsche, der unablässigen Bereitschaft zum Wandel in allen Bereichen des Unternehmens und der ausgeprägten Optimierung von Außenbeziehungen.

Die Mitarbeiter einzubeziehen stellt einen weiteren Erfolgsfaktor dar, wenn es gelingt, ihre Motivation und Kreativität zu wecken, zu erhalten und zu fördern. Wichtig wird auch sein, Wissen schnell und zuverlässig zu schaffen, zu sammeln und umzusetzen. Information ist neben Rohstoffen, Arbeit und Kapital mittlerweile zum *vierten Produktionsfaktor* geworden. Die Unternehmen sind gefordert, innovative Produkte, Prozesse und Strukturen zu entwickeln, um ihre Wettbewerbsfähigkeit zu erhalten und so ihre weitere Existenz und damit auch Beschäftigung zu sichern. Insgesamt verlangt die Arbeit der Zukunft nach einer neuen Qualität der Zusammenarbeit, in der das Neuartige und Unerwartete als Normalfall begriffen wird.

Gefahren und Chancen des wissenschaftlich-technischen Fortschritts

Ob der Übergang in eine andere, neue Gesellschaft zur Wohlstandsmehrung beitragen oder zum Absturz in soziale Abgründe führen wird, hängt nicht an objektiven, naturgesetzlichen Entwicklungen, sondern maßgeblich an der Sensibilität der Wahrnehmung, an der stimmigen Diagnose zur rechten Zeit, an der richtigen Einschätzung der zu erwartenden gesellschaftlichen Rückwirkungen und nicht zuletzt an den entsprechenden politischen und gesellschaftlichen Reaktionen. Der wissenschaftlich-technische Fortschritt muß dafür genützt werden, die grundlegenden Prinzipien unserer Gesellschaft - demokratisch, sozial, human und friedvoll - zu stärken, zu sichern und auszubauen. Der Mensch muß gerade in einem an Technik und Gewinn orientierten Zeitalter im Zentrum aller Bemühungen stehen.

Der Übergang in die neue Gesellschaft erfordert daher nicht nur eine Adaption von Arbeitsbeziehungen, sondern auch mentale und kulturelle Anstrengungen in Richtung einer *Entmythologisierung* tradierter und teilweise sicherlich überkommener Sichtweisen im Spektrum "Arbeit". Dabei müssen wir uns zur Motivierung vor Augen halten, daß die künftige Gesellschaft zumindest gleich gut wie die heutige, wenn nicht sogar noch besser sein muß. Daraus leitet sich eine zentrale Forderung an die Politik ab: Die Gestaltung des *Normativen* als die zentrale Frage der Politik muß in Zukunft vieles zulassen und anerkennen, was heute vielleicht oftmals einen automatischen Abwehrreflex auslöst.

In Österreich haben wir uns in den letzten Jahren offensiv den neuen Herausforderungen gestellt. Wir sind auf das neue Umfeld eingegangen, haben neue Wege beschritten. Ich möchte in diesem Zusammenhang nur auf die Modelle zur Flexibilisierung der Arbeitszeit verweisen. Auf 16 innovative Arten ist es heute möglich, die Arbeitszeit zu gestalten. Die Palette reicht dabei von Möglichkeiten, die Normalarbeitszeit innerhalb einer Woche anders zu verteilen, über Durchrechnungsmodelle bis zu einem Solidaritätsprämienmodell. Diese Formen innovativer Arbeitszeitgestaltung können sowohl für den Arbeitnehmer als auch für den Arbeitgeber Vorteile bringen. Eine Flexibilisierung als Einbahnstraße zugunsten der Unternehmer ist abzulehnen. Von den neuen Möglichkeiten müssen für alle Beteiligte Vorteile ausgehen.

Oder es wurden zahlreiche Initiativen gesetzt, die den Weg in die Selbständigkeit erleichtern. Die Bürokratie für Unternehmensgründungen wurde reduziert, der Zugang zum Gewerbe erleichtert, ein Schutznetz für Jungunternehmer durch die Ausdehnung des Anspruchs auf Arbeitslosengeld bei vorangegangener unselbständiger Beschäftigung geschaffen.

Auch bei den Lehrberufen wurde den neuen Bedürfnissen Rechnung getragen. So gibt es heute Berufsbilder, die vor fünf Jahren noch nicht einmal am Rande diskutiert wurden. Ich möchte in dieser Hinsicht nur z.B. auf den "EDV-Kaufmann/frau", den "Immobilienkaufmann/frau" oder den "KommunikationstechnikerIn" verweisen. Allesamt Berufe, die sich erst in den letzten Jahren herausgebildet haben und auf die wir als politisch Verantwortliche rasch reagiert haben. Doch eines möchte ich klar stellen. Bei aller Anpassungs- und Liberalisierungsdynamik dürfen wir auf eines niemals vergessen:

Die grundlegenden Rechte der auf den Ertrag ihrer Arbeitskraft angewiesenen Menschen müssen gewahrt blieben.

Einer Ausbeutung der menschlichen Arbeitskraft unter dem Deckmantel wirtschaftlicher Notwendigkeiten werden wir auch in Zukunft energisch entgegentreten.

Wir stehen, wie ich in den letzten Minuten darlegen konnte, vor großen Umbrüchen in der Erwerbsgesellschaft. Die Herausforderungen, die diese Entwicklungen mit sich bringen, sind mannigfaltig. Angst und Hoffnung, Gewinner und Verlierer, Teilhabende und Nichtteilhabende liegen dabei eng nebeneinander.

Doch ich glaube, daß ich auch zeigen konnte, daß mit diesen Herausforderungen auch Chancen verbunden sind.

Der Strukturwandel ist jedenfalls bewältigbar. Wachsam und kritisch gegenüber kommenden Entwicklungen sollten wir aber dennoch bleiben!

Alpbacher Technologiegespräche

Zusammenfassung der Arbeitskreise

OTHMAR PÜHRINGER

Technischer Fortschritt - vernichtet oder schafft er Arbeitsplätze? Versuch einer Bilanz

1. Fakten

Es sind radikale Veränderungen festzustellen, welche der technische Fortschritt mit sich gebracht hat: *Neue Informationstechnologien*, speziell das *Internet*, änderten langgewachsene *Handelsstrukturen* und die *Kommunikationsformen* der Gegenwart. Alte Strukturen wurden über den Haufen geworfen; neue Denk- und Verhaltensweisen sind im Entstehen.
Seit WK II ist der Anteil am BNP bei durchschnittlichen Industrienationen

- in der Landwirtschaft von 9% auf 2% und
- in der herstellenden Industrie von 28% auf 17% gesunken.

In derselben Zeit: *nahezu Verdoppelung (auf 45%) des Servicesektors* (mit IT und Kommunikationsservices).
NB: Die geschilderten Veränderungen seit dem WK II haben fast 60 Jahre benötigt - radikale Veränderungen allein durch das Internet haben *binnen kürzester Zeit (ca. 3-4 Jahre)* enorme Auswirkungen gezeigt!
Wachstum wurde beschäftigungsintensiver: + 2% konst. Besch., Industrie: 5% blieb konstant.

2. Bilanz

Fortschritt schafft Arbeitsplätze. Verzicht auf Fortschritt vernichtet Arbeitsplätze.
Prozeßtechnischer Fortschritt vernichtet (Qualitätssteigerung, Kostensenkung, schneller).
Produkttechnischer Fortschritt schafft (neue Produkte, neue Leistungen).
T.F.verdrängt unrentable AP und schafft rentable.
T.F. verändert das Anforderungsprofil an Arbeitskräfte zu neuen Qualifikationen.
Bilanz für Volkswirtschaft: schafft und vernichtet.

Abhängig von
- Bildung - Ausbildung,
- persönlicher Entwicklung,
- Innovationsgesinnung und Innovationsumfeld,
- wirkungsvoller Vernetzung von Wirtschaft und Wissenschaft

wird die Bilanz positiv.

3. Lehre zum Handeln

Eine Einzelmeinung war: Weitergabe der Produktivitätsgewinne an die Kaufkraft der Konsumenten ist essentiell für Arbeitsplatzerhalt.
- kein Ausschließen bei Arbeitsplatzverlust
- klares Bekenntnis zur Innovation (Klima - Umfeld) Infoinitiative

Forderung an die Politik: Klares Bekenntnis zur Innovation muß abgegeben werden. Das Nichtgelingen der Technologieoffensive hat keinen öffentlichen Aufschrei ausgelöst.
Breites Mißverstehen - Aufhebung des "Bannfluches" über Gentech.
Wir müssen Rahmenbedingungen zur Bewältigung des Tempos im Fortschritt schaffen.
Minimum - Es gibt Verlierer.
Einbindung der Verlierer als soziale Aufgabe - ein gesamtpolitisches Thema.
Friedliches Zusammenleben ist wesentliches Ziel.
Einführung einer Technologieoffensive.
Technologie für Restrukturierung des Unternehmens - Netzwerke.
Modernes Umfeld, aber alte Innenstruktur.

4. Extrapolation

Einerseits: besser, schneller, billiger - weniger Arbeitsplätze = beängstigend.
Aber: Neue Produkte und Leistungen, die heute unbekannt sind. Was wollen wir in 10 Jahren? (Beispiel Lukullus)? Neue Werte!
Positive Zukunftsvision eröffnet Möglichkeiten der Selbstverwirklichung, Maslow.
Am Ende: Maßnahmendynamik.
Viele Überlegungen - nicht ausreichend erhärtet - Fortsetzung ist zu empfehlen.

MICHAEL SCHNEEBERGER

Dimensionen der Energiepolitik von Kyoto bis Buenos Aires

Die Konzentration von einigen bedeutsamen Treibhausgasen hat seit ca. 150 Jahren um ca. 265% zugenommen. Die vom Menschen verursachte Zunahme (Stichwort: Industrialisierung) der Konzentration von CO_2 ist auf den hohen Verbrauch von fossiler Energie zurückzuführen.

Über 90% des Energiebedarfes der fünf Milliarden Menschen, welche heute auf dieser Welt leben, wird durch fossile Energie abgedeckt. Welchen Effekt haben nun diese Treibhausgase auf das Weltklima? Die IPCC (Intergovernmental Penal on Climate Change), gegründet von den Vereinten Nationen und der Weltmeteorologie-Organisation, registrierte einen Temperaturanstieg zwischen 0,3° und 0,6° seit Ende des vorigen Jahrhunderts. Unter gleichbleibenden Rahmenbedingungen wird für das nächste Jahrhundert ein weiterer kontinuierlicher Anstieg der Temperatur erwartet.

Das Kyoto-Protokoll vom November 1997 hat wesentliche Änderungen bewirkt. Die wichtigsten seien genannt:

- die Erweiterung des "Emissionskorbes" der zu bilanzierenden Treibhausgase (außer CO_2 auch Methan, CH_4, N_2O und SF_6, HFC und PFC)
- die Einführung von flexiblen Maßnahmen (Handel mit Emissionszertifikaten, gemeinsame Aktivitäten in Drittländern, Clean-Development-Mechanism etc.
- das Einbeziehen von Senken für Treibhausgase.

Im Kyoto-Protokoll verpflichteten sich die Industrieländer bezüglich einer Stabilisierung bzw. Abnahme der Treibhausgasemissionen um ca. 5% bezogen auf den Zeitpunkt 1990. Im November 1998 findet in Buenos Aires die nächste UN Klimakonferenz statt. Intensive Vorkehrungen werden in allen Ländern getroffen, diese Konferenz vorzubereiten und insbesondere die vielen offenen Fragen, welche durch den Abschluß des Protokolls von Kyoto entstanden sind, zu analysieren.

Im Rahmen der Arbeitsgruppe wurden folgende Fragen behandelt:

1. Welche Auswirkungen hat das Kyoto-Protokoll auf den Energiebereich?
2. Welche Bedeutung hat das Energiesystem für die Emissionen der Treibhausgase?
3. Besteht ein Spielraum, diese Auswirkungen zu reduzieren, wenn ja, welcher?
4. Welche Konsequenzen folgen daraus für die Energiepolitik?

In insgesamt elf Kurzvorträgen wurde das vorgegebene Thema von engagierten Vortragenden aus dem In- und Ausland aus dem Blickwinkel der Forschung, der Politik, der Klimatologie, der Energiedienstleister und der Industrie beleuchtet.

Die Analyse der technologischen Szenarien der Entwicklung unserer Energiesysteme in Europa, wie weiterer Ausbau der Kernenergienutzung, Forcierung der modernen Kohletechnologie, Expansion des Einsatzes von Gas und Brennstoffzellen sowie die Auswirkungen erneuerbarer Energien wurden von der EU Kommission GD XII für Forschung in Bezug auf die Klimastabilisierung untersucht. Diese Ergebnisse werden auch die Positionierung der EU auf die Klimakonferenz in Buenos Aires kennzeichnen.

Technologischer Fortschritt allein erscheint unzureichend, um die Kyoto-Ziele zu erreichen. Hierzu müssen auch die politischen Rahmenbedingungen geändert werden, wie z.B. Handel mit Emissionszertifikaten und/oder Internalisierung der externen Kosten. Eine Kombination von technologischen Bemühungen um Emission und Handel mit Zertifikaten könnten eine Stabilisierung der Treibhausgasemissionen der Welt auf wirtschaftlicher Basis zwar nicht bis zum Jahre 2010 (Kyoto-Jahr), aber unter bestimmten Rahmenbedingungen bis zum Jahre 2030 ermöglichen.

Die Forschung muß in mehrfacher Hinsicht intensiviert werden, die wissenschaftlichen, meteorologischen, klimatologischen, sozio-ökonomischen Aspekte und Intensivierung der technologischen Forschung für Energie- und Transportsysteme insbesondere. Das neue Rahmenprogramm der Europäischen Kommission der EU wird diesen Aspekten eine ganz besondere Beachtung schenken. Die politischen Diskussionen über dieses Rahmenprogramm werden den Herbst in Brüssel prägen.

Strategische Allianzen und Partnerschaften, gemeinsame wirtschaftliche Aktivitäten und Kooperationen zwischen Regierungen, Marktwirtschaft und Industrie sowie Kooperationen von akademischen und Forschungseinrichtungen sind von besonderer Bedeutung für die Erreichung der Kyoto-Klimaziele.

Im Hinblick darauf, daß die nächste Klimakonferenz in Buenos Aires bereits in zwei Monaten stattfinden wird, kam dem Zeitpunkt unserer Expertenberatungen an diesen beiden Tagen besondere Bedeutung zu. Dies um so mehr, als Österreich in den nächsten Monaten eine besondere Aufgabe im Rahmen der EU-Präsidentschaft wahrzunehmen hat. Seitens der österreichischen Vortragenden aus Wirtschaft und Industrie wurde vorgebracht, daß die österreichische Reduktionsverpflichtung von 13% der drei relevantesten Klimagase nicht die Tatsache widerspiegelt, daß Österreich im Rahmen der EU-Staaten zu jenen Mitgliedsstaaten gehört, die den höchsten Anteil erneuerbarer Energien haben und die spezifischen Emissionsdaten im europäischen Vergleich äußerst günstig liegen. Es wurde argumentiert, daß die bisherige Umweltpolitik Österreichs die makroökonomische Dimension nicht ausreichend beachtet habe. Weiters wurden Zweifel geäußert, daß aus heutiger Sicht die von Österreich als Zielsetzung propagierten Reduktionsziele unrealisierbar sind. Seitens der österreichischen Strom-, Gas- und Wärmewirtschaft wurde jedoch trotzdem die Bereitschaft versichert, einen wesentlichen Beitrag zur Reduktion der klimawirksamen Gase zu leisten. Bei sinnvollen Rahmenbedingungen können durch eine weitere Steigerung der Energieeffizienz, der thermischen Abfallbehandlung, dem Ausbau der Fernwärme und dem verstärkten Einsatz von Biomasse und Wärmepumpe auch in liberalisierten Märkten wichtige nationale Reduktionsbeiträge erbracht werden. Die günstige Ausgangssituation bezüglich der spezifischen Emissionsdaten verdankt Österreich insbesondere dem Einsatz der Wasserkraft in der Stromerzeugung. In dieser Technik besitzt Österreich auch eine internationale technische Kernkompetenz, welche von großer Bedeutung für Arbeitsplätze im Bereich der Planung und der Fertigung sind. Die Reduktion von Methan, welches insbesondere in der Landwirtschaft und in den Deponien entsteht, wird in den nächsten Jahrzehnten in Österreich beim integrierten Klimaschutz eine besondere Rolle spielen.

FRANZ ROTTMEYER

Standortfaktor Infrastruktur

Unter dem Titel "Standortfaktor Infrastruktur" beschäftigte sich der Arbeitskreis 3 mit den Grundlagen eines wettbewerbsfähigen Wirtschaftsstandorts. Das hochkarätig besetzte Podium sorgte für ein breites inhaltliches Spektrum und diskutierte dieses aus unterschiedlichen Perspektiven mit dem äußerst aktiven Publikum. Als besonders hilfreich in der Diskussion stellte sich der vorbereitete und von der Gruppe beschlossene "rote Faden" in Form eines "Prozeßmodells" (siehe Abbildung) heraus. Ausgehend von dem Beziehungsdreieck Vision-Wertesytem-Strategie arbeiteten sich die Teilnehmer des Arbeitskreises durch die einzelnen Bereiche des Modells. Die Beiträge wurden an der großflächigen "Diskussionswand" abgebildet und festgehalten. Die in der vorliegenden Dokumentation zusammengefaßten Ergebnisse können natürlich nur einen Teil einer Vielzahl guter Ideen beinhalten, wenngleich ich der Überzeugung bin, daß es uns gelungen ist, die essentiellen Punkte zu erfassen. Ganz besonders hervorheben möchte ich eine Forderung des Arbeitskreises, welche über die Technologiegespräche hinaus bei politischen Entscheidungsträgern und in den Medien eine sehr positive Resonanz gefunden hat: *die Konzentration aller Kompetenzen, die die Infrastruktur betreffen in einem Ministerium.* Erst wenn Schiene, Straße, Flugverkehr, Wasser, Telekom und Umwelt bei einem Entscheidungsträger ressortieren, werden wir Schnittstellen vermeiden, Doppelkompetenzen verhindern und eine Steigerung der Entscheidungseffizienz erreichen.

Die Verwirklichung dieser Forderung würde die Attraktivität und Wettbewerbsfähigkeit des Wirtschaftsstandortes Österreich massiv verbessern. Ich hoffe, daß wir mit diesem Arbeitskreis einen wichtigen Beitrag leisten konnten.

Prozessmodell

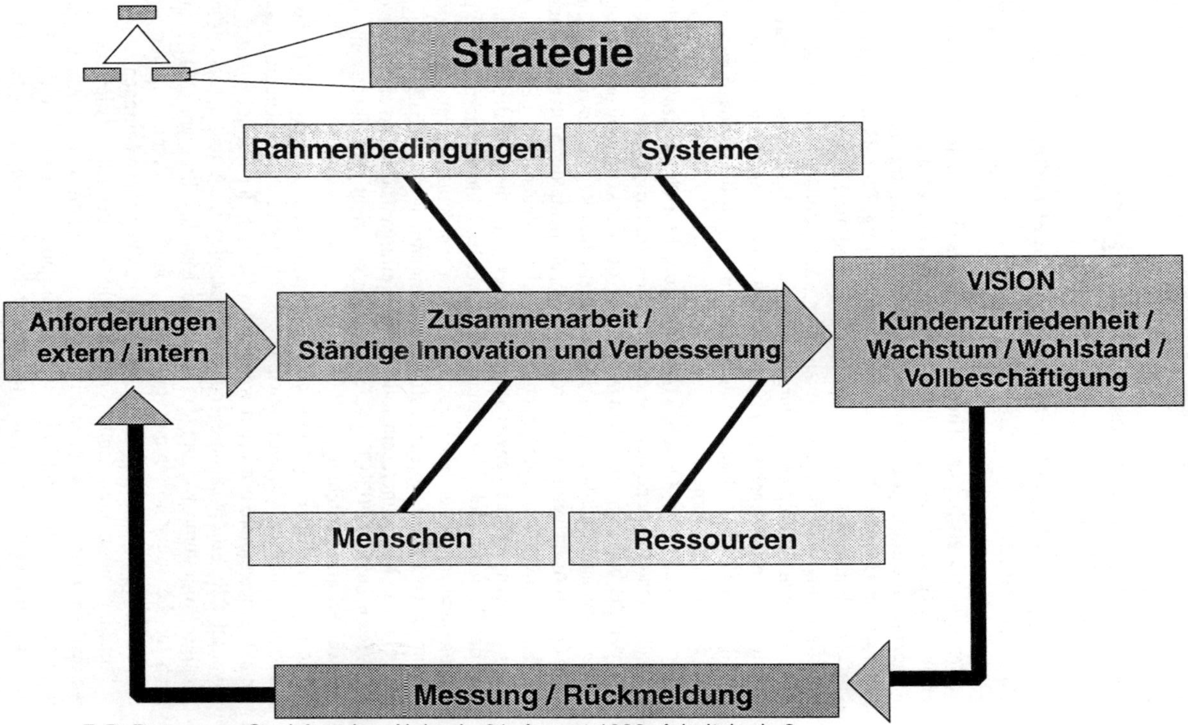

F. R. Rottmeyer, Opel Austria - Alpbach, 21. August 1998, Arbeitskreis 3

ERICH GORNIK

Europäisches Rahmenprogramm und nationale Technologiepolitik: Katalysator oder Steuerungsinstrument

Der Arbeitskreis hat das Thema aus drei Gesichtspunkten beleuchtet. Im ersten Block der Beiträge standen Innovationsansätze aus der Sicht eines Forschungsinstitutes, der Universitäten und der Industrie im Vordergrund. Dazu gab es Beiträge von Prof. Klaus von Klitzing, Prof. Erich Gornik und Prof. Dr. Helmut List. Im zweiten Block wurden die Methoden der Innovationsförderung und Innovationsfinanzierung aus europäischer und nationaler Sicht von den Referenten Dr. Jürgen Knorr, Dr. Norbert Rozsenich und Dr. Reinhart Kögerler behandelt. Im dritten Teil wurde von den Referenten Dr. Dirk-Meints Polter und Dr. Günter Koch zu Wegen der Innovationsumsetzung Stellung genommen.

Prof. Dr. Klaus von Klitzing - Nobelpreisträger für Physik des Jahres 1985 - befaßte sich eingehend mit den europäischen Förderprogrammen. Er stellte fest, daß die bisherige Forschungsförderung der EU keine Spitzenforschung fördert, was hauptsächlich durch die Bürokratie und Regelungswut der Brüsseler Organisation verursacht wird. Die Basiselemente der Spitzenforschung wie Kreativität, das Suchen nach erfolgreichen Wegen oder das Erzeugen neuen Wissens sollten daher nationale Anliegen bleiben, da die Mechanismen der Förderung lokal besser umgesetzt werden können. Diese Schlußfolgerung steht im Widerspruch zur Vision von von Klitzing, daß Spitzenforschung in bezug auf Erkenntnisforschung eigentlich ein globales Anliegen der gesamten Menschheit sein sollte. Eine Weltorganisation, so etwas wie eine Wissenschafts-UNESCO, wäre vielleicht der richtige Ziehvater für die weltweite Spitzenforschung.

Die europäischen Programme sind ausgelegt zur Förderung der europäischen Wirtschaft im Vorfeldbereich. Die Erfolge sind eher bescheiden, da zu viele Themengebiete bearbeitet werden. Im Bereich der technologischen Innovation fällt Europa zunehmend gegenüber den USA und Japan zurück. Wenige Programme wie das Training und Mobility Program (MTR) sind auch für die Spitzenforschung von Vorteil, da sie zur Vernetzung von wissenschaftlichen Instituten und zur Mobilität von Forschern beitragen.

Forschungsprogramme sollten daher nicht von der Bürokratie aufgesetzt werden, da diese kein Verständnis für die Innovation und die Abläufe hat. Grundlagenforschung soll frei sein ohne Vorgaben, aber nur von den Besten durchgeführt werden. Ein gutes Beispiel ist die Max Planck Gesellschaft: Es gibt keinerlei Vorgaben durch die Politik. Die Ausrichtung der Themen geschieht in der Eigenverantwortung der Wissenschaftler und war interessanterweise in den letzten 20 Jahren immer am Puls der Zeit. Die Organisationsstruktur ist auch interessant: In der Hierarchie sind die einzelnen Wissenschaftler höher als der Präsident und die Bürokratie. Ein anschauliches Bild stellt einen Baum dar, in dem die Wissenschaftler die Früchte sind und die Leitung der Stamm und die Verwaltung die Wurzeln. Das bedeutet implizit, daß die produktiven Teile nur dann wachsen können, wenn die Versorgung gut funktioniert.

Von den Vertretern der Industrie (Dr. J. Knorr und Dr. H. List) werden die europäischen Programme generell gutgeheißen, im Bereich der KMUs führen sie zu einer wettbewerbsverbessernden Kooperationsstruktur. Allerdings ist die negative Tendenz einer Verzettelung der Ressourcen auch im 5. Rahmenprogramm vorhanden. Es wurde von Dr. Knorr betont, daß sich Europa insbesondere im Bereich der elektronischen Industrie anstrengen muß, nicht weiter Marktanteile zu verlieren. In den letzten 15 Jahren ist der Umsatz der Elektronik und Kommunikationsindustrie von 12% auf 9% Weltanteil zurückgegangen, der eindeutig auf zu geringe Investitionen (20 Milliarden US$ in Europa) zurückzuführen ist. So hat der Ferne Osten ohne Japan in diesem Zeitraum mit Investitionen von 30 Milliarden US$ einen Marktanteil von 12% (von praktisch Null ausgehend) erreicht. Da der Bereich der Kommunikationsindustrie heute bereits - bezogen auf den Umsatz - der dominante Industriezweig der Welt ist, muß Europa hier mithalten. Einen wesentlichen Beitrag können große konzentrierte Programme wie MEDEA liefern, die zu einer Verbesserung der Industriestruktur führen. Europa hat die Fähigkeit, auch auf technologischen Gebieten führend zu sein, wie das Beispiel des 64 MBit und 256 MBit DRAM Speichers von Siemens zeigt, der die weltweit fortschrittlichste Technologie aufweist.

Die Analyse der Situation der Forschung und Entwicklung in Österreich zeigt klar die Defizite im strukturellen Bereich, wie Dr. R. Kögerler darlegte: Österreich hat bezogen auf den Einsatz der Mittel pro Wissenschafter nur eine Publikationsleistung von 70 bis 80% in Relation zum Schnitt der OECD Länder. Eine Verbesserung dieser Situation ist einerseits nur durch die Erhöhung der österreichischen Forschungsquote auf OECD-Werte und andererseits durch eine vernetzte Koordination aller Beteiligten, der Ministerien, der Universitäten, der verschiedenen Fonds, der außeruniversitären Forschungseinrichtungen und der Industrie zu erreichen. Die Indikatoren dafür sind gut, wie Dr. Rozsenich erläuterte: Die Zahl der industrierelevanten Anträge bei den diversen Fonds steigt in den letzten Jahren beträchtlich, und es zeigt sich, daß gut aufgesetzte Programme wie z.B. die Christian Doppler Labors zu beachtlichen Erfolgen führen können. Die Einrichtung von Kompetenz-Zentren ist ebenfalls ein wichtiger Schritt in die richtige Richtung. Eine Schwachstelle sind in diesem Umfeld die Universitäten, die in Österreich die Hauptträger der wissenschaftlichen Forschung sind. Diese werden sich einem Wandel unterziehen müssen, um auf die Herausforderung einer verstärkten Kooperation mit der Industrie und Wirtschaft eingehen zu können. Auch hier sind durch die Gesetzgebung positive Akzente gesetzt worden (UOG 93), die aber durch das Dienstrecht der Hochschullehrer stark in der Umsetzung behindert werden. Eine signifikante Verbesserung der österreichischen Forschungslandschaft wird aber ohne Verstärkung und Konzentration der vorhandenen universitären und außeruniversitären Leistungsstrukturen und Neugründung von außeruniversitären Forschungsinstituten nicht umsetzbar sein.

Eine Analyse des Publikationsverhaltens der Universitäten und Forschungsinstitute zeigt, daß der Grad der Spezialisierung in den letzten 15 Jahren abgenommen hat. Das heißt, es ist eine zunehmende Verbreitung und eine Verzettelung in Kleingruppen zu beobachten. Diese Fragmentierung der Ressourcen ist nicht nur in den Forschungseinrichtungen, sondern auch in der Industrie und auch innerhalb der Ministerien zu beobachten.

Ein Schwerpunkt der künftigen Strukturverbesserung muß daher Maßnahmen für eine Fokussierung der menschlichen und materiellen Ressourcen schaffen. Die Zauberformel ist der Begriff Fokussierung. Es gibt sehr gute Ansätze dazu durch Clusterbildungen, die durch regionale Gegebenheiten begonnen und durch EU-Programme unterstützt werden. Ein gutes Beispiel dazu ist der Automobil-Cluster um Graz.

Eine Besinnung auf eigene Stärken ist durch den Druck der internationalen Konkurrenz und durch die Vernetzung in europäischen Programmen an vielen Stellen im Gange: Im Forschungszentrum Seibersdorf wird eine Fokussierung auf Materialwissenschaften und Simulation von Materialprozessen durchgeführt, wie Dr. Koch erläuterte. Die Universitäten sind dabei Schwerpunktprogramme, die auf kritischen Gruppengrößen aufbauen, und die Sichtbarkeit und Leistungsfähigkeit der Universität erhöhen.

Der Fonds zur Förderung der wissenschaftlichen Forschung hat Spezialforschungsprogramme, das Start- und Wittgensteinpreis Programm z.B., neu eingeführt, um die Qualität der österreichischen Forschung deutlich zu steigern. Der Forschungsfonds der gewerblichen Wirtschaft hat ebenso Schwerpunkte z.B. im Lebensmittelbereich und in der Holzindustrie eingerichtet, die zu einer wesentlichen Produktivitätssteigerung in diesen Bereichen führen. Klein- und Mittelbetriebe können auch in kleinen Ländern durch Einrichtungen wie die Frauenhofer Gesellschaft erfolgreich gefördert werden, wie Dr. Polter an Hand mehrerer deutscher Beispiele ausführte. Dabei ist aber wesentlich, daß Institute fokussiert arbeiten, eine zu breite Ausrichtung einzelner Institute hat sich nicht bewährt.

Die Situation ist durch die derzeitige Forschungsquote nicht zufriedenstellend, die Stimmung und die Zeichen der Zeit sind aber sehr gut und können durch entsprechende politische Maßnahmen zu einer deutlichen Verbesserung der Situation in Österreich führen. Eine wesentliche Voraussetzung ist aber, daß sich auch die politische Administration ebenfalls einem Wandel unterzieht und effizienter wird. Der Druck auf schnellere Umsetzung von Maßnahmen und Programmen wird im Zuge einer von außen vorgegeben Dynamik immer größer.

Es ist eine klare Tendenz zu einer mehr regionalen Technologiepolitik zu beobachten; die nationale bundesstaatliche Technologiepolitik verliert an Bedeutung, wie dies der Fall Bayern, das erfolgreichste Beispiel im Bereich der elektronischen und biotechnologischen Industrie, zeigt.

Die Frage, ob das europäische Rahmenprogramm und die nationale Technologiepolitik Katalysator oder Steuerungsinstrument sind, wurde im Arbeitskreis dahingehend beantwortet: Sie sollen vorwiegend Katalysator und weniger Steuerungsinstrument sein. Die europäischen Programme sind - insbesondere für ein kleines Land - hauptsächlich Katalysator und können als Leistungskriterium für die regionale Förderung von angewandter Forschung herangezogen werden. Im Bereich der Spitzenforschung kann nur der internationale Vergleich und können nicht die EU-Programme als Maßstab genommen werden. Spitzenforschung muß daher ein nationales Anliegen bleiben, da sie eine wichtige Funktion im Hinblick auf die Motivation der jungen Leute hat.

Die wesentlichen Empfehlungen des Arbeitskreises sind daher:

- Die Mittel für Forschung und Entwicklung sollen ein fixer Bestandteil des Budgets sein, um Kontinuität zu garantieren.
- Es sollen neue Instrumente der Kooperation Universitäten - Industrie in ein Technologiegesetz eingebunden werden.
- Eine schrittweise Erhöhung des F&E Anteiles auf OECD Niveau über einen Zeitraum von 4 bis 5 Jahren ist unumgänglich.

Alpbacher Gesundheitsgespräche

Einer für alle - alle für einen? Eigenverantwortung - Subsidiarität - Solidarität: Leitlinien des Gesundheitswesen der Zukunft

KLAUS ZAPOTOCZKY

Die diesjährigen Alpbacher Gesundheitsgespräche standen unter dem Gesamtthema "Einer für alle - alle für einen? Eigenverantwortung - Subsidiarität - Solidarität" und versuchten, Leitlinien eines Gesundheitswesens der Zukunft zu entwickeln und so auch einen konstruktiven Beitrag zum Generalthema des Europäischen Forum Alpbach "Die zerrissene Gesellschaft" zu leisten.

Wie schon in den vergangenen Jahren war die Gesamtthematik in zwei unterschiedliche Veranstaltungstypen gegliedert, nämlich in eine Plenarveranstaltung für alle Teilnehmer des Europäischen Forum Alpbach am Sonntag und einen Workshop für einen kleineren Expertenkreis am Montag.

Die Plenarveranstaltung stand unter dem Titel "Eigenverantwortung - Subsidiarität - Solidarität: Leitlinien des Gesundheitswesens der Zukunft" und war dadurch ausgezeichnet, daß Lore Hostasch, Bundesministerin für Arbeit, Gesundheit und Soziales, die Eröffnung vornahm. Dabei dankte die Ministerin insbesondere dem Präsidenten des Österreichischen College, Dr. Heinrich Pfusterschmid-Hardtenstein, für die Durchführung der Gesundheitsgespräche.

Von den vorgesehenen Hauptrednern war die angesehene Medizinsoziologin aus Heidelberg, Univ.-Prof. Dr. Uta Gerhardt, wegen einer plötzlichen Erkrankung verhindert, ihren Vortrag "Gesundheit in der Gesellschaftsgemeinschaft" zu halten. Der Text wurde interessierten Teilnehmern schriftlich zur Verfügung gestellt, konnte aber nicht diskutiert werden.

Univ.-Prof. Dr. Peter Atteslander führte in die weitgespannte Thematik ein und baute eine interessante Brücke zwischen den beiden verbliebenen Themenschwerpunkten der Plenarveranstaltung, der von Univ.-Prof. Dr. Reinhard Blum, Rektor der Universität Augsburg, behandelten Thematik "Ökonomie und Ethik im Gesundheitswesen?" und dem vom Altmeister der deutschen Sozialmedizin, Univ.-Prof. Dr. Hans Schaefer, dargestellten Thema "Eigenverantwortung als epidemiologisches Problem".

Die Podiums- und auch die (eher kurze) Publikumsdiskussion betonte einerseits die Notwendigkeit einer Intensivierung der Eigenverantwortung der einzelnen im modernen Gesundheitswesen, erbrachte einige Vorschläge für die Stärkung und Verwirklichung des Subsidiaritätsgedankens, die auch mit Wirtschaftlichkeitserwägungen gekoppelt wurden, und hielt andererseits die Errungenschaften des in Österreich gut verwirklichten Solidarsystem für unverzichtbar. Die Texte der Plenarvorträge werden weiter unten wiedergegeben.

Zentraler Inhalt der Gesundheitsgespräche war ein eintägiger Workshop mit ausgewählten Teilnehmern aus verschiedenen Gesundheitsberufen des In- und Auslandes zum Thema "Gestaltungszwänge und Entfaltungsmöglichkeiten im Gesundheitssystem der Zukunft". Die Thematik wurde in 3 Round Tables gegliedert, die nacheinander stattfanden und den Themen "Eigenverantwortung oder Beliebigkeit der Lebensstile als Gesundheitsgefährdung", "Subsidiaritätsprinzip im Gesundheitswesen: Realität oder Ideologie?" und "Perspektiven des Solidarsystems im Gesundheitswesen" gewidmet waren.

Klaus Zapotoczky skizzierte in seiner Einleitung in den Workshop sowohl die Grundabsichten der Alpbacher Gesundheitsgespräche als auch die Intentionen des wissenschaftlichen Beirates mit den gewählten Themenschwerpunkten. Zapotoczky betonte - einmal mehr - die multidisziplinäre Ausrichtung der Gespräche, die offene Atmosphäre und das Bemühen um eine gewisse Systematik, die auch zu einer Publikation der Ergebnisse der Gespräche führen soll.

Der erste Round Table wurde vom Biometriker Univ.-Prof. Dr. Berthold Schneider von der Medizinischen Hochschule Hannover geleitet. In seinen einleitenden Ausführungen betonte Schneider zunächst die Bedeutung der Eigenverantwortung in Prävention, Therapie und Rehabilitation, wobei er zum Teil an Ergebnisse der Gespräche von 1997 anschloß. Anschließend unterschied Schneider zwischen individuellen, gruppenspezifischen und gesellschaftsstrukturellen Aspekten von Eigenverantwortung und stellte die Frage nach einem günstigen "Klima" für Eigenverantwortung in den jeweiligen Gesellschaften und Lebensfeldern.

Thomas Abel, Universitätsprofessor an der Universität Bern, stellte seine einführenden Thesen unter den Titel "Lebensstil und Gesundheit: Thesen zur Komplexität eines nur scheinbar griffigen Konzeptes". Das neuerdings häufig verwendete Konzept des "Lebensstils", das zur Erklärung vieler Gesundheitsbeeinträchtigungen und Gesundheitsgefährdungen herangezogen wird und manchmal zu - oft kontraproduktiven und die Freiheit der einzelnen und Gruppen einschränkenden - Verboten bestimmten Verhaltens (auf Zeit, an gewissen Orten, bei bestimmten Gelegenheiten) führt, benötigt nach Abels Ansicht viele eingehende empirische Untersuchungen, die nur selten - in der zu fordernden Qualität - vorliegen.

Abel wies auf eigene Arbeiten hin, die hier nicht dargestellt werden können, und betonte dabei die Wichtigkeit interdisziplinären Arbeitens, das ständig gefordert, aber nur selten praktiziert wird. Eine ideale Ergänzung zu diesen Darstellungen waren die Ausführungen von Jean-Pierre Dauwalder, Universitätsprofessor an der Universität Lausanne, der die Bedeutung der Persönlichkeitsstruktur für den Umgang mit Situationen herausarbeitete und anhand eigener Untersuchungen zeigen konnte, daß gleiche oder ähnliche Situationen von unterschiedlichen Persönlichkeitstypen deutlich verschieden verarbeitet werden, so daß manche Belastungen auch bei gleichen oder ähnlichen Rahmenbedingungen anders wahrgenommen und verarbeitet werden. Auch die jeweilige subjektive Wahrnehmung und Interpretation einer Situation spielt eine erhebliche Rolle.

Frau Renate Imhof-Grünn vom Bundesverband der Diplomierten PhysiotherapeutInnen Österreichs stellte die Notwendigkeiten der Eigenverantwortung aus der Sicht ihrer Berufsgruppe dar, und es ist zu hoffen, daß auch in Zukunft die Stimme der noch nicht akademisch vorgebildeten Berufsgruppen eingebracht und gehört wird.

In der Diskussion wurde stark gewünscht, einerseits jede (potentielle) Einschränkung der Eigenverantwortung zu bekämpfen, für Öffentlichkeit und Gleichwertigkeit von Behandlungsalternativen einzutreten und sich andererseits von Scharlatanerie und Quacksalberei abzugrenzen.

Als zweiter Round Table wurde organisationsbedingt zeitlich verändert die Thematik "Perspektiven des Solidarsystems im Gesundheitswesen" behandelt. Die Round Table-Leitung hatte Vizekanzler a.D. Dr. Erhard Busek übernommen, der einleitend auf das wirksame Solidarprinzip im österreichischen Gesundheitssystem hinwies, aber zugleich auf Finanzierungsprobleme und die Gefahr einer Mehr-Klassen-Medizin aufmerksam machte.

Einführende Thesen wurden von Univ.-Prof. Dr. Rainer Pelka von der Universität der Bundeswehr München vorgebracht. Dabei betonte Pelka einerseits die Unverzichtbarkeit von Versicherungen und thematisierte andererseits auch Wettbewerbsanreize für die Versicherungen bzw. Konkurrenz unter Versicherungen. BM a.D. Dr. Walter Geppert stellte als amtierender Generaldirektor des Hauptverbandes der Österreichischen Sozialversicherungsträger in fundierter und umfassender Weise die Grundprinzipien des österreichischen Sozialversicherungswesens dar und betonte, daß das Funktionieren dieses Systems im großen und ganzen auch in Zukunft gesichert sei. Die Tiroler Landesrätin für Gesundheit, Dr. Elisabeth Zanon, war an einer Teilnahme verhindert, ihr Vertreter Dr. Burghard Abendstein, Landtagsabgeordneter von Tirol und aktiv tätiger Spitalsarzt, versuchte anhand von Einzelbeispielen die Ausführungen von Dr. Geppert zu korrigieren, es entwickelte sich aber keine Systemdiskussion mit alternativen Konzepten, sondern es blieb bei unterschiedlichen Einzelpositionen. Trotzdem ist auf längere Sicht gesehen und im internationalen (europäischen) Kontext eine Gesamtdiskussion nicht vermeidbar, auch wenn Sozialversicherungsfragen und Gesundheitssystemfragen keine gemeinsamen Aufgaben der Europäischen Union darstellen. Es gibt erst bescheidene Ansätze einer umfassenden Darstellung der Gesundheits- und Sozialversichungssysteme der einzelnen europäischen Länder, wobei oft auch - wie in Österreich - die Bundeskompetenz in Gesundheitsfragen eher bescheiden ist.

In seiner ruhigen, überlegten Art ging Prof. Dr. Michael Habs auf die Bedeutung einer umfassenden Zusammenarbeit nicht nur der unterschiedlichen Gesundheitsberufe, sondern auch der (Arzneimittel-)Industrie ein und regte Überlegungen zur Optimierung der Verwendung gesundheitsstützender Mittel an.

Auch die Experten aus dem Publikum äußerten sich zum Teil in sehr pointierter Weise zu den Möglichkeiten und Grenzen des Systems und zur Notwendigkeit einer flexiblen Weiterentwicklung des Solidaritätsgedankens auf gerechter und finanzierbarer Basis.

Der letzte Round Table war dem Thema "Subsidiaritätsprinzip im Gesundheitswesen: Realität oder Ideologie?" gewidmet und wurde von Univ.-Prof. Dr. Elmar Doppelfeld, dem Leiter der medizinisch-wissenschaftlichen Redaktion des Deutschen Ärzteblattes, umsichtig und zielstrebig geleitet. Der Hauptgeschäftsführer der Bundesärztekammer und des Deutschen Ärztetages, Univ.-Prof. Dr. Christoph Fuchs, behandelte in seinen einführenden Thesen "Subsidiarität im Spannungsfeld von Behandlungs- und Versorgungsansprüchen" und stellte heraus, daß die Forderungen der Patienten immer differenzierter würden und daher oft nur in Zusammenarbeit von verschiedenen Spezialisten zu leisten seien und daß auch ganz allgemein der Glaube an die "Machbarkeit von Gesundheit" zunähme und zum Teil weit über das in manchen Bereichen Verwirklichbare hinausginge. Zusätzliche Engpässe könne es durch Finanzierungsschwierigkeiten geben, aber das übermäßige Vertrauen in und die Forderungen an eine eventuell menschenferne Gesundheitsindustrie stellten zentrale Probleme dar und implizierten - fast notwendiger Weise - Enttäuschungen.

Dr. Arno Brandt vom Institut für Medizin, Informatik und Biostatistik in Basel schilderte anhand von konkreten Arbeiten seines Instituts die Wichtigkeit einer nüchternen und wirklichkeitsgerechten Erfassung von Krankheitsverläufen und gab Anregungen bzw. Anstöße zum Aufbau einer interdisziplinären Krankheitsursachenforschung.

Der Direktor der größten privaten Krankenversicherung in Oberösterreich, Mag. Gerhard Dickinger, stellte anhand von Programmen und Maßnahmen seiner Versicherungsanstalt einerseits einige Möglichkeiten subsidiärer Gesundheitsgestaltung dar und versuchte andererseits den Ausbau der Kooperation mit der gesetzlichen Krankenversicherung herauszuarbeiten.

Der Präsident der Deutschen Gesellschaft für Sozialmedizin, Univ.-Prof. Dr. Johannes Gostomzyk, ging in seinem Beitrag unter anderem auf die vielen Formen dezentraler Gesundheitsvorsorge ein, die in ihren gemeindenahen Ausrichtungen von der WHO besonders unterstützt werden. Alles, was die kleine Einheit annähernd gleich gut und in der Regel schneller und kostengünstiger zu leisten in der Lage ist, soll von dieser Einheit (einzelner, Kleingruppe, Familie, Gemeinde) durchgeführt werden. Freilich sind diesen Dezentralisierungs- und Subsidiaritätstendenzen auch Grenzen gesetzt, die bedacht werden müssen.

In der letzten Diskussion wurden einerseits manche gelungene Beispiele einer Verwirklichung des Subsidiaritätsprinzips im Gesundheitswesen gebracht und andererseits darauf hingewiesen, daß übermäßige Reglementierungen im Gesundheitsbereich eine große Gefahr für das wichtige persönliche Engagement der Beteiligten darstellt und eine bessere Vernetzung (interessanter) lokaler, dezentraler Dienste und Tätigkeiten zu fordern und zu fördern ist.

In seinem Schlußwort dankte Prof. Dr. Peter Atteslander den Round-Table-Leitern, Referenten und Votanten für ihre Mitarbeit und allen Diskutanten und Teilnehmern für ihr aktives Mittun und betonte, daß die Gesundheitsgespräche nunmehr in das Europäische Forum Alpbach voll integriert sind und einen fixen Bestandteil bilden.

LORE HOSTASCH

Ich freue mich sehr, auch heuer wieder die Eröffnung der Alpbacher Gesundheitsgespräche vornehmen zu dürfen.

Unsere diesjährigen Gespräche stehen unter dem Generaltitel "Einer für alle - alle für einen?". Das Besondere an diesem Motto ist, daß es nicht als *Postulat* formuliert ist, wie im Roman von Dumas, sondern als übergeordnete Frage die Gespräche begleiten wird. Ausgehend von dieser Fragestellung wird zu diskutieren sein, ob die Schlagworte "Eigenverantwortung", "Subsidiarität" und "Solidarität" innerhalb unserer Gesundheitssysteme in einem Konkurrenzverhältnis zueinander stehen oder ob sie nicht vielmehr unverzichtbare, sich einander ergänzende, Teilaspekte einer optimierten Gesundheitsvorsorge und -betreuung darstellen.

"Solidarität" im nationalen und europäischen Kontext

Österreich hat ein hervorragendes Gesundheitssystem, das durch die Verwirklichung des Solidaritätsprinzips eine lange Tradition der erfolgreichen Integration von persönlicher und gesellschaftlicher Verantwortung für das Gut "Gesundheit" besitzt.

Die Prinzipien der Solidarität und des sozialen Ausgleiches finden ihre deutlichste Ausprägung im System der österreichischen Sozialversicherung, einem System, das sich seit 50 Jahren bestens bewährt, Modellcharakter für ganz Europa besitzt und das von seiner Grundkonzeption unverzichtbar ist.

Auch in einem immer stärker zusammenwachsenden Europa werden wir an unserem nationalen Modell festhalten. Der Bereich des Sozialrechts und insbesondere der Bereich der sozialen Sicherheit fällt weitestgehend in den

Bereich der *Subsidiarität* und damit automatisch in den Kompetenzbereich der Mitgliedstaaten der Europäischen Union. Das heißt, die Mitgliedstaaten werden durch das EG-Recht *nicht* zu einer Harmonisierung ihrer nationalen Rechtsordnungen verpflichtet. Daran soll auch in Zukunft nicht gerüttelt werden. Denn im Bereich der Gesundheit und der sozialen Sicherheit ist das Prinzip der Subsidiarität unabdingbar. Eine EU-weite Harmonisierung würde der Treffsicherheit und Bedarfsorientiertheit des spezifischen, nationalen Leistungsangebotes entgegenstehen.

Allfälligen Entwicklungen innerhalb der EU, die Gesundheitspolitik immer mehr ökonomischen Wettbewerbsgrundsätzen unterzuordnen, muß aus meiner Sicht jedenfalls mit Vehemenz entgegengetreten werden. Durch die "Soziale Versicherung" nach österreichischem Muster werden die Lasten innerhalb einer Gemeinschaft gerechter und solidarischer verteilt und ein gleiches Maß an Sicherheit und Schutz für jeden einzelnen sichergestellt. Die gesetzliche Krankenversicherung ermöglicht für jeden Österreicher eine optimale, am letzten Stand der Forschung orientierte medizinische und pflegerische Betreuung, eine finanzielle Absicherung im Krankheitsfall, sowie eine Palette an Angeboten im präventiven Bereich.

Obgleich die Sozialversicherung den überwiegenden Teil des Solidarsystems im Gesundheitsbereich abdeckt, sollen andere Aufgaben der öffentlichen Vorsorge hier nicht unerwähnt bleiben, die für das umfassende Verständnis einer interdisziplinären Gesundheitspolitik wesentlich sind. Die soziale, auf einer solidarischen Basis fußende Absicherung greift nicht allein im Fall von Krankheit, sie ist auch bei Arbeitsunfähigkeit, Mutterschaft, Arbeitslosigkeit und bei der Altersvorsorge gegeben. Auch die Pflegevorsorge darf in diesem Zusammenhang nicht unerwähnt bleiben. Neben den wichtigen Aspekten des Solidaritätsprinzips im Sozialbereich wird jedoch auch der Eigenverantwortung im Gesundheitsbereich aufgrund aktueller Entwicklungen vermehrte Beachtung geschenkt werden müssen. Aktualität erhielt die Diskussion um persönliche und gesellschaftliche Verantwortung für Gesundheit durch die verstärkten Reformbemühungen der Gesundheitssysteme in allen europäischen Ländern in den letzten zehn Jahren.

Auch wenn die einzelnen Gesundheitssysteme innerhalb unseres Kontinents unterschiedlich gestaltet sind, so sind doch alle Länder mit ähnlichen Entwicklungen und Herausforderungen konfrontiert:

- demographische Veränderungen, charakterisiert durch eine deutliche Zunahme der Lebenserwartung,
- Veränderungen im Krankheitsspektrum, insbesondere eine steigende Zahl bei den chronisch-degenerativen Erkrankungen und neue medizinische Technologien führen zu einem verstärkten Behandlungsbedarf und zu einer Erhöhung der Komplexität in der gesundheitlichen Versorgung.

Wir müssen auf gesteigerte Erwartungen und Ansprüche von Patientinnen und Patienten an die gesundheitliche Versorgung reagieren, auch erfordern Finanzierungsprobleme im Gesundheitswesen neue Strategien, um eine qualitativ hochwertige Gesundheitsversorgung für alle Menschen zu gewährleisten. Es ist unumstritten, daß Maßnahmen der Qualitätssicherung und Qualitätsverbesserung daher eine zentrale Rolle zukommt und daß diese einen entscheidenden Beitrag für ein hohes Gesundheitsschutzniveau leisten.

Die Rolle und die Verantwortung des einzelnen

Vor dem Hintergrund der bereits angesprochenen Ziele, wie Kostendämpfung, Effizienzsteigerung und Qualitätssicherung im Gesundheitswesen wird auch der Anteil und das persönliche Wirken des einzelnen für seine Gesundheit neu hinterfragt. In der Gesamtsicht ist "Gesundheit" das Resultat aus dem Zusammenwirken vieler Faktoren. Persönliche Gesundheit hat immer auch eine biographische und gesellschaftliche Dimension; sie wird durch soziale und ökonomische Faktoren mitbestimmt.

Wir erleben in unserem unmittelbaren sozialen Umfeld, wie sehr anhaltende Probleme im Arbeitsbereich, finanzielle Sorgen oder fehlender sozialer Rückhalt ganz unmittelbar unser Wohlbefinden und auch unsere Gesundheit beeinträchtigen. Diese Lebenssituationen sind jedoch nur begrenzt durch freie persönliche Entscheidungen bestimmt oder veränderbar. Aber auch der gesellschaftlichen Einflußnahme sind Grenzen gesetzt, sowohl im Bereich der Prävention und Gesundheitsförderung als auch bei der Heilung von Erkrankungen.

Angeregt von der WHO entwickelt sich innerhalb dieses Spannungsfeldes in der internationalen Gesundheitsdiskussion ein neues Konzept der Verbindung zwischen persönlicher und gesellschaftlicher Einflußnahme auf die Gesundheit. Dieses Konzept der "Koproduktion" sieht in den Menschen nicht nur die passiven Empfänger von Expertenangeboten der Gesundheitsförderung oder Krankheitsversorgung, sondern macht bewußt, daß es auch der Stärkung und Befähigung des einzelnen bedarf, um Gesundheit dauerhaft zu erhalten oder wiederherzustellen.

Allerdings ist diese aktive Rolle des Menschen im Prozeß seiner Gesunderhaltung und Heilung nicht mit der - meist auch ökonomischen - Verantwortungsdiskussion für Gesundheit gleichzusetzen. Es geht hier darum, neue Modelle für Gesundheit und Krankheit zu entwickeln, die sowohl der Wechselwirkung zwischen Person und ihrem gesellschaftlichem Umfeld einerseits als auch zwischen Patient und Gesundheitssystem andererseits Rechnung tragen.

Gesundheit definiert sich damit als die Entfaltung eines Potentials des Menschen, welches

- Lebensbewältigung und Lebensfreude ermöglicht,
- zur Auseinandersetzung mit Erkrankungen befähigt
- und Heilung unterstützt.

Persönliche Gesundheit ist nicht mehr als rein individuell oder rein gesellschaftlich hergestelltes Faktum zu verstehen. Persönliche Gesundheit entsteht vielmehr in ständiger Wechselwirkung zwischen persönlichem Verhalten, aktueller Lebenssituation und gesellschaftlichen Rahmenbedingungen. Der

Begriff der "gesellschaftlichen Gesundheit" erfährt in den deutschsprachigen Ländern Europas gerade eine Renaissance. Unter "öffentlicher Gesundheit" oder "Public Health" werden jene organisierten gesellschaftlichen Bemühungen verstanden, die Gesundheit fördern, die Krankheit verhindern bzw. heilen und das Leben verlängern.

Das explizit Neue an der Public Health Bewegung des letzten Jahrzehnts ist aber, daß Gesundheit zunehmend als sehr komplexes System verstanden wird, welches eine fachgebietsübergreifende Professionalität erfordert. Die Zusammenhänge der Krankheitsentstehung von umweltbedingten und chronischen Erkrankungen sind wesentlich komplexer zu erforschen, zu beschreiben und in ihren Wechselwirkungen zu analysieren, als dies im Bereich der "simplen" Infektionskrankheiten der Fall ist. Der "Ursache -Wirkungsmodus" ist oft nicht so eindeutig feststellbar. Hier bedarf es auf jeden Fall neuer Denkansätze und neuer Forschungsbemühungen. Unser Ziel muß es sein, durch umfassende Gesundheitsförderung einerseits und einer weiteren Betonung der Patientenorientierung andererseits das öffentliche Gesundheitswesen zu stärken. Gesundheitsaspekten muß auch in anderen Politikbereichen wie Arbeit, Wirtschaft, Umwelt, Bildung, Konsumentenschutz eine nicht nachlassende Aufmerksamkeit zukommen.

Nur in diesem gemeinsamen Bemühen wird es gelingen, Gesundheit und Lebensqualität für unsere Zukunft und die Zukunft unserer Kinder zu sichern. Es freut mich besonders, daß so viele hervorragende Experten für eine breite Diskussion dieses gesundheitspolitisch so eminent wichtigen Themas zur Verfügung stehen.

In diesem Sinn wünsche ich Ihren Gesprächen den bestmöglichen Erfolg und eröffne die Alpbacher Gesundheitsgespräche 1998.

PETER ATTESLANDER

Das diesjährige Generalthema "Die zerrissene Gesellschaft" stellte die Organisatoren der Alpbacher Gesundheitsgespräche vor einige Probleme. Kann es auf unser Thema Gesundheit und Gesundheitswesen übertragen werden? Muß nicht im Gesundheitswesen vielmehr von Unübersichtlichkeit bei gleichzeitiger Überorganisation gesprochen werden?

Wir haben wohlweislich dem Spruch "Einer für alle - alle für einen?" ein Fragezeichen verpaßt. Mag diese Maxime noch so oft postuliert werden, ist sie doch äußerst schwierig zu erreichen. Anlaß zur Diskussion wird tatsächlich der Untertitel geben "Eigenverantwortung" - "Subsidiarität" - "Solidarität". Letztlich mag die Zielsetzung der zweitägigen Gesundheitsgespräche selbst unerreichbare Erwartungen wecken, wenn es heißt "Leitlinien des Gesundheitswesens der Zukunft".

Es war und ist nicht Aufgabe unseres Bemühens, Rezepte und wohlfeile Maßnahmenpakete für die Politiker zu schnüren. Unsere Gespräche sind, wie wir feststellen dürfen, eines der wenigen Foren, an dem über einzelne Fachdisziplinen und politische Verantwortlichkeiten hinweg versucht wird, eine möglichst sachliche Analyse gegenwärtiger Zustände vorzunehmen und Perspektiven für die Zukunft zu entwerfen. Dabei haben wir uns in der Tat über Dringlichkeit und Machbarkeit die Köpfe zerbrochen.

Nichts ist so individuell wie persönliche Gesundheit, nichts politisch brisanter als die auseinanderklaffende Schere zwischen Erwartungen und gesellschaftlicher Machbarkeit im Gesundheitswesen. Was immer unter einer zerrissenen Gesellschaft verstanden werden will, besteht Übereinkunft darüber, daß wir in einer durch und durch medikalisierten Gesellschaft leben: Keine andere menschliche Erfindungsgabe und Organisationsfähigkeit hat die Gesellschaft stärker und wohl auch rascher zu beeinflussen und eindeutig zu wandeln vermocht als der medizinwissenschaftliche und medizintechnologische Fortschritt der letzten Jahrzehnte.

Die Menschen leben länger, wenn auch nicht gesünder. Der medizinische Fortschritt hat Hoffnungen und damit Erwartungen geweckt, die in Zukunft - wenn nicht schon heute - in einzelnen Fällen nicht mehr allen und jedem zugute kommen kann, was technisch möglich wäre. Ökonomische und ethische Fragen harren der Diskussion und der politischen Verankerung. Ich halte es persönlich für falsch, etwa von einer Kostenexplosion im Gesundheitswesen zu sprechen: Von Explosion kann wohl keine Rede sein, weil die Trends, die zu Kostensteigerungen führen, sich zwar beschleunigen, aber seit langem absehbar waren.

Hohe Kosten, ja möglicherweise unbezahlbare Therapien für viele rufen nach Verteilungsgerechtigkeit, nach ethischen Grundsätzen, die zu beachten sind. Zumindest sind Leitlinien gefragt, auch wenn sie kurzlebig sein mögen.

Gesundheitspolitik ist also kein einfaches Geschäft. Wie es scheint, gibt es kaum ein anderes Feld, in dem sich Begehrlichkeiten unvermittelt aktualisieren können. Ärzte stehen unter Druck, Politiker ebenso. Bei beiden bleibt die Frage nach dem "Agenda-Setting". Das heißt, wie kommen Prioritäten zustande, wie werden sie allenfalls durchgedrückt? Es wird im Gesundheitswesen zunehmend quantifiziert und pekunisiert: Es wird unermüdlich gerechnet, Rationalisierung und Effizienzmodelle werden erprobt. Dies verändert die Rolle des Arztes. Insgesamt gibt es Anzeichen dafür, daß neben der Ökonomisierung auch eine Verrechtlichung stattfindet. Schließlich zeichnet sich eine Polarisierung durch kleine, politisch aktive Gruppen ab, die es verstehen, komplizierteste Zusammenhänge auf relativ einfache Kausalitäten zu reduzieren, und die Mehrheit der Betroffenen andererseits.

Meines Erachtens ist die Weltgesundheitsorganisation selbst ein Beispiel dafür, daß die nur kursorisch angesprochenen offenen Probleme in einer Weise in die Gesellschaft getragen werden, daß Normierung und Vorschriften oft unabhängig von wissenschaftlichen Abklärungen postuliert werden. Dadurch geraten die für die Gesundheit Verantwortlichen in Regierungen unter Druck, etwas zu unternehmen, was zuweilen zu blindem Aktionismus führt. Gutgemeinte Präventions-Programme werden nämlich dann ihr Ziel nicht erreichen, wenn sie grundlegende gesellschaftliche Strukturen und die nun einmal vorherrschenden Wesenszüge der Menschen mißachten.

Über den Widersinn, in den wohlhabenden Industriestaaten dieser Welt mit erheblichem Aufwand Gesundheitsprogramme in die Städte und Dörfer zu bringen, etwa mit Konzepten, wie dem der "verlorenen Lebensjahre", die zu gewinnen wären durch bestimmte Verhaltensweisen - böse Zungen sprechen in diesem Zusammenhang bereits von Gesundheitsterror -, mit dem hypothetischen Erfolg, daß die an sich schon sehr hohe Lebenserwartung im Durchschnitt noch einige Monate, wenn es hoch komme 1 bis 2 Jahre für die 80 und 90jährigen, zu gewinnen wäre. Dies in einer Welt, in der die Mehrheit der Menschen eine um Jahrzehnte geringere Lebenserwartung aufweist.

Sprechen wir von unserem Teil der Welt. Dem steigenden Wohlstand eilt immer eine Anspruchskurve voraus. Die moderne Arbeitswelt wird meines Erachtens diese Diskrepanz noch erhöhen. Zwar bestünden durchaus die Möglichkeiten vermehrten autonomen Arbeitens. Unsere gesamten gesellschaftlichen Strukturen führen indes zu verspäteten Handlungsweisen der Menschen, die der alten traditionalen, arbeitsteilig bedingten Fremdbestimmung des Arbeitens entstammen. Zur Analyse des Verhältnisses von Arbeit und Gesundheit gehört deshalb in erster Linie die Erforschung menschlicher Arbeit, besser gesagt des Verlusts der Arbeit in einer immer noch durch sie geprägten Welt.

Krankheit wird indes in steigendem Maße nicht nur als Dysfunktion eines biologischen Organismus verstanden, sondern wird vermehrt auch zum typischen Sozialverhalten, Sozialverhalten übrigens nicht nur des "Kranken". Das Kranksein ist auch von der gesellschaftlichen Rolle des Individuums her zu begreifen; dies wird bis heute von der Medizin weitgehend unberücksichtigt gelassen. Die offensichtlichen Erfolge der Medizin überdecken diese Schwachstelle.

Längst hat die Sozialforschung belegt, daß Krankheit nicht nur negative Seiten für den einzelnen Menschen hat. Sie kann durchaus für das Individuum auch Gewinn bedeuten. Nicht nur, weil Krankheit die einzig legitime Weise ist, für kürzere oder längere Zeit dem Leistungsdruck des Erwerbslebens zu entkommen. So kann etwas aus der Sicht gesellschaftlicher Rationalität Unvernünftiges für den Betroffenen geradezu eine Notwendigkeit sein.

Je komplizierter das Gesundheitssystem wird, desto sinnvoller mag die analytische Unterscheidung zwischen Krankheitsverhalten und Krankheitsbetragen sein, in Anlehnung an das angelsächsische "behaviour" und "conduct". Krankheitsverhalten umfaßt das gesamte soziale Verhalten, das in der sozialen Lage eingebettet ist. Krankheitsbetragen dagegen bedeutet eingegrenztes, auf das Gesundheitssystem eingerichtetes Teilverhalten, ein teleologisch normiertes Betragen.

Die naturwissenschaftlich orientierte Medizin konzentriert sich in erster Linie auf Krankheitssymptome in der Annahme, daß einzelne Krankheitsbilder auch einheitliches Verhalten ausprägen. Von einem "reinen Krankheitsverhalten" kann wohl in keiner Gesellschaft die Rede sein, sondern das, was der Arzt schließlich antrifft, ist spezifisches Krankheitsbetragen. Liebeskummer muß der Patient in Verdauungsstörungen und Migräne übersetzen, um "krankenversicherungsfähig" zu werden. In den verschiedenen Gesellschaften hat sich die Rolle des Kranken unterschiedlich institutionalisiert, so daß wir uns darüber unterhalten müssen, welches Betragen heute und in Zukunft gesellschaftlich vermittelt wird, ja eingeübt werden muß, um überhaupt Leistungen des Gesundheitssystems abrufen zu können.

Ärztliche Gebührenordnungen und Krankenkassentarife haben einen Rahmen dafür gesetzt, welche Betragensweisen honoriert werden - dies in doppeltem Sinn - und welche Verhaltensweisen sich damit entweder von selbst verbieten oder zu völliger Eigenverantwortung und Beliebigkeit des Betroffenen führen. Nur mühsam lassen sich wesentliche ärztliche Leistungen, etwa Erkundung der sozialen Lage des Patienten und die Analyse gesellschaftlicher Bedingungen, unter denen Krankheit entsteht, in Tarifpunkte fassen. Bezahlt erhält der Arzt die auf Verfügungswissen hin normierten medizintechnischen Verrichtungen und Medikation. Kostensparende Verhaltensweisen des Patienten werden in der Regel bestraft: Kaum eine Krankenkasse übernimmt Kosten für eine Diät.

Zur zukünftigen Aufgabe der Medizin wird gehören, daß sie sich vermehrt dem Krankheitsverhalten im jeweiligen sozialen Rahmen zu widmen hat - was keineswegs ein Aufkünden der naturwissenschaftlichen Grundlagen bedeutet, wohl aber einer systematischen Ergänzung des heute und zukünftig produzierten medizinischen Verfügungswissens durch vermehrtes soziales Orientierungswissen. Das Soziale an zukünftiger Medizin wird zum Garant des Humanen in der Medizin.

Angesichts der steigenden Bedeutung des Laiensystems wird medizinische Therapie in Zukunft nicht weitgehend unabhängig, sondern in der sozialen Lage des einzelnen stattfinden müssen. Die soziale Lage des Patienten ist nicht nur ausreichend zu erfassen, sondern auch nachvollziehbar zu beeinflussen. So wird Therapie in Zukunft selbst zum Teil der sozialen Dimension von Krankheit werden. Ein dabei steigender Anteil von Freiwilligkeit und Laienarbeit steht den Wirkungen moderner Medizintechnologie keineswegs entgegen, sondern vermeidet in nicht wenigen Fällen sogar deren Scheitern. Gesundheitserhaltung und -förderung ist eine hochkomplexe, langfristige Aufgabe. Wesentliche epidemiologische Zusammenhänge sind noch nicht erforscht, die Mittel für das öffentliche Gesundheitswesen insgesamt ungenügend.

Die wissenschaftlich exakt definierbaren Krankheitsbilder, die klar therapierbaren Befindlichkeitsstörungen, kurz, die gesicherten Funktionen der Medizin nehmen zwar weiter zu. In Bezug auf die allgemeinen Anforderungen an das Medizinsystem schrumpft dagegen deren relative Bedeutung. Wir sehen deshalb die moderne Medizin in einer gefährlichen Zwickmühle zwischen einem immer stärker ansteigenden fachlichen Verfügungswissen und einem immer größer werdenden und auch immer deutlicher empfundenen Mangel an gesellschaftlicher Orientierung.

Der ärztliche Alltag lebt nicht von Standardisierungen und ist in solchen auch nicht wiederzufinden. So öffnet sich nach dem ökonomischen, ein weiteres Spannungsfeld, indem sich der behandelnde Arzt dem vor ihm liegenden Einzelfall - dies oft im wörtlichen Sinne - widmet und sein Verhalten sich grundsätzlich einer Standardisierung entzieht. Wir möchten vermeiden, daß sozusagen das Aufzwingen von Gesundheitsstandards krank macht. Alle Behandlung fängt, wie wir wissen, mit der Palpa an. Standards aber sind Durchschnittswerte, mithin Artefakte, oft sogar Konstrukte.

Wenn wir in den kommenden zwei Tagen die Begriffe Eigenverantwortung - Subsidiarität - Solidarität in den eben skizzenhaft angesprochenen Zusammenhängen diskutieren, wird es wohl in erster Linie darum gehen müssen, Übereinstimmungen und Kontroversen zu klären. Wie könnten Leitlinien allenfalls aussehen? Auf welche Weise wären sie zu formulieren, um eine, wie ich meine, dringliche Orientierungsfunktion der Allgemeinheit gegenüber verheißen zu können.

Erstens zum Begriff der Eigenverantwortung: Ohne soziale Akzeptanz gesundheitspolitischer Maßnahmen wird der Appell an Eigenverantwortung allein kaum die gewünschte Wirkung erzielen. Wenn das Gesundheitssystem selbst versagt, ist Eigenverantwortung keine geeignete Medizin. Andererseits wird in einer überverwalteten, überökonomisierten Gesellschaft eigenverantwortliches Tun immer schwieriger. Eigenverantwortung heißt sowohl teilhaben wie Teilnahme. Wie diese in vielen Lebensbereichen durch Überreglementierung bereits heute eingeschränkt wird, kann sie auch im Gesundheitswesen kaum optimal zum Tragen kommen.

Dabei ist festzustellen, daß Freiheit und die Möglichkeit zur Eigenverantwortung ohne jeden Zweifel auch in hochentwickelten Gesellschaften ein menschliches Grundbedürfnis darstellen. Kürzlich hat die Schweizerische Gesellschaft für politische und wirtschaftliche Forschung, InfoSuisse, eine repräsentative Erhebung in der Schweiz durchgeführt, die dies eindeutig belegte (Abb. 1).

Abbildung 1

Schweizer fühlen sich zu freiheitsbetonenden Aussagen hingezogen.

Mittelwerte:	*1 = nicht einverstanden* *völlig einverstanden=10*
Freiheit ist das höchste Gut auf Erden	8.55
Leben und Leben lassen	8.40
Risiko ist Teil des Lebens	7.99
Jeder ist seines Glückes Schmied	7.56
Erst die Arbeit, dann das Vergnügen	7.38

Die Schweizer möchten niemanden zu seinem Glück zwingen und nehmen das Risiko, daß sich jemand schaden könnte, in Kauf. Jeder soll für sein Leben und seine Gesundheit weitgehend selber verantwortlich sein.

Auch war eine überwältigende Mehrheit der Ansicht, daß gerade im Gesundheitswesen mehr Reglemente und Verordnungen die Eigenverantwortung einengen und keineswegs zu propagierten Zielen führen.

Zum zweiten: Die Subsidiarität ist im Grunde Herzstück demokratischer Verfassungen, insbesondere auch föderaler Konzepte. Auch hier wird es möglicherweise darum gehen, Funktionsweisen, ja Funktionsmöglichkeiten für Subsidiarität im Gesundheitswesen auszuloten. Wir könnten versuchen, das heute herrschende Verantwortungskarussell zu stoppen, um eine Zuständigkeitshierarchie zu entwerfen. Das gegenwärtige Schwarzpeterspiel von Schuldzuweisungen bezüglich Kostensteigerungen taugt dafür herzlich wenig.

Solidarität, schließlich drittens, bedarf meines Erachtens der sozialen Nähe und Wärme und kann nicht durch bürokratische Organisationen gleichsam überhöht und dekretiert werden. Solidarität hat sehr viel mit Alltagskultur zu tun. Sie ist je nach sozialen Gebilden von höchst unterschiedlicher Form und lebt, wo noch möglich, über die Familie hinausgehend in Nachbarschaften auch moderner Prägung. Auch in modernen Lebensstilen, die ein Merkmal der postmodernen Gesellschaft sind, sind nachbarliche Solidaritätsformen durchaus erkennbar.

Ich darf hiermit den fachlichen Teil der diesjährigen Alpbacher Gesundheitsgespräche eröffnen: Wir werden nunmehr einen Physiologen und einen Ökonomen hören und uns nach kurzer Pause dann zu einem Panel zusammenfinden. Morgen werden die heutigen Anregungen in einem ganztägigen Seminar weiter diskutiert.

REINHARD BLUM

Ökonomie und Ethik im Gesundheitswesen?

Der Arzt Hippokrates formulierte vor 2500 Jahren einen ärztlichen Eid, der auch für die Moderne Medizin noch Gewicht hat. Das "Genfer Ärztegelöbnis" des Weltärztebundes lehnte sich 1948 an den Eid des Hippokrates an. Der Arzt wird darauf verpflichtet, seinen Beruf mit Gewissenhaftigkeit und Würde auszuüben. Hauptaufgabe ist es, die Gesundheit seiner Patienten wieder herzustellen und zu erhalten. Er soll selbst unter Bedrohung seine ärztlichen Kenntnisse nicht im Widerspruch zu den Gesetzen der Menschlichkeit anwenden (Brockhaus, 1977, S. 372). Für unser Thema wäre zu fragen, ob dieses Gelöbnis die Bestätigung eines vorhandenen Ethos der Ärzte war oder ein Verhaltenskodex, der ethischen Prinzipien wieder Gewicht verschaffen sollte. Die heutige stärkere Betonung der Ethik ist ganz sicher kein Beweis für ein funktionierendes ethisches Bewußtsein in der Gesellschaft, sondern eher Ausdruck eines bewußt gewordenen Mangels an ethischer Verantwortung.

Das Thema "Ökonomie und Ethik im Gesundheitswesen" unterstellt gerade durch das Fragezeichen einen Konflikt zwischen Ökonomie und Ethik in der Medizin etwa derart, daß ökonomische Rücksichten die Verfolgung ethischer Ziele beeinträchtigen. Beweist sich aber das ärztliche Ethos nicht gerade erst unter der Bedrohung von Einkommensverlust bzw. -verzicht? Die Entstehung der Wohlstandsgesellschaft und des Wohlfahrtsstaates reduzierte somit umgekehrt die ethische Herausforderung der Medizin aus ökonomischen Gründen.

Das legt es nahe, zunächst die Beziehung zwischen Ethik und Gesundheit im Wohlfahrtsstaat näher zu betrachten (Teil 1). Der den Wohlstand erzeugende technische Fortschritt erfaßte auch die Medizin (Teil 2). Das erzeugte ethische Probleme im Hinblick auf das Gelöbnis sowie hier relevante ökonomische Probleme durch Ausgabensteigerung bei leeren Staatskassen (Teil 3). Die Explosion der Ausgaben für medizinische Versorgung und entsprechender Anforderungen an die Aufbringung von Einnahmen ließen den Wunsch entstehen, die "Produktion von medizinischen Leistungen" ähnlich mit marktwirtschaftlichen Prinzipien zu kurieren wie die Wirtschaft (Teil 4). Leitlinien des Gesundheitswesens in der Zukunft - so der Untertitel des Generalthemas "Eigenverantwortung - Subsidiarität - Solidarität" - erhalten damit die zentrale Aufgabe, die ethischen Anforderungen an den Arztberuf nicht unangemessen durch ökonomische Zwänge zu behindern (Teil 5).

1. Ethik und Gesundheit im Wohlfahrtsstaat

Die industrielle Revolution in Deutschland im 19. Jahrhundert unter marktwirtschaftlichen Prinzipien zwang eine verantwortungsvolle Politik der politischen und sozialen Stabilität zu "Sozialgesetzen", die die Grundlage der heutigen Sozialen Marktwirtschaft und des heutigen Systems der sozialen Sicherheit bilden (Lampert, 1997, S. 229 ff.). Das entstandene "deutsche Wirtschaftswunder" im Rahmen einer "sozial gesteuerten Marktwirtschaft" erlaubte es, das System sozialer Sicherheit immer großzügiger auszustatten. Der heute gern mit negativem Tonfall erwähnte "Wohlfahrtsstaat" ergab sich aus demokratischen Prozessen eines freien Landes und wurde die beste Garantie für die wirtschaftliche, soziale und politische Stabilität Deutschlands, seiner wirtschaftlichen Leistungen und seiner internationalen Wettbewerbsfähigkeit. Der "Wirtschaftsstandort Deutschland" war für Arbeitnehmer und Arbeitgeber äußerst attraktiv.

Ärzte und Patienten nutzten die Möglichkeiten des Wohlfahrtsstaates und seines Netzes sozialer Sicherheit. Mit dem Hinweis darauf, daß die medizinische Betreuung nicht vom Einkommen und der finanziellen Leistungsfähigkeit der Patientinnen und Patienten abhängig sein darf, wurde der Katalog von aus den Sozialversicherungen zu übernehmenden ärztlichen Leistungen und Verordnungen immer umfangreicher. Das diente auch dem schnellen Anstieg des Einkommens der Ärzte. Die bei steigendem Wohlstand der Gesellschaft durch Steuern und Abgaben zu übernehmenden Kosten des Systems der sozialen Sicherheit gerieten aus dem Blick bzw. wurden als Preis für die kostenlose gesundheitliche Versorgung akzeptiert. Die Segnungen des Wohlfahrtsstaates gingen so weit, daß selbst hygienische Artikel für das tägliche Leben auf Krankenschein in der Apotheke bezogen wurden. Was heute als Mißbrauch erscheint, wurde aber im Einvernehmen von Arzt und Patient, Anbieter von ärztlichen Leistungen und Verordnungen sowie Nachfragern im stillen Einvernehmen akzeptiert. Wenn es Wettbewerb bei der Wahl der Ärzte gab, dann bevorzugte er diejenigen, die großzügig mit den Angeboten des Systems sozialer Sicherheit umgingen. Darüber hinaus machten private Versicherungen damit Reklame, daß sie bei der Honorierung der Ärzte großzügiger seien als die Sozialkassen und deshalb für die Privatversicherten auch bessere Leistungen und besserer Service zu erwarten seien. Wer wollte da nicht Privatpatient sein?

Bei diesem Wettbewerb wurde allerdings die Unterstellung übersehen, daß dem Arzt in der Beziehung zu seinen Patienten das Einkommen wichtiger erscheint als der Eid des Hippokrates. Es ist nicht bekannt, daß Ärzteverbände sich gegen eine solche Unterstellung zur Wehr setzten. Die Begehrlichkeit der Mitglieder der Sozialversicherungen wurde deshalb auch gesteigert. Private Zusatzversicherungen versprachen weiter Annäherung an den Status eines Privatpatienten. Mittlerweile sind 90% der Bevölkerung bei ihrer Gesundheitsfürsorge durch die Sozialversicherung abgedeckt. Entsprechend leben die Ärzte von der Sozialversicherung und könnten ohne sie als niedergelassener Arzt nicht existieren. So ist die Zulassung als Kassenarzt das wichtigste Ziel eines neuen ärztlichen Existenzgründers. Die Zulassung gilt als eine notwendige Voraussetzung für die im Grundgesetz garantierte freie Berufswahl. Ähnlich erwirkten die Bürger das Recht auf freie Arztwahl, konnten und können ohne weiteres aufgrund einer Selbstdiagnose auch gleich den richtigen Facharzt wählen. Damit sie wirklich - wie früher nur Besserverdienende - auch gleich eine Art ärztliches Konsilium über die Gesundheit entscheiden lassen können, wird mehr und mehr empfohlen, gleich verschiedene Ärzte aufzusuchen und Diagnose sowie Therapie-Vorschläge zu vergleichen. Die einzigen, die diesen kostentreibenden Wettbewerb wirksam kontrollieren könnten, die gesetzlichen und privaten Krankenkassen, dachten zunächst an Einnahmensteigerung und nicht an Kostendämpfung.

2. Ökonomie, technischer Fortschritt und Ethik

Außerdem nahm die Ausstattung des medizinischen Systems durch immer anspruchsvollere technische Geräte mit entsprechenden Kosten zu. Das erhöhte den ökonomischen Zwang, diese Geräte auch zu nutzen, um nicht nur die Kosten einzuspielen, sondern auch noch ein zusätzliches Einkommen ohne entsprechende persönliche ärztliche Dienstleistung zu erzielen. Dafür stieg die Ausstattung der Praxen mit medizinischen Fach- und Hilfskräften. Sie erhöhten entsprechend den Ansprüchen eines gestiegenen Lebensstandards auch die Personalkosten in der medizinischen Versorgung. Ebenso steigerte sich der Wunsch nach ärztlich verordneten Zusatzleistungen durch Massagen, Gymnastik, Kuraufenthalte u.a. So entfaltete sich - auf den ersten Blick - zum Wohle der Ärzte und ihrer Patienten ein Gesundheitssystem ohne Kontrolle auf Wirtschaftlichkeit, Einhaltung ethischer Normen, Eigenverantwortung und Verantwortung für die gesellschaftlichen Kosten des Gesundheitssystems. Die Sozialversicherungskassen, die eine Kontrolle hätten ausüben können, hüteten sich davor, um ihre Mitglieder nicht noch mehr gegenüber den Privatpatienten bei der ärztlichen Versorgung ins Hintertreffen geraten zu lassen. Außerdem galt entsprechend den Prinzipien einer freien und marktwirtschaftlichen Gesellschaft Kontrolle als sozialistisch (Blum, 1995).

3. Ethik und Medizin im Wohlfahrtsstaat bei leeren Staatskassen

Die leeren Staatskassen haben zunächst nichts mit einer wirtschaftlichen Krise zu tun. Denn gerade die deutsche Volkswirtschaft entwickelt sich kontinuierlich. Das Volkseinkommen steigt - wenn auch mit bescheidenen Wachstumsraten -, Gewinne und Exporte erreichen Höchststände der Nachkriegszeit. Wenn die Staatskassen angesichts dieser Situation leer sind, so ist das eine Frage der Verteilung zwischen individuellem Gelderwerb und Beiträgen für die öffentliche Infrastruktur, die den individuellen privaten Wohlstand überhaupt erst ermöglicht. Es wächst das Vorurteil, daß alle Bürger aufgrund ihrer eigenen Leistung Arbeit haben und ein Einkommen erzielen gemäß ihrer Leistung, ohne zu beachten, daß diese Leistung nur dank einer sehr komplexen und teuren Infrastruktur, die durch den Staat bereitgestellt wird, möglich war. Steuern für diese Infrastruktur, zu der auch die medizinische Versorgung gehört, will aber niemand zahlen. Der internationale Wettbewerb des Wirtschaftsstandorts Deutschland zwingt angeblich auch dazu, die Wirtschaft durch neue Rahmenbedingungen zu entlasten, um mehr Investitionen anzulocken und damit neue Arbeitsplätze zu schaffen. Mangel an Kapital besteht aber offenbar auch nicht, wie sich aus Aufforderungen ergibt, Universitäten, Straßen, Kläranlagen, Krankenhäuser u.a. angesichts leerer Staatskassen mit Privatgeld zu bauen. Denn "privates Kapital" sei fast unbegrenzt vorhanden (Bayerische Staatszeitung, 1993, S. 6).

Das Denkschema "geringere Arbeitskosten, höhere Investitionen, weniger Arbeitslose" hält sich, obgleich die letzten Jahrzehnte immer deutlicher lehrten, daß gerade Investitionen technischen Fortschritt umsetzen, der es erlaubt, immer effizienter, immer mehr zu produzieren mit immer weniger Einsatz von menschlicher Arbeit. Anstatt die dadurch entstehende Arbeitslosigkeit als Schlüssel zu dem seit Jahrtausenden der Menschheitsgeschichte ersehnten Paradies zu sehen, wird der technische Fortschritt als "jobkiller" diffamiert. Die daraus entstehende Arbeitslosigkeit dient dazu, Angst vor der Zukunft zu erzeugen und Bereitschaft zu fördern, auf soziale Sicherheit zu verzichten und Lohnsenkungen zu akzeptieren, damit die "Arbeitskosten" sinken und mehr Arbeitsplätze geschaffen werden (Siebert, 1998). Die mit der Arbeitslosigkeit begründete Wirtschaftskrise ist genau gesehen keine Wirtschaftskrise, sondern eine Verteilungskrise (Blum, 1996). Neue Regeln sind zu entwickeln für die Verteilung des Volkseinkommens zwischen öffentlichem und privatem Bereich und zwischen Arbeit und Kapital.

Die Arbeitslosigkeit führt dazu, daß ein immer geringerer Teil der Bevölkerung immer mehr der an das Lohneinkommen gebundenen Steuern und Abgaben zu erbringen hat. Deshalb müssen die Steuer- und Abgabenquoten auf die ausgewiesenen Löhne steigen. Das erleichtert es, den Wohlfahrtsstaat als "Steuerstaat" abzustempeln. Das wäre nicht mehr möglich, wenn entsprechend dem Vorgehen in einem Unternehmen auch in der Volkswirtschaft die Regel gilt, aus den erzielten (wachsenden) Erträgen zunächst die "fixen Kosten" der Gesellschaft zu begleichen und dann erst das verbleibende Volkseinkommen individuell nach Arbeit und Kapital zu verteilen. Gerade die neuen Reformvorschläge für die Finanzierung der medizinischen Versorgung weisen aber unter Berufung auf marktwirtschaftliche Prinzipien und das "Gesundheitswesen als Wachstumsindustrie" in die alte Richtung. Ökonomie, Ethik und Medizin sind somit eingebettet in die generelle Problematik, nichtökonomischen Zielsetzungen in einer Wohlstandsgesellschaft einen neuen Stellenwert zu geben. Leere Staatskassen sind, wie sich zeigte, kein Beweis wirtschaftlicher Verelendung, sondern eine Aufforderung, darüber nachzudenken, wie über welche Mechanismen wachsendes Volkseinkommen verteilt wird. Soziale Marktwirtschaft als sozial verantwortlich gesteuerte

Marktwirtschaft demonstriert, daß es mit mehr Prinzipientreue zugunsten mehr Marktwirtschaft nicht getan ist.

4. Ethische Risiken marktwirtschaftlicher Patentrezepte im Gesundheitswesen

Seit den 80er Jahren gewinnt die ökonomische Analyse aller Bereiche des täglichen Lebens eine wachsende Bedeutung (Becker, 1998). Ähnlich gibt es auch eine "Ökonomische Theorie des Gesundheitswesens" (Herder-Dorneich, 1981, S. 11ff, Blum, 1973, S. 249ff). Sie ist eventuell auch dafür verantwortlich, daß das Generalthema dieser Alpbacher Gesundheitsgespräche von "Solidarität - Subsidiarität - Eigenverantwortung" als Leitlinien des Gesundheitswesens in der Zukunft gemäß einem Rundschreiben vom Dezember 1997 in dem jetzt vorliegenden Programm die Reihenfolge umänderte in "Eigenverantwortung - Subsidiarität - Solidarität". Individualisierung und Kommerzialisierung des gesundheitlichen Risikos treffen zusammen in der Marktwirtschaft. Eigenverantwortung und Eigenvorsorge für die Gesundheit und andere Lebensrisiken treten in den Vordergrund. Das Gesundheitswesen wird zum "Gesundheitsmarkt", sogar als "Wachstumsmarkt der Zukunft", wie es der für Gesundheit zuständige Bundesminister zur Begründung der vorerst letzten Stufe seiner Gesundheitsreform nannte. Märkte nehmen aber keine Rücksicht auf den Eid des Hippokrates, sie begünstigen auch nicht die Ethik in der Medizin.

Deshalb fällt es auch nicht so leicht, wie es sich die Markttheoretiker machen, aus der Gewinnerzielung im Wettbewerb - in guter kalvinistischer Tradition - abzuleiten, daß Marktprozesse auch dadurch schon ethischen und sozialen Normen dienen. Es ist scheinheilig bzw. naiv, dem sozialen System medizinischer Versorgung mehr Marktwirtschaft zu verordnen und dann laut und öffentlich darüber zu klagen, daß die Ärzte und ihre Zulieferer die neuen Spielräume zur Einkommenserzielung als "dynamische freie Unternehmer" auch nutzen. Die Interessengruppen, neben den Ärzten und Anbietern von medizinischen Leistungen und Geräten, vor allen Dingen die Versicherungskonzerne, geben viel Geld für Öffentlichkeitsarbeit aus, um in diesem "Wachstumsmarkt Gesundheitswesen" die 90% der Bevölkerung im System der Sozialversicherung in die private Versicherung bzw. in Individualverträge mit den Nachfragern nach medizinischen Leistungen umzuleiten.

Da nicht alle von der (kollektiven) Sozialversicherung befreiten Bürger regelmäßig Prämien aufbringen können, um sich private (ebenfalls kollektive) Versicherung einzukaufen und über genügend Einkommen verfügen, um ärztliche Leistungen gemäß "Marktpreisen" zu bezahlen, werden Subventionen an die privaten Anbieter statt der Nachfrager erforderlich sein bzw. Übernahme der Prämien für die private Versicherung. Denn solange noch Reste der sozial verantwortlich gesteuerten Marktwirtschaft als Soziale Marktwirtschaft übrigbleiben, kann niemand in der Gesellschaft unversichert leben. Es kommt so zu einer "Privatisierung sozialer Sicherheit", deren Risiken aber durch den Umweg über private Anbieter erneut vom Staat getragen werden. Ein erfolgreicher Berater der Spitzenmanager von Großunternehmen sowie der Regierungen forderte deshalb für die Zukunftsmärkte: Alles, was Menschen aus privater Produktion erhalten, haben sie eigentlich schon. Bei öffentlichen Dienstleistungen gibt es jedoch ein Defizit. Das gelte es für private Anbieter zu nutzen.

Die Reform der sozialen Krankenversicherung - unter Fachleuten gesetzliche Krankenversicherung genannt - versucht seit 1988 mehr Wettbewerb und damit mehr marktwirtschaftliche Elemente in den Gesundheitsmarkt zu bringen. Die Darstellung bezieht sich im folgenden ausschließlich auf das deutsche Gesundheitswesen (Lampert, 1996, S. 238ff.). Das Gesetz zur Strukturreform im Gesundheitswesen (Gesundheitsreformgesetz/GRG) von 1988 bekennt sich noch zu den grundlegenden Prinzipien der Solidarität, der Selbstverwaltung, des gegliederten Versicherungssystems und der Sachleistung sowie der freien Arztwahl, der Freiberuflichkeit der Gesundheitsberufe und der Vielfalt privater, öffentlicher und gemeinnütziger Träger. Die Ziele der Reform lassen jedoch erkennen, daß versucht wird, zunächst die Angebotsseite des Gesundheitsmarktes mit mehr marktwirtschaftlichen Elementen zu versehen. Für Leistungserbringer, Versicherte und Kassen sollen mehr wirksame Anreize geschaffen werden zu mehr Wirtschaftlichkeit, Sparsamkeit und Eigenverantwortlichkeit. Mehr Wettbewerb soll es geben zwischen Kassen und Leistungserbringern sowie zwischen den Kassen. Auf der Nachfragerseite wurden Leistungen aus dem Leistungskatalog der gesetzlichen Krankenversicherung ausgeschlossen, wie z.B. "Bagatellarzneimittel" und das Sterbegeld und die Selbstbeteiligung bei Arznei-, Verbands-, Heil- und Hilfsmitteln mit Bindung an Festbeträge sowie die Kosten für Zahnersatz, Kurbehandlung und Fahrtkosten eingeführt. Die Bindung an "Festbeträge" für Arznei- und Hilfsmittel stellt ein neues Instrument der gesetzlichen Krankenversicherung dar. Dadurch sollen die Arzneimittelhersteller veranlaßt werden, ihre Preise auf das von den Kassen erstattete Festbetragsniveau abzusenken.

Schon bald stellte sich heraus, daß es mit dieser Reform nicht gelang, den Ausgabenanstieg zu verhindern. Deshalb folgte 1992 ein neues Reformgesetz, das "Gesetz zur Sicherung und Strukturverbesserung der gesetzlichen Krankenversicherung (Gesundheitsstrukturgesetz/GSG)". Es führte als neues Instrument eine Budgetierung der Ausgaben in allen Leistungsbereichen ein sowie strukturelle Veränderungen zum Abbau der Überkapazitäten im ambulanten und im stationären Bereich. Damit wurde versucht, die Ausgaben der gesetzlichen Krankenversicherung besser an die Einnahmen zu koppeln. Die Strukturen, nach denen sie verteilt werden, wurden aber nicht geändert. Deshalb ist weiterhin zu erwarten, daß die Marktprozesse zu Lasten der Versicherten und ihrer Beiträge zur gesetzlichen Krankenversicherung verlaufen und zu Lasten der Ärzte, denen Ethik wichtiger ist als ökonomischer Erfolg, oder derjenigen, die - wie die "praktischen Ärzte" - den Menschen und seine Umwelt als Einheit sehen und nicht bloß "eine Ansammlung von Organen und ihrer Mechanik".

Da eine Budgetierung für ärztliche Leistungen bei ständiger Zunahme der Ärzte zu einer Senkung der durchschnittlichen Einkommen führt, versuchte das GSG den Marktzugang für den ambulanten Sektor zu regulieren. Ab 1999 erfolgt die Zulassung zur Kassenarztpraxis aufgrund gesetzlich festzulegender Verhältniszahlen. Sie wiederum orientieren sich an Bedarfsplänen. Das Gesetz erweitertet andererseits die Möglichkeiten vor- und nachstationärer Behandlung im Krankenhaus sowie ambulanter Operationen und der ambulanten Nutzung von Großgeräten in den Krankenhäusern. Das kann die Arbeitsteilung zwischen öffentlichen Krankenhäusern und niedergelassenen Ärzten fördern und damit einer effizienteren Nutzung vorhandener Ressourcen zugunsten der Patienten dienen.

Auch das 2. Reformgesetz erfüllte nicht die Erwartungen. Eine zum 1. Juli 1996 geplante 3. Stufe der Gesundheitsreform verzögerte sich. Sie sorgt gegenwärtig für große Aufregung. Das geschieht aber nicht wegen der einschneidenden Maßnahmen zur Individualisierung und Privatisierung von ärztlichen Leistungen, sondern weil insbesondere die Zahnärzte sich nicht daran hielten, ihre Vertragsfreiheit erst ab 1. 1. 1999 zu nutzen, d.h. Spielräume bei Honorarerhöhungen auszuschöpfen. Die Empörung, vor allem bei Politikern, die die Reform zu verantworten haben, ist lediglich ein öffentlicher Schaukampf zur Erhaltung der Gunst der Wähler. Durch Privatisierung, d.h. auch Kommerzialisierung, und Individualisierung gehen Elemente der Solidarität und Ethik in der Medizin verloren. Deshalb erhält die Ethik in der Medizin in öffentlichen Diskussionen ein immer größeres Gewicht. Galt es früher als ethisch besonders verantwortungsvoll, immer mehr Leistungen des Gesundheitswesens über die Sozialversicherung abzurechnen, so erscheinen jetzt Leistungen nicht mehr als unbedingt notwendig für die Erhaltung der Gesundheit und werden aus dem Leistungskatalog der gesetzlichen Krankenversicherung gestrichen.

Hinzu kommt eine Verdoppelung der in den früheren Reformgesetzen eingeführten "Selbstbeteiligung" der Patienten an den Kosten der von ihnen in Anspruch genommenen Gesundheitsleistungen. Da diese Nachfrage jedoch nicht, wie bei der Individualisierung und Kommerzialisierung sowie in den marktwirtschaftlichen Prinzipien unterstellt, einer freiwilligen Entscheidung mündiger Bürger entspringt, sondern dem Rat und der Verordnung sachkompetenter Ärzte (nicht zufällig als "Götter in Weiß" charakterisiert), wird bei gleichbleibender Verschreibungspraxis und ärztlichem Verhalten der finanziell leistungsfähige Patient kaum zum Sparen veranlaßt werden. Dagegen werden die weniger leistungsfähigen Patienten auf Leistungen verzichten und damit auf Erhaltung ihrer Gesundheit. Von den Ärzten selbst geforderte Selbstbeteiligung würde damit dem Eid des Hippokrates widersprechen und ethische Normen verletzen.

Noch verhängnisvoller ist, daß die ärztlichen Verbände neuen Spielraum auf dem "Wachstumsmarkt Gesundheit" nutzen und ein Konzept "individueller Gesundheitsleistungen" (IGEL) gegen Extrahonorar vorschlagen. Angeboten werden beispielsweise zusätzliche Vorsorgeuntersuchungen, medizinisch-kosmetische Leistungen oder psychotherapeutische Dienste. Schwangere erhalten das Angebot zu mehr Ultraschall-Untersuchungen, vom Volksmund beziehungsvoll "Babyfernsehen" genannt. Auf diese Weise entsteht der Eindruck, daß die von der gesetzlichen Krankenversicherung angebotenen Leistungen dem notwendigen Stand zur Erhaltung der Gesundheit nicht mehr entsprechen. Der Wechsel in der ärztlichen Interessenlage von Erweiterung des Leistungskatalogs der gesetzlichen Krankenversicherung zu einer Verkürzung und dafür "Extraleistungen" durch Sonderhonorare aufgrund eines individuellen Vertrages offenbart die Versuchungen der marktwirtschaftlichen Prinzipien in der medizinischen Versorgung bei der Abwägung zwischen Ökonomie und Ethik. Der offenbar ahnungslose Bundesgesundheitsminister drohte in dieser Situation mit einer Einschränkung des neu eingeführten Prinzips der "Kostenerstattung" durch individuelle Honorarverträge mit den Patienten und der Rückkehr zu den durch pauschale Entgelte honorierten "Sachleistungen".

Vordergründig geht es dabei um die lautstark diskutierte Rückforderung von DM 500 Millionen angeblich zu früh nach höheren Sätzen abgerechneter Honorare. Der angeblich geschaffene Wettbewerb, der das bereits in der kurzen Übergangszeit zur neuen Struktur erlaubt, wird das sicher auch nach Inkrafttreten des Reformgesetzes der 3. Stufe erlauben. Das ahnt offenbar der Bundesgesundheitsminister und droht mit neuen Wettbewerbselementen zur Disziplinierung der Ärzteschaft, vorerst nur der aufgefallenen Zahnärzte. Zum Schutz der Patienten sollen die Zahnarzt-Honorare dauerhaft festgeschrieben und sämtliche Zahnersatz-Behandlungen genehmigungspflichtig von den Krankenkassen gemacht werden. Die Stellung der Patienten gegenüber den Ärzten soll durch Erleichterung der Beweislast bei Kunstfehlern verbessert werden. Zahnersatz, wie es auch die Verbände der Zahntechniker fordern, soll direkt bei den Produzenten und nicht über den Zahnarzt eingekauft werden. Damit noch nicht genug, der Minister droht, seinen gesamten gesundheitspolitischen Kurs in der Zahnmedizin zu korrigieren.

Der Minister sollte sich in den einschlägigen ökonomischen Lehrbüchern informieren, welche Voraussetzungen die Einführung marktwirtschaftlicher Prinzipien hat, damit der Wettbewerb wirklich funktionsfähig ist. Leider ist es immer leichter neue Reformen nach Prinzipien vorzugeben, ohne sich an den Erfahrungen der Praxis zu orientieren. Das gern als Leitbild zitierte Amerika, genauer die Vereinigten Staaten von Amerika, könnten dann zu einem lehrreichen Beispiel werden. Die Amerikaner haben inzwischen das teuerste Gesundheitssystem der Welt und geben, gemessen am Anteil des Volkseinkommens, mehr als doppelt soviel aus wie Deutschland (14% gegenüber 8%). Die Qualität der medizinischen Versorgung für die breite Masse der Bevölkerung ist aber bei weitem nicht mit Deutschland zu vergleichen.

5. Leitlinien des Gesundheitswesens in der Zukunft

Die vorangehenden Überlegungen zu den Beziehungen zwischen Ökonomie und Ethik in der Medizin machen deutlich, daß die bisherige Struktur der medizinischen Versorgung sowohl auf der Seite der Anbieter als auch auf der Seite der Nachfrager Fehlentwicklungen zu Lasten der Ethik begünstigt. Dabei stehen die Leistungsempfänger mehr im Verdacht, das soziale Netz zu mißbrauchen, als die Leistungserbringer. Aber auch diese leben von der kollektiven Pflege der Gesundheit der Bürger durch staatliche Gesetze. 90% der Bevölkerung sind Mitglieder der gesetzlichen Krankenversicherung. Weit mehr als 50% der durchschnittlichen Einnahmen einer Arztpraxis kommen aus der Sozialversicherung und sind unbestritten eine wichtige Voraussetzung für die Existenzgründung als niedergelassener Arzt. Die in der 3. Reformstufe eingeführte Beschränkung der Kassenzulassung ist eine Beschränkung des Wettbewerbs zugunsten der zugelassenen Ärzte. Die Hoffnungen der marktwirtschaftlichen Theoretiker, die freie Berufswahl und damit der freie Zugang zu den medizinischen Fakultäten der Universitäten würde zu einem größeren Angebot an Medizinern führen und entsprechend der Marktgesetze einen Druck auf die stark gestiegenen Einkommen der Ärzte auslösen, erweist sich nicht nur durch die Beschränkung der Zulassung als Kassenarzt als Illusion.

Die Solidarität der Ärzteschaft führt zu politischem Druck, die Rahmenbedingungen für eine angemessene Honorierung ärztlicher Leistungen im "wachsenden Gesundheitsmarkt" sicherzustellen. Darüber hinaus gab es neben der Selbstbeteiligung der Patienten eine Reihe kurioser Ideen, das Budget der Volkswirtschaft zur Honorierung der Ärzte zu erhöhen: Zuckersteuer, weil Zucker die Zähne verschlechtert, Tabaksteuer zur Vermeidung von Lungenkrebs, Zusatzversicherungen für riskante Sportarten und Freizeitbetätigung. Marktwirtschaft appelliert nicht an Ethos und das ärztliche Gelöbnis, sondern an den Erwerbstrieb. Der Wettbewerb führt bei falscher Weichenstellung wie in der Volkswirtschaft auch zu sozialen und Umweltproblemen, d.h. im Hinblick auf unser Thema zur Benachteiligung der Ethik gegenüber der Ökonomie. Wer der Ethik Vorrang gibt, muß damit rechnen, daß er in einem schärfer werdenden Wettbewerb den kürzeren zieht, d.h. Einkommensverluste in Kauf nehmen muß. Der mündige Bürger wird als Patient durch die beanspruchte ärztliche Sachkompetenz entscheidend behindert. Darüber hinaus hat ein berufstätiger Bürger gar nicht soviel Zeit und im Krankheitsfalle gar nicht die Gelegenheit, erst Vergleichsangebote für ärztliche Leistungen einzuholen und immer wieder zu überprüfen, ob er die notwendige Versicherung des Gesundheitsrisikos und anderer Risiken auch kostengünstig eingekauft hat.

Auf diesem Hintergrund ist die immer wieder eingeforderte "klassenlose Medizin" über verstärkte Einführung marktwirtschaftlicher Prinzipien eine Illusion. Die Vereinigten Staaten zeigen, daß nur der eine gute medizinische Versorgung erhält, der auch gut bezahlt. Wenn der Vorsitzende eines Ärzteverbandes deshalb die gegenwärtigen Reformanstrengungen mit der Forderung fortdenkt, nur diejenigen sollten solidarisch gesetzlich versichert sein, die dies nötig haben, dann ist das keine Weichenstellung zu einer "klassenlosen Medizin". Somit wäre es ehrlicher, nicht das gesamte Gesundheitssystem von der pauschal honorierten Sachleistung auf die individuell und privat honorierte Kostenerstattung umzustellen, sondern den Wettbewerb dieser Systeme zuzulassen. Das gäbe der Ethik gegenüber der Ökonomie in der Medizin eine neue Chance. Denn es ließe sich die These aufstellen, daß die pauschale Honorierung einer Sachleistung den Arzt weniger in ethische Konflikte stürzt als die Aushandlung eines individuellen Leistungsvertrages, bei dem der Arzt wegen der Unterstellung überzeugender Sachkompetenz eine Art "Monopolstellung" gegenüber dem Patienten hat. Wer sich für eine Zulassung bei der gesetzlichen Krankenversicherung bewirbt, muß sich deren Regeln unterwerfen und kann nicht nach Belieben die Vorteile kollektiver Sicherung mit privatem Gelderwerb nach dem Prinzip der Kostenerstattung nutzen. Wer das nicht will und "freier Unternehmer" sein möchte, sollte dann auch das Risiko eingehen, größere Chancen zum Gelderwerb aufgrund individueller Kostenerstattung zu haben, aber auch geringere Sicherung seines Einkommensniveaus durch die gesetzliche Krankenversicherung.

Die Privatpatienten als "Besserverdienende" werden aber auch ein größeres Selbstbewußtsein gegenüber der beanspruchten ärztlichen Sachkompetenz und ihrer Honorierung aufbringen. Erst dann wird der Wettbewerb im "Wachstumsmarkt Gesundheitswesen" die List marktwirtschaftlicher Prinzipien offenbaren. Die Märkte garantieren bei freiem Wettbewerb keine "Kostenerstattung", sondern einen Preis, der sich aus Angebot und Nachfrage ergibt. Dann erst würde die erwähnte Prognose sich erfüllen, daß ein größeres Angebot an ausgebildeten Medizinern einen Druck auf das Einkommen auslöst. Ein Anspruch auf Steigerung des individuellen Einkommens entsprechend der Steigerung des Volkseinkommens oder gar dem Einkommen der Facharbeiter ist nach marktwirtschaftlichen Prinzipien nicht zu begründen. Es bedarf mit Übergang zu mehr Marktwirtschaft im Gesundheitswesen auch neuer Weichenstellungen zur Stärkung der erwähnten Vielfalt privater, öffentlicher und gemeinnütziger Träger der medizinischen Versorgung in der Gesellschaft durch eine bewußte staatliche "Wettbewerbsordnung".

Statt Abwertung öffentlicher kollektiver Gesundheitsfür- und -vorsorge gemäß Vorurteilen aus marktwirtschaftlichen Prinzipien zugunsten individueller privater und privatwirtschaftlich angebotener Leistungen verlangt das Gesundheitswesen in der Zukunft eine wohlüberlegte Mischung aus privater und öffentlicher medizinischer Versorgung. Öffentliche Kliniken sind unverzichtbar, sollten aber durch eine dezentrale Versorgung in Gesundheitszentren oder Sozialzentren mit einem patientennahen Angebot ergänzt werden. Da nicht alle Fachärzte in jedem Dorf niedergelassen sein können, gilt es Wege zu finden, die relativ kleine Zahl von Ärzten näher an die vielen Nachfrager zu bringen, ohne die Ärzte-Dichte in Deutschland weiter zu erhöhen, eher zu senken.

Ähnlich bedarf es auch bei der Sicherung der Gesundheit durch öffentliche Kliniken einer neuen Weichenstellung. Kliniken dürfen nicht einerseits Prestigeobjekte politischer Würdenträger sein und der Entscheidung über Investitionen durch die Kostenträger, nämlich die gesetzlichen und privaten Krankenkassen, entzogen werden. Andererseits darf es nicht zum Abschieben von "Risikopatienten" in öffentlichen Kliniken kommen. Diesen obliegt ohnehin bereits die durch den Staat zu garantierende Krankenversorgung bei unvorhergesehenen Ereignissen und Katastrophenfällen. Das dient nicht nur den Mitgliedern der gesetzlichen Krankenkassen. Deshalb sollte die durch das Krankenhausgesetz zunächst vorgesehene Finanzierung von Krankenhäusern aus Steuermitteln erhalten bleiben. Wer die Folgekosten dieser Investitionen trägt durch Umlegung der laufenden Kosten auf die Patienten, muß auch mitentscheiden, wieviel Klinikbetten erforderlich sind, um politische Prestigeobjekte zu verhindern. Die seit Jahrzehnten laufende Kampagne "mehr Markt, weniger Staat" verfolgt die Vorstellung, daß private Kliniken, die ihre Patienten nach eigenen Vorstellungen selektieren, billiger und effizienter arbeiten als staatliche Kliniken. Die Parole, mehr Behandlungen bei niedergelassenen Ärzten, insbesondere der Chirurgie, sollte nicht die Zahl der Operationen weiter erhöhen wie bisher. Die deutschen Chirurgen sind ohnehin, gemessen pro Kopf der Bevölkerung, die fleißigsten in der Welt.

Die neueste Stufe der Gesundheitsreform stellt hier zwar die Weichen richtig für eine verbesserte Zusammenarbeit öffentlicher Kliniken und niedergelassener Ärzte, insbesondere auch bei der ambulanten Behandlung sowie bei der Nutzung von medizinischen Großgeräten. Die "Wegrationalisierung" von Krankenhausbetten darf aber nicht dazu führen - wie jetzt schon beklagt -, daß nicht völlig wiederhergestellte und vor allem frisch operierte Patienten ratlosen Angehörigen nach Hause geschickt werden. Sicher ist der Hausarzt auch nicht immer der richtige "Facharzt" nach Krankenhausaufenthalten.

Die Polyklinik eines öffentlichen Krankenhauses stellt darüber hinaus eher sicher als die freie Arztwahl unter niedergelassenen Ärzten, daß spezielle fachärztliche Behandlung erst erfolgt, wenn eine umfassende Diagnose diese angezeigt sein läßt. Der Gang zum Facharzt nach Selbstdiagnose, eventuell noch parallel zu mehreren, dient weder der Gesundheit noch dem sparsamen Umgang mit Ressourcen der gesetzlichen Krankenversicherung. Auch ein Gang zum Facharzt nach Selbstdiagnose beschränkt die "freie Arztwahl" auf einen bestimmten Facharzt. Was die moderne Medizin braucht, wäre eine bessere Trennung von Diagnose und Therapie bei den Leistungserbringern.

Analog dem "Kundendienstmeister" in einer größeren Autowerkstatt muß das Gesundheitssystem ebenfalls versuchen, Diagnose und Therapie getrennter Verantwortung zu unterwerfen. Das gibt der Ethik wieder eine größere Chance gegenüber der Ökonomie. Schon ein Philosoph des Altertums, Zeitgenosse von Hippokrates, forderte: Wer einen Arm abschneidet, darf nicht entscheiden, ob er abgeschnitten werden muß. Bei der ersten Diagnose müßte der "alte Hausarzt" als "praktischer Arzt" oder als "Facharzt für Allgemeinmedizin" ein neues Gewicht erhalten. Er darf daher gerade wegen seiner Nähe zum Menschen und damit besonderer ethischer und sozialer Verantwortung nicht am Ende der Einkommensskala stehen. Hier tragen die Ärzteverbände Verantwortung für eine gerechte Verteilung des von der Gesellschaft zugebilligten Anteils am Volkseinkommen für die medizinische Versorgung.

Der gesetzlichen wie der privaten Krankenversicherung obliegt die notwendige Kontrolle der medizinischen Versorgung zugunsten ökonomischer Vernunft und ethischer Verantwortung. Der Patient darf nicht gegenüber den monopolartigen Strukturen der Anbieter auf den privaten Klageweg aufgrund eines individuellen Vertrags gemäß Marktpreisen oder nach dem Prinzip der Kostenerstattung verwiesen werden. Auch dem Bildungssystem der Zukunft werden durch Reformgesetze Evaluierungen der Leistung in Lehre und Forschung verordnet. Warum sollte im öffentlich organisierten und finanzierten Gesundheitssystem allein einer "unsichtbaren Hand des Marktes" bei der Kontrolle von Leistungen vertraut werden, vor allem bei der Abwägung zwischen Ökonomie und Ethik. Der neue Beruf eines "Controllers" im Gesundheitswesen böte auch arbeitslosen Medizinern neue Arbeitsplätze, die sich sogar selbst durch Einsparungen bei den Gesundheitsausgaben finanzieren könnten. Ökonomische Instrumente können unter solchen Rahmenbedingungen dann ein gutes Instrument sein, die Effizienz des Gesundheitssystems zu steigern, d.h. die Begehrlichkeit von Patienten und Ärzten zu bremsen. Damit erhält die Ethik eine neue Chance. Selbstbeteiligung der Patienten mit der einzigen Zielsetzung, den Spielraum für Honorare der Ärzte zu erhöhen, wäre keine Effizienzsteigerung des Gesundheitssystems, sonder nur Einkommenssicherung in den alten Strukturen. Dasselbe gilt für Kampagnen zur Vorsorge nach dem Muster des erwähnten "Konzepts individueller Gesundheitsleistungen (IGEL). Die Überlegungen zeigen, daß es schon eine grundsätzliche Bedeutung hat, ob das Generalthema wie zunächst vorgesehen "Solidarität - Subsidiarität - Eigenverantwortung" heißt oder umgekehrt "Eigenverantwortung - Subsidiarität - Solidarität". Daraus ergeben sich unterschiedliche "Leitlinien des Gesundheitswesens in der Zukunft".

Literaturverzeichnis:

Becker, G.S. und Becker, G.N., Die Ökonomik des Alltags, UTB 2049, Tübingen, Mohr Siebeck (1998).

Blum, R., Organisationsprinzipien der Volkswirtschaft, Frankfurt-Main; New York, Campus (1983).

Blum, R., Arbeitslosigkeit als Effizienz- und Verteilungsproblem, in: Helmstädter, E., Boser, G., Ramser, H. J. (Hrsg.) Beiträge zur angewandten Wirtschaftsforschung, Berlin, Duncker & Humblot, (1996) S. 57-81.

Der Große Brockhaus in 12 Bänden, 18. völlig neu bearbeitete Auflage, 1. Band, Wiesbaden (1977).

Herder-Dorneich, Th., Problemgeschichte der Gesundheitsökonomik, in: Herder-Dorneich, Th., Sieben, G., Thiemeyer (Hrsg.), Beiträge zur Gesundheitsökonomie, Bd. 1, Wege zur Gesundsheitsökonomie I, Gerlingen, Bleicher (1981), S. 11-45.

Lampert, H., Lehrbuch der Sozialpolitik, 4. überarbeitete Auflage, Berlin; Heidelberg; New York, Springer (1996).

Lampert, H., Die Wirtschafts- und Sozialordnung der Bundesrepublik Deutschland, 13. überarbeitete Auflage, München; Landsberg a.L., Olzog (1997).

Siebert, H., Arbeitslos ohne Ende? Strategien für mehr Beschäftigung, Frankfurt am Main und Wiesbaden, Frankfurter Allgemeine und Gables (1998).

HANS SCHAEFER

Eigenverantwortung als epidemiologisches Problem

Das Leitthema dieses Forums legt nahe, die Zerrissenheit unserer Gesellschaft auch in ihrer Bedeutung für das Gesundheitswesen zu durchdenken. Um es einfach zu formulieren: Ist eine Gesellschaft, die sich als Solidargemeinschaft versteht, verpflichtet, ihren Individuen auch dann zu helfen, wenn diese Hilfe in eigennütziger Weise mißbraucht wird? Gibt es Normen für diese gesellschaftliche Hilfsbereitschaft, nach denen die Individuen diese Hilfe durch Wohlverhalten vergüten müssen? Ist diese Reziprozität von Geben und Verhalten ein nicht kritisierbares Prinzip?

1. Die "klassische" Lehre sozialer Pflichten

Das Prinzip reziproker Verantwortung ist, wie fast alle für uns heute wesentlichen Inhalte der Sozialethik, eine Schöpfung der Neuzeit. Dieser Wandel hat sich in meiner Lebenszeit vollzogen. Ich darf als ein Zeitzeuge dieses Wandels gelten. In meiner Jugend beherrschte der Begriff der Pflicht alles, was soziales Verhalten der Individuen determinieren sollte. Der Kanon der Pflichten war ein individualistischer Kanon in doppelter Wortbedeutung: Er bezog sich in Vorschrift und Begründung streng auf die Sittlichkeit des Einzelmenschen und betrachtete die Folgen von Verstößen ebenfalls in Hinsicht auf einen Schaden des *individuellen Gegenüber*. Die Moral beschränkte sich auf die Bestimmung der individuellen Pflichten, die im "unmittelbaren Umkreis" des Handelnden erkennbar waren (so Jonas 1984, S.13). Bereits die Erweiterung der Pflicht auf die Schuldigkeit war eine Sache des Rechts und nicht mehr der Moral (Radbruch 1992, S. 154). Das Recht forderte zwar "Schuldigkeiten" des Bürgers gegenüber dem Staat ein, aber doch nur im Rahmen der geltenden Gesetze. Diese Beschränkung der Ethik auf die persönlichen Beziehungen und allenfalls eine Erweiterung ins Allgemeine durch das Staatsrecht ist typisch für die Ethik der Jahrhundertwende (Friedrich Paulsen 1900). Zwar kannte die Gesetzgebung schon seit der Schaffung des Bürgerlichen Gesetzbuches in dessen § 823 ff den Begriff der Verantwortlichkeit, meinte aber damit nur die Fähigkeit der freien Willensentscheidung. Ein neuer Ton war erst bei Max Weber zu hören, der (1917) in seinem berühmten Vortrag "Politik als Beruf" von einer *Verantwortungsethik* des Politikers sprach, die von einer *Gesinnungsethik* nicht befriedigt werde. Verantwortungsethik war als eine Ethik verstanden, welche Kollektivwerte betraf, die nicht wie die Gesinnungsethik mit den Individualwerten der sittlichen Persönlichkeit definierbar sind. Verantwortung bezieht sich auf das Universale, so meint Schwartländer (in Krings u.a. 1974, III, 1581), nicht auf die enge Lebensgemeinschaft, deren Beziehungen untereinander die konventionelle Ethik regelte (Rehmke 1925, S. 10). In unseren individuellen Lebenseinheiten müssen, wie Rehmke meint, die ethischen Normen gelten, weil man ohne ihre Geltung nicht existieren könne. Anders die universale Verantwortung, die dem einzelnen nur unklare Pflichten zuweist, und deren Verletzung nicht die Existenz hier und heute bedroht. Nicht die alten Tugenden sind gefordert, die bis in den Beginn unseres Jahrhunderts, fast noch im Sinne Platons, die Spielregeln der Gesellschaft bestimmten und den gesunden und schönen Menschen kennzeichneten. Nicht die persönlichen Emotionen würden jetzt Ziel der Normung. Es galt das, was Jonas (1984, S. 26) sehr treffend eine "Nächsten-Ethik" nennt, zu überschreiten. Es ist eine Art Treppenwitz der Erd-Geschichte, daß man den Grünen heutzutage und wohl mit Recht eine "Fernsten-Ethik" vorwirft. Beide Begriffe zeigen gleich einer Karikatur den Wandel, der sich vollzogen hat.

2. Die neue Verantwortung

Diese historische Einleitung soll uns das Problematische unseres Themas vor Augen führen. Diese neue Verantwortung, von der seit 1950 immer häufiger die Rede ist, entstammt einem neuen Paradigma sittlichen Handelns. In seinem Kontext findet sich ein neuer Begriff des alten Wortes "Schaden", das seine Bedeutung verändert hat. In Kluges Etymologischem Wörterbuch von 1953, das übrigens das Wort "Verantwortung" noch nicht enthält, ist Schaden ein Begriff, der die *persönliche* Einbusse kennzeichnet, das Ungemach, in das eine Person gestürzt wird. Verantwortung aber trägt der Mensch auch und gerade für die Schäden, die der Allgemeinheit erwachsen und die eine ökologische Färbung haben. Es muß betont werden, daß weder die neue Begrifflichkeit ökologischer Schäden noch das Wort Verantwortung etwas mit der *marxistischen* Denkweise zu tun haben. Marx ging es um Freiheit und Herrschaft, Emanzipation und Entfremdung. Die neue Verantwortung ist ein die Herrschaftsideologie nicht tangierender Begriff, der nicht eine politische, sondern eine ökologische, dem Eudämonismus zugewandte Umwelt ordnen hilft. Schon die Wortentstehung ist merkwürdig. Die Vorsilbe "Ver", mit der das Wort Verantwortung gebildet wird, hat keine der vielen Bedeutungen mehr, die ihr sonst anhaften. Mit Versetzen, Verschlafen, Vergehen, Verprassen, Verführen oder gar Verachten, diesen wesentlichsten Begriffs-Kategorien der Vorsilbe "Ver", hat Verantwortung nichts zu tun. Es ist eine neue sozialethische Kategorie geschaffen worden, in der die Antwort, die das Individuum an seine soziale Umwelt zu geben hat, in eine Dimension der Allgemeingültigkeit und Notwendigkeit gehoben wird. Die Antwort betrifft bestimmte Fragestellungen, die es allesamt mit dem Heil der Welt und also auch dem Heil der in dieser Welt existierenden Lebewesen zu tun haben, von denen der Mensch nur ein Teil ist. Wenn diese Verantwortung jetzt auch die Gesundheit betrifft, so nur in deren allgemeiner, also in ihrer gesellschaftlichen Bedeutung, wobei es selbstverständlich ist, daß Verantwortungen den Individuen eigen sind. Eigenverantwortung ist ein Pleonasmus.

3. Verantwortung und Schaden

"Verantwortung bedeutet Einstehen-Müssen für die eigene Tat" (Illhardt 1989). Diese knappe Formel kennzeichnet das Verhalten. Falsch kann menschliches Verhalten nur dadurch sein, daß die Folgen des Verhaltens unerwünscht sind. Für derartige *Folgen* benutzen wir den neuen Sammelbegriff des *Schadens.* Gemäß der Feststellung des universalen Charakters dieses sozialethischen Begriffs müssen also auch die Schäden, die aus falschem (d.h. unverantwortlichem) Verhalten entstehen, *universale Schäden* sein. Diese Schäden haben im Kontext des Gesundheitswesens den Charakter der Krankheit. Ihre universelle Bedeutung erlangt Krankheit dadurch, daß ihre Folgen durch die solidarische Hilfe der Gemeinschaft, so gut es geht, in den ökonomischen Folgen gemindert werden. Dieses Thema der solidaren Verantwortung ist übrigens nicht nur für die Praxis der gesetzlichen Krankenversicherung (GKV) bedeutsam, sondern auch für die Lebensgemeinschaft der Gesamtbevölkerung, weil in dieser Gemeinschaft jedes Individuum seine Rolle spielt und also Krankheit störend in alle funktionalen Bezüge der arbeitsteiligen Gesellschaft hineinwirkt. Das beste Beispiel für die Allgemeinheit des Schadens durch Krankheit ist die Kontrolle der Fehlzeiten am Arbeitsplatz, durch die Kritik der Mitarbeiter an einer leichtfertig hohen Abwesenheits-Rate, die den Krankenstand seit Jahren stabil hält.

In einer Situation, wo Schäden zu sozialen Ansprüchen führen, werden sie Gegenstand des Rechts. Wir müssen diese Wandlung ethischer in juristische Argumente sorgfältig analysieren, denn in ihr kristallisiert sich das mir gestellte Thema. Gegenstände des Rechts müssen, das liegt in der Natur des Rechts, definierbar sein. Die Rechtssicherheit verlangt, daß das "gesetzte

Recht seinerseits sicher, d.h. auf Tatsachen gegründet ist" (Radbruch 1952, S. 40), und Tatsachen sind nur definierbare Sachverhalte. Hierin unterscheidet sich das Recht grundlegend von der Ethik, deren Gegenstände durch die Meinungen in einer konkreten Gesellschaft bestimmt und in der Regel von erheblicher Unschärfe sind, wenn sie nicht gar der "fuzzy logic" angehören wie etwa die Begriffe *zumutbar* oder *geringfügig*. Ob ein Verhalten oder eine Einwirkung aus der Umwelt "Schäden" verursacht, wird in Hinsicht auf Gesundheit nur durch Messungen entscheidbar, in der Regel durch eine *epidemiologische Studie*, welche vermutete Noxen mit vermuteten Schäden korreliert.

4. Entwicklung des Begriffs der Verantwortung am Beispiel des Rauchens

Ich darf jetzt endlich Konkretes vorbringen. Eines der besonders heiß umkämpften Beispiele staatsbürgerlicher Verantwortlichkeit ist das Rauchen. Dieses Thema hat nicht nur den Vorteil modern zu sein. An ihm zeigt sich die Verschränkung von Ideologie und Tatsächlichkeit in besonders guter Weise. Die landläufige Theorie besagt, daß der Raucher sich zunächst selber schädige und dadurch hohe Kosten verursache, die von der Solidargemeinschaft zu tragen sind, daß er ferner dadurch, daß er seine Umwelt zur Inhalation des Rauchens zwingt, die "Passivraucher" schädige. Aus beidem folgert man die Pflicht des Gesetzgebers, präventiv durch Rechtsmaßnahmen tätig zu werden. Beides, das individuelle Rechtsverhalten und die Intervention des Staates begründet man mit dem Prinzip der Verantwortung. Dies kann nur greifen, wenn ein "Schaden" definiert werden kann. Als Rechtstatsache, die das Problem aus der ethischen Unschärfe (z.B. einer Belästigung) in die Sphäre der Rechtsmaterie erhebt, dient der Nachweis des Gesundheitsschadens. Raucher hat es seit Jahrhunderten gegeben, man denke z.B. an das "Tabakskollegium" des Preußenkönigs Friedrich Wilhelm I. Ein Rechtsanspruch, wie er heute erhoben wird, wäre noch vor 50 Jahren unvorstellbar gewesen. Bekanntlich wurde das Rauchen dadurch zum Problem, daß der Internist Otto Gsell 1951 auf die Tatsache aufmerksam machte, daß sich Bronchial- und Lungenkarzinome vorwiegend bei Rauchern finden (Lit. Gsell 1979). Seither ist der "Zusammenhang" von Rauchen und Krebs, auch für andere Lokalisationen, epidemiologisch wiederholt nachgewiesen worden. Dieser Nachweis hat folgende, für unser Problem fundamentale Eigenschaften. Die Korrelation von Krebs bei Rauchern ist streng. Nur etwa 10% der Lungenkrebse finden sich bei Nichtrauchern. Die umgekehrte Schlußfolgerung ist dagegen dürftig. Lungenkrebs als Todesursache findet sich in Deutschland relativ selten, nur in rund 6,5% aller Todesfälle der Männer, aber es gibt erheblich mehr Raucher als 6,5%! Wir nennen Individuen, welche einer Noxe ausgesetzt waren, ohne Schaden zu leiden, Escaper. Die überwiegende Mehrzahl der Raucher sind also Escaper. Eine zweite Tatsache ist weit bedeutungsvoller. Während die Häufigkeit der Lungenkrebse weltweit seit 1920 anstieg, sank in derselben Zeit die Häufigkeit anderer Krebse ab. Die Häufigkeit aller Krebsformen zusammen ist seit vielen Jahrzehnten bei

Männern relativ konstant (27% aller Todesursachen), bei Frauen sinkt sie sogar deutlich ab, obgleich immer mehr Frauen Raucherinnen werden und häufiger an Krebsen der Atmungsorgane sterben. Wir nennen dieses überall auszumachende Phänomen die vikariierende Sterblichkeit (Schaefer 1995). Die höhere Inzidenz der Lungenkrebse führt zur Senkung anderer Krebsformen. Diese virkariierende Sterblichkeit findet sich aber keineswegs in allen Zeitabschnitten. Während die Sterblichkeit an Lungenkrebs der Männer seit 1952 ständig steigt, findet sich diese Steigerung um den gleichen absoluten Betrag seit 1960 auch bei der Sterblichkeit an allen Karzinomen. Das heißt: Die Sterblichkeit an Krebs wäre bei Männern zwischen 1952 und 1996 fast konstant, wenn man die Todesfälle an Lungenkrebs subtrahierte! Bei Frauen ist das aber keineswegs der Fall. Ihre standardisierte Sterblichkeit an allen Krebsen sinkt seit 1961 kontinuierlich ab, die Sterblichkeit an Lungenkrebs steigt an! In den mir zugänglichen Daten sind diese Ziffern deutlich. Die Daten besagen im Klartext: Im Frühstadium der Raucherära steigen die Lungenkarzinome der Männer vikariierend, nach 1952 nicht mehr. Die der Frauen steigen von 1961 ab rein vikariierend an, d.h. die Zunahme an Lungenkrebs wird bei anderen Krebslokalisationen eingespart! Über das Passivrauchen liegen mir keine auswertbaren Daten vor. Die Lungenkrebshäufigkeit ist nur wenig erhöht (RR=1,19; zit. nach Atteslander 1997). Ich vermute, daß diese Erhöhung an anderen Krebsformen eingespart wird. Kann man aus diesen Daten eine besondere Verantwortung ableiten, Rauchen zu unterlassen? Wäre der Tod an Lungenkrebs besonders kostenträchtig, läge die Antwort auf der Hand. Er ist aber eher relativ kostengünstig. Ist also der Mensch verpflichtet, den subjektiv vielleicht besonders unangenehmen Tod an Lungenkrebs zu vermeiden? Denn einen vorzeitigen Tod handelt sich der Raucher nicht unbedingt ein. Nur die Sterblichkeiten nach 1960 sprechen für einen vorzeitigen Tod an Lungenkrebs im statistischen Mittel, aber sicher nicht in jedem individuellen Fall. Auch die Sterblichkeit an Herzinfarkt ist erhöht, aber dieser Tod ist gleichsam besonders preiswert. Bei ihm reduziert sich die "Verantwortung" nur mehr darauf, daß Lebensverkürzung durch Verhalten ethisch unstatthaft ist. Aber mit welchem Grund? Die Antwort ist sicher kontrovers.

5. Die Definition von Schäden ist immer problematisch

Verantwortung, ich wiederhole, setzt definierbare Schäden voraus, auf deren Verhütbarkeit sie sich bezieht. Schäden der Umwelt physikochemischer Art sind weniger problematisch, aber technisch schwierig begründbar Das Beispiel der Klimaänderungen zeigt das. Alle Modell-Theorien stimmen in der Problematik überein, daß CO_2 die Umwelt belastet. Ob es die Erde erwärmt, ist weniger sicher, weil die Meß-Werte hohen natürlichen Schwankungen unterworfen sind und man nur schwer die beobachteten Änderungen auf bestimmte Ursachen beziehen kann (Supplee 1998). Diese Modelle und Messungen sind aber physikalisch, meßtechnisch prüfbar. Das ist bei biologischen Effekten dadurch grundsätzlich anders, daß lebende Materie in meist extrem komplizierten Rückkoppelungs-Prozessen auf Noxen reagiert. Das angebliche Waldsterben ist ein gutes Beispiel. Die Wälder sterben nicht, wie wir inzwischen wissen (Mohr 1993). Sie wachsen sogar schneller. Der Begriff "Schaden", nämlich Wachstumsminderung, erwies sich als falsch. Wo aber Schäden auftreten, wirken andere lokale Faktoren als Luftverschmutzung, vorwiegend Wassermangel. Würden sich überall Wachstumsschäden zeigen, wäre eine Ursachenermittlung schwierig. Diese Schwierigkeiten liegen daran, daß Schäden, also Krankheiten, bei Menschen durch Verhalten langsam entstehen und daher fast nie direkt beobachtbar sind. Zusammenhänge zwischen Noxen, vor allem schädlichem Verhalten und Folgen, die als Schäden deklariert werden können, sind daher nur mit epidemiologischen Methoden feststellbar. Bekanntlich geht man dabei so vor, daß man eine überzufällige Beziehung zwischen der Häufigkeit, mit der eine vermutete Noxe auf eine an einer bestimmten Krankheit leidenden Population einwirkt, und dieser Krankheitshäufigkeit feststellt. Solche epidemiologischen "Zusammenhangs-Beweise" haben aber zahlreiche Tücken.

5.1. *Statistische Korrelationen* sind solange Leerformeln, bis ein Modell zu ihrer kausalen Interpretierbarkeit vorliegt. Der Streit um die Entstehung des Herzinfarkts ist ein eindrucksvolles Beispiel. Es fragt sich bei allen Risikofaktoren, ob sie nicht nur Risikoindikatoren sind, also ein Risiko, das sie nicht selbst kausal bedingen, nur anzeigen. Für den Risiko-Faktor Rauchen ist eine kausale Potenz wohl unbestreitbar. Weit weniger sicher ist sie für den Risikofaktor Cholesterin. Eine Eigenverantwortung des Rauchers ist also begründbar, nicht aber eine solche des Butter-Verzehrers. Es ist für den Epidemiologen beängstigend, in wie vielen Fällen nosologisch beanspruchte Korrelationen kausal nicht gesichert sind. Das ist in dem Mangel unserer Detailkenntnisse der Krankheitsentstehung begründet, insbesondere der multifaktoriellen Genese. Ist z.B. ein Krebs nachweislich genetisch programmiert, so besagt dieses Programm nur, daß im Falle der Einwirkung von Noxen Krebs entstehen kann. Wie soll man also Menschen für ungewisse Möglichkeiten zur Verantwortung ziehen, besonders, wenn Verhalten nur in Kombination von (meist unbekannten) genetischen Dispositionen pathogen wird? Die Epidemiologie kann vielleicht Wahrscheinlichkeiten eines Zusammenhangs in Zahlen ausdrücken, aber keine in allen Fällen gültigen Zusammenhänge herstellen.

5.2. Ein zweites Handicap in der *Zuweisung von Krankheit zu schädlichem Verhalten* liegt in den seltsamen *spontanen Variationen* in der Inzidenz von bestimmten Todesursachen. Man spricht geradezu von Mode-Krankheiten. Derzeit nimmt z.B. das Colon-Karzinom zu, auch der Hautkrebs. Selbst wenn man eine mit dieser Zunahme korrelierende "Noxe" fände, wäre deren kausale Inanspruchnahme schwierig. Die Häufigkeit der Karzinom-Formen wechselt im Laufe der Zeit stark (Davis u.a. 1990). Mit welchem Recht kann man ausschließen, daß unser derzeitiger Anstieg einer Krankheit nicht ein Zeittrend ist, dessen Ursachen man fast nie kennt?

5.3. Die *multifaktorielle Natur* aller Krankheitsursachen, jedenfalls der chronischen, doch auch der akuten Krankheiten, z.B. beim Infarkt, macht die Zuordnung einer Krankheitsursache zu einer Noxe besonders problematisch. Es gibt nur wenige Krankheiten, bei denen man relativ sichere Ursachen findet, z.B. den Lungenkrebs bei Rauchern und nach Asbest-Exposition. Selbst für den Raucherkrebs ist eine multifaktorielle Genese aber immer wieder behauptet worden und scheint allein schon deshalb vorzuliegen, weil die meisten Raucher keinen Krebs bekommen, also Escaper sind. Das relative Risiko ist für das Rauchen zwar hoch, doch nicht 100 Prozent. Ein genetischer Faktor scheint notwendig. So ist das Krebsrisiko bei eineiigen Zwillingen in bestimmten Korrelationen kleiner als bei zweieiigen (Floderus u.a. 1988; Carmelli u.a. 1996), wenngleich der Effekt schwach ist und die "Konstitutionshypothese" des Raucherkrebses, die unter dem Schlagwort der "Raucherpersönlichkeit" (Christian 1977, S. 37) läuft, nicht bestätigt wird. Es ist dennoch sicher, daß keine Noxe bekannt ist, die allein und unbedingt tödlich wirkt, wenn man von starken Giften absieht.

5.4. Eine Tatsache, die *Hormesis*, scheint besonders unbekannt zu sein, trotz unbezweifelbarer Befunde. Fast allen Noxen ist eigentümlich, daß sie zwar in hoher Dosis schädigen, in kleiner Dosis hingegen nicht, oft sogar protektiv wirken. Das ist selbst für ionisierende Strahlen bewiesen (Sagan 1987) und beweist, daß z.B. die hysterische Angst vor der sog. atomaren Gefahr nicht völlig berechtigt ist. Schäden auf Noxen zu beziehen, verlangt eine sorgfältige Erörterung dieses Phänomens der Hormesis. (Lit. bei Schaefer 1992.)

5.5. Ein richtiges, bislang unbekannt gebliebenes Phänomen ist im Zusammenhang unseres Themas die *vikariierende Sterblichkeit* (Schaefer 1995). Es handelt sich dabei darum, daß eine bestimmte Noxe zwar in der epidemiologischen Korrelation eine für sie spezifische Krankheit in deren Inzidenz erhöht, aber die allgemeine Morbidität und vor allem die Gesamt-Mortalität nicht steigert. Wo bei Untersuchungen von Schadstoffen die allgemeine Sterblichkeit gemessen wurde, was selten der Fall ist, pflegt bei steigenden spezifischen Mortalitäten die Gesamt-Mortalität oft unbeeinflußt zu bleiben. Ein Beispiel aus jüngster Zeit: Das Magenkarzinom ist bei Rauchern immer erhöht, aber die Krebssterblichkeit an allen anderen Krebsen ist vermindert (Gajalakshmi u.a. 1996). Diese Tatsache bedeutet dann, daß man durch die Noxe eher an der Krankheit stirbt, aber dafür an einer anderen Krankheit nicht. Das macht eine Feststellung von Verantwortung merkwürdig unsicher.

5.6. Der Vollständigkeit halber sei ein Problem erwähnt, das Zuordnungen zwar gestattet, aber in ein besonderes ethisches Licht stellt. Die Krebsgefahr von Kindern, die nicht von ihren Müttern gestillt wurden, ist ebenso wie die der Kinder, die an verkehrsreichen Straßen wohnen, deutlich erhöht (Savitz u.a. 1999; Davis u.a. 1988). Das tägliche Leben erweist sich als Gefahr, so wie das Rahe (1968) schon für die "recent life experiences" nachgewiesen hatte und jede Studie über arbeitsbezogene Erkrankungen nachweist. "Verantwortungen" sind hier schwer zu etablieren.

6. Die Fragwürdigkeit des sog. attributablen Risikos

In der Presse liest man immer wieder, daß jährlich hohe Prozentzahlen von Menschen durch bestimmte vermeidbare Schäden sterben. Man spricht vom "avoidable death". Man ordnet allgemeinen Einflüssen wie der Ernährung hohe relative Risiken zu. Derartige Zuordnungen sind fragwürdig, wenn nicht falsch. Man hat den Eindruck, daß die Addition aller Risiken mit prozentualer Steigerung der Sterblichkeit leicht zu mehreren hundert Prozent führt. Ich kann mir z.B. nicht vorstellen, daß 65% aller Krebse durch falsche Ernährung und Rauchen bedingt sind, obgleich diese Behauptung von einem sehr berühmten Mann stammt, Sir Richard Doll (1981, S. 1256). Der Anteil dieser beiden Noxen ist sicher hoch. Ob aber eine Umstellung der Ernährung und Einstellung des Rauchens 2/3 aller Krebse verhüten würde, ist mehr als fraglich. Dagegen spricht z.B. die relative Konstanz der Sterblichkeit an Krebs der Männer, auf die schon Freudenberg (1954) vor Jahrzehnten hinwies.

Eine Domäne fragwürdiger Risikozuweisungen ist auch die sog. Ungleichheits-Forschung. Es kann nicht bezweifelt werden, daß Morbiditäten und Mortalitäten schichtspezifische Unterschiede zeigen. Es ist jedoch schwer feststellbar, welche Ursachen hier anzuschuldigen sind. Der alte Spruch "weil du arm bist, mußt du früher sterben" hat klassenkämpferischen Charakter, aber leider auch ein Korn Wahrheit. Vielleicht liegt das Prinzip des Phänomens da, wo eine Studie von Clay u.a. (1988) sie gesucht hat. Es wurden Probanden mit und ohne College-Abschluß in Chicago getestet. Die weniger Gebildeten (ohne College-Abschluß) rauchten mehr und hatten eine höhere nicht kardial bedingte allgemeine Sterblichkeit. Diese Sterblichkeit war fast nur durch das Rauchen bedingt, weil diejenigen Todesursachen, die kaum auf das Rauchen beziehbar sind, kaum erhöht waren. Also: Der Lustgewinn macht den Tod? Was aber, wenn die Ungebildeten ihre Glücksbilanz, gerade ihrer mangelnden Geistigkeit wegen, nur mit erhöhtem Genußmittel-Konsum decken können. Unser Problem rührt an die letzten Fragen des Menschenlebens.

Der wesentlichste Faktor, der die Ungleichheit der Lebenserwartung zu bestimmen scheint, ist in der Tat die Bildung bzw. die Intelligenz, wie die Skalen von Leclerc u.a. beweisen (1990). Es ist aber keinesfalls sicher, daß die Intelligenz das Leben nur durch Vermeidung von Risiken verlängert, wenngleich diese "kluge Vermeidung" sicher wichtig ist. Die Abhängigkeit von Krankheit und sozialer Schicht ist jedenfalls ein schwieriges und keineswegs geklärtes Problem. Konsum ist sicher riskant. Mit welchem Recht aber wollen wir den Armen zum Konsumverzicht verurteilen, wenn er eine wesentliche Glücksquelle darstellt? Die Lebensdauer des Menschen wird durch ein sehr striktes mathematisches Gesetz beschrieben, das in seiner Exaktheit derzeit kaum anders interpretiert werden kann, als daß der Tod vorwiegend genetisch determiniert ist und alle Noxen nur die Rolle auxiliärer Faktoren ("schwache Wirkungen") spielen (Schaefer 1995). Die Studie von Clay und mehreren anderen Studien scheinen dieser genetischen These zu widersprechen. Aber vielleicht ist es eben die (genetisch bedingte) Intelligenz, die so gesetzmäßig verteilt ist, daß die Mathematik der Mortalität befriedigt wird.

7. Eigenverantwortung und Sozialpflicht

Zum Schluß möchte ich auf ein Problem hinweisen, das besonders stark mit Verantwortung gekoppelt ist. Die Epidemiologen in aller Welt beklagen die überhand nehmende Praxis des Datenschutzes. Es ist in der Tat so, daß ein rigoroser Datenschutz mit kaum einer epidemiologischen Studie vereinbar ist. Die Mainzer Akademie der Wissenschaften hat dem Problem eine Tagung gewidmet (Dhom 1992). Ich glaube, daß bei der gesellschaftlichen Bedeutung epidemiologischer Forschung, die für die Kausalanalyse der Krankheiten fast allein zuständig ist, hier eine erhebliche Eigenverantwortung des Bürgers, vor allem aber auch der Datenschützer, versagt. Es besteht hier eine Sozialpflicht, als epidemiologisches Problem.

Ein ähnliches Problem scheint mir endlich auch darin zu liegen, daß allgemeine Risiken, die sich epidemiologisch als klein oder gar winzig entpuppt haben, vom Bürger toleriert werden sollten, denn er nimmt vieltausendfach höhere Risiken, z.B. im Sport und im Verkehr, freiwillig aber klaglos auf sich. Die Hysterie bei Castor-Transporten gehört hierher.

Sollen aber Verantwortungen bestimmten sozialen Schichten oder Gruppen zugeordnet werden, so bedarf eine solche Zuordnung exakter soziologischer Daten. Hier wird oft gesündigt. Atteslander (1993,1997) hat hierzu Deutliches gesagt.

8. Schlußfolgerung

Die Quintessenz des Vorgetragenen lautet so: An der ethischen und rechtlichen Bedeutung persönlicher Verantwortung kann man m.E. nicht zweifeln, wenn die *Verantwortungszuweisung* begründbar ist. Sie ist das sicher in zahllosen Fällen. Ich wollte aber darauf verwiesen haben, daß hinsichtlich der Gesundheitsschäden eine solche Zuweisung häufig fragwürdig ist oder gar nicht gemacht werden kann. Diese Schwierigkeit hat in erster Linie mit der Genese von Krankheit zu tun, deren Probleme in der Medizin oft noch zu simpel beurteilt werden. Es fehlt oft der universale Charakter eines Schadens, teils weil viele Einwirkungen gemeinsam erst zum Tode oder zur Krankheit führen und daher eine Zuweisung, ein attributables Risiko, in allgemeiner Form nicht definiert werden kann, in Teilproblemen aber der ethischen und erst recht der juristischen Stringenz ermangelt.

Ethische Forderungen sind etwas leichter begründbar als juristische, weil man im gesellschaftlichen Zusammenleben, das durch Ethik geregelt wird, auch für wahrscheinliche, aber nicht sicher erwiesene Schadfaktoren verantwortlich gemacht werden kann. Wenn Ethik aber in Rechtsnormen umgesetzt werden soll, genügen solche Wahrscheinlichkeiten nicht, weil sie nur auf statistischen, epidemiologisch erhärteten Zusammenhängen beruhen, deren Gültigkeit aber im Einzelfall, und nur der ist justiziabel, nicht erweisbar ist. Die Definierbarkeit des Schadens im konkreten Fall ist das Problem.

9. Zusammenfassung

1. Eigenverantwortung, als Wortbegriff ein Pleonasmus, ist ein ethischer Begriff neueren Datums, der dadurch entstand, daß man Schäden zu erkennen gelernt hat, welche nicht nur die Individuen, sondern die ganze Gesellschaft betreffen.
2. Verantwortung setzt die Definierbarkeit der Schäden voraus, für deren Entstehung (und Verhütung) Verantwortung zugewiesen wird.
3. Die Definierbarkeit dieser Schäden gelingt bei der Entstehung chronischer Krankheiten nur durch Epidemiologie. Hierbei zeigen sich typische Schwierigkeiten und Grenzen.
4. Am Beispiel des Rauchens ist nachzuweisen, daß die Korrelation zwischen Rauchen und Schaden lose ist. Es gibt mehr Menschen, die gesund bleiben (Escaper) als erkranken.
5. Beim Krebs findet sich besonders deutlich das Phänomen der vikariierenden Sterblichkeit. Eine bestimmte, noxenspezifische Krankheit kann zwar als möglicher Schaden beweisbar sein, aber ohne daß die allgemeine Morbidität oder Mortalität ansteigt.
6. Epidemiologische Korrelationen bedürfen eines häufig fehlenden Modells, wenn sie kausal interpretiert werden sollen.
7. Das bedeutendste Hindernis in der kausalen Zuordnung von Sterblichkeit und Noxen liegt darin, daß der Tod des Menschen stark genetisch programmiert ist, Noxen vermutlich nur als Hilfen ("schwache Wirkungen") dieses Programm unterstützen.
8. Die multifaktorielle Natur der Krankheitsentstehung macht die Definition von Verhalten als Krankheitsursache oft schwierig oder unmöglich.
9. Die meisten Noxen wirken in schwacher Dosis helfend. Diese Hormesis trifft sogar auf ionisierende Strahlen zu.
10. Auch die alltäglichen Gewohnheiten können pathogen sein.
11. Die Zuweisung von Noxen und Verhalten zu Risiken (attributables Risiko) ist aus all diesen Gründen fast immer problematisch.
12. Auf die Sozialpflicht des Bürgers zur Duldung wichtiger gesellschaftlicher Maßnahmen wird hingewiesen.

Atteslander P: Methoden der empirischen Sozialforschung, Berlin, de Gruyter, (1993).

Atteslander P: Prävention als Risiko? Dtsch. Ärzteblatt. 94, H.39 B 2035-2039 (1997).

Carmelli D, Page WF: Twenty-four year mortality in world war II male veteran twins discordant for cigarette smoking. Int.J. Epidemiol. 25, 554-559 (1996).

Christian P.: Epidemiologie und Psychosomatik der Risikopersönlichkeit. In: Blohmke M, von Ferber C, Kisker KP, Schaefer H (Hsg): Handbuch der Sozialmedizin, Bd.2, Enke Stuttgart, 235-244 (1977).

Clay, CM; Dyer AR, Liu K, Stamler J u.10 weitere Autoren: Education, smoking and non-cardiovascular mortality: Findings in three Chicago epidemiologic studies. Int. J. Epidemiol. 17, 341-347 (1988).

Davis DL, Hoel D, Fox J; Lopez AD: International trends in cancer mortality in France, Germany, Italy, Japan, England and Wales and the United States Ann. N.Y. Acad. Sci. 609, 5-48 (1990).

Davis MK, Savitz DA, Grauband BI: Infant feeding and childhood cancer. Lancet, 365-368, August 1988.

Dhom G (Hsg.): Epidemiologische Forschung und Datenschutz in der Medizin. Akad. Wiss. u. Literatur Mainz, Fischer, Stuttgart, Jena, New York 1992.

Doll R, Peto R: The causes of cancer. J. natl. cancer Inst. (NIH) 66, Nr.5, 1194-1308 (1981).

Floderus B, Cederlöf R, Friberg L: Smoking and mortality: 21-year follow up based on the Swedish twin registry. Int. J. Epidemiol. 17, 392-340 (1988).

Freudenberg K: Nimmt die Krebssterblichkeit zu? Betriebskrankenkasse Nr. 14 (1954).

Gajalakshmi CK, Shanto V: Lifestyle and risk of stomach cancer: Int. J. Epidemiol. 25, 1146-1153 (1996).

Gsell O: Tabak: Epidemiologie und sozialmedizinische Bedeutung des Rauchens. In: Blohmke M, von Ferber C, Kisker KP, Schaefer H: Handbuch der Sozialmedizin. 2. Bd. Enke, Stuttgart, S. 210-234, 1977.

Illhardt F.J: Verantwortung. In: Eser A, von Lutterotti M; Sporken P (Hsg): Lexikon Medizin-Ethik-Recht. Herder Freiburg, Basel, Wien S.1222, 1989.

Jonas H: Das Prinzip Verantwortung. Suhrkamp, Frankfurt 1984.

Kluge F, Götze A: Etymologisches Wörterbuch. de Gruyter, Berlin 1953.

Krings H, Bamgartner HM, Wild Ch: Handbuch philosophischer Grundbegriffe. Kösel, München 1973.

Leclerc A, Lert F, Fabien C: Differential mortality: some comparisons between England and Wales, Finland and France. Int. J. Epidemiol. 19, 1001-1010 (1990).

Mohr H: Waldschäden in Mitteleuropa - wo liegen die Ursachen? Verh. Ges. dtsch. Naturforscher u. Ärzte 117. Stuttgart Wiss. Verlagsges. 1993.

Mohr H: Die Waldschadenspolemik in Mitteleuropa aus ökologischer Sicht. Mainauer Gespräche Bd. 10. Wozu braucht der Mensch den Wald? Lennart-Bernadotte-Stiftung-Mainau, S.35-41, 1994.

Paulsen F: System der Ethik 2 Bde. Hertz, Berlin 1900.

Radbruch G: Einführung in die Rechtswissenschaft, Koehler Stuttgart 1952.

Rahe RH: Life change measurements as a predictor of illness. Proc. roy. soc. med. 61, 1124 (1968).

Rehmke J: Grundlegung der Ethik als Wissenschaft. Quelle u. Meyer, Leipzig 1925.

Sagan LA (ed.): Radiation hormesis. Pergamon Press New York, Oxford 1987.

Savitz DA, Feingold L: Association of childhood cancer with residential traffic density. Scand. J. Work environm. health 15, 360-363 (1989).

Schaefer H: Modelle in der Medizin. Sitzungsber. Heidelberger Akad. Wiss., math.-naturw. Kl., Springer, Heidelberg 1992.

Schaefer H: Schwache Wirkungen als Cofaktor bei der Entstehung von Krankheiten. Forschungsstelle theor. Pathol., Heidelberger Akad. Wiss. Springer, Heidelberg 1995.

Supplee C: Unlocking the climate puzzle. National geograph. 193 Nr. 5 44-70 (1998).

Weber M: Schriften zur theoretischen Soziologie. Scheuer, Frankfurt a. M. 1947.

Europäische Zerrissenheit und deren Überwindung am Beispiel der EU-Erweiterung

Ziel der Erweiterung - welches Europa?

PETER MITTERBAUER

Ich möchte eingangs dem Europäischen Forum Alpbach sehr herzlich danken, daß es das diesjährige Wirtschaftsgespräch dem Thema der EU-Erweiterung gewidmet hat. Das Europäische Forum Alpbach hat sich seit seiner Gründung im Jahr 1945 der europäischen Idee verschrieben und die europäische Integration immer wieder zum Thema seiner Beratungen gemacht. Die EU-Erweiterung stellt nach der Währungsunion das zweifellos ambitionierteste Projekt des europäischen Integrationsprozesses dar. Für die österreichische Präsidentschaft ergibt sich die Chance, wichtige Weichenstellungen für den nun in Gang kommenden Verhandlungsprozeß einzuleiten. Ich hoffe, daß die Tradition und der sprichwörtliche Geist von Alpbach eine fruchtbringende und zukunftsweisende Diskussion bewirken, daß Österreich wieder positive Signale an die Beitrittswerber senden kann.

In der europäischen öffentlichen Diskussion dominieren ganz klar die ökonomischen Aspekte der EU-Erweiterung. In der österreichischen Diskussion werden häufig fragwürdige ökonomische Argumente eingesetzt, um politisches Kleingeld zu machen. Ich möchte im ersten Teil meines Einleitungsstatements einige Gedanken den wirtschaftlichen Aspekten widmen, um dann auf die meiner Meinung nach noch wichtigere europapolitische Dimension einzugehen.

Naturgemäß überlegen heute Unternehmen ebenso wie Vertreter von Regionen oder Branchen, inwieweit ihnen die Erweiterung wirtschaftliche Vor- oder Nachteile bringen könnte. Und wie immer melden sich die lautstark zu Wort, die Nachteile vermuten, während jene meist vornehm schweigen, die sich Vorteile ausrechnen dürfen.

Zahlreiche gut fundierte Studien haben unzweifelhaft einen positiven wirtschaftlichen Saldo der EU-Erweiterung für beide Seiten, die gegenwärtigen EU-Mitgliedstaaten und die Beitrittsländer belegt. Aber auch die befürchteten Nachteile sind weiter zu hinterfragen. Meist ergeben sich diese aufgrund von statischen Analysen, die die Chancen durch strukturelle Anpassungen in den EU-Ländern und insbesondere in den Grenzregionen zu den Beitrittsländern vernachlässigen. Auch für kleine Gewerbebetriebe besteht vielfach die Möglichkeit, sich zu qualifizieren und in einem höheren Segment zu spezialisieren bzw. durch Investitionen jenseits der Grenze in einem neuen Markt zu etablieren. Und in dem Maße, in dem sich in den Beitrittsländern die kaufkräftige Schicht von wirtschaftlich Erfolgreichen vergrößert, entsteht auch ein wachsender Markt für höherwertige Produkte und Dienstleistungen, den unsere Unternehmen aller Größenordnungen gewinnbringend bedienen können.

Bleibt die generelle Angst vor einer Überflutung unserer Arbeitsmärkte durch ausländische Arbeitnehmer. Dabei scheint mir das Hauptproblem für Österreich eine möglicherweise starke Zunahme von Tages- und Wochenpendlern zu sein. Die echten Migrationsbewegungen werden sich in viel engeren Grenzen als gemeinhin angenommen abspielen. Es ist noch ein weiter Weg von der Aussage der Auswanderungsbereitschaft gegenüber einem Interviewer eines Meinungsforschungsinstituts bis zur tatsächlichen Umsetzung dieser Absicht.

Offensichtlich werden wir bei der EU-Erweiterung ohne Übergangsfristen nicht auskommen können; sie sollten jedoch maßvoll sowohl an Zahl wie an Dauer eingesetzt werden. Dieses im wohlverstandenen beiderseitigen Interesse. Die EU-Länder müssen auf eine baldige vollständige Übernahme und Umsetzung des acquis communautaire durch die Beitrittsländer, z.B. im Bereich des Umwelt- und Wettbewerbsrechts, drängen. Gleichzeitig wissen wir um die massiven positiven wirtschaftlichen Effekte der Aufhebung von Grenzkontrollen und sonstiger Beschränkungen der vier Freiheiten, die den Beitrittsländern mindestens in ebenso großem Maße zugute kommen wird wie den gegenwärtigen EU-Mitgliedstaaten.

Damit ist auch die Antwort auf die häufig gestellte Frage gegeben, warum die Reformländer denn der EU beitreten müssen, wo doch die wesentlichen positiven ökonomischen Wirkungen durch die Ostöffnung und die Europaverträge bereits konsumiert worden seien. Wenn dem so wäre, hätten wir uns einen Großteil des europäischen Integrationswerks ersparen und im wesentlichen auf eine Freihandelszone beschränken können. Erst die Verwirklichung des Binnenmarktes und seiner vier Freiheiten hat Europa zu dem gemacht, was es heute ist: ein mächtiger, erfolgreicher und gleichberechtigter Spieler im globalen Wettbewerb. Diese Position kann durch die EU-Erweiterung nur zusätzlich gestärkt werden. Gleichzeitig bietet die Vollmitgliedschaft den Reformländern die Chance, ihren wirtschaftlichen Aufholprozeß unter stabilen politischen Rahmenbedingungen zu beschleunigen und effizienter zu gestalten.

Ich habe einleitend gesagt, daß wirtschaftliche Fragen das Thema der EU-Erweiterung dominieren, und das gilt natürlich ganz besonders für den am meisten betroffenen Sektor, die Industrie. Dennoch muß klar festgehalten werden, daß bei dem Erweiterungsprojekt die politische Dimension im Vordergrund zu stehen hat. Eine vielleicht nicht mehr wiederholbare internationale Konstellation bietet uns heute die Chance, alle Staaten Europas, die dies wünschen - und es sind nahezu alle -, in einer breiten Zone des Friedens und der engen Kooperation zu vereinen. Damit können wir den kommenden Generationen die aus historischer Sicht ganz außergewöhnliche Perspektive einer langen Epoche der Gewaltfreiheit und des Wohlstandes bieten. Allein diese Aussicht wäre es wert, Opfer zu bringen und erhebliche Mittel in das Erweiterungsprojekt zu investieren. Tatsächlich können wir diese Vision unter dem Strich praktisch ohne Kosten verwirklichen, wenn wir nur Aufwendungen und Erträge in eine entsprechend langfristige Sichtweise stellen.

Heute scheint das Bedrohungspotential durch bewaffnete Auseinandersetzungen gering, insbesondere für jene, die solche Auseinandersetzungen in Europa selbst nicht mehr miterlebt haben. Dabei brauchen wir gar nicht an zukünftige Bedrohungsszenarien zu denken; es reicht, wenn wir uns die aktuellen politischen und militärischen Krisenherde am Balkan vor Augen führen, aber auch die beängstigende wirtschaftliche Labilität Rußlands und anderer GUS-Staaten, um zumindest aus österreichischer Sicht eine Verschiebung der EU-Außengrenze nach Osten als dringend geboten erscheinen zu lassen.

Solange die beitrittswerbenden Länder nicht annähernd unser wirtschaftliches Leistungsniveau und unseren Wohlstand erreicht haben, sind unliebsame politische Entwicklungen mit heute noch kaum absehbaren Folgen nicht auszuschließen. Daher müssen wir alles tun, um den wirtschaftlichen Aufholprozeß der Beitrittskandidaten zu beschleunigen. Die EU-Mitgliedschaft ist dafür das erfolgversprechendste Mittel.

Ich weiß, daß moralische Appelle heute oft nicht sehr geschätzt werden. Aber gerade wir Österreicher sollten nicht vergessen, daß wir es einer glücklichen historischen Konstellation verdanken, daß ein wichtiger Teil unseres Landes, und zwar gerade jener Teil mit den meisten Grenzen zu den Reformstaaten, nicht ebenfalls unter kommunistische Herrschaft gefallen ist. Aus kleinkarierten und kurzatmigen materiellen Überlegungen Barrieren gegenüber jenen Menschen zu errichten oder aufrecht zu erhalten, die dieses Glück nicht hatten, ist schlicht und einfach unmoralisch.

Dazu kommt noch, daß Österreich durch seine Geschichte eine besondere Verantwortung in dieser Region trägt und wie wenig andere Länder über eine lange Tradition des Zusammenlebens unterschiedlicher Nationen innerhalb gemeinsamer Grenzen verfügt. Diese historische Verantwortung ist keine formal übertragene, sie ergibt sich aus den Erwartungen und Zuschreibungen dieser Länder an Österreich. Diese zu enttäuschen, wäre mit hohen materiellen und immateriellen Kosten verbunden

Lassen Sie mich mit einem Appell an die Politik schließen. Ich bin mir bewußt, daß das laut artikulierte Bedrohungsgefühl eines erheblichen Teils der Bürger für die Politik keine einfache Situation darstellt. Gerade da ist besondere politische Verantwortung gefragt. D.h. Politik - und ich schließe auch die Sozialpartner ein - darf es sich nicht leicht machen und sich populistisch hinter jene stellen, die sich am lautesten gegen die Erweiterung artikulieren, sondern sie muß systematisch durch Aufklärung und Information die Chancen klarmachen, die die EU-Erweiterung für das Land und für ganz Europa bietet. Sie muß vor allem auch vermitteln können, daß diese Chancen die unzweifelhaft gegebenen Risken bei weitem übersteigen.

Wir stehen heute vor einer durchaus vergleichbaren Situation wie die Erbauer des politischen Einigungswerks Europas vor mehr als vierzig Jahren. Auch heute sind mutige und visionäre politische Architekten gefordert, das so erfolgreiche Einigungswerk Europas durch die EU-Erweiterung zu vollenden und es nicht an kurzfristiger Buchhaltermentalität und kleinlichen Ressentiments scheitern zu lassen. In Zeiten des Umbruchs und der massiven strukturellen Veränderungen ist in Demokratien ein besonderes Maß an Leadership notwendig, um die Bevölkerung unseres Kontinents in eine gute Zukunft zu führen. Und ich wiederhole: Österreich ist dabei aufgrund seiner Geschichte und seiner geopolitischen Position besonders gefordert.

Lassen Sie mich nun die Sprecher des heutigen Vormittags vorstellen. Das Eröffnungsreferat hält der österreichische Bundeskanzler und EU-Vorsitzende Mag. Viktor Klima. Anschließend wird Dr. Janez Podobnik, Präsident des slowenischen Parlaments als maßgeblicher Repräsentant eines Beitrittslandes sprechen, sowie Herr Bischof Kapellari. Last but not least wird der Präsident der Europäischen Kommission, Jacques Santer, das Wort ergreifen. Ich danke allen drei Sprechern, daß sie unserer Einladung nach Alpbach gefolgt sind, und darf den Herrn Bundeskanzler zum Pult bitten.

VIKTOR KLIMA

Welches Europa? Das Thema der heutigen Diskussion mag auf den ersten Blick überraschen. Integrationsprozeß hat in den vergangenen Jahren ja sehr deutliche Konturen angenommen. Es gäbe daher genug Gründe für Erfolgsbilanzen und optimistische Perspektiven:

- Die erfolgreiche wirtschaftliche Integration, die zunehmende Konvergenz der Wirtschaften und, auf dieser Basis, die zeitgerechte Einführung der Wirtschafts- und Währungsunion. All das war vor einigen Jahren alles andere selbstverständlich.
- Dazu kommen nun konkrete Fortschritte bei der Entwicklung einer gemeinsamen Beschäftigungsstrategie, die die Währungsunion flankieren wird.
- Die derzeit günstigen Wirtschaftsdaten - steigendes Wachstum, niedrige Inflationsraten, niedrige Zinsen und sichtbar verringerte öffentliche Defizite - sprechen für die bisherige Strategie. Die Chancen sehen gut, daß mit dem Wachstum auch die Beschäftigung steigt und sich die Arbeits-

losigkeit verringert, wie kürzlich selbst der - in dieser Frage üblicherweise skeptische - Economist feststellte.[1]

- Gleichzeitig hat die Union mit der Erweiterung in politischer Hinsicht entscheidende Schritte gesetzt. In Luxemburg wurde im vergangenen Jahr der umfassende Rahmen des Erweiterungsprozesses beschlossen; Ende März des heurigen Jahres wurden mit den ersten Kandidatenländern die Beitrittsverhandlungen eröffnet.

Trotz dieser unbestreitbaren Erfolge wird aber immer wieder, und vielleicht zunehmend, die Frage gestellt, auf welches Europa wir zusteuern. Die Argumente der Skeptiker sind bekannt:

- Legitimationsmängel der Union
- Überbetonung des wirtschaftlichen Aspekts der Integration auf Kosten des sozialen Ausgleichs
- zu wenig Konturen in der Rolle nach außen

Hinter dieser Kritik mag sich mangelndes Selbstbewußtsein verbergen, oder auch die Last der Geschichte, die uns skeptisch macht, weil der Weg zu einem geeinten, friedlichen Europa nun auf einmal so leicht erscheint. Es mögen auch Versäumnisse der Regierenden eine Rolle spielen, die die Erfolge der Integration den Bürgern zu wenig näher gebracht haben.

Trotzdem halte ich die Frage für legitim, wie der europäische Weg weitergehen soll. Gerade weil die Integration bisher so erfolgreich war, ist es notwendig, Perspektiven für die Zukunft zu entwickeln, die diesen Erfolg absichern und fortführen.

Wir sollten daher diese Kritik ernst nehmen, weil sie auf einem bestimmten Selbstverständnis von Europa beruht, auf einem Selbstverständnis, das sich auf politische Werte bezieht und nicht bloß auf den Aspekt der Geographie oder der gefallenen Zollschranken. Es ist die Vorstellung, daß die Identität Europas eine Wertegemeinschaft ist, die durch die Werte der Demokratie, der Menschenrechte, des sozialen Ausgleichs, der kulturellen Vielfalt und der regionalen Vielfalt bestimmt werden. Es ist daher, wenn wir über diese Frage diskutieren, sehr wichtig, daß wir uns offen dieser Polarität nähern: auf der einen Seite die Demokratie, auf der anderen Seite, die oft geäußerte Befürchtung, daß diese Demokratie aber auch die regionale und kulturelle Vielfalt durch einen behaupteten Brüsseler Zentralismus in Frage gestellt oder gefährdet ist. Oder auch die Diskussion, ob das Ziel des sozialen Ausgleichs durch die in der Vergangenheit sehr schwerpunktartige Betonung der wirtschaftlichen Integration nicht doch etwas in den Hintergrund gerückt wurde, bis zu dieser plakativen Gegenüberstellung, daß es nicht nur um das Europa der Konzerne, sondern auch um das Europa der Bürger geht.

Wir dürfen in dieser Diskussion zwei Dinge nicht vergessen: Erstens lehrt uns der Blick in die Geschichte, daß die europäische Integration einen entscheidenden Anteil daran hatte, jenes europäische Selbstbild überhaupt erst als Vision, als Wunsch, als Perspektive zu formulieren und dauerhaft zu er-

1 Can Europe get back to work? In: Economist am 8. 8. 1998, 67.

möglichen. Und zweitens, daß, aus meiner Sicht, Bedrohungen, Gefährdungen für den europäischen Weg, für das europäische Wirtschafts- und Sozialmodell nicht von der Integration Europas ausgehen, sondern eher in einer Gefährdung, in einer Diskussion der Globalisierung zu sehen sind. Die Integration schafft nicht zusätzlichen Druck, die Integration bietet uns die Chance, diesen europäischen Weg, dieses europäische Wirtschafts- und Sozialmodell im globalen Wettbewerb bewahren zu können, diese Herausforderung bewältigen zu können. Und durch diese Perspektive, durch die Perspektive der Erweiterung kommen oft neue Argumente jener, die das europäische Modell in Gefahr sehen. Dahinter verbergen sich Sorgen, Ängste, manchmal konkret formuliert, manchmal ist es nur die Sorge und die Angst vor der Veränderung. Wir werden sie ernst nehmen, und es muß daher unser vorrangiges Anliegen sein, diesen Erweiterungsprozeß so vorzubereiten und durchzuführen, damit die künftige Union nicht neue Trennlinien zwischen den Bürgern der alten und der neuen Mitgliedstaaten eingraben kann.

Was sind nun diese Perspektiven einer weiteren europäischen Integration? Was sind die Perspektiven angesichts dieser offenbaren Widersprüche in der politischen Diskussion oder auch der europäischen Zerrissenheit?

Angesichts der Widersprüche zwischen dem bisherigen Erfolg und der Zukunftsskepsis, der Notwendigkeit seiner weiteren wirtschaftlichen Koordination, die gerade der Euro mit sich bringt und der zunehmenden Kritik an einem Zentralismus, den nach wie vor bestehenden nationalen Partikularinteressen, die manchmal der Grund sind, daß die Union die Rolle jenes starken und globalen Akteurs und Partners einnimmt, die ihr aufgrund der wirtschaftlichen Stärke auch zustünde, den politischen Erfolg der Erweiterung, einem der deutlichsten Signale der Überwindung der europäischen Zerrissenheit und den Sorgen, die sich damit verbinden.

Ich werde versuchen darzustellen, daß dieses europäische Wirtschafts- und Sozialmodell das beste und das geeignetste ist, eine Richtung vorzugeben, eine Vision zu geben. Allerdings nur dann, wenn wir die Innovationsbereitschaft aufbringen, dieses Modell an die Herausforderungen unserer Zeit anzupassen. Und ich werde auch argumentieren, daß die Erweiterung dabei keineswegs ein zusätzliches Hindernis auf einem ohnehin schon schweren Weg sein muß, sondern uns die Chance eröffnet, das europäische Modell innovativ weiterzuentwickeln.

Ich beginne mit dem Prozeß der Erweiterung. Es erscheint mir wichtig, die politische Dimension dieses Erweiterungsprozesses in den Vordergrund zu stellen. Es ist nicht so selbstverständlich, daß sich in mittel- und osteuropäischen Ländern demokratische und rechtsstaatliche Ordnungen etabliert haben, wie das heute gegeben ist. Mögliche Bedrohungen von Frieden und Demokratie verschwinden in den Bewußtseinszyklen der öffentlichen Meinung sehr rasch, wenn sie den Reiz der Aktualität verloren haben. Die leider heute gegebenen blutigen Konflikte im Kosovo und vor kurzer Zeit in Bosnien, so grausam und so nah sie auch sind, werden doch häufig von den Menschen Europas, der Europäischen Union, als Nebenschauplätze erlebt. Der Frieden im restlichen Europa gilt gleichsam als selbstverständliche Banalität. Demokratie und Stabilität in den Reformländern sind zweifellos zunächst ein Verdienst der Bevölkerung, der Menschen in diesen Ländern und der politischen Führungen dieser Länder. Ich glaube aber, daß die Perspektive eines gemeinsamen friedlichen Europas und auch die Perspektive einer Eingliederung in unsere europäische Gemeinschaft dabei einen nicht unwesentlichen zusätzlichen Anreiz für diese Prozesse gestellt haben. Und es muß zweitens diese Erweiterung als ein Projekt wirtschaftlicher und sozialer Konvergenz gesehen werden. Einer der kritischen Punkte der Erweiterung ist bekanntlich die Gefahr wirtschaftlicher und sozialer Ungleichgewichte, wenn zu einer Gruppe vergleichsweise homogener Staaten mit hohen Wirtschafts- und Sozialstandards eine Gruppe mit deutlich geringerem Einkommens- und Sozialniveau hinzukommt. Ich bitte, diese Tatsache auch sehr ernst und kritisch zu nehmen. Es gibt nicht wenige, die aus diesem Umstand, daß es hier zu einer Gruppe von sehr unterschiedlichen Einkommens- und Sozialstandardniveaus kommen kann, in erster Linie daraus wirtschaftliche Vorteile für die bestehenden Mitgliedstaaten im Auge haben und die diese niedrigen Sozial- und Umweltstandards in den Beitrittsländern als eine Strategie verlängerter Werkbänke für westliche Unternehmen der Marktdominanz in wenig entwikkelten Arbeitsmärkten verstehen und damit einen gewissen Lohndruck auf den heimischen Arbeitsmarkt erkennen wollen. Andere sehen in einer derartigen Entwicklung zu Recht genau die Gefahr des Prozesses und zwar für beide Seiten. Ich glaube allerdings, daß diese Diskussion von einem falschen Modell ausgeht. Es wäre geradezu fatal, wenn wir als Ziel des Erweiterungsprozesses eine Form der Arbeitsteilung und Aufteilung der Märkte anstreben würden, die das Gefälle zwischen hochentwickelten und weniger entwickelten Wirtschaften zementiert.

Wir leben heute in einer globalisierten Wirtschaft, in der Wettbewerbsvorteile immer weniger über Umweltdumping oder Lohndumping erreicht werden. Was zählt, ist Innovationsfähigkeit, Qualität und Schnelligkeit. Die wirtschaftliche Chance der Erweiterung liegt meiner Ansicht nach im ganz spezifischen Innovationspotential der Reformländer. Es gibt nicht nur einen großen Anteil an qualifizierten Arbeitnehmern, die Unternehmen und Beschäftigten dieser Länder können auch mit relativ wenig Vorbelastung an neue Technologien, an neue Organisationsformen herangehen, diese rasch übernehmen, weil sie gleichsam den Zwang zu einem Neubeginn verspüren. Und es gilt daher, aus meiner Sicht, genau das Gegenteil zu tun: Es gilt, das Reformpotential zu stärken, gerade auch durch das Einfordern von Standards, von Standards, wie sie in der Union gelten. Damit entsteht Innovationsdruck und Innovationsbereitschaft und das ist es, was die europäische Wirtschaft, was die westliche Wirtschaft braucht. Das heißt nicht, daß es nicht Anpassungsschwierigkeiten geben wird: Die Öffnung der Arbeits- und Dienstleistungsmärkte wird daher ein sehr sensibler Bereich bleiben, der die Akzeptanz der Erweiterung in der Bevölkerung wesentlich mitbestimmen wird. Ich möchte aus österreichischer Sicht ganz offen sagen, daß hier Übergangsmechanismen anzusprechen sein werden, um einen sozial verträglichen, graduellen Übergang zu erleichtern.

Eine Chance für Europa liegt im Erweiterungsprozeß schließlich auch darin, daß auch wir, die bestehenden Mitgliedsstaaten, zu Reformen gezwungen werden, die man sonst ohnehin hätte machen müssen, aber zu denen nun noch das zeitliche Moment hinzukommt.

Die Einigung über das Reformpaket der *Agenda 2000*, die Notwendigkeit institutioneller Anpassungen und vieles andere mehr. Wenn es uns in diesem Bereich gelingt, vernünftige Lösungen zu erzielen, werden wir einen wesentlichen Beitrag geleistet haben, um das angesprochene Legitimationsdefizit der Union zu beseitigen.

Der zweite entscheidende Prozeß, der derzeit stattfindet, ist der der Vertiefung der europäischen Integration. Vertiefung heißt nicht unbedingt die allumfassende Ausweitung und Verdichtung europäischer Zuständigkeiten. Die Verhandlungen zum Amsterdamer-Vertrag haben gezeigt, daß wir in vielen Bereichen bereits weitgehend rechtliche Wachstumsgrenzen der Unionskompetenzen erreicht haben. Aber es gibt viele Bereiche, in denen wir verstärkte europäische Gemeinsamkeit und Koordination brauchen. Was wir außerdem brauchen, ist ein Wachstum dieser Union nach innen, auch eine stärker auf die Anliegen der Bürger fokussierte Gemeinschaftspolitik. Das heißt nun sicher nicht, den Einzug von Populismus in der Unionspolitik zu forcieren - ganz im Gegenteil! Das heißt sicher auch nicht, desintegrierende Partikularinteressen oder unsolidarische Ressentiments zu mobilisieren! Es geht auch nicht darum, ein vereinfachtes Bild von zentraler versus dezentraler Politik zu entwerfen und letztere dabei automatisch mit mehr Bürgernähe und mehr Demokratie gleichzusetzen. Wir wissen ja auch aus der nationalen Politik, daß zentrale Regelungen oftmals einen sehr wesentlichen Beitrag zur Durchsetzung von Rechtsstaatlichkeit gegenüber lokaler Willkür leisten können. Und gleichermaßen gilt das für die Unionsebene, gilt es, daß einheitliche Regelungen notwendig sind, um Fairneß in der Zusammenarbeit und die Solidarität der Mitgliedsstaaten zu garantieren. Dieser Zusammenhang muß allerdings stärker transparent gemacht werden. Und nur wenn es für die Bürger Europas nachvollziehbar ist, wo der europäische Mehrwert liegt, wo die Kooperation Vorteile bringt, dann werden sie auch den Mehrwert dieser Gemeinschaftspolitik erkennen.

Das Ziel eines Europas der Bürger muß heißen, daß die Union die zentralen Anliegen dieser Bürger in den Vordergrund zu stellen hat, das heißt beispielsweise auch das konsequente Weiterverfolgen der Beschäftigungspolitik, der Umweltpolitik. Wir werden erst dann Anerkennung der Bürger Europas für das europäische Projekt bekommen, wenn wir zeigen, daß wir die Frage der Arbeit, die Frage der Beschäftigung für Europa ähnlich engagiert und ernst realisieren, wie wir das mit der Währungsunion gemacht haben. Das Beispiel der Beschäftigungspolitik macht übrigens auch deutlich, daß es Bereiche geben wird, in denen sehr viel mehr an europäischer Koordination, mehr an europäischer Zentralisierung notwendig sein wird. Es ist doch wohl jedem Ökonomen klar, daß eine gemeinsame europäische Währung eine besser koordinierte europäische Wirtschaftspolitik, eine besser koordinierte europäische Fiskalpolitik, eine besser koordinierte europäische Sozialpolitik, eine besser koordinierte europäische Außenwirtschaftspolitik zur Folge haben muß. Auch bei den Reformmaßnahmen, die wir zu diskutieren haben, werden wir uns an Transparenz und Effizienz politischer Entscheidungsprozesse, aber auch an einer bessere Zuordnung der Verantwortlichkeit zu orientieren haben. Das nun erreichte Integrationsniveau stellt eine neue Anforderung an die Koordinationsfähigkeit und Effizienz der Institutionen der Union. Zudem haben sich diese, genauso wie wir in den nationalen Bürokratien, natürlich immer wieder die Frage zu stellen, wie kann man sparsamer, dienstleistungsorientierter mit Steuergeldern umgehen. Dies ist um so wichtiger, als in manchen Fällen natürlich nationale Ausreden und nationale Bürokratien Brüssel als Ausrede haben.

Drittens müssen wir eine Diskussion über die demokratische Legitimation der politischen Entscheidungen auf Gemeinschaftsebene engagiert führen, das wird eine sehr langfristige Diskussion sein, deren Ausgang jetzt noch nicht abschätzbar ist.

Ein letzter Punkt ist die Rolle der Union im globalen Kontext. Mir geht es um die Stärkung der europäischen Komponente im Bereich der gemeinsamen Außen- und Sicherheitspolitik. Ich denke, die Defizite sind hier immer wieder sehr schmerzhaft spürbar. Es geht auch um eine stärkere Akzentuierung der wirtschaftlichen Außenvertretung, wir sprechen zwar allzu gerne vom Euro als einer starken und globalen Währung, die die Stabilität dieses internationalen Währungssystems entscheidend verbessern wird. Aber wie diese Außenvertretung aussehen soll, das müssen wir erst lösen. Das gleiche gilt auch für die Durchsetzung wirtschaftlicher Interessen der Union im globalen Wettbewerb im allgemeinen. Ich denke, wir können uns von unseren amerikanischen Freunden hier einiges abschauen.

Angesichts dieser neuen Herausforderung zu einem gemeinsamen Europa haben wir beim europäischen Rat in Cardiff vereinbart, daß die 15 Staats- und Regierungschefs die Gelegenheit wahrnehmen, bei einem informellen Treffen am 24. und 25.10.1998 in Pörtschach, in Österreich, über diese Zukunft Europas nachzudenken, über die Frage der demokratischen Legitimität, die Frage der Subsidiarität, der Bürgernähe, der Effizienz. Ich glaube, daß es uns die Gelegenheit gibt, jene Perspektiven und jene Visionen zu erarbeiten, die garantieren, daß dieses Modell Europa, dieser europäische Weg mit den beiden Prozessen der Erweiterung und der weiteren Vertiefung ein erfolgreicher sein wird. In diesem Sinne ist uns klar, daß wir Europäer, die Politiker und die Menschen, die Chance und die Verpflichtung haben, für dieses neue Jahrhundert, einen Pol dieser Welt als friedliches und stabiles Europa in einem europäischen Wirtschafts- und Sozialmodell mit unseren Werten der Menschenrechte, der Demokratie, des sozialen Ausgleiches und der kulturellen Vielfalt zu realisieren. Das ist unsere Vision, aber auch unsere Aufgabe.

It represents a great honour and opportunity to any politician to present his ideas, comments and dilemmas to such an respected audience, so first allow me to express my appreciation to our Austrian hosts for providing me with the invitation to be part of this respected and traditional gathering in Alpbach.

The contemporary economic conditions and activities shape the lives of individuals, nations and communities far beyond the local boundaries. Multinational financial operations have impact on these outside the inner circle, but often bring instant or long term consequences for those outside as well. Our own attitudes regarding the environment, the weather, the weapons, the organised crime, local and international transport or even our attitudes regarding our own health can impose changes upon the lives of others far beyond the domain of our own initial purposes or decisions.

Today, Europe finds itself in a very different world: Global changes have shaped new international conditions, the internal structure of the European continent is changing rapidly. History teaches us that every civilisation has to recognise and fully understand the process of change. We must be open, flexible and responsible enough to recognise the windows of opportunity and adapt our behaviour to new objective conditions accordingly.

Thus it becomes vitally important that awareness, knowledge and responsibility about all these European facts is patiently encouraged among all Europeans. If Europe is to become a continent of democracy, peace and prosperity, where the common standards of the mutually accepted rules provide minimum security for all European residents to be able to prosper and pursue happiness in peace and stability, there cannot be any isolated islands, it is a slow, yet inevitable process, to learn successfully co-exist with each other in such a way that peace, prosperity and freedom is guaranteed to all Europeans with all their diversities.

The period of preparation to enlargement is thus the time when we have to make the necessary structural and institutional reforms in our traditional decision making processes and in our traditional problem solving behaviour. It has to be encouraged on all levels.

Slovenia started the process of negotiations with EU. We consider this period to be most important, since it is actually a most crucial process. On one hand, together with the EU, we are exchanging information on the basic principles, standards and rules of behaviour which EU has identified for itself as successful and vital for its current internal coexistence. Indeed, EU has clearly spoken about them in the AGENDA 2000 and identified the basic rules as the "Acquis communautaire".

The period of the enlarging Europe introduces new priorities on all partners and demands joint efforts to build such an European community that will successfully incorporate mechanisms for protection of individuality of its members - in regard to national cultural values, language, specific historic values, environmental protection. EU should develop efficient protection of the specific territorial characteristics of its individual members, since the preservation of the natural habitat can be most important especially for its smaller nations.

I am confident we all are aware that this preparatory period is quite crucial both for the EU as a whole, for those within and for all the candidate countries as well. Slovenia considers it as most important for our own development as well. In many ways this period will determine our future success. In such times it is most welcome, that domestic politicians, experts, businessmen and common people are encouraged to try to critically access this transformation period and clearly identify failures and successes. We believe this is important. Understanding some failures of the recent past will enable the necessary corrections and help us to more, successfully adapt our future decisions and actions. Some mistakes might still be corrected if we put enough effort to look for better solutions. Here, I could mention the most crucial, although less obvious one, which can have a strong impact on many aspects of further domestic decisions and actions. It is not a typical Slovene problem, since we can observe similar versions in all transitional societies.

Namely there were many mistakes done in the process of privatisation of the so-called public property of the former system. Initiated in the very beginning and exposed to a poorly and regulated legislative framework, it allowed for to many speculations. It is a general perception that the privatisation of this former public property has often been misused for the benefits of a minority. This has on one hand created new elites and on the other hand a painful perception of dishonest abuse on the side of the majority.

Strengthening the national potentials and resources by backing a responsible behaviour towards the national interests should be internationally supported standards of behaviour. For it is not only a political or a financial question, but quite often a morally one.

The people's party, where I belong to, considers that only those are willing and fully capable to fulfil the domestic standards of behaviour and demonstrate the respect for the national interests, can be the ones capable of fully adopting the standards of a wider community. The parliaments do present the most natural venue where national interests should be surveyed, reviewed and openly discussed. I think that open, civilised and argumented discussions are to be encouraged and somehow aligned with the immense parliamentary legislative priority tasks. Such parliamentary debates often represent some kind of national brainstorming or a joint search for solutions to problems people perceive in their daily lives. For problems do exist, they always do in every environment and within every structure. In higher developed structures they even tend to be more demanding.

I remain confident that Europe will be successful in seizing its historic opportunity - to transform into a united continent, encouraging peace and prosperity in the world.

1. Europa als ein Ganzes inmitten der gobalen Menschenwelt

Ich komme hier zu Wort als ein Bischof jener Kirche, von welcher der Präsident des "Club of Rome" gesagt hat, sie sei das "älteste Globalinstitut der Welt mit einem Propheten an der Spitze". Gemeint war damit der jetzige Papst, der am 20. Juni in der Wiener Hofburg vor staatlichen Autoritäten und dem Diplomatischen Corps zum Thema "Europa" und auch zur Erweiterung der Europäischen Union in globaler Perspektive Vielbeachtetes gesagt und dafür viel Zustimmung erhalten hat.

Für unser Thema in Alpbach ist besonders eine Passage aus dieser Rede bedeutsam, in welcher es wörtlich heißt: "In der Geographie Europas ist Österreich nach vielen Jahrzehnten vom Grenzland zum Brückenland geworden. In wenigen Tagen übernimmt es turnusgemäß den Ratsvorsitz in der Europäischen Union. In der Vergangenheit oft Brennpunkt europäischer Geschichte, wird Wien nun zum Zentrum vieler Hoffnungen, vor allem für jene Länder, die gerade dabei sind, Beitrittsverhandlungen mit der Europäischen Union aufzunehmen. Ich hoffe, daß Schritte gelingen, um den Westen und den Osten dieses Kontinents einander näher zu bringen, jene beiden Lungen, ohne die Europa nicht atmen kann. Die Verschiedenheit der östlichen und westlichen Traditionen wird die Kultur Europas bereichern sowie durch deren Bewahrung und gegenseitige Ausleuchtung als Grundlage für die ersehnte geistige Erneuerung dienen. Deshalb sollte vielleicht weniger von einer 'Osterweiterung' als vielmehr von einer 'Europäisierung' des gesamten Kontinents die Rede sein."

Im Verlauf der Rede kam schließlich das Europa überschreitende Thema der Globalisierung mit folgenden Worten zur Sprache: "Die Rede von der Globalisierung ist heute im Munde vieler, die sich den ökonomischen Prozessen in großen Dimensionen widmen. Wenn die Regionen der Welt wirtschaftlich zusammenrücken, soll dies allerdings nicht mit einer Globalisierung an Armut und Elend verbunden sein, sondern in erster Linie mit einer Globalisierung an Solidarität. Ich bin überzeugt, daß sich Österreich nicht nur aus politischen und ökonomischen Gründen in den Globalisierungsprozeß einbringen wird, sondern auch aufgrund der Beziehungen, die dieses Volk mit anderen Nationen verbinden, wie sein beispielhafter Einsatz für die Notleidenden in Südosteuropa ebenso gezeigt hat wie seine stete Unterstützung der Entwicklungsländer. Außerdem erinnere ich an die Bereitschaft Österreichs, seine Türen Menschen aus anderen Ländern zu öffnen, die dort ihrer Religionsfreiheit, ihrer Freiheit der Meinungsäußerung oder der Achtung der Menschenwürde beraubt sind."

Soviel aus der Wiener "Europa"-Rede. Sie versteht Europa als ein Ganzes vom Atlantik bis zum Ural, von Sizilien bis zum Nordkap; als ein Ganzes inmitten der ganzen globalen Menschenwelt. Manche werden sich davon überfordert, andere bestätigt fühlen. Es handelt sich dabei jedenfalls nicht um irgendwelche Europarhetorik, sondern um eine Perspektive der Hoffnung, die verwandt ist mit der Hoffnung der Gründerväter der Europäischen Union, von welcher in den Jahrzehnten seit Beginn des Projekts "Vereintes Europa" schon so viel eingelöst worden ist, wie man damals kaum erträumen konnte.

2. Welches Europa haben wir?

Thema dieses Alpbacher Forums ist die Frage "Welches Europa wollen wir?". Vorgängig ist aber die Frage "Welches Europa haben wir?" Eine randscharfe Antwort darauf ist nicht möglich. "Europa war nie eine feste Größe, die sich nach außen begrifflich oder politisch faktisch klar abgrenzen ließ", betont Joscha Schmierer in seinem Buch "Mein Name sei Europa, Einigung ohne Mythos und Utopie" (1996). Versuche, Europa auf den Begriff zu bringen, kreisen um Begriffe wie "Europäische Identität" oder "Gemeinsame europäische Werte". Man nennt hier vor allem Menschenrechte, Demokratie, Humanismus und Aufklärung sowie die Bereitschaft zur Grenzüberschreitung. Der diesen lichten Begriffen komplementäre Schatten darf dabei nicht übersehen werden: westliches Superioritätsdenken, Kolonialisierung und die Dialektik der Aufklärung.

Hinter all dem steht die Frage nach gemeinsamen Wurzeln, die tragen und nähren, obwohl und gerade weil sie nicht sauber freigelegt werden können. Sie sind - in Auswahl und unsystematisch genannt - jüdisch, christlich, hellenistisch, germanisch, slawisch, byzantinisch, orthodox, iberisch, islamisch, afrikanisch, osmanisch und anderes mehr. Besonders bestimmend war und ist ohne Zweifel die jüdisch-christliche Tradition.

Keine der großen Weltreligionen hat in Europa ihren Ursprung. Das Christentum hat aber in seiner bisherigen Geschichte diesen Kontinent länger und stärker geprägt als alle anderen Kontinente, seit der Apostel Paulus am Westrand Kleinasiens im Traum einen Griechen sagen hörte: "Komm herüber nach Mazedonien und hilf uns!" Das Christentum hat in Europa seither eine ungemein große Zahl von Menschen geformt, die wie Leuchttürme gewirkt haben, unter ihnen Benedikt, Kyrill und Metod, Franziskus, Teresa von Avila und in unserer Zeit Mutter Teresa aus dem Kosovo. Es ist hier aber auch viel Dunkles, Pathologisches aus dem Christentum erwachsen, wie Kreuzzüge und Inquisition, das sich aber nicht auf das Evangelium berufen konnte. Der Papst hat die Kirche aufgefordert, dies nicht zu verdrängen, sondern aus dem Einbekenntnis dieser Schatten Impulse zur Erneuerung an einer Epochenschwelle zu gewinnen.

Zum Patrimonium Europas gehört - wie schon erwähnt - auch der große Beitrag des Judentums, und auch der Beitrag des Islam ist nicht zu vergessen. Man denke an die freilich nicht sehr lange Zeit eines harmonischen Miteinander von Christentum, Judentum und Islam im spanischen Toledo, aber auch an die tiefe Prägung, die Europa durch die Abwehr eines kriegerisch expandierenden Islam im großen Bogen von Karl Martell bis zum Prinzen Eugen erfahren hat.

Europa ist jener Kontinent, von dem aus alle anderen Kontinente erobernd und kolonisierend erfaßt wurden. Es ist die Wiege der heute global wirksamen naturwissenschaftlich-technischen Zivilisation. Es ist auch der Raum, in welchem die Menschenrechte, die wesentlich im biblischen Gedankengut gründen, nicht ohne zeitbedingten Widerstand der Kirche formuliert worden sind. Dieses Europa schien vor einigen Jahrzehnten müde geworden zu sein, eine "Alte Welt", in doppeltem Wortsinn, scheinbar unaufhebbar gespalten in zwei Machtblöcke und als Westeuropa bedroht durch eine globale Marginalisierung. Das Projekt "Europäische Einigung" hat seither wesentlich dazu beigetragen, diese Flaute zu überwinden. Daß einige Staaten, die in zwei Weltkriegen einander feindlich gegenüberstanden, nun in der EU eine weiträumige europäische Friedenszone bilden, und daß trotz vieler bleibender oder auch neuer sozialer Wunden der Wohlstand in den EU-Ländern im Ganzen sehr zugenommen hat, gehört zu den großen Aktiva einer politischen Bilanz Europas zu Ende dieses Jahrhunderts. Diese Bilanz markiert aber nur ein Etappenziel, sie weist Hoffende über sich hinaus in eine noch bessere Zukunft.

3. Welches Europa wollen wir?

Der frühere Ratspräsident Jacques Delors hat ein Desiderat formuliert, das zum geflügelten Wort geworden ist. Es lautet: "Wir müssen Europa eine Seele geben". Was diese Metapher praktisch bedeuten kann, zeigt die erfolgreiche Initiative des sozialistischen Bürgermeisters der französischen Satellitenstadt Evry bei Paris zum Bau einer neuen Kathedrale. Evry war eine häßliche Agglomeration von Bauten ohne urbanes Zentrum. Der Bürgermeister wollte ein solches Zentrum, bestehend vor allem aus Rathaus, Bibliothek, Kunstgalerie und einer Kathedrale.

Die materiell sehr arme Kirche Frankreichs hatte längere Zeit nicht den Mut, diese Initiative mitzutragen, tat es dann aber doch. Diese erste seit 100 Jahren neu erbaute Kathedrale Frankreichs, ein Werk des Schweizer Architekten Botta, ist nun mit dem Rathaus und den Häusern für Wissenschaft und Kunst Mitte und auch ein guter Teil der "Seele" dieser neuen Stadt. Politik, Wissenschaft, Kunst und Religion wirken zusammen zu einer neuen Allianz, die seit der Zeit der Aufklärung und der Revolution zerbrochen oder mindestens schwer gestört war. Evry könnte exemplarisch sein für ein Europa, das viele suchen, ein Europa, das mindestens im Raum der Europäischen Union in ihrer jetzigen und künftigen Ausdehnung von solchen Allianzen geprägt wäre: Allianzen für eine volle Verwirklichung der Menschenrechte, für eine sich ständig von ihren Idealen her erneuernde Demokratie, die den Prinzipien der Personalität, Solidarität und Subsidiarität verpflichtet ist, Allianzen für die Achtung vor dem menschlichen Leben in allen Phasen von der Empfängnis bis zum Tod, für die Stärkung der Familie, Bekämpfung der Arbeitslosigkeit, die ökologische Verantwortung und ein solches Vertrauen der Bevölkerung in die Zukunft, daß die Überalterung der Gesellschaft nicht nur durch Zuwanderung verhindert werden kann; Allianzen schließlich auch für eine weltweite Solidarität in allen echt humanitären Anliegen.

Wer helfen kann, diesem großen Katalog von Aufgaben besser gerecht zu werden, sollte in der Gesellschaft eines solchen Europa sehr willkommen sein. Die Kirchen Europas können dazu wesentlich beitragen, weil sie trotz mancher Krisen über große Ressourcen an Spiritualität und Hilfsbereitschaft verfügen und diese Ressourcen auch beständig aktivieren, was in der öffentlichen Meinung oft zu wenig bemerkt und gewürdigt wird. Versuche, die Kirchen an den Rand zu drängen, sie auf den Status privater Vereinigungen zu reduzieren, sind dem Projekt "Gemeinsames und beseeltes Europa" sicher nicht förderlich. Dies sollte sowohl in einigen Staaten Westeuropas wie in manchen Ländern Ostmitteleuropas bedacht werden, die den Beitritt zur EU erstreben. Die von der Regierungskonferenz der EU am 17. Juni 1997 in der Erklärung zur Schlußakte formulierte sogenannte "Kirchenklausel" ist ein wichtiger Schritt zur Würdigung des christlichen anderen humanistischen Erbes Europas. Sie lautet: "Die Europäische Union achtet den Status, den Kirchen und religiöse Vereinigungen oder Gemeinschaften genießen, und beeinträchtigt ihn nicht. Die EU achtet den Status von weltanschaulichen Gemeinschaften in gleicher Weise."

4. Anmerkungen zum Projekt der sogenannten "Osterweiterung" der EU

Abschließend einige Anmerkungen zum Projekt der sogenannten "Osterweiterung" der EU, oder besser gesagt der Europäisierung der EU durch den Beitritt weiterer Länder. Diese Erweiterung erscheint sowohl in religiös-spiritueller und humanitär-kultureller wie in wirtschaftlicher und politischer Sicht als ein Desiderat, das man so rasch wie möglich verwirklichen sollte. Christen und andere Humanisten im sogenannten Westen wurden in ihren eigenen Idealen jahrzehntelang bestärkt durch die Resistance mutiger einzelner und mutiger Gruppen in kommunistisch regierten Ländern und zugleich bekümmert durch den gezielten Abbau von Europa tragenden Werten in diesen Ländern. Sie sollten jetzt dafür arbeiten, daß diese Länder rasch in das Projekt "gemeinsames Haus Europa" einbezogen werden. Kulturell waren die für die EU kandidierenden Staaten jahrhundertelang Teil eines großen gemeinsamen Raumes, in welchem zumal Wien eine herausragende Bedeutung hatte. Bei baldigem Eintritt in die EU würde eine Europäisierung dieser Länder durch Überwindung kollektivistischer Pathologien rascher vor sich gehen, bei unnötiger Verzögerung würden Resignation und Passivität gefördert.

Wirtschaftlich betrachtet sind heute das niedrige Preis- und Lohnniveau in den Reformländern wie auch eine sehr liberale, nicht sozial fundierte Wirtschafts-"Ordnung" für die Wirtschaft in den Grenzregionen Österreichs ein großes Problem: Man läßt jenseits der Grenze arbeiten und kauft drüben ein zum Schaden der eigenen Grenzregion. Die bestehenden Grenzen bilden schon jetzt keinen wesentlichen Schutz gegen die erwähnte Praxis und per

Saldo profitieren die Österreicher schon jetzt von der Ostöffnung. Andererseits würde eine Harmonisierung der Löhne, Preise, Steuern und Gesetze der Nachbarländer innerhalb der EU viel schneller auf das hiesige Niveau bringen als eine lange Wartezeit außerhalb. Die Kaufkraft bei den Nachbarn würde entsprechend wachsen, und kaum jemand würde wegen besserer Löhne bei uns Arbeit suchen. Auch wird eine extrem liberale Wirtschaftsordnung in manchen Reformländern am schnellsten durch den Eintritt in die EU in eine ökosoziale Marktwirtschaft übergeführt werden. Wer sich aber vor größerem Fleiß und größerer Tüchtigkeit der Nachbarn fürchtet, dem wäre auch durch Zäune und Mauern auf Dauer nicht zu helfen.

Was die Politik betrifft, so steigt in Reformländern die Zahl jener, deren Erwartungen offenbar zu hoch waren und die nach der trügerischen Ordnung des früheren Systems trauern. Die ersehnte Freiheit hat zu egoistischem Kampf, zur ungewohnten Aufforderung, sich in allem persönlich entscheiden zu müssen, zu einem Anwachsen der Korruption geführt. Ein zu langes Verweilen vor verschlossenen Türen der EU wäre von Nachteil nicht nur für die Reformländer selbst, sondern auch davon in Mitleidenschaft gezogene Nachbarn.

Die europäische Integration kann sich freilich nicht schneller vollziehen als die Bildung eines Europa-Bewußtseins bei den beteiligten Nationen, hat Michel de Bre schon zu Zeiten de Gaulles gesagt. Dazu bedarf es des Zusammenwirkens vieler Kräfte: der Politik, der Wirtschaft, der Medien, der Kultur und nicht zuletzt der Religion als große Kraft in der Seele der Kultur. In Europa sind dadurch besonders die christlichen Kirchen herausgefordert.

JACQUES SANTER

Diese Tagung hier in Alpbach findet meines Erachtens zu einem entscheidenden Zeitpunkt statt. Es ist wahrscheinlich kein Zufall, daß wir gegenwärtig gleichzeitig zwei markante Entwicklungen erleben. Einerseits sind wir gerade dabei, zwei riesige, ich möchte sagen historische Schritte auf dem Weg der europäischen Einigung zu vollziehen, nämlich den Eintritt in die dritte Stufe der Wirtschafts- und Währungsunion und den Beginn des Erweiterungsprozesses der Europäischen Union nach Mittel- und Osteuropa.

Andererseits wurde auf dem Europäischen Rat in Cardiff, im Juni dieses Jahres, bereits eine neue Debatte über die Zukunft Europas eröffnet. Eine Debatte, die zumindest teilweise einem diffusen Gefühl des Unbehagens und der Unzufriedenheit zu entspringen scheint. Man hat manchmal den Eindruck, der Wind habe sich gedreht. Manchem scheint die Integrationstiefe bereits zu weit gegangen zu sein. "Weniger Brüssel!" wird gefordert, was auch immer das bedeuten mag. Ich bin mir nicht sicher, ob sich jeder voll bewußt ist, welche Lawine mit dieser Debatte losgetreten wurde. Daß wir diese Diskussion brauchen, daran besteht kein Zweifel. Wir brauchen eine Diskussion über die Zukunft Europas, über unsere Ziele und über unseren Weg dorthin. Eine Diskussion nicht nur zwischen den sogenannten gesellschaftlichen Eliten, zwischen den Europaexperten, sondern auch eine breite Diskussion mit und zwischen den Bürgern. Aber wir sollten aufpassen, daß wir uns nicht zu viel auf einmal auf den Teller laden.

Und bevor wir von der Zukunft reden, sollten wir vielleicht zuerst einmal darüber reden, was in den letzten Jahren und Jahrzehnten bereits erreicht wurde. Das ist nämlich schon eine ganze Menge. Aus der "Wirtschaftsgemeinschaft der Sechs" ist die "Union der Fünfzehn" geworden und der Erweiterungsprozeß um weitere elf Staaten ist bereits in die Wege geleitet. Der Binnenmarkt steht vor der Vollendung und damit ein einheitlicher Markt für bereits heute 380 Millionen Verbraucher. Der Eintritt in die dritte Stufe der Wirtschafts- und Währungsunion mit elf Teilnehmern am 1.1.1999, also am Ende der österreichischen Präsidentschaft, und damit auch eine einheitliche Währung für fast 300 Millionen Menschen in Europa, ist entschieden. Und nicht zuletzt hat die Europäische Union auch damit begonnen, sich Bereichen zuzuwenden, die vielen Bürgerinnen und Bürgern besonders am Herzen liegen: der Beschäftigung, der Umwelt, der inneren Sicherheit, der Vertretung der europäischen Interessen außerhalb der Grenzen der Europäischen Union. Das Konzept der Gründerväter der europäischen Integration nach dem Zweiten Weltkrieg war also ausgesprochen erfolgreich. Ich glaube, daran kann es keinen Zweifel geben.

Und dennoch oder vielleicht gerade deshalb spüren wir im Moment bei vielen Menschen eine gewisse Verunsicherung und Skepsis gegenüber Europa, Zweifel an der Methode, mit der wir die europäische Integration angehen. Fragen, in welche Richtung es in Zukunft weitergehen soll. Diese Zweifel sind beileibe nicht auf die Europäische Union beschränkt. In einer Vielzahl von Ländern wird der politische Betrieb ganz allgemein von vielen Menschen mit Distanz, mit Skepsis, manchmal sogar mit einer gewissen Abneigung betrachtet. Aber da die Bürger mit den europäischen Institutionen nicht die gleichen emotionalen Bande verbinden wie mit den Nationalstaaten, sind diese Institutionen für derartige Stimmungswechsel besonders anfällig. Das ist unser Problem, aber auch gleichzeitig unsere Chance: Denn es bedeutet, daß wir uns den Reformen auf europäischer Ebene nicht entziehen können.

Unsere gegenwärtige Herausforderung ist daher, diesen Zweifeln auf den Grund zu gehen. Wir müssen auf die drängenden Fragen Antworten finden, Antworten, die die Menschen überzeugen - aber wie? Zunächst müssen wir, meiner Ansicht nach, die fundamentalen Veränderungen der letzten 10 Jahre zur Kenntnis nehmen. Lassen Sie mich 3 dieser Veränderungen herausgreifen:

Erstens, das Ende des Kalten Krieges mit dem Wegfallen des Eisernen Vorhanges und damit die einmalige Chance, ganz Europa nach fast einem halben Jahrtausend der Teilung in Frieden und Freiheit zu vereinigen. Es ist unsere historische und, ich möchte sagen, moralische Verantwortung, diese Chance zu nutzen.

Zweitens, die dramatisch zunehmende Globalisierung der Weltwirtschaft und die damit verbundene Zunahme des Wettbewerbsdrucks in Europa. Die Vollendung des Binnenmarkts und die Einführung des Euro werden diesen Druck noch verstärken.

Drittens, die Rückbesinnung auf regionale Identitäten mit der Konsequenz, daß nationale Regierungen häufig gleichzeitig Kompetenzen an ihre eigenen Regionen und an Europa abgeben müßten.

Ich bin mir nicht sicher, ob sich jeder der Tragweite der von mir beschriebenen Entwicklung in Europa bereits voll bewußt ist. Denn vieles wird ja erst in den nächsten Jahren für den einzelnen direkt begreifbar werden. Aber wir müssen bereits jetzt, auf die Erkenntnis der fundamentalen Veränderungen aufbauend, die notwendigen Anpassungen und Reformen einleiten. Unser Ziel ist eine neue Union der Bürger. Für die erfolgreiche Bewältigung der vor uns liegenden Aufgaben wird das Einbeziehen der Bürgerinnen und Bürger entscheidend sein.

Denn im Gegensatz zu den Anfangsjahren legitimiert sich die europäische Einigung nicht mehr alleine durch die Sicherung des Friedens zwischen den teilnehmenden Völkern. Die Bürger wollen von Europa wissen, was es zur Lösung ihrer Probleme beiträgt, zur Sicherung ihrer wirtschaftlichen Zukunft, ihrer Arbeitsplätze in der globalen Informationsgesellschaft, zu ihrer Sicherheit und zu ihrem Schutz vor internationaler Kriminalität und vor der Destabilisierung Europas durch Krisen in unmittelbarer Nachbarschaft. Aufgabe der europäischen Politik muß es sein, im Dialog mit den Bürgern Lösungen für die Sicherung unserer gemeinsamen Zukunft zu erarbeiten. Und hier sind drei Themen herauszugreifen, die Europa, die Politik und die Struktur der Europäischen Union an der Schwelle zum 21. Jahrhundert entscheidend prägen werden.

Erstens die Wirtschafts- und Währungsunion, zweitens das Inkraftsetzen des Vertrages von Amsterdam und drittens eine stärkere und erweiterte Union.

Die Währungsunion ist die logische und notwendige Fortsetzung des Binnenmarktes, des größten Marktes seiner Art auf der Welt. Das Binnenmarktprogramm hat einen erheblichen Beitrag zum Wachstum, zur Wettbewerbsfähigkeit und zur Beschäftigung in Europa geleistet. Allerdings ist sein gesamtes Potential noch nicht ausgeschöpft. Europa braucht im nächsten Jahrhundert einen noch besser funktionierenden Binnenmarkt, der Innovation und Beschäftigung sichert, einen Binnenmarkt, der für alle arbeitet: Für Bürger, Verbraucher, Klein- und Großunternehmer. Denn, und das ist mir wichtig, der Binnenmarkt ist für die Menschen da, er muß bessere Beschäftigungs- und Ausbildungsmöglichkeiten, günstigere Lebens- und Arbeitsbedingungen und eine größere Auswahl an hochwertigen Waren und Dienstleistungen zu niedrigeren Preisen bieten.

Die Einführung des Euro und damit der Wegfall des Wechselkursrisikos werden die Vorteile des Binnenmarktes erst so richtig zur Geltung bringen.

Denn die Währungsunion ist ja kein Selbstzweck, sondern der Ausdruck der Überzeugung, daß eine einheitliche Währung für die Sicherung der wirtschaftlichen Zukunft Europas von entscheidender Bedeutung ist. Darüber hinaus wird Europa als größter Binnenmarkt der Erde auch im weltweiten Währungsgefüge eine stärkere und stabilere Rolle spielen, als dies die verschiedenen Währungen heute vermögen, und so die Bedeutung Europas auf der internationalen Bühne erhöhen. Dank des Euro werden die Volkswirtschaften der Gemeinschaft in Zukunft den Schwankungen des Dollarkurses weniger ausgeliefert sein als heute. Der Euro hat alle Anlagen, mindestens so stabil zu sein wie der Schilling, der Gulden oder die D-Mark. Die Europäische Zentralbank, deren Unabhängigkeit durch den Vertrag von Maastricht abgesichert ist, hat die primäre Aufgabe, die Stabilität der einheitlichen Währung zu gewährleisten. Der in Amsterdam verabschiedete Stabilitäts- und Wachstumspakt wird darüber hinaus sichern, daß die auf Stabilität ausgerichtete Geldpolitik der Europäischen Zentralbank auch eine adäquate Unterstützung durch eine solide Budgetpolitik und ausgeglichene Haushalte der Mitgliedstaaten erfährt.

Eine Reihe von Vertragsänderungen in den letzten zehn Jahren zeugen von der Dynamik des europäischen Integrationsprozesses. Nach der Einheitlichen Europäischen Akte, die dem Binnenmarktprogramm zum Durchbruch verholfen hat, und nach dem Vertrag von Maastricht, in dem die Wirtschafts- und Währungsunion fixiert wurde, ist der Vertrag von Amsterdam ein wichtiger Schritt in Richtung eines Europas der Bürger, in dem Sinne, wie eben Bischof Kapellari es beschrieben hat.

In Zukunft wird die Union nicht nur ein Wirtschafts- und Währungsraum sein; der neue Vertrag setzt das ehrgeizige Ziel, einen Raum der Freiheit, der inneren Sicherheit und des Rechts auszugestalten. Worum geht es dabei?

1) Zuerst sind der verbesserte Schutz der Grundrechte und mögliche Sanktionen gegen die Mitgliedstaaten, die dagegen verstoßen, hervorzuheben.

Die Beseitigung der innergemeinschaftlichen Grenzkontrollen, die das Schengener Abkommen vorsieht, wird in den institutionellen Rahmen der EU übergeführt. Einwanderungs-, Visa- und Asylpolitik sind die notwendige und folgerichtige Ergänzung der Reisefreiheit. Dafür gibt der Vertrag den Polizei- und Justizbehörden ebenso ein Instrument in die Hand wie für die Zusammenarbeit beim verstärkten Kampf gegen das organisierte Verbrechen, den Drogenschmuggel, den Menschenhandel. Freiheit, Sicherheit und Recht immer wieder neu zu garantieren wird eine zentrale Aufgabe der Union des 21. Jahrhunderts sein.

Weiters ist der Kampf gegen die Arbeitslosigkeit ein Hauptanliegen aller Europäer. Auch in Zukunft bleibt die Beschäftigungspolitik vorrangig eine nationale oder gar regionale Aufgabe, aber das in den Vertrag von Amsterdam eingefügte Beschäftigungskapitel stellt die nationalen Reformen der Mitgliedstaaten in einen gemeinsamen Rahmen. Die erreichte Konvergenz der Volkswirtschaften zeigt, wie sehr diese Strategie der makroökonomischen Koordinierung zum Erfolg führt. Ebenso kann die Beschäftigungspolitik durch eine koordinierte Strategie, durch den Austausch von Erfahrungen und das Lernen von anderen EU-Mitgliedern an Effizienz gewinnen. Es liegt nun an den Institutionen der EU und an den Mitgliedstaaten, die durch den Vertrag gegebenen Handlungsmöglichkeiten zu nutzen.

Den Anliegen der Bürger Europas gerecht zu werden, heißt aber auch, diesen Anliegen auf der Weltbühne Gehör zu verschaffen. In Zukunft wird sich die Union verstärkt als Garant des Friedens auf unserem Kontinent, aber auch als Friedensstifter und Friedensbewahrer, als weltweiter Anwalt der Menschenrechte und als effizienter Vertreter der europäischen Interessen bei internationalen Wirtschaftsverhandlungen profilieren müssen. Ein Vertrag kann zur Realisierung dieser Ziele nur Instrumente und Handlungsmöglichkeiten zur Verfügung stellen, die erst mit Leben gefüllt und real umgesetzt werden müssen. Hier sind sowohl die auf nationaler Ebene Verantwortlichen als auch die Europäischen Institutionen gefordert.

2) Zum zweiten müssen sich auch die Institutionen der Europäischen Union modernisieren, um so besser den Herausforderungen des kommenden Jahrhunderts gewachsen zu sein. Erfreulicherweise läßt sich feststellen, daß wir in den vergangenen Jahren der Transparenz und der Demokratisierung der Union einige Schritte näher gekommen sind. Durch die Reduzierung auf drei Entscheidungsverfahren wurde die Effizienz des institutionellen Systems gesteigert. Die Rolle des europäischen Parlaments wird gestärkt werden. Es ist nun bei der Gesetzgebung ein gleichberechtigter Partner des Ministerrates. Darüber hinaus werden die nationalen Parlamente in Zukunft vermehrt in die europäische Debatte eingebunden werden. Der Ausbau der zweifachen demokratischen Kontrolle, der Gemeinschaftsinstitutionen durch das europäische Parlament und der Regierungen der Mitgliedstaaten durch die nationalen Parlamente ist eine wichtige Voraussetzung für die demokratische Legitimität der EU im 21. Jahrhundert.

3) Ein drittes Problem ist natürlich eine stärkere und erweiterte Union. Die Öffnung der EU gegenüber den Ost- und Mitteleuropäischen Beitrittskandidaten und Zypern ist eine historische Herausforderung. Wir haben die Chance, das westeuropäische Erfolgsmodell der friedlichen und gewollten Integration auf den gesamten Kontinent auszudehnen. Und wenn wir im 21. Jahrhundert von Europa sprechen werden, werden wir nicht mehr nur Westeuropa meinen, sondern eine Europäische Union mit zwanzig oder mehr Mitgliedstaaten, in denen 500 Millionen Menschen leben. Das geographische und das politische Europa werden zusammenrücken. Nach Jahrzehnten, in denen sie die Teilung Europas durch den Eisernen Vorhang als tägliche Realität erlebt haben, wissen gerade die Österreicher um die Wichtigkeit, den unseren Kontinent immer noch spaltenden Wohlstandsvorhang abzubauen.

Österreich hat als einziges Mitglied der EU Landesgrenzen zu vier Beitrittsbewerbern. Auch geographisch wird Österreich daher in wenigen Jahren ein Kernland der Union sein. Und die so gewonnene Stabilität des Umfelds und der Schwung des Zusammenwachsens neuer Märkte sind für die Union, und damit auch für Österreich, geeignete Voraussetzungen, um von der Dynamisierung des Handels und der Wirtschaft und vom Zuwachs an kultureller Vielfalt als Quelle der Kreativität und des Reichtums zu profitieren. Aufgrund seiner geopolitischen Lage und der historischen Verbundenheit mit den Beitrittskandidaten hat Österreich ein besonderes Interesse daran, daß die Erweiterung ein Erfolg wird. Und nicht zuletzt durch die Übernahme des Ratsvorsitzes in der zweiten Hälfte dieses Jahres wird Österreich dazu einen entscheidenden Beitrag leisten.

Parallel zu den Beitrittsverhandlungen wird die EU mit den weiteren Beitrittsbewerbern Partnerschaften eingehen, die auf die progressive Übernahme des Rechtsbestandes und der Arbeitsmethoden der Gemeinschaft abzielen. Als noch junger Mitgliedstaat der Union wird Österreich wertvolle Erfahrungen an die Beitrittskandidaten weitergeben können. Schon die Zahl der Beitrittskandidaten und das enorme Wirtschafts- und Sozialgefälle stellt die EU vor eine noch nie dagewesene Herausforderung.

Bei all den schwierigen Verhandlungen über die finanziellen Fragen und die Übergangsmaßnahmen, die die Verhandlungen prägen werden, dürfen wir uns aber nicht den Blick auf diese historische Chance verstellen lassen: Europa in Frieden und Freiheit mit sich selbst zu versöhnen. Und ich denke dabei an das Beispiel der Gründer der Generation des europäischen Einigungswerkes. Hätten sie sich vor vierzig Jahren die Frage gestellt: "Wieviel werden die Kosten der gemeinsamen Agrarpolitik ausmachen?", hätten sie wahrscheinlich nie die römischen Verträge unterschrieben - aber sie hatten eine politische Vision.

Auch wenn ich mich in Österreich oder in Deutschland aufhalte, bin ich manchmal beunruhigt, wenn ich verschiedene Vorurteile gegenüber der Osterweiterung sehe: Viele Leute sehen eben nur den direkten Nachteil, aber nicht den positiven politischen und kulturellen Saldo, der daraus entsteht. Ich sehe, daß etwa hier in einem Bericht des *Instituts für Österreichische Wirtschaftsforschung* gesagt wird, daß der österreichische Konjunkturaufschwung, der jetzt zu verzeichnen ist, hauptsächlich auf den Export zurückzuführen ist, und es steht hier auch, daß das Land nicht nur von den immer kräftiger werdenden Konjunkturerholungen im westlichen Europa, sondern auch von dem sich festigenden Aufschwung der osteuropäischen Reformländer profitiert. Der Anteil der letztgenannte Ländergruppe ohne GUS-Staaten am Export Österreichs beträgt inzwischen 14,6%. Zum Vergleich: Auf die südost- und ostasiatischen Länder, einschließlich China, entfallen gerade einmal 4% des Exports. Wenn ich diesem Institut Glauben schenke, wenn das der Motor des Aufschwungs ist, dann ist das auch eine Stärkung, eine Konsolidierung der Arbeitsplätze hier in Österreich. Das muß man endlich erkennen und nicht nur die kleinen Schwierigkeiten, die es immer gegeben hat.

Ich komme aus dem kleinsten europäischen Mitgliedsland, wo wir auch Schwierigkeiten hatten mit der Erweiterung nach Spanien, nach Portugal, wo wir Übergangsfristen eingebaut hatten und wo wir im Nachhinein diese Übergangsfristen verkürzt haben, weil die Gefahren, die wir befürchtet hatten, nicht eingetreten sind.

In ihrem umfangreichen Paket zur Entwicklung der Gemeinschaft, zur Erweiterung und zum mittelfristigen Finanzrahmen, der sogenannten *Agenda 2000*, betonte die Europäische Kommission die Notwendigkeit, daß die Union vor der nächsten Erweiterung ihre Politiken erweiterungsfähig gestalten müsse. Denn auch wir müssen uns auf den Beitritt vorbereiten. Es genügt nicht, daß wir den Beitrittskandidaten vorhalten, sie müßten sich darauf vorbereiten - wir müssen das eben auch selbst tun. Denn wer alleine die Zahl der Mitglieder erhöht, ohne die notwendigen Strukturreformen anzugehen, setzt das politische Projekt eines vereinigten Europa aufs Spiel. Das liegt wohl weder im Interesse der gegenwärtigen noch in dem der künftigen Mitgliedstaaten, die zu Recht betonen, einer starken und funktionsfähigen Union beitreten zu wollen.

Und in diesem Sinne ist es notwendig, daß wir die institutionellen Reformen vorantreiben. Wir müssen zuerst die Möglichkeiten des Amsterdamer Vertrags ausschöpfen, aber darüber hinaus auch vor der Erweiterung uns institutionell so rüsten, daß wir handlungsfähig bleiben, und das auch bei einer vergrößerten Zahl von Mitgliedern. Wir müssen auch unsere inneren Reformen durchführen; es kommt nicht von ungefähr, daß wir vorgeschlagen haben, die Gemeinsame Agrarpolitik und die Strukturfonds zu reformieren.

Ich könnte noch auf die Institutionen, auf die Reform der Politiken des Finanzrahmens eingehen, wir werden vielleicht in der Diskussion noch die Möglichkeit haben, darauf einzugehen.

Aber was ich zum Abschluß noch ansprechen möchte, ist, daß dieser Überblick, der ergänzend von allen Podiumsteilnehmern erörtert wurde, zeigt, daß die Aufgaben, Projekte und Ideale, für die es sich in Europa, an der Schwelle zum 21. Jahrhundert, einzusetzen gilt, zahlreich sind. Durch die Übernahme des Ratsvorsitzes durch Österreich sind Sie besonders gut positioniert, und Österreich wird auch ein entscheidendes Wort bei der Gestaltung der Zukunft unseres Kontinents mitzureden haben. Ich vertraue hier voll auf den Ideenreichtum, aber auch auf die Initiativen, die dieses Land aufgrund seiner politischen, wirtschaftlichen und sozialen Errungenschaften, seiner kulturellen Leistungen und seiner geographischen Lage einbringen kann.

Meine Einladung ergeht nun an alle Bürgerinnen und Bürger, sich auf dieses Abenteuer Europa einzulassen, weder ist dies nur Technokraten und Experten vorbehalten, noch geht es darum, die nationalen und regionalen Identitäten aufzugeben. Im Gegenteil: Die kulturelle und soziale Vielfalt Europas wird auch im 21. Jahrhundert einer der großen Reichtümer unseres Kontinents sein. Unser gemeinsames Ziel sehe ich darin, Europa als zusätzliche Dimension des politischen und ökonomischen Lebens so auszugestalten, daß es die Möglichkeiten jedes einzelnen Bürgers ausweitet, sein persönliches Leben erfolgreich zu gestalten.

Der Weg in die Europäische Union - eine Zwischenbilanz

ALEC AALTO

Towards accession to the European Union - taking stock. The Baltic perspective

1. EU-enlargement - an overview

The importance of EU enlargement for the candidate countries, for the Union itself and for Europe as a whole is generally acknowledged. On the one hand the accession perspective reinforces democracy and economic reform in the candidate countries; on the other hand it underlines the need for an overhaul of the main policies of the Union (Agenda 2000) and the functioning of its institutions. For many reasons this enlargement round is far more complicated and potentially problematic than the previous ones.

The accession criteria are well known and not under debate. They should continuously be applied in a uniform and objective way by the Commission and the Council. This was the basis for the Opinions of the Commission and the Counclusions of the European Council in Luxembourg. It is obvious that details of the reports on individual candidates left - and always will leave - room for debate.

Each applicant country must be judged on its own merits; ideally there should be no clients or package deals. How far this corresponds with political realities remains to be seen.

Given the disparities in economic, administrative and political development among the candidate countries a diversified approach within an inclusive framework was necessary to get the enlargement process started. Membership negotiations can now proceed without delay with those sufficiently prepared, while the others are being actively supported in building up the necessary capacities. The process must be flexible and take into account developments - both positive and negative - in each individual case. There is a need to keep up the momentum, but avoid fixed dates or dramatising delays in the process. Premature membership would create far more problems than a lengthy negotiating process. While recognising the impatience of public opinions in the candidate countries we must also be aware of the need for convincing the present Union populations of the benefits of enlargement.

2. The Baltic States - similarities and differences

The geopolitical position of the three Baltic States, Estonia, Latvia and Lithuania is influenced by the fact that they were incorporated by force into the Soviet Union during the second World War and regained their independence in the beginning of this decade. Russia, who strongly opposes their aspiration for NATO-membership, has not expressed reservations as to their EU-membership. The Baltic States are all relatively small both in size and in population. Estonia and Latvia have sizeable Russian-speaking minorities, the status of which remains a partly unresolved problem both internally and in the relationship with Russia.

The economic performance of the three Baltic States has been comparatively strong in recent years and the outlook for continued growth compares favourably with most other transition economies. External trade, where the EU constitutes the main partner, is developing strongly, but deficits in the trade balance and the current account are a problem for all the Baltic States. Inflation has been rapidly falling to acceptable levels while registered unemployment is considerably lower than in nearly all other transition economies. All the Baltic States have benefited strongly from the favourable economic climate in Europe, but they may be correspondingly vulnerable in case of a downturn. There are considerable differences between the three economies e.g. as regards the pace of structural reform, industrial development, external investment and dependence on transit traffic.

3. The Baltic States in the enlargement process

Excerpts from the Commission's opinions, July 1997: Each Baltic State presents the characteristics of a democracy. In the case of Estonia and Latvia measures need to be taken to accelerate the rate of naturalisation of Russian-speaking non-citizens to enable them to become better integrated into Estonian/Latvian society. Estonia can be regarded as a functioning market economy, and it should be able to make the progress necessary in coping with competitive pressure and market forces within the Union in the medium term. Latvia and Lithuania have made considerable progress but they would face serious difficulties in coping with competitive pressure etc. Estonia has made considerable progress in transposing and implementing the acquis relating particularly to the single market; Latvia and Lithuania have made some progress. As sectors needing particular efforts, including investment, the Commission mentions the environment (all the three States), agriculture (Latvia and Lithuania) and energy (Lithuania). The Commission concluded that negotiations for accession should be opened with Estonia, while Latvia and Lithuania would have to wait until they have made sufficient progress in satisfying the conditions of membership.

The inclusive enlargement process: The decision to divide the applicant countries in two groups, 5 + 1 and 5, has on the whole been accepted as a practical and sensible solution in spite of initial disappointments. It was of fundamental importance that at least one of the Baltic States was regarded as fit for the first group, as this proved that there are no political obstacles to their membership and that each country is judged on its own merits. It is also important that the countries in the second group see participation in the process as a positive challenge and opportunity, in order to strengthen the confidence of domestic audiences and international investors.

Progress and political realities: The problem of naturalisation of Russian-speaking and other non-citizens has been tackled both in Estonia and Latvia and acceptable solutions are in sight. In the case of Latvia the question has strained relations with Russia and called for the active involvement of the EU. Active and practical support from the side of the Union and its Member States is still needed in order to ensure the implementation of accepted principles of safeguarding minority rights. Recent economic development has been satisfactory, which facilitates the elimination of structural weaknesses in the economies. The present economic crisis in Russia raises the question of vulnerability in the case of international pressures, given the limited size and rather narrow base of the economies together with a relatively high dependence on trade with Russia. The momentum in the enlargement process must be kept up. In the case of the 5 + 1 group this means starting actual negotiations without delay, possibly this autumn. The Commission will regularly report on the progress of all applicant countries. The credibility of the process demands that a country's real, substantial progress in satisfying the conditions for membership is translated into real advancement in the enlargement process. However, regular reviews should not mean that every meeting of the European Council be dominated by possibly disruptive debates on the merits and dismerits of individual applicant countries.

On the road towards membership: Public opinion in the Baltic States seems on balance to accept EU-membership rather than oppose it, but attitudes may change especially as painful reforms easily are identified with accepting the EU acquis. Educating the administrations and informing the citizens is of central importance. The applicant countries are not in an in-or-out situation. Through the Europe Agreements, the pre-accession strategies and the internal reform processes generated by the enlargement perspective they are in fact fast integrating into the EU, both economically and politically. For the Baltic States this creates an opportunity and an obligation to reinforce their mutual cooperation, strengthen their relations with Russia and prepare for the situation when they are responsible for a lengthy part of the Union's external border. In all these respects they will be supported by the formulation and implementation of a coherent EU policy for the Union's Northern dimension.

1. Agenda 2000
- nahm Budgetdebatte und
- Erweiterung aus
- Regierungskonferenz

2. Vorschläge Agenda 2000
- neue Mitglieder
- Rechte und Pflichten
- gemäß Acquis
- finanzielle Konsequenzen ab 2002
- jährliche Berichte der Kommission

3. nur Übergangslösungen
- keine Ausnahmen
- Binnenmarktbestimmungen sofort
- verstärkte Vorbeitrittsstrategie
- basiert auf Europaabkommen
- Weißbuch Binnenmarkt
- strukturierter Dialog und Phare

4. Vorbeitrittshilfe für die 10
- zusätzlich zu Phare (1,5 Mrd. ECU jährlich)
- ab 2000
- Landwirtschaft 500 Mio. ECU p.A.
- Strukturhilfe 1 Mrd. p.A. Von 2000 bis 2006
- insgesamt 7 Mrd. ECU
- Beitrittspartnerschaften mit Konditionalität

5. Luxemburg - Dezember 97
- folgte Vorschlägen Agenda 2000
- Erweiterungsprozeß bestehend aus
- multilateralem Rahmen - Europakonferenz
- Beitrittsprozeß mit 11 Ländern
- Beitrittsverhandlungen mit 6 Ländern
- screening auch mit 5 pre-ins

6. Beitrittsverhandlungen
- unter gleichen Bedingungen für alle
- Tempo bestimmen Beitrittskandidaten
- je nach dem, wie weit sie vorbereitet sind

7. Beginn der Verhandlungen 31.3.1998

- Regierungskonferenz bilateral mit jedem einzelnen Staat
- Robin Cook verkündete die Prinzipien für die Verhandlungen
- Übernahme des Acquis
- effektive Implementierung des Acquis
- wozu eine verläßlich Administration gehört

8. Übernahme des Acquis

- technische Anpassungen
- ausnahmsweise nicht-permanente Übergangsbestimmungen
- mit genau definierten Stufen für die Übernahme

9. Gleiche Prinzipien und Kriterien für alle

- Fortschritt und Abschluß der Verhandlungen
- muß nicht im Gleichschritt erfolgen
- die Union wird entscheiden
- wann die Bedingungen für den Beitritt erfüllt sind

10. Voraussetzungen für die Mitgliedschaft I

- Stabilität der Institutionen, die Demokratie garantieren
- Rechtsstaatlichkeit, Menschenrechte und Minderheitenschutz
- funktionierende Marktwirtschaft und Wettbewerbsfähigkeit
- Fähigkeit, die Verpflichtungen aus Mitgliedschaft zu übernehmen
- einschließlich die Ziele der politischen und Wirtschafts- und Währungsunion

11. Voraussetzungen für die Mitgliedschaft II

- die administrative Kapazität für die effektive Anwendung und Implementierung des Acquis
- das Ziel einer hohen nuklearen Sicherheit und eines hohen Umweltschutzes
- Lösungskapazität für Grenzstreitigkeiten
- Erfüllung der Verpflichtungen unter den Europaabkommen
- Anpassung gegenüber Drittländern, vor allem der WTO

12. Zum Screening

- soll sofort beginnen
- damit die notwendigen Informationen für die Verhandlungen
- bereitgestellt werden können
- Kommission leitet und führt die laufenden Gespräche auf Expertenebene
- gescreent wird der Acquis, der bis zum 1. März bestand
- auf neuen Acquis wird zu einem späteren Zeitpunkt eingegangen

13. Annex zur allgemeinen Position der EU
- es ist geplant, daß mindestens eine Ministertagung pro Halbjahr stattfindet
- ebenso auf Stellvertreterebene
- Arbeitsgruppe Erweiterung

14. Ende April 1. Sitzung auf Stellvertreterebene
- Annahme des Arbeitsprogramms der Kommission
- Screening Plan bis Anfang Juli 1999
- 31 Kapitel
- seit 1. April Task Force Erweiterung
- direkt unter Van den Broek
- koordiniert und leitet den Prozeß auf Kommissionsebene

15. Arbeitsgruppe Erweiterung im Rat
- jede Woche eine Sitzung seit Mai
- behandelt Arbeitspapiere der Kommission zum Screening
- bisher wurden 12 Kapitel begonnen

16. Welche Kapitel wurden bereits dem Rat vorgelegt
- Wissenschaft und Forschung, Telekom
- Audiovisuelle Politik und Kultur, Erziehung und Ausbildung
- KMU, Industriepolitik und GASP
- Konsumentenschutz, Gesellschaftsrecht

17. Prozedur des Screening
- multilaterale Sitzung mit allen 6
- Erklärung des Acquis
- bilaterale Sitzung - Aussondern von Problemen für Verhandlungen
- in Form eines Hearings mit den Beitrittskandidaten

18. Prozedur der Verhandlungen
- wo Probleme bestehen, müssen Kandidaten Positionspapiere vorlegen
- Kommission erarbeitet sogenannte "Draft Common Position"
- Problemdarstellung - Verlangen des Kandidaten
- Vorschläge der Kommission für Lösung des Problems

19. Gemeinsame Positionen
- Vorbereitung in Arbeitsgruppe
- Coreper und Stellvertreter
- Ministerebene
- zweite Ministertagung im November geplant

20. praktische Probleme

- vorläufig noch leichte Kapitel
- aber freier Warenverkehr zeigt Problematik auf
- Traum und Wirklichkeit
- Kandidaten sagen keine Probleme
- Cefic z.B. allergrößte Probleme
- freier Warenverkehr - Erfahrung Tsch., Sl.

21. Probleme

- mit der Übernahme
- mit der Umsetzung
- genauer Zeitplan
- auch vor dem Beitritt

22. Problembereiche

- Umwelt
- freier Personenverkehr
- Grund und Boden
- Umsetzung und Anwendung des Acquis

23. Zeitrahmen

- Abschluß des screening Juli 99 -
- abhängig von Agenda 2000 Abschluß
- Regierungskonferenz zur institutionellen Reform - Amsterdam
- mehr Mitglieder, schwierigerer Entscheidungsprozeß
- Ratifizierungsverfahren

24. nächste Schritte

- Kandidaten sollten Anfang September Verhandlungspositionen zu ersten Kapiteln beilegen - 7
- TFNA erarbeitet - gemeinsame Positionspapiere
- Interservice Konsultation
- Coreper, Ratsarbeitsgruppe
- Stellvertreter - Rat am 10. November 1998

Österreichs wirtschaftliche Verflechtung mit den Mittel- und Osteuropäischen Reformstaaten

WOLFGANG DUCHATCZEK

Als Eröffnung für das Thema "Wirtschaftliche Verflechtung" habe ich mir gedacht, am besten mit den Fakten aus dem Fundus der Nationalbank zu beginnen, wo ja die Zahlungsbilanz für Österreich erstellt wird. Ich beginne zunächst einmal mit den Fakten, um damit den Boden für eine Diskussion zu bereiten. Gerade bei so sensiblen Themen wie der Integration sollte man nicht nach dem Motto vorgehen: "I have already made up my mind. Don't confuse me with facts." Gerade hier sollte man unbedingt die Daten betrachten.

Der zweite Punkt betrifft die Diskrepanz, die hier sichtbar wird zwischen dem Generalthema "Die zerrissene Gesellschaft" auf der einen Seite und der wirtschaftlichen Entwicklung und der Handelsbilanz seit 1989 auf der anderen Seite. Diese zehn Jahre sind geprägt durch Integration und zunehmende Verflechtung. Daß 1998, fast zehn Jahre später, der Titel "Die zerrissene Gesellschaft" für diese Veranstaltung gewählt wurde, interpretiere ich für mich so, daß durch die Öffnung die große Diskrepanz erst sichtbar geworden ist und durch die wirtschaftliche Entwicklung überwunden werden soll.

Ich möchte, wenn wir uns nun den konkreten Daten zuwenden, mit dem Warenhandel beginnen. Großflächig betrachtet, sieht es so aus, daß Österreich heute mehr in die mittel- und osteuropäischen Länder exportiert als in alle außereuropäischen Ländern zusammen. Das heißt aber auch, daß regional betrachtet die Europäische Union das Schwerpunktgebiet im österreichischen Außenhandel ist, aber die osteuropäischen Länder gleich danach kommen. Von den Anteilen her hat sich der Anteil an den österreichischen Exporten von unter 10% (1989) auf derzeit knapp 18% fast verdoppelt. Das heißt, die Dynamik in diesem Bereich ist von Österreich aus betrachtet in dieser Dekade sehr stark.

Die Außenhandelsbilanz ist aber nicht nur anteilsmäßig, sondern auch saldenmäßig betrachtet höchst aktiv: Österreich verzeichnet gegenüber Mittel- und Osteuropa derzeit ein Außenhandelsaktivum von fast 40 Milliarden Schilling, das sind in etwa 1,5% des Bruttosozialproduktes. Das größte Aktivum mit den mittel- und osteuropäischen Ländern verzeichnen wir mit Ungarn.

Von der Dynamik her, wenn man die Zuwachsraten betrachtetet, wuchs der österreichische Handel insgesamt mit den osteuropäischen Ländern während der letzten 10 Jahre mit rund 15% fast doppelt so schnell wie der Gesamtexport.

Der Vollständigkeit halber möchte ich, das ist die Zahlungsbilanzsystematik, den Reiseverkehr anführen, der aber noch keine nennenswerte wirtschaftliche Bedeutung hat - wir verzeichnen derzeit 2,8 Millionen Nächtigungen aus Mittel- und Osteuropa, das sind in etwa 3,9% am Gesamtanteil, was ungefähr der Größenordnung des Schweizer Tourismus entspricht.

Wesentlich wichtiger ist das Gebiet der Direktinvestitionen: Die Direktinvestitionsbestände Österreichs im Ausland betragen derzeit etwa 155 Milliarden Schilling, von diesen 155 Milliarden Schilling sind rund 30% in den mittel- und osteuropäischen Ländern veranlagt. In den EU-Ländern sind es insgesamt in etwa 45%. Von diesen rund 50 Milliarden Schilling Direktinvestitionen in den osteuropäischen Ländern gehen alleine 20 Milliarden Schilling auf das Konto von Ungarn - Ungarn ist inzwischen gleichzeitig mit Deutschland der wichtigste Zielort für österreichische Direktinvestitionen. Wenn man das Jahr 1997 betrachtet, sind, mit über 10 Milliarden Schilling, 60% der Neuinvestitionen in diese Region gegangen. Das heißt, der Anteil an den Direktinvestition in diese Ländergruppe hinein beginnt wieder zu steigen. Auch hier geht es nicht nur um die Stände, sondern auch um die Rentabilität, und aus unseren Daten ist ersichtlich, daß die Rentabilität nunmehr mit rund 6% der Investitionen in diesem Bereich doch gegeben ist.

Was die Rolle der österreichischen Banken anbelangt, ist allgemein bekannt, daß dieses Gebiet einer der Hauptmärkte der österreichischen Banken ist: Ende 1997 hatten 14 österreichische Kreditinstitute Beteiligungen von über 25% an insgesamt 32 Banken. Das heißt, es gibt in diesem Bereich erhebliche Beteiligungen von österreichischen Banken. Es gibt auch bereits zwei österreichische Sparkassen, die, glaube ich, sehr erfolgreiche Filialen in diesem Bereich eröffnet haben. Auch in der G&V oder von der Ertragsseite her betrachtet zeigt sich, daß ein nicht unbedeutender Teil der Erträge der Banken aus Geschäften in dieser Region kommt.

Wenn man nun versucht, aufgrund dieser Entwicklung einer 10-Jahres-Periode, abzuschätzen, wie könnte denn das Potential einer weiterreichenden wirtschaftlichen Entwicklung aussehen, habe ich die Entwicklung oder die Außenhandelsanteile in der Zwischenkriegszeit als Anhaltspunkt genommen, zehn Jahre nachdem Österreich mit diesen Ländern noch eine Währungs- und Zollunion hatte. Und hier zeigt das Jahr 1928, daß noch rund 40% der österreichischen Exporte in die Nachfolgestaaten und rund 45% der Importe aus diesen Ländern gekommen sind. Auch 1934 gingen noch 34% der Exporte in diese Region und 42% kamen aus diesen Gebieten nach Österreich. Das heißt, auch nach dem Zerfall der Monarchie war das noch ein integrierter Wirtschaftsraum, der sich eigentlich erst später zurückgebildet hat, auf den Anteil von 10% aus dem Jahr 1989, den ich vorher erwähnt habe.

Es ist bei einer unproblematischen Entwicklung zu erwarten, daß sich die Außenhandelsverflechtung Österreichs mit den Ländern Mittel- und Osteuropas noch erheblich ausweiten wird.

HUGO MICHAEL SEKYRA (†)

An den Anfang möchte ich die obligate Zahl stellen: Die EU der fünfzehn hat 373,5 Millionen Einwohner, die Einwohnerzahl der zehn Beitrittswerber beträgt 108 Millionen, das sind 28% einer großen EU. Das Bruttonationalprodukt der zehn Beitrittswerber beträgt aber nur 4% der gesamten EU.

Die generelle Meinung ist, daß wir uns das alles im Moment nicht leisten können. Es ist notwendig, daß die Beitrittswerber, daß die Kandidaten, daß die Reformländer wirtschaftlich aufholen. Die Reformländer brauchen ein überdurchschnittliches Wirtschaftswachstum. Wie erreichen sie das? Im wesentlichen nur so, indem sie Wettbewerbsvorteile, die sie haben, ausnützen können. Der wirkliche Wettbewerbsvorteil der Reformländer besteht nicht in einem Überangebot an Rohmaterialien, an *Know-how*, an Marktzugang - der einzige Wettbewerbsvorteil, den sie jetzt haben, sind die eklatant niedrigen Lohnkosten. Ein Beispiel: In dem Bereich, den ich verantworte, Chemieindustrie in der Tschechischen Republik, betragen die jährlichen Durchschnittslohnkosten für Arbeiter und Angestellte im Schnitt rund 200.000 Kronen, das sind ca. 10.000 Mark. Ein Vergleichswert: In der deutschen Großchemie betrugen sie 80.000-90.000 Mark. Das heißt also, ein Achtel bis ein Neuntel der Lohnkosten, und in der Slowakei sind sie noch etwas niedriger, in Ungarn etwas höher, in Slowenien sind es etwa 20% der Lohnkosten bei uns. Das ist der Wettbewerbsvorteil, und das ist auch die Besorgnis unserer Arbeitnehmer und unserer Wirtschaft: Kann dieser Wettbewerbsvorteil ausgespielt werden?

Auf der anderen Seite muß man die Produktivität anschauen, auch hier wieder ein praktisches Beispiel. Eine G&V eines internationalen Chemieunternehmens zeigt eine Lohnkostentangente, das heißt, Personalkosten im Vergleich zum Umsatz von ca. 20%. In der Tschechischen Republik sind die Lohnkosten 16-17%, der Unterschied ist nicht so groß, die mangelnde Produktivität ist gegeben, die Unternehmen haben zwei-, drei-, viermal so viele Leute wie vergleichbare Unternehmen bei uns. Und jetzt kommt meine Gedankenkette zurück: Wie können diese Unternehmen beginnen, ihren Wettbewerbsvorteil auszunützen, um ein überdurchschnittliches Wirtschaftswachstum zu erreichen? Sie müßten ihre Produktivität dramatisch erhöhen, das geht nicht ohne Kapital, nicht ohne ausländisches Kapital, nicht ohne zusätzliches *Know-how* und natürlich auch nicht ohne die entsprechende Managementquantität und Managementqualität, die notwendig ist, um hier einen solchen Prozeß durchzuführen. Wenn man beobachtet, wie sich die Wirtschaft in den einzelnen Reformländern entwickelt, dann sieht man sehr deutlich, daß jene Länder, die bereit waren, ausländisches Kapital hereinzulassen, besser prosperieren als die Länder, die gesagt haben: "Nein wir machen den tschechischen Weg. Wir wollen das eigentlich alles selbst machen, wir können das." Nehmen Sie als Beispiel die Slowakei, die die Privatisierung quasi als "Insiderpartie" der Meciar-Partei gemacht hat, wo alle großen Unternehmen im wesentlichen einer Gefolgschaft der Regierungspartei zugeschanzt wurden. Die Slowakei steht wirtschaftlich sehr schlecht da, und nach den Wahlen wird wahrscheinlich die Krone abgewertet werden müssen. Auf der anderen Seite haben die Ungarn, die relativ liberal sind, ausländische Investitionen und Kapital gerne hereingenommen und waren auch bereit, Bankenanteile und Banken zu verkaufen, so daß in Ungarn das Bankensystem beginnt, immer besser zu funktionieren. Die Banken haben eine ganz wesentliche Rolle in der Wirtschaft, die man bei uns gar nicht so sehr sieht: Sie geben Kredite nämlich dann, wenn gute Produkte da sind, sie leiten ein Ordnungsverfahren, Konkurs- oder Ausgleichsverfahren dann ein, wenn die Kredite nicht mehr bedient werden können. Und sie versuchen auch hier, Risikomanagement bzw. Krisenmanagement zu betreiben, wenn Sanierungschancen bestehen. Das beginnt in Ungarn zu greifen, in der Tschechischen Republik noch nicht. In der Tschechischen Republik, um ein bißchen ins Anekdotische zu gehen, hat die Privatisierung folgendermaßen funktioniert und ist vom damaligen Ministerpräsidenten Klaus groß verkauft worden: Nummer eins war die Kuponprivatisierung - Erfolgsaktie, das Eigentum der Unternehmen ist vom Staat in Richtung Bevölkerung marschiert. Die Leute haben ein paar Aktien der Firma A, B oder C gehabt, auch regional verteilt. Die Unternehmen haben aber kein *Know-how* bekommen und auch kein Kapital. Die Unternehmen wurden weiterhin geführt von den alten Managern des kommunistischen Systems, mit einer ganz starken Betonung der Planwirtschaft. Da die Planwirtschaft des Staates nicht mehr existent war, hat man in den Unternehmen große Planungsabteilungen installiert. In meinem Verantwortungsbereich liegt ein Unternehmen mit 1.500 Beschäftigten, die strategische Planungsabteilung alleine beschäftigt 130 Leute. Das heißt also, die Unternehmen fahren sehr stark im planwirtschaftlichen System weiter, aber nicht vom Staat aus, sondern die Unternehmensplaner machen die großen Pläne und dann werden diese Pläne abgearbeitet. Da wird investiert, ganz gleich, wie in Wirklichkeit der *cash-flow* ist, da wird geforscht, ganz gleich, wie in Wirklichkeit die Marktbedürfnisse sind, da wird produziert, ganz gleich, wie der Markt reagiert. Wenn aber der Markt weniger abnimmt, dann wird mehr produziert oder die Fabriken werden abgestellt, dann wird hier trotzdem investiert, obwohl die Märkte nicht da sind. Das In-Sich-Funktionieren eines Unternehmens mit Flexibilität und Reaktionen je nach Marktgegebenheiten muß noch gelernt werden. So viel zur Kuponprivatisierung, der großen Verteilung des Eigentums.

Kapitel zwei, zweite Welle der Privatisierung: Die Fonds kommen. Der berühmte Harvard-Fonds ist Ihnen vielleicht bekannt. Die Fonds setzen ein Spekulationsrad in Gange, kaufen Mehrheiten an den Unternehmen auf, und in dem Moment, in dem sie eine Mehrheit haben, wird das Unternehmen - und das ist eine tschechische Erfindung - "getunnelt", das heißt, es wird Geld herausgeholt. Da gibt es viele Methoden, die einfachste ist, man gründet eine Handelsgesellschaft für den Einkauf, eine für den Verkauf und schöpft ein paar Prozent da und ein paar Prozent dort ab. Das ganze ist natürlich auch so, daß sich Mitarbeiter auch selbst bedienen, daß also hier ein Mitarbeiter, der verantwortlich ist für irgendeinen Marktbereich, dann auch seine eigenen Geschäfte in sehr vielen Bereichen macht. Und das tschechische Gesetz gibt in diesem Fall wenige Sanktionen dagegen, das tschechische Gesetz ist also sehr komfortabel für Wirtschaftskriminelle in unserem Sinne. Das war das Kapitel zwei - die Fonds haben sehr viel Geld verdient, haben die Unternehmen beherrscht.

Kapitel drei: Es kommen Drittunternehmer, die Unternehmen aufkaufen wollen und sie kaufen von den Fonds - um respektables Geld, manchmal auch viel zu teuer - diese Unternehmen und haben dann fünf, sechs oder mehr Unternehmen mehrheitlich, mit unterschiedlichen Aktionärsstrukturen, aber sie haben sie mehrheitlich. Die Fondsmanager gehen auf die Bahamas als Millionäre, und die Leute, die diese Unternehmen mehrheitlich kaufen, finanzieren diese Unternehmen mit den Banken, und die Banken gehören noch dem tschechischen Staat. Die Tschechen haben ein großes Netzwerk von Freunden: Der befreundete Bankmanager gibt also gegen eine kleine Gefälligkeit dem befreundeten Industriemann einen genügend großen Kredit, um die Aktien zu kaufen. Dann steigen die Zinsen auf 20%, das ist alles nicht mehr finanzierbar, die Kredite können nicht zurückgezahlt werden. Die zweite Welle der "Tunnelung" hat das letzte Geld aus den Unternehmen herausgeholt, und es ist zu wenig drinnen, um davon normal leben zu können. Und jetzt schließt sich der Kreis der Privatisierung: Der Staat möchte die Banken privatisieren, die Banken haben eine unglaubliche Anzahl von schlechten Krediten für den Kauf der Industrieunternehmen, die Aktien dieser Industrieunternehmen sind aber an diese Banken verpfändet, und sie gehören - der Kreis hat sich geschlossen - wieder dem Staat - indirekt. Wenn der Staat die Banken privatisiert, dann muß er hier die Kredite abschreiben und kann dann die Banken verkaufen. Diese Art der "Privatisierung" funktioniert nicht! Was möchte ich damit sagen? Eine ordentliche Wirtschaftsentwicklung geht nur, wenn massiv Kapital aus dem Ausland hereinkommt, wenn massiv *Know-how* hereinkommt, das geht aber nur, wenn die Staaten bereit sind, Mehrheiten abzugeben, denn als Minderheitsaktionär ist man in vielen dieser Länder ganz schlecht bedient und in diesem Rechtssystem auch noch nicht genug geschützt. Transparenz, Minderheitenschutz bei Aktionären - das müssen viele dieser Länder erst lernen. Wenn Sie die Börsen anschauen, werden Sie sehen, daß die ungarische und polnische Börse noch am besten funktionieren, dort sind auch die Transparenz und der Minderheitenschutz besser entwickelt als etwa in Tschechien oder in anderen Ländern.

Jetzt komme ich zum eigentlichen Thema: Wie sehe ich die österreichische Wirtschaft, die Verflechtung mit der österreichischen Wirtschaft mit diesen Ländern? Haben wir etwas versäumt? Und ich blende zurück, 1989/90 haben wir in der Verstaatlichten Industrie im Zuge der großen Euphorie damals - neuer Markt, neue Politik - natürlich versucht, uns zu etablieren. Die österreichische Industrie ist mittelständisch strukturiert, das heißt, ein mittelständisches Unternehmen muß ein ganz anderes Risikoprofil bei Akquisitionen anwenden als ein großer Weltkonzern, das Risiko muß viel, viel besser abgewogen werden. Wir haben damals versucht, Bratislava für die OMV zu engagieren. Wir haben versucht, uns in den tschechischen und ungarischen Hütten zu etablieren, auch im "engineering-Bereich", also in den größeren Bereichen. Und wir waren eigentlich nur in wenigen Fällen erfolgreich, weil damals die Länder, die Treuhandgesellschaften, die *national-property-funds*, nicht bereit waren, Mehrheiten abzugeben und weil bei den unklaren Bilanzen und unklaren Rechtsverhältnissen damals das Risiko für die österreichischen Industriefirmen zu groß gewesen wäre.

Ich gebe Ihnen ein anderes Beispiel: *Perlmooser* als Zementunternehmen war stark bedroht durch die Ostimporte und hat sich nicht getraut, massiv zu investieren in Ungarn, in Tschechien, in der Slowakei. Als *Perlmooser* von *Lafarge* übernommen wurde - und *Lafarge* ist ein großes Unternehmen -, ist diese Strategie weitergeführt worden. Heute hat *Lafarge* ganz wesentliche Positionen in diesen Ländern. Das Baustoffgeschäft ist abhängig von Transportradien, das heißt, heute ist der Zementmarkt wieder sehr, sehr ordentlich und auch die österreichische *Perlmooser* hat mit reduzierten Kosten im Rahmen dieser Ordnung, der Zementindustrie, wieder ein ordentliches Leben. Die Großindustrie mit den großen Investitionen war nicht möglich für die österreichische Industrie, und das ist, mit Ausnahme der Automobilindustrie, auch in anderen Ländern nicht möglich gewesen. Ein gutes Beispiel ist Skoda mit Volkswagen: Das ist heute die bestlaufende Firma in der Tschechischen Republik. Es hat in Ungarn mit der Automobilindustrie funktioniert, die sich engagiert hat. Davon abgesehen, gab es keine spektakulären Investitionen.

Wenn Sie heute in einem anderen Land etwas akquirieren, brauchen Sie entsprechende Berater, entsprechende *investment-banker*, die Ihnen helfen und die vor Ort sitzen, ihr *Know-how* und ihre Sprachkenntnisse haben, die jeweilige Mentalität kennen, sie brauchen *auditors*, denen sie vertrauen können. Und Sie brauchen dann letztendlich auch *consultants*, also Unternehmensberater, die Ihnen helfen, diese Unternehmen zu restrukturieren.

Das hat sich, aus österreichischer Sicht, in den letzten zehn Jahren hervorragend entwickelt: Sie finden heute in Ungarn, in der Tschechischen Republik, in Polen auch österreichische Anwaltskanzleien, die ihre Partner haben, Sie finden Unternehmensberater, Sie finden Banken - die österreichischen Banken haben eine zentraleuropäisch gute Position - und sie haben auch *in-*

vestment-banker. Die "CA-Investmentbank" ist z.B. heute in Zentraleuropa die absolut führende Investmentbank - das sage ich nicht nur als Österreicher, das sagen auch meine deutschen Kollegen, wenn sie hier Akquisitionen machen. Da ist ein Netzwerk vorhanden, und parallel dazu hat die mittelständische Industrie eine ganze Reihe von unauffälligeren Akquisitionen gemacht.

Sie haben von den fünfzehntausend *joint-ventures* gehört, und ich glaube, daß hier unter den gegebenen Umständen im wesentlichen die österreichische Industrie, das österreichische Dienstleistungsgewerbe, Chancen wahrgenommen hat, zwar mit wechselndem Erfolg, aber immerhin. Ich glaube auch, daß die wirkliche Chance erst jetzt kommt, denn etwa in der Tschechischen Republik, nachdem also dieser tschechische Weg der Privatisierung eigentlich nicht funktioniert hat, wird es jetzt zu einer großen Umstrukturierung innerhalb dieser Industrien kommen, die großen Konglomerate werden Teile abverkaufen müssen - Chancen also für die österreichische Industrie, sich etwas herauszupicken. Chancen natürlich auch deshalb, weil genügend *investment-banker* da sind, die beraten und lokales *Know-how* haben und weil sie natürlich auch mit den österreichischen Banken, die dort agieren, eine entsprechende Rückendeckung haben. Zweitens, weil ich glaube, daß in diesen Reformländern eine, ich würde ironisch sagen, vierte Welle der Privatisierung kommen wird. Das wird eine große Welle von Ordnungsverfahren, Konkursen, Ausgleichen sein, es sind in den meisten Bilanzen dieser Länder die *assets* überbewertet, es ist eine ganze Reihe von schlechten Forderungen enthalten, und es sind auch riesige Bankschulden in vielen dieser Unternehmen vorhanden, die kein Mensch jemals zurückzahlen kann. Da wird es zu einem großen *hair-cut* kommen, zu einem großen Ordnungsverfahren, und dann glaube ich, kommt eine neue Welle der Chancen, nicht nur für die österreichische Industrie.

Was ich noch sehe, ist, daß Österreich von der Mentalitätsseite her offensichtlich auch einen genetischen Vorteil hat, es ist mehr Geduld da, mehr Verständnis, mehr Sozialintelligenz; es muß nicht alles von heute auf morgen umgesetzt werden, sondern man hat Zeit, man hat Geduld, man baut persönliche Kontakte auf, und das ist in diesen Ländern extrem wichtig. Was mir auffällt, ist, daß die Leute aus der kommunistischen Zeit eine Paranoia mitgebracht haben, ein Mißtrauen, das nur langsam durch Vertrauen, durch Aufbau von Freundschaften, durch Kontakt überwunden werden kann, zumindest teilweise. Und hier hat Österreich, auch wieder von der geographischen Nähe, Vorteile - man ist von Wien aus wesentlich schneller in Budapest als beispielsweise von Brüssel.

Ich glaube, daß die Industrie in den Reformländern noch eine Welle der Umstrukturierung vor sich hat, ich glaube das, weil das einfach vom Finanzsystem her nicht anders möglich ist - sie haben alle so hohe Zinsen, 20% Zinsen kann eine Industrie nicht verdienen. Sehr viele Industrieunternehmen in diesen Ländern machen Verluste. Das bedeutet, die Produktivität muß erhöht werden. Zuerst müssen die Bilanzen in Ordnung gebracht werden, die Produktivität muß durch Restrukturierungsmaßnahmen mit Unternehmensberatern in Ordnung gebracht werden, dann kann der Wettbewerbsvorteil zumindest teilweise ausgenützt werden; und das ist aber auch sehr notwendig, damit hier investiert werden kann. Das heißt, der Lohnkostenvorteil kann nicht in die Tasche gesteckt werden, sondern muß investiert werden, weil der technische Zustand der Anlagen in diesen Ländern weit unter dem liegt, der hier im Westen, in den internationalen Ländern Europas und Amerikas, üblich ist.

Ich bin im großen und ganzen sehr optimistisch, ich sehe große Chancen für die europäische Industrie, eine besondere Chance für die österreichische Industrie, für die österreichische Wirtschaft, für die österreichischen Banken das aktiv zu nützen, damit man auch die Vorteile abschöpfen kann. Das bedeutet, wenn wir nichts tun, kommen die Leute herein, wenn wir etwas tun, haben wir billigere Kosten, weil wir arbeitsteilig produzieren können, oder wir produzieren dort und haben dementsprechend günstige Kosten für unsere Exporte, dann eben nicht aus Österreich, sondern aus Ungarn oder der Tschechischen Republik.

GÜNTER STUMMVOLL

Wir erleben hier in Alpbach in den Diskussionsbeiträgen und Referaten sehr fokussiert, wie spannend und faszinierend die Zeit ist, in der wir leben, wie rasch sich diese Welt verändert. Alleine die Zahlen, die Herr Direktor Duchatczek genannt hat, zeigen die Dynamik dieser Entwicklung. Wir leben in einer Zeit, die durch drei Megatrends gekennzeichnet ist:

Der erste ist der politische Megatrend, die politische Neugestaltung Europas.

Der zweite ist der wirtschaftliche Megatrend, den ich darin sehe, daß das investive Kapital in Hinblick auf alle erfolgten Liberalisierungen der Finanz- und Kapitalmärkte so mobil ist wie noch nie zuvor in der Menschheitsgeschichte und sehr rasch dorthin wandert, wo die günstigsten Voraussetzungen für Investitionen sind.

Der dritte, der technische Megatrend zeigt, daß die Rasanz des technischen Fortschritts noch nie so groß war wie derzeit, als Beispiel sei hier auf die Telekommunikation hingewiesen.

All das heißt, daß das jahrelange Schlagwort des *global village* eigentlich schon längst täglich gelebte Realität der Betriebe ist. Wer heute nicht ständig versucht, die Nase vorn zu haben, ist morgen schon wieder zurück. Ich kann mir ersparen, hier eine Reihe von Zahlen zu nennen, die die wirtschaftliche Verflechtung unserer Wirtschaft mit den osteuropäischen Staaten zeigt, da Direktor Duchatczek bereits darauf hingewiesen hat.

Ich möchte aber doch die wirtschaftliche Dynamik anhand einiger Einzelbeispiele aufzeigen: Wenn etwa im Vorjahr Slowenien als Exportmarkt für Österreich um vier Milliarden quantitativ wichtiger war als Japan, so zeigt das die ungeheure Dynamik in dieser Region. Wenn der Handelsbilanzüberschuß zum Zeitpunkt der Ostöffnung noch sieben Milliarden betrug und heuer 40 Milliarden ausmacht - hier also eine mehr als Verfünffachung innerhalb von 9 Jahren stattgefunden hat -, so kommt hier eine unglaubliche Dynamik zum Ausdruck. Ungarn ist heute unser drittwichtigster Handelspartner und hat die Schweiz bereits überholt. Wenn die Exporte nach Tschechien so groß sind wie alle unsere Exporte nach Lateinamerika, Japan und Kanada zusammengenommen, so sind das Beispiele, die die Schnelligkeit dieser Entwicklung und auch die Dimension der Chance, die unsere Wirtschaft in diesem Bereich hat, sehr deutlich machen.

Auch die Zahl der *joint-ventures* ist sehr interessant: Nach unserer Schätzung beläuft sie sich auf fast 15.000 österreichische Firmen in Osteuropa. Wir haben hier, was die *joint-ventures* betrifft, einen Marktanteil von 6% im Vergleich zur gesamten westlichen Welt.

Ein weiterer wichtiger Punkt betrifft den Beitrag Österreichs an Investitionen in das Humankapital der osteuropäischen Staaten. Unser Wirtschaftsförderungsinstitut WIFI hat seit der Öffnung in Osteuropa vor Ort über 2.000 Fortbildungsveranstaltungen durchgeführt mit insgesamt 42.000 Teilnehmern und einem Kostenaufwand von 120 Millionen Schilling, den allerdings nicht alleine die Wirtschaftskammer getragen hat.

Wir haben hier eine sehr einfache Faustregel: Wir rechnen aufgrund der bisherigen Erfahrungen, daß jeder Schilling an Investitionen in das Humankapital, den wir in die Ausbildung in Osteuropa investieren, sieben bis fünfzehn Schilling an Exportzuwachs bedeutet. Daß es sich bei der Ausbildung des Know-hows der osteuropäischen Länder um eine unglaublich rentable Investition handelt, ist offensichtlich.

Ich glaube auch, daß sowohl das investierte Kapital als auch die Schulungen und die *joint-ventures* die wahrscheinlich stärksten Beiträge sind, um die Wirtschaft in Osteuropa an unser Niveau heranzuführen. Der Grund dafür liegt auch im starken Praxisbezug.

Ich möchte hier ein Einzelbeispiel bringen, weil ich diesen Betrieb erst letzte Woche besucht habe. Es handelt sich um eine Auslagerungsstrategie, die auch die Chancen zeigt, wie man den Wirtschaftsstandort Österreich durch Auslagerungsstrategien absichern kann: Im nördlichen Niederösterreich befindet sich das größte Unternehmen der Region: "Felten & Guillaume", Sicherheitsschaltertechnik, Standort Schrems, 1.100 Mitarbeiter. Innerhalb von vier Jahren, um den Standort Schrems sichern zu können, entstand ein Betrieb in Tschechien, 15 Minuten Fahrtzeit entfernt, mit 800 Arbeitsplätzen. Diese 800 Arbeitsplätze sind nicht niedrig-qualifiziert, sondern auf high-tech-Niveau. Eine Investition, die dort 30 Millionen kostet, rechnet sich durch den Arbeitskostenunterschied von 1,5 Jahren. Man sieht an diesem Beispiel wirklich die gewaltige Dimension der Chance, die natürlich auch eine Kehrseite hat: Wenn nämlich diese niedrigen Arbeitskosten in Form von Konkurrenzprodukten hereinkommen. Im zitierten Fall hat die offensive Strategie den Fortbestand dieses Unternehmens sichergestellt, die positiven Seiten dieser neuen Situation hervorgekehrt. Weil ich Mandatar einer Grenzregion im Waldviertel bin, kenne ich nicht nur viele andere Betriebe in dieser Region, sondern ich kenne auch die Sorgen, Ängste und Bedenken, die viele dort haben.

Doch ich glaube, daß man heute schon sagen kann, daß es sich hier um einen fließenden Übergang handelt zwischen Ost-Liberalisierung und Ost-Erweiterung, daß, unabhängig von der historischen Friedenschance und der politischen Chance, sich hier auch wirtschaftlich eine Chance öffnet, wenn Osteuropa näherrückt und letztlich voll integriert wird in dieses gemeinsame Europa.

Doch eine ehrliche Bilanz muß auch die andere Seite sehen, und ich glaube, es gibt hier viele Sorgen und Ängste in der Bevölkerung, die wir nicht übersehen sollten: Bei den Arbeitnehmern ist es primär die Sorge um den Arbeitsplatz, bei den Betrieben ist es die Angst vor Kaufkraftverlusten, vor unlauterem Wettbewerb. Wir nehmen diese Sorgen und Ängste wirklich ernst, auch wenn wir natürlich wissen, daß langfristig strategisch überhaupt keine Alternative zur Erweiterung besteht. Das schlimmste, auch für unsere Wirtschaft, wäre, wenn die osteuropäischen Staaten auf dem Niveau blieben, auf dem sie derzeit sind und nicht unsere Standards erreichen würden. Denn dann wäre langfristig tatsächlich unlauterem Wettbewerb und Wettbewerbsverzerrung der Boden bereitet. Unser Interesse kann also nur sein, die osteuropäischen Staaten möglichst rasch auf unser Niveau zu bringen, was die Umweltstandards betrifft, was die Sozialstandards betrifft und was die Arbeitskosten betrifft.

Eine Gefahr besteht natürlich, und diese Vorgehensweise wird auf Dauer nicht möglich sein: Durch Pendeln in einem Hochlohnland Geld zu verdienen und es dann in einem Niedrigpreisland ausgeben, das kann auf Dauer nicht gehen. Daher ist neben dem reinen Migrationspotential auch die Frage des Pendlerpotentials eine sehr heikle Sache und vor allem auch die Frage des Dienstleistungssektors. Das sind die drei Bereiche, die uns die größten Sorgen machen.

Ich möchte auch noch kurz auf eine noch nicht publizierte Untersuchung der Wirtschaftskammer eingehen, die bis jetzt die größte Befragung von Betrieben in den Grenzregionen darstellt. Sie wurde in fünf Bundesländern durchgeführt, bei 700 Betrieben, und zeigt auch die Dimension der Ängste und der Sorgen der Betriebe auf. Gesamtergebnis: Ungefähr 50% der Befragten stehen der Frage der Osterweiterung relativ neutral gegenüber, 25% sind dafür, 25% sind dagegen. Aber in der Frage, ob es mehr Vorteile oder mehr Nachteile geben wird, sehen heute noch 75% der befragten Betriebe mehr Nachteile, nur 25% sehen mehr Vorteile, wobei man natürlich die räumliche Verteilung nicht aus den Augen verlieren darf: Ein Industriebetrieb in Westösterreich sieht die Sache naturgemäß anders als ein Gewerbe- oder Dienstleistungsbetrieb in der unmittelbaren Grenzregion.

Wir haben in dieser Studie auch festgestellt, daß es gewaltige Unterschiede nach Regionen, nach Branchen und nach Betriebsgrößen gibt. Was die Regionen betrifft, ist die Stimmungslage in Niederösterreich am kritischsten, am günstigsten ist sie in Kärnten und in der Steiermark. Was die Betriebsgröße betrifft, ist die Stimmungslage in Großbetrieben wesentlich positiver und optimistischer als in Kleinbetrieben, was zu erwarten war. Ganz große Unterschiede gibt es auch in den einzelnen Branchen: Sehr, sehr kritisch ist die Bauwirtschaft, der Handel ist erfreulicherweise nicht so kritisch, und der Tourismus ist der Osterweiterung durchaus positiv eingestellt.

Zusammengefaßt kann man sagen, daß die heutige Stimmungslage bezüglich der Osterweiterung sehr, sehr unterschiedlich ausfällt.

Für uns als Wirtschaftskammer, als die Interessensvertretung dieser Betriebe, ist dieses Stimmungsbild eine enorme Herausforderung, vor allem eine große kommunikative Herausforderung, wahrscheinlich die größte kommunikative Herausforderung seit dem EU-Beitritt Österreichs, weil wir überzeugt sind, daß diese starken kritischen Haltungen im Grunde auf einen Informationsmangel zurückzuführen sind. Hier glaube ich, daß wir in den nächsten Jahren die Aufgabe haben, eine große Bewußtseinsbildung zu erwirken und Informationspolitik zu betreiben. In Hinblick auf die größenordnungsmäßigen, branchenmäßigen und regionalen Unterschiede kann man hier nicht mit der Gießkanne Kommunikation über alle Betriebe verteilen, sondern man muß hier sehr differenziert vorgehen. Die Wirtschaftskammer wird sich dieser Herausforderung stellen, weil wir überzeugt sind, daß die langfristige Strategie auch wirtschaftspolitisch nur lauten kann: Integration Osteuropas in die Europäische Union hinein, das ist die große, auch wirtschaftliche Chance unseres Landes!

Problemfelder der Osterweiterung - Landwirtschaft

FRANZ GREIF

Die "Osterweiterung" und der Sektor Landwirtschaft - eine Punktuation

Der Gesamtrahmen des Themas

- Entwicklung des Agrarsektors - national, europäisch und international
  - Eine hochtechnisierte Restgruppe der Volkswirtschaft produziert für den Markt.
  - Die Rolle der Subsistenzwirtschaft zwischen Westeuropa (überwiegend Komplementärbedeutung) und Osteuropa (Lebensgrundlage für Millionen) ist unterschiedlich.

- Änderungen in der Zielrichtung der GAP sind geplant
  - langfristig Auflassung der Stützungspolitik
  - Vereinfachung der Struktur- und Regionalförderung

- Die Zukunft des "Ländlichen Raumes" wird zu einer neuen Aufgabe der Regionalpolitik.
  - Erklärung von Cork
  - Protokolle mit Landwirtschaftsbezug der "Agenda 21" und der Alpenkonvention der CIPRA (u.a.)

- die Zukunft der "Kohäsionspolitik" und die Reichweite der europäischen Solidarität
  - Ein vereintes Europa ist ohne Kohäsionspolitik denkbar und machbar?
  - Doch: Wie weit reicht die Solidaritätsbereitschaft der Bürger Europas?

- der Agrarsektor in Internationalisierung und Globalisierung
  - Vertragspolitik in Europa (EU-Verträge)
  - in Osteuropa (CEFTA-Abkommen)
  - in der Welt (WTO-Verhandlungen)

Landwirtschaft in der Osterweiterung - Fakten der "Zerrissenheit" zwischen wirtschafts- und gesellschaftspolitischen Zielen

- unter dem Aspekt des Wirtschaftens der "primären Lebensformgruppe"
- unter Aspekten der Wirtschafts- und Umweltpolitik
- unter dem Aspekt der Internationalisierung von Wirtschaft, Politik und Kultur

<table>
<tr><td colspan="2">Der Komplex "Landwirtschaft in der Osterweiterung"
Symbol der Zerrissenheit der "primären Lebensformgruppe" in Europa</td></tr>
<tr><td colspan="2">Landwirtschaft als
"sozialwirtschaftlicher Idealkomplex" Objekt interessenspolitischer Ziele</td></tr>
<tr><td colspan="2">Das Wesen der primären Lebensformgruppe und ihrer Wirtschaftstätigkeit</td></tr>
<tr><td>• Produktion mit der "Kraft der Erde"
• Kreislauf der Energie, Ressourcenschonung
• Natur, Kultur und Gesellschaft als potentielle Einheit</td><td>– zahlen- und "wertmäßig" schwächer werdender Wirtschaftskörper
– Landwirtschaft als Ausbeuter und Zerstörer der Naturumwelt
– scheinbar nur spezialisierte Landwirtschaft zukunftsfähig</td></tr>
<tr><td colspan="2">Landwirtschaft als Objekt der Wirtschafts- und Umweltpolitik</td></tr>
<tr><td>• Eroberung der Welt" durch die agrarische Kulturlandschaft
• Integration der Landwirtschaft in die Gesamtwirtschaft
• Erzeugung, Strukturen und Ländlicher Raum als Förderziele</td><td>– Landwirtschaft zwischen "Verursacherstatus und Bewahrerrolle"
– Urproduktion wird in den Nachrang gedrängt
– Agrarförderung - ein wirtschafts- und gesellschaftspolitisches Feindbild?</td></tr>
<tr><td colspan="2">Internationalisierung der Beziehungen in Wirtschaft, Politik und Kultur</td></tr>
<tr><td>• Wettbewerb als Mittel weltweiter Chancenverwirklichung
• Anerkennung des Ländlichen Raumes als Objekt der Regionalpolitik
• Verträge und Abkommen als (weltweite?) Kohäsionsgrundlagen</td><td>– Regionale (lokale) Besonderheiten im Kampf gegen Agrardumping
– muß der Ländliche Raum eine zweitrangige Standortkategorie bleiben
– egoistische Vorteilswahrung der Vertragspartner</td></tr>
</table>

- die Rolle der "Beitrittspartnerschaften"
  - ein Kanon von Empfehlungen zur Bereinigung rechtlicher und organisatorischer Defizite
  - Dokument internationaler Solidarität, welches kein Lippenbekenntnis von Politikern und Fachbeamten bleiben sollte
  - bestehendes Erfordernis: aktive und bewußte Mitwirkung der Beitrittskandidaten durch Vorbereitung der "NPAAs"

- die Rolle der Europaverträge
  - ausdrückliches Ziel, den wirtschafts- und sozialpolitischen Nachholbedarf zu unterstützen - inwieweit wurde dieses Ziel erreicht?
  - Ziel der (partiellen) Öffnung der Grenzen für Ostimporte im Gegensatz zu (nichttarifären) Handelshemmnissen

- nationale Politik für den Ländlichen Raum in Ost (und West)
  - Infrastrukturausbau als Basis und Motor der Wirtschaftsentwicklung
  - Kommunalpolitik als Basis der Neuorientierung der (ländlichen) Gesellschaft in Europas Osten
  - Nebenerwerb als Einkommensfaktor der Landbevölkerung

- internationale Wirtschaftszusammenhänge und grenzüberschreitende Kooperation
  - Abkehr vom Interesse an Gewinntransfers (nach dem Beispiel des ungarischen Gesellschaftsgesetzes von 1988)
  - Forcierung längerfristiger Beteiligungen und Investitionen
  - Erbringung von Vorleistungen in grenznahen Regionen, um ein "Überspringen" dieser 40 Jahre lang benachteiligten Gebiete durch neue Wirtschaftstätigkeiten zu verhindern

- Solidaritätsbewußtsein und Finanzierungsbereitschaft
  - "Osterweiterung" gelingt oder mißlingt in den Köpfen der Menschen
  - vordringliche Aufgabe der Politik: Vergrößerung der Bereitschaft zum Teilen mit den Nachbarn

Das europäische Agrarmodell

Die Staats- und Regierungschefs der EU haben beim Gipfeltreffen in Luxemburg im letzten Jahr diesen Begriff erstmals in die Schlußfolgerungen aufgenommen und die kommenden Aufgaben formuliert. Ich zitiere: "Die Union hat den Willen, das derzeitige europäische Landwirtschaftsmodell weiter zu entwickeln und sich dabei um eine bessere interne und externe Wettbewerbsfähigkeit zu bemühen. Die europäische Landwirtschaft muß ein multifunktionaler, nachhaltiger und wettbewerbsfähiger Wirtschaftssektor sein, der sich auf das gesamte Gebiet der Union, einschließlich der Regionen mit spezifischen Problemen, erstreckt. Der 1992 eingeleitete Reformprozeß muß fortgesetzt, vertieft, angepaßt und ergänzt werden, wobei auch die mediterranen Erzeugnisse einbezogen werden." (Zitat Ende)

Aber was ist es eigentlich, was wir da weiterentwickeln sollen? Mit dem Begriff des "europäischen Agrarmodells" verhält es sich etwa so wie mit dem Ungeheuer von Loch Ness: Alle haben davon gehört, manche glauben es gesehen zu haben, viele fragen sich, ob es überhaupt existiert. Es wird viele vielleicht überraschen, aber es ist so: Die einzige schriftlich 'überlieferte' Definition des europäischen Agrarmodells findet sich nicht in einem Märchenbuch, sondern in der Agenda 2000. Was sind die Besonderheiten? Wodurch unterscheidet sich das europäische Modell von dem unserer Mitbewerber?

Die europäische Landwirtschaft muß sich anderen Ansprüchen stellen als die Landwirtschaft in den typischen Flächenländern. Die Bevölkerungsdichte in Europa liegt bei 115 Einwohnern pro km^2 (EU12: 145 E/km^2), in den USA nur bei 28, in Argentinien bei 13, in Kanada bei 3 und in Australien sogar nur bei 2 Einwohnern pro km^2. Es ist doch klar, daß die Landwirtschaft als wichtigster Nutzer des Faktors Boden unter diesen Voraussetzungen in Europa zusätzliche Funktionen übernehmen muß, die über die reine Produktion von Nahrungsmitteln hinausgehen. Landschaftspflege, Umweltschutz, die ökonomische und ökologische Stabilität der ländlichen Gemeinden, das sind gesellschaftliche Ziele, bei denen die Landwirtschaft gefordert ist. Multifunktionalität ist die Antwort auf die hohen Ansprüche unserer Gesellschaft, und Multifunktionalität ist das entscheidende Kennzeichen des europäischen Agrarmodells.

Es ist in diesem Zusammenhang interessant, daß sich in Japan, einem Land mit einer enormen Bevölkerungsdichte, die selben Ansprüche an die Landwirtschaft finden wie in Europa, mit dem Unterschied, daß das Flächenangebot Japans nicht zur Selbstversorgung ausreicht. Es ist schon richtig: Multifunktionalität kann zu einem Wettbewerbsnachteil werden, muß aber nicht. Die europäische Gesellschaft hat inzwischen die Notwendigkeit erkannt, daß die Landwirtschaft für ihre Leistungen in allen Funktionen entlohnt werden muß, wenn sie diese Leistungen auch in Zukunft in Anspruch nehmen will. Das europäische Agrarmodell weiterzuentwickeln, muß deshalb heißen, die Leistungsfähigkeit in allen Funktionen zu verbessern:

- Dazu gehört zunächst, daß unsere Landwirtschaft Stärken nutzt und ihre Wettbewerbsfähigkeit verbessert, damit es ihr gelingt, sich auf den Märkten innerhalb und außerhalb der Union zu behaupten, wo Subventionen immer weniger toleriert werden. Mit "Amerikanisierungs-Gelüsten", die uns in der Agenda 2000-Diskussion bisweilen vorgeworfen werden, hat das alles nichts zu tun. Wenn man das hört, könnte man ja fast glauben, die Kommission hätte vorgeschlagen, statt europäische Bauern Mickey Mäuse auf die Traktoren zu setzen. Nichts von dem ist wahr: Der Außenschutz bleibt, genauso wie das Bekenntnis zur Erhaltung eines angemessenen Einkommens der bäuerlichen Familien.
- Die Erhaltung unserer Kulturlandschaften und des ökologischen Gleichgewichtes wurden aber bisher, wie andere Leistungen auch, nicht marktgängig gemacht. Die gemeinsame Agrarpolitik muß die Voraussetzung dafür schaffen, daß Umwelt- und Landschaftspflegeleistungen als vollwertige Funktionen der Landwirtschaft anerkannt und honoriert werden, denn diese Leistungen gehören zum Kern des europäischen Agrarmodells.
- Dazu gehört auch, daß die Landwirtschaft weiterhin gesunde umweltgerechte Produktionsverfahren anwendet und diese weiter verbessert, damit sie die Anforderungen an Qualität und Sicherheit der Nahrungsmittel erfüllt. Die Qualität ist ein entscheidender Faktor, der auch im internationalen Vergleich immer wichtiger wird. Nicht ohne Grund hat die Gemeinschaft heute schon einen bedeutenden Exportüberschuß für weiterverarbeitete landwirtschaftliche Erzeugnisse. 1996 belief er sich auf gut 14 Milliarden DM.

Die Landwirte müssen aber auch ermutigt werden, neue Funktionen zu erschließen, innerhalb und außerhalb der Landwirtschaft. Eine Diversifizierung der Aktivitäten wird dazu beitragen, Arbeitsplätze im ländlichen Raum zu sichern und zu schaffen und die ländlichen Gemeinden lebensfähig und attraktiv zu halten. Das gilt für alle ländlichen Räume in der Gemeinschaft, nicht nur für besondere Problemgebiete. Lassen Sie mich es noch einmal deutlich sagen: Beim europäischen Agrarmodell geht es um mehr Wettbewerbsfähigkeit, mehr Marktorientierung, mehr Umweltschutz, ohne auf die Abgeltung der bäuerlichen Zusatzleistungen und die Sicherung der Einkommen zu vergessen.

Internationale Herausforderungen

Dieser Ansatz muß so konzipiert sein, daß er den großen Herausforderungen zu Beginn des 21. Jahrhunderts gerecht wird. Zu den internationalen Herausforderungen zähle ich vor allem die Marktentwicklung innerhalb der EU und außerhalb, die Rahmenbedingungen, die durch die kommende WTO-Runde gesetzt werden und die bevorstehende Osterweiterung der Union.

Marktentwicklung

Zunächst zu unseren Vorausschätzungen für die Agrarmärkte innerhalb und außerhalb der EU. Wir haben für das kommende Jahrzehnt wachsende Ungleichgewichte auf den wichtigsten Agrarmärkten innerhalb der EU prognostiziert, falls wir die bisherige Politik unverändert fortsetzen. Das gilt vor allem für Getreide und Rindfleisch, in weniger drastischem Ausmaß aber auch für Milch, Olivenöl und Wein. Bei Ölsaaten erwarten wir dagegen unter Status quo-Bedingungen weiterhin ein großes Defizit, vor allem solange das Blair-House-Abkommen einer wachsenden Selbstversorgung in der Union im Wege steht.

Im Gegensatz dazu sind die Absatzmöglichkeiten außerhalb der EU für die meisten Agrarprodukte recht vielversprechend. Die Nachfrage nach Getreide und Ölsaaten wird auf den Weltmärkten weiter steigen, in etwas geringerem Maße auch nach Milch- und Fleischerzeugnissen. Die Weltmarktpreise werden in Zukunft wahrscheinlich stärker schwanken als in der Vergangenheit, doch ihr Durchschnittsniveau dürfte deutlich über dem liegen, was wir aus den 80er und frühen 90er Jahren kennen. Die Europäische Union als weltweit zweitgrößter Exporteur landwirtschaftlicher Erzeugnisse muß die Frage beantworten, ob und wie sie diese Entwicklungen aufgreifen will.

In der Vergangenheit haben wir die Auslandsmärkte immer wieder genutzt, um unsere Überschüsse mit Hilfe von Exportsubventionen abzusetzen. Diese Möglichkeit wird es bei einer Fortsetzung der bestehenden Markt- und Preispolitik immer weniger geben. Das ist die zwar harte, aber faktische Konsequenz der Uruguayrunde.

Der zentrale Punkt ist also: Höhere Produktion, sinkender oder stagnierender Verbrauch, weniger subventionierte Exporte führen zwangsläufig entweder zu einem enormen Markt- und Preisdruck oder zu exorbitanten Produktionsbeschränkungen, zu neuen Überschußbergen.

Spielregeln für den Welthandel

Aber damit nicht genug: In weniger als 18 Monaten wird die nächste Runde der multilateralen Agrarverhandlungen im Rahmen der WTO eingeläutet. Es wird oft übersehen, daß schon im Marakesch-Abkommen weitere Liberalisierungsschritte vereinbart wurden.

Für viele unserer Verhandlungspartner steht fest, daß sie mehr Marktöffnung, keine subventionierten Exporte und eine weitere Rückführung der internen Stützung erreichen wollen. Dabei könnte auch die "Blue box" und damit die Befreiung unserer Ausgleichszahlungen von den Abbauverpflichtungen zur Debatte gestellt werden. Ich habe allerdings nicht den Eindruck, daß alle in Kraft befindlichen Stützungsmaßnahmen jener Handelspartner, die uns kritisieren, Green box-verträglich sind.

Wir in der EU müssen uns andererseits darum bemühen, das europäische Agrarmodell und das Konzept der Multifunktionalität auf internationaler

Ebene verständlich zu machen. Eines sollten wir in diesem Zusammenhang nicht vergessen: Je früher sich daher die europäische Agrarpolitik auf eine gemeinsame Verhandlungsstrategie einigt, desto besser wird unsere Position sein. Eine Strategie, gemeinsam und offensiv in Richtung einer verbesserten Wettbewerbsfähigkeit auf den internationalen Märkten loszumarschieren, anstatt sich da und dort nach Gusto in eilig ausgehobenen Gräben einzugraben, kann die EU-Position nur stärken.

Das ist wichtig, nicht nur für die Verhandlung der "klassischen" Agrarhandelsthemen, sondern auch, weil die EU in anderen Bereichen Fortschritte erzielen will. Wir werden auf internationaler Ebene jedenfalls darauf drängen, daß weitere Verbesserungen der Sicherheits- und Qualitätsstandards bei Nahrungsmitteln und im Tierschutz erreicht werden.

Osterweiterung

Ich komme zur Osterweiterung als ein weiterer Faktor, der die Rahmenbedingungen für die Agrarpolitik und die Politik der ländlichen Entwicklung grundlegend beeinflussen wird. Der Erweiterungsprozeß hat formal im März dieses Jahres begonnen. Die bilateralen Verhandlungen mit den 5 aussichtsreichsten MOEL-Kandidaten und mit Zypern sind bereits im Gange. Die EU hat außerdem Beitrittspartnerschaften mit allen 10 Kandidaten vorgeschlagen. Für die Beitrittspartnerschaften sollen ab dem Jahre 2000 Mittel in Höhe von über 40 Milliarden öS jährlich zur Verfügung stehen. Das ist mehr als das Doppelte des Betrages, der für das Jahr 1999 vorgesehen ist. Für die Heranführung der Landwirtschaften und für den ländlichen Raum dieser Länder stehen 7 Milliarden öS jährlich zur Verfügung.

Aber auch die EU selbst muß sich vorbereiten: Eine 1:1 Übertragung der bestehenden GAP auf die MOEL ist nicht möglich. Das würde im Verhältnis zu den übrigen Beschäftigten zu überdurchschnittlichen Transfers an die Landwirtschaft führen und die Einkommenssituation in diesen Ländern in krasser Weise verzerren. Eine solche Politik würde zwangsläufig den sozialen Frieden in diesen noch jungen Volkswirtschaften in Gefahr bringen.

Eine Reform der Gemeinsamen Agrarpolitik, wie sie die Kommission vorgeschlagen hat, würde auch den MOEL die Vorbereitung auf einen wichtigen Bereich der Gemeinschaftspolitik erleichtern. Das "bewegliche Ziel" Agrarpolitik könnte dann weitaus zielstrebiger in Angriff genommen werden. Wir sollten jedoch nicht den Fehler machen, die Osterweiterung als Argument für die Reformnotwendigkeit unserer eigenen Politik zu mißbrauchen. Diesen neuen Rahmenbedingungen, die sich in Verbindung mit der WTO und der Osterweiterung ergeben, diesen neuen Herausforderungen muß sich die GAP also stellen. Die Argumente, dies aktiv und offensiv zu tun, haben wir ohne Zweifel. Die höchsten Ansprüche bestehen dabei nach wie vor an die gesundheitliche Unbedenklichkeit der Nahrungsmittel. Die öffentliche Hand muß deshalb alles tun, um die gesellschaftliche Forderung nach höchstmöglicher Sicherheit bei Nahrungsmitteln durchzusetzen.

Die gesellschaftlichen Anforderungen an die Landwirtschaft betreffen auch einen anderen Bereich, der die Lebensqualität entscheidend beeinflußt: Die Landwirtschaft ist eng mit dem Erscheinungsbild und der Qualität unserer Umwelt verbunden.

Die zunehmende Integration von Umweltaspekten in die Agrarpolitik, der Brückenschlag zwischen Marktfunktion und Umweltfunktion wird eine der großen Herausforderungen für die künftige Agrarpolitik werden.

Die Landwirtschaft ist und bleibt Angelpunkt für die ländlichen Räume. Sie wird aber alleine immer weniger in der Lage sein, genügend Beschäftigungsmöglichkeiten auf dem Lande zu schaffen. Wenn wir unsere ländlichen Räume weiter als Arbeits-, Lebens- und Erholungsräume erhalten und entwickeln wollen, dann brauchen wir neue Einkommens- und Beschäftigungsmöglichkeiten innerhalb und außerhalb der Landwirtschaft.

Die Markt- und Preispolitik muß deshalb durch einen zweiten Pfeiler, durch eine Politik für den ländlichen Raum, vervollständigt und verstärkt werden. Diese Politik muß erstens die notwendigen strukturellen Anpassungen im Agrarsektor unterstützen, zweitens die Voraussetzungen schaffen, daß die Qualitäts- und Umweltorientierung der Landwirtschaft verstärkt wird, und drittens die Diversifizierung in der Landwirtschaft und in den ländlichen Gebieten insgesamt fördern.

Optionen für die EU-Agrarpolitik: Agenda 2000

Vor diesem Hintergrund geht es nicht mehr um die Frage *ob,* sondern nur noch um die Frage *wie* wir die Agrarpolitik reformieren müssen, um das europäische Landwirtschaftsmodell weiter zu entwickeln.

Unsere Strategie beruht darauf, die Wettbewerbsfähigkeit der einheimischen Agrarprodukte zu verbessern, um die Nachfrage auf dem Binnenmarkt zu stimulieren und um mehr Agrarprodukte ohne Subventionen exportieren zu können. Dies wollen wir durch einen Schritt weiter weg von der Preisstützung hin zu mehr Direktzahlungen erreichen.

Bei einer Senkung der Interventionspreise ist es auf der anderen Seite konsequent, marktbedingte Produktionsdrosselungen zurückzuschrauben und die Direktzahlungen an die Landwirte aufzustocken. Dabei muß die Ausgestaltung der Direktzahlungen der Vielfalt der regionalen Produktionssysteme und -bedingungen besser Rechnung tragen. Wir haben vorgeschlagen, daß die Mitgliedstaaten einen Teil der Prämien entsprechend ihrer besonderen Präferenzen verteilen können.

Wie in der Vergangenheit werden die Landwirte auch weiterhin Wege finden, um ihre Kosten zu reduzieren und die Produktionssysteme und Investitionsentscheidungen an veränderte Preisverhältnisse anzupassen. Es ist aus sozialen Gründen nicht zu vertreten, daß die Preisanpassungen vollständig ausgeglichen werden.

Lassen Sie mich als letztes zur Osterweiterung zurückkommen. Aus der Sicht des Agrarsektors und der ländlichen Entwicklungspolitik ist dabei der

Aufbau von effizienten Verwaltungsstrukturen und die Aus- und Weiterbildung von Verwaltungsangehörigen von entscheidender Bedeutung. Wichtig ist vor allen Dingen die Mobilisierung der lokalen Akteure und der Privatinitiative. In einigen Ländern müssen auch noch ungeklärte Eigentumsverhältnisse und Funktionsstörungen beim Bodenmarkt überwunden werden. Nach wie vor muß die Anpassung der Agrarstrukturen und der Verarbeitungsindustrie konsequent fortgesetzt werden.

Darüber hinaus sind entsprechende Standards im Veterinär- und Phytosanitärbereich unverzichtbar, um den Handel mit den EU-Ländern funktionsfrei zu gestalten. Andernfalls würden die Produkte aus den Kandidatenländern von den großen Einzelhandelsketten gar nicht gelistet. In Zukunft werden diese Länder auch die Außengrenze der Gemeinschaft nach Osten darstellen und eine hohe Verantwortung für die gesamte EU bei der Absicherung der Gesundheit unserer Tier- und Pflanzenbestände und für die Sicherheit unserer Nahrungsmittel übernehmen müssen.

Im Rahmen der Beitrittspartnerschaften sollen auch jene Vorbeitrittshilfen eingesetzt werden, die im Zusammenhang mit dem Agenda 2000-Paket durch die Kommission verabschiedet wurden. Ab 2000 werden den 10 Beitrittskandidaten insgesamt Hilfen in Höhe von 3 Milliarden ECU jährlich zur Verfügung stehen. Für die Landwirtschaft und den ländlichen Raum sind davon 500 Millionen ECU jährlich vorgesehen.

Das Agenda 2000 Paket enthält einen Verordnungsentwurf für Vorbeitrittshilfen im Agrarbereich, der es ermöglichen wird, eine Vielzahl von Maßnahmen durch den EAGFL zu unterstützen.

Aus diesem Bündel von Maßnahmen sollen die Beitrittskandidaten in ihren Plänen für die ländliche Entwicklung jenen Maßnahmen Priorität einräumen, die den besten ökonomischen, ökologischen und arbeitswirtschaftlichen Effekt versprechen, um die Wirtschaftskraft der ländlichen Räume in ihrer Gesamtheit zu stärken und alternative Arbeitsplätze zu schaffen.

Die Kommission wird bei der Programmprüfung und -genehmigung streng darauf achten, daß die vorgelegte Entwicklungsstrategie mit der künftigen GAP im Einklang steht und die Produktion in sensiblen Sektoren nicht angeheizt wird. Deshalb stehen Maßnahmen zur Qualitäts- und Hygieneverbesserung, Tiergesundheit und Modernisierung der Ernährungsindustrie im Vordergrund; gepaart mit Maßnahmen der integrierten ländlichen Entwicklung, die dazu dienen, die regionsspezifischen Entwicklungspotentiale optimal zur Entfaltung zu bringen. Um hier erfolgreich zu sein, fördert die EU Partnerschaften zwischen den Kandidaten- und Mitgliedstaaten, die Entsendung von anerkannten Spezialisten sowie Informationsveranstaltungen und Ausbildungsaufenthalte.

Politische Sicherheit und Stabilität in Europa wird es, ohne West- und Osteuropa zu vereinigen, nicht geben. In Westeuropa hat man schon lange, in Osteuropa sehr schnell nach der Wende, verstanden, daß Nationalstaaten für viele Aufgaben zu klein geworden sind, sei es in den Bereichen der Außen-, Handels-, Wettbewerbs- und Umweltpolitik oder sei es insbesondere in den

Bereichen der äußeren und inneren Sicherheit. Tatsache ist, daß ein Krieg durch die ganze Geschichte Europas hindurch gegangen ist, der gekennzeichnet war von einer endlosen Saga von «Bürgerkriegen» wie wir heute sagen würden. Dies war meist das Ergebnis von Ehrgeiz, Stolz, Vorurteilen und Eifersucht der früheren europäischen Führungspersönlichkeiten.

Die Europäische Gemeinschaft/Europäische Union hat dem in Westeuropa ein Ende gesetzt und ist verpflichtet, dasselbe in Osteuropa zu tun durch eine neuerliche Erweiterung und diplomatische Handlungen. Das vereinigte Europa erlaubt es, nationalen und persönlichen Ehrgeiz, Stolz, Vorurteile und Eifersucht wegzudenken von zerstörerischen Unternehmungen wie Krieg hin zu konstruktiven Unternehmungen, die auf Verhandlungen aufbauen. Nicht zuletzt können sich an einem Verhandlungstisch Streitsüchteleien nicht so gut aufbauen. Kriege enden im Blutbad. Verhandlungen enden mit Schulterklopfen und einem guten Glas Wein oder Bier.

Nur gemeinsam haben wir ein ausreichendes Verhandlungsgewicht, können uns im globaler werdenden Wettbewerb behaupten und sind imstande, Europäische Vorstellungen z.B. über Umweltschutz, Sozialstandards oder Europäisches Landwirtschaftsmodell durchzusetzen. Nur gemeinsam haben wir die Kraft und den Rahmen, um unseren Nachbarn im Osten eine Perspektive zu bieten, die Stärkung ihrer Volkswirtschaften zu unterstützen, damit sie beitrittsreif werden, und die Verwurzelung ihrer Demokratien zu ermutigen.

LÁSZLÓ VAJDA

Einem alten ungarischen Spruch nach ist es nicht wichtig, woher der Wind weht, sondern, wo er weht. Auf unsere Problematik übersetzt heißt das, daß es im Jahre 2002 überhaupt nicht wichtig sein wird, warum eine Subvention im Jahre 1992 eingeführt wurde, sondern es wird wichtig sein, welche Auswirkungen diese im Jahre 2002 auf die Situation der Bauern haben wird. Und die Situation der Bauern in den alten wie in den neuen EU-Mitgliedstaaten - ich spreche jetzt ganz besonders von Ungarn - sieht so aus, daß die Bauern unter den selben Bedingungen tätig sein werden und den selben Preis für Saatgut, für Chemikalien, für Maschinen bezahlen werden, ihre Produkte auf dem selben einheitlichen Markt verkaufen werden, aber unterm Strich weniger für ihre Produkte bekommen werden. Ich glaube, daß es einerseits politisch nicht vertretbar ist, den ungarischen Bauern zu sagen: "Wir haben eine gute und eine schlechte Nachricht für euch. Die gute ist, wir haben euch erfolgreich in die EU hineingeführt. Die schlechte Nachricht ist, auf dem selben Markt, unter den selben Bedingungen bekommt ihr mehr als die Hälfte weniger Subventionen als die anderen Bauern." Aber auch praktisch gesehen ist das problematisch. Stellen Sie sich vor, in diesem einheitlichen Europa wird es, fünf Kilometer von der alten österreichisch-ungarischen Grenze entfernt, einen österreichischen Bauern geben und ebenfalls fünf Kilometer von dieser Grenze entfernt, wird es einen ungarischen Bauern geben, und diese beiden sind möglicherweise Kunden bei derselben Bank, einer österreichischen Bank, und beide kommen zu dieser Bank und sagen, daß sie einen Kredit haben möchten für ihre Getreideproduktion. Wenn die Bank dann die Einkommenssituation prüft, wird sie feststellen, daß der eine Bauer eine viele größere Subvention bekommt als der andere. Und so kann man sich ausrechnen, welchem der beiden Bauern der Kredit eher gewährt werden würde.

Wenn wir schon über die Preise sprechen, dann ist dazu zu sagen, daß das nicht für alle Beitrittskandidaten gelten mag, daß die Preise höher werden. Gerade in den Sektoren, wo die Direktzahlungen heute schon die größte Rolle spielen, in der Getreidebranche nämlich, richten sich die Preise in Ungarn nach den freien Weltmarktpreisen. Im Schweine- und Geflügelsektor sind die Preise heute schon die gleichen wie im restlichen Europa, und das werden sie auch in den nächsten Jahren bleiben. Es wird also kaum Preiserhöhungen für die ungarischen Bauern geben, und man kann ihnen nicht sagen: "Ihr werdet weniger Subvention bekommen, dafür aber eine Preiserhöhung."

All das sind Fragen, die wir während der zweiten Phase der Verhandlungen zu besprechen haben werden, die für die Landwirtschaft voraussichtlich im September dieses Jahres beginnen. Es wird dort die gemeinsame Agrarpolitik verhandelt werden, aber die wichtigsten Fragen werden ganz sicher am letzten Tag oder in der letzten Stunde dieser mindestens zwei Jahre dauernden Verhandlungen entschieden werden.

Um auf die ursprüngliche Leitlinie meines Vortrags zurückzukommen, möchte ich Ihnen gerne einiges über die Situation der ungarischen Agrarwirtschaft sagen. Es wurde in der ersten Runde bereits über die Problematik der Investitionen gesprochen, und ich möchte hier anführen, daß es einen Klassenunterschied in Ungarn zwischen Landwirtschaft und Ernährungsindustrie gibt, was ausländische Investitionen betrifft. Sie wissen vielleicht, daß es in Ungarn für Ausländer weiterhin verboten ist, landwirtschaftlichen Boden zu kaufen. Es steht so in unserem Gesetz, und diese Bestimmung ist auch in der Erklärung unserer neuen Regierung enthalten, die im Mai dieses Jahres gewählt wurde: Der landwirtschaftliche Boden soll in ungarischem Eigentum bleiben. Ausländer können in Ungarn unter den selben Bedingungen wie die ungarischen Bauern Land mieten, kurzfristig oder langfristig, aber kaufen dürfen sie es nicht. In der Ernährungsindustrie dagegen ist ausländisches Kapital seit den ersten Tagen des Umbruchs, also seit 1991, willkommen, und wir können sagen, daß die Ernährungsindustrie in Ungarn heute zu 100% privatisiert und das Kapital der Ernährungsindustrie zu 60% in Händen von ausländischen Investoren ist. Bei einigen Industriezweigen, wie beispielsweise bei der Zuckerindustrie, Süßwarenindustrie und Bierindustrie, sind im Schnitt 60% bis 90% ausländische Investoren anwesend: Österreicher, Deutsche, Franzosen, Amerikaner. Es gibt bis heute Streitigkeiten in Ungarn darüber, ob das richtig war oder nicht.

Die negativen Argumente sind, daß sich diese ausländische Firmen zu Spottpreisen in Ungarn eingekauft haben und es als Folge in Ungarn auch zu Schließungen von Fabriken gekommen ist, z.B. in der Zuckerindustrie.

Die positiven Argumente sind, daß sich diese Firmen in Ungarn nicht nur die ungarischen Betriebe gekauft haben, sondern später auch weiter investiert haben. In der ersten Hälfte der neunziger Jahre war Ungarn nicht nur das Hauptziel der ausländischen Investoren, sondern die Hälfte der ausländischen Investitionen ging in die Ernährungsindustrie. Jährlich wurden etwa 1,5 Milliarden US Dollar investiert, und bis heute, obwohl dieser Anteil schon weniger als 50% ist, kommt jährlich ca. 1 Milliarde Dollar noch zusätzlich als Kapital in die ungarische Ernährungsindustrie.

Positiv anzumerken ist auch, daß damit eine starke Modernisierung verbunden war, daß das technologische Niveau und die Qualität der Produkte heute den europäischen Standards entsprechen, daß mit dem Erscheinen dieser ausländischen Firmen europäisches Management, europäisches Marketing nach Ungarn gebracht wurde. Meine persönliche Meinung ist, daß die Bilanz durchaus positiv ist.

Zurück zu Ungarns Bestrebungen, was den EU-Beitritt betrifft. Ungarn ist fest entschlossen, ein Mitglied der EU zu werden. Diese Entscheidung haben wir eigentlich schon im Dezember 1991 getroffen, als wir den Europa-Vertrag unterschrieben haben. Seither geschieht in Ungarn alles im Zeichen dieser Vorbereitung, und wenn man von einer Übergangsphase sprechen will, dann ist es unserer Meinung nach die Periode seit Dezember 1991; die zehnjährige Übergangsfrist läuft bis 1. Jänner 2002. Was alles in diesen zehn Jahren geschehen ist und geschehen wird, ist einmal eine vollkommene Umstellung der Rechtsgebung in Ungarn; alle ungarischen Regeln und Gesetze stehen im Zeichen des EU-Beitritts, im Agrarbereich sind alle unsere Gesetze schon angeglichen, haben den gleichen Effekt wie die Regelungen in der EU. Mehr als 20% dieser Gesetze sind Wort für Wort gleichlautend mit denen der EU, das gilt insbesondere für das Veterinärwesen und für die Lebensmittelqualität. Auch die damit verbundenen Institutionen sind von den europäischen Behörden als äquivalent zu denen in den Mitgliedsstaaten anerkannt. Man muß bedenken, daß viele dieser ungarischen Behörden schon über hundert Jahre alt sind und so zu den ältesten in Europa gehören. Viele der ungarischen Wissenschaftler haben zu dem beigetragen, was heute in Europa geschieht - auch im Lebensmittelbereich.

Im Jahre 1996 haben wir begonnen, uns systematisch auf die Verhandlungen vorzubereiten, wir haben im Landwirtschaftsministerium nach den verschiedenen Bereichen der Gemeinsamen Agrarpolitik 15 Arbeitsgruppen geschaffen, auch mit Teilnahme von anderen Ministerien, Agrarkammern und verschiedenen landwirtschaftlichen Organisationen. Diese 15 Arbeitsgruppen haben dem Ministerium Vorschläge gemacht, wo wir Übergangsregelungen anstreben sollten, sie haben auch Vorschläge gemacht, was in den kommenden Jahren in Ungarn noch gemacht werden sollte, damit sich Ungarn wirklich mit 1.1.2002 voll in die Agrarwirtschaft der EU eingliedern kann.

Diese Verhandlungen werden am 21. September 1998 mit der Durchleuchtung des acquis beginnen. Schon in der ersten Runde wird der Getreidesektor, der Ölsaatensektor, der Obst- und Gemüsesektor durchleuchtet. In den darauffolgenden Monaten geht es dann weiter mit den Bereichen der gemeinsamen Agrarregelungen der EU. Hier soll festgestellt werden, wieweit Ungarn mit der Harmonisierung gekommen ist, was in den kommenden Jahren noch zu machen ist und wo sich wirklich Probleme mit einer Mitgliedschaft ergeben können.

Wir sind jedenfalls zuversichtlich, daß diese Durchleuchtung zugunsten der ungarischen Agrarwirtschaft ausfallen wird, wir der Union und den Mitgliedstaaten beweisen können, daß die ungarische Agrarwirtschaft gut vorbereitet ist und wir wirklich einen Beitrag zur Weiterentwicklung der Agrarpolitik und der ländlichen Politik der EU leisten können.

Problemfelder der Osterweiterung - Finanzielle Implikationen der EU-Erweiterung

THOMAS FISCHER

Einleitung

Auf dem Luxemburger Gipfel (Dezember 1997) hat die Europäische Union beschlossen, Ende März 1998 konkrete Beitrittsverhandlungen mit den osteuropäischen Staaten

- Estland,
- Polen,
- Slowenien,
- Tschechien,
- Ungarn sowie mit
- Zypern aufzunehmen,

mit fünf weiteren osteuropäischen Aspiranten

- Bulgarien,
- Lettland,
- Litauen,
- Rumänien,
- Slowakei

wird ein Beitrittsverfahren eröffnet. Wann und unter welchen Bedingungen die Vollmitgliedschaft der Kandidaten wirksam wird, ist noch offen. (Beispiel: Verhandlungsdauer für Beitritt Spaniens: 8 Jahre) Die Erfahrungen mit den bisherigen vier Erweiterungen sprechen ebenso für längere Übergangsregelungen wie das Gefälle in der Wirtschaftskraft zwischen den heutigen und den künftigen Mitgliedstaaten. Dennoch, mit einer Osterweiterung der Europäischen Union ist in einer nicht allzu ferner Zukunft fest zu rechnen.

Beitrittsvoraussetzung: Die Kopenhagener Kriterien

(Erstmals auf der Tagung der Regierungschefs in Kopenhagen formuliert, Juni 1993.) Von den Beitrittskandidaten wird verlangt, daß sie die politischen und wirtschaftlichen Verpflichtungen aus dem EG-Vertrag und dem Vertrag von Maastricht übernehmen. Das setzt zum einen demokratische und rechtsstaatliche Systeme voraus, die Menschen- und Minderheitenrechte garantieren. Und das setzt zum anderen funktionsfähige Marktwirtschaften voraus, die sich im Wettbewerb behaupten können.

Mit dem Beitritt müssen in der Regel sämtliche Zölle und mengenmäßige Beschränkungen gegenüber den Mitgliedstaaten der EU abgebaut werden. Außerdem müssen die Länder den Gemeinsamen Zolltarif der Europäischen Union gegenüber Drittstaaten übernehmen. Es ist zwar unwahrscheinlich, daß die neuen Mitgliedstaaten zum Zeitpunkt ihres Beitritts zu einer Vollteilnahme am Eurogebiet im Stande sein werden. Doch wird die größte Herausforderung für sie darin liegen, auch als nichtteilnehmende Länder den "gemeinschaftlichen Besitzstand" (acquis) der Gemeinschaft im Bereich der Wirtschafts- und Währungsunion einzuführen: Sie sind in die Verfahren zur wirtschaftspolitischen Koordinierung eingebunden, an die Vorschriften zur Finanzdisziplin gebunden und müssen ihren Kapitalverkehr liberalisiert haben.

Bei den bisherigen Erweiterungen hat sich die Frage der Beitrittsfähigkeit nicht gestellt, bei den mittel- und osteuropäischen Staaten, die von vierzig Jahren kommunistischer Herrschaft gezeichnet sind, wird sie zur Schlüsselvoraussetzung: Die sechs Länder, mit denen es konkrete Beitrittsverhandlungen gibt, werden die Bevölkerung der Union um 17% erhöhen, das gemeinsame Bruttosozialprodukt wird aber nur um 3% anwachsen. Bei elf Kandidaten ergibt sich ein Bevölkerungswachstum von 25% bei einer Zunahme des Bruttosozialprodukts um lediglich 5%. Die fünf osteuropäischen Beitrittskandidaten haben schneller als andere Länder den Umbruch des Wirtschafts- und Politiksystems überwunden:

- Alle sind auf Wachstumskurs.
- Investitionen und Exporte steigen.
- Die Inflationsraten sind rückläufig.
- Es gibt hoffnungsvolle Anzeichen, daß der Strukturwandel fortgesetzt wird und eine angemessene Wachstumsdynamik bei stabilerem Geldwert erreicht wird.

Allerdings wird es auch unter günstigen Umständen Jahre dauern, bis sich der wirtschaftliche Rückstand gegenüber der Union spürbar verringern wird: Slowenien mit dem höchsten Pro-Kopf-Inlandsprodukt bringt es auf knapp 60% des EU-Durchschnitts (gemessen zu Kaufkraftparitäten), Tschechien folgt mit 55%.

Größte Herausforderung der Erweiterung

* das niedrige Pro-Kopf-Einkommen der Kandidaten
* das große Gewicht der Landwirtschaft
* die unzulängliche Verkehrs-, Telekommunikations- und Energieinfrastruktur
* die schwache Verwaltungskapazität sowie
* die hohe Arbeitslosigkeit in der gesamten Union (Es wird erwartet, daß die Arbeitskräfte aus den mittel- und osteuropäischen Ländern in andere Mitgliedstaaten ziehen werden.)

Bedeutung der Osterweiterung

Die Osterweiterung der Europäischen Union ist ein Vorhaben von außergewöhnlicher Bedeutung. Sie wird auf die Hauptaktivitätsfelder der Gemeinschaft, auf die Agrarpolitik und auf die Strukturpolitik erhebliche finanzielle Konsequenzen haben und die EU vor große Anpassungsprobleme stellen. Der Beitritt ist nur finanzierbar, wenn es in diesen Feldern zu einer Neuorientierung und zu Einsparungen kommt. In der "Agenda 2000" hat die Europäische Kommission zur Erweiterung der Europäischen Union Stellung genommen. In diesem Dokument werden die breiteren Perspektiven für die Entwicklung der EU und ihrer Politik nach der Jahrtausendwende, die horizontalen Fragen der Beitrittsproblematik sowie der künftige Finanzrahmen nach dem Jahr 2000 vor dem Hintergrund einer erweiterten Union dargestellt.

Gemeinsame Agrarpolitik

Die angestrebte Erweiterung um fünf mittel- und osteuropäische Staaten stellt die Agrarpolitik sowohl in den Beitrittsländern als auch in den bisherigen Mitgliedstaaten vor erhebliche Anpassungsprobleme, die agrarpolitischen Konzepte sind nicht miteinander vereinbar: Innerhalb der Union werden die Agrarpreise durch Marktordnungen über dem Weltmarktniveau gehalten, indem

- das Angebot verknappt,
- Importe eingeschränkt,
- Exporte subventioniert werden.

Demgegenüber orientieren sich die Agrarpreise der mittel- und osteuropäischen Länder am Weltmarkt, die Märkte sind offen, und das Subventionsniveau ist gering. Unter den aktuellen Bedingungen würde die Teilnahme mittel- und osteuropäischer Länder an der gemeinsamen Agrarpolitik zu einer erheblichen Zusatzbelastung führen.

Die Europäische Kommission stellt in ihrer "Agenda 2000" fest, die Übertragung der gemeinsamen Agrarpolitik auf die Beitrittsländer *"brächte Probleme mit sich": "Eine Übertragung der gemeinsamen Agrarpolitik würde ... eine große haushaltsmäßige Belastung bedeuten, in Höhe von schätzungsweise rund 11 Mrd. ECU pro Jahr, davon annähernd 2/3 für Direktzahlungen an Landwirte."* Das Frankfurter Institut, Stiftung Marktwirtschaft und Politik, spricht von Schätzungen von 13 bis 15 Mrd. ECU, allein für den Beitritt der Visegrad-Länder (Polen, Ungarn, Tschechien, Slowakei).

Die Europäische Union muß in der gemeinsamen Agrarpolitik wegen der finanziellen Implikationen den eingeleiteten Kurs auf mehr Marktorientierung grundlegend und konsequent fortsetzen. Es kann auf Dauer nicht dabei bleiben, daß rund 50% des EU-Haushalts in Agrarsubventionen gehen und nur 3% in die Forschungsförderung.

Strukturpolitik

Neben der Agrarpolitik beanspruchen die Strukturfonds mit gut einem Drittel einen großen Teil der Ausgaben der Europäischen Union. Die vorgesehene Osterweiterung stellt auch die bisherige Strukturpolitik in Frage, denn aufgrund der vergleichsweise geringen Wirtschaftskraft der Beitrittskandidaten müßten die Mittel aus den Fonds radikal zugunsten der künftigen Mitglieder umgeschichtet werden. Ohne eine rechtzeitige Reform muß damit gerechnet werden, daß einige Mitgliedstaaten ihre Zustimmung zur Osterweiterung von der Besitzstandswahrung der bisherigen Förderregionen abhängig machen und deshalb die Förderung weiter erhöht wird.

(Beispiel Ostdeutschland: "Die Erweiterung der EU um das Gebiet Ostdeutschlands, in dem das Pro-Kopf-BIP geringer als in allen anderen Regionen war, hat nicht dazu geführt, andere Regionen aus der Förderung herauszunehmen. Im Gegenteil, die Fördergebiete wurden ausgedehnt. Trotz der Einbeziehung von Ostdeutschland wurden die Förderansprüche auch finanziell ausgeweitet". Quelle: Frankfurter Institut)

Der deutsche Sachverständigenrat zur Begutachtung der gesamtwirtschaftlichen Entwicklung fordert in seinem jüngsten Jahresgutachten (November 1997) *dringend* eine *Kursänderung* bei den Strukturfonds: *"Bei einer Neuorientierung der Strukturförderung werden sich die heutigen Mitgliedsländer als "Verlierer" sehen, allen voran natürlich die bisherigen Hauptnutznießer.*

Das ist unvermeidlich, solange die finanzielle Ausstattung der Fonds unverändert, d.h. begrenzt bleibt. Eine Konzentration der Fondsmittel auf die künftigen neuen Mitgliedsländer wäre, bedenkt man die Ausgangslage, nur vernünftig. Eine Aufstockung der Fondsmittel wäre nach Auffassung des Sachverständigenrates hingegen nicht vertretbar ...".

Entscheidungsstrukturen

Auch die institutionellen Strukturen der Gemeinschaft müssen für die Osterweiterung reformiert werden. Gremien wie die Kommission oder der Rat, die ursprünglich für eine Sechsergemeinschaft konzipiert wurden, stoßen schon jetzt an die Grenzen ihrer Arbeitsfähigkeit. Eine Erweiterung um die 6 Beitrittskandidaten oder gar später auf die Gemeinschaft der 26 wird ohne eine Reform der politischen Institutionen zur Sicherung der Arbeitsfähigkeit und zu einer angemessenen Verteilung der Entscheidungsmacht nicht zu bewältigen sein.

Kosten der Osterweiterung

Höhe der Kosten der Osterweiterung hängt stark ab von
* Auswahl der Beitrittsländer
* Beitrittszeitpunkt
* Übergangs- und Aufnahmemodalitäten
* Entwicklung der Wirtschaft der Beitrittskandidaten.

Entlastende Faktoren
* Die Absorptionsfähigkeit der Empfängerländer für EU-Transfers ist begrenzt. (klassisches Transferproblem: Die Transfers leistenden Länder erleben einen nachfrageinduzierten Wachstumsschub, während die Wirtschaft der Empfängerländer durch das umfangreiche und günstige Angebot ausländischer Waren in die Rezession getrieben wird. Wirkungsmechanismus: Transfers führen zur Aufwertung bzw. verhindern eine inflationsbedingte Abwertung der einheimischen Währung. Folge: Im Vergleich zu den im Land hergestellten Produkten verbilligen sich die importierten Güter.) Die Friedrich-Ebert-Stiftung schätzt am Beispiel der Visegrad-Länder, daß die heutigen Fördersätze zu Fördersummen von 10 bis 20% des BIP führen würden. Ein solcher Betrag würde sowohl die administrativen Fähigkeiten als auch (wegen der Kofinanzierung) die Haushalte der Empfängerländer überbeanspruchen. (Zum Vergleich: Die Marshallplanhilfe nach dem Krieg machte nur 2,5% des BIP der Empfängerländer aus.)
* Die Erweiterung erfolgt gestaffelt und mit großen Übergangsfristen.
* Mit dem Wirtschaftswachstum werden auch die Volumen der Strukturfonds deutlich umfangreicher als heute.

* Aufgrund der Entwicklungsfortschritte in vielen Regionen der jetzigen EU werden mittelfristig Mittel für die Beitrittsregionen frei.
* Die ohnehin notwendigen Reformen der besonders kostenträchtigen Struktur- und Agrarpolitik könnten weitere Finanzierungsspielräume schaffen.
* Mittel aus dem EU-Haushalt werden zum Teil an die Stelle von Mittel treten, die bereits heute aus den Haushalten der Mitgliedstaaten für Osteuropa aufgewandt werden.

Fazit

Die Osterweiterung der Europäischen Union ist ein Projekt von überragender Bedeutung, das die Gemeinschaft in den nächsten 10 bis 20 Jahren vor Aufgaben stellt, die kaum hinter der Bedeutung der EWWU zurückstehen. Die Entscheidungsstrukturen müssen effizienter gestaltet werden, die Arbeitsfähigkeit der Gremien muß gesichert sein. Ohne eine grundlegende Reform der gemeinsamen Agrar- und Strukturpolitik würde die Osterweiterung den Haushalt der Union sprengen. Die Ausdehnung der Transferpolitik auf die neuen Beitrittskandidaten und später auf die übrigen Reformländer würden die Ausgaben der Gemeinschaft außer Kontrolle geraten lassen. Kein Land ist im Zeitalter der globalen Arbeitsteilung in der Lage, die anstehenden Probleme alleine zu lösen. Wer heute in der Welt Einfluß haben will, muß nicht nur einen möglichst großen Wirtschaftsraum bilden, sondern sich auch politisch mit gleichgesinnten Partnern zusammenschließen.
Die Osterweiterung der EU wird

- das Gewicht,
- das Profil und
- den Einfluß

Europas in der Welt erhöhen.

Sie bietet die Chance für die Europäische Union, ihre Entscheidungsmechanismen zu reformieren und ihre wirtschaftlichen Verkrustungen und das bisweilen ausufernde Subventionswesen im Agrar- und Strukturbereich zu überprüfen. Am Ende diese Prozesses könnte ein wirtschaftlich stärkeres und effizienteres Europa stehen. Und schließlich ist die EU-Erweiterung auch kein ökonomisches Nullsummenspiel, bei dem die Beitrittskandidaten zu Lasten der bisherigen Mitglieder gewinnen.

Wie die bisherigen Erweiterungen gezeigt haben, wird ganz Europa von der Erweiterung profitieren, denn die EU integriert eine Wachstumsregion, der Binnenmarkt wird sich um 100 Mio. Konsumenten vergrößern, die erweiterte Union wird einen Weltmarktanteil von 22% haben. Eine kluge Arbeitsteilung mit den künftigen Mitgliedstaaten, deren Produktionskosten erheblich unter unseren liegen, wird die europäische Wettbewerbsfähigkeit in der Welt steigern. Diese Vorteile der Osterweiterung müssen den finanziellen Implikationen gegenübergestellt werden.

EDITH KITZMANTEL

1. Die EU-Osterweiterung und ihr geordneter Verlauf liegen nicht nur im Interesse der Beitrittswerber, sondern auch in jenem der EU selbst. Die Erweiterung ist politisch akkordiert und wird von seiten der Kommission wie auch der anderen EU-Organe sorgfältig vorbereitet.

2. Notwendige Bedingung für einen geordneten Verlauf der Osterweiterung sind ein rascher Aufholprozeß und eine zügige Übernahme des Acquis; sie setzen ihrerseits eine ausreichende und gezilete Mittelausstattung voraus.

3. Die "Agenda 2000" knüpft daher die Finanzhilfen an die Umsetzung einer klar definierten "Heranführungsstrategie", wobei der Kommissionsvorschlag bereits für die Haushaltsperiode 2000 bis 2006 das Zuschußvolumen von 2 "Marshall-Plänen" vorsieht. Dieser Zuschuß aus dem EU-Haushalt ist aus Sicht der Empfängerländer bedeutend und aus EU-Sicht zumutbar und gut angelegt.

4. Angesichts der Größenordnung der Erweiterung wie auch des Nachholbedarfs der Beitrittswerber kann ein "internationaler Finanzausgleich" allerdings nicht die generelle Antwort auf die Herausforderung der EU-Osterweiterung sein.

5. Die geeignete Antwort ist vielmehr eine detaillierte "Heranführungsstrategie", aus der sich auch das Finanzierungskonzept ableitet. Die Eckpunkte dieser Gesamtstrategie sind "Beitritts-Partnerschaften", "Nationale Programme", Zusammenarbeit zwischen den wichtigsten Financiers (EU, IFIs, Empfängerländer) und ein dem jeweiligen Projekt angepaßtes Finanzierungsmix.

HEINER LUSCHIN

Die EBRD wurde 1991 zu dem Zweck errichtet, in den mittel- und osteuropäischen Ländern, den Übergang zur offenen Marktwirtschaft zu begünstigen sowie die private und unternehmerische Initiative zu fördern. Art. 1 des Übereinkommens zur Errichtung der Bank verlangt überdies, daß die Länder, in denen die Bank operativ tätig ist, sich zu den Grundsätzen der Mehrparteiendemokratie, des Pluralismus und der Marktwirtschaft bekennen und diese anwenden. Die Unterstützung des Beitritts von Reformstaaten zur EU ist keine unmittelbare EBRD-Zielsetzung.

Die EK empfiehlt in der Agenda 2000 den Beginn von Beitrittsverhandlungen zur Europäischen Union in zwei Etappen mit zehn Reformstaaten plus Zypern. Diese Empfehlung basiert auf den 'Kopenhagen Kriterien', die als Voraussetzung für eine EU-Mitgliedschaft - neben der Fähigkeit, Verpflichtungen aus einer solchen Mitgliedschaft erfüllen zu können - ebenfalls ein Bekenntnis zur Demokratie und eine funktionierende Marktwirtschaft verlangen. Die Kriterien für einen EU-Beitritt entsprechen somit weitgehend dem wirtschaftlichen und politischen Mandat der EBRD.

Die EBRD ist eine IFI mit einer klaren Ausrichtung auf den privaten Sektor. Sie ist mit einem weitreichenden Finanzierungsinstrumentarium ausgestattet und kann sowohl als Darlehensgeber als auch als Investor bei Projektfinanzierungen auftreten. Gemeinsam mit Partnern unterstützt die EBRD nur finanziell gesunde Projekte (sound banking), die den Übergang zur Marktwirtschaft fördern (transition impact) und die ohne Bankunterstützung nicht oder nicht in der vorgesehenen Struktur finanziert würden (additionality). Die EBRD ist darüber hinaus verpflichtet, im Rahmen ihrer gesamten Aktivitäten eine ökologisch auch langfristig unbedenkliche Entwicklung zu fördern (Umweltsmandat).

Die Bank hat eine breit gestreute internationale Mitgliedschaft (60 Mitglieder, hiervon zwei internationale Organisationen), Bankfinanzierungen sind jedoch auf die 26 mittel- und osteuropäischen Länder beschränkt (alle Nachfolgestaaten der ehemaligen Sowjetunion und des ehemaligen Jugoslawiens, mit Ausnahme von Serbien und Montenegro). Die Bank unterscheidet in ihrem jährlichen 'Transitionreport' - je nach Fortschritt beim Übergang zur Marktwirtschaft - zwischen Ländern, die sich in einer frühen oder mittleren Phase des Übergangs befinden (early and intermediate transition countries) und solchen in einer fortgeschrittenen Phase (advanced transition countries). Rußland wird wegen seiner Größe und Bedeutung als eine eigene Kategorie behandelt. Die Länder in einer weiter fortgeschrittenen Phase des Übergangs zur Marktwirtschaft sind Estland, Kroatien, Lettland, Litauen, Polen, Slowakische Republik, Slowenien, die Tschechische Republik und Ungarn. Diese Ländergruppe entspricht weitgehend jenen zehn Reformstaaten, welche die EK für EU-Beitrittsverhandlungen empfohlen hat. Die Ausnahmen bilden einerseits Kroatien, welches von der EBRD als 'fortgeschrittenes' Land im obigen Sinne eingestuft wird, von der EK jedoch nicht für Beitrittsverhandlungen empfohlen wird. Bulgarien und Rumänien hingegen werden von der EK für Beitrittsverhandlungen empfohlen, während sie von der EBRD als 'nicht fortgeschritten' beim Übergang zur Marktwirtschaft eingestuft werden.

Die EBRD hat ein genehmigtes Kapital von 20 Milliarden ECU, wovon EU-Mitglieder einen Anteil von knapp 60% und 'operationale Mitglieder' einen von knapp 12% halten. Die USA ist mit einem Kapitalanteil von etwa 10% größter Einzelaktionär. Österreichs Anteil beträgt etwa 2,3%. Angaben über die Höhe das Kapitals sind bei IFIs deshalb von bes. Bedeutung, da aufgrund der in den Gründungsübereinkommen dieser Institutionen festgelegten 'Gearing ratio' von 1:1 das gez. bzw. eingez. Kapital plus Überschuß und Reserven die Obergrenzen für insg. ausstehende Kredit- bzw. Investitionsvolumina bilden (total outstanding commitments, net). Dieses in den Statuten der EBRD festgelegte Maximum an Bankfinanzierungen (headroom) errechnete sich per Jahresende 1997 mit 18,5 Milliarden ECU und wird sich bis 2002 voraussichtlich auf 20,6 Milliarden ECU erhöhen. Dieser 'headroom' war 1997 mit 8,9 Milliarden ECU ausgenützt worden. Für 2002 wird eine Ausnützung mit 15 Milliarden ECU vorausgesagt. Im Vergleich dazu betrug das jährliche Finanzierungsvolumen der Bank im Vorjahr 2,3 Milliarden ECU in Form von Zusagen (commitments) und 1,25 Milliarden ECU in Form von tatsächlichen Auszahlungen (net disbursements). Das vorher erwähnte gesamte ausstehende Projektvolumen per Ende 1977 von 8,9 Milliarden ECU verteilt sich etwa zu je einem 1/3 auf die Bereiche Infrastruktur, Finanzbereich und Sonstiges. Hiervon betrug der Anteil an Beteiligungsinvestitionen 17%. Größte Kreditnehmer der Bank sind Rußland (mehr als 20% kumulativ), gefolgt von Polen, Ungarn und Rumänien (kumulativ etwa je 10%).

Der Anteil der Ländergruppe 'weiter fortgeschrittene Mitglieder' an EBRD-Finanzierungen ist im Laufe der vergangenen Jahre stark zurückgegangen. Im Durchschnitt der Jahre 1994-1996 hat dieser Anteil ca. 40% betragen, 1996 30% und 1997 24%. Die Gründe für diese Entwicklung sind aus dem Nachfrageprofil für EBRD-Finanzierungen unter den früher genannten Voraussetzungen erklärbar. Die Nachfrage nach EBRD-Finanzierungen entwickelt sich nach bisher gemachten Erfahrungen in Form einer S-Kurve; und zwar steigt bei anfänglichen Fortschritten beim Übergang zur Marktwirtschaft die Nachfrage nach EBRD-Unterstützung nur langsam an (sound banking problems). Der Bedarf steigt jedoch viel rascher, sobald Reformstaaten in die 'mittlere Phase' beim Übergang zur Marktwirtschaft eintreten. (Die Kriterien 'transition impact' und 'sound banking' werden leichter erfüllt, gleichzeitig stellt das 'additionality-Erfordernis' noch kein wirkliches Hindernis dar.) Bei Ländern 'in einem fortgeschrittenen Stadium' verlangsamt sich diese Nachfrage wiederum, weil zunehmend anderweitig Finanzierungsmittel oder Fazilitäten zur Verfügung stehen (Problem der Additionalität). Darüber hinaus ist die geographische Verteilung von Bank-Finanzierungen natürlich auch eine Frage von Strategie, Priorität und Riskmanagement. Die erklärte Zielsetzung, daß die Bank in allen ihren Reform-Mitgliedstaaten 'aktiv' sein soll, war in den EBRD-Anfangsjahren in keiner Weise erfüllt. Ein Finanzierungsanteil Rußlands, der über 30% hinausgeht, scheint allein aus Portfolioüberlegungen nur schwer vertretbar.

Die Agenda 2000 stellt in vielerlei Hinsicht einen Wendepunkt der EBRD, aber auch anderer IFIs, in ihrer Beziehung zu den am 'weitesten fortgeschrittenen' Mitgliedsländern dar. Die darin enthaltene Vor-Beitritts-Strategie (Preaccession Strategie) unterstützt notwendige strukturelle und institutionelle Veränderungen und erhöht damit die Absorptionsfähigkeit dieser Länder für Finanzierungen von IFIs. Die Förderung von Investitionen zur Implementierung des 'acquis communautaire' eröffnet der EBRD die Möglichkeit zu verstärkten Investitionen insb. in den Bereichen Umwelt, Transport und Energie. Das mittelfristige operationale Programm der EBRD wurde aufgrund dieser neuen Möglichkeiten merkbar nach oben revidiert: Für das Jahr 2002 wird ein Anteil von 30% der 'fortgeschritteneren Reformstaaten' an EBRD-

Finanzierungen vorausgesagt, während im abgelaufenen Jahr dieser Prozentsatz nur mehr bei 24 lag. Darüber hinaus erhofft sich die EBRD positive Synergieeffekte aus einer verstärkten Zusammenarbeit mit der EIB, der Weltbankgruppe und Phare in den Beitrittsländern.

Die EIB, die als Finanzierungsinstitution der EU in diesem Jahr ihr 40jähriges Bestandjubiläum feiert, unterstützt naturgemäß die grundlegenden politischen Zielsetzungen der EU. Sie ist seit geraumer Zeit auch in den Ländern Mittel- und Osteuropas tätig und leistete schon bisher maßgebliche Unterstützung bei der Finanzierung von Investitionen, die für die europäische Integration von Bedeutung sind. Projekte, die der Verwaltungsrat schon bisher auf Grundlage des laufenden Mandats genehmigt hat, belaufen sich auf ein Betragsvolumen von über 2,6 Milliarden ECU. Sie erstrecken sich insb. auf die Bereiche Verkehr, Energie, Telekommunikation und Umwelt. Besondere Bedeutung wurde also - im Sinne der Beschlüsse des Europäischen Rats in Essen - dem Ausbau der Transeuropäischen Netze (TENs) beigemessen. Darüber hinaus hat die EIB bei ihre Tätigkeit in Mittel- und Osteuropa den Umweltaspekten aller erwogenen Projekte besondere Aufmerksamkeit gewidmet und hierbei den einschlägigen EU-Richtlinien voll entsprochen. Im Gegensatz zu ihrer sonstigen Tätigkeit werden die EIB-Finanzierungen im Rahmen der Vor-Beitrittsfazilität nicht durch eine Garantie zu Lasten des Haushalts der EU, sondern auf eigenes Risiko durchgeführt.

Das Engagement der Bretton-Woods-Institutionen hat sich im achten Jahr des Übergangs der mittel- und osteuropäischen Länder, insb. in den am weitesten fortgeschrittenen Ländern der Region aufgrund der genannten ungenügenden Absorptionskapazität erheblich verringert. Die EU-Pre-accession Strategie bot daher auch insb. der Weltbank eine willkommene Gelegenheit zu verstärkten Investitionen in diesen Ländern. Von Anfang an betrachtete die Weltbank die Erfordernisse eines EU-Beitritts als Kernstück ihrer eigenen Strategie in diesen Ländern. Nach Ansicht der Weltbank entspricht der EU-Beitritt dieser Länder auch deren Bedarf. Nach Weltbankmeinung unterstützt ein EU-Beitritt die langfristigen Entwicklungs- und Wachstumschancen der betroffenen Länder und ist damit auch voll im Einklang mit dem Mandat dieser Institution. Die meisten Voraussetzungen für einen EU-Beitritt wie z.B. ein Mehr an Liberalisierung und Wettbewerb sind gleichzeitig notwendige Voraussetzungen für ein langfristiges Wirtschaftswachstum.

Die Zusammenarbeit zwischen der EU und den genannten IFIs bei der Beitrittsvorbereitung der zentral- und osteuropäischen Länder ist in einem Memorandum of Understanding vom März dieses Jahres geregelt. Die EIB ist als Mitglied der EU-Familie nicht Unterzeichner des Memorandums, ist jedoch sehr eng mit diesem assoziiert. Das Memorandum zielt auf eine erhöhte Effizienz bei der Zusammenarbeit ab und versucht Prioritäten und Procedere der involvierten IFIs besser aufeinander abzustimmen. Die Erfordernisse eines EU-Beitritts sollen in Einklang gebracht werden mit den Erfordernissen der einzelnen IFIs. Auch soll eine bessere Aufgabenverteilung - je nach Expertise und 'comparative advantage' der einzelnen Institutionen - vorgenommen werden. Das Memorandum sieht die Ko-finanzierung von geeigneten Projekten vor, die die Übernahme des 'acquis communautaire' unterstützen. Das Prinzip der Additionalität (no displacement policy) gilt generell für alle kofinanzierten Projekte. Über die Frage, ob eine 'Parallelfinanzierung' oder eine Gemeinsamfinanzierung' Anwendung findet, wird von Fall zu Fall entschieden. Damit verbunden sind so wichtige Entscheidungen, wie welche Procurementrichtlinien zur Anwendung kommen. Ein besonderes Problem im Rahmen der Beschaffungsregeln stellen u.a. die unterschiedlichen Ausschreibungsbedingungen von globalen und regionalen Organisationen dar. Es ist vielleicht auch von Interesse, festzustellen, daß dieses gemeinsame Finanzierungsprogramm von EU und den IFIs nicht zwischen der Gruppe von Beitrittskandidaten, mit denen die Beitrittsverhandlungen bereits begonnen haben und jenen, mit denen solche Verhandlungen für einen späteren Zeitpunkt vorgesehen sind, unterscheidet.

Eine indikative Liste von Projekten sowohl für den privaten als auch für den öffentlichen Bereich, die für gemeinsame Finanzierungen geeignet erscheinen, ist als Annex diesem Memorandum angeschlossen. Die geschätzten Gesamtkosten der ausgewählten Projekte betragen 3,5 Milliarden ECU und sind in den Bereichen Transport, Umwelt/Energie und Industrie zu finden.

Das im EU-Budget vorgesehene Finanzvolumen für die Beitrittsvorbereitung beträgt 21 Milliarden ECU für die Periode 2000-2006, also jährlich 3 Milliarden ECU. Die Hälfte dieser Mittel werden über das Phare-Programm aufgebracht werden (ECU 10,5 Milliarden). 70% der Pharemittel werden in Zukunft für Investitionszwecke und 30% für Technische Zusammenarbeit zur Verfügung stehen.

Die Möglichkeit einer intensivierten Zusammenarbeit mit Phare ist für die Bank von besonderer Bedeutung, da Pharemittel auf Grant-Basis vergeben werden, während EBRD-Finanzierungen grundsätzlich nur auf kommerzieller Basis erfolgen. (Dies gilt jedenfalls uneingeschränkt für EBRD-Finanzierungen im privaten Bereich; 1997 erfolgten 76% der EBRD-Projekte im privaten Sektor.) Für Finanzierungen im öffentlichen Bereich erfolgt die Verzinsung einheitlich für alle Operationsländer der Bank mit 1% über Libor. Diese Bankpolitik erschwert Projektfinanzierungen in fortgeschrittenen Reformländern, wo ein Mittelzugang oft zu günstigeren Konditionen möglich ist. Durch eine gemeinsame Projektfinanzierung mit Phare können Projekte zu einem günstigen Mischzinssatz offeriert werden und erlauben damit eine Projektrealisierung in besonders wichtigen Bereichen, wie z.B. dem Umweltbereich. Hierzu gilt es allerdings anzumerken, daß 'grants' nur im Falle von klaren Externalitäten bzw. bei Marktunzulänglichkeiten zur Anwendung kommen sollen. Mögliche Projekte in diesem Zusammenhang stellen u.a. 'gemeinsame Finanzierungen von zweckgebundenen Kreditlinien' (Umweltkreditlinie, Kreditlinie für Energieeffizienzzwecke) oder die 'gemeinsame Finanzierung von kleinen und mittleren Unternehmen' durch 'equity windows' oder 'subordinated debt windows' bei lokalen Finanzinstitutionen dar.

Abschließend erlaube ich mir zusammenfassend zu bemerken, daß die von der EK in der Agenda 2000 ausgearbeiteten Beitrittsstrategie aus meiner Sicht sehr positiv zu beurteilen ist. Neben der vorgesehenen großzügigen finanziellen Unterstützung des EU-Beitritts der Reformstaaten direkt durch das EU-Budget ist es auch gelungen, die in Mittel- und Osteuropa tätigen IFIs voll in diese Beitrittsstrategie einzubinden. Dadurch sind die für die Beitrittsvorbereitung zur Verfügung stehenden Mittel beträchtlich erhöht bzw. die von den EU-Mitgliedern direkt zu tragenden Kosten wesentlich reduziert worden.

Gleichzeitig sind auch die Chancen eines zeitgerechten EU-Beitritts der in Frage kommenden mittel- und osteuropäischen Länder wesentlich gestiegen.

Problemfelder der Osterweiterung - Freizügigkeit

PIOTR KOLODZIEJCZYK

Limited scope of my presentation justifies my focusing only on some of the aspects of the rich issue of freedom of movement. First of all I would like to raise a question of the Union's concept of migration. This becomes a live issue in the light of the voices stating the need to postpone the implementation of the principle of free movement of workers in respect of Poland due to the anticipated mass inflow of cheap labour force from our country.

When giving the characteristics of the Union's concept of migration it is necessary to say that it is targeted on the one hand at the movement of people in the Member States and on the other hand it is also a migration policy directed towards the third countries.

The concept of free movement of workers inside the Union is expressed by the removal of the barriers for the mobility of economically active persons. Generally, it is being realised through setting up the prohibition of discrimination based on nationality and through granting the right to stay and move freely within the receiving country (art. 48 of the Treaty establishing the European Communities).

It is needed to say that the migration within the borders of the European Union has not developed to the extent that was anticipated by the architects of the common and single market. Social and Employment Policy Commissioner Padraig Flynn, giving the speech in Brussels in November 1997, said: "Only 5 million Europeans live in another Member State and less than 2% of the EU society in the productive age are the people coming from one Member State and working in another. Main European principles related to free movement were accepted 20 years ago but even today the attempts to undertake employment in other member states are sometimes impossible due to legal, administrative and practical obstacles, there is a need to take firm measures in order to improve the situation in the future."

As far as the external migration policy is concerned it is worth noticing that in the 50-ties and in the 60-ties Western European states were recruiting on a large scale workers from the Southern and Eastern Europe as well as from the Northern Africa. At the beginning, in the 50-ties, the main Mediterranean "provider" of the labour force was Italy. Later this role was taken over by Spain, then Greece and Portugal, and finally by Yugoslavia and Turkey as well as Northern Africa and the Third World. In the 80-ties, migration from the Central and Eastern Europe was observed, particularly from Poland. On the turn of 1973 industrialised states blocked further influx of foreign workers. The reasons were first of all economic recession and unemployment. Blocking the labour force movement from the third states is still going on and it is the main characteristics of the current migration policy of the EU towards the third countries.

The accession of Poland to the European Union and possible derogation of the principle of free movement of persons would indicate a modification of the hitherto migration policy. The new conception would be expressed by the division of the single labour market into two segments: one, in which the principle of freedom of movement for workers is in force and the second one, Polish, towards which the migration policy addressed to the third countries, i.e. the blockage of the labour force influx, is applied.

In our opinion such binary division of the Union's migration policy should not be accepted. Mainly because it is not likely that the forecast of the large movement of Polish workers will be fulfilled.

I would like to mention here that in Europe after the Second World War people took up migration mainly due to economic reasons. The most typical was the movement from overpopulated countries with underdeveloped agriculture and high unemployment to the countries with smaller population growth and higher opportunities of economic development. In the situation of such developmental differences between the states there was a high possibility of strongly motivated economic migration. The existence of two kinds of factors was decisive in this respect: pull factors from the side of the immigration states and push factors from the side of emigration states. The pull factors were first of all the prospects of work and higher incomes. The second group of factors consisted of the lack of employment opportunities and low incomes in the country of origin. So if these factors were present in two states there was a high possibility of migration. But other conditions also had to be fulfilled, as the clarity of information regarding for example legal and administrative procedures regulating types of work permits and residence permits. Removal of barriers regarding possibility of legal entry was also important. Beside the legal rigours the cultural and linguistic differences have also played a significant role in blocking the migration. They constituted specific barriers in the free movement of persons.

The above deliberations show that one of the most important reasons for migration is the difference in GDP (Gross Domestic Product) per capita in countries of origin and countries of destination. However, migratory movements depended not only on the absolute differences between the levels of income in the country of origin and the country of destination. The relative level of salaries in the country of origin also played an important role, i.e. when the income was higher that the social minimum and at the same time it satisfied the needs, then people usually remained in the country of origin. This phenomenon occurred in the case of European integration. Signing of the Treaty of Rome in 1957 was accompanied by the assumption that the freedom of movement enshrined in the Treaty would trigger huge migration movements from the poor rural regions of Southern Italy and Western France. However, these forecasts have not been fulfilled. Instead of the movement of people the intensive flux of capital and goods has been observed.

The forecasts related to the mass movement of people were also formulated at the time of the further accessions, particularly before the accession of Spain and Portugal to the Communities. They have not been fulfilled either.

Of course it cannot be said that there was no movement between the Member States, but it covered the workers from the middle class (specialists, managers, technicians), and not unqualified blue-collar workers as it had been anticipated. This lack of mass internal migrations can be explained by the achievement of the "socially accepted" level of income in the Member States at the time when the significant differences of incomes were still prevalent. Achieving of the said level was possible together with the growth of industrialisation of the peripheral states within the European Union. The influx of capital to these regions, opening of the markets for them has stabilised the employment at the same time decreasing the migration pressures.

Coming back to the future accession of Poland and related fears as to the mass migration of cheap labour force, I would like to remark that in our country the "socially accepted" level of income and living conditions has already been achieved what, as it has been said above, reduces significantly the pressure on the migration for work, even though there is still a big difference between the living conditions in Poland and in the Member States. The conclusion that today the Poles are more in favour of working in their country of origin and not of migrating can be confirmed for example by the present scale of migration. It is not high in spite of the introduction of the visa-free movement with the Member States.

Apart from the above-mentioned factor the decrease in unemployment on the Polish labour market reduces and will be reducing the migration of the

Poles to the European Union states. The unemployment at present has reached the level of 9,8% and shows a declining trend. It is lower than the European Union's average. It is also important that the structure of unemployment is convergent with the unemployment structure in the Member States. This will reduce for example the scale of movement of lowly skilled workers and people belonging to other disadvantaged groups that have problems with finding a job. Talking about the situation on the Polish labour market we do not lose sight of the problems related to the surplus of labour force arising from the restructuring of coal industry, steelworks industry and agriculture. However, the restoring actions undertaken by the state as well as the prospects of the services sector development let us suppose that these problems will be solved. In this light it is also important that the GDP is in a state of permanent growth, economic growth rate is high (6%), the growth of individual incomes of GDP per capita has doubled between 1994 and 1997 and the growth of industrial output in 1998 has reached 11%.

As far as the migration forecasts are concerned it is also worth noting that the introduction of the principle of freedom of movement for workers would reduce migration. The Member States' employers would have to offer the wages according to the principle of non-discrimination on the grounds of nationality. The effect of the implementation of the freedom of migration principle would be such that the labour force from Poland would cease to be cheap and would at the same time lose "its attractiveness".

The results of many years of research confirm the forecasts that opening of the border will not bring about significant movement of workers from Poland. I would like to mention for example the report for OECD prepared by Martina Lubyova from the Forecasts Institute of the Slovak Academy of Sciences, "East-West Migration in the light of Planned Enlargement of the European Union to the East"; H. Fassmann, Ch. Hintermann, Migrationspotential Ostmitteleuropa, Struktur und Motivation potentieller Migranten aus Polen, der Slowakei, Tschechien und Ungarn, Institut für Stadt- und Regionalforschung, Wien 1997.

If there is no ground for anticipation of the mass movement of labour force from Poland to the west, the main premise for the modification of the Union's migration policy resulting in creating two segments of the single labour market must be dismissed. Therefore we consider that despite the future accession of the Central European states the Union should continue to build Europe without borders.

Reference: Temporary migration for employment and training purposes: report and guidelines, CDMG (96) 18 E, Council of Europe, Strasbourg 1996.

Nach dem Zusammenbruch des kommunistischen Staats- und Wirtschaftssystems in Mittel- und Osteuropa sind mit mehreren mittel- und osteuropäischen Ländern (MOEL) Abkommen über den Abbau von Zollschranken geschlossen worden. Dieser Zustand ist nach Ablauf von Übergangsfristen inzwischen weitgehend erreicht worden, das heißt die Beitrittskandidaten Polen, Tschechien, Ungarn und Slowenien verfügen daher schon heute in diesem Ausmaß über einen zollfreien Zugang zum EU-Markt.

Die ökonomische Bedeutung dieser bilateralen Abkommen für die MOEL und die EU dürfte größer sein als die zur Diskussion stehende volle EU-Mitgliedschaft dieser Länder. Dies zeigen auch verschiedene Studien, auf die ich noch zu sprechen kommen werde. Bemerkenswert ist, daß diese Abkommen, die in kurzer Zeit zu wesentlichen Veränderungen des Volumens und der Struktur des Handels mit diesen Ländern geführt haben, weder in der EU noch in Österreich - Österreich hat einen Teil dieser Abkommen noch als Nichtmitglied der EU abgeschlossen - nennenswerte öffentliche Kontroversen provoziert haben. Woran liegt es also, daß der Beitritt von 5 mittel- und osteuropäischen Ländern[1] in Österreich und in der EU heftig umstritten ist?

Sicher liegt ein Teil der Antwort in der Tatsache, daß die Auswirkungen des internationalen Handels auf die Reallokation von Arbeit und Kapital in jedem einzelnen Betrieb und in der Volkswirtschaft insgesamt unterschätzt werden. Entscheidend scheint aber zu sein, daß es bisher keine Mobilität der Arbeitskräfte gegeben hat. Diese würde jedoch bei einer Vollmitgliedschaft der MOEL in vollem Umfang hergestellt werden müssen. Auch die zu erwartenden Transferströme in die MOEL, die nur am Rande Gegenstand dieses Referates sein werden, erhitzen die Gemüter.

Die ökonomisch relevanten Variablen des Arbeitsmarktes sind Beschäftigung und Arbeitslosigkeit. Beide hängen über Angebot und Nachfrage nach Arbeit mit der wirtschaftlichen Entwicklung, aber auch mit demographischen und sozialen Faktoren zusammen. Um die Auswirkung der geplanten Osterweiterung auf den Arbeitsmarkt abschätzen zu können, müssen die Folgen eines Beitritts der MOEL zur EU für Nachfrage und Angebot am Arbeitsmarkt analysiert werden.

Nachfrage nach Arbeit

Dieses Thema ist sehr komplex und nur in umfangreichen formalen Simulationsmodellen zu untersuchen. Die heute schon bestehende weitgehende

1 Ein Teil der nicht mehr ganz neuen Studien versteht unter "MOEL" die folgenden Länder: Polen, Ungarn, Tschechien, die Slowakei und Slowenien. Nach der Entscheidung der EU-Kommission, die Slowakei nicht in der ersten Beitrittswelle zu berücksichtigen, wird in den neuen Arbeiten diese durch den Beitrittskandidaten Estland ersetzt.

Zollfreiheit bedeutet nicht, daß der Beitritt der MOEL nicht zu einer weiteren Senkung der sogenannten realen Handelskosten führt. Dies ergibt sich aus dem Wegfall von Grenzkontrollen, nichttarifären Handelshemmnissen etc., woraus ökonomische Anreize für Anbieter und Nachfrager resultieren, die auch zu erhöhter Kapitalakkumulation und damit zu zusätzlichem Wirtschaftswachstum führen können.[2] Die Reduzierung der realen Handelskosten senkt die Preise österreichischer Exporte in die MOEL, aber auch die Preise von MOEL-Produkten in Österreich. Da diese Senkung der Handelskosten präferentiell erfolgt, also nur gegenüber einem Teil der Handelspartner realisiert wird, ergeben sich mehr oder weniger komplizierte Veränderungen der Handelsstrukturen, die auch die Terms-of-trade verändern können. Schließlich wird eine höhere Spezialisierung sinnvoll bzw. optimal, die i.d.R. zu Skaleneffekten bzw. Produktivitätsgewinnen führen wird. Die Zunahme des Wettbewerbs wird die Unternehmen veranlassen, über neue Produkte und effizientere Produktionsverfahren nachzudenken. Alle diese Faktoren werden die Nachfrage nach Arbeitskräften beeinflussen.

Arbeitsangebot

Die Veränderung des Arbeitskräfteangebots wird nach dem Beitritt der MOEL wesentlich durch die Zuwanderung von Arbeitskräften aus den MOEL in die EU bzw. nach Österreich bestimmt werden. Die Versuche, die potentielle Arbeitsimmigration in die EU bzw. nach Österreich zu schätzen, sind mit Hilfe verschiedener Methoden durchgeführt worden: So wurden beispielsweise Interviews geführt[3] und andere Methoden angewandt.[4] Der Eindruck, den man nach der Lektüre aller dieser Arbeiten bekommt, ist eher beruhigend, zeigt er doch, daß die dramatischen Szenarien und Befürchtungen, die in den letzten Jahren in der Öffentlichkeit geäußert worden sind, sich nicht realisieren werden. Selbst die höchste von Fassmann/Hintermann (1997) aufgrund von Befragungen ermittelte Zahl von rund 150.000 kurzfristig am österreichischen Arbeitsmarkt präsenten Immigranten wäre zwar problematisch, aber bei guter Konjunktur und geschicktem öffentlichem Management keine Katastrophe. Alle anderen Schätzungen liegen wesentlich tiefer: So schätzen Hofer (1998) und Walterskirchen (1998) die jährliche Zuwanderung auf 30.000 bis 40.000 bzw. EU-weit auf nicht mehr als 170.000 Personen. Franzmeyer/Brücker (1997) schätzen die Migration aus den MOEL in die EU-Länder auf 340.000 bis 680.000. Dies würde bei Aufteilung der Migranten nach dem Migrationsmuster der Vergangenheit für Österreich 23.000 bis 45.000 Personen bedeuten. Diese Zahlen liegen somit noch

2 Vgl. Baldwin/Venables (1995), Baldwin/François/Portes (1997), Keuschnigg/Kohler (1997), Tichy (1997).

3 Vgl. Fassmann/Hintermann (1997).

4 Vgl. Franzmeyer/Brücker (1997), Walterskirchen (1998), Hofer (1998), Huber (1998).

unter den Zuwanderungszahlen, die der österreichische Arbeitsmarkt in den Jahren 1990 und 1991 absorbieren mußte.

Die Zahl der Pendler, die in der EU arbeiten und in den MOEL wohnen, wird von Huber (1998) 5 Jahre nach der Osterweiterung für Ungarn, Tschechien und Slowenien auf insgesamt 17.000 Personen in den unmittelbaren Grenzregionen und 32.000 Personen in den Ballungsräumen Österreichs geschätzt. Aus dieser Schätzung resultiert, daß Pendler eine größere Bedeutung für den österreichischen Arbeitsmarkt haben werden als in Österreich auf Dauer ansässige Immigranten, was den Ergebnissen einer theoretischen Arbeit von Stark, Helmenstein und Yegorov (1997) entspricht, derzufolge Ost-West-Wanderungen eher temporären Charakter haben, wohingegen Intra-EU-Wanderungen tendenziell permanenten Status annehmen. Dies ist auch plausibel, wenn man das langfristig noch fortbestehende Reallohn- und Kaufkraftdifferential zwischen der EU und den MOEL berücksichtigt. Pendler können so täglich zwischen hohem Lohneinkommen und geringen Lebenshaltungskosten hin- und herwechseln. Sicher werden in den nächsten Jahren Wechselkursänderungen neben den zu erwartenden höheren realen Wachstumsraten in den MOEL die heute bestehenden Einkommensunterschiede verkleinern. Dennoch wird auch 2010 der Einkommensunterschied zwischen der EU und den MOEL noch groß sein.

Simulationsergebnisse

Antworten auf die Frage nach den Wirkungen der Osterweiterung auf die EU bzw. Österreich können nur mit Hilfe von komplexen Simulationsmodellen gegeben werden. Es sind sowohl Modelle für die EU-12 und die EU-15 als auch nur für Österreich unter entsprechender Einbeziehung des Außenhandels entwickelt worden.

Brown/Deardorff/Djankow/Stern (1997) berechnen in einem allgemeinen Gleichgewichtsmodell bei Beitritt von Tschechien, der Slowakei, Polen und Ungarn eine 0,1-prozentige Steigerung des BIP. Für die neuen Mitglieder der EU aus der ehemaligen EFTA beträgt dieser Effekt durchschnittlich 0,3 Prozent. Er entsteht allein aus der Handelsliberalisierung. Finanzierungseffekte und die damit verbundene Beeinflussung des Wachstums werden dabei nicht berücksichtigt. Da Österreich durch den Außenhandel mehr als Deutschland und wesentlich mehr als andere EU-Länder mit den MOEL verbunden ist, muß sich auch ein wesentlich stärkerer Effekt auf das BIP-Wachstum, sowohl aus der Verminderung der realen Handelskosten als auch aus der Umlenkung und möglichen Aufstockung von Transferströmen in die MOEL ergeben. Zu ähnlichen Ergebnissen kommt auch die Studie von Baldwin/Franois/Portes (1997), in der in einem berechenbaren allgemeinen Gleichgeichtsodell für mehrere Länder sowohl die EU-15 als auch die MOEL betrachet werden. Für die EU-15 wird eine Realeinkommenserhöhung von durchchnittich 0,2 Prozent allein aus den reduzierten realen Handelskosten berechet. Finanzierungseffekte und Wachstums- bzw. Akkumulationseffekte sind auch hier nicht berücksichtigt. Auch kann die besondere Situation Östereichs mit dem Durchschnittswert nicht wiedergegeben werden.

Für Österreich sind zwei Modelle entwickelt worden, die beide trotz völlig unerschiedlich zugrundeliegender Modelle zu ähnlichen Ergebnissen kommen. Das eine von Breuss/Schebeck (1996) ist ein makroökonomisches Prognosemodell, also ein konventionelles ökonometrisches Modell, in dem Gleichungen spezifiziert und die Koeffizienten geschätzt werden und mit diesen anschließend simuliert wird. Diese Modelle haben gegenüber den in den anderen Studien verwendeten berechenbaren allgemeinen Gleichgewichtsmodellen Nachteile, aber auch Vorteile.[5]

Das zweite auf Österreich bezogene Modell wurde von Keuschnigg/Kohler (1998) veröffentlicht. Es ist wie die anderen oben zitierten, auf die EU bezogenen Modelle ein berechenbares allgemeines Gleichgewichtsmodell. Auch in diese Modelle geht eine Fülle von aus vergangenen Beobachtungen geschätzten Parametern ein, die sich natürlich über den Simulationszeitraum in der Realität anders entwickeln können. Sicher gibt es auch Annahmen bzw. Schätzungen, über die man diskutieren kann. So werden z.B. die realen Handelskosten als 10% des Transaktionswertes vor der Ostöffnung, 5% nach der Öffnung und nach der Vollmitgliedschaft mit null angenommen. Das Gesamtbild vermittelt jedenfalls einen realistischen Eindruck und scheint die österreichische Wirtschaft in ihrer Dynamik gut wiederzugeben. Das Modell Keuschnigg/Kohler (1998) läßt sehr differenzierte Beobachtungen von dynamischen Kausalketten zu. Diese betreffen alle oben angesprochenen Fragen, wie die Entwicklung der Terms-of-trade, Handelsumlenkungen, Kapitalakkumulation, relative Preise und Preisniveau sowie den Arbeitsmarkt.

Die Osterweiterung um die MOEL würde nach Breuss/Schebeck (1996) das Niveau des BIP-Wachstumspfades langfristig um 1,5% erhöhen. Die vergleichbare Größe bei Keuschnigg/Kohler (1998) wäre der Unterschied in den Steady-states mit und ohne Beitritt der MOEL. Die Ergebnisse werden nach der Art der Finanzierung der über die Agrar- und Strukturfonds laufenden Transfers in die MOEL differenziert. Nimmt man an, daß die Finanzierung der Osterweiterung aus den Rückflüssen der gemeinsamen Agrarpolitik erfolgt, beträgt dieser Niveauunterschied zwischen den Steady-states 1,35%. Die Finanzierung durch erhöhte Beitragssätze führt zu ähnlichen Ergebnissen.

Nach diesen Studien kann kaum Zweifel daran bestehen, daß die Osterweiterung langfristig im ureigensten ökonomischen Interesse der EU und insbesondere Österreichs liegt. Die zusätzliche wirtschaftliche Dynamik wird auch für mehr Nachfrage auf dem Arbeitsmarkt sorgen, die langfristig Zuwanderern, Pendlern und selbstverständlich den in der EU bzw. in Österreich Ansässigen Arbeit geben wird.

5 Vgl. Kohler (1996).

Die Schwierigkeit der wissenschaftlichen und wirtschaftspolitischen Bewertung liegt also nicht in der Beurteilung des langfristig zu erwartenden Ergebnisses, sondern im Anpassungsprozeß. Dieser Prozeß wird aber mehrere Jahre in Anspruch nehmen und daher auch für sich allein betrachtet für den Arbeitsmarkt von großer Bedeutung sein. Was die Nachfrage nach Arbeitskräften betrifft, so ist oben auf einige determinierende Faktoren hingewiesen worden. Während langfristig als Folge der Osterweiterung eine Zunahme der Nachfrage erwartet werden kann, können sich durch konjunkturelle Schwankungen kurzfristig erhebliche Unterschiede ergeben. So ist die Zahl der abhängig Beschäftigten zu Beginn dieses Jahrzehnts (1990 und 1991) in einer konjunkturellen Boomsituation um 2,3 bzw. 2,0% gewachsen und in den Jahren 1993 bis 1996 bis zu 0,6% jährlich geschrumpft. 1998 und 1999 wächst die Beschäftigung voraussichtlich wieder mit rund einem Prozent. Während die Beschäftigung auch 1989 noch kräftig gewachsen ist und die Arbeitslosigkeit reduziert werden konnte, stieg die Arbeitslosigkeit nach nationaler Definition von 5,35% (1990) auf 5,94% (1992). Der Grund lag im Zustrom von rund 110.000 ausländischen Arbeitskräften von Anfang 1990 und Ende 1991.[6] Winter-Ebmer/Zweimüller (1996a, 1996b) und Aiginger/ Winter-Ebmer/Zweimüller (1996) untersuchen u.a. den Zusammenhang zwischen Migration, Beschäftigung, Arbeitslosigkeit und Löhnen. Eines ihrer Ergebnisse ist, daß bei Zuwanderung Inländer partiell aus der Beschäftigung verdrängt werden: Eine Erhöhung des Ausländeranteils um einen Prozentpunkt erhöht den Prozentsatz der Tage, die ein durchschnittlicher Arbeiter ohne Beschäftigung verbringt, um 0,33 Prozentpunkte.

Bemerkenswert ist auch, daß das starke Beschäftigungswachstum in den Jahren 1990 und 1991 offensichtlich weitgehend von der Nachfrage nach Arbeitskräften ausgelöst wurde. Es waren also nicht die Flüchtlinge und Immigranten aus den ehemaligen kommunistischen Ländern, die durch zusätzliches Arbeitsangebot die Beschäftigung ansteigen ließen: Der Anteil der Immigranten aus der CSFR, Ungarn und Polen betrug nur 10%, der aus Jugoslawien und der Türkei rund zwei Drittel.[7]

Die Analyse des österreichischen Arbeitsmarktes in den Jahren der Ostöffnung ab 1989 zeigt sehr deutlich, daß selbst eine boomende Wirtschaft in ihrer Absorptionsfähigkeit von Arbeitskräften an Grenzen stößt. Ökonomische Anpassungsprozesse brauchen ihre Zeit.

Wäre die österreichische Wirtschaft von einem Einwanderungsstrom wie in den Jahren 1990 und 1991 in einer Stagnationsphase getroffen worden, so wäre es zu einem dramatischen Anstieg der Arbeitslosigkeit und einer vermutlich wesentlich stärkeren Verdrängung von Inländern gekommen.

---

6 Vgl. Pichelmann/Walterskirchen (1995).

7 Vgl. Pichelmann/Walterskirchen (1995).

Wir müssen daraus schließen, daß die Bewältigung der mit der Osterweiterung verbundenen Probleme am Arbeitsmarkt entscheidend von dem dann gegebenen Zustand bzw. der Dynamik der österreichischen Wirtschaft abhängen wird. Da Konjunkturen nicht langfristig prognostizierbar sind, sollten die Verträge der EU mit den MOEL zumindest für Österreich die Möglichkeit vorsehen, während eines längeren Übergangszeitraums den Zustrom an Immigranten und Pendlern konjunkturabhängig zu begrenzen.

Ein wichtiger Aspekt der Osterweiterung ist die zunehmende Differenzierung der Arbeitskräfte. Immigranten sind in der großen Mehrheit gering qualifizierte Arbeitskräfte. Wenn man die heimischen Arbeitskräfte in gering und höher qualifizierte teilt ("skilled" und "unskilled"), dann zeigt sich, daß Immigranten mit qualifizierten inländischen Arbeitskräften in einem komplementären, mit unqualifizierten aber in einem substitutiven Verhältnis stehen. Das heißt, daß Zuwanderung die Nachfrage nach qualifizierten Arbeitskräften erhöht, also Beschäftigung und Lohnsatz steigen. Mit gering qualifizierten Arbeitskräften besteht ein substitutives Verhältnis: Die Nachfrage nach inländischen gering qualifizierten Arbeitskräften sinkt. Auch der Lohnsatz sinkt oder steigt weniger als der der qualifizierten Arbeitskräfte.[8]

Dieser Prozeß der Differenzierung ist bereits seit Anfang der 80er Jahre als Folge von technologischem Wandel und zunehmender Internationalisierung zu beobachten. Er wird allerdings durch eine starke Zuwanderung beschleunigt.

Da Qualifikationen von Arbeitskräften über die Branchen und Wirtschaftssektoren unterschiedlich verteilt sind, folgt daraus, daß auch die Wirkung von Immigration in den einzelnen Branchen durchaus unterschiedlich sein kann.[9] Grandner (1998) zeigt, daß mittel- und osteuropäische Arbeitskräfte vor allem am Bau, im Fremdenverkehr und im Handel beschäftigt sind. Bei Arbeitskräften aus den MOEL wird dieses Muster noch deutlicher. Alle drei Branchen zeichnen sich durch ein relativ niedriges Lohnniveau aus. Der Lohndruck und die Verdrängung von inländischen Beschäftigten wird in diesen Branchen größer als in anderen sein.

Zusammenfassung

- Aufgrund zahlreicher Untersuchungen auf EU-Ebene und einiger spezifisch Österreichbezogener Arbeiten scheint hinreichend belegt, daß Österreich langfristig von der EU-Osterweiterung wirtschaftlich profitieren wird. Durch die von allen EU-Ländern relativ stärkste Handelsverflechtung mit den MOEL wird Österreich über den Abbau der realen Handelskosten und durch die finanziellen Transfers aus der gesamten EU in die MOEL, die weitgehend Nachbarländer Österreichs sind, auch den relativ größten Vorteil ziehen.

---

8 Vgl. Borjas (1995).

9 Vgl. Borjas/Freeman/Katz (1997).

- Dem steht gegenüber, daß die Anpassungsnotwendigkeiten, die sich aus der Osterweiterung ergeben werden, größer sein werden als die in anderen Ländern der EU. Am Arbeitsmarkt entsteht das besondere Problem von zusätzlichem Angebot von ausländischen Arbeitskräften durch Einwanderer und Pendler. Bei allen Unsicherheiten, die bei der Schätzung dieses zusätzlichen Angebots an Arbeit auftreten, vermitteln die wissenschaftlichen Arbeiten den Eindruck, daß durchaus eine erhebliche kurz- und mittelfristige Zunahme des Arbeitsangebots wahrscheinlich ist. Ein Rückblick auf die Jahre 1990 und 1991 zeigt aber, daß die österreichische Wirtschaft imstande ist, auch große Zahlen ausländischer Arbeitnehmer zusätzlich zu beschäftigen. Dies ist auch für die Osterweiterung zu erwarten, wenn sich die österreichische Wirtschaft in einer Phase guter Konjunktur befindet und die Bevölkerung den langfristigen Vorteil erkennt und die Osterweiterung bejaht. Dazu könnte insbesondere ein in den Beitrittsverträgen festgelegtes Recht der österreichischen Regierung dienen, während der Übergangszeit die Zuwanderung zu begrenzen.

Bibliographie

Aiginger, K./Winter-Ebmer, R./Zweimüller, J. (1996), *Eastern European Trade and the Austrian Labor Market*, Weltwirtschaftliches Archiv, 476-500.

Baldwin, R. E./François, J. F./Portes, R. (1997), *The Costs and Benefits of Eastern Enlargement: The Impact on the EU and Central Europe,* Economic Policy 24, 127-176.

Baldwin, R. E./Venables, A. J. (1995), *Regional Economic Integration*, in: Grossman, G. M./Rogoff, K., Hrsg. (1995), *Handbook of international Economics*, Bd. 3, Amsterdam, 1597-1644.

Black, S. W., Hrsg. (1997), *Europe's Economy Looks East*, Cambridge.

Borjas, G. J. (1995), *The Economic Benefits from Immigration*, Journal of Economic Perspectives 2, 3-22.

Borjas, G./Freeman, R./Katz, L. (1997), *How much Do Immigration and Trade Affect Labor Market Outcomes*, Brooking Papers on Economic Activity, 1-90.

Breuss, F./Schebeck, F. (1996), *Ostöffnung und Osterweiterung der EU*, WIFO-Monatsberichte 2, 139-151.

Brown, D./Deardorff, A./Djankow, S./Stern, R. (1997), *An Economic Assessment of the Integration of Czechoslovakia, Hungary, and Poland into the European Union*, in: Black (1997), 23-60.

Fassmann, H./Hintermann, C. (1997), *Migrationspotential Ostmitteleuropa*, ISR-Forschungsberichte 15, Wien.

Franzmeyer, F./Brücker, H. (1997), *Europäische Union, Osterweiterung und Arbeitskräftemigration*, DIW-Wochenbericht 5, 89-96.

Grandner, T. (1998), *The Impact of an EU Enlargement on Austria's Labor Market*, in: Pichelmann, K. (1998).

Hofer, H. (1998), *The Impact of Emigration on Host Country's Wages and Unemployment*, in: Pichelmann, K. (1998).

Huber, P. (1998), *Regional Impact of EU Enlargement on Austria*, in: Pichelmann, K. (1998).

Keuschnigg, C./Kohler, W. (1997), *Eastern Enlargement of the EU: How much is it worth for Austria?*, Arbeitspapier 9723, Institut für Volkswirtschaftslehre, Universität Linz.

Keuschnigg, C./Kohler, W. (1998), *Eastern Enlargement of the EU: How much is it worth for Austria?*, Discussion Paper 1786, CEPR, London.

Kohler, W. (1996), *Was leisten angewandte allgemeine Gleichgewichtsmodelle für die Wirkungsanalyse multilateraler Handelsliberalisierung?*, in: Frenkel, M./Bender, D., Hrsg. (1996), *GATT und neue Welthandelsordnung*, Wiesbaden, 150-178.

Pichelmann, K., Hrsg. (1998), *The Economic Consequences of Eastern Enlargement of the European Union - The Austrian View*, Institut für Höhere Studien, Wien.

Pichelmann, K./Walterskirchen, E. (1995), *East-West Integration and its Impact on Workers: The Austrian Example.* Reprint Nr. 14, Institut für Höhere Studien, Wien.

Stark, O./Helmenstein, C./Yegorov, Y. (1997), *Migrants' Savings, Purchasing Power Parity, and the Optimal Duration of Migration*, International-Tax-and-Public-Finance 4, 307-24.

Tichy, G. (1997), *Integrationstheorie und Osterweiterung*, in: Meyer, O. G./Scharter, H.-E., Hrsg. (1997), *Osterweiterung der Europäischen Union*, Baden-Baden, 11-55.

Walterskirchen, E. (1998), *Auswirkungen der EU-Osterweiterung auf den österreichischen Arbeitsmarkt*, WIFO-Studie, Wien.

Winter-Ebmer, R./Zweimüller, J. (1996a), *Die Auswirkungen der Ausländerbeschäftigung auf den österreichischen Arbeitsmarkt 1988 bis 1991*, in: Holzmann, R./Neck, R., Hrsg. (1996), *Ostöffnung: Wirtschaftliche Folgen für Österreich*, Wien, 55-102.

Winter-Ebmer, R./Zweimüller, J. (1996b), *Immigration and the Earnings of Young Native Workers*, Oxford Economic Papers 48, 473-491.

ANDRÁS INOTAI

Reflections about the free flow of persons in an enlarged European Union

1. The free flow of persons, mainly of labour, from the Central and Eastern European Union candidate countries to the present member countries of the European Union represents one of the basic fears of some EU countries concerning eastern enlargement of the Union. More than other fears or uncertainties about the redistribution of EU transfers and about the restructuring of the voting system and the decision-making process in the EU. The fear from the unrestricted flow of labour is the most fundamental argument against enlargement. It is increasingly shared by broad sectors of the society and a powerful, although often unjustified, instrument to influence public opinion.

2. Efforts for strict control of the free flow of persons from the "East" to the "West" has several reasons. After the fall of the "iron curtain", Western Europe immensely benefited from the economic and political opening up of Central and Eastern Europe. At the same time, it had to realise that the previous status quo established after World War Two cannot be maintained in the future. Uncertainties, to a large extent originated in the changing global system (revolution of informatics) and in the increasing domestic difficulties to flexibilise economic, social and institutional relations, have been seen as a result of the opening up of the "East". Migration is considered as a detrimental process threatening political stability, social peace, the integrity of small communities and of individuals (drug trafficking, smuggling of people, weapons, nuclear waste, emergence of criminal organisation, etc.). The topic of this panel is, however, focusing on the most important single fear of migration, namely its impact on the labour market (job security).

3. The flow (migration) of people can be classified into legal and illegal categories. According to the duration of labour migration, three groups can be formed: emigration, when people choose a new country of residence; long-term employment abroad (covering several years); and short-term employment abroad (from some days up to one year). The latter category can, again, be subdivided into a labour force living abroad, labour crossing the border each day or week (Pendeln), and seasonal labour flows. All kinds of migration may have different reasons and different economic and social impacts both on the host (immigration) country and on the remitting (emigration) country.

4. The migration potential of Central and Eastern Europe has been the subject of many empirical studies in the last years: One common feature of all of these studies is that their calculations differ considerably, and the main conclusions can and, in effect, are used by politicians and public-opinion-shapers in order to support or reject various ideologies, perceptions and goals.

Most studies exaggerate the migration potential. It is an overall historical experience that the real volume of migration used to be a fraction of the potential volume of migration. Even in case of catastrophes, civil wars and ethnic cleansing, the size of migration remained much below the number of persons affected by these calamities. This discrepancy is even more valid for countries living in relativity stable political, social and economic conditions. Before Finland's entry into the EU, the most important Finnish fear was about the massive inflow into Finland of Portuguese workers. In reality, none of them appeared on the Finnish labour market. The Central and Eastern European countries reveal largely different features concerning potential labour migration to Western Europe (mainly to Germany and Austria, while the main target country of emigration are the USA), Poland (and later Romania) are the main potential source of labour exports to the present EU countries. Potential figures on labour migration fluctuate between some hundred thousands to several millions of people from the whole of Central and Eastern Europe. However, the effective figures are much lower. This is due to various factors. First, labour supply and demand generally do not overlap. Untrained labour, many times a large group wishing to "seek fortune" abroad, has extremely low chance both at home and abroad to find a job. Also in many sectors, special education and training are necessary that are not owned by the labour force that wants to work abroad. Language and cultural barriers have to be added. Second, socio-psychological factors play a major role in taking the decision to work abroad, particularly for a longer period. Desire and deeds differ considerably. The mobility of labour is rather limited, sometimes even within the same country, where linguistic (and cultural) differences do not exist. (In the last two years, it is difficult to reorient unemployed skilled labour from the Eastern part of Hungary to be employed in the Western part of the country.) Third, stability at the subregional level and familiarity (or identity) with the small community act against labour mobility, as long as the economic survival (not necessarily well-being) seems to be guaranteed. Improving economic conditions are likely to reinforce this trend. Finally, strict labour market rules in potential immigration countries impede the flow of potential labour from the "East" to the "West".

5. In Hungary, household samples collected by the Central Statistical Office, contain useful information about the migration potential of Hungarians. This potential remained practically unchanged in the last six years (1992 to 1997) and reveals a much lower mobility than in other Central and Eastern European countries (excepting probably Slovenia). According to the latest sample, Hungary's total migration potential is less than 6 per cent of the population. 1,5 per cent would like to emigrate, less than 3 per cent are interested in longer employment abroad, while the share of the labour with short-term employment abroad remains below 4 per cent. (Again, substantial differences between potential and effective labour flows have to be taken into account.) Officially, 24.000 Hungarians worked abroad with a working permit in 1997, while 20.000 foreigners were legally employed in Hungary. Obviously, the

effective employment both of Hungarians abroad and of foreigners in Hungary was much higher. It has to be stressed that Hungary is a country both sending labour abroad and receiving foreign labour. This is due to the intermediate status of the country, in geographic, economic (income) and cultural (language, identity) terms alike: Thus, Hungary is increasingly sharing the problems of Austria and Germany as a country of destination for foreign labour. The situation may be even more complex once Hungary becomes member of the EU, together with other Central European countries. (Immediate free flow of labour would not only completely liberalise the Austrian but also the Hungarian labour market for foreigners, among others for those workers whose country enters the EU together with Hungary.)

6. High level of Western European unemployment is a major barrier to open up the labour markets of the EU to the newcomers. However, one should not forget that this level of unemployment has nothing to do with Eastern enlargement. It is the result of Western European labour market inflexibilities, long-standing social institutions, a deeply rooted value system, and, of course, of a delayed or forgotten adjustment to global challenges. The economic liberalisation of Central and Eastern Europe has either created new jobs in Western Europe or has contributed to maintain jobs that otherwise would have disappeared. The huge trade surplus of the EU vis-à-vis the candidate countries is a clear evidence of the positive impact on the labour market. For in the next years there are the associated countries that have to remove still existing trade barriers in order to create a free trade in industrial products by 2001 between them and the EU, further positive impacts on the Western European labour market can be expected (provided that balance-of-payments constraints will not act against this trend).

7. There is an increasing conflict between the flow of capital and that of labour. While capital can freely flow globally, labour markets are protected on the level of nation-states but also, and increasingly, in regional framework. The more labour markets are restricted, the higher will be the outflow of capital towards more competitive locations. Some Central European countries have already been the beneficiaries of this trend in recent years. If Hungary had to choose between sending more labour abroad or attracting more international capital with clear job creating impacts, the option would be clearly in favour of the second, both for economic, political and social reasons.

8. In the first years, international capital in Central Europe was mainly interested in cheap, unskilled or semi-skilled labour. At least in Hungary, in the last years its attention was more and more directed to highly skilled labour in such sectors as machinery, transport equipment and computers. Most recently, the interest of foreign capital has been growing towards research and development. Obviously, labour cost differences between Hungary and Western Europe play an important role in choosing Hungary as a production site. But it is by far not the only major motive (high productivity, innovative attitude, high medium-term growth rates, geographic and regional advantages are increasingly important components of investment decisions). The gap be-

tween the Hungarian and average EU wages has already started to narrow. The main factor in this process is not the different real growth rate of income but the appreciation of the Hungarian currency. In DM, öS or ECU terms, Hungarian wages grew above average after 1996. As long as high productivity gains permit, further real appreciation of the currency can be predicted. Therefore, the catching up process will be quicker than envisaged by many experts, although Hungary will not reach the EU average at the moment of its accession to the EU. Similar to the less developed member countries of the EU, an important impact on the catching up process will be exerted just by the accession. It is not the postponement of Hungary's membership that helps the country reach the EU social and income standards but early membership. Delayed membership would be counterproductive: it would reduce the growth potential, disappoint part of foreign and Hungarian investors, create higher levels of unemployment and social dissatisfaction, and, finally, contribute to the accumulation of migration potential. In other words, it would generate a situation which has to be avoided both in the interest of the present EU members and in the interest of Hungary.

9. According to the present level of knowledge, the Eastern enlargement of the EU will contain temporary derogations in the area of the free flow of labour. In the framework of a balanced compromise, Hungary should accept such a situation if the liberalisation of the labour market proceeds according to a well-defined plan of gradual elimination of barriers. More importantly, this gradual process should start just now, well before full membership. It would support the negotiations on accession, it would create a clear framework both for the host EU countries and for the planning of the Hungarian economic and labour market strategies.

10. In a longer perspective, most present and future member countries of the EU have to face the problems of an ageing population. In about 15 to 20 years, most European economies will be struggling with heavy deficits on the labour market. This would not only jeopardise production and global competitiveness but also the financing of social and health systems for that part of the society which is now in the working age but will become retired people in two decades. Joint preparation for this situation has to be started today. It could be connected to the accession negotiations and influence future labour market strategies in a cooperative European framework.

RICHARD LEUTNER

Zu den Auswirkungen der EU-Osterweiterung auf den österreichischen Arbeitsmarkt. EU-Osterweiterung nur mit umfassenden Übergangsbestimmungen

1. Allgemeines

Unsere Ökonomen rechnen es vor: Die Erweiterung der EU um alle Kandidaten würde ihre Bevölkerung auf nahezu 500 Millionen anwachsen lassen. Das Gesamt-BIP wächst im Vergleich nur um knapp 5%. Wir haben es also mit einem enormen Einkommens-, Produktivitäts- und Wohlstandsgefälle zu tun, das derzeit an unseren Ostgrenzen gegeben ist. Nur diese wenigen Zahlen zeigen: Wir stehen vor einer riesigen Herausforderung. Es geht um das bisher größte und auch schwierigste Vorhaben der europäischen Integration.

Das gilt zunächst für ein Land wie das unsrige, das allein schon geographisch - 1300 Kilometer - eine sehr lange Grenze zu Mittel- und Osteuropa hat. Das gilt für die neuen Beitrittskandidaten - denken wir nur an die großen Umstrukturierungsprozesse in deren Wirtschaften. Das gilt letztlich aber auch für die EU selbst, die in ihrer Geschichte bisher vor nicht mit der Osterweiterung Vergleichbarem stand.

2. Problem Migration

Der Österreichische Gewerkschaftsbund hat sich von Anfang an sehr intensiv mit dem Erweiterungsprozeß beschäftigt, spätestens seit mit der Agenda 2000 klarere Richtungen erkennbar waren. Von Anfang an war klar: Besonders brisant ist das Problem der Migration und Pendelwanderungen bei voller Freizügigkeit der Arbeitskräfte im EU-Binnenmarkt. Im besonderen natürlich dann, wenn Lohnrelationen zwischen den Beitrittskandidaten und Österreich durchaus 1:10 betragen.

Das Potential an Zuwanderung bei Freizügigkeit:
Einkommensunterschiede von solcher Höhe lösen erfahrungsgemäß beträchtliche Wanderungsbewegungen von Arbeitskräften aus, wobei Pendelwanderung (Tages- und Wochenpendler) für Österreich besonders in Betracht kommt. Eine ganze Reihe von Untersuchungen hat dabei in den letzten Monaten mehr Wissen zum Wanderungspotential gebracht.

Walterskirchen und Dietz[1] kommen bei dem heute gegebenen Einkommensgefälle, bei völliger Freizügigkeit der Arbeitskräfte auf eine Gesamtwanderung nach Österreich von rund 47.000 Personen pro Jahr (von denen der größere Teil Grenzgänger wären - ca. 26.000). Durch wirtschaftliches Aufholen der MOEL-Länder reduziert sich das Einkommensgefälle allmählich, so daß unter der Annahme einer EU-Osterweiterung im Jahr 2005 (spekulatives Datum!) mit einer Zuwanderung von rund 42.000 Arbeitskräften zu rechnen wäre. Durch eine weitere Verringerung des Gefälles reduziert sich auch die jährliche Zuwanderung auf ca. 32.000 im Jahr 2015.

Diese Schätzung deckt sich ganz gut mit den Ergebnissen einer Umfrage in den Nachbarländern über die Wanderungsbereitschaft nach Österreich[2], aus der sich ein kurz- und mittelfristiges Potential von 150.000 bis 200.000 Personen ergibt, die ganz konkret eine Beschäftigung in Österreich anstreben und sich bereits um Arbeit, Wohnung und die erforderlichen Genehmigungen bzw. Informationen darüber bemüht haben.

Deutlich höher sind allerdings die Schätzungen für Wanderungspotentiale in einer Studie des Deutschen Institutes für Wirtschaftsforschung.[3] Nach dieser Studie könnte die Zuwanderung nach Österreich (inklusive Pendler) bei heutigem Gefälle erheblich über 50.000 pro Jahr liegen.

Natürlich hängen Zuwanderungen immer auch von gesamtwirtschaftlichen Bedingungen ab. Daß aus Prognosen und Schätzungen aber schnell reale Erfahrung werden kann, zeigen die Jahren 1990/1991. Eine kurzfristig faktisch liberalisierte Ausländerbeschäftigung erhöhte die Zahl der ausländischen Arbeitskräfte um 110.000[4], die Arbeitslosigkeit nahm zu.

3. Politische Schlußfolgerungen: EU-Osterweiterung nur mit umfassenden Übergangsbestimmungen

Ein möglicher Zustrom von über 300.000 Ausländern auf den österreichischen Arbeitsmarkt innerhalb von 10 Jahren würde die Gesamtzahl der ausländischen Beschäftigten von derzeit ca. 300.000 auf mehr als das Doppelte erhöhen. Bei einer Wachstumsentwicklung ähnlich wie in den letzten 20 Jahren wäre die Aufnahmefähigkeit des österreichischen Arbeitsmarktes damit weit überfordert. Ein Anstieg der Arbeitslosigkeit um mehrere Prozentpunkte wäre die Folge, mit allen Konsequenzen wie Lohndruck, Produktivitätsverschlechterung, Belastung der öffentlichen Haushalte mit zusätzlichen Sozialausgaben usw.

---

1 Ewald Walterskirchen/Raimund Dietz, Auswirkungen der EU-Osterweiterung auf den österreichischen Arbeitsmarkt, WIFO, April 1998.

2 H. Faßmann/Ch. Hintermann, Migrationspotential Ost- und Mitteleuropa, Österreichische Akademie der Wissenschaften, 1997.

3 Deutsches Institut für Wirtschaftsforschung, Europäische Union: Osterweiterung und Arbeitskräftemigration. DIW-Wochenbericht 5/1997.

4 Vergleiche dazu im einzelnen G. Chaloupek, Auswirkungen auf den österreichischen Arbeitsmarkt in Grenzen halten, Arbeit&Wirtschaft 7-7/1998.

Für die Politik wird klar, daß hier Sicherheit für die Bevölkerung geschaffen werden muß. Die Interessenvertretungen der Arbeitnehmer haben deshalb schon in der Stellungnahme zur Agenda 2000 klar betont: Die tatsächliche Einführung der Freizügigkeit kann erst dann in Betracht kommen, wenn in den Beitrittsstaaten annähernd gleiche Bedingungen hinsichtlich Wohlstand und Lohnentwicklung erreicht sind. Dann stellt sich auch aufgrund der bisherigen Erfahrung mit Erweiterungsprozessen das Problem der Wanderung nicht in der beschriebenen Form.

Eine EU-Osterweiterung ist nur mit umfassenden Übergangsbestimmungen möglich. Zeitliche Übergangsbestimmungen, die schon aus der EU-Süderweiterung bekannt sind, erscheinen in den Interessenvertretungen der Arbeitnehmer in diesem Zusammenhang allerdings als zu wenig. Notwendig sind qualitative Kontrollen etwa in der Form, daß sich die EU alle 5 Jahre ("Review-Prozeß") die entscheidenden Fragen ansieht - wie hat sich die Einkommenssituation entwickelt, sind Sozial- und Umweltstandards erfüllt, wie hoch ist die Arbeitslosigkeit bei uns und bei den Beitrittskandidaten. Und auf diese Weise negative Folgen für den Arbeitsmarkt ausschließt.

4. Zusammenfassung

Die Osterweiterung ist das bisher größte und auch schwierigste Vorhaben der europäischen Integration. Es geht - das zeigt die öffentliche Diskussion - um eine ganze Reihe großer Herausforderungen, wie etwa auch in den Bereichen Dienstleistungsfreiheit (auch da werden Übergangsregelungen erforderlich sein), Übernahme sozialer Mindeststandards durch die Reformstaaten, Beihilfenprogramme für Grenzregionen, Energie, Verkehr und Umwelt zeigen.

Besonders brisant ist das Problem der Migration und Pendelwanderung bei voller Freizügigkeit der Arbeitskräfte im EU-Binnenmarkt. Hier muß Sicherheit für die Bevölkerung geschaffen werden. Eine EU-Osterweiterung setzt umfassende Übergangsbestimmungen voraus, die in den Verhandlungsprozeß, im besonderen von Österreich, eingebracht werden müssen.

Es ist ein offenes Geheimnis, daß das Vorhaben der Erweiterung der Union auch von großen Sorgen der Bevölkerung begleitet ist. Denn daß das Sozialprodukt insgesamt vielleicht steigt, wird jene Menschen nicht interessieren, die sich Sorgen um ihren konkreten Arbeitsplatz machen. Da braucht es deutliche Signale. Man muß den Menschen sagen: Wir kennen Eure Probleme, wir lassen niemanden im Stich, und wir arbeiten an Lösungen. Nur so kann es letztlich politische Akzeptanz der Osterweiterung geben.

Alpbacher Bankenseminar

Das Bankgeschäft der Zukunft - Neuorientierung der Kundenbeziehungen, Produkte und Vertriebswege

OTTO LUCIUS

Zusammenfassung des Bankenseminars

Banken müssen ihre Strategien nach der Währungsunion neu überdenken, die Weichen neu stellen, in europäischen Dimensionen denken. Außerdem sehen sie sich in einer völlig veränderten Wettbewerbsszene einem aufgeklärten, selbständigen und technisch interessierten Kunden gegenüber. Ziel des heurigen Bankenseminars war es, herauszufinden, welche neuen Wege beschritten und welche Lösungen für die neuen Probleme und Herausforderungen gefunden werden können.

Dr. Klaus Liebscher, Gouverneur der Oesterreichischen Nationalbank, betonte in seiner Eröffnungsrede, daß die strategische Positionierung der Finanzinstitute durch die zahlreichen veränderten Rahmenbedingungen zunehmend an Bedeutung gewinnen werde. Denn der gemeinsame Euro-Finanzmarkt wird einen der größten Märkte für Staatsanleihen schaffen und vom Volumen her gut zwei Drittel des Staatsanleihenmarktes der USA erreichen. Dies eröffne neue Chancen für europaweite Emissionen. Dennoch sollten sich Banken auf ihre wesentliche Stärke - starke lokale Verankerung durch gefestigte Kundenbeziehungen und ein hohes Maß an Vertrauen - rückbesinnen und versuchen, über Servicequalität und differenzierte Produkte die Kundenbindung zu erhalten. Österreich könne außerdem seine Osteuropaexpertise, auch in Hinblick auf die geplante EU-Erweiterung, gezielt einsetzen.

Durch die Globalisierung der Weltmärkte müssen auch die Aufgaben der Regulatoren und der wirtschaftspolitisch Verantwortlichen neu überdacht werden. Denn trotz großer Harmonisierungsschritte konnte laut Vizegouverneurin Dr. Gertrude Tumpel-Gugerell, OeNB, noch keine Vereinheitlichung des europäischen Finanzaufsichtswesens in Europa erreicht werden. Momentan spreche man innerhalb der EU von einem dezentralen System der Finanzaufsicht: Die Europäische Zentralbank müsse systemrelevante Aufsichtsinformationen sammeln und die Funktion einer "Informationsdrehscheibe" einnehmen. Ein weiterer wichtiger Punkt sei die Einhaltung gemeinsam definierter Grundsätze, auch könne der Entzug der Lizenz für Länder mit unzureichenden Aufsichtsstandards wichtige Voraussetzung für ein funktionsfähiges, dezentrales System der Bankenaufsicht sein. Für Johannes Priesemann von der Europäischen Zentralbank in Frankfurt befindet sich das europäische Bankensystem am Beginn eines Konsolidierungs- und Konzentrationsprozesses, an dessen Ende eine dreigliedrige Struktur stehen könnte: eine Vielzahl dezentraler, lokaler Banken, die in der örtlichen Wirtschaft verwurzelt sind, eine Zahl regionaler Banken, die sich als europäische Regionalbanken verstehen und einige europäische "global players".

Für Dr. Stephan Schüller, Mitglied des Vorstands der Bayerischen Vereinsbank, die mit der Hypobank fusioniert wurde, sind Fusionen eine mögliche Antwort auf neue Herausforderungen. Er differenzierte zwischen vier verschiedenen Arten der Fusion: Pioniere, die durch Fusion eine neue Geschäftsidee verwirklichen, Talentsucher, die in einer Fusion vor allem die Akquirierung zusätzlicher "skills" sehen, Umsatzjäger, für die es um ein Wachsen um jeden Preis geht, und schließlich Konsolidierer, die ihre Kernkompetenzen ausbauen wollen und mit Unternehmen fusionieren, die eine ähnliche Marktperformance vorweisen wie sie selbst. Neben der Darstellung der Haupterfolgsfaktoren für Fusionen brachte Schüller zahlreiche lehrreiche Beispiele aus der Praxis. Den theoretisch-wissenschaftlichen Hintergrund von Bankenzusammenschlüssen erläuterte Univ. Prof. Dr. Henner Schierenbeck vom Institut für Bankmanagement und Controlling der Universität Basel. Ihm zufolge ist wertorientiertes Management Triebfeder für Bankenfusionen, wertorientiertes Management basierend auf dem Shareholder-Value-Konzept, also der nachhaltigen Steigerung des Unternehmenswertes für die Anteilseigner. Shareholder-Value wird generiert, wenn die Eigenkapitalrentabilität größer ist als die Eigenkapitalkosten. Schierenbeck betonte, daß im Bankensektor die Karten neu gemischt würden und daß in diesem Prozeß jeder potentiell Jäger oder Gejagter sei. Banken der Zukunft müßten entweder erfolgreiche Nischenpolitik betreiben oder aber eine Marktdominanzstrategie verfolgen, "in-between" Banken würden auf der Strecke bleiben.

Kritische Fragen zu Fusionen und die dadurch erhofften Synergien stellte hingegen Dr. Tilo Berlin, Landesgirokasse Stuttgart (im eigenen Haus eben mit einer Fusion konfrontiert): Sind tatsächlich strategische Gründe ausschlaggebend oder geht es nicht auch um oft kurzfristige Shareholder-Orientierung? Sind Fusionen einfach ein Modetrend? Erscheinen Bankenzusammenschlüsse oft nicht einfach attraktiver als ein Wachstum aus eigener Kraft? Versucht dieser "Aktivismus" Führungsqualität zu ersetzen? In der Folge sprach Berlin dann von einer "Renaissance der Filialen". Er betonte aber, daß eine neue Frage gestellt werden müsse, wie nämlich die Filiale der Zukunft aussehe. Die Bankfiliale wird keinesfalls ihre Bedeutung als Kundenbindungsinstrument verlieren, und auch Markenpolitik wird unverzichtbar bleiben. Durch neue Technologien und neue Anbieter eröffneten sich in der Zukunft auch alternative Distributionswege und neue Produktspezifikationen. Nach Meinung von Dr. Friedrich Hagspiel, Management Zentrum St. Gallen, wird die Entwicklung einer optimalen Vertriebsstruktur eine künftige Schlüsselaufgabe der Banken sein. Einerseits bestehen Handlungsnotwendigkeiten im Filialsystem, andererseits muß es zu einer Neudefinition der Vertriebsaufgaben und einer Verbesserung der Vertriebssteuerung kommen. Die Schließung von Geschäftsstellen erfolge oft aus internen, vergangenheitsorientierten Überlegungen und oftmals nicht aus einer potentialorientierten, externen Betrachtung. Ein automatisiertes Angebot von Home Banking, Electronic Money, Telefonbanking und Internet (kein entweder/oder) wird bis zum Jahre 2002 Standard sein, und Banken müßten sich positionieren. Schwerpunkte für die nächsten Jahre bildeten der Ausbau der Vertriebssteuerung bzw. des Vertriebscontrolling sowie die Entwicklung neuer Mitarbeiterqualifikationen. Laut Hagspiel wird es sich keine Bank leisten können, die Suche und Entwicklung einer institutsspezifischen Vertriebsstruktur nicht aktiv anzugehen.

Univ.-Prof. Mag. Dr. Andreas Grünbichler, Schweizerisches Institut für Banken und Finanzen an der Universität St. Gallen, wies auf die demographischen Veränderungen in der Bevölkerung und auf den massiven Zufluß von Anlagemitteln auf den Kapitalmärkten hin. Daraus folge eine enorme Bedeutung des Asset Management in der Finanzindustrie, dessen Entwicklung von der Altersvorsorge, dem Sparverhalten und der Kapitalmarktorientierung bestimmt werde. Die Banken hätten darauf schon mit Beteiligungen an bzw. Kooperationen mit institutionellen Anlegern reagiert und seien verstärkt in das Investmentbanking eingestiegen. Im internationalen Vergleich ist auch in den USA ein rasanter Anstieg der Investmentfonds seit 1980 zu verzeichnen. Die zunehmende Bedeutung und Wettbewerbsintensität im Investmentfondsgeschäft werde zwangsläufig zur Folge haben, daß die Bedeutung der Banken im allgemeinen rückläufig sein werde.

Banken sehen sich auch massiven Änderungen im Kundenverhalten gegenüber: Der "neue" Bankkunde zeige eine hohe Technikaffinität, höhere Ansprüche an das Leben und damit an die Bank und nachlassende Loyalität. In diesem Kontext betonte Dr. Ernst Antensteiner, Geschäftsführer der KPMG Consulting Wien, die Wichtigkeit des Profit-Marketing in liberalisierten Märkten. Nicht mehr die alleinige Segmentierung nach demographischen Kriterien, sondern vielmehr die Segmentierung nach Bedürfnissen rücke in den Vordergrund. Die Herausforderung liege im Customer-Value-Management, also im Verständnis für den Kunden und in einem intelligenten Beziehungsmanagement, in dem sich der Kunde in einer Erwachsenen-Erwachsenen-Beziehung (und nicht in einer Erwachsenen-Kind-Beziehung) ernstgenommen fühlt.

Das Bankgeschäft ist ein Geschäft um und mit der Information. Das Internet biete die Möglichkeit, billige Transaktionsmöglichkeiten für eine Vielzahl von Bank- und Finanzprodukten anbieten zu können, was längerfristig zu einer Auflösung der Kundenbeziehung und zu einer weiteren Spezialisierung der Finanzdienstleister führen würde. Univ.-Prof. Dkfm. Dr. Konrad Fuchs, Wirtschaftsuniversität Wien, zeigte eine Fülle von Internet-Trends auch für Banken auf. So werde bis zum Jahr 2001 jeder sechste Europäer Internetbanking nutzen, weltweit gebe es bereits über 30 Millionen Anbieter und 18 Millionen Digital Investors. Langfristig werde das Online-Trading schneller wachsen als das Online-Banking. Das Internet sorge für weitgehende Geräteunabhängigkeit, Multifunktionalität, und fördere durch den Zugang zu vollständiger Information die Bedingungen des vollkommenen Marktes. Viele Fragen der Verbindlichkeit, der Authentifizierung, der Vertraulichkeit und der Identität seien noch nicht restlos beantwortet - ohne Zweifel ist das Internet aber ein "Muß" für die Bank der Zukunft. Im Bereich Telebanking und Telekommunikation bilde sich bereits eine Art "Laufkundschaft" auf dem elektronischen Marktplatz.

Bei all den beschriebenen Neuerungen und Revolutionen in Technologie und Know-how, den Konzentrationen, neuen Regulationen und gleichzeitigen Deregulationen scheint es schwer, den Überblick zu bewahren, geschweige denn eine klare Vision für die Zukunft zu entwickeln. Univ.-Prof. Dr. Johann Heinrich von Stein, Universität Hohenheim/Stuttgart, war der Ansicht, daß die beschriebenen Zukunftstrends nicht unbedingt neu seien und ihren Ursprung in der Vergangenheit und der Gegenwart hätten. Im Zentrum aller Überlegungen sollten immer der Bankkunde und seine steigenden Ansprüche stehen. Banken müssen phantasievoll und zugleich realistisch an die neu gestellten Herausforderungen herangehen. Sie werden sich in ihrer Funktion zu umfassenden Finanzberatern und Informationslieferanten wandeln, die Universalbank ist kein zukunftsorientiertes Modell, und hier muß mit Mut und internationalem Weitblick ein Umdenken stattfinden.

Südosteuropa und die offene Gesellschaft

MILO DJUKANOVIC

Mit großer Freude bin ich der Einladung des Herrn Vizekanzlers und Außenministers Wolfgang Schüssel, des Vorsitzenden der Europäischen Rates gefolgt, hier in Alpbach am Europäischen Forum teilzunehmen. Es ist mir eine besondere Ehre, mit Herrn Schüssel und dem OSZE-Vorsitzenden und Außenminister Polens, Herrn Bronislaw Geremek, bei diesem angesehenen Treffen einen Vortrag zum Thema "Südosteuropa und die offene Gesellschaft zu halten.

Dies erachte ich als eine große Anerkennung für meine Republik Montenegro und mich persönlich wie auch als Unterstützung für die demokratischen Prozesse, die bei uns in letzter Zeit immer stärker an Kraft gewinnen. Es ist mir eine besondere Freude, daß an der Veranstaltung auch Vertreter aus den anderen Republiken, den nunmehr souveränen Staaten, die auf dem Gebiet des ehemaligen Jugoslawien entstanden sind, teilnehmen.

Ich möchte diese Gelegenheit auch nützen, Sie alle hier zu begrüßen und Ihnen für Ihre Arbeit viel Erfolg zu wünschen, in der Überzeugung, daß der Gedankenaustausch zu diesem inspirativen Thema einen großen Beitrag bei der Suche nach einer Antwort zu den vielen offenen Fragen der weiteren politischen und wirtschaftlichen Entwicklung der Staaten Südosteuropas leisten wird.

Gegen Ende der achtziger und Anfang der neunziger Jahre ereigneten sich in Osteuropa große geschichtliche und gesellschaftliche Veränderungen, die wesentlich die langfristige Entwicklung Europas im Ganzen beeinflußten und von Grund auf die politische Weltkarte veränderten. Das politische System des Sozialismus verschwand, ein Modell, nach dem die osteuropäischen Staaten jahrzehntelang aufgebaut waren. Obwohl von Staat zu Staat Unterschiede in den Modalitäten vorhanden waren, waren die doktrinären Prinzipien über Gleichheit aller soziale Gerechtigkeit und den Aufbau einer konfliktfreien Gesellschaft neben dem Monopol einer Partei allgemeingültig, so wie das gemeinsame Ziel und Streben nach einer fernen kommunistischen, "glücklichen" Zukunft, das sich als reine Utopie erwies.

Die gesellschaftlichen Erschütterungen waren in allen diesen Ländern mehr oder weniger schmerzhaft. Es kam zum Zerfall einzelner Staaten und zur Bildung einer Vielzahl neuer Staaten. Dieser Prozeß reichte vom zivilisierten Auseinandergehen bis hin zu kriegerischen Auseinandersetzungen, die sich auf dem Gebiet des ehemaligen Jugoslawien ereigneten. Der Zeitraum der Reintegration all dieser Länder in den Lauf der modernen Welt wird offensichtlich langwierig und von großen Widersprüchen auf politischer, wirtschaftlicher, sozialer und kultureller Ebene begleitet werden. Bei diesem Prozeß sind natürlich von Staat zu Staat Unterschiede in der Dynamik ersichtlich.

Die Parameter, Wertvorstellungen, Maßstäbe und Postulate einer offenen Gesellschaft sind allgemein bekannt. Dennoch möchte ich mir erlauben darzulegen, wie wir sie aus unserer Sichtweise sehen:

- ein hoher Grad an Freiheiten und Rechten für den einzelnen und die verschiedenen Kategorien gesellschaftlicher Gruppen, der alle Formen von Freiheiten und Rechten, die in den normativen Akten - Instrumenten der Vereinten Nationen (der Charta der Menschenrechte, den grundlegenden Deklarationen, Empfehlungen und Resolutionen) enthalten sind, erfassen würde wie auch jene erweiterten Rechte und Freiheiten, die in den entsprechenden Akten der europäischen Organisationen - der OSZE und Europäischen Union festgelegt sind;
- Schaffung, Erweiterung und ständige Weiterentwicklung demokratischer Einrichtungen, ihrer Systeme und Repertoires, Wertmaßstäbe und Praxis, einschließlich der Rede- und Meinungsfreiheit, Informationsfreiheit, Vereinigungs- und Handlungsfreiheit;
- eine entwickelte Praxis des objektiven und vollständigen Informierens, eine Kultur des Dialoges und der Toleranz gegenüber unterschiedlichen Ansichten und Meinungen, der volle Zugang zu Medien und Informationen und deren freier, ungehinderter Fluß;
- Offenheit gegenüber anderen Gesellschaften, Gemeinschaften, Kulturen, insbesondere gegenüber dem Nachbarn, und systematische Förderung der Kontakte und wechselseitigen Einflüsse nationaler, ethnischer und kultureller Gemeinschaften - deren gegenseitigen Verständnisses, der Zusammenarbeit, der wechselseitigen Verflechtung und Entwicklung, des gegenseitigen Vertrauens und der gegenseitigen Hilfe;
- Schaffung systembezogener und materieller Voraussetzungen für eine nachhaltige und immer schnellere wirtschaftliche Entwicklung, begründet auf dem Wahlrecht, dem Recht auf Arbeit, der Vereinigungsfreiheit, allen wesentlichen Elementen der Marktprinzipien, sowie Unterstützung der ständigen Entwicklung und Anwendung der neuesten Errungenschaften im wissenschaftlich-technologischen Bereich;
- Förderung und Erleichterung des Prozesses des wirtschaftlichen Zusammenschlusses durch den ständigen Abbau von Restriktionen und Belastungen bei der Produktion und im Waren- und Dienstleistungsverkehr, gemeinsame Investitionen, Kooperation, wissenschaftlich-technologische Zusammenarbeit;
- Erleichterung des Personenverkehrs und der zwischenmenschlichen Kontakte, des Waren-, Wissens-, Nachrichten- und Ideenaustausches;

- Aufgeschlossenheit und Interesse für regionale und subregionale Beziehungen, gemeinsame Aktivitäten und Mechanismen, die der engeren oder breiteren regionalen Gemeinschaft dienen und die durch engere, regionale Teilung zur maximalen Affirmation der Wertvorstellungen einer Gesellschaft, ihrer breiteren Valorisierung sowie zum Kennenlernen, zur Unterstützung und Wertschätzung anderer Gesellschaften beitragen, ferner das rationalste Gesamtengagement für das Wohl eines jeden einzelnen und aller gemeinsam.

Die Verwirklichung der genannten Ziele wird in den osteuropäischen Ländern wesentlich vom erreichten allgemeinen Entwicklungsgrad jedes einzelnen Landes bestimmt und begrenzt. Deshalb entwickelt sich dieser Prozeß langsam, einerseits unter dem Druck der geerbten Denkweise des alten Normen- und Praxissystems, was sich als Hemmnis und Hindernis für eine demokratische Orientierung äußert, und andererseits unter dem Druck der irrealen Erwartungen und Versprechungen innerhalb der Gemeinschaften selbst wie auch der aus der äußeren Umgebung, daß nämlich schon allein der Bruch mit der Vergangenheit Wertvorstellungen, wie sie im entwickelten Umfeld existieren, mit sich bringen würde.

Besonders wichtig ist es, den Preis der Wende zu berücksichtigen, die nicht nur die erwarteten Resultate in kürzester Zeit nicht zu liefern vermag, sondern auch durch die Zerstörung des alten Systems am häufigsten zu einer dramatischen Verschlechterung der allgemeinen Situation und insbesondere der Stellung ganzer sozialer Gruppen führt, welche deshalb im demokratischen Prozeß beschließen können, sich gegen die Veränderungen selbst zu wenden. Dies sollte man grundlegend begreifen und versuchen, auf Mikro- und Makroebene Mechanismen aufzubauen, die Gefahren solcher Art beseitigen oder abschwächen.

In den osteuropäischen Ländern ist auch eine latente Gefahr gegenwärtig, daß Kräfte der inneren Destruktion, die sich auf die Eigentümlichkeiten multikultureller, multinationaler, multikonfessioneller oder mehrsprachiger Gesellschaften sowie auf die immanenten sozialen und wirtschaftlichen Widersprüche stützen, stärker werden. Es stellt sich die grundlegende Frage, wie man sich ihnen widersetzen soll, wenn sie einmal überhandnehmen.

Leider wissen wir aus dem Raum des ehemaligen Jugoslawien bestens, wie verhängnisvoll und tragisch die Folgen dieser inneren Destruktion sind. Wir sind mit ihnen auch auf dem Gebiet des heutigen Jugoslawien konfrontiert, im Kosovo, wo wir aus Montenegro vor allem ein demokratisches Problem sehen, das nur auf politischem Wege, über Verhandlungen, innerhalb Serbiens und Jugoslawiens gelöst werden kann, indem der albanischen Minderheit eine breite Autonomie durch die Vermittlung und Bürgschaft der internationalen Gemeinschaft gewährt wird.

Ich glaube, daß der Weg, den die Republik Montenegro eingeschlagen hat, der Weg wirtschaftlicher und demokratischer Reformen und der Verbindung mit dem entwickelten europäischen Umfeld, heute das einzig mögliche Beispiel für eine schnelle Rückkehr unseres Staates, der Bundesrepublik Jugoslawien, in die internationale Gemeinschaft ist. Das aufrichtige Bekenntnis zur Demokratie und einer modernen und effizienten Gesellschaft, das als Ausdruck des Volkswillens bei den Präsidentschaftswahlen letztes und bei den außerordentlichen Parlamentswahlen dieses Jahr Unterstützung fand, macht Montenegro nicht nur in Jugoslawien zu einem erkennbaren Subjekt neuer Reformentwicklungen, sondern auch auf dem Balkan. Das zeigt, daß in unserer Republik ein breiterer Teil der Bevölkerung erkennt und einsieht, daß die Förderung der bürgerlichen Konzeption des Staates Montenegro auf beste Art und Weise die Zugehörigkeit zum europäischen Integrationsgeist und den affirmierten internationalen Standards der Menschenrechte und Grundfreiheiten bestätigt. Als einen unersetzbaren Wert Montenegros sehen wir die Tatsache, daß es uns gelungen ist, sogar in Zeiten der schwersten kriegerischen Auseinandersetzungen und Konflikte, die sich gleich vor unserer Haustür ereigneten, die Toleranz zwischen den Nationalitäten und Konfessionen zu erhalten und zu stärken, wie auch darin, daß die nationalen Minderheiten Montenegro als ihren Staat empfinden und aufbauen wollen. Wir halten es für ein enormes politisches Kapital und eine zivilisatorische Errungenschaft, daß die Angehörigen nationaler Minderheiten, Albaner und Moslems in das gesellschaftliche und politische Leben unserer Gemeinschaft integriert sind und daß sie als Ausdruck dessen in der staatlichen Struktur Montenegros, im Parlament und der Regierung vertreten sind. Die Tatsache, daß sie bei den letzten Wahlen das Vertrauen der demokratischen Koalition, die heute an der Regierung ist, schenkten und nicht ihren nationalen Parteien, deuten wir als überzeugenden Beweis ihres Vertrauens in den Staat Montenegro. Unser Standpunkt ist in vielerlei Hinsicht spezifisch. Wir in Montenegro sind Zeugen zweier paralleler geschichtlicher Prozesse, an denen wir selbst beteiligt waren: dem Zerfall des jugoslawischen Staates, dem Montenegro seit seiner Schaffung 1918 angehörte, und dem Zerfall des kommunistischen Systems, in dem es fast fünf Jahrzehnte verbrachte.

Wir sind fest zu wirtschaftlichen Reformen, einer Änderung der Besitzverhältnisse und zur Privatisierung, die schon bedeutend in Schwung gekommen ist, entschlossen wie auch zur allgemeinen Demokratisierung der Gesellschaft, wobei die Erhaltung der bürgerlichen Konzeption der Entwicklung und die Schaffung der für die Tätigkeit unabhängiger Medien erforderlichen Voraussetzungen besonders zu berücksichtigen ist. Die Frage, die uns heute gleichermaßen beschäftigt wie auch mobilisiert, ist: Weshalb sah Montenegro dem Anbruch des 20. Jahrhunderts mit viel mehr Gelassenheit entgegen als dem Übergang in das 21. Jahrhundert und dritte Jahrtausend?

Wir haben erkannt, daß bei der Beseitigung dieses Dilemmas die richtige und entschlossene Wahl unseres zukünftigen Entwicklungsweges von ausschlaggebender Wichtigkeit ist. Europa ist unserer Meinung nach für uns die einzig mögliche Wahl. In Europa haben wir unseren geographischen und historischen Platz, zu Europa gehören wir zivilisatorisch und müssen auch ein Teil davon sein, sowohl wirtschaftlich als auch politisch und kulturell. Unser gemeinsamer Staat Bundesrepublik Jugoslawien kann nur eine Zukunft haben, wenn er diesen Weg einschlägt. Zu diesem Zweck beschloß ich, auf Bundesebene eine Initiative zur Festlegung einer Strategie für die schnellere Rückkehr Jugoslawiens nach Europa und in die internationale Gemeinschaft anzuregen. Doch leider stellt sich die Bundesregierung bisher diesbezüglich taub, als wollte sie die Bedeutung dieses Vorschlages nicht erkennen. Ich denke, daß das Problem im autoritären Charakter dieser Regierung liegt, die durch die Affirmierung der Logik des Monopols und nicht der Konkurrenz und gesunden Partnerschaft aufgebaut wurde und sich so die ganze bisherige Zeit durchsetzte, die deshalb auch befürchtet, daß die Annahme politischer und wirtschaftlicher Standards, nach denen heute die entwickelte Welt lebt, ihr Modell der Macht direkt zerstören könnte. Doch Montenegro wird von seinem Vorhaben, in mehr Wohlstand und in Freiheit zu leben, nicht absehen, und die Bundesregierung wird sich hinsichtlich unserer Initiative nicht immer taub stellen können, sofern sie tatsächlich am Fortbestand und der Entwicklung des gemeinsamen Staates, der heutigen Bundesrepublik Jugoslawien, bestehend aus Serbien und Montenegro, interessiert ist. Eine Entwicklung ist aber nur möglich und hat Zukunft, wenn der Staat die demokratischen Standards der entwickelten Gesellschaften annimmt und international anerkannt wird.

Bei meiner Initiative, die ich vor fünf Monaten unter dem populären Motto "Strategische Initiativen der BRJ-Programmgrundlagen für einen Neuanfang" anregte, war ich bestrebt, zu zeigen, daß Montenegro als gleichberechtigte föderale Einheit für das Schicksal des Landes, das in diesem Augenblick ungewiß ist, mitverantwortlich ist. Ich war mir der Gefahr bewußt, daß wir als einziger Staat, der in der Vergangenheit, in Geschichten und Mythen leben würde, zurückbleiben könnten, wenn sich die bisherige katastrophale Wirtschafts- und Sozialpolitik fortsetzt. Zur Illustration der Situation, in der sich Jugoslawien heute befindet, will ich nur eine Tatsache nennen. Wenn die Welt im Jahre 2010 den Lebensstandard des neuen Jahrtausends erreicht, werden wir, sollten wir uns mit dem heutigen Tempo entwickeln, noch immer auf dem Niveau von 1989 mit dementsprechenden Wirtschaftsergebnissen leben. Das heißt, die Kinder, die heute geboren werden, würden beim Eintritt in die Mittelschule dort sein, wo ihre Eltern im selben Alter waren.

Ich bin mir auch dessen bewußt, daß es die Welt in bezug auf uns nicht besonders eilig hat und unseren wirtschaftlichen Verfall und unsere soziale Hoffnungslosigkeit kaum spürt. Wir sind es, die es eilig haben sollten. Deshalb benötigen wir dringend eine Initiative in Richtung Europäische Union, die, ohne Alternative, der strategische Partner der Bundesrepublik Jugoslawien sein muß.

Es ist im langfristigen Interesse der BR Jugoslawien, eine ehrgeizigere und aktivere Strategie für die Annäherung an den gesamten europäischen Integrationsprozeß zu formulieren. Das setzt eine Redefinition unserer Position gegenüber 3 parallelen subregionalen Entwicklungen voraus; a) gegenüber der Partnerschaft der Mittelmeerländer, b) der Mitteleuropäischen Freihandelszone (EFTA) und c) insbesondere gegenüber dem ehrgeizigen amerikanischen Regionalprojekt SECI - der Südeuropäischen Initiative für Zusammenarbeit.

Deshalb müssen wir die regionale Vorgangsweise der Europäischen Union in bezug auf den Raum des ehemaligen Jugoslawien respektieren und die politischen Bedingungen, die der Bundesrepublik Jugoslawien gestellt werden, erfüllen. Wir werden entschlossen auf der Forderung beharren, daß danach von Bundesebene aus eine Initiative für ein Partnerschafts- und Kooperationsabkommen mit der Europäischen Union in die Wege geleitet wird und dies für drei Programmbereiche: a) die Schaffung autonomer Maßnahmen durch Vergünstigungen b) den Beitritt zum PHARE-Programm, und zwar zwecks finanzieller Unterstützung für die BR Jugoslawien wegen der Vorbereitung von Verhandlungen mit der WTO, dem IWF und der Weltbank und c) die Unterstützung der Europäischen Union für die Aufnahme der BR Jugoslawien als Mitgliedstaat in den Europarat und die OSZE. Parallel zu diesen Aktivitäten werden wir darauf bestehen, daß zwischen der EU und der BRJ mit der gemeinsamen Anpassung der grundlegenden Kriterien und der Festlegung einer Vorgangsweise für den Beginn von Verhandlungen über einen Beitritt der BR Jugoslawien zur Union begonnen wird.

Wir sind in Montenegro auch der Meinung, daß es für eine Internationalisierung und Europäisierung unserer Gesellschaft vorher unbedingt erforderlich ist, die Beziehungen mit allen Ländern des ehemaligen Jugoslawien zu erneuern. Dies ist logisch. Zuerst müssen die Beziehungen zu den Nachbarn geregelt werden, dann erst zu den anderen. Deshalb ist die Liberalisierung des Handels und der Geschäftstätigkeit mit den "neuen" Nachbarn eine allgemeine Voraussetzung für eine wirtschaftliche Genesung und Stabilisierung der BR Jugoslawien. Wir werden uns für die Schaffung einer Freihandelszone zwischen den Ländern des ehemaligen Jugoslawien einsetzen. Dies setzt unter anderem voraus, daß die Probleme der Sukzession effizienter gelöst werden, was auch eine kooperativere Haltung unserer Delegation bei deren Lösung erfordert. Die Zusammenarbeit mit den ehemaligen jugoslawischen Republiken, den am nächsten liegenden Nachbarn, hat bei der außenpolitischen Strategie Montenegros höchste Priorität und entspricht am direktesten der Forderung der Europäischen Union, daß die Länder des ehemaligen Jugoslawien im Interesse des Friedens, der Stabilität und guten nachbarlichen Beziehungen untereinander zusammenarbeiten.

Dies alles steht im Dienste einer Rückkehr der BR Jugoslawien auf den Weltkapitalmarkt, und dieses Visum beglaubigt der IWF. Für eine Mitgliedschaft im IWF müssen im Falle Jugoslawiens neben wirtschaftlichen Parametern, die für alle Länder gelten, zusätzliche Bedingungen wie die Mitgliedschaft bei der UNO erfüllt werden, so auch die Bedingungen zur Aufhebung der sogenannten äußeren Sanktionenmauer.

Wir sind der Meinung, daß es besonders wichtig ist, unsere Aktivitäten auf die Aufnahme von Beziehungen mit der Welthandelsorganisation (WTO) zu steuern, denn wir können nicht außerhalb der Basisinstitution eines universellen Handelssystems bleiben, das 90% des Warenaustauschs der Welt umfaßt. Nur durch die Annahme der grundlegenden Prinzipien der WTO können wir die nationale Gleichstellung von Ausländern, den Schutz intellektuellen Eigentums, die Festlegung einer effizienten Zollpolitik u.ä. gewährleisten.

Denn wir in Montenegro haben begriffen, daß weder ein ernsthaftes gegenwärtiges Problem gelöst noch eine effiziente systemgemäße Lösung ohne die Eingliederung Jugoslawiens in die OSZE, UNO, den IWF und andere internationale politische und finanzielle Organisationen und Institutionen gefunden werden kann. Die bisherigen Folgen der Isolation sind für die Entwicklung wie auch makroökonomisch mehr als fatal.

Als ein Land, das reformmäßig Osteuropa anführte, sind wir heute von jenen, die in uns ihre Zukunft sahen, weit entfernt. Die Arbeitslosenrate ist in der BR Jugoslawien 2,5 mal höher als in Ungarn, 7 mal höher als in Tschechien, während unsere Ausfuhr pro Einwohner 7,5 mal kleiner als in Ungarn und 10 mal kleiner als in Tschechien ist. Während Tschechien und Ungarn ungefähr 90% des Bruttosozialproduktes von 1989 erreichten, befindet sich Jugoslawien auf einem Niveau von 50%, was einem Zurückbleiben von nahezu 10 Jahren in bezug auf diese zwei Länder entspricht. Ich könnte solche Fakten leider bis ins Endlose reihen.

Ich hoffe, daß ich Ihnen die Situation, in der sich die Bundesrepublik Jugoslawien befindet, in einem gewissen Maße vor Augen führen und Sie mit den grundlegenden Postulaten des wirtschaftlichen und demokratischen Reformprogrammes in Montenegro, ohne deren Realisierung es auf dem breiteren jugoslawischen Raum keinen Frieden und Sicherheit geben kann, vertraut machen konnte. Deshalb können die Prozesse, die heute in unserem Land stattfinden, nicht nur eine innere Angelegenheit unseres Landes sein, denn sie beeinflussen auf direkteste Art und Weise die breiteren regionalen Veränderungen und Prozesse, auf dem Balkan wie auch auf dem gesamten europäischen Raum. Deshalb bin ich überzeugt, daß das Programm Montenegros die Unterstützung aller demokratischen Kräfte findet sowohl auf dem Raum der BR Jugoslawien und der Region, in der wir leben, als auch in den entwickelten Ländern der Europäischen Union.

Unser vorrangiger Gedanke ist es, solche ehrgeizigen Pläne durch unseren gemeinsamen Staat, die Bundesrepublik Jugoslawien, zu realisieren, wobei dies eine bewußt getroffene Entscheidung ist und unser strategisches Ziel darstellt. Wir sind der Meinung, daß es leichter und schmerzfreier ist, eine verfehlte Politik und ihre Akteure als Grenzen zu ändern, insbesondere auf dem Balkan. Sollte das Stocken bei der Annahme der genannten Initiativen seitens der Bundesregierung weiterhin fortdauern, wird Montenegro den Weg seiner Eingliederung in die entwickelten europäischen Integrationen definieren müssen.

Ich möchte diese Gelegenheit nützen, um mich für die bisherige Unterstützung und Hilfe, welche die Europäische Union den demokratischen Prozessen in Montenegro von Anfang an zukommen ließ, zu bedanken. Es hat sich gezeigt, daß die Ermutigung eines positiven Vorbildes, in diesem Fall Montenegros, eine weitaus effizientere Art der Problemlösung ist, als dies bei wirtschaftlichen Sanktionen und Isolation, die nur ein autoritäres Regime stärken und vor allem unschuldige Bürger treffen, der Fall ist.

Erlauben Sie mir am Ende, daß ich hier bei diesem angesehenen Treffen, in Anwesenheit des Vorsitzenden der OSZE eine Initiative einreiche, deren Realisierung ebenfalls auf der Linie der bisherigen Unterstützung der demokratischen Prozesse in unserem Land wäre. Es steht die Begehung des 25. Jahrestages der Unterzeichnung der KSZE-Schlußakte von Helsinki bevor.

Ich schlage vor, daß dieses Treffen in Montenegro abgehalten wird und bin überzeugt, daß mein Land bis dahin ein Vollmitglied der OSZE sein wird.

Ich möchte mir ebenso erlauben vorzuschlagen, daß bei diesem Treffen oder auch früher, sollte es sich als akzeptabel erweisen, der Teil über die Minderheitenrechte durch die Pflicht nationaler Minderheiten, die territoriale Integrität der Staaten, in denen sie leben, zu achten sowie zur stabilen Entwicklung und zum Aufbau dieser Staatsverbände wie der eigenen beizutragen, ergänzt wird, wobei ich auch die Notwendigkeit der Erweiterung dieser Rechte nicht abstreite. Es scheint mir, daß die Untermauerung dieser Pflicht auf der Ebene einer universellen internationalen Norm präventiv zur Verhinderung vieler Probleme, mit denen heute multinationale Gemeinschaften konfrontiert sind, beitragen kann, was zugleich ein Beitrag zur Stärkung der allgemeinen Sicherheit auf dem europäischen Raum wäre.

Gleichzeitig möchte ich die Bereitschaft Montenegros kundtun, seine Erfahrungen mit anderen zu teilen, da Montenegro als multinationaler und multikonfessioneller Staatsverband sowohl in Zeiten der heftigsten kriegerischen Auseinandersetzungen in seinem Umfeld wie auch heute, als er bereits über 30.000 Vertriebene aus dem Kosovo aufgenommen hat, ein heller Punkt nicht nur auf dem Gebiet des ehemaligen Jugoslawien, sondern auch auf breiterem Raum blieb und ist. Ich glaube, daß Montenegro heute als gutes Beispiel für ein zivilisiertes Zusammenleben dienen kann, wie auch für zwischenethnische Achtung und Toleranz, was seit langem zu unserer guten Tradition gehört.

WOLFGANG SCHÜSSEL

Ich möchte auf das Tagungsmotto Bezug nehmen: "Südosteuropa und die offene Gesellschaft". Dieses Motto alleine ist angesichts dessen, was bereits geschehen ist und was noch immer geschieht, beinahe eine Provokation. Dutzende zerstörte Dörfer, hunderte Tote, zehntausende Flüchtlinge - kann man da eigentlich noch von der Chance, von der Vision einer 'offenen Gesellschaft' reden? Hat dieses gesellschaftliche Modell eine Chance auf dem Balkan von heute? Wenn man sich auf Sir Karl Popper, der ja mit Alpbach wahrlich verbunden gewesen ist, bezieht, dann ist es wichtig, sich zu erinnern, daß er den 'Tribalismus', also das Bekenntnis zu einer nach rein ethnischen Kriterien gebildeten Gemeinschaft, als eines der zentralen Wesensmerkmale einer 'geschlossenen Gesellschaft' definiert hat. Also genau das Gegenteil von einer 'offenen Gesellschaft'.

Nirgends in Europa wird das Prinzip der ethnischen Geschlossenheit als Definitionsmerkmal eines staatlichen Gemeinwesens für wichtiger gehalten als auf dem Gebiet des heutigen Jugoslawien. Ich weiß, daß die jahrzehntelange Zwangsgemeinschaft hier ihre Narben und Spuren hinterlassen hat, aber gerade die beiden Vorredner haben in einer sehr schönen und klaren Weise gesagt, daß die Vielfalt dieser Gesellschaften - die Vielfalt an Religionen, an Sprachen, die Unterschiede in der Kultur und in der Tradition - eigentlich auch zu den größten Reichtümern dieser vielgeprüften Region gehören kann und daher gefördert werden muß. Aus diesem Grund sage ich eine klares "ja" zu einer 'offenen Gesellschaft' auch auf dem Balkan, und ich meine, daß man den beiden Hauptrednern des heutigen Tages, Präsident Milo Djukanovic und Premierminister Milorad Dodik, zuhörend, auch durchaus Hoffnung schöpfen kann.

Wenn der Premierminister der Republika Srpska, Dodik, - und es ist ja noch nicht lange her, als dort "Pale", d.h. die Karadzic und Mladic, alles dominiert hat - mit seinem klaren Eintreten für die Kooperation, für die Zusammenarbeit, für die Re-Integration der Flüchtlinge, für eine 'offene Gesellschaft' mit Kroatien, mit Jugoslawien, mit den Zentralbehörden und den anderen Entitäten Bosniens und Herzegowinas dazu steht, daß die Prinzipien, für die wir alle stehen, mit Leben erfüllt werden, dann ist das, meine ich, eine große Hoffnung.

Die 'offene Gesellschaft' braucht allerdings Mut, ich sage das hier ganz bewußt. Ich bin nicht sicher, ob alle wissen, wie dramatisch die Situation war, als vor etwas mehr als einem Jahr die Banden, bewaffnete Soldateska, Richtung Banja Luka marschiert sind und dort die Absetzung, vielleicht sogar die Inhaftierung oder die Bedrohung des Lebens der Präsidentin Plavsic vorgehabt haben. Das sind dramatische Situationen und eine 'offene Gesellschaft' braucht Mut, braucht mutige Menschen, wie Plavsic, wie Dodik und viele andere. Glauben Sie, daß es einfach ist für den Präsidenten Djukanovic, Präsident eines Land mit 600.000 Einwohnern, sich hinzustellen und Milosevic ins Gesicht zu sagen, daß sein Weg den Zerfall von Jugoslawien nur beschleunigen kann? Glauben Sie, daß das so einfach ist, wie wir uns das manchmal - die Dinge von außen sehend - vormachen? Ich sage Ihnen, da gehört Mut dazu. Und das, was heute gesagt wurde, und deswegen bin ich sehr froh, daß wir gerade diese beiden Referenten gewinnen konnten, zeigt, daß es mutige Menschen in dieser Region gibt, und nicht nur dort, es gibt sie auch bei den Bosniaken, auch bei den Kroaten, es gibt sie in der ganzen Region, und sie verdienen unsere Unterstützung, jene Österreichs, der EU und der gesamten Staatengemeinschaft.

Das sind Hoffnungsträger, die wir hier haben und von denen sie einige ja auch noch im Panel und in den Arbeitsgruppen kennenlernen werden. Wir sind verpflichtet, ich sage das hier sehr deutlich, diese Hoffnungsträger und diese gemäßigten Kräfte, die für die 'offene Gesellschaft' etwas investieren - Herzblut, Innovation, Phantasie und Kraft - von unserer Seite her zu unterstützen.

Klar ist natürlich auch, daß die 'offene Gesellschaft' Pluralismus braucht, sie braucht Freiheiten, beide Redner haben das ganz deutlich in den Vordergrund gerückt, sie braucht eine 'civil society', braucht Meinungsträger, die sich entfalten können, Universitäten, Zeitungen, Intellektuelle, Künstler, aber auch einfache Menschen, die ihre Freiheiten leben und in Anspruch nehmen wollen. Ohne freie und unabhängige Medien kann es keine echte Demokratie, also auch keine 'offene Gesellschaft' geben. Gerade auf dem Gebiet der heutigen Bundesrepublik Jugoslawien, aber auch anderswo, ist es mit der Freiheit der maßgeblichen elektronischen und Print-Medien nicht zum besten bestellt. Oppositionelle Medien sind einer Vielzahl von Behinderungen und Gängelungsversuchen ausgesetzt: bei der Vergabe von Frequenzen, beim Inkasso von Sendegebühren genauso wie beim Verkauf von Papier - wir haben das aus unserer Geschichte noch alles erfahren, als in der Besatzungszeit das Papier rationiert gewesen ist, Lizenzen vergeben wurden usw.

Gerade hier ist es wichtig, daß von der EU noch mehr als bisher geholfen wird. Ich habe manchmal das Gefühl, daß hier "Sankt Bürokratius" bislang der relevante Heilige ist, der negative Heilige. Es geht hier vieles viel zu langsam.

Ich weiß aus den Klagen mancher Journalisten, daß die Union noch aus dem Jahre 1996 zugesagte Förderungen schuldig geblieben ist. Jetzt stellen Sie sich einmal die Realität vor, daß es ja diesen Zeitungen nicht möglich ist, einen normalen Kredit aufzunehmen, bei meist staatlich kontrollierten Banken.

Wir müssen offener und flexibler werden, vielleicht auch gewisse Risiken eingehen. Gerade auch in Jugoslawien, wo es jetzt um die Vergabe von Lizenzen geht für die elektronischen Sender und für die Print-Medien. Es ist doch ganz klar, wie hier gespielt wird: Die Opposition bekommt keine Lizenzen, die Mitglieder der Familie Milosevic räumen eine Lizenz nach der anderen ab.

Es ist nicht nur in Jugoslawien so, auch in Bosnien-Herzegowina, auch in Kroatien wünschten wir uns mehr von diesem Bewußtsein, daß Medienfreiheit letztlich - auch wenn sie unangenehm ist - die Basis für eine offene, für eine demokratische Gesellschaft ist.

Was die Freiheit der Wissenschaft angeht, bin ich besonders besorgt über das neue serbische Universitätsgesetz, weil es zu einer fast völligen Auflösung der Universitätsautonomie führt: Die Rektoren und Dekane der Serbischen Universitäten werden jetzt direkt von der Belgrader Regierung ernannt, neue Arbeitsverträge für das akademische Lehrpersonal sollen es der Regierung, nach Meinung von sehr ernstzunehmenden Beobachtern, jetzt erleichtern, politisch mißliebige Professoren zu entlassen.

Diese Entwicklung ist deswegen besonders bedenklich, weil die Universitäten und die Studenten - wie fast immer, auch in unserer eigenen Geschichte - in den Demonstrationen 1996/97 wieder einmal der stärkste Motor der Demokratisierung und vielleicht die wichtigste Hoffnung der 'civil society' gewesen sind.

Das heißt, die 'offene Gesellschaft' braucht Freiheiten, braucht Mut, und sie braucht auch Beachtung und Pflege von der internationalen Gesellschaft. Die größte Bedrohung ist natürlich im Moment die Lage im Kosovo, dieser blutige Konflikt. Es muß Milosevic klar sein, daß eine dauerhafte Friedenslösung nur auf der Basis eines umfassenden Gewaltverzichts und ehrlicher Verhandlungen mit den Kosovo-Albanern möglich ist. Und auch hier muß man die Dinge beim Namen nennen: Man kann doch nicht den gemäßigten Politikern, wie einem Ibrahim Rugowa und anderen, sieben Jahre lang das Gespräch verweigern und sich dann wundern, daß es auch auf albanischer Seite Übergriffe und Terrorakte gegeben hat, und unter diesem Vorwand gleichsam alle Albaner zu Terroristen stempeln.

Das ist demagogisch, zutiefst ungerecht und, schlicht und einfach, falsch. Daher ist es ganz wesentlich, daß wir die Dinge beim Namen nennen: Es war und ist Milosevic, der durch seine bewußte Politik der Radikalisierung auch im Kosovo die Chancen für den Frieden laufend weiter beeinträchtigt hat.

Ich glaube, daß das, was die Kontaktgruppe vorgeschlagen hat, diese diversen Modelle für die künftige Rechtsstellung des Kosovo, interessante Möglichkeiten sind für eine künftige Lösung. Eines der Modelle kommt übrigens aus unser eigenen Geschichte und wurde in diese Vorschläge aufgenommen, nämlich Südtirol, das sich ja eine weitreichende Autonomie in allen Fragen der inneren Verwaltung gesichert hat. Der Weg dorthin war, wie wir aus unserer eigenen Geschichte wissen, alles andere als einfach, aber es ist auch dies ein Modell, das man sich ansehen sollte.

Wir können von außen allerdings nichts vorgeben, es muß von den Parteien verhandelt werden, aber dazu muß letztlich auch eine Situation geschaffen werden, in der man überhaupt verhandeln kann.

In den letzten Wochen sind von Milosevic 200.000 zusätzliche Flüchtlinge bewußt erzeugt worden. Seine Politik der gezielten Radikalisierung schafft ganz sicher keine Atmosphäre, in der Verhandlungen möglich sind. Ich befürchte für den Winter eine humanitäre Katastrophe - der Winter ist gerade in dieser Region oft sehr hart. Die Union, aber gerade auch wir Österreicher, sind verpflichtet, hier etwas zu tun.

Wir werden und dürfen nie darauf verzichten, absolute Transparenz zu fordern zu dem, was geschehen ist. Ich weiß schon, daß manchmal auch Fehlmeldungen hinausgekommen sind: Massengräber, Orahovac etc. Aber ich bin sicher, daß viel mehr geschehen ist, als die Staatengemeinschaft bis heute weiß. Und daher ist die Zulassung von forensischen Experten, die Zulassung von NGOs, die diese jüngste Geschichte aufarbeiten, ganz besonders wichtig.

Wir haben das Kriegsverbrechertribunal in Den Haag mit diesen Fragen befaßt. Die Staatengemeinschaft darf nicht nachlassen, diese brennenden Fragen zu thematisieren.

Ich bin mir der Grenzen und Schwierigkeiten wirtschaftlicher Sanktionen durchaus bewußt, das entscheidende Problem dieser Maßnahmen liegt ja zumeist darin, daß sie in der Regel die kleinen Leute treffen und nicht die eigentlich Verantwortlichen. Glauben Sie mir, die Milosevic und ihre Anhänger haben es sich bei allen Sanktionen gerichtet. Vielleicht aber wären manche Sanktionen - früher eingesetzt oder manche Überwachungsmaßnahmen früher gesetzt - wirksam gewesen, wie etwa eine "no-flight-zone" über Jugoslawien unter Umständen Bombardements von Dörfern verhindern hätte können. Ich halte es daher auch für wichtig, daß die NATO militärische Planungen gemacht hat und sie auch weiter fortführt - es kann Situationen geben, wo dies wiederum aktuell werden kann. Ich begrüße es auch ausdrücklich, daß im Sicherheitsrat jetzt endlich wieder Versuche gemacht werden, das Thema wachzuhalten; es muß ja nicht immer gleich eine Kapitel VII-Resolution sein, aber es war schon sehr seltsam, daß seit Monaten im Sicherheitsrat keine offizielle Diskussion stattfand und kein offizielles Statement mehr zu den Vorgängen im Kosovo abgegeben wurde.

Die 'offene Gesellschaft' braucht also Aufmerksamkeit, Mut, auch Geduld in mancher Beziehung. Ich bin dankbar, daß Premierminister Dodik darauf hingewiesen hat, daß eine internationale Präsenz in den nächsten Jahren in Bosnien wichtig sein wird. Das kostet zwar Geld, aber so ist das eben mit einer 'offenen Gesellschaft', der Bosnien-Einsatz kostet bis zur Stunde etwa 10 Milliarden Dollar, doch das ist gut angelegtes Geld, denn wir alle würden die Auswirkungen einer weiteren Destabilisierung spüren.

Den letzten Punkt möchte ich besonders betonen: Wenn wir Frieden wollen, dann muß es Demokratie, volle Transparenz und Pluralismus geben. Das Problem im früheren Jugoslawien hat einen Namen: Milosevic! Er ist nicht die Lösung, er ist das Problem. Man muß das so sehen, wie es ist. Wenn man zu einer Lösung kommen will, zu einer neuen Dayton-Konferenz, einer neuen Verhandlungssituation, dann meine ich, daß dies eine Demokratisierung in allen Bereichen erfordert: Neuwahlen, demokratische, freie und faire Wahlen, überwacht von der internationalen Staatengemeinschaft; absoluter Zugang aller relevanten Gruppen zu den Medien und eine grundlegende innere Veränderung.

Ich verstehe kritische Kräfte auf albanischer Seite, die sagen, wie sollen sie jemandem glauben, daß eine Verhandlungslösung auch eingehalten wird, wenn im Inneren die Situation nicht so ist, daß solche Zusagen nicht wirklich glaubhaft sein können. Deswegen muß diese Demokratisierung auf beiden Seiten Platz greifen, es braucht natürlich auch eine entsprechende demokratische Vertretung im Kosovo, aber genauso wichtig, wenn nicht überhaupt als Voraussetzung, ist eine Demokratisierung in Jugoslawien.

Es steht schon in der Bibel, daß die Nächstenliebe oft viel schwieriger ist als die 'Fernstenliebe', gute Nachbarschaft zu halten ist möglicherweise überhaupt das Schwierigste, das man sich vorstellen kann.

Vielleicht sollte die EU einmal ein wenig Geld und 'brainpower' investieren in eine Art "Akademie der guten Nachbarschaft", wo Modelle des Zusammenlebens zwischen Volksgruppen, Sprachinseln, Minderheiten, verschiedenen religiösen Gruppierungen, verschiedenen regionalen Vertretern geübt werden können und wo auch angeboten werden kann, was irgendwo auf der Welt schon funktioniert hat.

GREGOR RAZUMOVSKY

Zusammenfassung der Diskussion

Nach der Begrüßung durch Präsident Dr. Pfusterschmid-Hardtenstein geht Dr. Busek auf das von Samuel Huntington im Buch "The Clash of Civilisations" prognostizierte Zukunftsmodell ein, um dieser eschatologischen Weltsicht eine positivere entgegenzuhalten. Die religiösen und kulturellen Unterschiede seien zwar ein Problem, doch gelte es, dieses Problem zu überwinden.

Zunächst wird das Wort dem Redakteur Zlatko Dizdarevic von der politischen Wochenzeitschrift "Svijet" aus Sarajewo erteilt. Dizdarevic geht zunächst auf die Lage Bosnien-Herzegowinas vor der Dismembration Jugoslawiens ein. Bosnien-Herzegowina sei ein Beispiel dafür, wie ein multikulturelles und multireligiöses Land, das sich durch ein erstaunliches Maß an Integration und Toleranz ausgezeichnet habe, innerhalb kürzester Zeit derart auseinandergerissen werden könne, daß an eine Reintegration kaum mehr zu denken sei. Bemerkenswert sei auch, daß das Territorium von Bosnien-Herzegowina durch Jahrhunderte unterschiedlichen Imperien unterworfen gewesen sei und dennoch alle religiösen und ethnischen Gruppierungen Bosnien-Herzegowinas diese Zeit überlebt hätten. Die Entwicklungen der jüngsten Vergangenheit seien nur dadurch zu erklären, daß es den Führern partikularer Gruppen gelungen war, der Bevölkerung einzureden, daß jene Menschen, die seit Generationen ihre Nachbarn und Freunde gewesen seien, auf einmal ihre Feinde sein sollten.

Nach den Jahren des Bürgerkrieges, die nun folgten, habe sich herausgestellt, daß weder Großserbien, Großkroatien noch ein rein muslimisches Bosnien-Herzegowina zu realisieren und ebensowenig eine Friedenslösung ohne Hilfe durch die internationale Gemeinschaft zu erreichen seien. Die einzige langfristige Lösung für Bosnien-Herzegowina sei jedoch die Zusammenarbeit aller friedensliebenden Kräfte des Landes, die sich einem gemeinsamen Ziel verschreiben müßten: dem Streben nach Frieden, Demokratie und Entwicklung für ihr Land, um einen modernen, säkularen Staat zu bilden, der sich auf der Grundlage der parlamentarischen Demokratie den Strukturen der EU annähern wird.

Als nächster Redner wird der Bischof Franjo Komarica vorgestellt, der die Diözese Banja Luka, eines der drei Bistümer Bosnien-Herzegowinas leitet. Bischof Franjo Komarica geht zunächst auf die Redner des Vorabends ein, der Außenminister von Polen, Bronislaw Geremek, und der österreichische Außenminister Wolfgang Schüssel, und daß deren Worte ihm wieder Hoffnung gemacht hätten. Sein persönlicher Eindruck über den Krieg in Bosnien-Herzegowina sei, daß es in mehrerer Hinsicht ein Stellvertreterkrieg sei. Das Dilemma sei, daß für viele aus der europäischen, kanadischen oder amerikanischen Politik die Menschen Bosnien-Herzegowinas offenbar nicht dieselben unverbrüchlichen Menschenrechte besäßen wie die Bürger ihrer eigenen Städte. Es sei das Verdienst des Forums Alpbach, die Problematik Bosnien-Herzegowinas auf eine europäische Ebene zu erheben. Das Ziel müsse es sein, die für ein zivilisiertes Zusammenleben, so wie es von der christlichen Ethik gefordert werde, grundlegend erforderlichen Menschenrechte zu etablieren. Das Unrecht in Banja Luka und anderswo in Bosnien-Herzegowina, das sich vielfach nicht nur durch die Duldung, sondern vielmehr zuweilen sogar durch die aktive Unterstützung des Westens halten könne, müsse beseitigt werden. Es gehe darum, Bosnien-Herzegowina, das wie ein "aussätziger Finger an einer aussätzigen Hand" Europas sei, mit dem frischen Blut Europas, mit dem Einfluß der positiven Kräfte Europas zu beleben.

Die folgende Rednerin ist Doris Pack, MdEP, Leiterin der EU-Delegation für Südosteuropa. Frau Pack kritisiert eingangs die mangelnde präventive Außenpolitik der EU, die eine Politik von der Hand in den Mund sei und sich nicht mit Krisenverhinderung, sondern nur mit Schadensbegrenzung begnüge. Der Westen habe bereits 89/90 versagt, als es die Möglichkeit gegeben habe, durch gezieltes Eingreifen das Konstrukt Jugoslawien zu retten. Der Friedensvertrag von Dayton, der zur Zeit die Ruhe garantiere, sei ein "Fast-Food à l'américaine", das von Voraussetzungen ausgehe, die es gar nicht gebe. So gebe es nun einmal keine funktionierenden Demokratien im ehemaligen Jugoslawien, denn Demokratien ließen sich nicht herbeiwählen und wenn Personen, die eindeutig zu den Kriegsverbrechern zu zählen seien, bei Wahlen vom passiven Wahlrecht Gebrauch machen könnten, so sei eben dies noch weit von jeder Demokratie entfernt. Nach dem Zweiten Weltkrieg habe man in Deutschland die Medien erfolgreich dazu verwendet, um die Menschen zu demokratisieren - doch habe dies bedeutet, die Medien der Kontrolle jener zu entziehen, die sie bislang geleitet hatten. In Bosnien-Herzegowina habe der Westen jedoch zugelassen, daß die regionalen Medien weiter die einzelnen Volksgruppen gegeneinander aufgehetzt und das Mittel der ethnischen Säuberungen als anzustrebendes Ziel ausgegeben hätten. Auf die Frage der Wiederansiedlung der Bürgerkriegsflüchtlinge eingehend, spricht Frau Pack gleich mehrere Probleme an. Hierbei sei zuerst die mangelnde Koordination der großen internationalen Organisationen und Kommissionen vor Ort zu nennen, von denen sich offenkundig keine so recht für zuständig halte und die jeweiligen Antragsteller nur stets aufs neue an andere Stellen weiterverweisen. Zudem habe der Westen versagt, als es darum ging, ein klares Zeichen zu setzen und die aufkeimende demokratische Entwicklung in der Republika Srpska zu unterstützen. Anstatt die Präsidentin Plavsic in ihrem Bemühen, sich von Pale zu lösen, zu unterstützen, habe man zugelassen, daß sie isoliert wurde. Dies habe jedoch das Ziel einer Wiederansiedlung von Flüchtlingen in der Republika Srpska in noch fernere Zukunft gerückt. Die Rückkehr der Flüchtlinge sei jedoch eine wesentliche Voraussetzung für den Aufbau der offenen bürgerlichen Gesellschaft. Doch sei auch das Eindämmen der Auswanderung der Jugend aus dem Großraum des ehemaligen Jugoslawien eine unabdingbare Voraussetzung für eine friedliche Zukunft. Hier gebe es dringenden Handlungsbedarf für den Westen, der sich um das Schaffen von Ausbildungsplätzen und um das Einrichten von Berufsschulen kümmern müsse. Statt dessen behinderten die Mechanismen der EU die Entwicklung, weil ein rigides Reglementarium z.B. die Förderung eines Studentenaustausches mit PHARE-Geldern untersagt. Schulen seien vonnöten, die den Schülern eine tolerante Weltsicht und ein neues Geschichtsverständnis vermitteln und nicht das Vergangenheitsbild jener perpetuieren, die den Krieg begonnen hätten.

Zudem müsse sich die EU darum bemühen, den Dialog ins Land zu bringen und dafür Sorge zu tragen, daß sich Konferenzen wie das diesjährige Zusammentreffen des Forums Alpbach in allen Teilen des ehemaligen Jugoslawien, nach Möglichkeit monatlich, wiederholen.

Dr. Busek geht auf eine oftmals aufgeworfene Frage ein: Häufiger sei er schon gefragt worden, ob es nicht sinnvoll sei, Bosnien-Herzegowina zum Protektorat zu erklären, so wie es bereits vor dem Ersten Weltkrieg unter dem Schutze Wiens gestanden habe. Auf diese Frage gebe es eine recht einfache Antwort: Wer die relative Zahl der Soldaten und Beamte, die Österreich in dieser Zeit in Bosnien und Herzegowina stationiert gehalten habe, mit der jetzigen Truppen- und Verwaltungspräsenz vergleiche, stelle fest, daß es ohnedies keinen nennenswerten Unterschied mehr gebe. Die von Frau Pack geforderte Korrektur des jeweiligen Vergangenheitsbildes in historichen Schulbüchern werde im Rahmen des österreichischen EU-Vorsitzes auf einer Konferenz über Bildung in Südosteuropa im November in Graz erörtert und an den nächsten Vorsitzenden des Rates, die Bundesrepublik Deutschland, weitergereicht.

Als nächste Rednerin spricht Frau Sonja Licht vom Open Society Fund über das Konzept der offenen Gesellschaft. In einem gleiche die von Frau Pack angeführte vorbeugende Diplomatie dem Ideal der offenen Gesellschaft. Über beides werde viel geredet, doch nur wenig getan, um es umzusetzen. Fast 25 Jahre nach dem Helsinki-Abkommen über Menschenrechte scheint vieles von dem, was damals beschlossen wurde, in Vergessenheit geraten zu sein. 1983 sei es der tschechische Dissident Jaroslav Šabata gewesen, der den Westen an die Ideale habe erinnern müssen und es seien Menschen wie er oder auch der anwesende Außenminister Polens Geremek gewesen, die ihre Freiheit und ihr Leben für das Helsinki-Abkommen aufs Spiel gesetzt hätten. Das Streben, die Organisationen, die sich für eine offene Gesellschaft in der Bundesrepublik Jugoslawien einsetzen, zu fördern, werde immer noch behindert. So sei die erste Rate der für 1997 fest zugesagten Fördermittel der EU-Kommission erst im Sommer 1998 ausgezahlt worden. Ob es sich dabei nun um bürokratische Ungeschicklichkeit oder politische Kurzsichtigkeit handle, sei noch zu klären. 1991/92 seien die unabhängigen Medien in der Bundesrepublik Jugoslawien noch ohne Einfluß gewesen, bei der derzeitigen Kosovokrise sei es jedoch ihnen zu verdanken, daß keine Massenhysterie in Jugoslawien ausgelöst worden sei, weil es ihnen gelungen sei, die öffentliche Meinung zu beeinflussen. Diese Entwicklung müsse zu Kenntnis genommen und gefördert werden. Schließlich gehe es nicht darum, Almosen zu verteilen, sondern eine Investition in eine gemeinsame europäische Zukunft zu tätigen.

Der folgende Redner ist Jacques Rupnik. Zehn Jahre nach dem vielgerühmten Sieg der offenen Gesellschaft über den Totalitarismus sei der Grund zum Triumph beinahe verblaßt. In Südosteuropa sei der Zug der Demokratie durch den Nationalismus entgleist worden. Wer sind nun die Feinde der offenen Gesellschaft im ehemaligen Jugoslawien? Von den vor dem Internationalen Gerichtshof in Den Haag angeklagten Kriegsverbrechern einmal abgesehen, müsse man sich eher mit dem doppelten Erbe befassen, das die Region belaste. Dies sei zum einen die Tradition des Osmanischen Reiches und zum anderen der Geist des Sozialismus. Darüber hinaus sei die Region durch die geschichtlichen Ereignisse geprägt worden, die ihr heutiges Verhalten bestimmt hätten. Ethnische Säuberungen habe es bereits vor 50 Jahren auf kroatischer und serbischer Seite gegeben, mit der jeweiligen Unterstützung durch Hitler und Stalin. Das Streben nach einer homogenen Staatsnation sei jedoch kein Weg, der zur Demokratie führe. Daraus sei eine nationale Zugehörigkeitsdefinition entstanden, die nur mit dem deutschen ius sanguinis zu vergleichen sei. Um zu begreifen, was das eigentliche Problem der Region sei, sei es unabdingbar, das Verhältnis von Staats- und Nationalverständnis zu untersuchen. In Südosteuropa finde man jedoch häufiger eine völkische Definition der Nation und eine jakobinische Definition des Staates. Der Versuch, dieses deutsche, ethnische Rechtsverständnis des Volkes mit dem französischen, zentralistischen Staatsverständnis zu verknüpfen, sorge für eine überaus explosive Mischung. Zudem sei ein weiterer Mechanismus am Werke, der eine klare Zuordnung der Ereignisse erschwere: Üblicherweise gelten demokratische Wahlen als ein Garant der Demokratie, doch wenn man sich die südosteuropäischen Staaten ansieht, so stellt man fest, daß dort mehrere demokratisch gewählte Staats- und Regierungschefs an der Macht sind, die sich zwar durch demokratische Wahlen legitimieren ließen, aber ihre Macht dazu mißbrauchten, um die Opposition zu marginalisieren und die Massenmedien zu instrumentalisieren. Demokratie sei nur durch Wahlen zu erlernen; daß dies gut funktionieren könne, hätten die Wahlen in Bosnien bereits gezeigt. Die offene Gesellschaft werde ebenfalls häufig als Voraussetzung für die Demokratie verstanden. Nun müsse man sich kritisch mit der Frage auseinandersetzen, wie es denn möglich sei, daß gerade in jenem der sozialistischen Staaten, dem ehemaligen Jugoslawien, in dem die offene Gesellschaft schon am besten entwickelt gewesen sei, sich die Gegner der offenen Gesellschaft so schnell hätten durchsetzen können.

Risse in der europäischen Gesellschaft - Herausforderung für die europäische Sicherheitspolitik?

FRIEDRICH KORKISCH

Zusammenfassung der Arbeitsgruppe

Einleitung

Die Aufmerksamkeit Europas war in der zweiten Hälfte des Jahres 1998 auf Österreich gerichtet, denn es übernahm von Großbritannien die Präsidentschaft der Europäischen Union. Die aktuelle Politik Österreichs wurde daher ganz besonders beobachtet und kommentiert; man kann davon ausgehen, daß auch in Zukunft den Worten und Taten Österreichs vermehrt Augenmerk geschenkt wird.

Daß, wie in den vergangenen Jahren, in Alpbach die (nach wie vor unrealisierte) Außen- und Sicherheitspolitik der Europäischen Gemeinschaft und jene Österreichs erneut Gegenstand umfangreicher Erörterung sein würde, kann angesichts des nach wie vor unbefriedigenden Zustandes der Sicherheits- bzw. Verteidigungspolitik vieler europäischer Staaten - sei es nun innerhalb oder außerhalb der EU - nicht verwundern; und besonders Österreich hat sich betreffend notwendiger Korrekturen seiner eigenen Sicherheitspolitik kritische Kommentare und Hinterfragungen gefallen lassen müssen.

Die schon 1996 und 1997 in Alpbach vom Generaltruppeninspektor des österreichischen Bundesheeres eingeforderten Weichenstellungen in Richtung "mehr Budget" zur Abwendung immer größerer Lücken im Rüstungsbereich sind seitens der budgetpolitisch Verantwortlichen ohne positive Resonanz geblieben. Die Probleme der österreichischen Landesverteidigung standen daher erneut im Mittelpunkt einiger Referate und deutlicher Wortmeldungen (von denen hier einige wiedergegeben werden).

Wenn die Marginalisierung der österreichischen Sicherheits- und Verteidigungspolitik andauert, muß dies letztlich auch Auswirkungen auf die Wirksamkeit der österreichischen Außenpolitik haben. Daß dieses Problem vor allem innenpolitisch gestaltete bzw. ideologiepolitische Hintergründe besitzt, wurde durch Umfragen erneut belegt, aber auch Antworten auf die Problematik von Meinungsbildungen und Kommunikation versucht. Neu ist, daß sich ähnliche Entwicklungen zunehmend auch in der Schweiz ausmachen lassen.

Aufgrund der Vorgänge im Kosovo nahm die Frage, wie Europa seine eigene Sicherheitspolitik gestalten will wie auch die im Plenum abgelaufene "Balkan-Diskussion", breiten Raum ein, die durch maßgebliche Referenten getragen wurde. Nationalismus beherrscht vielfach die Fragen von Autonomie, Menschen- und Minderheitenrechte, Rückkehr der Flüchtlinge und humanitäre Hilfe etc. Dies bewies erneut, daß die Probleme in diesem Raum von außen her nur schwer dauerhaft gelöst werden können.

Eröffnungsreferat von Generaltruppeninspektor General Karl Majcen, Wien

Die Themenstellung der heurigen Politischen Gespräche "Risse in der europäischen Gesellschaft - Herausforderung für die europäische Sicherheitspolitik?" konzentriert sich auf drei Schwerpunkte:

- Nämlich auf das Kernthema selbst, d.h. die Herausforderungen, vor denen die europäische Sicherheitspolitik steht.
- Zu Österreich: Was sind die Bezüge zwischen der militärischen Landesverteidigung und der umfassenden Sicherheit?
- Die zukünftigen Herausforderungen und Aufgaben der Kommunikations- und Informationsgesellschaft und ihr Bezug zur Sicherheitspolitik.

Der Präsident des Österreichischen College, Botschafter Pfusterschmid, hat sich zu diesen Fragen wie folgt geäußert: "Wie immer die Fragen lauten, und welche Antworten wir in Alpbach zu erhalten hoffen, sie können nur eine kleine Auswahl aus einer Fülle von sich aufdrängenden Überlegungen sein."

Die Vielfalt der Themenstellungen wird es nur erlauben, Teilaspekte zu erläutern. Dennoch, die Intellektuellen dürfen und wollen nicht in den "Studierstuben" bleiben, schon gar nicht, wenn die Freiheit in Gefahr ist. Man muß aber auch der "politischen Praxis" vertrauen können, nicht nur der Theorie allein.

Die sicherheitspolitische Diskussion muß auch in Verbindung zu den anderen Diskussionen gesehen werden: Die Arbeitsgruppe "Südosteuropa und die offene Gesellschaft" und Diskussionen über die Europäische Union und ihre Erweiterung sollen besonders erwähnt werden.

In diesem Sinne danke ich den Referenten für ihre Bereitschaft, mit uns die vielfältigen Probleme zu diskutieren und Lösungen aufzuzeigen.

Referat Divisionär Dominique Juilland, Bern

Unsere Zeit ist von drei Revolutionen geprägt, die entscheidenden Einfluß auf die Ausgestaltung der Sicherheitspolitik haben.

Die erste Revolution ist der Übergang vom Industrie- zum Informationszeitalter. Dies bedeutet im Bereich der Streitkräfte einen Wechsel von zahlenmäßig großen Armeen zu kleineren "digitalisierten" Armeen und deren Anpassung an das Informationszeitalter.

Die zweite Revolution betrifft den Wandel in den internationalen Beziehungen. Wir beobachten eine Ent-Nationalisierung und auch eine Ent-Territorialisierung. Die Souveränität des Nationalstaates wird eingeschränkt und supranationale Organisationen wie die EU, NATO, OSZE und andere "non state actors", NGOs und internationale Konzerne besetzen immer mehr die früheren Positionen der Staaten.

Die dritte Revolution ist der geopolitisch-geostrategische Umbruch durch bzw. nach dem Zerfall der Sowjetunion, damit ein stark verändertes Bedrohungsbild, das sich folgendermaßen beschreiben läßt: massiver Rückgang zwischenstaatlicher Konflikte, Zunahme interner Konflikte, Migration, Proliferation von Massenvernichtungswaffen, Terrorismus und organisierte Kriminalität. Außerdem ist die "Strategie der Abschreckung" durch die "Strategie der Stabilisierung" ersetzt worden. Damit wird auch die Sicherheit unteilbar, und daher entspricht die Sicherheit von Drittstaaten auch den eigenen Sicherheitsinteressen. Damit stellt sich neben der früheren "Ein-Pfeiler"-Strategie der Einzelstaaten die "Zwei-Pfeiler"-Strategie" durch das Hinzutreten der internationalen Kooperation.

Nach wie vor dienen Streitkräfte aber primär der Wahrung nationaler Interessen. Sie sind ein Machtmittel zum Schutz der Bevölkerung und des Staatsgebietes vor gewaltsamen Übergriffen und dienen im internationalen Verbund zur Prävention und Eindämmung von Konflikten, damit auch dem Ziel, die Auswirkungen solcher Konflikte auf Europa bzw. dem eigenen Staat fernzuhalten. Die Sicherheitspolitik von Mittel- und Kleinstaaten in Europa hat 4 Aufgabenfelder:

1. Die Garantie der territorialen Integrität am Boden und in der Luft gegen einen konventionellen Angriff.
2. Beiträge zur Stabilisierung in den Krisenzonen an den östlichen und südlichen Peripherien Europas in Form von Peace Support Operations.
3. Der Schutz der Bevölkerung vor subkonventionellen Gefahren.
4. Die subsidiäre Hilfe zugunsten von Behörden bei Katastrophen.

Aber, die Kernaufgabe der Streitkräfte bleibt die Fähigkeit zur Verteidigung, die auch die Voraussetzung für die Erfüllung aller anderen Aufgaben ist. Natürlich steht die Abhaltewirkung zum gegenwärtigen Zeitpunkt nicht im Mittelpunkt, sehr wohl jedoch die Fähigkeit, bei zunehmender Bedrohung militärisch aufwachsen zu können. Streitkräfte müssen Sicherheit und Stabilität im multinationalen Verbund auch nach außen projizieren können ("stability projection").

Die Entwicklungen haben auch in der Schweiz Änderungen mit sich gebracht: Vieles wird in Frage gestellt, so die direkte Demokratie, der Föderalismus, die dauernde Neutralität und das Milizsystem. Man soll nicht übersehen, daß diese Institutionen über viele Jahrhunderte gewachsen sind und der Schweiz Frieden und Prosperität verschafft haben. Die Bevölkerung der Schweiz ist aber heute in zwei Lager gespalten: Eine Gruppe meint, nur die Öffnung zu Europa und eine enge Kooperation mit anderen Staaten und Institutionen würde der Schweiz das Überleben garantieren, die andere Gruppe wiederum möchte an den bewährten Grundsätzen festhalten.

Die Ursachen für diese Meinungsverschiedenheiten liegen auch im neuen Umfeld in dem sich die Schweiz bewegt: Das Land liegt im Herzen Westeuropas; die Schweiz ist eine Insel im "EU-Meer", und die Nachbarn in der Peripherie der Staaten werden irgendwann alle einer Militärallianz angehören; die Schweiz ist sehr klein und bietet sich für militärische Operationen eher wenig an; das Land ist hunderte Kilometer von den EU-Außengrenzen entfernt, aber gleichzeitig sind die Grenzen durchlässig geworden und die Schweiz erlebt eine wachsende illegale Migration und Wirtschaftskriminalität.

Die Schweiz gehört geopolitisch und geostrategisch zu Europa, die Gefahren Europas sind auch die Gefahren der Schweiz. Auch die bisher übliche sicherheitspolitische Autarkie ist nur noch partiell möglich, die eigene Sicherheit erfordert Verbund, Solidarität und Kooperation. Die Neutralitätspolitik muß in Zukunft partieller gehandhabt werden, was den Neutralitäts-Fundamentalisten ein schmerzhaftes Umdenken abverlangen wird. Auch das bisherige Milizsystem helvetischen Verständnisses wird radikal zu überdenken sein. Sicherheit und Stabilität erfordern Präsenzkräfte und permanente Verfügbarkeit und wesentlich mehr Spezialisierung. Der Bürger in Uniform wird daher zur Fiktion. Somit wird man das Milizsystem überdenken müssen. Auch die bisherige Mitverantwortung der Kantone als Mittträger der Landesverteidigung steht der Effizienz und Splittung der Kompetenzen entgegen.

Die Schweiz läuft Gefahr, die Aufgaben von Morgen mit den Instrumenten von Gestern zu planen und zu lösen.

Referat General Ernest König, Landesverteidigungsakademie, Wien

Ein Wortspiel lautete: "Ein Optimist ist ein Pessimist, dem bloß die notwendigen Informationen fehlen." Unser Optimismus ist ein anderer, denn wir sind sehr wohl informiert. Dennoch muß und kann man die gegenwärtigen Situationen in den Bereichen "Herausforderungen für die europäische Sicherheitspolitik", "Umfassende Sicherheit" und "Militärische Landesverteidigung" als "komplex" und, was Österreich betrifft, auch als problematisch bezeichnen. Ich möchte dieses Thema ein wenig aufhellen und dies in Form von grundsätzlichen Anmerkungen tun, die ich in 6 Thesen zusammenfasse:

These 1: Militärische Landesverteidigung und umfassende Sicherheit stellen nicht das zutreffendste Begriffspaar dar. Besser sollte man von umfassender Sicherheit und deren militärischer Komponente sprechen. Denn nach dem "Kalten Krieg" hat sich die umfassende Landesverteidigung von der Aufgabenstellung her in eine umfassende Sicherheit verwandelt. Die Einzelbereiche Gesellschaft, Wirtschaft und Streitkräfte sind eng verflochten, und diese haben wiederum Auswirkungen auf die ökologischen und sozialen Bereiche. Und in der geographischen Dimension hat sich die Sichtweise auf ganz Europa und darüber hinaus verlagert. Sicherheit ist aber nicht mehr eine Aufgabe, die dem Staat allein zukommt. Das Militär muß für die "alten" Aufgaben bereit sein und neue ebenfalls lösen können, es muß sicherheitspolitisch zunehmend gestaltend wirken und für die anderen Aufgaben Lösungen und Kooperation anbieten.

These 2: Wirtschaft und Sicherheit sind untrennbar miteinander verbunden. Unter Einbeziehung des politischen Elements eröffnen sich die Bereiche Sicherheitspolitik und Politische Ökonomie. Hier sei jeweils eine Kurzdefinition an die Spitze gestellt.

Handelt es sich bei der Sicherheitspolitik um die Stabilisierung eines Systems gegen Störungen, insbesondere von außen, werden im Rahmen der Politischen Ökonomie die Prämissen für die Gestaltung der Ökonomie vorgegeben. Beide Bereiche haben Gemeinsamkeiten:

- Beide betreffen die gleichen Elemente, nämlich Staat, Gesellschaft sowie Wirtschaft und Technologie. Viele Firmen haben die Synergie zwischen Militär und Wirtschaft erfolgreich verbunden. Das Dual Use-Konzept hat dazu geführt, daß die in die Forschung investierten Mittel für beide Bereiche (Militär und zivile Nutzung) einen höheren Effizienzfaktor aufweisen.
- Beiden Bereichen ist die Dynamik, die von der Politik ausgeht, ein entscheidender Impuls.
- Das bloße Agieren allein im innerstaatlichen Bereich ist nicht mehr sinnvoll, vielfach auch gar nicht mehr vorstellbar.
- Die jeweiligen Entscheidungsprozesse unterliegen vergleichbaren Abläufen, und sie werden von Zieldefinitionen, geo-ökonomischen Zusammenhängen und Umsetzungsstrategien bestimmt.

Spätestens 1945 erkannten die USA ihre besondere globale Stellung. Die Zielsetzung, diese aufrechterhalten zu wollen und dies mit wirtschaftlichen Überlegungen zu koppeln, war auf der Hand liegend. In der geopolitischen Analyse war die Sowjetunion als Herausforderer leicht identifizierbar. Mit der westlichen und östlichen Gegenküste waren die Zielräume definiert. In diesen Räumen galt es, vergleichbare Demokratien und Wirtschaftswachstum zu fördern und den Menschenrechten zum Durchbruch zu verhelfen. Diese Räume waren Westeuropa, Japan, Südkorea und Formosa. 1947 kam es zum ERP-Programm, besser als Marshall-Plan bekannt. Viele europäische Länder drängten in dieses Hilfsprogramm, so auch Österreich, auch die Tschechoslowakei, der aber durch die Sowjetunion der Zugang zu diesem Programm verweigert wurde. (So gesehen muß es als kleines Wunder bezeichnet werden, daß Österreich partizipieren durfte. Man muß sich einmal die Frage stellen, was mit Österreich passiert wäre, wenn es sich nicht an den Westen angekoppelt hätte.) Für Österreich war damit die enge Bindung an die westlichen Demokratien mit ihrem marktwirtschaftlichen System festgeschrieben.

Die erfolgreiche Umsetzungsstrategie lag in der engen Bindung an die westlichen Demokratien mit ihrem marktwirtschaftlichen System und einer sicherheitspolitischen Äquidistanz, festgeschrieben in einem Neutralitätsgesetz.

These 3: Der neue Feind heißt Instabilität. Begründung: Die Bedrohung des Kalten Krieges ist vorüber - hoffentlich für immer. Es gibt jedoch politische Altlasten und neue bedrohliche Entwicklungen, wie die unterschiedlichen gesellschaftlichen Entwicklungen, das zunehmende Wohlstandsgefälle, die Bevölkerungsexplosion, die Mutation terroristischer Aktivitäten zu strategischen Dimensionen und die organisierte Kriminalität, um nur einige zu nennen. Diese Entwicklungen sind vernetzt zu sehen.

These 4: Die geopolitischen Regionen im benachbarten Osten und Süden Europas werden sich entwickeln und wachsen irgendwann mit dem westlichen Europa zusammen. Hierzu wäre anzumerken: Die Antagonismen werden einmal schwinden, die Infrastrukturen werden ausgebaut und bilden die Grundlagen für wirtschaftliche Entwicklung und Wohlstand. Einige Staaten kommen demnächst in die NATO, andere wollen in die Europäische Union. Allerdings gibt es auch gegenteilige Tendenzen in einigen Staaten, und die Korruption fügt vielen Staaten nachhaltigen Schaden zu.

These 5: Österreich hat in den Regionen des Osten große Chancen. Österreich ist Mitglied der EU und ist bei jenen Staaten, die den "Euro" einführen; Österreich gilt als sicherer Standort, zudem liegt das Land im Schnittpunkt der neuen Wachstumskorridore Berlin-Prag-Wien und zentrales Westeuropa-Mittelosteuropa. Österreich muß die sich bietenden Chancen nützen, wir haben immerhin einen sozio-ökonomischen und demokratischen Vorsprung von mehr als 30 Jahren. Andererseits muß man in Österreich eine gewisse "Politikverweigerung" und Technikfeindlichkeit konstatieren. Wir haben die IAEA in Wien, wollen aber hier sogar den Forschungsreaktor schließen, und wir kritisieren erbarmungslos gegen jedes Land, das Nuklearanlagen betreibt. Wie paßt dies zusammen? Wir verhindern den großzügigen Ausbau von Verkehrsnetzen, erschweren High-Tech Firmen den Zuzug und betreiben in der Sicherheitspolitik eine "Billigvariante". Wie wird sich unser Land verhalten, wenn die EU die GASP institutionalisiert? Europa wird uns nach unserem Verhalten messen, und es liegt an uns, ob wir Drehscheibe oder Peripherie, Mitgestalter oder Außenseiter werden.

These 6: Konvergenzkriterien gelten nicht nur für die Wirtschaft, sondern haben auch für die militärische Sicherheit Bedeutung: Auch die Zukunft wird Instabilitäten kennen und ein Krisenmanagement benötigen, man wird ein Militär benötigen. Allein im Rahmen der UNO waren bis 1989 im Schnitt 12.000 Mann in Peace Keeping Einsätzen weltweit stationiert, heute sind es 70.000 bis 80.000. Es wird mehr Professionalität verlangt, aber man darf die Quantität nicht übersehen. Eine europäische Lastenteilung bei den Ausgaben wäre anzustreben. Österreich hinkt hier aufgrund seines eindimensionalen Denkens und des Ressourcenmangels im militärischen Bereich hinten nach.

Man soll aber nicht übersehen, daß immer dann, wenn die Politik versagt, das Militär gerufen wird. Die Alternative zu einem funktional einsatzfähigen, dem Primat der Politik folgenden Militär ist Anarchie mit "Stammes- und Hilfsarmeen", wie etwa im Kosovo, im Kaukasus, Transkaukasus und in vielen Teilen Afrikas.

Referat Dipl. Ing. Ernst Gehmacher, ÖIFB, Wien

Die Modernisierungen in der Gesellschaft haben die primären Bindungen in der Familie und Nachbarschaft aufgelöst, selbst die sekundären Bindungen wie Religion, Ideologien und Patriotismus haben sich ins Individuelle und Beliebige verschoben und sind medial beeinflußbar geworden. Unsere Strukturen und unsere Loyalitäten gehen verloren. Dies ist nicht neu, man erinnere sich an den Dreißigjährigen Krieg und die Jahre von 1918 bis 1945. Die Jahre nach 1989 beschleunigten die schon vorher erkennbaren Veränderungen.

Unter dem Einfluß von Liberalisierung, Mobilisierung, Flexibilisierung und Rationalität entstehen neue Muster einer vernunftgesteuerten Autonomie und einer neuen Qualität von selbstgewählten Bindungen, Loyalitäten und Identitäten. Allerdings bedrohen diese neuen Bindungen mit deren "überdehnter" individueller Beliebigkeit den Zusammenhalt der modernen Gesellschaft. Dazu kommt eine weitere Zersplitterung der einander bekämpfenden Interessengemeinschaften. Der innere Friede steht dabei auf dem Spiel. Außerdem muß man feststellen, daß auch andere Transformationsprozesse den Staat schwächen, man beobachte etwa den "Rückfall" mancher Rechtsstaaten zum "Polizeistaat", das Ausbreiten von "Mafia-Gesellschaften" samt "Blutrache-Ordnung"; solche Prozesse gehen sehr rasch vor sich, wenn die ethischen und politischen Strukturen und Normen unterhöhlt werden. Im Extremfall stürzen dann ganze Staaten samt ihrer Zivilisation in eine kulturelle "Implosion".

Wir haben am Beispiel der Sowjetunion gesehen, daß selbst Makro-Implosionen nicht unmöglich sind, wir kennen sie von der Antike bis heute. Diese Bedrohung kann nur dann abgewendet werden, wenn die neuen Bindungsmuster zum Zement der modernen bzw. postmodernen Gesellschaft werden. Dazu zählt eine Gesellschaftsethik mit allgemein akzeptierten Postulaten wie z.B. die Bereitschaft, für die Gesellschaft Opfer zu bringen; das Denken in demokratischen Normen und auch ein entsprechendes Handeln; die Fähigkeit zur friedlichen Konfliktlösung innerhalb und zwischen den Gesellschaften; neue Kulturmuster von rational-autonomen zweckgebundenen Gemeinschaftsbildungen mit dem Ziel einer besseren Integration des einzelnen, sei es in Arbeitsgemeinschaften, Partnerschaften und "Bewegungen"; die Stärkung der Persönlichkeitsmerkmale mit einem "Kohärenz-Sinn" (sense of coherence); die Bewältigungsfähigkeit durch die Gemeinschaft (coping capability) etwa von Krisen und die Nutzung der "sozialen Intelligenz".

Wie kann man die Bedrohungen gesellschaftlicher Zerfallsprozesse abwenden? Die Strukturen solcher neuen Bindungen werden einerseits bestehende Institutionen sein, andererseits Neubildungen erfordern. Damit kommt es zu einem Nebeneinander von NGOs, Militär, Zivildienste, Bildungsverbände, Berufs- und Betriebsgemeinschaften mit neuen Ideengemeinschaften in Kultur und für Formen eines neuen "Life Style". Massenmobilisierungen werden hingegen nicht ausreichen, Bindungen zu schaffen.

Was wir weiteres brauchen, ist Optimismus. Man darf aber nicht übersehen, daß Gesellschaften nicht planbar sind, was man kann, ist, diesen bewältigbare Ziele vorgeben. Solche gäbe es mehrere, dazu zählt auch der Dienst für die Gemeinschaft.

Die "civil society" wird daher einen "Allgemeindienst" benötigen, der aus zwei Bereichen besteht, einem "Sicherheitsdienst" und dem "Bürgerdienst"; beide gemeinsam können vermutlich alle zu erwartenden Bedrohungen abwenden. Dieser Dienst ist eine Pflicht an der Gemeinschaft. "Nichtmittun" wäre ein Verstoß gegen die Ethik. Das Ziel muß eine "allgemeine Sicherheit" sein, etwa durch die Koppelung militärischer Sicherheit mit der "öffentlichen Sicherheit". Daher muß man die allgemeine Wehrpflicht auch als eine Brükke für Gruppen in der Gesellschaft und zwischen den Generationen sehen. Was wir brauchen, ist somit eine Mischung von außer Streit stehenden Ethnien, Leistungsbereitschaft, Freiwilligkeit und Risikobereitschaft. Der Konsens für diese Ziele muß aber von unten kommen.

Referat Andreas Kirschhofer-Bozenhardt, IMAS International, Linz

Alle Gruppen der Gesellschaft stehen heute in einem ständigen Austausch von Kommunikation. Wir sind heute alle Teil der Informationsgesellschaft, Teil des Marktes, in dem sich diese Informationen ausbreiten, wir erzeugen Information und sind Ziel solcher. Kann Information Meinungen ändern? Vielleicht, aber es zeigt sich, daß die Menschen versuchen, eine Bestätigung für bereits vorhandene Orientierungen zu suchen, was "dissonant" ist, wird abgelehnt. Daher kann man eher vorhandene Meinungen verstärken, als solche Meinungen umformen.

Kommunikation ist ein Teil der modernen offenen Gesellschaft, dies ist eine Entwicklung, der sich der einzelne nicht zu entziehen vermag. Darin liegen Gefahren, denn die Erzeuger von Informationen betreiben dieses Geschäft mit großer Perfektion. Die Absicht ist die Durchsetzung von bestimmten Zielen bei weitestgehender Vermeidung von Risiken ("risk avoidance"). Das Prestige des Informanten spielt eine wichtige Rolle.

Betrachtet man den Informationsfluß vom Erzeuger bis zum Adressaten, stellen wir einen bestimmten "multi-step-flow" fest: Hohe Streuverluste werden dabei einkalkuliert. Ziel ist der "Verkauf" einer Ware oder einer Information. Allerdings gibt es immer wieder Pannen, und auch die perfekteste Strategie garantiert noch keinen Erfolg. Als Beispiele dafür mögen die Produktwerbung, Public Relations oder aber die Arbeit vieler Think Tanks in den USA dienen. Viele Informationen werden völlig unterschiedlich interpretiert, viele Angaben werden falsch zugeordnet, es werden unterschiedliche Schwerpunkte gesetzt, viele Interpretationen sind unvollständig, und viele Adressaten interpretieren die Informationen ebenfalls unterschiedlich. Damit kommt man zu unterschiedlichen, manchmal sogar unerwünschten Schlußfolgerungen.

Typisch für die unterschiedliche Aufnahme von Informationen war die Einführung des "Euro": Die Komplexität der Währungsumstellung hat dazu geführt, daß man sogar einen "Euro-Beauftragten" ernannte, der jedoch nicht in Erscheinung trat, da die Bevölkerung diese Einführung nicht mit Begeisterung, sondern mit Fatalismus zur Kenntnis nahm, und jede Propaganda für den "Euro" hätte vielleicht nur noch mehr Widerstand ausgelöst.

Ein weiteres Beispiel: Das Bundesheer erfährt in der Öffentlichkeit Negativeffekte. Die Werbung mit der Idee, solche abzubauen, etwa indem man das Bundesheer als Helfer in der Not und bei Katastrophen hinstellte, verfing nicht, da die Öffentlichkeit von einer Armee andere Vorstellungen hat. Kampf und Krieg mag negativ besetzt sein, aber man assoziiert Streitkräfte damit. Wenn man diese Assoziation in Frage stellt, stellt man das Heer insgesamt in Frage. Man darf eine von der Öffentlichkeit als Nebenaufgabe gesehene Tätigkeit nicht als Kernaufgabe verkaufen. Hier sind allfällige negative Reaktionen zu beachten.

Die Grundsätze der Informationsvermittlung müssen beachtet werden. Wichtig ist der Mut zur Einfachheit bei gleichzeitiger Konkretisierung der Informationsinhalte. Glaubwürdigkeit ist ebenfalls wichtig. Auch Medien mit hoher Glaubwürdigkeit haben Probleme, eine meinungsverändernde Wirkung zu erzielen. Und: je höher ein Sachverhalt im persönlichen Wertesystem rangiert, desto schwieriger ist die Beeinflussung. Sobald die Überredungs-Absicht als solche erkennbar wird, wächst der innere Widerstand gegen sie. Überlieferung und Tradition haben einen hohen Einfluß, und es gibt eine Suche nach einfachen, griffigen Formeln.

In Österreich ist es bisher nicht gelungen, die Sicherheitspolitik der Öffentlichkeit als dringliches Thema überzeugend zu vermitteln.

Referat Dr. Andreas Rohrhofer, ORF Linz

"Journalismus lebt aus dem Bauch, daher ist er mit dem Kopf nicht zu begreifen" ist ein viel zitierter Satz. Er ist willkommen und falsch zugleich: Willkommen, weil der Journalist, trotz bibliotheksfüllender Literatur zur Kommunikationswissenschaft, in erster Linie auf Instinkt, Feeling, fehlender Rationalität und nach Gutdünken agiert; falsch ist dieser Satz, weil es doch bei vielen das Bemühen gibt, die Wahrheit zu suchen und konkret Fakten zu berichten.

Wir befinden uns an einer medientechnologischen Zeitenwende. Das überschaubare Spektrum sogenannter Massenmedien wie Zeitungen, Hörfunk und Fernsehen ist in Auflösung begriffen. Cyberspace, der virtuelle Raum, wird auch für den Normalbürger Realität. Aus dem gemütlichen "Global Village" wird nun "Telepolis", Medien und Informationen ohne Raum, Ort und ohne ideologiepolitischer Zuordnung, dazu unüberschaubare Datenmengen und elektronische Netzwerke. Die Folge ist der Rückzug des Bürgers in die Privatheit, in die vermeintlich heile Welt der eigenen vier Wände, in das "Cocooning". Dies ist aber ein Trugschluß, denn Telepolis dringt auch in die Wohnzimmer vor. In einiger Zeit werden wir 250 TV-Programme empfangen können und dies über ein einfaches Glasfaserkabel.

Das Welt-Informationsaufkommen wächst pro Jahr um 20%. Kulturpessimisten wie Neil Postman können nicht verhindern, daß die Kommunikation zunimmt, Niklas Luhman spricht von der Kommunikation als "unvermeidbarer Operation der Gesellschaft". In der Demokratie bedarf es der Kommunikation von Regierenden und Regierten bzw. aller gesellschaftlicher Gruppen. Die Frage ist nur wieviel und welche, keinesfalls die aller und keinesfalls um jeden Preis. Das Fernsehen vermittelt "Reality TV", Unmittelbarkeit und Live-Übertragungen. "Infotainment", "Politainment" wird nun mit "Horrortainment" ergänzt. Negative Ereignisse haben höchsten "News-Wert". Die Angst, das im Fernsehen Gesehene selbst zu erleben ("Victimization"-Effekt), ist längst Teil der Negativ-Effekte laufenden TV-Konsums, dem sich kaum wer zu entziehen vermag.

Neu ist die Erkenntnis, die besonders das Fernsehen überdeutlich vermittelt, daß auch die politischen Instanzen wenig oder keine Problemlösungskapazität besitzen. Politiker versuchen dem mehr oder weniger wirksam entgegenzusteuern. Simplifizierung ist ein Mittel, komplexe Zusammenhänge zu erklären, was wiederum die Wirklichkeit verzerrt. Egal wieviele Optionen die neuen Medien anbieten, der Zuseher hat Grenzen in seiner Aufnahmefähigkeit: Das eingeschaltete TV-Gerät bedeutet nicht, daß auch die Sendung bewußt verfolgt wird, das Gesehene wahrgenommen wird, das Wahrgenommene verstanden und das Verstandene auch behalten wird. Nur der "Gebrauchswert" für den Adressaten, der "Nutzen" wird aktiv aufgenommen. Man muß Aufmerksamkeit wecken, sich vom Informationsfluß loslösen, nur dann kann man Botschaften erfolgreich vermitteln.

Kommentare

Oberst Norbert Fürstenhofer, ABC-Abwehrschule, Wien:
Nicht erst seit den Tagen der Aufklärung bzw. der Französischen Revolution erweist sich die menschliche Vernunft als erkennbar trügerisch und in bestimmten Bereichen als wenig lernfähig. Zu unterschiedlich sind Ausgangspositionen und Motive, zu vielfältig die Denkkategorien und Zielsetzungen. Die hier in Alpbach gehörten, völlig unterschiedlichen Darstellungen zu den Vorgängen im Kosovo, liefern hierzu handfeste Beweise. Unwiderlegbar sind wahrscheinlich nur die Aussagen vom Bischof von Banja Luka, Franjo Komarica, jedenfalls blieb er unwidersprochen. Vielleicht sollte man einen Lösungsansatz gegen den vielerorts herrschenden Zeitgeist und über die unterschiedlichen Religionen bzw. auf ethischer Basis versuchen. Dies ist kein Widerspruch zu Demokratieverständnis, Menschenrechten oder sonstigen Kategorien, die ja letztlich alle Teile eines gemeinsamen Nenners sind.

Auch die Rolle des Militärs in der Gesellschaft fordert einen derartigen gemeinsamen Nenner. Die Analysen der Bedrohungsszenarien und die sich ableitenden Aufgabenstellungen sind umfassend dargelegt worden, nur die Zukunft wird, unbeschadet nationaler traditioneller Aufgabenstellungen, vermehrt ein allgemeingültiges "Militärverständnis" erforderlich machen. Die Einsätze im Rahmen der neuen Aufgaben der NATO, die Partnerschaft für den Frieden, und UN-Einsätze sind bereits richtungsweisende Ansätze, wenngleich wir von einer "Weltpolizei" noch weit entfernt sind.

Wir sollen auch die Rolle des "citizen soldier" nicht übersehen, der sich als Teil der Gesellschaft sieht und aufgeboten wird, wenn Gefahren drohen. Die US National Guard wäre hier ein nachahmenswertes Beispiel. Hier verbinden sich traditionelle militärische Aufgaben, Schutz- und Unterstützungsaufgaben für die Gesellschaft. Es ist daher nur logisch, daß die USA den neuen Demokratien in Europa dieses Modell recht erfolgreich vermitteln. In Österreich sollte man im Zuge der Wehrdebatte dieses Modell nicht übersehen. Nur, ohne politische Basis, ohne Konsens der "governmental policy" geht das nicht. In Österreich fehlen hierzu wegweisende Stimmen, was wir haben, sind stereotype Aussagen und ein überholter und von der Politik unbeachtet gebliebener Landesverteidigungsplan. Die Motivierung von Gesellschaft und Politik ist ein nicht enden wollendes Unterfangen, das in Österreich kaum wer betreibt, wohlwollende Aussagen sind bestenfalls Absichtserklärungen.

Univ.-Ass. DDr. Christian Stadler, Universität Wien:

Hier wurde das Modell der "Open Society" präsentiert und als vorbildlich hingestellt. Man muß nur aufpassen, daß wir nicht zu viel "openness" bekommen, denn dies bedeutet ja ein Überhandnehmen von individuellen Forderungen gegenüber der Gesellschaft bei Verneinung des Rechtes von Forderungen der Gesellschaft an den einzelnen durch diese einzelnen, die solche Pflichten schroff zurückweisen. Die noch größere Gefahr besteht im Glauben, die Gesellschaften hätten einen Mechanismus, der solche Störungen ausgleicht. Es gibt keinen "Selbstheilungsprozeß" der Gesellschaft. Vielmehr kommen die zyklischen Entwicklungen immer schärfer auf uns zu, die Demontage der Familie ist eine Parallelentwicklung, die dies noch verdeutlicht.

Die Fragmentierung der Gesellschaft zu einer mechanistischen Gesellschaft im Sinne Hegels oder Tönnies ist nunmehr eine Tatsache. Doch liegt dieser Entwicklung kein neuzeitliches Ur-Ereignis zugrunde, wie etwa ein sozialevolutionärer Urknall, den einige zu erkennen meinen, sondern wir sehen eine zyklische Erscheinung, wie sie regelmäßig auftritt und die in der abendländischen politischen Philosophie als "phainomenon" der instrumentellen Vernunft begriffen wird, man denke an Platon in seiner Analyse der klassischen griechischen Aufklärung der Sophisten, sei es von Machiavelli in seiner Analyse der Renaissance der klassischen Antike und ihrer Aufklärung oder sei es der deutsche Idealismus bei seiner Interpretation der englischen und französischen Aufklärung. Es liegen also - siehe Hegel - gesellschaftliche Entwicklungen bzw. historische Gesetzmäßigkeiten vor. Dies hängt wiederum mit der Einsicht zusammen, daß der Mensch nicht nur als ein Rädchen im Rahmen der sozialen Funktionalität handelt (also eine akzidentielle Bestimmung des Menschen und seine Abhängigkeit im Sinne anthropologischer Sichtweisen), sondern als ein "animal rationale" zwischen Freiheit und Verantwortung, und das hat - im Sinne von Kant, Fichte und Hegel - Teilhabe an der gesamthaften Vernunft.

Dazu kommt eine Spannung durch das Vorhandensein der Dichotomie zwischen linearem "Verstand" unter der Forderung "Jedem das Gleiche" und der proportionalen "Vernunft" mit der Forderung "Jedem das Seine", also einer Spannung zwischen Eigennutz und Gemeinwohl, zwischen Wunsch und Pflicht, zwischen Beliebigkeit und erzwungener und notwendiger Einheit, zwischen atomistischem "Ich" und dem "Wir". Wir können aber feststellen, daß das "Wir" gegenüber dem "Ich" immer mehr zurücktritt. In der modernen "Zweck-Humanität" vermag sich die Familie und gemeinschaftliches Zusammenleben nicht mehr gegenüber dem geförderten Egoismus zu behaupten.

Das zyklische Erklärungsmodell erklärt die Zerrissenheit der Gesellschaft, die Zerstörung der "bergenden Gemeinschaften", die schrankenlosen individuellen Forderungen gegenüber privaten und öffentlichen Firmen und Organisationen wegen vermeintlichem und privat zu erduldendem "Unrecht". Dazu kommt die Privatisierung des Öffentlichen und die zunehmende Öffentlichkeit des Privaten, die "Umwertung der Werte", von der bereits Nietzsche sprach. Die könnte sehr wohl zum Kippen demokratischer Systeme führen, denn höchste private Freiheit bedeutet geringste Freiheit des Gesamten (man erinnere sich: "Summum ius, summa iniuria"). Die Freiheit ohne Pflichten und Bindungen muß an sich selbst scheitern und führt nach der Phase der Anarchie dann geradewegs zur (dann gesellschaftlich sogar herbeigesehnten) totalitären Diktatur.

Dies ist eine philosophische Analyse, sie ist aber durch die Realität belegt. Man lese auch Meinhard Miegels "Das Ende des Individualismus", mit dem konkretisierenden Untertitel "Die Kultur des Westens zerstört sich selbst". Daher muß man eine historische Dekadenzentwicklung (die Gemeinschaft liquidiert ihre eigenen Existenzgrundlagen, siehe etwa das antike Beispiel des liberalen Athens, die ebenso republikanischen italienischen Renaissance-Republiken oder die Weimarer Republik) konstatieren. Gefahren liegen allerdings sowohl in der materiellen Überversorgung bei spiritueller Unterkühlung wie auch in der materiellen Unterversorgung und parallelem Nationalismus mit anti-demokratischem Radikalismus, wie die Entwicklung in manchen jungen Demokratien in Ost- und Südosteuropa zeigt und deren destabilisierende Implikationen auf der Hand liegen.

Univ. Prof. Dr. Heinrich Wohlmeyer, ÖVAF, Wien:

Den meisten Demokratien sind nach Erreichung eines hohen Wohlstandes die Visionen abhanden gekommen. Parallel dazu verloren viele Staaten auch die "Staatsidentität". In diese Situation kommt für die Betroffenen völlig unerwartet das Problem der strukturellen Jugend- und Altersarbeitslosigkeit und die allgemeine Unsicherheit im Rahmen der ablaufenden Globalisierung. Dies bewirkt, daß viele Bürger in den westlichen Demokratien nach Alternativen suchen, in der sie sich irgendwie geborgen fühlen. Typisch dafür ist das Aufleben der Regionen. Die "Regionalisierung" stiftet jene Identitäten, die die abhanden gekommene staatliche Identität teilweise ersetzen.

Man könnte, auf Basis dieser Entwicklung, in Ableitung von den dezentralen Netzwerken, gesellschaftliche Strukturen mit neuen Bindungen schaffen. Dies erfordert einerseits eine Förderung solcher neuen Strukturen, andererseits entstehen solche bereits von selbst. Da Wehrbereitschaft immer die emotionelle Bindung an Identitäten voraussetzt, sollte die Sicherheitspolitik an dieser Entwicklung nicht vorbeigehen. Ziel müßte sein, die regionalen Identitäten mit jenen der europäischen Identität zu verbinden. (Diese wäre eine Art "Identitätsdach".)

Es ist bemerkenswert, wie man im österreichischen Identitätsvakuum versucht hat, die Neutralität als identitätsstiftendes Instrument einzusetzen. In den siebziger Jahren wurde sie geradezu als Ersatzreligion hochgespielt. Auch die Geschichtsschreibung wurde diesem "Neutralitäts"-Wunschbild weitgehend angepaßt. Hier gibt es Scheinwahrheiten, die als Wahrheiten verkauft wurden. Nur, statt dieser "virtuellen" Welt einer österreichischen Neutralität sollte die Identität des friedensstiftenden, weltoffenen Österreichs kultiviert werden, das ein guter Partner im besten Sinne wäre.

Dipl. Ing. Ernst Gehmacher, ÖIFB, Wien:

Man könnte sagen, daß die friedliche Implosion der Sowjetunion von der Friedensbewegung mitverursacht wurde. Dies hat eine Reihe von Ursachen:

Man muß festhalten, daß die Friedensbewegung in den siebziger und achtziger Jahren von den kommunistischen Parteien und vom Osten besonders gefördert wurde. Das Ziel war es, den Westen politisch und gesellschaftlich zu schwächen. Dies ist teilweise gelungen. Was nicht gelang, war, die Rüstung des Westens zu beeinflussen. Und was man nicht bedacht hatte, war, daß durch die Informationsgesellschaft auch vermehrt Fragen zur Haltung und Rüstung der Oststaaten gestellt, aber unbeantwortet blieben, daher immer öfters und immer kritischer an die Adresse der Sowjetunion und an die Führungen der Regierungen in den anderen Oststaaten gestellt wurden. Und dann kam mit dem Krieg in Afghanistan die Infragestellung des sowjetischen Systems insgesamt.

Mag. Friedrich Korkisch, BMLV, Wien:

Robert Kaplan hat kürzlich im *Atlantic Magazine* einen sehr guten Beitrag über die Zukunft der westlichen Demokratien publiziert und hier Warnungen ausgesprochen, vor allem hat er eine drohende Überforderung der Gesellschaft durch den schrankenlosen Individualismus und überzogene Erwartungen an die Demokratie konstatiert. Diese Warnung richtete er vor allem an die Adresse der neuen Demokratien im Osten Europas und an jene in Asien. Kaplan erwähnt auch die Probleme in den USA, auf die schon in den achtziger Jahren Arthur Schlesinger hingewiesen hatte, als er ein Überhandnehmen von egoistischen Gruppeninteressen und deren Bereitschaft zu einer kämpferischen Durchsetzung derselben aufzeigte.

Es gibt seit vielen Jahren, quasi als Parallele zu den "cycles of societies", wie sie Stadler darstellte, eine weitere Zyklen-Theorie, nämlich die von Staaten, die sich in einem Zyklus von Auf- und Abwärtsbewegen ihrer politischen, wirtschaftlichen und militärischen Macht und ihrer globalen bzw. geopolitischen Bedeutung befinden, wobei die Wirtschaftskraft den Kern dieser Macht darstellt. Es ist offen, wie weit endogene Faktoren oder Krisen wie "gesellschaftliche Risse" oder Instabilitäten die exogen wirkenden hervorrufen bzw. die exogenen die endogenen auslösen. Es gibt für Staaten eine Theorie ähnlich der "langen Wellen", wie sie Kondratief postulierte. Demnach kommt es alle 50 bis 70 Jahre zu einem Bruch eines geopolitischen Paradigmas, etwa durch den Zusammenbruch einer Großmacht. Dann kommt es zu einem "shake out"- bzw. "shake down"-Prozeß, der viele Jahre anhalten kann, sich durch extreme Erschütterungen wie Anarchie, Krieg oder Hungerkatastrophen mitteilt; selbst an den Rändern solcher Zonen kommt es zu Störungen, wenngleich als "sanfte" Entwicklungen oder Wechselwirkungen im Zeitlupentempo.

Am Ende dieses Prozesses entsteht ein neues Paradigma. Wichtig ist heute die Kontrolle des "shake down" und die Kontrolle der Störungen und unerwünschter Auswirkungen auf andere Regionen und Entwicklungen. (Hier setzten übrigens Scowcroft und Bush mit der Idee des "New World Order" an.) Und: Die gesamte "Decline"-Literatur Mitte der achtziger Jahre und besonders Paul Kennedy und sein "Rise and Fall of the Great Powers" sind durch den nachfolgenden Zusammenbruch der Sowjetunion beinahe bestätigt worden, aber eben nur beinahe, denn Kennedy münzte sein Buch eigentlich auf die USA und gerade hier irrte er, wie viele andere auch.

Erkennbar ist jetzt erneut der innere Verfall Rußlands durch weitere kleine "Implosionen" wie im Industrie- und Bankensektor, obgleich ich nicht glaube, daß Rußland noch weiter zerfallen könnte, das wäre ein Zerfall von einem großen armen Verliererstaat in kleine arme Verliererstaaten, wer hätte davon einen Nutzen, wer sollte diese durchfüttern? Aber was viel bedeutender war, war die Nichtrealisierbarkeit der Idee der "Gemeinschaft Unabhängiger Staaten", die kaum eine Gemeinschaft bilden, einige wenige wie Belarus sind nie wirklich von Rußland unabhängig geworden, aber das GUS-Gebäude entwickelt sich jetzt völlig auseinander. Interessanterweise kommt hier Samuel Huntington ins Spiel, weil die Unvereinbarkeiten in der GUS - Orthodoxie vs. Islam - genau auf das Modell des "Clash of Civilizations" zurückgeführt werden können. Und das gilt im Mikromaßstab auch für den Balkan.

General Ernest König, Landesverteidigungsakademie, Wien:

Das Militär ordnet sich in den Demokratien in das gesellschaftliche System ein. Die Politik betrachtet das Militär als Teil des Sicherheitssystems und gibt ihm für die Erfüllung dieser Aufgabe die erforderlichen Mittel. In Österreich haben wir aber den besonderen Fall, daß die Politik zwar auch von der Sicherheitspolitik spricht, dabei dem Militär die Mittel aber versagt. Das Militär soll Bedrohungen abwehren, man sagt uns aber nicht welche und wie. Damit ist Österreich in Europa ein "Sonderfall", denn es ist unklar, wie es seine Sicherheit nach außen erfolgreich wahrnehmen kann.

Wenn Gehmacher daher von der Pflicht eines Sicherheits- und Sozialdienstes an der Gemeinschaft spricht, muß man bedenken, daß wir in Österreich bereits jetzt einen Freiwilligendienst haben. Die Umstellung erfolgt auch schon ideologisch: Man verteidigt nicht mehr den Staat, sondern die Neutralität und das Eigentum.

Für das Bundesheer stellt sich eine Reihe von Fragen hinsichtlich seiner zukünftigen Aufgaben. So könnte man durch das Zusammenwirken mit anderen Armeen neue Aufgaben suchen und auch erfolgreich wahrnehmen. Bei der Rüstung ist in den meisten Bereichen die Qualität recht gut, hingegen mangelt es an der Quantität. Wo wir daher "einsteigen" müssen, ergibt sich von selbst: Wir benötigen die Führungsverfahren, Verbindungsmittel und Sprache, um international mitwirken zu können.

Österreich darf nicht vergessen, daß es zu Europa gehört, also wir müssen in der EU, NATO, WEU und OSZE aktiv mitwirken. Abstinenz in einer dieser Organisationen schlägt auf die Glaubwürdigkeit Österreichs in den anderen Bereichen durch. Und wir dürfen auch nicht vergessen, daß wir als Außenseiter in der Sicherheitspolitik auch wirtschaftlich Schaden nehmen können, d.h. zum Außenseiter bei wichtigen wirtschaftlichen Aufträgen werden; wir bekommen schon jetzt bestimmte Rüstungsaufträge aus dem Ausland nicht. Das wird sich verstärken, wenn wir uns weigern, der NATO beizutreten. Und wir haben gegenüber der Schweiz Nachteile: Erstens haben wir weniger Geld, zweitens weniger Material, drittens behindert uns der Staatsvertrag in unserer Entscheidungsfreiheit. 1998 auf die Klugheit von 1955 und die Unverrückbarkeit der Neutralität hinzuweisen, macht wenig Sinn. Es macht auch wenig Sinn, das Militär nur aus der Sicht einer drohenden Aggression von außen zu beurteilen, wir waren gegen eine solche vor 1990 machtlos, und jetzt wären wir nicht machtlos, reduzieren aber das Heer so umfassend, daß wir Gefahr laufen, wieder machtlos zu werden.

Es verwundert eigentlich, daß noch niemanden aufgefallen ist, daß der UN-Beitritt Österreichs die Neutralität überflüssig machte; nimmt man den Artikel 103 der UN Charta, dann steht die Neutralität sogar im Widerspruch zu diesem Artikel.

Divisionär Dominique Juilland, Bern:

Österreich hatte für die Schweiz eine Vorbildfunktion, sowohl was die Zusammenarbeit mit der UNO und der OSZE betraf, aber auch bezüglich des Beitrittes zur Partnership for Peace. Freie Gesellschaften bieten ein Leben in Freiheit, aber dies bedingt, daß die Individuen wiederum einen Dienst an der Gemeinschaft leisten. Die Allgemeine Wehrpflicht ist der wichtigste Ausdruck dieses Gemeinschaftsdienstes.

Schlußwort von Generaltruppeninspektor General Karl Majcen, Wien

Es hätte nicht Alpbach bedurft, um aufzuzeigen, daß es in unseren Gesellschaften "Risse" gibt. Demokratien sind hier keine Ausnahme. Aber die Diskussionsbeiträge haben leider auch gezeigt, daß der Konsens in wesentlichen Fragen zunehmend in Frage gestellt ist: Wenn Risse derart stark werden, daß diese eine Gefahr für die nationale und europäische Sicherheit werden, sind Eliten, Politiker, aber auch die Gesellschaft selbst aufgefordert zu handeln, um eine Abwendung weiterer negativer Entwicklungen sicherzustellen. Das Militär ist immer nur "Auftragnehmer" der Politik, aber in einer gesunden Demokratie sind selbstverständlich auch die Militärs aufgefordert, Denkanstöße zu geben und darüber hinaus einen wichtigen Beitrag im Sinne einer Konfliktlösung zu leisten. Die Politiker müssen dem Militär sagen, was sie erwarten, was das Militär können muß, und das Militär muß sagen, was es kann.

In Österreich mangelt es an einem Dialog zwischen Politik und Militär, auch an einer klaren Vorgabe, wie ein solcher Dialog zu führen wäre, wie er sich operationalisieren läßt. An entsprechenden wohlmeinenden Beiträgen, wie dies zu erreichen wäre, fehlt es bei uns nicht. Dialog wäre also eine Antwort - das Militär ist bereit dazu!

Sowjetische Vergangenheit und Archivdokumente *

IRINA SCHERBAKOWA

Es ist durchaus klar, daß der langwierige und schwierige Prozeß der Aufarbeitung der totalitären Vergangenheit in Rußland eigentlich erst am Anfang steht, wenn man nicht über die intellektuelle Elite spricht, sondern über den breiten gesellschaftlichen Prozeß, der die Schaffung der Gedenkstätten, Denkmäler, wissenschaftlichen Zentren, aktive verlegerische, historisch-wissenschaftliche und aufklärerische Tätigkeit, soziale Unterstützung und Rehabilitierung der Opfer der Repressionen beinhaltet.

Natürlich ist es problematisch, in einem kurzen Vortrag das außerordentlich schwierige Verhältnis der heutigen russischen Gesellschaft zu ihrer Vergangenheit darzustellen. Doch wie widersprüchlich alles ist, läßt sich am Beispiel des heutigen Moskau gut aufzeigen. Auf der einen Seite liegt Lenin weiter im Mausoleum, wenn auch ohne Ehrenwache, und Stalin liegt immer noch an der Kreml-Mauer. Auf der anderen Seite wird die von Bolschewiken ermordete Familie des letzten russischen Zaren in der Anwesenheit des Präsidenten Jelzin begraben oder wird mit unglaublicher Intensität die kirchliche Architektur wiederbelebt, die unter dem Sowjetregime zerstört worden ist. In diesem Sinne erscheint der Wiederaufbau der riesigen Christ-Erlöser-Kirche, die Anfang der 30er Jahre gesprengt worden ist, als geradezu phantastisches, aber verwirklichtes Projekt. Man spürt überall das Wiederaufleben eines pseudorussischen Stils - in den Aufschriften, der Werbung, den Einrichtungen. Es gibt auch Anzeichen für die imperiale Nostalgie sowohl großrussischer als auch sowjetischer Art. Am Moskau-Fluß ist eine (trotz Proteste vieler Moskauer Intellektueller) Statue von Peter dem Großen aufgestellt worden, dagegen auf dem Manege-Platz zum 50. Jahrestag des Sieges im Großen Vaterländischen Krieg ein ganz im Stil des Sozialismus gemachtes Jukow-Denkmal. Drittens wird aktiv am Aufbau einer westlichen City gearbeitet, wenn auch mit kitschig-russischem Akzent (das beste Beispiel hierfür ist der Bau einer ganzen unterirdischen Stadt im Herzen Moskaus auf dem Manege-Platz). Aber vielleicht liefert ja dieser doch immerhin friedliche Pluralismus wenigstens für die künftigen Generationen den Ausgangspunkt für eine vernünftige und rationale Bewertung der Vergangenheit?

* Vortrag im Rahmen der Arbeitsgruppe "Die Illusionen des 20. Jahrhunderts und ihre Verbrechen. Totalitarismen unseres Jahrhunderts im Vergleich"

Eine zentrale Frage - nicht nur für die rein historische Forschung, sondern für den ganzen Prozeß der Aufarbeitung der Vergangenheit - ist der Zugang zu den ehemaligen geheimen sowjetischen Archiven. Nicht nur die russischen Historiker, aber vor allem sie, werden in den letzten Jahren ständig damit konfrontiert, daß dieser Zugang immer schwerer wird. Es geht dabei nicht nur um bestimmte Dokumenten, sondern um den Vorstoß gegen schon geltende Gesetze, gegen das Archivgesetz, gegen das Rehabilitierungsgesetz.

Man muß sagen, daß die Situation der Archive vor der Perestrojka viel klarer war als heute. Die überwiegende Mehrheit der Archivdokumente - staatliche, amtliche und Parteidokumente - wurden einfach geheim gehalten und waren den Forschern nicht zugänglich.

Und das bezog sich bei weitem nicht nur auf jene Archivdokumente, die mit den Repressionen zu tun hatten. Geheim war fast alles: von den Protokollen der Sitzungen des Politbüros bis zu den Listen jener Generäle, die für den Erhalt einer Datscha - also eines russischen Sommerhauses - vorgeschlagen wurden. Die Geheimhaltung war nicht nur eine Form der Aufbewahrung und eine Methode der Gestaltung der Vergangenheit. Die Geheimhaltung war vielmehr die eigentliche Existenzgrundlage des sowjetischen Systems und seines Funktionierens. Deshalb sind die Archive nicht nur der Schlüssel zu den geheimen Zimmern der Vergangenheit, sondern auch ganz allgemein zum Verständnis des Systems selbst.

Es war deshalb für das System völlig selbstverständlich, das gesamte sowjetische Archivsystem 1937 unter die Jurisdiktion des NKWD zu stellen. Und obwohl es in der Zeit nach Stalin einige Veränderungen in dieser Angelegenheit gegeben hat, unterlag doch der Großteil der staatlichen Dokumente auch weiterhin der Geheimhaltung.

Deshalb waren dann die ersten demokratischen Forderungen am Beginn der Perestrojka jene nach Offenheit und Transparenz. Denn bis dahin konnte man sich ein mehr oder weniger reales Bild der Vergangenheit ja nur machen, indem man sich auf mündliche Überlieferungen oder auf schriftliche Publikationen aus dem Samisdat verließ.

"Öffnet die Archive, und wir drehen das gesellschaftliche Bewußtsein um". Mit dieser Losung begann der öffentliche Druck auf die Machthaber und den KGB. Unter dem Eindruck der öffentlichen Forderungen, die für die Repressionen verantwortlichen Organisationen vor Gericht zu stellen oder sogar einen Nürnberger Prozeß gegen die KPdSU zu inszenieren, bemüht sich der KGB in dieser Zeit darum, sich so liberal wie möglich zu geben. Für einige Journalisten und Publizisten beginnt, man einige der dicht verschlossenen Archivtüren zu öffnen. Fast täglich erscheinen in dieser Zeit in der Presse sensationelle Artikel. In der Regel enthalten diese aber nur aus dem Gesamtkontext herausgerissene Einzelfakten ohne Hinweise auf die Archivdokumente. Damals schien es so, als ob mit den Archiven des KGB bald das gleiche passieren würde wie mit den Archiven der Stasi. 1991 - sofort nach dem Augustputsch - unterzeichnet Jelzin einen Erlaß, der die Überprüfung aller Amtsarchive - wie das des KGB, das des Außenministeriums und die

Parteiarchive - unter der Obhut des staatlichen Archivdienstes anordnet. In diesem Augenblick schien das Wunschziel der völligen Öffnung der Geheimarchive nahe und durchaus erreichbar. Es lag der Vorschlag vor, ein einziges Archivsystem zu schaffen, in dessen Obhut alle Dokumente nach einer bestimmten Zeitspanne überzugehen hätten. Eine solche Struktur hätte der tatsächliche Hüter der nationalen Geschichte werden können. Doch ein Teil der Amtsarchive - vor allem des Außenministeriums und der Geheimdienste - begann sofort, für sich Sonderstatus zu verlangen. Und trotzdem war diese Zeit die allerbeste für die Arbeit in den ehemaligen sowjetischen Archiven und zwar sowohl für die russischen, als auch für die ausländischen Forscher.

Das öffentliche Interesse am Thema Repressionen wurde Ende 1991 sichtbar schwächer. Auch die Situation rund um den Fall KPdSU konnte dieses Interesse nicht wieder wachrütteln. Aber die Experten, die für den Präsidenten und das Gericht arbeiteten, erhielten fast völlig freien Zugang zu den Archiven und präsentierten dem Gericht mehr als 10 Bände mit dem Beweismaterial über die Verbrechen des gefallenen Regimes. Viele dieser Dokumente, die entscheidend sind für das Verständnis der Geschichte des politischen Terrors, gelangten damals auch in die Massenmedien. Allerdings brachte das keinen nennenswerten Bewußtseinswandel in der Gesellschaft mit sich.

Die öffentliche Gleichgültigkeit hatte wahrscheinlich viel mehr mit den wirtschaftlichen Schwierigkeiten der ersten Reformjahre zu tun, mit dem Unbehagen über den Zerfall des Landes und mit den auftauchenden neuen sozialpolitischen Realitäten. Genau in dieser Zeit beginnt in der Gesellschaft die Enttäuschung über die Demokraten zu Tage zu treten, die Nostalgie nach der Vergangenheit und gleichzeitig der Wunsch nach einer "starken Hand." All das war nicht dazu angetan, den Versuch einer historischen Reflexion zu unternehmen, sich mit den erschütternden Dokumenten auseinanderzusetzen. Das Thema der Repressionen bleibt natürlich für die Opfer sehr prominent, die sehr unter dem Verlust des öffentlichen Interesses an ihrer Sache leiden, nach und nach wird dieses Thema auch für die Universitätshistoriker wichtig, weil jetzt unglaubliche Mengen früher gänzlich unbekannter Materialien zugänglich werden.

Die Organisation der Massenrepressalien und eines riesigen Lagersystems war einerseits eines der wichtigsten Ergebnisse der stalinistischen Politik und andererseits ihr wichtigstes Instrument. Wichtigste Informationsquelle über die Repressionen und den GULAG war viele Jahre lang die Erinnerung. Die Rolle, die die Erinnerung im gesellschaftlichen Bewußtsein im Zusammenhang mit der eigenen Vergangenheit spielt, ist nach wie vor in Rußland sehr groß. Sogar heute, wo sich der Schwerpunkt des Interesses der Forscher zu den Archiven hin verlagert, ist es ganz offensichtlich, daß kein Dokument das ersetzen kann, was im menschlichen Gedächtnis gespeichert ist. Aber leider gibt es in Rußland keine historischen Forschungen, die die gesamte Erinnerungsproblematik im Zusammenhang mit der Aufarbeitung der Vergangenheit vom wissenschaftlichen Standpunkt aus analysiert hätten. Das ist verständlich, denn zunächst schien die allerwichtigste Aufgabe jene, die Erinnerungen der Opfer überhaupt öffentlich zu machen. Doch heute - so scheint es uns - ist offenbar die Zeit für die Wissenschaft gekommen, sich mit den Gedächtnisproblemen auseinanderzusetzen.

Auch die - erst in den letzten Jahren auftretende - Wissenschaftsform der mündlichen Geschichtsüberlieferung (oral history) hat in diesem Zusammenhang einen neuen Impuls gegeben. Die Repressionen und GULAG waren ohne Zweifel ein Teil der sowjetischen Alltagsgeschichte. Und die Möglichkeit, diese Alltagsgeschichte zu erforschen, erfreut sich jetzt bei den russischen Wissenschaftlern großer Beliebtheit.

Wie es schon oben erwähnt wurde, ist eines der größten Probleme bei der Erforschung des GULAG der schwierige Zugang zu den Archivdokumenten. Erst heute können wir, wenn auch noch in etwas allgemeiner Form, auf folgende Fragen antworten:

Was hat das sowjetische System aufbewahrt, wo befinden sich die Dokumente, die mit dem GULAG in Zusammenhang stehen, und gibt es die Möglichkeit auf diese Dokumente zuzugreifen?

Die jetzt, wenn noch natürlich in sehr beschränktem Ausmaß, geöffneten Dokumente, geben uns trotzdem die Möglichkeit, sich schon ein Bild davon zu machen, wie die einzelnen Etappen der Entwicklung der sowjetischen Repressionen und des GULAG-Systems ausgesehen haben.

Wenn man die inneren Strukturen des GULAG analysiert, ist es besonders wichtig zu beachten, wie die eine Struktur die andere beeinflußt; wie die Auflösung der Massenrepressionen zur Veränderung des GULAG-Systems führt und umgekehrt, wie das GULAG-System die staatliche Politik beeinflußt, weil der GULAG selbst zunehmend zu einem sehr wichtigen wirtschaftlichen Faktor wurde.

Die Frage nach den Zahlen der Repressierten hat unter den Historikern immer die heftigsten Diskussionen ausgelöst.

Die Gesamtzahl der aus politischen Gründen in den Jahren der Sowjetherrschaft Repressierten wird bis heute offiziell nicht genannt. Wenn man den Angaben des KGB glauben darf, dann haben die Sicherheitsbehörden (WTSCHK, OGPU, NKWD, MGB) in der Periode zwischen 1921 und 1953 rd. 4 Millionen Menschen verhaftet und gegen diese Untersuchungen durchgeführt. (Die statistischen Angaben für die Jahre 1917 bis 1920 fehlen.) Rd. 1 Million der Verhafteten wurde erschossen, die restlichen wurden zu Lager, Strafkolonie, Verbannung und ähnlichem mehr verurteilt. Diese Zahl wird nicht nur durch die interne Statistik der Sicherheitsorgane mehr oder weniger bestätigt, sondern auch durch die Anzahl von Untersuchungsakten, die in den Archiven aufbewahrt werden. Allerdings wurde eine wesentlich größere Anzahl von Menschen Opfer der administrativen Repressionen. Diese administrativen Repressionen bestanden vor allem aus der Ausweisung aus dem bisherigen Lebensort und der gewaltsamen Ansiedlung in anderen Teilen des Landes als Resultat der Kollektivierung am Beginn der 30er Jahre, aus den Deportationen der Jahre 1939 bis 1944 (Polen, Deutsche, Krim-Tataren, Tschetschenen und andere) und aus den Nachkriegssäuberungen der von den

Deutschen besetzten Territorien. Darüber hinaus gab es noch eine ganze Reihe verschiedener anderer Kategorien von Sowjetbürgern und Ausländern, die verschiedenen außergerichtlichen Verfolgungen ausgesetzt waren. Die Zahl der Opfer der administrativen Repressionen aus politischen Gründen ist nicht einmal annähernd bekannt.

Eine der wichtigsten Fragen in der historischen Forschung bleibt die Frage nach den Gründen und Opferzahlen des großen Terrors (1937-38). Jetzt können wir mit ziemlicher Sicherheit feststellen, daß während der 15 Monate des größten Terrors in der sowjetischen Geschichte allein durch die Organe der Hauptverwaltung der Staatssicherheit (GUGB, NKWD) rd. 1,5 Millionen Menschen verhaftet worden sind. Fast die Hälfte der Verhafteten ist erschossen worden. Die Urteile wurden hauptsächlich von den extra organisierten außergerichtlichen Organen, der sogenannten "trojka" und "dwojka", erteilt. Die Lager wurden zum Reservoir, wohin alle geschickt wurden, die der Erschießung entgangen sind, und das sich eben stabilisierte Lagersystem wurde dadurch fast gesprengt. Ab Herbst 1937 begann die Zahl der Häftlinge im GULAG katastrophal zu wachsen und 1938 überschritt sie die 2 Millionen-Grenze. Die Hauptprobleme des GULAG waren in der Zeit, die Aufnahme, Verteilung, Bewachung und der Arbeitseinsatz dieser gigantischen Masse von Menschen zu organisieren.

In der historischen Publizistik der Perestrojka-Zeit und manchmal noch heute gibt es zwei kontroverse Begründungen der Beziehungen zwischen der neuen wirtschaftlichen Rolle der OGPU und dem Ausmaß von politischen Repressionen. Infolge der ersten Begründung wurden alle riesigen Bauprojekte des Lagersystems der 30er Jahre nur deshalb angefangen, um die riesigen Menschenmassen der Verurteilten und Verbannten zu beschäftigen. Die andere, kontroverse Begründung ist, daß das Ausmaß von Repressalien unmittelbar von geschäftlichen Plänen des Staates abhängig war.

Eine klare und eindeutige Antwort darauf hat die GULAG-Forschung noch nicht ergeben. Aber es scheint uns, daß die beiden Meinungen der Realität nicht entsprechen, zumindest sie sehr vereinfachen.

Die wichtigsten Lager-Industrie-Projekte wurden nicht dadurch ins Leben gerufen, weil der Staat nicht wußte, wohin man die Masse von Häftlingen bringen sollte, sondern durch die realen Aufgaben der Industrialisierung oder militär-strategischen Überlegungen; z.B. die Holzbeschaffung, denn Holz ist ja zu der Zeit das Hauptexportprodukt der SU, konnte schon nicht mehr die stets wachsenden Bedürfnisse der Modernisierung der Industrie decken. Die schnellsten Lösungen ohne große Investitionen konnte die Goldforderung auf der Kolyma bringen.

Auch die Maßstäbe der Repressionen sind direkt von politischen und sozialen Aufgaben abhängig, welche diese Säuberungen lösen sollten, und nicht vom Umfang der Bauarbeiten im Lande. Aber es gab natürlich einen indirekten Zusammenhang zwischen der Effektivität der wirtschaftlichen Tätigkeit der Lager und dem Maßstab der Repressalien. Dieser Zusammenhang bestand darin, daß die wirtschaftlichen Errungenschaften der OGPU für die

Machtstrukturen keine Begrenzungen in bezug auf die Zahl der Inhaftierten geschaffen haben. (In den 20er Jahren existierten solche Begrenzungen.)

Der Staat hat seine strategischen wirtschaftlichen Pläne mit der Ausbeutung von hunderttausenden GULAG-Häftlingen verwirklicht. Das aber bedeutet nicht, daß, wenn die Zahl dieser Häftlinge entscheidend weniger gewesen wäre, diese Pläne unrealisiert geblieben wären.

Der Prozeß der Öffnung der sowjetischen Archive hat sich leider unglaublich verlangsamt. Am schlimmsten ist die Situation mit den Dokumenten aus den höchsten Staatsämtern, aus dem ehemaligen Archiv des Politbüros, das jetzt Präsidentenarchiv heißt. Heute gibt es viele Anzeichen dafür, daß die demokratische Gesellschaft den Kampf mit den Machthabern um die Öffnung der geschichtlich relevanten Dokumente verloren hat.

Alpbacher Sommerschule und Spezialkurs für Europäische Integration Schwerpunktseminar: Berufliche Bildung in der EU

KLAUS SCHLICK

Berufsbildungspolitik und Förderprogramme in der Europäischen Union - ein historischer Abriß

Einleitung

Anläßlich der Eröffnungskonferenz für das Berufsbildungsprogramm LEONARDO DA VINCI in Tours im März 1995 erklärte Frau Edith Cresson, die Kommissarin der für Bildung und Jugend zuständigen Generaldirektion XXII: "Die Gemeinschaft ist der ideale Platz, um die Wissensgesellschaft von morgen zu konstruieren."

Nun gehören plakative Aussagen zum Aufgabenrepertoire von Politikern; und weshalb sollten Bildungspolitiker eine Ausnahme darstellen? Aber lassen Sie mich diesen schönen Satz einer genaueren Betrachtung unterziehen. Es geht offenbar um das zentrale Anliegen einer "Wissensgesellschaft von morgen". Damit wird natürlich implizit unterstellt, daß die Wissensgesellschaft von heute völlig anders aussieht als jene von morgen oder - viel schlimmer! und der Untertitel des Weißbuchs der Kommission "Lehren und Lernen: Auf dem Weg zur kognitiven Gesellschaft" legt dies nahe - daß diese Wissensgesellschaft noch gar nicht existiert. Zugegeben, die unterschiedlichen Bildungstraditionen, Bildungsphilosophien und Bildungssysteme der verschiedenen Mitgliedstaaten haben zu einer höchst unterschiedlichen und heterogenen Bildungsverteilung in den Sozietäten der Mitgliedstaaten, ja sogar der Regionen, geführt.

Dies wirft die Frage auf, weshalb ausgerechnet dieser segmentierte europäische Raum der "ideale Platz" für eine "Wissensgesellschaft" sein soll. (Hermann Hesse hat in seinem Roman "Das Glasperlenspiel" ein völlig anders geartetes Ambiente für eine Wissensgemeinschaft entworfen.) Vielleicht sollte die Forderung nach Etablierung der Wissensgesellschaft anders begründet werden: Gerade weil die Gemeinschaft derzeit (noch) nicht dieser "ideale Platz" ist, sind Förderungen für die Zusammenarbeit im Bildungs- und Berufsbildungsbereich absolut unerläßlich.

Österreich ist seit 1. Jänner 1995 Teil jener Gemeinschaft, in der die Wissensgesellschaft realisiert werden soll. Das österreichische Bildungswesen im allgemeinen und die berufliche Fachausbildung im besonderen erfreuen sich international eines guten Rufes. Ein deutlicher Beweis dafür sind sowohl der vor allem in Richtung Deutschland und Schweiz stattfindende brain-drain als auch die Rolle, die die Fachausbildung (und damit die berufliche Qualifizierung) der österreichischen Arbeitnehmerinnen und Arbeitnehmer in den Diskussionen um Investitions- und Standortentscheidungen von Betrieben spielen. So liegt laut einer jüngst veröffentlichten Studie des IMD (International Institute for Management Development)[1] Österreich bei der Frage, ob genug Fachkräfte und Techniker am Markt sind, weltweit auf Platz 5 - dies trotz einer der niedrigsten Arbeitslosenquoten Europas. Österreich wird in diesem Ranking deutlich besser eingestuft als die meisten führenden Industrienationen, wie Großbritannien, Italien, Japan, Australien oder die USA. Kurz- bis mittelfristig ist nicht mit einer Harmonisierung der Bildungs- und Berufsbildungssysteme in Europa zu rechnen. Daß (berufs)bildungspolitische Diskussionen in Zukunft verstärkt unter den Aspekten europaweiter Rahmenbedingungen zu führen sein werden, zeigte sich in Österreich erstmals vor einigen Jahren bei der Diskussion um die Einrichtung von Fachhochschulen.

1. Die berufsbildungspolitischen Kompetenzen der Europäischen Gemeinschaft vor Maastricht

Wenngleich es im EWG-Vertrag kein eigenes Kapitel zur Bildungspolitik gab und die bildungspolitischen Kompetenzen daher schwach abgesichert und lediglich als "Annexkompetenzen" zu anderen Politikbereichen (v.a. Soziales) aufschienen, kann man dennoch nicht behaupten, daß es vor Maastricht keine Bildungspolitik der Europäischen Gemeinschaft gegeben hätte.

Im EWG-Vertrag wurde folgende begrenzte Zuständigkeit der Europäischen Gemeinschaft für die Berufsausbildung festgelegt:

Durch Art. 118 EWG-V wurden der Gemeinschaft Kompetenzen in der beruflichen Ausbildung und Fortbildung im Zusammenhang mit Maßnahmen zur Förderung des Arbeitsmarktes eingeräumt.

Art. 128 EWG-V gab dem Rat die Befugnis, auf Vorschlag der Kommission und nach Anhörung der zuständigen Ausschüsse allgemeine Grundsätze zur Durchführung einer gemeinsamen Berufsbildungspolitik aufzustellen, die zu einer harmonischen Entwicklung der einzelnen Volkswirtschaften und des Gemeinsamen Marktes beitragen sollten. Die hier angesprochene gemeinsame Politik überließ es jedoch den Mitgliedstaaten, die Politik der Berufsausbildung konkret und im Einzelfall zu regeln.

---

1 Bericht der Tageszeitung "Die Presse" vom 19. August 1998.

Art. 235 EWG-V als generelle Ermächtigungsgrundlage räumte der Gemeinschaft das Recht ein, stets dann zu handeln, wenn dies zur Erreichung eines Zieles des Vertrages notwendig war, selbst wenn eine konkrete primärrechtliche Zuständigkeit nicht gegeben war.

Dazu trat noch Art. 57 EWG-V, der den Rat ermächtigte, Richtlinien zur gegenseitigen Anerkennung von Diplomen, Prüfungszeugnissen und sonstigen Befähigungsnachweisen zu erlassen, durch die die Aufnahme und Ausübung selbständiger Tätigkeiten im EU-Raum erleichtert werden sollten. Die akademische Anerkennung von Prüfungen wurde von dieser Bestimmung nicht erfaßt.

Die Zuständigkeit für den Bildungsbereich lag somit grundsätzlich bei den Mitgliedstaaten; Regelungen der Europäischen Gemeinschaft mit eigenständiger bildungspolitischer Zielsetzung waren nicht zulässig. Die im EWG-Vertrag angeführten Einzelkompetenzen, die den Bereich der Bildungspolitik berührten, kamen nicht als Rechtsgrundlage für rechtsverbindliche Regelungen der Europäischen Gemeinschaft mit bildungspolitischen Zielsetzungen in Betracht. Auch Art. 128 EWG-V, der durch die Rechtsprechung des EuGH eine enorme Aufwertung erfahren sollte, gestattete nur die Aufstellung allgemeiner Grundsätze zur Durchführung einer gemeinsamen Berufsbildungspolitik; er stellte jedoch keine Rechtsgrundlage dafür dar, die Berufsausbildung in den Mitgliedstaaten im einzelnen zu regeln.

Der Zuschnitt der Gemeinschaftszuständigkeit auf die Berufsausbildung (unter Ausklammerung der Allgemeinbildung) war nicht nur Ausdruck einer gewissen Vorsicht der Mitgliedstaaten bei der Kompetenzüberantwortung an die Gemeinschaft, sondern zugleich ein Indiz für die primär materiell-ökonomische Ausrichtung des Gemeinschaftsrechts. Lipsmeier/Münk skizzieren diese Instrumentalisierung der Berufsbildungspolitik auf Gemeinschaftsebene folgendermaßen:

> Vom Instrument zur Bekämpfung der Jugendarbeitslosigkeit (70er Jahre) zum Mittel der Arbeitsplatzbeschaffung und der Beschäftigungspolitik (80er Jahre) wandelte sich die Zielorientierung in der Berufsausbildung seit Ende der achtziger Jahre zum Konzept einer systematischen Industriepolitik [...], um auf dem Wege der "Human Resource Strategy" die Überlebens- und [...] Konkurrenzfähigkeit der europäischen Volkswirtschaften zu sichern.[2]

Diese Ausführungen wären noch dahingehend zu ergänzen, daß mit der Aufnahme eines Beschäftigungskapitels in den Vertrag von Amsterdam und durch den Beschäftigungsgipfel von Luxemburg Ende letzten Jahres die Berufsbildungspolitik auf Gemeinschaftsebene wieder eine stärker arbeitsmarktpolitische Ausrichtung erhalten dürfte, wie dies bereits in den 70er Jahren der Fall gewesen ist.

---

2 A. Lipsmeier und D. Münk: Die Berufsausbildungspolitik der Gemeinschaft für die 90er Jahre. Analyse der Stellungnahme der EU-Mitgliedstaaten zum Memorandum der Kommission. Ein Gutachten. Hrsg. vom Bundesministerium für Bildung und Wissenschaft (= Schriftenreihe Studien zu Bildung und Wissenschaft Bd. 114). Bonn 1994, S. 40.

Doch kehren wir wieder in das erste Jahrzehnt der Europäischen Wirtschaftsgemeinschaft zurück. Erste konkrete Anwendung des Art. 128 EWG-V war der Beschluß des Rates vom 2. April 1963 über die Aufstellung allgemeiner Grundsätze für die Durchführung einer gemeinsamen Politik der Berufsausbildung. Wie die meisten Grund- und Vorsätze blieben auch die des Jahres 1963 mehr oder weniger wirkungslos. Durch den Beschluß wurde aber auch die Einrichtung eines Beratenden Ausschusses für die Berufsausbildung festgelegt, dessen Aufgabe es sein sollte, die Zusammenarbeit zwischen den staatlichen Stellen und privaten Institutionen zu verstärken, die in den Mitgliedstaaten insbesondere mit Fragen der Berufsausbildung befaßt sind. Es dauerte allerdings noch 13 Jahre, bis dieser Ausschuß, der noch heute besteht, tatsächlich erstmals tagte (1976).

Eine wesentliche Rolle in der Entwicklung einer bildungspolitischen Kompetenz der Gemeinschaft spielte der Europäische Gerichtshof. Vor allem seit Mitte der 80er Jahre ist es der Kommission mit seiner Hilfe gelungen, ihre Zuständigkeit im Bereich der Berufsausbildung Schritt um Schritt auszubauen. Aus Gründen der Zeitökonomie möchte ich mich im folgenden auf die meines Erachtens drei zentralen Urteile beschränken. Bereits im Casagrande-Urteil[3] (1974) stellte der EuGH fest:

Die Bildungspolitik gehört zwar als solche nicht zu den Materien, die der Vertrag der Zuständigkeit der Gemeinschaft unterworfen hat. Daraus folgt aber nicht, daß die Ausübung der der Gemeinschaft übertragenen Befugnisse irgendwie eingeschränkt wäre, wenn sie sich auf Maßnahmen auswirken kann, die zur Durchführung der Bildungspolitik ergriffen worden sind.[4]

Mit einfachen Worten: Gemeinschaftliche Maßnahmen, die Auswirkungen auf die Durchführung nationaler (Berufs)Bildungspolitik haben, sind deshalb nicht unzulässig. Im Laufe der Zeit entwickelte der EuGH darüber hinaus eine extensive Interpretation von Art. 128 EWG-V als Ermächtigungsgrundlage für bildungspolitische Maßnahmen der Europäischen Gemeinschaft. Zwar stellte der EuGH 1985 im Gravier-Urteil nochmals fest, daß die Organisation des Bildungswesens und die Bildungspolitik als solche nicht zu den Materien gehören, die der Vertrag der Zuständigkeit der Gemeinschaftsorgane unterworfen habe; [...] gleichwohl stehen der Zugang zum und die Teilnahme am Unterricht im Bildungswesen und in der Lehrlingsausbildung, insbesondere, wenn es sich um die Berufsausbildung handelt, nicht außerhalb des Gemeinschaftsrechts.[5]

Im sog. ERASMUS-Fall[6] ging es um die Auslegung der Befugnisse des Rates aufgrund von Art. 128 EWG-V. Zwar konnte der Rat dort den Rückgriff auf Art. 235 und das damit verbundene Einstimmigkeitserfordernis aufrecht erhalten, weil der Ratsbeschluß auch das Gebiet der wissenschaftlichen

3 Rs. 9/74 ("Casagrande"), EuGH Slg. 1974, S. 773ff.

4 Ebda., S. 779.

5 Rs. 293/83 ("Gravier"), EuGH Slg. 1985, S. 593.

6 Rs. 242/87, EuGH Slg. 1989, S. 1425ff.

Forschung betraf, auf dem vor Inkrafttreten der Einheitlichen Europäischen Akte keine Befugnisse im Vertrag vorgesehen waren. Interessant ist aber die Auslegung des EuGH, wonach es im Einklang mit dem Wortlaut dieses Artikels steht, wenn der Rat Rechtsakte erläßt, "die gemeinschaftliche Aktionen auf dem Gebiet der Berufsausbildung vorsehen und den Mitgliedstaaten entsprechende Mitwirkungspflichten auferlegen".[7] Damit erfolgte eine irreversible Kompetenzverschiebung zugunsten der Gemeinschaft.[8]

2. Die bildungspolitischen Kompetenzen der Europäischen Union und das Subsidiaritätsprinzip

Bereits im Vorfeld von Maastricht sind verstärkte Bemühungen der Kommission festzustellen, erste Weichenstellungen für berufsbildungspolitische Maßnahmen durch die Veröffentlichung von grundsatzpolitischen Papieren vorzunehmen. So erscheint etwa kurz vor der Gipfelkonferenz in Maastricht das "Memorandum der Kommission über die Berufsbildungspolitik der Gemeinschaft für die 90er Jahre".[9] Darin wird nicht nur eine Analyse primär des Weiterqualifizierungsbedarfs aufgrund demographischer Entwicklungen und des technologischen Wandels angestellt, sondern es werden auch bildungs- und arbeitsmarktpolitische Schlußfolgerungen abgeleitet, wobei deutlich gemacht wird, daß die Weiterbildung zum Ausgleich von Qualifikationsdefiziten die bildungspolitische Herausforderung der 90er Jahre ist.

Im Rahmen der Gipfelkonferenz über die Europäische Union im Dezember 1991 in Maastricht wird die Einfügung eines neuen Kapitels "Allgemeine und berufliche Bildung und Jugend" in den EG-Vertrag beschlossen. Damit ist die Gemeinschaft ihrem Ziel, über erweiterte Zuständigkeit mehr Handlungsspielraum zu erhalten, einen Schritt näher gekommen.[10]

Auf welche primärrechtlichen Grundlagen kann sich nunmehr die Bildungspolitik der Europäischen Union stützen? Als einen der Tätigkeits- und damit Zuständigkeitsbereiche der EU führt Art. 3 lit. p des Vertrages den "Beitrag zu einer qualitativ hochstehenden allgemeinen und beruflichen Bildung" an. In der Folge ist es das aus zwei Artikeln bestehende Kapitel 3 im

---

7 Ebda., S. 1453.

8 Vgl. Bernhard Schima: Das Subsidiaritätsprinzip im Europäischen Gemeinschaftsrecht. Wien 1994, S. 44. Ähnlich entschied der EuGH auch in einem Rechtsstreit zum Aktionsprogramm PETRA (Rs. 56/88, EuGH Slg. 1989, S. 1615ff.).

9 Kommission der Europäischen Gemeinschaften (Hrsg.): Memorandum der Kommission über die Berufsbildungspolitik der Gemeinschaft für die 90er Jahre. KOM(91) 397 endg., Brüssel, den 12. Dezember 1991.

10 In der einschlägigen Literatur zur Bildungs- bzw. Rechtspolitik gehen die Ansichten auseinander, ob die EG tatsächlich eine erweiterte Zuständigkeit in der beruflichen Bildung reklamieren kann, oder ob sie im Gegensatz dazu sogar in ihren bisherigen Kompetenzen beschränkt wird. Vgl. dazu etwa Jörg E. Feuchthofen: Chancen und Risken der EG-Bildungspolitik. In: Wirtschaftspolitische Blätter 2/1993, S. 220.

Titel VIII des Vertrages über die Europäische Union, das die Zuständigkeiten der Union für den Bildungsbereich definiert.

Art. 126 eröffnet der Gemeinschaft einen neuen Handlungsspielraum in der allgemeinen Bildung. Zu den Aufgaben der EG gehören der Aufbau der europäischen Dimension im Bildungswesen, die Förderung der Mobilität von Studenten und Lehrkräften, die Förderung der Zusammenarbeit zwischen Bildungseinrichtungen, der allgemeine Informations- und Erfahrungsaustausch sowie Fördermaßnahmen im Zusammenhang mit der Erweiterung des Jugendaustausches und des Fernunterrichts.

Art. 127 regelt die Zuständigkeit der EU in der beruflichen Bildung. Danach soll die Tätigkeit der Gemeinschaft neben der Förderung von Mobilität und Zusammenarbeit künftig auch die Erleichterung und Wiedereingliederung in den Arbeitsmarkt sowie die Anpassung an den industriellen Wandel durch Ausbildung und Umschulung umfassen. Darüber hinaus sind auch der Informations- und Erfahrungsaustausch über gemeinsame Probleme in den Mitgliedstaaten sowie die Zusammenarbeit mit Drittstaaten und internationalen Organisationen auszubauen.

Art. 127 EG-V ermächtigt die Gemeinschaft also zur Durchführung einer Politik der beruflichen Bildung, wenngleich die Gemeinschaftszuständigkeit auf subsidiäres Handeln beschränkt wird. Im Gegensatz zu Art. 126 ist die Gemeinschaft hier nicht auf Fördermaßnahmen beschränkt, sondern zur Setzung von "Maßnahmen" ermächtigt, wobei Harmonisierungsmaßnahmen aber dezidiert ausgeschlossen werden. Lipsmeier/Münk setzen sich mit der Problematik des Subsidiaritätsprinzips im Berufsbildungsbereich aufgrund unterschiedlicher Interpretationsansätze der Kommission einerseits und der Mitgliedstaaten andererseits auseinander:

Der Begriff der Subsidiarität gehört im Konzept der Diskussion um eine europäische Berufsbildungspolitik zu den Kernbegriffen der berufsausbildungspolitischen Diskussion, weil die Interpretation dieses terminus technicus die politischen Rahmenbedingungen definiert, innerhalb derer politisches Handeln auf europäischer Ebene möglich bzw. nicht möglich ist. Aus der Sicht der Kommission bedeutet das Prinzip der Subsidiarität insofern die Definition berufsausbildungspolitischer Handlungspotentiale, während aus der Sicht der Mitgliedstaaten die Definition der Subsidiarität vornehmlich als Mittel zur Definition der nationalstaatlichen Handlungsautonomie fungiert.[11]

Inwieweit mit der Aufnahme des Subsidiaritätsprinzips ein wirkungsvoller Schutz gegen eine unangemessene Inanspruchnahme von Zuständigkeiten durch die Gemeinschaft gegeben ist, werden wohl erst künftige, sich daraus ergebende Streitfragen weisen. Vergleicht man die bildungspolitischen Kompetenzen der Gemeinschaft vor bzw. nach Maastricht, so ist zwar festzustellen, daß die Ergebnisse von Maastricht der Gemeinschaft im Prinzip neue und erweiterte Zuständigkeiten in der Bildungspolitik gebracht haben; eine Rechtsvereinfachung im Sinne einer trennscharfen Abgrenzung von Zustän-

---

11 Lipsmeier/Münk, a.a.O., S. 29.

digkeiten ist jedoch nicht erfolgt. Im Gegenteil: Das europäische Bildungsrecht ist noch komplexer geworden, die konkreten Auswirkungen der primärrechtlichen Zuständigkeiten der Union hinsichtlich der praktischen Umsetzung sind noch schwerer abschätzbar als bisher.

3. Die Berufsbildungspolitik der Union auf Grundlage des Unionsvertrages

Den neuen Kurs der Gemeinschaft in der Bildungs- und Qualifizierungspolitik legte der damalige EG-Präsident Delors anläßlich des Gipfels von Kopenhagen im Juni 1993 fest. Unter dem Titel "Wege ins 21. Jahrhundert - Leitlinien für ein neues europäisches Wirtschaftsmodell" erhob er u.a. folgende Forderungen, die die Bildungssysteme zu erfüllen haben:

- Anleitung zu lebenslangem Lernen,
- Verbindung von Wissen und Know-how,
- Entwicklung der Fähigkeit zu autonomem und innovativem Handeln,
- individuelles Recht auf lebenslanges Lernen.

Ergänzt werden können diese kurzen Zielbestimmungen durch ein Dokument, das der Kommissar für Wissenschaft und Entwicklung, Antonio Ruberti, etwa einen Monat vor dem Gipfel vorgelegt hatte. Es handelt sich dabei um eine "Arbeitsunterlage der Kommission" mit dem Titel "Leitlinien für die Gemeinschaftsaktion im Bereich der allgemeinen und beruflichen Bildung".[12] Als besondere bildungspolitische Anliegen seitens der Kommission wurden u.a. angeführt:

- die Notwendigkeit des lebenslangen Lernens als Folge des zunehmenden Tempos bei der industriellen Restrukturierung,
- die Durchlässigkeit des Bildungswesens, insbesondere vom beruflichen Sekundarbereich in den tertiären Bereich, und
- die Kontinuität zwischen Erstausbildung und Weiterbildung durch eine "Übertragung und Kumulierung von Bildungsleistungen".

Priorität wird der Qualität und den Standards der europäischen Bildungssysteme sowie dem Aufbau engerer Beziehungen zwischen den Systemen beigemessen. Unter Berücksichtigung des Subsidiaritätsprinzips sollen sich Gemeinschaftsmaßnahmen auf drei Ebenen entwickeln:

- Kooperation zwischen den Bildungssystemen,
- Austausch von Information und Erfahrung zur Qualitätsförderung durch Innovation, im speziellen Anwendung neuer Technologien, und
- spezielle Maßnahmen auf Gemeinschaftsebene, wenn ein klarer Vorteil gegenüber Maßnahmen auf nationaler Ebene gegeben ist.

Hinsichtlich des zuletzt genannten Punktes fällt zum einen die Kommissionsinterpretation des Subsidiaritätsprinzips auf, zum anderen die Vorsicht, mit der das Thema behandelt wird. Die Kommission macht keine konkreten

---

12 KOM(93), 183 endg.

Angaben zu diesen "speziellen Maßnahmen"; vielmehr wird betont, daß der Einfluß der Kommission aufgrund der begrenzten finanziellen Ressourcen ein sehr beschränkter sei und daher auch eine rigorose Auswahl der zu treffenden Maßnahmen vorgenommen werden müsse.

3.1. Das Berufsbildungsprogramm LEONARDO DA VINCI als Ausfluß einer Berufsbildungspolitik auf Gemeinschaftsebene

Ende Dezember 1993 wurden von der Kommission die Vorschläge für eine Restrukturierung der "alten" Bildungs- und Mobilitätsprogramme per 1.1.1995 vorgelegt. Diese Vorschläge sahen eine Zusammenfassung der zahlreichen damals bestehenden Programme PETRA, COMETT, FORCE, EUROTECNET, LINGUA und ERASMUS in zwei große Bildungsprogramme vor: LEONARDO DA VINCI und SOKRATES. Immer wieder war der Vorwurf des Wildwuchses und der gegenseitigen thematischen Überlagerung der Initiativen erhoben worden. Eine Umstrukturierung und die dadurch erhoffte Rationalisierung sollten die Effizienz der Fördermaßnahmen erhöhen und gleichzeitig die bildungspolitischen Ziele Rubertis verwirklichen.

Ein Jahr später, am 6. Dezember 1994, wurde vom Rat das Aktionsprogramm LEONARDO DA VINCI für einen Zeitraum von 5 Jahren (1.1.1995-31.12.1999) mit einem Gesamtbudget von 620 Millionen ECU beschlossen.[13] Rechtsgrundlage des Programms ist Art. 127 EG-V. Demzufolge führt die Gemeinschaft "eine Politik der beruflichen Bildung durch, welche die Maßnahmen der Mitgliedstaaten unter strikter Beachtung der Verantwortung der Mitgliedstaaten für Inhalt und Gestaltung der beruflichen Bildung unterstützt und ergänzt". Eine ähnliche Formulierung findet sich in Art. 1 (1) des Beschlusses des Rates, wobei diese noch durch den Hinweis auf die "Verantwortung der Mitgliedstaaten für Inhalt und Gestaltung der Berufsbildung" sowie auf den Ausschluß "jegliche[r] Harmonisierung der einschlägigen Rechts- und Verwaltungsvorschriften der Mitgliedstaaten" ergänzt wird.

Artikel 3 des Ratsbeschlusses, der die politischen Zielsetzungen des Programms festlegt, dokumentiert im Vergleich zum ursprünglichen Vorschlag der Kommission die Bedeutung des Subsidiaritätsprinzips für die Mitgliedstaaten: "Unter Wahrung der institutionellen, gesetzgeberischen und vertragsrechtlichen Besonderheiten der einzelnen Mitgliedstaaten stützt sich die Gemeinschaftsaktion auf einen gemeinsamen Rahmen von Zielsetzungen für die Durchführung dieses Programms, der die Initiativen der Mitgliedstaaten auf dem Gebiet der Berufsbildung unterstützen und ergänzen soll." Keine Rede ist mehr davon, daß dieser gemeinsame Rahmen von Zielsetzungen für die Maßnahmen auf Gemeinschaftsebene zugleich eine verbindliche Zielvorgabe für die nationalen Berufsbildungspolitiken wäre, wie dies noch im Kommissionsvorschlag vorgesehen war.

---

13 ABl.Nr. L 340 vom 29.12.1994.

Das Programm fördert die transnationale Zusammenarbeit aller Arten von öffentlichen und privaten Aus- und Weiterbildungsinstitutionen zur Entwicklung innovativer Lernmethoden und Lerninhalte sowie neuer Angebote an Lehrgängen (Kurse, Module, Curricula etc.) und Unterrichtsmaterialien. Um den vom Programm geforderten europäischen Charakter zu gewährleisten, müssen die eingereichten Projektvorschläge auf transnationaler Basis geplant und durchgeführt werden, indem stets Projektpartner und Akteure aus mehreren teilnahmeberechtigten Staaten einbezogen werden.

LEONARDO I sieht drei Arten von Maßnahmen vor:

- Pilotprojekte zur Entwicklung neuer Lehrgänge und Lehrinhalte,
- Erhebungen und Analysen aus dem Bereich der Berufsbildung,
- Vermittlungs- und Austauschprogramme für Jugendliche in der beruflichen Erstausbildung, junge Arbeitnehmer, Ausbildner/Lehrer, Studenten und Bildungsexperten.

Als Zielgruppen der Maßnahmen von LEONARDO sind alle Akteure auf dem Berufsbildungsmarkt angesprochen; die seit 1995 durchgeführten österreichischen Projekte zeigen die ganze Palette der antrags- und teilnahmeberechtigten Institutionen: u.a. Unternehmen, Institutionen der Sozialpartner, berufsbildende Schulen, Vereine und private Institute, Fachhochschulen, Universitätsinstitute und Verwaltungsbehörden.

In weiterer Folge kommen die Ergebnisse der LEONARDO-Projekte den am Bildungsgeschehen beteiligten Einzelpersonen zugute: Kursteilnehmern, Lehrlingen, Schülern/Studenten, Lehrern/Ausbildnern, Bildungsverantwortlichen in öffentlichen und privaten Aus- und Weiterbildungsinstitutionen. Eine unmittelbare Beteiligung von Einzelpersonen ist bei den als "Vermittlungs- und Austauschprogrammen" bezeichneten Mobilitätsprojekten gegeben. Hier existieren Programmlinien für Berufsbildungspraktika unterschiedlicher Länge (drei Wochen bis zwölf Monate), die Schülern, Lehrlingen, jungen Arbeitnehmern, Studenten und jungen Graduierten offenstehen. Für Ausbildner und Bildungsverantwortliche in Unternehmen sind Mobilitätsmaßnahmen in der Dauer von zwei bis acht Wochen vorgesehen.

Während ein Bereich von LEONARDO die Verbesserung der nationalen Berufsbildungssysteme zum Ziel hat, zielt der zweite Bereich auf die Verbesserung einzelner Berufsbildungsmaßnahmen der Unternehmen ab mit Schwerpunkten wie technologische und arbeitsorganisatorische Veränderungen und die Zusammenarbeit von Unternehmen (insbesondere KMU) mit Hochschulen und Forschungsinstituten. Die Ziele des dritten Programmbereichs sind die Förderung der Sprachkenntnisse, die Förderung einer Berufsbildungsforschung und Berufsbildungsstatistik europäischen Zuschnitts sowie die Multiplikatorwirkung bereits abgeschlossener LEONARDO-Projekte.

Auf eine eingehendere Darstellung des LEONARDO-Programms soll hier verzichtet werden; Fördermöglichkeiten, Ergebnisse der bisherigen Antragsrunden usw. sind in den einschlägigen Publikationen nachzulesen. Ich möchte mich im folgenden mit dem Programm jedoch unter einer ganz spezifischen Fragestellung auseinandersetzen. LEONARDO DA VINCI fördert ausschließlich transnationale Projekte, d.h. Projekte, an denen Partner aus verschiedenen Mitgliedstaaten beteiligt sind. Transnationale Kooperation bringt natürlich eine Reihe von zusätzlichen Problemen mit sich: In jeder interkulturellen Interaktion treten Verständigungsprobleme auf, die in einem transnationalen Kommunikations- und Organisationsentwicklungsansatz als "kulturelle Filter" bezeichnet werden.[14] Entsprechend diesem Ansatz handelt es sich hierbei weder um sprachliche Probleme noch um Vorurteile, sondern um interkulturell verschiedene Wahrnehmungs-, Einstellungs- und Deutungsmuster. Neben den in einem Berufsbildungsprojekt relevanten unterschiedlichen bildungs-, berufsrollen- und arbeitsmarktrelevanten Parametern existieren natürlich auch Sprachfilter, da in einer transnationalen Kooperation die Festlegung einer gemeinsamen Arbeitssprache immer den begrenzten Kommunikationszugang für die Mehrheit der Kooperationspartner bedeutet. Sprachfilter wirken aber nicht nur aufgrund eines mehr oder weniger kompetenten Gebrauchs einer Fremdsprache, sondern auch vor dem Hintergrund unterschiedlicher begrifflicher Traditionen. Die Frage lautet daher: Worin begründet sich dennoch die Sinnhaftigkeit transnationaler Projekte?

Die zunehmende wirtschaftliche Verflechtung und die (zwar nicht im gleichen Ausmaß, aber dennoch) wachsende Mobilität der Arbeitnehmer erfordern begleitende europäische Strategien zur Weiterentwicklung von Qualifikationsstrukturen. Dabei geht es nicht um Vereinheitlichung von Bildungssystemen und Berufsbildungspraktiken. Vielmehr soll eine europäische Innovationsförderung in der Berufsausbildung dazu dienen, die nationalen Qualifikationen zu internationalisieren, um damit zur Freizügigkeit der Arbeitnehmer beizutragen. Gleichzeitig soll mit Hilfe europäischer Programme auf individueller, infrastruktureller und auf der Ebene von Berufsbildungssystemen Neues initiiert und umgesetzt werden, das zur Weiterentwicklung des Qualifikationspotentials der Arbeitnehmer beiträgt. Transnationale Partnerschaften sind die Vehikel dieser intendierten Entwicklung.

3.1.1. Die Programmziele "Transnationalität" und "Innovation"

Transnationale Kooperationen werden innerhalb europäischer Programme auf verschiedene Weise realisiert. Dazu gehören

- die Netzwerkarbeit von Personen und Institutionen,
- der Austausch von Erfahrungen und Informationen und
- die Planung und Durchführung gemeinsamer transnationaler Projekte.

Diese drei Formen transnationaler Kooperation finden sich sowohl in den Programmen der ersten Generation (PETRA, FORCE, EUROTECNET, COMETT, IRIS, LINGUA) als auch in denen der zweiten Generation (LEONARDO DA VINCI). Insofern scheint "alles beim Alten" geblieben zu sein. Dieser Eindruck ändert sich jedoch deutlich, wenn man die Programmstrate-

---

14 Siehe dazu Tue Freltoft und Jorgen Kay: The Platform Philosophy. A book about synergy in transnational development. AMU-International of Copenhagen, 1994.

gien der ersten im Unterschied zur zweiten Generation betrachtet. Ganz deutlich läßt sich ein "qualitativer Schub" hin zu einer Politikstrategie feststellen, die auf Veränderungen auf der Ebene nationaler Berufsbildungssysteme durch eine stärkere Verknüpfung von nationalen und europäischen Entwicklungen abzielt.

Von LEONARDO-Projekten wird verlangt, daß sie über ein hohes Innovationspotential verfügen müssen. Nun könnte man natürlich in eine Grundsatzdiskussion eintreten, wie sich denn "Innovation" eigentlich definiere, und möglicherweise auch zu der (zwar richtigen, aber in diesem Zusammenhang zynisch anmutenden) Lösung gelangen, daß Innovation sich schließlich erst a posteriori durch den entsprechenden Erfolg am Markt feststellen lasse. Eine solche Definition wäre jedoch kontraproduktiv, würde sie doch sämtliche Projektanträge bereits im Keim ersticken. Festzustellen ist jedoch, daß Evaluationskonzepte und daraus ableitbare Kriterien der Überprüfung von innovativen Maßnahmen fehlen. Dieses Dilemma vergrößert sich im Rahmen einer transnationalen Zusammenarbeit insofern, als eine doppelte Perspektive zu berücksichtigen ist: 1) die europäische Perspektive in Form der transnationalen Kooperation, 2) eine nationale im Hinblick auf die Bedeutung der jeweiligen Projekte für das System des eigenen Landes. So kann ein Ansatz in einem Land als innovativ angesehen werden, in einem anderen aber als bereits gängige Praxis etabliert sein. Außerdem können national erprobte Konzepte eine neue Qualität erhalten, wenn sie in einem europäischen Kontext umgesetzt werden. Innovation ist also zunächst vor dem Hintergrund unterschiedlicher nationaler Systeme und Praktiken eine relationale Kategorie, d.h. es gibt keine allgemein verbindliche europäische Bewertungsgrundlage.

Ein anderer Ansatz wäre, das Innovationspotential eines transnationalen Projekts nach seiner Problemlösungskapazität zu beurteilen. Auch der Wert dieses Ansatzes ist relativ, weil davon auszugehen ist, daß die Chancen zu dauerhaften Problemlösungen von sehr unterschiedlichen nationalen Randbedingungen abhängig sind.

Die ersten drei Jahre LEONARDO-Erfahrung in Österreich haben jedenfalls deutlich gemacht, daß Innovationen nicht einfach durch Experimente entstehen, sondern durch die strategische Bindung an Politik und Praxis in der Berufsausbildung. Bildungsinnovationen können nur dann nachhaltig wirksam werden, wenn sie sich durch entsprechende Rahmenbedingungen nach Beendigung der europäischen Förderung selbst tragen können. Von Projektverantwortlichen ist daher von Anfang an gefordert, Kooperationsstrukturen mit einer Vielzahl von Akteuren und Entscheidungsträgern auf lokaler, regionaler und nationaler Ebene aufzubauen. LEONARDO-Projekte sind "punktuelle" Projekte; d.h. sie werden im Rahmen einer klar definierten und überschaubaren Partnerschaft mehrerer Akteure in verschiedenen Mitgliedstaaten entwickelt. Gerade in jenen Teilen des LEONARDO-Programms, in denen es um die Weiterentwicklung der Berufsbildungssysteme der Mitgliedstaaten geht, müssen durch die Einbindung von Entscheidungsträgern im Bereich der zuständigen Verwaltungsbehörden, aber auch der Sozialpartner tragfähige Gremien geschaffen werden, die letztlich dazu führen, daß die Ergebnisse dieser Projekte nicht ebenfalls "punktuell" bleiben, sondern eine bildungspolitisch gesicherte Verbreitung erfahren.

3.1.2. Unterschiedliche Rahmenbedingungen von Partnerschaften in LEONARDO DA VINCI und in den Gemeinschaftsinitiativen ADAPT und EMPLOYMENT

Bei den Gemeinschaftsinitiativen werden wie bei jedem anderen Interventionsinstrument im Bereich der Strukturfonds auf Kommissionsebene Programmleitlinien entwickelt, deren Umsetzung durch "Operationelle Programme" auf der Ebene der Mitgliedstaaten erfolgt. Die Kommissionsvorgaben enthalten übergeordnete Zielsetzungen, die sehr allgemein formuliert sind, um mit den jeweiligen Bedingungen und arbeitsmarkt- und berufsbildungspolitischen Zielen und Praktiken der Mitgliedstaaten kompatibel zu sein. Die operationellen Programme der Mitgliedstaaten zur geplanten Umsetzung der Initiative werden bei der Kommission eingereicht. In Absprache mit der Kommission arbeiten die Mitgliedstaaten ihre jeweiligen nationalen Förderprioritäten aus, in deren Rahmen schließlich Bildungsinstitutionen Projekte entwickeln. Im Hinblick auf das Zustandekommen eines transnationalen Projektes bedeutet dies, daß verschiedene europäische Partner nur dann gemeinsame Projekte entwickeln können, wenn die national festgelegten Förderprioritäten der beteiligten Mitgliedstaaten identisch oder zumindest kompatibel sind. In den Gemeinschaftsinitiativen beantragen deshalb einzelne nationale Projekte transnationale Vorhaben.

Anders ist die Situation bei LEONARDO. Programmstruktur, Ziele und Inhalte werden zwischen Kommission und Mitgliedstaaten ausgehandelt und haben durch ihre Verankerung im Ratsbeschluß in allen Phasen der Realisierung allgemeinverbindlichen Charakter in allen beteiligten Staaten. Zwar fließen in das Entscheidungsverfahren über die Förderung von Projekten in der Regel auch nationale Prioritäten ein; dennoch ist der Interpretationsspielraum von Programmzielen im Hinblick auf nationale Zielsetzungen wesentlich geringer als bei den Gemeinschaftsinitiativen. Projekte müssen von vornherein europäisch konzipiert werden, was sich auch darin ausdrückt, daß nur einer der Projektpartner (als Koordinator) für die gesamte Partnerschaft einen Förderantrag stellt. Die Förderentscheidungen werden zwischen Kommission und Mitgliedstaat getroffen. Europäische Projekte, nicht transnationale Maßnahmen nationaler Projekte, sind daher Gegenstand der Förderung.

3.2. Das Weißbuch "Lehren und Lernen"

Hatte bereits das hier nicht besprochene Weißbuch "Wachstum, Wettbewerbsfähigkeit, Beschäftigung" die Positionen des Memorandums zur Durchführung einer Berufsbildungspolitik für die 90er Jahre weiterentwickelt, so finden sich die aktuellen (berufs)bildungspolitischen Zielvorstellungen der Kommission im 1996 erschienenen Weißbuch "Lehren und Lernen".[15] Die Europäische Union sieht sich vor allem drei großen Herausforderungen gegenüber, denen es durch geeignete Maßnahmen zu begegnen gilt:

1. der immer rasanteren Verbreitung wissenschaftlicher Erkenntnisse und der damit verbundenen Technologien;
2. der Veränderung der Inhalte und Organisation von Produktion und Arbeit;
3. der Globalisierung der Wirtschaft und den dadurch erforderlichen Anpassungsprozessen.

Als mögliche Antworten schlägt das Weißbuch zwei Strategien vor: erstens eine Renaissance der Allgemeinbildung, durch die die Fähigkeit zum Verstehen der Welt, Kreativität, Kritik- und Urteilsfähigkeit massiv gefördert werden sollen, und zweitens die Entwicklung der erforderlichen Fähigkeiten für die Erwerbstätigkeit.

Um den Aufbau der kognitiven Gesellschaft bewältigen zu können, schlägt die Kommission fünf allgemeine Ziele (samt Leitlinien und Projekten mit Antriebs- und Demonstrationscharakter) vor:

1. Die Aneignung neuer Kenntnisse ist zu fördern.
2. Schule und Unternehmen sollen einander angenähert werden.
3. Die Ausgrenzung muß bekämpft werden.
4. Jeder sollte drei Gemeinschaftssprachen beherrschen.
5. Materielle und berufsbildungsspezifische Investitionen sollen gleich behandelt werden.

Auf Gemeinschaftsebene schlägt die Kommission folgende flankierende Maßnahmen zu den einzelnen Zielen vor:

ad 1. Anerkennung von Kompetenzen durch Definition von Schlüsselkompetenzen, Entwicklung von Validierungs- und Anerkennungsverfahren und persönlichen Kompetenzausweisen; Mobilitätsförderung u.a. durch Übertragung von ECTS[16] auf den Bereich der Berufsausbildung; Entwicklung europäischer Multimedia-Bildungssoftware;

ad 2. Entwicklung der Lehrausbildung auf europäischer Ebene; Ausbildung in neuen Dienstleistungsberufen;

ad 3. Schulen der zweiten Chance; freiwilliger Dienst in Europa;

ad 4. Beherrschung von mindestens zwei Fremdsprachen durch frühen Fremdsprachenerwerb;

ad 5. Förderung von Investitionen in das Humankapital durch fiskalische Behandlung von Bildungsausgaben.

In weiterer Folge ist es der Kommission gelungen, die im Weißbuch formulierten fünf Ziele in adaptierter Form als Prioritäten auf Gemeinschaftsebene für die zweite Antragsrunde des LEONARDO-Programms gegen teils massive Kritik der Mitgliedstaaten durchzusetzen. Die Hauptkritik richtete

---

15 Europäische Kommission: Lehren und Lernen. Auf dem Weg zur kognitiven Gesellschaft. Weißbuch zur allgemeinen und beruflichen Bildung. Luxemburg 1996.

16 European Course Credit Transfer System - europäisches System zur Anrechnung von Studienleistungen.

sich vor allem gegen den behaupteten Eingriff der Kommission in die bildungspolitischen Kompetenzen der Mitgliedstaaten.

4. Die österreichische EU-Präsidentschaft

Abschließend soll ein kurzer Einblick in das Arbeitsprogramm der österreichischen Ratspräsidentschaft im zweiten Halbjahr 1998 im Bildungs- und Berufsbildungsbereich gegeben werden. Die Arbeit, die Österreich im Bildungsausschuß und im Rat der Bildungsminister zu bewältigen haben wird, ist eine Herausforderung in zweifacher Hinsicht: Zum einen handelt es sich um ein umfangreiches Paket von Maßnahmen, zum anderen werden mit den Entscheidungen wesentliche Weichenstellungen für die Bildungspolitik auf Gemeinschaftsebene für den Zeitraum ab dem Jahr 2000 vorgenommen werden.

Die Tatsache, daß ein Mitgliedstaat turnusmäßig für sechs Monate die Präsidentschaft übernimmt, hat insbesondere auf 3 Ebenen direkte Auswirkungen:

1. Auf Ebene der Ratsarbeitsgruppen: Hier werden durch Beamte der Mitgliedstaaten unter dem Vorsitz des jeweiligen Präsidentschaftslandes die von der Europäischen Kommission vorgelegten Dossiers beraten und für eine Diskussion bzw. Beschlußfassung auf Ministerebene vorbereitet.
2. Auf Ebene des COREPER: Sobald die technische wie inhaltliche Diskussion auf Beamtenebene abgeschlossen ist, werden die entsprechend adaptierten Texte an den Ausschuß der Ständigen Vertreter weitergeleitet. Hier werden die geplanten Rechtsakte auf Ebene der Botschafter (COREPER II) bzw. auf Ebene der Botschafter-Stellvertreter (COREPER I) einer nochmaligen Prüfung unterzogen. Sofern keine neuen Probleme auftauchen, die es notwendig machen, einen Text an den Ausschuß zurückzuverweisen, kann das Dossier als sogenannter "A-Punkt" auf die Tagesordnung einer der folgenden Tagungen des Ministerrates gesetzt werden.
3. Auch in den diversen Fachministerräten führt Österreich im zweiten Halbjahr 1998 den Vorsitz. Hier werden noch offene politische Probleme nach Möglichkeit einer Klärung zugeführt bzw. die "A-Punkte" formell beschlossen.

Für alle drei Ebenen gilt im wesentlichen, daß der Vorsitz eine neutrale Position als Moderator einnimmt, um in den Verhandlungssitzungen nach Möglichkeit zu einer gemeinsamen Position zu gelangen, die eine Abstimmung im eigentlichen Sinn überflüssig macht. Nun ist es aber nicht so, daß der Mitgliedstaat, der den Vorsitz innehat, der Stimme beraubt wäre; natürlich ist der den Vorsitz ausübende Mitgliedstaat im jeweiligen Gremium auch mit einer nationalen Delegation vertreten. Doch ist die Delegation des Vorsitzlandes bemüht, dem eigenen Vorsitz keine zusätzlichen Probleme zu bereiten. Dies bedeutet, daß die Delegierten des vorsitzführenden Mitgliedstaates während der Präsidentschaft in der Regel wesentlich zurückhaltender agieren als sonst. Damit muß aber mit der Mär von der politisch-gestalterischen Funktion der Präsidentschaft aufgeräumt werden.

Natürlich soll es auch schon vorgekommen sein, daß der eine oder andere Mitgliedstaat die Kommission davon überzeugt hat, im Rahmen ihres Initiativrechts Vorschläge für bestimmte Rechtsakte vorzulegen. Der Erfolg einer Präsidentschaft bemißt sich primär an der Bilanz am Ende des halben Jahres; entscheidend ist die Frage, ob die Verhandlungen über die einzelnen Dossiers mit Erfolg geführt wurden oder nicht. Bis zu einem gewissen Grad ist auch die Frage ausschlaggebend, ob wichtige Dossiers abgeschlossen werden konnten. Gerade das letzte Jahr hat aber auch im Bildungsausschuß gezeigt, daß durch die verstärkte Einbindung des Europäischen Parlaments im Rechtsetzungsverfahren mit Verzögerungen gerechnet werden muß. Die Tatsache, daß im Juni 1999 die nächsten Wahlen zum Europäischen Parlament stattfinden werden, führt dazu, daß bereits unter österreichischer Präsidentschaft mit einem verstärkten Profilierungswillen des Parlaments zu rechnen ist.

Die Gestaltung der nächsten Generation der Bildungs- und Berufsbildungsprogramme ist zweifellos der zentrale Schwerpunkt der Arbeiten unter österreichischem Vorsitz. Die seit 1995 laufenden Programme SOKRATES und LEONARDO DA VINCI sind mit 31. Dezember 1999 befristet. Nun geht es darum, die rechtlichen Grundlagen für eine Fortsetzung und Festigung der Kooperationsprogramme zu schaffen.

Anfang November 1997 wurde von der Europäischen Kommission die Mitteilung "Für ein Europa des Wissens" beschlossen.[17] Diese Mitteilung stellt die Ausgangsposition der Kommission für die Diskussion über die Zukunft der Programme dar und verfolgt das ehrgeizige Ziel einer engeren Zusammenführung der Bildungsprogramme einerseits und der Aktivitäten im Jugendbereich (Jugend für Europa, Europäischer Freiwilligendienst) andererseits.

In den Diskussionen des Bildungsausschusses zeichnete sich in mehreren Bereichen ein weitgehender Konsens zwischen den Mitgliedstaaten ab. Dazu zählen besonders Kontinuität der 3 Programmschienen Bildung, Berufsbildung und Jugend, eine Verstärkung der Mobilitätsmaßnahmen, eine Schwerpunktsetzung in den Bereichen Fremdsprachen, Informations- und Kommunikationstechnologie sowie lebenslanges Lernen, eine Verlängerung der Programmlaufzeit auf 7 Jahre (2000-2006), eine wesentliche Vereinfachung des administrativen Procedere (u.a. durch eine weitere Dezentralisierung).

Ende Mai 1998 unterbreitete die Europäische Kommission ihre Vorschläge für die erforderlichen Beschlüsse. Diese Vorschläge gilt es unter österreichischer Präsidentschaft zu verhandeln. Ziel des österreichischen Vorsitzes ist es, die unterschiedlichen Interessen der Mitgliedstaaten, aber auch der Kommission, so weit aufeinander abzustimmen, daß die Verhandlungen rechtzeitig unter finnischem Vorsitz (zweites Halbjahr 1999) abgeschlossen werden können. Als großer Erfolg wäre es zu werten, sollte es Österreich gelingen, die Positionen der Mitgliedstaaten unter Berücksichtigung der Abänderungs-

17 COM(97) 563 final.

vorschläge des Europäischen Parlaments zum sogenannten "gemeinsamen Standpunkt" zusammenzuführen.

Die weiteren Vorhaben der Kommission, die während der österreichischen Präsidentschaft lanciert werden sollen, umfassen:

– eine Entscheidung über die Neugestaltung des TEMPUS-Programms (Zusammenarbeit im Hochschulbereich mit den mittel- und osteuropäischen Ländern);
– eine Empfehlung des Rates zum Transfer von Stipendien (Mitnahme von Stipendien im Falle von Auslandsstudienzeiten);[18]
– einen Aktionsplan zur Umsetzung des Grünbuchs "Allgemeine und berufliche Bildung, Forschung: Hindernisse für die grenzüberschreitende Mobilität";
– Diskussion zu den beschäftigungspolitischen Leitlinien für 1999 und zum Beitrag der Bildung zur Beschäftigungsfähigkeit;
– darüber hinaus könnte von der Kommission der Entwurf für ein Programm zur Förderung und zum Erhalt von Regional- und Minderheitensprachen vorgelegt werden.

Aufgrund dieses umfangreichen Pakets wurde von österreichischer Seite beschlossen, keine zusätzlichen Themen in Form von Rechtsakten zu forcieren. Jedoch werden in den Sitzungen der Generaldirektoren für Berufsbildung und der Generaldirektoren für Hochschulbildung und in Form von groß angelegten thematischen Konferenzen verschiedene Aspekte der Bildung und Berufsbildung mit wesentlicher österreichischer Akzentsetzung diskutiert.

Bereits am 3. und 4. Juli 1998 hat eine Experten-Konferenz zum Thema "Entwicklung beruflicher Qualifikationen und Kompetenzen" stattgefunden. 200 Teilnehmer aus den 18 Staaten des Europäischen Wirtschaftsraumes und den 10 assoziierten Staaten haben sich in 4 Arbeitsgruppen mit der Analyse und Beschreibung von Entwicklungen beruflicher Qualifikations- und Kompetenzanforderungen, mit Strategien der Ausbildungs- und Curriculumsgestaltung sowie mit den Auswirkungen der Informationstechnologien auseinandergesetzt. Dieser Veranstaltung kam gerade in Hinblick auf die Bedeutung von Qualifizierungsmaßnahmen zur Steigerung der Beschäftigungsfähigkeit und zur Prävention von (Jugend)Arbeitslosigkeit besondere Bedeutung zu.

Im Rahmen der Eröffnung der Bregenzer Festspiele fand am 17./18. Juli eine Konferenz zum Thema "A Creative Culture - Creativity, Arts and Education" statt, die der wachsenden Bedeutung von Kunst, Kultur und Bildung als den wesentlichen Grundlagen für kreatives Handeln in allen gesellschaftlichen Bereichen Rechnung trug. Die Veranstaltung bot die Möglichkeit zum Austausch und zur Analyse europäischer Erfahrungen im Bereich von "arts and education", zur Entwicklung von Grundlagen zur europäischen Vernetzung von Facheinrichtungen, zur Entwicklung einer zeitgemäßen europäischen Informationsplattform und von europäischen Kooperationsmodellen.

---

18 In Österreich ist für Studenten die Mitnahme von Stipendien bereits jetzt für maximal vier Semester möglich.

Ziel der Veranstalter war darüber hinaus die Verabschiedung von Empfehlungen für die Weiterentwicklung der EU-Bildungs- und Kulturprogramme.

Eine weitere Veranstaltung vom 24. bis 26. Juli in Salzburg mit dem Titel "Künstlerische Hochschulbildung: Kulturprozeß und Arbeitswelt" zeigte den Stellenwert künstlerischer Hochschulbildung und künstlerischer Forschung für Gesellschaft, Kultur und Wirtschaft Europas auf und analysierte die dynamischen Veränderungen und Erweiterungen der Berufsbilder und Tätigkeitsfelder von AbsolventInnen künstlerischer Studien im Bereich der Kulturindustrie.

Schließlich soll am 12. und 13. November 1998 in Graz eine nicht erst seit Ausbruch des Kosovo-Konflikts politisch äußerst sensible, aber gerade auch deshalb wichtige Veranstaltung über die Bühne gehen: "Südosteuropa - Europäische Bildungskooperation für Frieden, Stabilität und Demokratie". Während es bereits eine intensive Zusammenarbeit im Bildungsbereich zwischen der Europäischen Union und zahlreichen sogenannten "Drittstaaten" gibt (u.a. assoziierte MOEL, USA, Kanada, China, Mittelmeer-Anrainerstaaten), könnte Österreich mit dieser Konferenz das Augenmerk auf ein europäisches Problemgebiet lenken, das zum einen direkt "vor der Haustür" der Union liegt und zum anderen noch immer an den Folgen von Genozid und ethnischen Säuberungsaktionen leidet. Insbesondere soll erörtert werden, welchen Beitrag v.a. Lehrmaterialien und Curricula sowie die Aus- und Weiterbildung der Lehrenden zum Abbau der Konflikte beitragen können. Ziel der Veranstaltung ist es, tragfähige Grundlagen für eine Kooperation im Bildungsbereich zu erarbeiten, die zur Stabilisierung der politischen, wirtschaftlichen und humanitären Situation in den einzelnen Ländern sowie zur Sicherheit in der Region beitragen kann.

Mit den genannten Veranstaltungen setzt Österreich zusätzliche Akzente für die Diskussion bildungspolitischer Rahmenbedingungen auf einer europäischen Ebene, die sich nicht nur in Form der jetzigen Mitgliedstaaten der Europäischen Union definiert. Gerade im Zusammenhang mit den kommenden Beitrittsverhandlungen und der bereits jetzt stattfindenden Einbindung der assoziierten Staaten Mittel- und Osteuropas in die Aktivitäten der Bildungs- und Berufsbildungsprogramme gilt es in dieser Phase, insbesondere die Beitrittskandidaten verstärkt in informelle Diskussionsprozesse zu involvieren.

Programm der Veranstaltung

Seminar 1: *Society and the Crisis of Liberalism*
Amitai Etzioni, Washington D.C.
Viktor Vanberg, Freiburg
Václav Klaus, Prag

Seminar 2: *Science, Pseudoscience and Antiscience*
Uskali Mäki, Rotterdam
Alan Musgrave, Dunedin (Neuseeland)

Seminar 3: *One Culture - Many Cultures - Culture Clash*
Clemens Albrecht, Potsdam
Michael Bock, Mainz

Seminar 4: *Evolutionäre Wurzeln von Konflikten und Konfliktlösungsstrategien*
Frans B. M. de Waal, Atlanta GA
Robert Hinde, Cambridge

Seminar 5: *"Das Selbe hat uns verloren" (Celan). Nichtidentität in der modernen Literatur*
Anil Bhatti, New Delhi
Alexander von Bormann, Amsterdam

Seminar 6: *Der Generationenkonflikt*
Rosemarie von Schweitzer, Gießen
Engelbert Theurl, Innsbruck
Hannelore Weck-Hannemann, Innsbruck
Robert Holzmann, Washington D.C.
Bernd Marin, Wien
Rainer Münz, Berlin

Blockseminar 7: *Braucht die globalisierte Marktwirtschaft ein globales System der sozialen Gerechtigkeit?*
Peter Schmidhuber, Frankfurt
Werner Teufelsbauer, Wien
Munir Akram, Genf
Ortrun Gauper, Brüssel
Rolf Hasse, Hamburg
Heinz Zourek, Brüssel

Blockseminar 8: *Organisierte Kriminalität - mafiose Strukturen - Strategie in der Bewältigung*
Helmut Fuchs, Wien
Roland Miklau, Wien
Mark Pieth, Basel
Jürgen Storbeck, Den Haag

Blockseminar 9: *Der Kampf um Arbeit*
Bernd Marin, Wien
Wolfgang Klauder, Nürnberg
Joze Mencinger, Ljubljana
Werner Teufelsbauer, Wien
Gunther Tichy, Wien

Franz Liszt-Klavierworkshop
Barbara Moser, Wien
Sebastian Reinthaler, Wien

Yoga-Übungen
Helga Leitner, Innsbruck

16. August 1998: *Eröffnung*
Bürgermeister Ägidius Bletzacher, Alpbach
Landeshauptmann Wendelin Weingartner, Innsbruck

Eröffnungsansprachen
Heinrich Pfusterschmid-Hardtenstein, Wien
EU-Kommissar Franz Fischler, Brüssel
Ministerpräsident a.D.Ruud Lubbers, Tilburg (NL)

Eröffnung der Ausstellung Evidenz des Realen - "Patchwork" von Wolfgang Reichmann
Ursula Trummer, Wien

Einführung in das Generalthema
Christian Meier, München
Amitai Etzioni, Washington D.C.

Konstituierung der Seminare und Blockseminare
Andreas Nachbagauer, Wien

Gesprächskonzert: Texturen der Auflösung. Tendenzen neuer Klaviermusik: Siegfried Mauser, Salzburg

17. August 1998: *Menschenaffen von der Venus: Der Bonobo und die Sozialevolution des Menschen*
Frans B. M. de Waal, Atlanta GA
Robert Hinde, Cambridge

Alpbacher Porträt Lise Meitner: Hannelore Sexl, Wien

18. August 1998: *Plenarveranstaltung zu Blockseminar 7*

Ausstellungseröffnung W. Zschokke: Man muß nur hinschauen - Verschiedenheit in der Österreichischen Architektur

Dichterlesung: Elfriede Czurda, Berlin

Jazzabend mit "O-deta"

19. August 1998:	*Die bildende Kunst als Spiegel der Gesellschaft* Hans R. Hoetink, Amsterdam Willem Elias, Brüssel Bram Kempers, Amsterdam *Plenarveranstaltung zu Blockseminar 8* Helmut Fuchs, Wien Roland Miklau, Wien Mark Pieth, Basel Jürgen Storbeck, Den Haag
20. August 1998:	*Plenarveranstaltung zu Seminar 9* Wolfgang Klauder,Nürnberg Bernd Marin, Wien Joze Mencinger, Ljubljana Gunter Tichy, Wien *Globalization and Ethnizity: Der Kulturkampf zwischen universalisierter und fragmentierter Kultur* Clemens Albrecht, Potsdam Michael Bock, Mainz
22. August 1998:	*Plenarveranstaltung zu Seminar 6* Robert Holzmann, Washington D.C. Bernd Marin, Wien Rainer Münz, Berlin Rosemarie von Schweitzer, Gießen *Abschlußpräsentation - Franz Liszt-Klavierworkshop* Barbara Moser, Wien
21. August 1998: bis 22. August 1998:	*Alpbacher Technologiegespräche* *Zerrissenheit oder Integration - gesellschaftlicher Fortschritt und Beschäftigung durch Wissenschaft und Technik?* Eröffnung: Heinrich Pfusterschmid-Hardtenstein, Wien Bundesminister Martin Bartenstein, Wien Bundesminister Caspar Einem, Wien Bundesminister Hannes Farnleitner, Wien *Podiumsdiskussion: Der Fremde und das Neue - schaffen oder vernichten sie Arbeitsplätze?* Pater Gregor Henckel-Donnersmarck, Wien Bundesminister Martin Bartenstein, Wien Gottfried Dutiné, Stuttgart Bundesminister Caspar Einem, Wien Bundesminister Hannes Farnleitner, Wien Klaus von Klitzing, Stuttgart Jean-Marie Lehn, Paris Moderation: Andreas Unterberger, Wien

Zusammenfassung der Arbeitskreisergebnisse
Moderation: Raoul F. Kneucker, Wien

Abschlußreferate
Haim Harari, Rehovot (Israel)
Bundesministerin Lore Hostasch, Wien

ARBEITSKREISE

1. Technischer Fortschritt - vernichtet oder schafft er Arbeitsplätze? Versuch einer Bilanz
Leitung: Othmar Pühringer, Linz

Karl Büche, Linz
Thorsten Demel, Gütersloh
Heinz Handler, Wien
Albert Hochleitner, Wien
Walter Meizer, Mainz
Wolfgang Polt, Seibersdorf
Oswald Sellemond, Kundl
Günter Steinbach, Wien
Hansjörg Tengg, Wien

2. Dimensionen d. Energiepolitik. Von Kyoto bis Buenos Aires
Leitung: Michael Schneeberger, Linz
Rudolf Gruber, Maria Enzersdorf
Monika Langthaler, Wien
Hans-Joachim Schellnhuber, Potsdam
Richard Schenz, Wien
Gerhard Schiller, Wien
Stephan Schleicher, Wien
Friedrich Schneider,Linz
David Scott-Smith, Washington
Franz Strohmer, Linz
Pierre Valette, Brüssel
Heimfried Wolff, Basel

3. Standortfaktor Infrastruktur
Leitung: Franz Rottmeyer, Wien
Josef Fegerl, Laakirchen
Helmut Hainitz, Wien
Ralph N. Hodge, London
Jürgen Hoffmann, Györ
Landeshauptmann Waltraud Klasnic, Graz
Franz Kotrba, Wien
Horst Pöchhacker, Wien
Peter Radley, Paris
Walther Richter, Wien
Roman Sandgruber, Linz
Helmar Weseslindtner, Wien

4. Europäisches Rahmenprogramm und Nationale Technologiepolitik: Katalysator oder Steuerungsinstrument
Leitung: Erich Gornik, Wien
Klaus von Klitzing, Stuttgart
Jürgen Knorr, Paris
Günter Koch, Seibersdorf
Reinhart Kögerler, Wien
Helmut List, Graz
Dirk-Meints Polter, München
Norbert Rozsenich, Wien

23. August 1998: *Heilige Messe*
Erzbischof Alois Wagner, Rom/Vatikan
Musik: geistliche Volkslieder aus dem Alpenland
Alpbacher Chor und Alpbacher Bläser
Leitung: Josef Bletzacher, Alpbach

Theater: Der Zerrissene - Posse von Johann Nestroy
Mitwirkende: Gerhart Hitzenberger, Johannes Poigenfürst, Willy Kralik, Johanna Kindermann, Martha Strohschneider-Emele, Wolfgang Breunig, Alfred Regele, Johannes Hock sen., Werner Kaller, Romuald Kutscher, Peter Hitzenberger, Nikolaus Hitzenberger

23. August 1998: bis 24. August 1998: *Alpbacher Gesundheitsgespräche: Einer für alle - Alle für einen? Eigenverantwortung - Subsidiarität - Solidarität: Leitlinien des Gesundheitswesens der Zukunft*
Koordination und Leitung:
Peter Atteslander, Augsburg
Klaus Zapotoczky, Linz
Begrüßung: Heinrich Pfusterschmid-Hardtenstein, Wien
Bundesministerin Lore Hostasch, Wien
Reinhard Blum, Augsburg
Hans Schaefer, Heidelberg
Moderation: Peter Atteslander, Augsburg

Workshop: Gestaltungszwänge und Entfaltungsmöglichkeiten im Gesundheitssystem der Zukunft
Eröffnung: Klaus Zapotoczky, Linz

1. Eigenverantwortung oder Beliebigkeit der Lebensstile als Gesundheitsgefährdung
Leitung: Berthold Schneider, Hannover
Einführende Thesen: Thomas Abel, Bern
Votanten:
Jean-Pierre Dauwalder, Lausanne
Renate Imhof-Grünn, Wien
Jürgen von Troschke, Freiburg

2. Subsidiaritätsprinzip im Gesundheitswesen: Realität oder Ideologie?
Leitung: Elmar Doppelfeld, Köln
Einführende Thesen: Christoph Fuchs, Köln
Votanten:
Arno Brandt, Basel
Mag. Gerhard Dickinger, Linz
Johannes Gostomzyk, Augsburg

3. Perspektiven des Solidarsystems im Gesundheitswesen
Leitung: Erhard Busek, Wien
Einführende Thesen: Rainer Pelka, München
Votanten:
Walter Aichinger, Linz
Walter Geppert, Wien
Michael Habs, Karlsruhe
Schlußwort: Peter Atteslander, Augsburg

24. August 1998: bis 25. August 1998: *Europäische Zerrissenheit und deren Überwindung - am Beispiel der EU-Erweiterung*
Koordination: Erhard Fürst und Friedrich Gleißner, Wien

Ziel der Erweiterung - welches Europa?
Vorsitz: Peter Mitterbauer, Wien
Diözesanbischof Egon Kapellari, Klagenfurt
Bundeskanzler Viktor Klima, Wien
Parlamentspräsident Janez Podobnik, Ljubljana
EU-Präsident Jacques Santer, Brüssel

Der Weg in die Europäische Union -eine Zwischenbilanz
Vorsitz: Friedrich Gleißner, Wien
Alec Aalto, Helsinki
Leopold Maurer, Brüssel

Österreichs wirtschaftliche Verflechtung mit den mittel- und osteuropäischen Reformstaaten
Vorsitz: Erhard Fürst, Wien
Wolfgang Duchatczek, Wien
Günter Stummvoll, Wien
Hugo Michael Sekyra, Prag

Problemfelder der Osterweiterung - Landwirtschaft
Vorsitz: Franz Greif, Wien
László Vajda, Budapest
Corrado Pirzio-Biroli, Brüssel

Finanzielle Implikationen der EU-Erweiterung
Vorsitz: Thomas Fischer, Stuttgart
Edith Kitzmantel, Brüssel
Heiner Luschin, London

Problemfelder der Osterweiterung - Freizügigkeit
Vorsitz: Manfred Scheich, Brüssel
Piotr Kolodzieczyk, Warschau
Bernhard Felderer, Wien
Andras Inotai, Budapest
Richard Leutner, Wien

26. August 1998: *Alpbacher Bankenseminar*
bis *Das Bankgeschäft der Zukunft - Neuorientierung*
27. August 1998: *der Kundenbeziehungen, Produkte und Vertriebswege*
Koordination und Leitung: Otto Lucius, Wien
Klaus Liebscher, Wien
Peter Schmidhuber, Frankfurt
Johannes Priesemann, Frankfurt
Gertrude Tumpel-Gugerell, Wien
Tilo Berlin, Stuttgart
Henner Schierenbeck, Basel
Stephan Schüller, München
Ernst Antensteiner, Wien
Friedrich Hagspiel, St. Gallen
Andreas Grünbichler, St. Gallen
Herbert Pichler, Wien
Elisabeth Pohl, Hamburg
Sven Sahlberg, Hamburg
Konrad D. Fuchs, Wien
Johann Heinrich von Stein, Hohenheim

25. August 1998: *Politischer Teil*
bis *Polen und die euro atlantische Gemeinschaft*
27. August 1998: Vizekanzler Wolfgang Schüssel, Wien
Außenminister Bronislaw Geremek, Warschau
Südosteuropa und die offene Gesellschaft
Begrüßung: Heinrich Pfusterschmid-Hardtenstein, Wien
Referenten:
Präsident Milo Djukanovic, Podgorica (Montenegro)
Außenminister Bronislaw Geremek, Warschau
Ministerpräsident Milorad Dodik, Banja Luka
Vizekanzler Wolfgang Schüssel, Wien
Panelisten:
Zlatko Dizdarevic, Sarajewo
r.-k. Bischof Franjo Komarica, Banja Luka
Sonja Licht, Belgrad
Doris Pack, Straßburg
Jacques Rupnik, Paris
Diskussionsleitung: Erhard Busek, Wien

ARBEITSGRUPPEN

1. Risse in der europäischen Gesellschaft - Herausforderung für die europäische Sicherheitspolitik?

General Karl Majcen, Wien
Thomas Mayr-Harting, Wien
Klaus Zapotoczky, Linz
General Ernest König, Wien
Ernst Gehmacher, Wien
Dominique Juilland, Bern
Andreas Kirschhofer-Bozenhardt, Linz

2. Südosteuropa und die offene Gesellschaft

Albert Rohan, Wien
Erhard Busek), Wien
Zlatko Dizdarevic, Sarajewo
Mirza Hajric, Sarajewo
Georg Hoffmann-Ostenhof, Wien
Valentin Inzko, Sarajewo
Sonja Licht, Belgrad
Doris Pack, Straßburg
Zarko Puhovski, Zagreb
Jacques Rupnik, Paris
Karl-Peter Schwarz, Wien
Pedrag Simic, Belgrad
Veton Surroi, Pristina
Janko Vranyczany, Brüssel

3. Die Illusionen des 20. Jahrhunderts und ihre Verbrechen Totalitarismen unseres Jahrhunderts im Vergleich

Stefan Karner, Graz
Gerald Stourzh, Wien
Irina Scherbakowa, Moskau
Robert Wistrich, Jerusalem

Autoren

AALTO Alec M., Staatssekretär für EU-Angelegenheiten, Büro des Ministerpräsidenten, Helsinki

AKRAM Munir, M.A., Botschafter, Ständige Vertretung der Islamischen Republik Pakistan beim Büro der Vereinten Nationen und den Spezialorganisationen in Genf

ALBRECHT Clemens, Dr., Lehrstuhl für Didaktik der politischen Bildung, Universität Potsdam

ATTESLANDER Peter Max, em.Univ.-Prof. Dr., Präsident des Instituts für öffentliche Gesundheit und Gesundheitsökonomie, Universität Augsburg

BARTENSTEIN Martin, Dr., Bundesminister für Umwelt, Jugend und Familie, Wien

BHATTI Anil, Univ.-Prof. Dr., Centre of German Studies, Jawaharlal Nehru University, New Delhi

BLUM Reinhard, Univ.-Prof. Dr., Institut für Volkswirtschaftslehre, Rektor der Universität Augsburg

BOCK Michael, Univ.-Prof. Dr.Dr., Institut für Kriminologie, Jugendstrafrecht, Strafvollzugsrecht, Strafrecht, Johannes Gutenberg-Universität Mainz

BORMANN Alexander von, Univ.-Prof. Dr., Lehrstuhl für neuere Literatur, Universität Amsterdam

DJUKANOVIC Milo, Präsident der Republik Montenegro

DUCHATCZEK Wolfgang, Dr., Mitglied des Direktoriums der Oesterreichischen Nationalbank, Wien

EINEM Caspar, Dr., Bundesminister für Wissenschaft und Verkehr, Wien

ELIAS Willem, Univ.-Prof. Dr., Fakultät für Psychologie, Freie Universität Brüssel

ETZIONI Amitai, Univ.-Prof. Dr., Direktor des Communitarian Network; George Washington University

FARNLEITNER Hannes, Dr., Bundesminister für wirtschaftliche Angelegenheiten, Wien

FELDERER Bernhard, Univ.-Prof. Dr., Institut für Höhere Studien, Wien

FISCHER Thomas R., Dipl.-Volksw. Dr., Vorsitzender des Vorstands der Landesgirokasse Stuttgart

FISCHLER Franz, Dr., Mitglied der Europäischen Kommission, Brüssel

FUCHS Helmut, Univ.-Prof. Dr., Institut für Strafrecht, Universität Wien

GAUPER Ortrun, Mag., ÖGB-Europabüro, Ständige Vertretung Österreichs in Brüssel

GORNIK Erich, Univ.-Prof. Dr., Institut für Festkörperelektronik, Technische Universität Wien

GREIF Franz, HR Dr., Bundesanstalt für Agrarwirtschaft, Wien

HARARI Haim, Univ.-Prof. Dr., Präsident des Weizmann-Instituts, Rehovot

HASSE Rolf H., Univ.-Prof. Dr., Institut für Wirtschaftspolitik, Universität der Bundeswehr, Hamburg

HENCKEL-DONNERSMARCK Pater Gregor, Päpstliche Missionswerke in Österreich, Wien

HINDE Robert A., Univ.-Prof. Dr., John's College, Cambridge

HOETINK Hans, Dr., Direktor, Stiftung Praemium Erasmianum, Amsterdam

HOLZMANN Robert, Univ.-Prof. Mag. Dr., Human Development Network - Social Protection (HDNSP), Weltbank Washington D.C.

HOSTASCH Lore, Bundesministerin für Arbeit, Gesundheit und Soziales, Wien

INOTAI Andreas, Dr., Direktor des Instituts für Weltwirtschaft, Budapest

KAPELLARI Egon, Dr., Diözesanbischof von Gurk - Klagenfurt

KITZMANTEL Edith, Dkfm. Dr., Stellvertretende Generaldirektorin, Generaldirektion Haushalt, Europäische Kommission, Brüssel

KLAUDER Wolfgang, Dipl.-Volksw. Dr., Leitender Wissenschaftlicher Direktor des IAB Nürnberg a.D.

KLAUS Václav, Prof. Dr., Premierminister a.D., Demokratische Bürgerpartei, Prag

KLIMA Viktor, Mag., Bundeskanzler der Republik Österreich, Wien

KOLODZIEJCZYK Piotr, Dr. Unterstaatssekretär, Ministerium für Arbeit und Sozialpolitik, Warschau

KORKISCH Friedrich, MR Mag., BM für Landesverteidigung, Wien

LEUTNER Richard, Dr., Leitender Sekretär des ÖGB, Wien

LUBBERS Ruud F.M., Univ.-Prof. Drs., Ministerpräsident a.D., Center for Economic Research, Tilburg University (NL)

LUCIUS Otto, Mag. Österreichische Bankwissenschaftliche Gesellschaft, Wien

LUSCHIN Heiner, Dr., Europäische Bank für Wiederaufbau und Entwicklung, London

MÄKI Uskali, Univ.-Prof. Dr., Institut für Philosophie, Erasmus Universität Rotterdam

MARIN Bernd, Prof. Dr., Direktor des Europäischen Zentrums für Wohlfahrtspolitik und Sozialforschung, Wien

MAURER Leopold, Dkfm., Task Force EU-Erweiterung, Europäische Kommission, Brüssel

MEIER Christian, Univ.-Prof. Dr., Institut für Alte Geschichte, Universität München

MEISTER Juerg, Dipl.-Ing., Architekt, Betreiber von nextroom - architektur im netz, Wien

MENCINGER Joze, Dr., Wirtschaftsminister a.D., Rektor des wissenschaftlichen Instituts der Rechtsfakultät, Ljubljana

MIKLAU Roland, Dr., Sektionschef im Bundesministeriums für Justiz, Wien

MITTERBAUER Peter, Dipl.-Ing., Präsident der Vereinigung der Österreichischen Industrie, Wien

MOSER Barbara, Mag.art, Pianistin, Wien

MÜNZ Rainer, Univ.-Prof. Dr., Lehrstuhl für Bevölkerungswissenschaft, Humboldt-Universität Berlin

MUSGRAVE Alan E., Univ.-Prof. Dr., Institut für Philosophie, Universität Otago, Dunedin (Neuseeland)

NACHBAGAUER Andreas, Mag., Wirtschaftsuniversität Wien

PANGERL Karl, Dr., Vöcklabruck

PFUSTERSCHMID-HARDTENSTEIN Heinrich, Dr., Botschafter i.R., Präsident des Österreichischen College, Wien

PIETH Mark, Univ.-Prof. Dr., Institut für Strafrecht, Strafprozeßrecht und Kriminologie, Universität Basel

PIRZIO-BIROLI Corrado, Dr., Europäische Kommission, Brüssel

PODOBNIK Janez, Dr., Präsident des Parlaments der Republik Slowenien, Ljubljana

PÜHRINGER Othmar, Dipl.Ing., Generaldirektor, VA Technologie AG, Linz

RAZUMOVSKY Gregor, Dr., Institut für den Donauraum und Mitteleuropa, Wien

ROTTMEYER Franz, KR, Generaldirektor und Vorstandsvorsitzender, Opel Austria GesmbH, Wien

SANTER Jacques, Dr., Präsident der Europäischen Kommission, Brüssel

SCHAEFER Hans, Univ.-Prof. Dr. Dr.h.c., Universität Heidelberg

SCHERBAKOVA Irina, Dr., Historikerin, Universität für Humane Wissenschaften, Moskau

SCHLICK Klaus, Mag, BM für Unterricht und kulturelle Angelegenheiten, Wien

SCHMIDHUBER Peter M., Dipl.-Volksw., Mitglied des Direktoriums der Deutschen Bundesbank, Frankfurt am Main

SCHMIDT Burghardt, Univ.-Prof. Dr., Institut für Sprache und Ästhetik, Hochschule Offenbach am Main

SCHNEEBERGER Michael, Dipl.Ing. Dr., Vorstandsdirektor, Oberösterreichische Kraftwerke AG, Linz

SCHÜSSEL Wolfgang, Dr., Vizekanzler und Bundesminister für auswärtige Angelegenheiten, Wien

SCHWEITZER Rosemarie von, em.Univ.-Prof. Dr., Institut für Wirtschaftslehre des Haushalts und Verbrauchsforschung, Justus Liebig Universität Gießen

SEKYRA Hugo Michael (†), Dr., Vorsitzender d. Vorstands, C.H. CHEM a.s. Prag

SEXL Hannelore, MMag. Dr., Kommission für Geschichte der Naturwissenschaften und Mathematik der Österreichischen Akademie der Wissenschaften, Wien

STORBECK Jürgen, Dr., Leiter/Koordinator Europol/EDU, Den Haag

STUMMVOLL Günter, Dkfm. Dr., Generalsekretär der Wirtschaftskammer Österreich, Wien

TEUFELSBAUER Werner, Univ.-Prof. Dr., Leiter der Abteilung für Wirtschaftspolitik der Wirtschaftskammer Österreich, Wien

THEURL Engelbert, ao.Univ.-Prof. Dr., Institut für Finanzwissenschaften, Universität Innsbruck

TICHY Gunter, Univ.-Prof. Dr., Institut für Technikfolgen-Abschätzung, Österreichische Akademie der Wissenschaften, Wien

VAJDA László, Dr., Abteilung für Europäische Integration, Ministerium für Landwirtschaft, Budapest

VANBERG Viktor, Univ.-Prof. Dr., Institut für Allgemeine Wirtschaftsforschung, Abteilung Wirtschaftspolitik, Albert-Ludwigs-Universität Freiburg

de WAAL, Frans B. M., Univ.-Prof. Dr., Institut für Psychologie, Yerkes Primate Center, and Charles Howard Candler Professor of Primate Behaviour, Emory University, Atlanta GA

WECK-HANNEMANN Hannelore, Univ.-Prof. Dr., Institut für Finanzwissenschaften, Universität Innsbruck

ZAPOTOCZKY Klaus, Univ.-Prof. Dr., Institut für Pflege- und Gesundheitssystemforschung (IPG), Johannes-Kepler-Universität Linz

Spenden, Subventionen und Stipendien

Das Österreichische College dankt allen Spendern, Subventions- und Stipendiengebern, die durch ihren Beitrag die Durchführung der Alpbacher Veranstaltung ermöglicht haben.

Alpbach Tourismus Gesellschaft m.b.H.
Audi AG Ingolstadt
Auditor Treuhand GmbH
Austria Tabakwerke AG
Austrian Airlines
Bandagist Heindl Ges.m.b.H.
Batliner-Adam-Stiftung
Bundesministerium für auswärtige Angelegenheiten
Bundesministerium für Finanzen
Bundesministerium für Wissenschaft und Verkehr
Bundesverband der Diplomierten PhysiotherapeutInnen Österreichs
Club Alpbach für europäische Kultur - Club Graz
Club Alpbach - Wien
Creditanstalt-Bankverein
D. Swarovski & Co.
Deutscher Akademischer Austauschdienst
Europäische Kommission
Frankfurter Allgemeine Zeitung
Gedächtnisstiftung Peter Kaiser (1793 - 1864)
Gemeinde Alpbach
Hauptausschuß der Hochschülerschaft Innsbruck
Hauptverband der Österreichischen Sozialversicherungsträger
Hewlett-Packard GmbH
IG Alpbach Innsbruck
Kammer für Arbeiter und Angestellte für Tirol
Kulturamt der Stadt Wien
Landesgirokasse Stuttgart
Managementinstitut der Industrie
Merckens Papier und Karton Handels Gesmbh
Niederösterreichische Landesregierung
Oberösterreichische Landesregierung
Oesterreichische Nationalbank
Österreichisches Forschungszentrum Seibersdorf
Ottakringer Brauerei Harmer AG
Philip Morris SA Lausanne
Post & Telekom Austria

Raiffeisen Zentralbank Österreich
Raiffeisen-Landesbank Tirol
Roland Berger & Partner, International Management Consultants
Servo Data Beratungs- und DatenverarbeitungsgesmbH
Siemens AG Österreich
Steiermärkische Landesregierung
Stiftung Pro Liechtenstein
Studia, Wirtschaftsbetrieb der OEH Innsbruck
Tiroler Landesregierung
Tiroler Zukunftsstiftung
Tyrolean Airways
Trodat-Werke Walter Just Ges.m.b.H. u. Co. KG
Verband der Elektrizitätswerke Österreichs
Verein zur Beförderung gemeinnütziger Tätigkeit
Vereinigung der Österreichischen Industrie
Vorarlberger Landesregierung
Wirtschaftskammer Österreich
Wirtschaftskammer Tirol
Xerox
Zentralausschuß der Oesterreichischen Hochschülerschaft

Publikationen

Folgende Publikationen des Österreichischen College sind lieferbar; Bestellformulare inkl. Preisliste erhalten Sie über das Österreichische College. Die Berichtbände der Jahre 1992 bis 1998 und die Dokumentation "Das Forum Alpbach" sind über den Ibera Verlag zu beziehen.

Über die Geschichte
des Europäischen Forum Alpbach

Das Forum Alpbach:
Die Geschichte einer europäischen Zusammenarbeit 1945 - 1994
Herausgegeben von Alexander Auer

Der andere Zauberberg - Das Phänomen Alpbach
von Otto Molden

Europäisches Forum Alpbach

1978 Wissen und Macht
1979 Der Mensch in der unvollkommenen Gesellschaft
1982 Erkenntnis und Gestaltung der Wirklichkeit
1983 Wissen - Glaube - Skepsis
1984 Der Beitrag Europas - Erbe und Auftrag
1985 Evolution und die Zukunft der Menschheit
1986 Autonomie und Kontrolle - Steuerungskrisen der modernen Welt
1988 Krise der Moderne?
1989 Geschichte und Gesetz
1990 Freiheit - Ordnung - Verantwortung
1991 Zeitenwende - Vision und Wirklichkeit
1992 Entscheidung für Europa - Bewußtsein und Realität
1993 Was ist der Mensch? Menschenbilder im Wandel
1994 Zeit und Wahrheit
1995 Das Ganze und seine Teile
1996 Das Normale und Pathologische - Was ist gesund?
1997 Wissen wozu? - Erbe und Zukunft der Erziehung
1998 Die zerrissene Gesellschaft

Dialogkongresse

1978	Westeuropa - Schwarzafrika
1979	Westeuropa - Lateinamerika
1982	Westeuropa - ASEAN-Staaten
1983	Westeuropa - Indien
1985	Westeuropa - Nord- und Südwestpazifik
1988	Europäische Gemeinschaften - EFTA-Staaten
1989	Westeuropa - Sowjetunion
1990	Westeuropa - Osteuropa
1991	Europa - ASEAN-Staaten
1992	Ukraine
1993	Europa im Werden - Dialog mit den Iberischen Staaten